Chrysostomosbilder in 1600 Jahren

Arbeiten zur Kirchengeschichte

Begründet von
Karl Holl† und Hans Lietzmann†

herausgegeben von
Christian Albrecht und Christoph Markschies

Band 105

Walter de Gruyter · Berlin · New York

Chrysostomosbilder in 1600 Jahren

Facetten der Wirkungsgeschichte eines Kirchenvaters

Herausgegeben von

Martin Wallraff und Rudolf Brändle

Walter de Gruyter · Berlin · New York

∞ Gedruckt auf säurefreiem Papier,
das die US-ANSI-Norm über Haltbarkeit erfüllt.

ISSN 1861-5996
ISBN 978-3-11-019824-9

Bibliografische Information der Deutschen Nationalbibliothek

Die Deutsche Nationalbibliothek verzeichnet diese Publikation in der Deutschen
Nationalbibliografie; detaillierte bibliografische Daten sind im Internet
über http://dnb.d-nb.de abrufbar.

Printed in Germany
Umschlaggestaltung: Christopher Schneider, Berlin

Vorwort

Vor 1600 Jahren starb Johannes, ehemals Bischof von Konstantinopel und von der Nachwelt mit dem Ehrennamen „Chrysostomos", „Goldmund" geadelt. Er ist bis heute im Gedächtnis der Christen präsent. Zu drei Zeiten wird seiner im Kirchenjahr gedacht: am 27. Januar aus Anlass der Rückführung der Reliquien nach Konstantinopel im Jahr 438, am 13. September aus Anlass des Todestages im Jahr 407 (Kirchen der westlichen Tradition) und am 13. November (Kirchen der byzantinischen Tradition) – möglicherweise aus Anlass der Todesfeier im Kreis der Johanniten in Konstantinopel im gleichen Jahr 407[1].

Es ist mehr dem Zufall als weitsichtiger ökumenischer Planung geschuldet, dass im Gedenkjahr 2007 just zu diesen drei Daten internationale Tagungen über Johannes Chrysostomos stattfanden: die erste in Basel in reformiertem Umfeld, die zweite in Konstantinopel/Istanbul in orthodoxem Umfeld, die dritte in Rom in katholischem Umfeld, doch alle drei mit weiter internationaler und überkonfessioneller Streuung der Teilnehmer.

Im vorliegenden Band werden Aufsätze vorgelegt, die auf die erste dieser drei Tagungen zurückgehen. Für die Wahl des Themas war die Beobachtung ausschlaggebend, dass Johannes Chrysostomos in erstaunlicher Weise über Jahrhunderte hindurch bis heute christliche Identitäten prägt – erstaunlich jedenfalls, wenn man Biographie und Oeuvre mit anderen Kirchenvätern vergleicht, die keine vergleichbar farbenkräftigen „Bilder" im Gedächtnis der Nachwelt hinterlassen haben. Gewiss, das Oeuvre ist von gewaltigem Umfang, selbst wenn man die zahlreichen Pseudochrysostomica abzieht (wobei aber gerade sie zum „Phänomen" Chrysostomos gehören). Gewiss, die Biographie ist in mancher Hinsicht exzeptionell (wenn auch nicht völlig ohne Parallelen – man denke nur an Gregor von Nazianz und Nestorios, Vorgänger und Nachfolger auf dem Bischofsstuhl von Konstantinopel). Dennoch genügt beides nicht, um die einzigartige Wirkung auf die Nachwelt zu erklären.

Vielmehr lohnt es, die Wege und das Wachsen des „Chrysostomosbildes" nach dem Tod des Protagonisten zum Gegenstand eigener histori-

---

[1] Der erste der genannten Termine liegt in der orthodoxen Tradition außerdem nahe am Fest der drei Hierarchen (30. Januar: Johannes von Konstantinopel, der „Goldmund", Basileios von Kaisareia, der „Große", Gregor von Nazianz, der „Theologe"). Der Todestag war nicht der 13., sondern der 14. September, doch die liturgische Kommemoration musste dem „höherwertigen" Fest des Heiligen Kreuzes weichen. Für die hypothetische Erklärung des ansonsten rätselhaften 13. November s. unten S. 26, Anm. 8.

scher Reflexion zu machen. Dies ist Gegenstand des vorliegenden Bandes. Paradoxerweise kommt also in diesem Chrysostomos-Buch der Held des Buches gar nicht vor – jedenfalls nicht in seinem Leben und Predigen und bischöflichen Wirken. Die Beiträge setzen mit dem Tod des Johannes ein und reichen bis zur Gegenwart.

Einzige Ausnahme stellt gleich der erste Beitrag dar, der auch in der Planung der Tagung eine Sonderstellung einnahm: Fritz Graf war um einen öffentlichen Abendvortrag gebeten worden, der exemplarisch ein Stück der Lebenswelt des Chrysostomos vor Augen führen sollte. Freilich könnte der Beitrag ebenso gut auch am Schluss des Bandes stehen, denn er bezeugt in eindrucksvoller Weise, dass auch heutige historische Forschung mit ihren je neuen Fragestellungen die Figur dieses Bischofs neu zum Leuchten bringt, dass sich also das Chrysostomosbild weiter um reizvolle Facetten bereichert. Der religionsgeschichtliche Zugriff, wie ihn Fritz Graf meisterhaft vorführt, ist gewiss nicht der einzige mögliche und sinnvolle, aber er deutet doch in eine Richtung, die auch für künftige Forschungen reiches, noch kaum angemessen gewürdigtes Material bietet.

Wer sich mit der Wirkungsgeschichte des Johannes Chrysostomos befasst, wird schnell feststellen, dass es *das eine* Chrysostomosbild nicht gibt, sondern eine Vielzahl von Chrysostomosbildern in unterschiedlichen konfessionellen, kulturellen und historischen Kontexten. Das wurde im Verlauf der Tagung deutlich, war aber auch von vorne herein klar, ja, es war einer der Gründe, weshalb es besonders lohnend schien, sich dem Thema in Gestalt einer Tagung und eines Sammelbandes mit diversen „Facetten" und nicht in Form einer Monographie „aus einem Guss" oder eines systematisch aufgebauten Handbuchs zu nähern.

Bei der Auswahl der Autoren wurde daher versucht, ein möglichst breites Spektrum unterschiedlicher Kontexte, Nationen und Disziplinen abzudecken. Wie es dem Thema angemessen ist, sollte insbesondere auch das reiche Erbe der Orthodoxie zur Sprache kommen. Die Pluralität der Perspektiven ist in den Beiträgen dokumentiert, doch zumindest an dieser Stelle soll auch dankbar daran erinnert werden, wie anregend und konstruktiv sie sich im mündlichen Austausch im Verlauf der Tagung auswirkte. Dass das so war, ist nicht zuletzt dem angenehmen und der Diskussion zuträglichen Ambiente zu verdanken: Die Tagung konnte vom 25. bis 27. Januar 2007 auf Landgut Castelen bei Basel (und damit auf dem Boden des alten römischen Augusta Raurica!) stattfinden. Der zuständigen „Römer-Stiftung" sei für die Gastfreundschaft gedankt.

Basel ist kein beliebiger Ort für ein solches Unternehmen, stellt doch die Stadt mit ihrer einzigartigen Tradition des Buchdrucks eine besonders wichtige Etappe in der Geschichte der frühen Chrysostomos-Editionen dar. Es legte sich deshalb nahe, die Tagung mit einem Gang durch die

Basler Altstadt auf den Spuren der frühen Buchdrucker zu verbinden. Freundlicherweise übernahm Dr. Ueli Dill, Leiter der Handschriftenabteilung der Universitätsbibliothek Basel, die Führung bei diesem Gang, und er sorgte dafür, dass er zu einem Erlebnis wurde!

Wie gar nicht anders denkbar, endete der Gang in der Bibliothek, wo Dr. Dill *Chrysostomica* aus den reichen Schätzen des Hauses vorführte. Dass er seinen Überblick auf Bitten der Herausgeber für die vorliegende Publikation aufbereitet und zur Verfügung gestellt hat, ist auch deshalb besonders dankenswert, weil auf diese Weise ein guter Ersatz für einen ursprünglich geplanten, umfassenderen Beitrag über die Editionsgeschichte des 16. Jahrhunderts vorliegt. So kann auch der Leser des Bandes am *genius loci* der alten Druckerstadt Basel teilhaben.

Im Vorfeld, im Verlauf, vor allem aber auch im Anschluss an die Tagung hat Frau cand. theol. Delia Klingler unermüdlich für Organisation und Drucklegung gearbeitet. Leser, Autoren und Herausgeber schulden ihr dafür Dank. Dass die Publikation in der angesehen Reihe der „Arbeiten zur Kirchengeschichte" möglich war und dass die Drucklegung in gewohnter Zusammenarbeit mit dem Verlag de Gruyter reibungslos verlief, ist dem altkirchlichen Herausgeber Prof. Dr. Christoph Markschies (Humboldt-Universität zu Berlin) sowie dem Cheflektor für Theologie, Judaistik und Religionswissenschaft Dr. Albrecht Döhnert zu verdanken[2].

Wenn sich zum Schluss die beiden Herausgeber gegenseitig für die vertrauensvolle Zusammenarbeit danken, so bringen sie damit zum einen natürlich gemeinsame Interessen und Forschungsschwerpunkte zum Ausdruck. Zum anderen präsentieren sie den Band als Frucht der – wenn auch nur kurzen – gemeinsamen Tätigkeit an der theologischen Fakultät der Universität Basel, der beide angehören. Die Tagung fand statt in zeitlicher Nähe zum Rücktritt des einen und zum Eintritt des anderen. Beide Herausgeber empfinden es als Privileg, die Kontinuität im Fach auf diese Weise dokumentieren zu können.

Basel, am 14. September 2007   Rudolf Brändle
Todestag des Johannes Chrysostomos   und Martin Wallraff

---

2   Bibliographische Abkürzungen wurden sparsam verwendet. Sie folgen S. Schwertner, Internationales Abkürzungsverzeichnis für Theologie und Grenzgebiete (IATG²), Berlin ²1992 (nachgedruckt in: Theologische Realenzyklopädie. Abkürzungsverzeichnis, Berlin ²1994, 1-488).

Inhalt

Antike

Feste und Fehden

Städtische Feste und der Konflikt der Religionen im spätantiken römischen Reich[*]

Fritz Graf

1.

„Dieser Monatsanfang pflegte uns viel Feuer, viel Blut und viel Opferdampf zu bescheren, der von jedem Ort aus in den Himmel stieg, so dass
auch die Götter an diesem Fest ein prächtiges Mahl erhielten."[1] So endet
die Beschreibung, die der Redner Libanios von Antiochien vom Opferfest
der *Kalendae Ianuariae* gibt, der Feier des 1. Januar; Antiochien feiert das
Fest in Pracht und Üppigkeit. Doch nicht bloß Antiochien feiert: „Dieses
Fest findet man, so weit sich das römische Reich erstreckt: … Es blüht in
allen Ebenen, an allen Hügeln, auf allen Bergen, Seen und Flüssen, wo
immer Schiffe segeln, und selbst im Meer, hätte die Jahreszeit nicht die
Seefahrt angehalten."[2]

Die Elemente dieser Beschreibung sind traditionell: Feuer auf den Altären, das vergossene Blut der Opfertiere und der Rauch oder, wie wir
Philologen übersetzen, „Opferdampf", κνίση, eine üppige Mischung ge-
nährt aus dem brennenden Holz auf den Altären, vom Fett des Opfertiere
und vom Wein der Libationen, und olfaktorisch angereichert durch den
Geruch von Fleisch und Weihrauch. Seit jeher ist je mehr desto besser: das
Wort für ein Opfer von einhundert Rindern, die Hekatombe, ist bereits

---

[*] Diese Überlegungen sind Rudolf Brändle gewidmet als Fortsetzung eines gelegentlichen Gesprächs zwischen einem Patristiker und einem Altphilologen; auch der vorliegende Text hat von seiner Hilfe und Kritik profitiert.

[1] Libanios, or. 9,18: ἥδε ἡ νουμηνία πολὺ μὲν πῦρ, πολὺ δὲ αἷμα, πολλὴν δὲ ἐποίει κνίσσαν
ἀπὸ παντὸς χωρίου πρὸς τὸν οὐρανὸν ἀνιοῦσαν, ὥστε καὶ τοῖς θεοῖς εἶναι λαμπρὰν ἐν τῇ
ἑορτῇ τὴν δαῖτα.

[2] or. 9,4: Ταύτην τὴν ἑορτὴν εὕροιτ᾽ ἄν, ὦ νέοι, τεταμένην ἐφ᾽ ἅπαν ὅσον ἡ Ῥωμαίων ἀρχὴ
τέταται. … Ἀνθεῖ δὲ ἐν ἅπασι μὲν ἡ ἑορτὴ πεδίοις, ἐν ἅπασι δὲ γηλόφοις, ἐν ἅπασι δὲ
ὄρεσι καὶ λίμναις καὶ ποταμοῖς, ἐν οἷς πλοῖά τε καὶ πλέοντες, καὶ ἐν τῇ θαλάττῃ δ᾽ ἄν, εἰ
μὴ ἄπλους ἦν ὑπὸ τῆς ὥρας ἡ θάλαττα, ναυτῶν τε καὶ ἐμπόρων τεμνόντων τε ὁμοῦ τὰ
πελάγη καὶ ἑορταζόντων.

indoeuropäisch; wenigstens entlang dem Apollonaltar in Klaros fanden die Ausgräber auch die einhundert Sockel für einhundert Eisenringe, jeder für einen weißen Ochsen, der auf seine Opferung wartete, und Athens erster Monat mit dem Fest für die Stadtgöttin, den Panatheia, heißt Hekatombaion nach dem einen Opfer auf der Akropolis[3]. Und seit jeher ist das Opfer nicht bloß ein Festmahl der Menschen, sondern auch eines der Götter, die sich von der κνίση nähren – komisch parodiert über achthundert Jahre vor Libanios in Aristophanes' *Vögeln*, wo der Staat der Vögel zwischen Erde und Himmel den Göttern diese einzige Nahrungsquelle abschneidet und sie zu Verhandlungen mit den Menschen zwingt. Für die Menschen des römischen Reichs sind die *Kalendae Ianuariae* eines jener Feste, durch welche die karge, von Vorräten lebende Winterzeit durch eine üppige Schmauserei unterbrochen wird – in Libanios' Worten: „Überall wird getrunken, wie bei den Sybariten getafelt und gelacht – ausgiebig bei den Reichen, besser als sonst bei den Armen; Liebe zum Geldausgeben hat alle Menschen erfasst."[4] Und die Götter sollen dasselbe haben.

Libanios hat seine Beschreibung mit einer Entschuldigung eingeleitet: „Dieses Fest hier [er hält die Rede also am Festtag] kommt und bringt uns allen Wohlergehen – und doch haben wir es noch nie in einer Rede gepriesen, obwohl wir wissen, dass ein solcher Preis auch einer der Götter ist, denen ein Fest gilt; und dieses Fest gilt einer mächtigen Gottheit."[5] Er sieht diesen Preis als eine Verpflichtung an, die er vor seinem Tod noch erfüllen will: „Besser zu sterben, wenn man seine Verpflichtungen erfüllt hat, als wenn man sie schuldig bleibt."[6] Das datiert die Rede spät im Leben des Rhetors, der 393 starb, lässt zugleich einen dunkeln Ton aufklingen, was die folgende Beschreibung dann freilich gleich wieder vergessen lässt.

Kurz vor dem Ende der Rede mit der enthusiastischen Berufung hellenischer Opfertradition, mit der ich begonnen habe, klingt der dunkle Ton noch einmal an, und die Berufung auf die Tradition wird ungleich wichtiger, aber auch problematischer. Libanios hält seine Beschreibung im Imperfekt, ἐποίει, das ich bewusst schulmeisterlich mit „pflegte zu bescheren" übersetzt habe. Das Imperfekt hat seinen Grund: „Die Altäre der

---

3 Hekatombe: Walter Burkert, Griechische Religion der archaischen und klassischen Epoche, Stuttgart 1977, 45; Klaros: Juliette de la Genière, Claros. Bilan provisoire de dix campagnes de fouilles, Revue d'Études Anciennes 100, 1998, 235-268.

4 or. 9,6: πανταχοῦ δὲ πότοι καὶ τράπεζαι Συβαριτικαὶ καὶ γέλωτες. αἱ μὲν τῶν εὐδαιμόνων τοιαῦται, τῆς εἰωθυίας δὲ καὶ ἡ τοῦ πένητος ἀμείνων. ἔρως γάρ τις λαμβάνει τοὺς ἀνθρώπους δαπάνης.

5 or. 9,1: Ἡ μὲν οὖν ἑορτὴ καὶ αὐτὴ προσάγει τὸ αὐτῆς εὖ ποιήσουσα ἡμᾶς, ἡμεῖς δὲ οὔπω πρότερον αὐτῇ πεποιήκαμεν ἐγκώμιον, καὶ ταῦτα εἰδότες, ὅτι τιμὴ μὲν τοῦτο καὶ αὐτοῖς τοῖς δαίμοσιν ὧν ἑορταί, δαίμονος δὲ μεγάλου τήνδε εἶναι συμβαίνει τὴν ἑορτήν.

6 or. 9,3: βέλτιον γὰρ ἀποδόντας τελευτᾶν τὸν βίον ἢ ὀφείλοντας.

Götter tragen heute all das nicht mehr, was sie früher trugen, weil das Gesetz es verbietet; doch vor diesem Verbot pflegte dieser Monatsanfang uns viel Feuer, viel Blut und viel Opferdampf zu bescheren…"[7] Der wohlverdiente Preis des Festes kommt in einem Moment, wo seine erdumspannende Pracht Vergangenheit ist. Nimmt man dies ernst, muss man es als Reaktion auf Theodosius' generelles Opferverbot vom 24. Februar 391 verstehen (cod. Theod. XVI 10,10): das datiert die Rede auf den 1. Januar 392 oder 393.

2.

Die *Kalendae Ianuariae* waren seit jeher ein wichtiges Fest, erst in der Stadt Rom, dann im ganzen Reich. Michel Meslin hat die Geschichte ihrer Entwicklung vom stadtrömischen Fest zum Reichsfest geschrieben; seine Darstellung ist noch immer gültig, auch wenn unterdessen neue Dokumente bekannt geworden sind[8]. In der späten Republik und frühen Kaiserzeit markierten die *Kalendae Ianuariae,* kalenderrichtig auf den 1. Januar beschränkt, den Amtsantritt der neuen Konsuln. Im Zentrum der Feier stand ein Opfer auf dem Altar des Kapitolinischen Jupiter, doch bereits Ovid hat in seinen *Fasti* diesen Festtag in eine kosmische und imperiale Sicht eingebettet: wohin Jupiter an diesem ersten Feiertag seiner Stadt blickt, sieht er „nichts als Rom", *nil nisi Romanum*[9].

Dieselbe kosmische und imperiale Perspektive sahen wir noch in Libanios, und nicht zufällig. Im Lauf der Kaiserzeit wuchsen Bedeutung und Umfang des Festes. Es wurde auf vier Tage ausgedehnt, vom 1. bis zum 4. Januar – mit dem Amtsantritt der Konsuln und dem Opfer an Jupiter am 1. Januar, einem häuslichen Fest der Fülle und der karnevalesken Verkehrung am 2. Januar (Sklaven und Herren essen zusammen und geben sich gemeinsam dem sonst verpönten Würfelspiel hin), den offiziellen Vota (der Opfer für Kaiserhaus und Reich, in ihrer Kombination mit Dank für das vergangene und Gelübde für das kommende Jahr) und dem Beginn der Wagenrennen am 3. Tag; Rennen und private Bankette füllen auch den vierten und letzten Tag. Es wird aus Rom exportiert, nicht bloß in die *coloniae* und, im 4. Jahrhundert, das neue Rom, Kon-

---

7 or. 9,18: βωμοί τε θεῶν νῦν μὲν οὐ πάντα ἔχουσι τὰ πρόσθεν νόμου κεκωλυκότος, πρὸ δέ γε τοῦ κωλύματος ἤδε ἡ νουμηνία πολὺ μὲν πῦρ etc.

8 Michel Meslin, La fête des calendes de janvier sous l'Empire romain (Collection Latomus 115), Brüssel 1970, dem ich bereits in meinem Aufsatz: Kalendae Ianuariae, in: Ansichten griechischer Rituale. Geburtstagssymposium für Walter Burkert, Stuttgart 1998, 199-216 stark verpflichtet war.

9 Ovid, fast. 1,63-254.

stantinopel, sondern in die meisten Städte des Reichs: dass der Name seine eigentliche Bedeutung verliert und zum Namen einer viertägigen Festperiode wird, hat zu tun mit dieser Übernahme in Städten mit ganz anderen lokalen Kalendersystemen, die sie auch unter Rom beibehalten. Üppigkeit von Essen und Trinken, karnevaleske Verkehrung und Aufhebung sozialer Schranken dehnen sich aus, und alle möglichen Riten werden angegliedert, wie etwa das Verteilen von Geschenken (*strenae*), das Absingen von Spottliedern oder Umzüge von Maskierten. Politisch wird das Fest zum zentralen ritualen Ausdruck der Einheit des Reichs unter dem stadtrömischen Kaiserhaus und damit zum wichtigsten Ausdruck imperialer politischer Ideologie überhaupt; gleichzeitig aber begeistert es die städtischen Massen mit seiner Ausgelassenheit, Üppigkeit und allen anderen eminent sinnlichen Eigenheiten. Die „mächtige Gottheit", μέγας δαίμων, die Libanios in bewusst vager Terminologie zu Beginn der Rede als Inhaber des Festes anspricht, kann ebenso leicht der Kaiser wie Jupiter Optimus Maximus sein, die im übrigen seit jeher in imperialer Ideologie einander gleichgesetzt werden; und während θεός bloß den toten und kultisch verklärten Kaiser meinen kann, ist das alte homerische Wort δαίμων weniger klar besetzt, kann jedes mächtige übermenschliche Wesen bezeichnen.

Antiochien und die *Kalendae* waren bereits einmal wichtig geworden im Kontext religiös-politischer Auseinandersetzungen. Im Juli 362 kam Julian mit seinem Hof in die Stadt, um seinen Partherfeldzug vorzubereiten; für mehr als ein halbes Jahr wurde Antiochien zur informellen Hauptstadt des römischen Reichs. Hier feierte er die *Kalendae* des Jahres 363, mit der Einsetzung der neuen Konsuln, den Wagenrennen und der ganzen üppigen Festlichkeit, die wir aus Libanios' Beschreibungen kennen – und hier reagierte er mit der Satire Misopogon, „Barthasser", auf die Schnitzelbänke, die die glatt rasierten Antiochener in der Ausgelassenheit des Festes auf den bärtigen jungen Kaiser gesungen hatten[10]. Sein Lehrer Libanios hielt am 1. Januar den traditionellen Panegyricus, die Festrede, auf die der Kaiser so begeistert reagierte, dass er (wie Libanios in seiner Autobiographie berichtet) „von seinem Thron aufsprang und seinen Mantel mit den Armen weit ausbreitete" – eine der Würde des hohen Amtes nicht angemessene Geste, die Libanios freilich entschuldigt: „Einige unserer Pedanten würden sagen, dass seine Begeisterung ihm seine Haltung raubte" – doch, so fügt der Redner an, „was ist königlicher als wenn ein König seine Seele zur Schönheit einer Rede emporfliegen lässt?"[11]

---

10 Maud W. Gleason, Festive Satire. Julian's Mysopogon and the New Year at Antioch, Journal of Roman Studies 76, 1986, 106-119.
11 Libanios, or. 1,129.

Die enthusiastische Feier der Kalenden durch den jungen Kaiser hatte freilich auch politische Gründe. Zur Restauration der paganen Tradition, welche die christlichen Kaiser und ihre bischöflichen Ratgeber radikal abzubauen begonnen hatten, gehörte auch dies, in doppelter Brechung: in der Zelebrierung eines Festes, das in seiner Geschichte und seinen Details stark der republikanischen Tradition verpflichtet war (das erklärt die prominente Rolle, die noch immer die Konsuln in diesem Fest spielten, und die Julian noch unterstrichen hat), und in der Zelebrierung eines Festes, in dessen Zentrum das blutige Opfer an Jupiter Optimus Maximus stand, das Jahrhunderte solcher Opfer auf dem Kapitol der Stadt Rom an den Göttervater heraufbeschwor. Nach dem katastrophalen Brand des Apollon-Heiligtums in Daphne, einer Vorstadt Antiochiens, kurz nach seiner Ankunft in der Stadt muss der Kaiser umso intensiver nach erfolgreichen Symbolen für seine religiöse Restauration des Reichs gesucht haben.

3.

Die Kalenden spielten reichsweit aus, was städtische Feste seit jeher im Raum der einzelnen Polis bewirkten. Jedes städtische Fest stiftet und bestätigt Identität und Einheit zugleich mit der Bestätigung und Darstellung sozialer Rollen und Unterschiede; stadtrömische Feste in den Kolonien Roms stellten zudem die religiöse und ideelle Verbindung zwischen der *colonia* und der Mutterstadt her. In der Auseinandersetzung zwischen Christen und Heiden wurde eine solche Einheit brüchig, und die Rolle der städtischen Feste wurde wichtiger – und prekärer.

Dies zeigt eine Geschichte, welche Hieronymus im Leben des Heiligen Hilarion erzählt (Kap. 11). Hilarion stammte aus Gaza und lebte als asketischer Einsiedler in der Wüste zwischen der Stadt und der Landbrücke des heutigen Suez. Gaza und sein Hafen Maiuma waren als Orte großer strategischer Bedeutung römische *coloniae*, und Gaza feierte unter anderem das stadtrömische Fest der *Consualia*[12]. Das Fest war angeblich von Romulus gestiftet worden; seine Hauptattraktion waren seit jeher Wagenrennen, und der Altar des Consus in Rom war mit dem Circus Maximus, dem Haupttrennplatz der Stadt, engstens verbunden.

Wie anderswo auch, liefen in den Wagenrennen in Gaza zwei Gespanne um die Wette. Das eine gehörte einem Duumvir (die *duumviri* waren die zwei Hauptbeamten der Stadt, in einer provinziellen Spiegelung der beiden Konsuln), welcher der alten Religion angehörte (Hieronymus nennt ihn einen Verehrer des Marnas, des Hauptgottes von Gaza). Das andere

---

12 Es gibt keinen Grund, an der Faktizität einer solchen Feier in Gaza zu zweifeln.

gehörte dem Christen Italicus, der offenbar der finanziellen Elite der Stadt zugehörte. Italicus nun erfuhr, dass sein Gegner einen Magier in Dienst genommen hatte, dessen Künste die Pferde des Italicus behindern, die seines Gegners begünstigen sollte – eine farbige Ausgestaltung der vielen tatsächlich magischen Texte, die wir aus mehreren Rennbahnen des römischen Reichs kennen. In diesen Texten wird gewöhnlich ein Dämon oder eine Gruppe von Dämonen angerufen: sie sollen den gegnerischen Wagenlenker zu Fall bringen und seine Pferde so schwer verletzen, dass sie nicht mehr rennen können. Solche Texte sind oftmals in den Kurven der Rennbahn vergraben worden, einem besonders gefährlichen Teil des Parcours, wo Wagen sich besonders gern verkeilten und Pferde stürzten, was dann die Effizienz der Magie bestätigen konnte[13].

Als er von dem Magier hörte, geriet Italicus in Panik, doch als Christ konnte er seinerseits keinen Magier in Dienst nehmen. So ging er denn zum Heiligen und bat ihn um Hilfe. Hilarion lehnte zuerst schroff ab – Magie ist Dämonensache, und ein Asket ist kein Zauberer. Seine Schüler aber redeten ihm gut zu: es ging ja letztlich um eine propagandistisch nützliche Sache. So füllte denn Hilarion Wasser in seinen eigenen Becher und trug Italicus auf, Stall und Pferde damit zu benetzen. Italicus tat wie geheißen, und die christliche Gegenmagie funktionierte aufs beste. Italicus' Gespann siegte, und die Menge tobte: „Marnas ist von Christus besiegt worden." Als Nebenergebnis wurde der Magier summarisch zum Tode verurteilt und hingerichtet.

In dieser Geschichte ist nicht das Fest als solches umstritten: sein Hauptereignis, das Wagenrennen, dient als Katalysator für Spannungen. Dies ist bei weitem nichts Neues für die Spätantike oder Byzanz, wo die Anhänger einzelner Wagenlenker oder Rennstallbesitzer sich in Faktionen organisierten und oft mehr oder weniger gewaltsam zusammenstießen: vor über dreißig Jahren hat Alan Cameron in seinen *Circus Factions* dazu Entscheidendes gesagt. Die Faktionen bündelten soziale Gruppen und Aspirationen; der Sieg der anderen ließ frustrierte Probleme dann gelegentlich explodieren[14].

In unserem Fall freilich bündeln die beiden Gruppen, die des Italicus und die seines ungenannten Gegners, Identitäten und Spannungen, die

---

13   Zur Magie der Rennbahnen Henriette Pavis d'Esturac, Magie et cirque dans la Rome antique, Byzantinische Forschungen 12, 1987, 447-467; entsprechende Texte werden immer wieder publiziert, vgl. David Jordan, New Greek Curse Tablets (1985-2000), Greek, Roman, and Byzantine Studies 41, 2001, 5-46.

14   Alan Cameron, Circus Factions, Oxford 1976); vgl. auch Peter Brown, Sorcery, demons and the rise of Christianity. From late antiquity into the Middle Ages, in: Religion and Society in the Age of Augustine, London 1972, 119-146 (urspr. in: Witchcraft Confessions and Accusations, hg. v. M. Douglas, London 1970).

von den lokalen Akteuren religiös verstanden werden – Marnas, der alte semitische Gott Gazas, der wie kein anderer die städtische Identität verkörpert, steht gegen Christus, den neuen Gott. Hieronymus' Erzählung impliziert, dass der Sieg der einen oder anderen Faktion entscheiden konnte, welche Religion mehr Anhänger finden würde, und dass Italicus' Sieg hier Entscheidendes bewirkte. Das widerspricht freilich der präzisen Angabe von Markos Diakonos, dass im Jahre 395 bloß 280 Christen (Männer, Frauen und Kinder) in Gaza lebten[15]. Auch wenn Markos rhetorische Gründe für seine Aussagen haben kann – er möchte die missionarische Leistung seines Helden, des Bischofs Porphyrios, herausstreichen und hat so ein Interesse, die Christengemeinde klein zu halten, die der Bischof vorfindet – ist er doch wohl näher an der Realität als Hieronymus. Der Tempel des Gottes, das Hauptheiligtum der Stadt, hat sich erstaunlich lange halten können, und Peter Brown hat angemerkt, dass die von Porphyrios und seinen fanatischen Mönchen inszenierte Zerstörung des Heiligtums nicht zu den massenhaften Bekehrungen führte, auf die der Bischof gehofft hatte[16]. Das weist auf ein starkes Beharrungsvermögen der Traditionalisten gegenüber einer gewaltsamen Christianisierung hin – was der Kaiser Arcadius in einem von Markos zitierten Brief an Eudoxia bestätigt[17]. Hieronymus hat also wohl radikal geschönt.

Wie dem auch sei: entscheidend in dieser Auseinandersetzung zwischen Christen und Heiden ist weniger das spezifische Fest als vielmehr die Konfrontation in den mit dem Fest verbundenen Wagenrennen: es hätten auch die Rennen am 3. und 4. Tag der *Kalendae Ianuariae* oder eines anderen städtischen Festes sein können. Das ändert nichts daran, dass das städtische Fest jetzt zum Ort umkämpfter Identitäten und zum Katalysator der Auseinandersetzung geworden ist.

Das Gegenbeispiel sind die *Lupercalia*. Sie sind ein altes stadtrömisches Fest, gefeiert am 15. Februar und der Sage nach von Romulus eingesetzt: in einheimischer Lesung sind sie mithin älter als Roms offizieller Festkalender, der auf Romulus' Nachfolger Numa zurückgeht. Schon Cicero sah sie als wildes und primitives Fest an, was nicht überraschen sollte: ihr zentrales Ritual bestand darin, dass zwei Gruppen junger Männer, die *Luperci*, eingeölt und bloß mit einem Lendenschurz aus Ziegenfell bekleidet, durch Roms Straßen liefen und Mädchen und junge Frauen mit einer Peitsche schlugen, die aus der Haut eines geopferten Ziegenbocks ge-

---

15 Markos Diakonos, *Vita Prophyrii* 19. Vgl. Frank R. Trombley, Hellenic Religion and Christianization c. 370-529 (Religion in the Graeco-Roman World 115), Leiden 1993, Bd. 1, 187-245.

16 Peter Brown, The Cult of the Saints. Development and Function in Latin Christianity, Chicago 1981, 71 f.

17 Markos, *Vita Porphyrii* 41.

schnitten waren; das sollte die Fruchtbarkeit befördern[18]. Moralisten konnten kaum Freude an dieser Zurschaustellung männlicher Nacktheit und Sexualität haben, und bereits Tertullian und Minucius Felix polemisieren gegen seine karnevalesken Riten[19]. Doch war das Fest ungeheuer populär und lebte durch die Jahrhunderte hindurch bis weit in christliche Zeit, auch wenn Christen sich daran ebenso wenig hätten beteiligen sollen wie an anderen heidnischen Kulten[20]. Christliche Autoren des 5. Jahrhunderts reden davon, dass das Fest noch lebendig war[21], und wohl 496 hat Papst Gelasius I. seine Durchführung verboten; ein Jahrhundert nach dem generellen Verbot heidnischer Kulte durch Theodosius den Großen hätten eigentlich gar keine Heiden mehr in Rom sein können, welche die *Lupercalia* feierten, und tatsächlich müssen wir annehmen, dass die große Mehrheit der Teilnehmer nun Christen waren[22]. Das Fest hat im Wesentlichen seine alte Form bewahrt: noch immer rennen die nackten *Luperci* mit ihren Peitschen[23], noch immer drängen sich wohl die Matronen, um geschlagen zu werden. Ob die *Luperci* wie früher Mitglieder des stadtrömischen Adels waren, ist unklar; nach Gelasius haben sich die christlichen Senatoren von der Teilnahme am Ritual distanziert und die Rolle der *Luperci* „verwerflichen Menschen" überlassen: wenn ihnen das Fest wirklich wichtig wäre, würden sie noch immer selber als *Luperci* durch die Stadt laufen[24]. Nimmt man dies ernst, muss man annehmen, dass im späten 5. Jahrhundert nicht-adlige junge Männer als *Luperci* durch die Stadt liefen. Doch wurde auch so das Fest als Teil der alten städtischen Traditionen verstanden, auch wenn mehr als hundert Jahre nach der Ausein-

---

18 Hauptstellen: Cicero, *Pro Caelio* 26 *(fera quidem sodalitas et plane pastoricia atque agrestis)*; Ovid, *Fasti* 2, 267-474; vgl. Georg Wissowa, Religion und Kultus der Römer (HAW 5,4), München ²1912, 208-211. Christoph Ulf, Das römische Lupercalienfest. Ein Modellfall für Methodenprobleme in der Altertumswissenschaft (Impulse der Forschung 38), Darmstadt 1982, hat eine gute Quellensammlung, aber eine problematische Deutung.

19 Tertullian, spect. 5; Minucius Felix, Oct. 22; vgl. Arnobius, Adv. gent. 16. Die Polemik hält sich bis ins Frühmittelalter, vgl. den gelehrten Brief des Aldhelm von Malmesbury, ep. 13.

20 Sie sind erwähnt in den beiden Kalendern des mittleren 4. Jhs., demjenigen des Philocalus und des Polemius Silvius.

21 Prudentius, *In Symmachum* 2,862 (ca. 400 n. Chr.); Leo der Grosse, *De Manichaeorum haeresi* 2,8,4 (Papst 440-461 n. Chr.), für den *Lupercalia* keine heidnische Feier (oder *superstitio*), sondern ein *spectaculum* sind.

22 Text mit langer Einleitung in G. Pomarès, Gélase 1er. Lettre contre les Lupercales (SC 65), Paris 1959; vgl. A. W. J. Holleman, Pope Gelasius I and the Lupercalia, Diss. Amsterdam 1972.

23 ep. 17: *ipsi celebrate more maiorum, ipsi cum resticulo nudi discurrite.*

24 ep. 16 f., besonders Ende 16: *deduxistis venerandum vobis cultum et salutiferum quem putatis ad viles trivialesque personas, abiectos et infimos,* und Anfang 17: *ipsi celebrate more maiorum, ipsi cum resticulo nudi discurrite.*

andersetzung der heidnischen Oberschicht Roms mit Ambrosius die senatorischen Familien wohl alle christlich geworden waren, wie wir dies etwa von Boëthius oder seinem Schwiegervater Symmachus wissen, deren Ahnen ein Jahrhundert zuvor den Widerstand gegen Ambrosius angeführt hatten: Gelasius' Brief, der das Verbot verteidigt, ist an den Senator Andromachus gerichtet.

Wir wissen nicht, wie die Christen die Feier der *Lupercalia* rechtfertigten, außer mit dem Hinweis auf den *mos maiorum*, den man nicht unterbrechen dürfe, und damit, dass das Verbot zu Seuchen und Kriegen geführt habe[25]. Eine klare, gar theologisch argumentierende Umdeutung des Festes, das es von seinem heidnischen Ursprung abgesetzt hätte, hat anscheinend niemand versucht: deswegen kann Gelasius das Fest mehrfach als Feier des Gottes Februarius und Götzendienst abqualifizieren[26]. Dass er es freilich durch die Feier Mariae Lichtmess ersetzt habe, ist eine spätere Konstruktion, die allein darauf beruht, dass dieses Marienfest bereits in dem ihm zu Unrecht zugeschriebenen *Sacramentarium Gelasianum* genannt ist[27].

Jedenfalls aber traf Gelasius' Verbot das Selbstverständnis der römischen Bevölkerung aufs tiefste, und der Widerstand gegen das Verbot war so groß, dass sich der Papst in einem Sendschreiben an den Senat verteidigen musste. Dass er weitgehend moralisch argumentiert, ist nicht erstaunlich, das tun auch Chrysostomos und Augustin gegen die Kalenden, wie wir sehen werden: die *Lupercalia* sind „der Ruin der guten Sitten"[28]; ebenso wenig erstaunt, dass er darauf insistiert, dass wir es mit einem heidnischen Ritus zu tun haben, obwohl die meisten Teilnehmer Christen sind – doch sind sie, in Gelasius' Lesung, „weder Christen noch Heiden, überall ohne Glauben und nirgendwo gläubig": wir werden dasselbe Argument wieder antreffen. Es geht dem Papst darum, seine Stadt von Riten zu befreien, die aus einer vorchristlichen Zeit stammen. Auch dies – die Diskussion darum, wie viel heidnisches Ritual eine christliche Gesellschaft verkraften kann und will – ist etwas, was wir wieder antreffen werden. Gelasius

---

25 Gelasius argumentiert ausführlich gegen seine solche Deutung der gegenwärtigen Nöte, ep. 14 f. , vgl. 21; das Hauptargument der Verteidiger in 28 *dicitis tot saeculis rem gestam non oportere secludi.*

26 ep. 3; 23 beschreibt ihn als *monstrum nescio quid pecudis hominisque mixtura compositum sive vere sive falsum editum,* d.h. als Faunus. Der Gott Februarius ist eine gelehrte Erfindung der Spätantike, Macrobius, sat. 1,13,3; Servius, ad Verg. georg. 1,43.

27 *Sacramentarium Gelasianum* zum 2. Februar, PL 74,883C; abgelehnt bereits im Kommentar des Nicolas-Hugues Ménard (Hugo Menardus, 1585-1644) zum *Sacramentarium Gregorianum,* PL 78,298A. – Zum relativ jungen Datum des Festes vgl. Bernard Moreton, The Eighth Century Gelasian Sacramentary. A Study in Tradition, Oxford 1976, 122 f. ("the observance of the feast was relatively new in the 'old' Gelasian tradition").

28 ep. 100,19: *tantam moribus labem perniciemque proponit.*

jedenfalls wehrt sich, wie vor ihm schon Augustinus, gegen jede An-
passung heidnischer Riten: „Soweit es mich angeht, soll kein Getaufter,
soll kein Christ dies feiern; allein die Heiden, deren Fest dies ist, sollen es
begehen."[29]

Durchgesetzt hat sich Gelasius freilich nur teilweise. Ein halbes Jahrtausend später treffen wir die *Lupercalia* wieder, diesmal in Byzanz: sie sind
Teil des städtischen Festkalenders und des byzantinischen Hofzeremo-
niells, und es ist kein geringerer als der Kaiser Konstantin Porphyrogennetos (regierte 913-959), der das Fest in aller Ausführlichkeit in seinem
Liber caerimoniarum beschreibt[30]. Freilich ist es in dieser Beschreibung nicht
mehr wiederzuerkennen: es ist in Gänze zu einem Frühlingsfest geworden,
an dem die Stadt Byzanz und der Hof dem Kaiser und seiner Familie
Segen und Gedeihen anwünscht. Einziger Rest des alten Rituals ist ein
junger Mann, der in der ersten Phase des Rituals einen Hymnus auf den
Kaiser rezitiert.

Diese Entwicklung ist wichtig: die altrömische Tradition hat sich bloß
um den Preis einer radikalen Umdeutung durchgesetzt, die auch einschnei-
dende Konsequenzen für die Form des Rituals hatte. Die moralisch
anstößigen Riten sind abgeschafft worden – keine nackten jungen Männer
mehr, keine begeisterten Matronen. Heidnische Götter sind verschwun-
den, und die religiöse Funktion ist durch eine harmlose jahreszeitliche
ersetzt worden: der Hof und die Stadt begehen die Ankunft des Frühlings
in einem wohlorchestrierten Fest im Zirkus von Byzantium. Was der stadtrömische Adel zur Zeit des Gelasius I. versäumt hatte, haben unbekannte
Byzantiner nun nachgeholt.

Wie passen sich die Kalenden in diese beiden Modelle ein, die ich
eben dargestellt habe – die Beibehaltung des Festes als Ort der religiösen
Rivalität wie bei den *Consualia* in Gaza, oder die Kontestation und schließ-
liche radikale und säkularisierende Verwandlung, wie bei den *Lupercalia*
zwischen Rom und Konstantinopel?

4.

Ob Johannes Chrysostomos unter den Zuhörern von Libanios' Panegyricus am 1. Januar 363 war, können wir nicht wissen. Denkbar ist es: die

---

29 ep. 30,1: *quod ad me pertinet, nullus baptizatus, nullus Christianus hoc celebret et soli hoc pagani,
    quorum ritus est, exsequantur.*
30 Konstantinos Porphyrogennetos, *Liber caerimoniarum* 1,82 (Albert Vogt [Hg.], Con-
    stantin VII Porphyrogénète. Le livre des cérémonies, Bd. 2,1, Paris 1939, 163-168);
    vgl. Yves Marie Duval, Des Lupercales de Constantinople aux Lupercales de Rome,
    Revue des Études Latines 55, 1977, 222-270.

Rede war öffentlich, Libanios redet von Zehntausenden (μύριοι) von Menschen, die den Kaiser sehen wollten, und Johannes mag alt genug gewesen sein, um zugelassen zu werden[31]. Ob er den kaiserlichen faux-pas ebenso leicht toleriert hätte wie Libanios, wage ich nicht zu beurteilen: ich fürchte, dass wenigstens der erwachsene Bischof wohl eher einer der von Libanios gerügten Pedanten gewesen wäre.

Als Priester war Johannes Chrysostomos jedenfalls unter denen, welche die *Kalendae* vehement angriffen. In der zweiten Hälfte des 4. Jahrhunderts ist ein wachsender christlicher Widerstand gegen die *Kalendae Ianuariae* zu fassen: eine Reihe von Predigten wenden sich gegen ihre Riten. Wie bei den *Lupercalia* artikuliert sich der Widerstand nicht religiös oder politisch, sondern vor allem moralistisch, wie die wohl früheste dieser Predigten, eben diejenige des Chrysostomos, zeigt; er hielt sie an einem 1. Januar als Priester, in der Abwesenheit seines Bischof Flavianus. Sie gehört also in die Jahre zwischen 386, seiner Einsetzung als Priester, und 398, seiner Berufung nach Konstantinopel, ist mithin einigermaßen zeitgleich mit Libanios' Rede.

Der Beginn der Predigt, nach einer Reverenz an den abwesenden Bischof und einem kurzen Elogium des Apostels Paulus, tönt kämpferisch und etwas schrill, und sie beschreibt die Feier erst einmal in religiösen Termini: „Wir sind im Krieg, nicht mit den Amalekitern, nicht mit anderen Fremdvölkern, die uns angreifen, sondern mit Dämonen, die auf der Agora ihre Prozession abhalten."[32] Dann folgt eine ebenso engagierte Beschreibung dessen, was rings um die christliche Versammlung geschieht; sie führt von der religiösen zur moralischen Distanzierung: „Die teuflischen Nachtfeiern, die heute abgehalten werden, die Spottgesänge und Beschimpfungen, die nächtlichen Tänze und diese ganze lachhafte Komödie – all dies hält unsere Stadt härter gefangen als jeder äußere Feind."[33] Und noch schlimmer als all dieses öffentliche Treiben ist, was im Innern der Tavernen stattfindet, wo Männer und Frauen gemeinsam gewaltig zechen – und all dies wird als Vorzeichen für das kommende Jahr gesehen: die Üppigkeit des ersten Tags garantiert Fülle das Jahr über.

Das führt zur ersten grundsätzlichen Distanzierung: Christen kümmern sich nicht um solche Tagewählerei, und Christen heben nicht einzelne Tage durch Feste hervor: wenn das richtige Fest mit Paulus mit dem „ungesäuerten Brot der Lauterkeit und Wahrheit" begangen wird (I Kor

---

31 Libanios, or. 1,127.
32 Johannes Chrysostomos, hom. in Kal. 1 (PG 48, 954): ἡμῖν πόλεμος συνέσηκε νῦν … δαιμόνων πομπευσάντων ἐπὶ τῆς ἀγορᾶς.
33 hom. in Kal. 1 (954): αἱ γὰρ διαβολικαὶ παννυχίδες αἱ γινόμεναι τήμερον καὶ τὰ σκώμματα καὶ αἱ λοιδορίαι καὶ αἱ χορεῖαι αἱ νυκτεριναὶ καὶ ἡ καταγέλαστος αὕτη κωμωιδία.

5,8), ist für den wahren Christen jeder Tag ein Festtag. „Ein Christ darf nicht Monate oder Neumonde oder Sonntage feiern, sondern muss sein ganzes Leben ein zu ihm passendes Fest feiern. ... Auf bestimmte Tage zu achten, ist nicht christliche Philosophie, sondern heidnisches Irren."[34] Nimmt man dies ernst, verwirft es die Zelebrierung eines jeden Festes, den christlichen Sonntag einbegriffen. Angesichts der politischen Funktion der *Kalendae Ianuariae* ist dies nicht völlig harmlos.

Doch hält sich der Prediger nicht lange in diesem gefährlichen Terrain auf, er kommt zum Hauptanlass, den Kalenden, zurück. Ihre Riten sind Kinderei, und der gute Christ nimmt nicht daran teil. „Zünde nicht auf dem Forum ein sinnlich wahrnehmbares Licht an, sondern ein geistig wahrnehmbares in deinem Herzen; ... bekränze nicht deine Haustüre, sondern lebe so, dass du den Kranz der Tugend aus Christi Hand gewinnst."[35] Die Riten der Kalenden, die Kerzen auf dem Forum und die Kränze an der Haustüre, werden verinnerlicht, in einer geistigen Bewegung, die der Protestantismus gegenüber dem katholischen Ritualismus wiederholen wird. Das wird dann zum eigentlichen Gegenszenario: der Christ soll zuhause bleiben und die Armen an seinem Tisch bewirten. „Wenn du den Lärm hörst, die Zügellosigkeit und die Umzüge der Dämonen, und wenn die Agora angefüllt ist mit schlechten und hemmungslosen Menschen, dann bleibe zuhause und halte dich von diesem Chaos fern!"[36] Nichtteilnahme am Festgetöse ist die einzig denkbare Haltung für den guten Christen – und nicht bloß am Festgetöse: Chrysostomos argumentiert auch gegen scheinbar harmlosen Riten wie das Anzünden von Kerzen auf der Agora, das Bekränzen der Haustüre, oder das Bankett zuhause.

Zweimal schon hat der Prediger jetzt von den δαίμονες, den Dämonen gesprochen, die auf der Agora ihre Prozession abhalten. Das ist nicht einfach eine rhetorische Figur so, wie es die Bezeichnung des Festes als ἑορτὴ διαβολική ist: es zielt auf ein Detail der Feier in Antiochien. Von verschiedenen Orten der antiken Welt hören wir von Maskentreiben an den Kalenden. Im Westen sind es „Hirschlein, Weiblein oder andere

---

34 hom. in Kal. 3 (956): τὸν γὰρ Χριστιανὸν οὐχὶ μῆνας οὐδὲ νουμηνίας οὐδὲ κυριακὰς ἑορτάζειν χρῆ, ἀλλὰ διὰ παντὸς τοῦ βίου τὴν αὐτῶι πρέπουσαν ἑορτὴν ἄγειν. ... τὸ παρατηρεῖν ἡμέρας οὐ Χριστιανικῆς φιλοσοφίας, ἀλλ᾽ Ἑλληνικῆς πλάνης ἐστίν.

35 hom. in Kal. 3 (957): μὴ τοίνυν ἐπὶ τῆς ἀγορᾶς ἀνακαύσηις πῦρ αἰθητὸν ἀλλ᾽ ἐπὶ τῆς διανοίας ἄναψον φῶς πνευματικόν. ... μὴ τὴν θύραν τῆς οἰκίας στεφανώσηις, ἀλλὰ τοιαύτην ἐπίδειξαι πολιτείαν ὥστε τὸν τῆς διακοσύνης στέφανον σῆι κεφαλῆι παρὰ τῆς τοῦ Χριστοῦ δέξασθαι χειρός.

36 ὅταν ἀκούσηι θορύβους, ἀταξίας καὶ πομπὰς διαβολικὰς πονηρῶν ἀνθρώπων καὶ ἀκολάστων τὴν ἀγορὰν πεπληρωμένην οἴκοι μένε καὶ τῆς ταραχῆς ἀπαλλάτηις ταύτης.

Monster"[37], im Osten (doch auch in Ravenna) Göttermasken, im lydischen Philadelphia ist es Ianus/Saturn, der umgeht[38], in Ravenna wie in Antiochien eine *daemonum pompa*, ein Umzug von Dämonen, zu der Masken von Saturn, Iupiter, Hercules, Diana und Vulcanus gehören[39]. Noch das Konzil in Trullo, das so genannte Concilium Quinisextum von 692, wendet sich gegen „Tänze im Namen der bei Griechen fälschlich so genannten Götter, von Männern und Frauen, die in alter und unchristlicher Weise ausgeübt werden"; freilich werden diese Tänze nicht direkt mit den im selben Kanon verbotenen Kalenden verbunden, sondern mit jeder Art von Maskentreiben, einschließlich dem Theater[40]. Das Fest war durch seine krasse Sinnenfreude anstößig genug; heidnische Göttermasken setzen dem Ganzen die Krone auf.

Diese sehr spezifischen Ermunterungen zu einer Art zivilen Ungehorsams wachsen sich aber schnell aus zu einer Ermahnung christlicher Interaktion mit Nicht-Christen schlechthin, die den spezifischen Anlass weit hinter sich lassen und sich in eine beunruhigende Richtung bewegen. Christen reden nicht über Belangloses mit ihren Mitmenschen, sondern über ihre φιλοσοφία, ihre Lehren, und sie schweigen nicht, wenn sie Dinge sehen, die dieser Philosophie widersprechen. Und wenn sie sich dadurch Feinde schaffen, geschieht dies im Namen Gottes. In seinem Namen darf man selbst das Schwert gebrauchen, wie die Geschichte von Pinhas (Num 25,6-9) zeigt: „Was er tat, war Mord, doch die Strafe wurde zur Rettung für alle, die unterwegs zum Untergang waren."[41] Das ist, wenn man es in seiner ganzen Radikalität ernst nimmt, weit mehr noch als bloß Ermunterung zum zivilen Ungehorsam, wozu die Riten der *Kalendae* den Prediger provozieren – derselbe Prediger, der in der Statuenaffäre 387 erfahren hatte, wozu eine aufgebrachte Menge fähig war, und wie ein aufbrausender Kaiser reagieren konnte. Man kann also zweifeln, ob er die Lehren aus der Pinhas-Geschichte wörtlich anwenden wollte; aber man darf nicht daran zweifeln, dass er die Riten der *Kalendae* – und nicht bloß die Ausschwei-

---

37 Caesarius von Arles, *sermo* 193; vgl. R. Arbesmann, Die 'cervuli' und 'anniculae' in Caesarius von Arles, Traditio 35, 1979, 89-110.

38 Johannes Lydos, mens. 4,2.

39 Petrus Chrysologus (früher Caesarius von Arles), *Sermo de Pythonibus,* PL 65,37.

40 Konzil in Trullo, Kanon 62. Vgl. Frank R. Trombley, The Council in Trullo (691-692). A Study of the Canons Relating to Paganism, Heresy, and the Invasions, Comitatus 9, 1978, 1-18; Demetrios J. Constantelos, Church Canons and Cultural Realities. Canon Sixty-Two of the Synod in Trullo. A Case Study, in: Christian Hellenism. Esssays and Studies in Continuity and Change, New Rochelle, NY 1998, 163-171; eine englische Version mit Bibliographie in: Religions of Late Antiquity in Practice, hg. v. R. Valantasis, Princeton 2000, 289-300.

41 hom. in Kal. 6 (961 f.), mit der Folgerung τὸ μὲν γινόμενον φόνος ἦν, τὸ δὲ κατορθούμενον ἐξ ἐκείνου σωτηρία τῶν ἀπολλυμένων πάντων.

fungen und die Zurschaustellung des paganen Polytheismus in den Pro-
zessionen – zutiefst verabscheute; er wollte seine Gemeinde von der Teilnahme abhalten und sie dazu bringen, auch Nicht-Christen von einer
solchen Abstinenz zu überzeugen.

5.

Kaum zwanzig Jahre später wandte sich ein anderer sprachmächtiger Prediger gegen dasselbe Fest, diesmal im lateinischen Westen. Am 1. Januar
wohl des Jahres 404, ein Jahrzehnt nach Libanios' Tod, predigte Augustin
in Karthago – also nicht vor seiner lokalen Gemeinde in Hippo, sondern
in einer weit urbaneren Gemeinde[42]. Er stellte die Predigt unter einen
Psalmvers: „Hilf uns, Herr unser Gott, und sammle uns aus den Heiden,
damit wir deinem heiligen Namen danken und uns rühmen, dass wir dich
preisen dürfen" (Ps 106,47) – und bezog diesen Vers gleich auf die unmittelbare Gegenwart: „Bereits wenn die Feier der Heiden, die am heutigen Tag in weltlicher und fleischlicher Freude stattfindet, im Getöse der
unsinnigsten und unanständigsten Gesänge, in der Teilnahme an eben
diesem falschen Fest – wenn das, was die Heiden heute zelebrieren, uns
keine Freude macht: schon dann sammeln wir uns aus den Heiden."[43]

Anders als in Antiochien sind die Christen Karthagos eine Minderheit,
und eine belagerte dazu – wenigstens in Augustins Darstellung. Sein
Psalmvers suggeriert, dass sich seine Gemeinde als das auserwählte Volk
inmitten eines Meers von jubelnden und feiernden Heiden abgesondert
und gesammelt hat, dass sein Versammlungshaus, die *ecclesia*, umbrandet
ist vom Getöse der trunken zelebrierenden Heiden; ich frage jetzt nicht
nach der Realität hinter dieser Zeichnung. Seinen Christen hat der Bischof
das Fasten verordnet – dies an einem Tag, an dem traditionell jede Ess-
disziplin verpönt ist, reiche Bankette die Regel sind. Augustin weiß, wie
einschneidend das ist, was er tut, und er stärkt seine Gemeinde gegen alle
Versuchungen: „Wenn ihr doch bloß nur auf Straßen und Plätzen den

---

42 Einer der neuen Texte aus der Stadtbibliothek Mainz, François Dolbeau, Nouveaux
sermons de saint Augustin pour la conversiȏ des païens et des donatistes IV, Recherches Augustiniennes 26, 1992, 69-141, wieder abgedruckt in ders. (Hg.), Augustin
d'Hippone. Vingt-six sermons au peuple d'Afrique (Collection des Études Augustiniennes. Série antiquité 147), Paris 1996, 345-417; zitiert als *Sermo* 26 Dolbeau.

43 *Sermo* 26 Dolbeau, 1: *Et modo si sollemnitas gentium quae fit hodierno die in laetitia saeculari et
carnali, in strepitu vanissimarum turpissimarumque cantionum, in celebratione ipsius falsae
festivitatis, si ea quae agunt hodie gentes non vos delectent, congregamini ex gentibus.* – Dieser Text
war bereits als *Sermo* 198 bekannt, "découpé dans les premières pages de l'original par
un prédicateur vivant dans un milieu différent de celui d'Augustin" (Dolbeau [wie
Anm. 42], 70 = 346).

bösen Versuchern begegnen würdet, und nicht auch zuhause! Der Vater will fasten, der Sohn will nicht; der Sohn will fasten, der Vater will nicht; der Mann will, die Frau will nicht, oder sie will und er will nicht."[44] Die Festkultur wird zum innerfamiliären Kampfplatz; Religion (in ihrer Konzentration auf die Sinnenfreude) hat die Kernfamilie radikal gespalten. Wobei man sich hier fragen muss (wie man sich schon bei Chrysostomos' Predigt hatte fragen müssen), wie zutreffend die Dichotomie zwischen Heiden und Christen ist, die beide betonen, oder ob nicht die begeisterte Teilnahme an den Kalenden auch einen getauften Christen automatisch zum Heiden stempelt, die Bezeichnung „heidnisch" mithin auch oder vor allem rhetorischen Zwecken dient. Ich komme darauf zurück.

Wie Chrysostomos' Predigt gilt auch diejenige Augustins nicht allein den Kalenden; der Bischof benutzt sie als Plattform für weitergehende Ermahnung, bei denen er das Thema der Absonderung von den Heiden durchhält. Er ermahnt seine Christen, keine heidnischen Haltungen in ihr Verhalten einschleichen zu lassen, wie es das Küssen der Säulen am Kirchenportal ist (er hat dies mehrfach in seiner Gemeinde gesehen[45]) und sich von jeder heidnischen Bilderverehrung, auch der philosophisch geläuterten, fernzuhalten; und er wendet sich gegen heidnische und donatistische Versuche, Christi Mittlerrolle einzuschränken.

Augustins Strategie gegen die Kalenden ist verwandt mit der des Chrysostomos, sie ist bloß radikaler: wenn Chrysostomos seiner Gemeinde rät, zu Hause zu bleiben, und die Riten metaphorisch verinnerlicht (Licht in der Seele, nicht auf der Agora), so versammelt Augustin seine Christen in der Kirche und trägt ihnen auf, zu fasten, selbst wenn das zu Spannungen in der Familie führt: die alten Riten werden mithin durch die neuen, asketischen Riten ersetzt. Augustins Argumente sind weitgehend moralisch, wie diejenigen des Chrysostomos (und aller anderen Kalendenpredigten) auch, selbst wenn das Thema die Absonderung von den Heiden ist: die Ausschweifungen der Kalenden widersprechen christlicher Sittlichkeit.

Eine solche Argumentation ist, denkt man genauer nach, einigermaßen überraschend. Die Kalenden hätten eigentlich gar nicht mehr stattfinden sollen: 391 hatte Theodosius die Opfer verboten, und wir hören von Libanios, dass dies unmittelbare Folgen hatte. Wir hören dies auch von Augustin selber: an zwei Stellen seiner Predigt verweist er auf die

---

44 *Sermo* 26 Dolbeau, 7: *atque utinam in solis plateis patiamini improbos dissuasores et non forte etiam in domibus vestris! vult pater ieiunare, non vult filius; aut vult filius, non vult pater; aut vult maritus, non vult mulier; aut illa vult et ille non vult.*

45 Peter Brown, Augustine and a practice of the imperiti. Qui adorabat columnas in ecclesia (S. Dolbeau 26.10.232/Mayence 62), in: Augustin prédicateur (395–411), hg. v. Goulven Madec, Paris 1998, 367-375.

Abschaffung der paganen Opfer. Der ausgelassenen Feier der Kalenden hat dies offenbar keinen Abbruch getan.

Dies ist eine neue Situation. Teilname an heidnischen Festen und Opfer an heidnische Götter ist ja Christen spätestens seit Paulus verboten, und solche Verbote wurden im Lauf des 4. Jahrhunderts durch lokale Konzile wiederholt; die Situation des 4. Jahrhunderts veranlasste die Bischöfe auch, die Trennung schärfer zu artikulieren. Im frühen 4. Jahrhundert (304 oder 309) erließ eine Bischofsversammlung im spanischen Eliberi (Elvira bei Granada) eine Reihe von Canones gegen die Teilnahme von Christen am heidnischen Kult, unter anderem auch ein Verbot, „wie ein Heide zum Götzenbild auf dem Kapitol zu steigen, um zu opfern und das Bild zu sehen": das richtet sich nicht ausschließlich gegen das Opfer an den Kalenden (in Rom wie in den *coloniae*), hat es aber selbstverständlich unmöglich gemacht[46]. Im Jahre 314 verbot das Konzil von Ankara nicht bloß die Teilnahme an heidnischen Opferfeiern, sondern schloss auch aus, dass Christen an einem städtischen Fest selbst dann mit Heiden zusammen essen würden, wenn sie ihr eigenes Essen mitbrächten, also nicht vom verbotenen Opferfleisch essen würden[47]. Das erste Nicaenum unterstrich diese radikale Trennung von Christen und Heiden im Kult; wer „Feste vermischt", wird als Häretiker gebrandmarkt[48]. Das Konzil von Laodikeia (364) wiederholt das Verbot der Teilnahme am heidnischen Opferfest: „Man darf nicht mit Heiden zusammen Feste feiern und an ihrer Gottlosigkeit teilnehmen."[49]

Das hat offenbar ebenso wenig unmittelbar gefruchtet wie Theodosius' Opferverbote: städtische Feste mit ihren ausgedehnten Banketten blieben bestehen. Im späten 4. oder frühen 5. Jahrhundert beschloss ein offensichtlich genervtes Konzil afrikanischer Bischöfe, sich direkt an den Kaiser (wohl Theodosius den Großen) zu wenden und ihn zum Einschreiten zu veranlassen:

> Man muss die Kaiser auch um folgendes bitten: Da an vielen Orten gegen ihre Erlasse Bankette für die Götter stattfinden, die im heidnischen Irrglauben begründet sind, so dass nun Christen von den Heiden zur Teilnahme gezwungen werden (womit in der Ära der christlichen Kaiser heimlich eine neue Christenverfolgung stattfindet), sollen sie solches verbieten lassen und mit einer von den Städten und den privaten Vermögen erhobenen Buße be-

---

46   Concilium Eliberitanum, can. 59 (Mansi II 15): *prohibendum ne quis Christianus ut gentilis ad idolum Capitolii causa sacrificandi ascendat et videat. quod si fecerit, pari crimine teneatur. si fuerit fidelis, post decem annos acta poenitentia recipiatur.*

47   Canon 7 (Mansi II 516): *de iis qui in festo ethnico in loco gentilibus deputato convivati sunt et proprios cibos attulerunt et comederunt.*

48   Mansi II 1038, aus einem arabischen Manukript (*qui … dies festos commutarunt*).

49   Canon 39 (Mansi II 570): *non oportet cum gentibus festum agere et eorum impietati communicare.*

strafen, besonders da man sich nicht scheut, an den Geburtstagen der Märtyrer und selbst an den heiligen Stätten solche Dinge abzuhalten.

Die Christen imitieren mithin die heidnischen Opferfeiern mit Banketten an den Gräbern der Märtyrer – ja, noch mehr:

An diesen Tagen (wir schämen uns, dies zu sagen) führen sie auch verbrecherische Tänze in Stadtquartieren und auf den Straßen auf, so dass der Anstand der Matronen und der vielen Frauen, die fromm zu einem heiligen Festtag kommen, durch das Unrecht der Unzüchtigen gefährdet wird.[50]

Ebendies ist mit der Vermischung der Feste gemeint: die rituellen Grenzen zwischen Heidentum und Christentum sind in Gefahr, sich aufzulösen. Die Notwendigkeit, sich als städtische Gruppe im gemeinsamen Fest zu artikulieren, ist offenbar stärker als der Widerstand der Bischöfe. Dies gilt insbesondere dann, wenn dieses Fest eine so stark karnevaleske Färbung gehabt hat wie die Kalenden, oder wie die eben beschriebenen Geburtstage der Märtyrer mit ihren Banketten und ausgelassenen Tänzen. Wieso dies ist, mag diskutiert werden: Volkskundler haben seit langem den Ausdruck von Ventilsitten verwendet, bei denen einmal in Jahr sonst unterdrückte Spannungen freigemacht werden konnten, Bakhtin hat gar auf das subversive Potential des Karnevals verwiesen, während der amerikanische Ethnologe Victor Turner vor allem auf die Fähigkeit solcher Festperioden hingewiesen hat, in der Aufhebung gängiger Schranken und Behinderungen ein Gemeinschaftsgefühl zu schaffen, das er *communitas* genannt hat. Die einzelnen Antworten schließen sich wohl nicht völlig gegenseitig aus; kollektive Subversion und gemeinsamer Regelverstoß können Gemeinschaftsgefühl schaffen. Entscheidend ist, dass diese elementare psychologisch-soziale Funktion des ausgelassenen Festes sich gegen die Normen setzenden Bischöfe erstaunlich lange behauptet hat. Noch das Konzil von Braga in 699 wandte sich gegen die Kalendenbräuche, und der 62. Kanon des Konzil in Trullo, der uns schon einmal begegnete, regelte ausdrücklich, dass „die Kalendae, die Vota, die Brumalia und die am 1. März abgehaltene Festversammlung" verboten sind[51].

50 Canon 60 (CChr.SL 149, 196 f.,490-504 Munier): *illud etiam petendum, ut quoniam contra praecepta divina convivia multis in locis exercentur, quae ab errore gentili attracta sunt, ita ut nunc a paganis Christiani ad haec celebranda cogantur; ex qua re temporibus Christianorum imperatorum persecutio altera fieri occulte videatur: vetari talia iubeant et de civitatibus et de possessionibus imposita poena prohibere: maxime cum etiam in natalibus beatissimorum martyrum per nonnullas civitates et in ipsis locis sacris talia committere non reformident. quibus diebus etiam, quos pudoris est dicere, saltationes sceleratissimas per vicos et plateas exerceant, ut matronalis honor et innumerabilium feminarum pudor devote venientium ad sacratissimum diem iniuriis lascivientibus appetatur.*

51 Concilium Trullanum, canon 62 (PG 173,725 DE): τὰς οὕτω λεγομένας Καλάνδας καὶ τὰ λεγόμενα Βοτὰ καὶ τὰ καλούμενα Βρουμάλια καὶ τὴν ἐν τῆι πρώτηι τοῦ Μαρτίου μηνὸς ἡμέραι ἐπιτελουμένην πανήγυριν. Siehe oben Anm. 40.

6.

Doch war es nicht allein die *communitas* stiftende Festseligkeit, welche den Bischöfen in ihrer Abneigung gegen die heidnischen Kalenden in den Weg kam. Ich habe bereits betont, wie sehr sowohl Chrysostomos als auch Augustin die ethischen und theologischen Probleme betonten, die ihnen das Fest schaffte; wir haben auch gesehen, wie beide das Fest in die klare Dichotomie Heidentum-Christentum stellten – eine Dichotomie, die sich in der Realität nicht halten lässt, weil man annehmen muss, dass eine große Anzahl der Mitfeiernden Christen sind. Augustin betont, wie zufrieden er mit der karthagischen Gemeinde ist, die so zahlreich in der kalten Kirche sitzt und fastet: man muss das auch so lesen, dass er mit weit weniger Gläubigen gerechnet hat und die, die sich tatsächlich vom Festtreiben haben lösen können, entsprechend loben will[52]. Die aufgebaute Dichotomie geht bloß auf, wenn man alle Christen, die an den Kalenden mitfeiern, pauschal als *pagani* abqualifiziert, was einigermaßen künstlich ist.

Doch muss beides, moralische Argumentation und die irreführende Dichotomie, Gründe in der Zeit haben. Die Gründe, vermute ich, sind politisch, und der kirchliche Widerstand gegen die *Kalendae* ist nicht völlig risikolos.

Am 7. August 389 erließen die Kaiser Valentinian, Theodosius und Arcadius ein Edikt, das die Gerichtsferien als Ausnahmen in einer allgemeinen Regelung festlegte, dass alle Tage Gerichtstage seien. Ausgenommen sind die Tage der Sommerhitze und der herbstlichen Erntearbeit, und eine Reihe von spezifischen Festtagen: die Kalenden des Januar, die Geburtstage Roms und Konstantinopels, sieben Tage vor und nach Ostern, die Sonntage und die Kaisergeburtstage[53]. Die Liste ist überraschend in ihrer ökumenischen Tendenz: nicht bloß die christlichen Feiertage (Ostern und die Sonntage), sondern auch die zentralen nicht-christlichen Feiern, die sich bereits etwa in den Steinkalendern der augusteischen Zeit finden. Ihr gemeinsamer Nenner ist die Beziehung zur Reichseinheit und zur imperialen Herrschaftsideologie: wir sahen zu Beginn, wie

---

52 *Sermo* 26 Dolbeau, 7: *nam cum frequentius convenitis his diebus, non nobis displicet, immo etiam placet.*

53 Cod. Theod. II 8,19: *Imppp. Valentinianus, Theodosius et Arcadius aaa. Albino pf. U. Omnes dies iubemus esse iuridicos. illos tantum manere feriarum dies fas erit, quod geminis mensibus ad requiem laboris indulgentior annus accepit aestivis fervoribus mitigandis et autumnis fetibus decerpendis. Kalendarum quoque Ianuarium consuetos dies otio mancipamus. his adicimus natalicios dies urbium maximarum Romae atque Constantinopolis, quibus debent iura deferre quia et ab ipsis nata sunt. sacros quoque paschae dies, qui septeno vel praecedunt numero vel sequuntur, in eadem observatione numeramus, nec non et dies solis, qui repetito in se calculo revolvuntur. parem necesse et habere reverentiam nostris etiam diebus, qui vel lucis auspicia vel ortus imperii protulerunt.*

stark die Kalenden bei Libanios und bereits bei Ovid kaiserlich-imperial gefärbt sind.

In dieser Lesung sieht das Edikt nach einem Kompromiss aus, der zwischen dem politischen Anspruch der Kaiser und dem religiösen Anspruch der Bischöfe geschlossen wurde: Gerichtsferien unterstreichen die Besonderheit der durch sie gekennzeichneten Festtage. Wie wir sahen, waren die heidnischen Feste bereits vor 389 im Kreuzfeuer der christlichen Kritik, wenn auch die Kalenden nirgends genannt waren. Doch die Bischöfe konnten sich über den Erlass von 389 sicher nicht freuen.

Vielleicht können wir hier noch ein wenig weitergehen. Die Kalendenpredigten setzen alle nach 389 ein – diejenige des Johannes Chrysostomos kaum sehr lange darnach. Die Predigten sind dann als verkappte Proteste gegen die kaiserliche Entscheidung zu lesen, oder vielleicht besser als der Versuche, das Beste aus der Situation zu machen – die Christen dazu zu bringen, sich freiwillig vom Tumult fernzuhalten und damit allmählich die Feier zu untergraben. Das kann erklären, weswegen das Thema des passiven (und weniger passiven) Widerstands so wichtig ist bei Johannes Chrysostomos, und weswegen Augustin seinen Christen ein regelrechtes Gegenprogramm anbietet.

In dieser Lesung erhält dann selbst des Libanios späte Rede ein neues Gesicht. Ich stelle sie mir als Reaktion auf die christliche Predigt gegen die Kalenden vor: nachdem der Prediger zu Widerstand und Enthaltung aufgerufen hat, formuliert der letzte Anhänger der paganen Tradition seinen Widerstand – und die Risiken der christlichen Position. Es scheint mir kein Zufall zu sein, dass Libanios ganz zu Beginn seiner Rede doppeldeutig-unscharf auf den großen Daimon anspielt, dem das Fest gehört – Jupiter und/oder der Kaiser. Man kann das als Warnung lesen: die Kalenden sind ein Fest, das dem Kaiser gehört. Sich gegen das Fest zu wenden, ist politisch nicht eben empfehlenswert. Das sollte eigentlich in einer Zeit, die sich noch an den kaiserlichen Zorn erinnern musste, von allen verstanden worden sein.

Die Bischöfe ließen sich durch solche Argumente nicht beeindrucken. Durchsetzen freilich konnten sie sich nur bedingt. Die Feier des Jahresanfangs in Byzanz veränderte sich langsam, und die Neujahrsliturgie mit ihrer Predigt gewann an Bedeutung, während die Massenunterhaltung wohl verschwand: damit folgen die Kalenden dem Modell der *Lupercalia*, allerdings ohne deren Säkularisierung. Dies hatte seinen Preis. Um 1185 musste sich Eustathios, Bischof von Thessaloniki, mit einer Klage an seine Gemeinde wenden, die am 1. Januar in so geringer Zahl in der Kirche erschienen war, dass ein Gast (vielleicht sein ehemaliger Schüler, der

Athener Bischof Michael Choniates) ihn deswegen tadelte[54]. Nicht, dass sie alle an einer üppigen Feier teilgenommen hätten; aber ihre privaten Interessen hielten sie von der Kirche fern: kein unterhaltendes und Gemeinschaft stiftendes Ritual konnte mehr die gemeinschaftlichen Energien bündeln. Und dies, obwohl derselbe Eustathios anderswo die Feier der Kalenden als ein Fest preist, das allen Nachfolgern des römischen Reichs gemeinsam sei, auch wenn die Einzelheiten lokal ganz verschieden seien (er verweist auf Libanios' Rede als die eindrücklichste Beschreibung des Festes); von diesen Einzelheiten hebt er freilich vor allem die gegenseitigen Geschenke hervor[55].

In der Langzeitperspektive freilich haben die Bischöfe wohl den Krieg, von dem Johannes Chrysostomos spricht, nicht gewonnen: heute ist die Jahreswende in den christlichen Gesellschaften wiederum nicht durch Askese und Meditation, sondern durch Festesfreude und *conspicuous consumption* gekennzeichnet. Wenn in Basel in der Silvesternacht auf dem Münsterhof wieder die Champagnerkorken knallen im Angesicht der Münstertürme, hat sich manifest gezeigt, dass menschliche Festfreudigkeit sich eben doch durchsetzt.

---

54 Opusc. 4, in Peter Wirth (Hg.), Eustathii Thessalonicensis Opera Minora (Corpus Fontium Historiae Byzantinae), Berlin 2000, 55-60. – Ich danke meinem Kollegen Anthony Kaldellis (Ohio State University) für den Hinweis auf Eustathios.

55 ep. 8. in Theophil L. F. Tafel (Hg.), Eustathii Metroplitae Thessalonicensis Opuscula, Frankfurt 1832 (Nachdruck Amsterdam 1964), 314 f.

Tod im Exil

Reaktionen auf die Todesnachricht des Johannes Chrysostomos und Konstituierung einer „johannitischen" Opposition

MARTIN WALLRAFF

„Seit jener Zeit hielten sie ihre Versammlungen getrennt an verschiedenen Orten und wurden ,Johanniten' genannt."[1] Mit diesen nüchternen Worten beschreibt der Kirchenhistoriker Sokrates die Anfänge der johannitischen Sondergemeinschaft im Zusammenhang der so genannten Blutostern im Jahr 404. Die Geschichte dieses Schismas, eine in mehrfacher Hinsicht ungewöhnliche Geschichte im Rahmen der durchaus reichen Streit- und Spaltungsgeschichte des antiken Christentums, gehört als zweiter Teil des Dramas zu den skandalösen Vorgängen, die – im ersten Teil – zur Absetzung und Exilierung des Bischofs von Konstantinopel geführt hatten. In ihren Grundfakten ist das Geschick der Sondergemeinschaft der Johanniten bekannt, von den Anfängen mit der Absetzung des Johannes bis zu seiner vollen Rehabilitation etwa eine Generation später. Diese Geschichte ist meist im Anhang zu den Ereignissen um Johannes geschrieben worden[2]; auch die neueren Darstellungen enthalten ein Kapitel darüber[3].

Indessen ist häufig nicht hinreichend bedacht worden, dass und wie sehr dies Schisma nicht nur historische Folge, Appendix der genannten Hauptereignisse ist, sondern seinerseits das Bild der Ereignisse mitformt, in einem schwer genau zu bestimmenden Ausmaß Wechselwirkungen mit ihnen entfaltet. Genauer gesagt: das Schisma ist Folge der Exilierung des

---

1 Ἐξ ἐκείνου τε κατ᾽ ἰδίαν τὰς συναγωγὰς ἐν διαφόροις τόποις ποιούμενοι Ἰωαννῖται προσηγορεύθησαν. h.e. VI 18,15 (GCS N.F. 1, 342,18 f. Hansen).

2 Dies ist bereits in der byzantinischen Hagiographie der Fall, zuerst bei (ps.-)Georg von Alexandrien (BHG 873bd), ediert von François Halkin, Douze récits byzantins sur saint Jean Chrysostome (SHG 60), Brüssel 1977, 69-285.

3 C. Baur, Johannes Chrysostomus und seine Zeit, 2 Bde, München 1929-30, 2,362-390; J. N. D. Kelly, Golden Mouth. The Story of John Chrysostom – Ascetic, Preacher, Bishop, London 1995, 286-290; R. Brändle, Johannes Chrysostomus. Bischof – Reformer – Märtyrer, Stuttgart 1999, 149-154; C. Tiersch, Johannes Chrysostomus in Konstantinopel (398-404). Weltsicht und Wirken eines Bischofs in der Hauptstadt des Oströmischen Reiches (Studien und Texte zu Antike und Christentum 6), Tübingen 2002, 415-423.

Bischofs, aber auch seinerseits Anlass zur Retrospektive, zum erinnernden Nachvollzug des Gewesenen, zur historiographischen Stilisierung. Das Chrysostomosbild – Gegenstand des vorliegenden Bandes – beginnt sich unmittelbar nach dem Tod des Bischofs eigenständig zu formen, und es formt sich im Licht der anschließenden Ereignisse der Verfolgung, Separierung, Exilierung. Eigentlich beginnt dieser Prozess sogar schon mit dem Moment der Entfernung des Bischofs aus der Hauptstadt, denn für die kirchlich und literarisch relevanten Kreise wird dieses Bild nun nicht mehr an die Realität der Person rückgebunden (allenfalls noch indirekt durch die Briefe aus dem Exil), sondern geht seine eigenen Wege. Die Menschen, die ihn kannten, leben aus der Erinnerung und gestalten sie erzählend neu. Dieser Prozess ist als solcher nicht ungewöhnlich und nicht grundsätzlich verschieden von anderen Personen der allgemeinen und der individuellen je persönlich erlebten und erinnerten Geschichte.

Speziell für Bischof Johannes sind jedoch darüber hinaus zwei Feststellungen wichtig: zum einen die Tatsache, dass eine ganz außergewöhnliche Polarisierung seiner Umgebung in Anhänger und Gegner stattfand, eine Polarisierung, die schon zu Lebzeiten einsetzte und nun massive Rückwirkungen auf die erinnerte und überlieferte Geschichte haben sollte. Das Interesse an Erinnerung und Überlieferung war naturgemäß auf der Seite der Johannesfreunde stärker, und so erklärt sich, dass die Biographie des Johannes für die Nachwelt fast ausschließlich über dezidiert johannesfreundliche Quellen erschlossen wird. Die zweite Feststellung kommt erschwerend hinzu: wir haben nur relativ wenig unmittelbare Quellenzeugnisse der Konfliktgeschichte, also – mit Droysens Historik gesprochen – Überreste, nicht (schon bewusst überformte) Tradition. In Betracht kommen hier der Brief des Johannes an Innozenz von Rom oder die Akten der Eichensynode, und selbst dieses Wenige ist vermutlich durch den Kanal johannitischer Überlieferung zu uns gekommen, daher wohl mit Bedacht ausgewählt[4].

All dies hat Konsequenzen für das Chrysostomosbild späterer Generationen bis heute – Konsequenzen, die bisher trotz reicher Forschungsliteratur noch nicht ausreichend bedacht sind. Es lohnt sich also, die Geschichte des johannitischen Schismas noch einmal sorgfältig daraufhin abzuklopfen, was sie für die Anfänge des Chrysostomosbildes bedeutet. Für diese Fragestellung erweisen sich insbesondere die biographischen

---

4 Das gilt jedenfalls für den Brief an Innozenz, der in relativ reicher handschriftlicher Überlieferung erhalten ist, und zwar in jeweils mehr oder minder deutlich johannitischen Zusammenhängen, vgl. A.-M. Malingrey, Lettre à Innocent, in: Palladios, Dialogue sur la vie de Jean Chrysostome, Bd. 2 (SC 342), Paris 1988, 47-95, hier 59. Die Akten der Eichensynode sind in der *bibliotheca* des Patriarchen Photios erhalten; auf welchen Wegen das Material zu ihm gelangt ist, lässt sich nicht sagen.

Haupttexte als eine unerwartet fruchtbare und noch wenig ausgewertete Quelle. Direkt nach dem Tod des Bischofs und in gewissem Sinn als Reaktion auf die Todesnachricht sind zwei lange Texte entstanden, Werke von hohem literarischen Rang, die die *chronique scandaleuse* des Wirkens und der Absetzung des Bischofs beschreiben: der *Dialogus* des Palladios und der anonyme Epitaphios, der unter dem Namen des Martyrios von Antiochien überliefert ist[5]. Diese Texte *wollen* von Johannes Chrysostomos berichten, seine Geschichte in Erinnerung halten, doch beinahe ebenso interessant sind sie für uns in dem, was sie *nicht* wollen: Unwillkürlich geben sie Auskunft über die Umstände ihrer Abfassung, über die Pragmatik der Kommunikation mit dem beabsichtigten Publikum sowie die Tendenzen, Hintergründe und Ziele einer bestimmten Stilisierung der Geschichte.

Diesen Texten soll im folgenden in zwei Abschnitten das Hauptaugenmerk gelten. Ein weiterer kurzer Abschnitt bespricht den Verlauf der Ereignisse nach der Abfassung dieser Texte bis zur Rehabilitation des Johannes im Jahr 438, mit dem ausweislich der erhaltenen Quellen das Schisma zu Ende ging. Dieses Ereignis fällt zudem beinahe genau mit der Abfassung der nächsten Generation von wichtigen Quellenschriften zusammen: der Kirchengeschichtswerke des Sokrates und seiner Nachfolger, die im vorliegenden Aufsatz nicht mehr behandelt werden[6].

Die beiden genannten Hauptzeugen, also die frühesten vorhandenen Quellen, sind in ihrem Verhältnis zueinander noch nicht abschließend geklärt[7]. Nach derzeitigem Kenntnisstand kann immerhin so viel gesagt werden: Beide beschreiben eine ähnliche Kette von Ereignissen, beide haben ähnliche Kenntnisse, Interessen und Tendenzen im Blick auf den Helden der Geschichte, Bischof Johannes, doch keiner von beiden ist literarisch abhängig vom anderen. Es gibt keine wörtlichen Parallelen und noch nicht einmal entfernte Anklänge, die an mehr denken lassen als eine gemeinsame Teilhabe an mündlichen Erzähltraditionen, die im johannitischen

---

5   Palladios, Dialogue sur la vie de Jean Chrysostome, hg. v. A.-M. Malingrey, 2 Bde. (SC 341-342), Paris 1988; Oratio funebris in laudem Sancti Iohannis Chrysostomi. Epitaffio attribuito a Martirio di Antiochia (BHG 871, CPG 6517), hg. v. M. Wallraff, übers. v. C. Ricci (Quaderni della Rivista di Bizantinistica 12), Spoleto 2007. In beiden Fällen werden Kapitel und Zeile der jeweiligen Edition zitiert.

6   Vgl. dazu M. Wallraff, Der Kirchenhistoriker Sokrates. Untersuchungen zu Geschichtsdarstellung, Methode und Person (FKDG 68), Göttingen 1997, 55-75, und vor allem den Beitrag von Wendy Mayer im vorliegenden Band.

7   Die Formulierung „nicht abschließend geklärt" ist ein Euphemismus, denn die (dringend nötige) Diskussion hat noch nicht einmal begonnen. Neben eher beiläufigen Bemerkungen von Florent van Ommeslaeghe (etwa in: Chrysostomica. La nuit de Pâques 404, AnBoll 110, 1992, 123-134) ist bisher nur auf M. Wallraff, Oratio (wie Anm. 5), 17 f. zu verweisen.

Milieu kursierten. Wichtiger noch (jedenfalls für unser Thema): die literarische Form und der Sitz im Leben unterscheiden sich grundlegend.

Der Epitaphios von Ps.-Martyrios soll zuerst behandelt werden, weil er mit großer Wahrscheinlichkeit die ältere Quelle ist: der Verfasser behauptet, direkt nach dem Eintreffen der Todesnachricht des Johannes in Konstantinopel zu sprechen bzw. zu schreiben, das hieße im Herbst 407, und es gibt keinen Grund, an dieser Auskunft zu zweifeln. Darüber hinaus gibt es Indizien, dass Kaiser Arcadius als noch lebend vorausgesetzt ist[8]; damit ließe sich der 1. Mai 408 als definitiver *terminus ante quem* etablieren. Zur Zeit der Abfassung des *Dialogus* hingegen ist Arcadius wohl bereits verstorben[9]. Der Text wird üblicherweise auf 408 datiert, m.E. eher in der zweiten Jahreshälfte, also etwa ein Jahr nach Ps.-Martyrios. Dass gleichwohl der Verfasser des zweiten Textes den ersten nicht kannte, könnte man mit Gefängnis und Exilierung erklären.

---

8   Abfassung direkt nach dem Eintreffen der Todesnachricht: or. fun. 136; Arcadius wohl noch lebend: or. fun. 135,5. Zur Datierung des Textes allgemein vgl. M. Wallraff, Oratio (wie Anm. 5), 13 f. Manches spricht für die dort im Anschluss an F. van Ommeslaeghe, La fête de S. Jean Chrysostome dans l'Église grecque, AnBoll 96, 1978, 338 vorgetragene Hypothese, die den 13. November als Datum der Todesfeier und des mündlichen Vortrags sieht: Eine andere, bessere Erklärung für dieses Datum als Fest des Heiligen im byzantinischen Kalender fehlt jedenfalls.

9   Das kann man – allerdings mit gewissen Unsicherheiten – aus einer Bemerkung ganz am Ende des Werkes schließen. Dort wird eine Liste der Todesarten der Verfolger gegeben, die in der Mitteilung gipfelt, dass Gott „den, den alle kennen, früh hinwegraffte durch einen scheußlichen Tod (ὁ τόνδε δυσώδει θανάτῳ ἀναρπάσας θᾶττον, ὃν ἴσασι πάντες)", dial. 20,632 f. Die herausgehobene Stellung am Schluss der Klimax sowie die andeutende Redeweise in einem Werk, das negative Aussagen über den Kaiser meidet, machen den Bezug auf den 31jährig verstorbenen Arcadius nicht sicher, aber doch recht wahrscheinlich. Das umgekehrte Argument von A.-M. Malingrey (wie Anm. 5), 19, demzufolge die auffällige Schonung des Hofes bei Palladios nur zu erklären sei, wenn Arcadius noch lebe, leuchtet mir überhaupt nicht ein (und hat mich schon vor zehn Jahren nicht überzeugt, M. Wallraff, Sokrates [wie Anm. 6], 69, Anm. 199). Eudoxia ist ohnehin bereits 404 verstorben, und ob seither drei oder fünf oder sieben Jahre vergangen sind, verschlägt nichts. Zur Datierung kann man aus diesem Sachverhalt gar nichts entnehmen, außer dass zur Zeit der Abfassung offenbar noch nicht Gras über der Sache gewachsen war – aber das ist ohnehin offenkundig. Im Resultat liegt indessen meine Datierung nicht so weit von der Malingreys entfernt, da sie den Tod des Kaisers fälschlich auf den 1. Oktober setzt (richtig dagegen 1. Mai: Sokrates, h.e. VI 23,7; Chronicon Paschale, ad ann. 408; dieser Irrtum – wohl ein schlichter Schreibfehler – generiert bereits Filiationen, vgl. L. Dattrino, Palladio. Dialogo sulla vita di Giovanni Crisostomo [CTePa 125], Rom 1995, 81). Ein wichtiges weiteres Indiz zur Datierung ist die Mitteilung, dass Herakleides von Ephesos gefangen ist, und zwar seit vier Jahren (τετραετής ἐστι χρόνος, dial. 20,62 f.). Er kann nicht vor Ostern 404 arrestiert worden sein, realistisch wohl ein paar Monate später. Das würde auf eine Abfassungszeit im Jahr 408 führen, vielleicht etwa Mitte des Jahres, doch sollte man diese eher vage Angabe nicht zu sehr pressen.

In beiden Fällen ist das letzte Wort über die Verfasserfrage noch nicht gesprochen. Während bei Palladios der überlieferte Verfassernamen in der Regel akzeptiert wird (doch m.E. nicht über jeden Zweifel erhaben ist)[10], sprechen bei dem Epitaphios gewichtige Gründe gegen Bischof Martyrios von Antiochien, mit dem der Text in einigen Handschriften verbunden ist. In jüngerer Zeit wurden zwei Hypothesen zur Identifikation des Autors vorgebracht, die jedoch beide kein hinreichendes Maß an Sicherheit bieten[11]. Es muss also einstweilen bei den konventionellen Bezeichnungen Ps.-Martyrios und Palladios bleiben.

1. Der Epitaphios des Ps.-Martyrios und sein Sitz im Leben

Der Text ist rhetorisch geschliffen, in literarisch anspruchsvollem Griechisch abgefasst und trägt – trotz seiner komplizierten, stellenweise gekünstelten Sprache – Züge der Mündlichkeit. Der Verfasser wendet sich an seine Zuhörer mit ὦ ἄνδρες oder φίλοι, er spricht zu einer realen oder fiktiven Gemeinde[12]. Es ist, wie bei einer Grabrede nicht anders zu erwarten, eine Gemeinde in trüber Stimmung: „verwaist, einsam und in Finster-

---

10 Die Verfasserfrage ist ernsthaft und ergebnisoffen zuletzt vor 100 Jahren diskutiert worden, und zwar durch den Benediktinerabt E. C. Butler bei der Tagung in Rom aus Anlass des 1500. Todestages von Johannes Chrysostomos (Authorship of the Dialogus de vita Chrysostomi, in: Χρυσοστομικά. Studi e ricerche intorno a S. Giovanni Crisostomo, Rom 1908, 35-46). Butler kam trotz vielerlei Unstimmigkeiten im Befund zu dem Schluss, dass der Autor wohl mit dem Verfasser der *Historia Lausiaca* und mit dem Bischof Palladios von Helenopolis identisch ist. Dieses Resultat ist seither mehr oder minder unbesehen übernommen worden, mit eingehender Diskussion etwa bei Baur, Chrysostomus (wie Anm. 3), XII-XVI, eher summarisch bei A.-M. Malingrey (wie Anm. 5), 7-9. Einen neuen Aspekt brachte jüngst D. S. Katos, Socratic Dialogue or Courtroom Debate? Judicial Rhetoric and Stasis Theory in the Dialogue on the Life of St. John Chrysostom, VigChr 61, 2007, 42-69 in die Debatte: Er versucht aus der spezifisch juristischen Prägung des Textes ein zusätzliches Argument für die Verfasserschaft des Palladius zu gewinnen (bes. 67-69).

11 T. D. Barnes, The Funerary Speech for John Chrysostom (BHG³ 871 = CPG 6517), in: Studia Patristica 37, hg. v. M. F. Wiles/E. J. Yarnold, Löwen 2001, 328-345, hatte einen gewissen Diakon Kosmas vorgeschlagen; dieser Vorschlag ist relativ leicht zu widerlegen (vgl. M. Wallraff, L'epitaffio di un contemporaneo per Giovanni Crisostomo ["Ps.-Martirio"]. Inquadramento di una fonte biografica finora trascurata, in: Giovanni Crisostomo. Oriente e Occidente tra IV e V secolo, XXXIII Incontro di studiosi dell'antichità cristiana [SEA 93], Rom 2005, 37-49, hier 43 f.). Dagegen ist die Identifikation mit Philippos von Side (M. Wallraff, ebd. 47-49, und M. Wallraff, Oratio [wie Anm. 5], 17) bislang unwidersprochen. M.E. sprechen gute Gründe dafür, doch ist das Maß an Sicherheit nicht hinreichend, um diesen johannitischen Presbyter auf dem Titelblatt einer Edition erscheinen zu lassen.

12 Vgl. M. Wallraff/C. Ricci, Oratio (wie Anm. 5), 13 f. und 20-24 mit Belegen.

nis sind wir" zurückgeblieben, wir befinden uns „in gedanklichem Aufruhr und in gar vielfachem Verlust"[13]. Dies letztere sollte man auf Griechisch lesen wegen der brillanten Formulierung mit ihren Alliterationen, die im Deutschen kaum nachzuahmen ist: ἐν … τῇ τῶν λογισμῶν ζάλῃ καὶ ζημίᾳ ποικίλῃ καὶ παντοδαπεῖ.

Man erfährt aber noch mehr. Die Gemeinde ist nicht nur durch den gemeinsamen Schmerz und die gemeinsame Trauer geeint, sondern vor allem durch den gemeinsamen Gegner. In der feierlichen *peroratio* am Ende des Textes verrät der Verfasser seine Motive; es ist gewissermaßen der Hebel oder hermeneutische Schlüssel, mit dem sich die ganze literarische Konstruktion erschließt. Direkt nach dem Tod des Johannes war es zu einer doppelten Reaktion gekommen: die Gegner hatten ihr wesentliches Ziel erreicht und mussten keinen erneuten Umschwung zugunsten des Johannes mehr befürchten. Zumindest einige unter ihnen war daher an einer Aussöhnung interessiert; selbst Theophil von Alexandrien sollte wenig später einlenken und eine Politik der Versöhnung gegenüber den Johanniten empfehlen[14]. Auf der anderen Seite, der der Johannes-Freunde, gab es offenbar einige, die die Sinnlosigkeit weiterer Opposition einsahen: „Was sollen wir denn noch tun, jetzt wo der Mann tot ist?"[15], so sagten sie ausweislich unseres Autors. Dieser Situation begegnet der Verfasser mit ätzender Kritik und tiefer Verachtung. Der neue Bischof Attikos gleiche einem Arzt, der in der rechten Hand den Dolch und in der linken seine Heilmittel hält, der zunächst mit dem Dolch zusticht und dann dem Patienten Trost spendet: „Sei getrost, ich habe die Medizin schon in der Hand."[16] Wer jetzt in die Gemeinschaft mit den Gegnern zurückkehre, billige nicht nur den Mord an Johannes, sondern ermutige sogar zu weiteren Missetaten dieser Art. Wenn das geschehene Unrecht an Johannes der Grund für die Trennung war, wird dies denn durch den Mord aufgehoben?, so fragt der Verfasser emphatisch[17], und dass es sich um Mord handelt, duldet für ihn keinen Zweifel, sofern überhaupt die Todesnachricht zutreffend ist.

Der *Epitaphios* schließt mit dem pathetischen Aufruf: „Jedermann möge zur Kenntnis nehmen, dass es keine Gemeinschaft geben wird zwischen getöteten Menschen und ihren Mördern, und wir werden die Teilnahme an einem Opfer nicht zulassen, wenn ein Herz es vollzieht, das gegen uns noch auf Mord sinnt, eine Zunge und eine Hand, die noch vom

---

13 or. fun. 4,1 f.
14 Synesios von Kyrene, ep. 66 an Theophil.
15 Τί οὖν ἔχομέν, φησι, ποιῆσαι, τοῦ ἀνδρὸς ἀποθανόντος; or. fun. 138,11.
16 or. fun. 137,11-17.
17 Οὐκ ἐκοινώνεις διὰ τὴν ἀδικίαν καὶ κοινωνεῖς μετὰ τὸν φόνον, ὥσπερ τοῦ φόνου ἀποσμή-ξαντος ἐκείνην; or. fun. 138,7 f.

Blut des Gerechten und seiner Kinder befleckt ist."[18] Der Moment des Eintreffens der Todesnachricht ist also der Moment der eigentlichen Separation. Das schließt nicht aus, dass Sokrates bis zum gewissen Grad recht hat, wenn er den Anfang der Sondergemeinschaft mit dem Osterfest 404 in Verbindung bringt; das wird im übrigen auch durch das Zeugnis des Ps.-Martyrios gestützt[19]. Man darf annehmen, dass die Dinge zunächst stärker im Flusse waren, als die (parteiischen) Quellen glauben machen möchten; in Stein gemeißelte Demarkationslinien gab es noch nicht. Man konnte zu dieser oder zu jener Gemeinschaft gehen, Kontakte und vielleicht auch Kommunion haben hier und dort, und nicht wenige werden einfach eine abwartende Haltung eingenommen haben. Dies war nach dem Tod des Johannes nicht mehr möglich. Die Wege trennten sich zwischen einer Majorität, die mehr oder minder resignierend die neuen Verhältnisse anerkannte, und einer Minorität, die bereit war, den Weg in die völlige Separation zu gehen. Ja, es gab nun sogar Taufbewerber, die lieber auf die Taufe ganz verzichten, als sie von nicht-johannitischen Klerikern empfangen wollten[20]. Ps.-Martyrios gehört dieser zweiten, radikalen Gruppe an, und sein Werk lässt noch einige weitere Aufschlüsse über deren Geschick und Identität zu.

Ein strukturelles Problem bestand natürlich darin, dass diese Gemeinde einerseits stark auf ihren Bischof bezogen war, andererseits diese Führungsfigur soeben verloren hatte. Es wäre konsequent gewesen, nun unverzüglich zur Wahl und Weihe eines Nachfolgers zu schreiten, also zur Einsetzung eines Gegenbischofs in Opposition zu Attikos. Doch unter den Johanniten zeichnete sich keine charismatische Führungspersönlichkeit ab, die bereit und in der Lage gewesen wäre, sofort die Leitung zu übernehmen. Ps.-Martyrios bezeugt dies in einem Vergleich des verstorbenen Bischofs mit Elias. Der Prophet hatte rechtzeitig für seine Nachfolge gesorgt und bei seinem Tod seinen Mantel an Elisaios übergeben (2 Kön 2). Ein solcher Nachfolger für Johannes ist jedoch nicht erkennbar, obwohl es ihn geben muss: „Auch jetzt verbirgt sich irgendwo ein Elisaios, der den Mantel des Vaters empfangen hat."[21] Mit großer Wahrscheinlich-

---

18 Γνωστὸν ἔστω πᾶσιν ἀνθρώποις, ὅτι οὐδεμία ἔσται κοινωνία φονευθεῖσιν ἀνθρώποις μετὰ τῶν ἀνελόντων, οὐδὲ ἀνεξόμεθα προσιέναι θυσίᾳ, ἣν ἐποίησε καρδία μὲν ἔτι καθ' ἡμῶν φονῶσα, γλῶττα δὲ καὶ χεὶρ τῷ τοῦ δικαίου τε καὶ τῶν ἐκείνου παίδων αἵματι πεφοινιγμένη. or. fun. 143,5-9, zu Beginn mit Anklang an Apg 4,10 (ist im Similienapparat nachzutragen).

19 Sok., h.e. VI 18,12-14 der Bericht über das Osterfest; zum Schluss folgt der oben bei Anm. 1 zitierte Satz über den Beginn des Schismas. Vgl. auch Ps.-Mart., or. fun. 89; 95.

20 or. fun. 77,11-14. Der Satz ist im Verständnis nicht ganz einfach, doch bleibt die genannte Information im Kern jedenfalls bestehen.

21 Πάντως που καὶ νῦν Ἐλισσαῖος κρύπτεται τὴν τοῦ πατρὸς μηλωτὴν ἐκδεχόμενος. or. fun. 141,7 f.

keit ist es zur Wahl eines Gegenbischofs jedoch nie gekommen – sei es, weil die Verfolgung der Gruppe so scharf war, dass dieses Maß an institutioneller Konsolidierung nicht möglich war, sei es, weil die geeignete Persönlichkeit fehlte, sei es, weil die Pietät Johannes gegenüber zu stark war: im Grunde war und blieb er der eigentliche Bischof.

In dieser Gruppe von radikalen Johanniten blieb das Interesse an Johannes und seinen Schriften jedenfalls lebendig. In diesen Kontext gehören daher die früheste Sammlung der Chrysostomos-Texte und die Anfänge der Überlieferung – und mit hoher Wahrscheinlichkeit auch die Entstehung der ersten Pseudochrysostomica. Dafür gibt unser Text ein bemerkenswertes Zeugnis. Der Mund des Heiligen ist verstummt, seine Predigten sind zu Ende, doch glücklicherweise hat er es gemacht wie Joseph und einen Vorrat für die mageren Jahre angesammelt. Seine Zunge, „wenn sie auch schweigt, lässt sich also auch jetzt vernehmen durch all diejenigen [sc. doch wohl: Johanniten], die jetzt reden"[22]. Der Autor rechnet also zu dem Vorrat, den Johannes aufgehäuft hat, nicht nur die schriftlich (ἐν ταῖς βίβλοις) vorliegenden Predigten[23] – auch von solchen weiß er –, sondern ebenfalls die johannitische Predigt, Bildungen der Gemeinde im Geist des Johannes: „Wie die Quelle geteilt wird in Brunnen, und jeder von denen, die trinken, weiß, dass die Fülle nicht der Wasserleitung, sondern der Quelle verdankt wird, so ist es auch jetzt: wenn nun jedermann ein Wort der Lehre des Geistes spricht, dann empfangen die Zuhörer nicht so sehr die [Frucht der] Mühe dieses Mannes als vielmehr den Ertrag [wörtlich: die Zinsen vom Vermögen] des seligen [Johannes]."[24] Banal und weniger poetisch gesprochen: es gibt Predigten, die nicht von Johannes stammen, deren Substanz unser Autor aber durchaus als johanneisch anzuerkennen bereit ist. Es spricht also manches dafür, dass das Phänomen der pseudochrysostomischen Schriften schon sehr früh einsetzte, ja vielleicht sogar schon vor dem Tod des Bischofs – ein Schluss, zu dem die neuere Forschung auch aufgrund der vorhandenen Texte kommt[25]. Es mag durchaus sein, dass die Tradierung der johanneischen und pseudojohanneischen Schriften ein Element der Gruppenkohäsion bildete, das bis zum gewissen

---

22 ... νῦν δὲ καὶ σιωπῶσα φθεγγομένη διὰ τῶν λαλούντων ἁπάντων. or. fun. 4,11 f.

23 or. fun. 4,8.

24 Ὥσπερ γὰρ πηγῆς μερισθείσης εἰς κρήνας, τῶν ὑδρευομένων ἕκαστος οὐ ταῖς ὑδρορρόαις, τῇ πηγῇ δὲ τῆς ἀφθονίας οἶδε τὴν χάριν, οὕτω δὴ καὶ νῦν παντὸς ἀνθρώπου λαλοῦντος ῥῆμα διδασκαλίαν ἔχον τοῦ πνεύματος, οὐ τὸν ἐκείνου πόνον ἢ τὸν τοῦ μακαρίου τόκον οἱ ἀκούοντες ὑποδέχονται. or. fun. 4,12-16.

25 Vgl. S. Voicu, "Furono chiamati giovanniti...". Un'ipotesi sulla nascita del corpus pseudocrisostomico, in: Philomathestatos. Studies in Greek and Byzantine Texts Presented to Jacques Noret for His Sixty-Fifth Birthday, hg. B. Janssens/B. Roosen/P. Van Deun (OLA 137), Leuven 2004, 701-711 sowie der Beitrag vom gleichen Autor im vorliegenden Band.

Grad eine klare Führungsstruktur ersetzen konnte – in mancher Hinsicht vielleicht vergleichbar den pseudapostolischen Schriften in der Frühzeit des Christentums.

2. Der *Dialogus* des Palladios und sein Sitz im Leben

Ein völlig anderes Bild bietet der *Dialogus* des Palladios – und dies, wie gesagt, bei im Grunde durchaus ähnlichem Grundgehalt des Faktenmaterials über die Johannesaffäre. Ähnlich ist auch die Tendenz, nämlich die starke Parteinahme für Johannes, doch sonst beinahe nichts: der Sitz im Leben und die literarische Stilisierung sind ganz anders. Es handelt sich um einen fingierten Dialog, der sich sogleich als Kunstprodukt zu erkennen gibt und gar nicht den Versuch macht, wie das Protokoll eines realen Gesprächs zu wirken[26]. Als Publikum ist kein Kollektiv im Blick, schon gar keine Gemeinde, sondern – so sagt der Verfasser selbst – es ist als Leserschaft an Personen gedacht, die sich anschicken ein Bischofsamt zu übernehmen[27], es handelt sich also im Grunde um einen sehr ausführlichen Tugendspiegel mit warnenden und nachahmenswerten Beispielen für Kleriker. Die „Moral von der Geschicht" ist bedeutsam nicht wegen der Geschichte als solcher, sondern weil sie moralische Wegweisungen für künftige Ereignisse geben kann: die jüngst zurückliegenden sind ohnehin abgeschlossen und nicht mehr zu ändern. Hierin spiegelt sich der gewachsene Abstand in zeitlicher – und wohl auch in örtlicher Hinsicht.

Der Dialog verortet sich selbst in Rom. Das mag unzutreffend sein und dem Ziel dienen, die römische Parteinahme für Johannes propagandistisch ins Spiel zu bringen[28]. Auf jeden Fall aber ist er ein Produkt des Exils. Der Verfasser weiss von der Kirchenspaltung, doch in seinem unmittelbaren Umfeld hat er keine Gemeinde von Gesinnungsgenossen um sich. Die Treue zu Johannes meint vielmehr für ihn – zumindest übergangsweise – den Verzicht auf kirchliche Gemeinschaft[29], jedenfalls im

---

26 Zur literarischen Gattung vgl. zuletzt D. S. Katos (Socratic Dialogue [wie Anm. 10], 49), der überzeugend nachweist, wie sehr die Schrift forensischen Traditionen der Rhetorik verpflichtet ist: „Palladius wrote his Dialogue primarily to persuade his audience that John should be restored to the diptychs and commemorated liturgically as bishop of Constantinople, because Chrysostom had been unjustly removed from office and exiled. ... On account of these fundamental elements of advocacy and argumentation, I suggest that Palladius chose the dialogue form so that his work might resemble the dynamics of a courtroom where opposing viewpoints are presented and contested."

27 ... εἰς μνήμην τῆς ἡμῶν γενεᾶς καὶ ὠφέλειαν τῶν ἐπισκοπῆς ὀρεγομένων. dial. 20,5 f.

28 dial. 1,120-122 u. ö., vgl. A.-M. Malingrey (wie Anm. 5), 19-21.

29 dial. 20,340-393.

Osten. In Konstantinopel selbst – das weiß er – halten sich noch einige johannitische Priester versteckt[30], die Gottesdienste der eigenen Partei mit großem Zulauf gehören der Vergangenheit an[31], ansonsten ist die Geschichte der Johanniten eine Geschichte von Verfolgung und Exil. Auch ihm ist klar, dass viele den kompromisslosen Kurs aufgegeben haben und in die Gemeinschaft mit der herrschenden Kirche zurückgekehrt sind, doch er würdigt sie keines weiteren Wortes, schon gar keiner namentlichen Erwähnung[32]. Vielmehr gibt er ein langes Verzeichnis der Geschicke der diversen Exulanten und Verfolgten, zu denen er der literarischen Fiktion und sicherlich auch der Realität nach selbst gehört[33].

Die überregionale Perspektive spiegelt sich auch in den Berichten von Nebenschauplätzen. Obgleich Johannes und die Vorgänge in Konstantinopel im Mittelpunkt stehen, weiß der Verfasser doch auch von schwierigen Verhältnissen anderswo, vor allem in Ephesos und Antiochien[34]. Die johannitische Parteibildung ist für ihn weniger die Etablierung einer eigenen Sondergemeinschaft, sondern mehr die Solidarisierung mit einer Bewegung, die für höhere moralische Standards im Klerus eintritt. Ohnehin liegt in der Betonung des christlichen Ethos das Spezifikum und die geistige Eigenleistung des Verfassers (wenn auch bei der Lektüre das ewige Moralisieren mitunter etwas ermüdend wirkt): Der Johannes-Konflikt erscheint nach den langen *dogmatischen* Streitigkeiten des vierten Jahrhunderts nun als zentrale Auseinandersetzung um *das Ethos* in der Kirche. Insofern hat Palladios eine neue Stufe der geistigen Verarbeitung erreicht: für Ps.-Martyrios war der Konflikt noch ausschließlich auf persönliche Intrigen zurückzuführen (die ihrerseits freilich theologisch gedeutet wurden und den Kampf zwischen Gott und Teufel widerspiegeln).

Im Geschichtsbild des Palladios steht der Verfolgung der Gerechten ein Traditionsstück spiegelbildlich gegenüber, das seit Chrysostomus Baur mit Recht als „*De mortibus persecutorum*" bezeichnet wird, also die überraschende Serie von teilweise abschreckenden Todesarten der Johannes-Gegner[35]. Von der rhetorischen Übertreibung und der theologischen Überhöhung einmal abgesehen: es ist dies die Karte, auf die der Verfasser setzt, um die Einheit wiederherzustellen. Er sieht große Teile der Kirche im Osten in den Händen einer korrupten Mafia, und ihm bleibt als einzige

---

30 dial. 20,81.

31 dial. 16,168-173.

32 Οἱ δὲ λοιποὶ τῶν κοινωνικῶν ἐπισκόπων, οἱ μὲν ἀνέλπιστα ἐνθυμηθέντες ἐκοινώνησαν Ἀττικῷ... οἱ δὲ ἄδηλοί εἰσιν. dial. 20,63-66.

33 Das Kapitel dial. 20 hat weithin dieses Thema, auch dial. 17,30-63. Exil des (fiktiven) Verfassers in Rom: dial. 1,120-147; Exil des Palladios in Ägypten: 20,41 f.

34 dial. 15,54-107 und 16,64-180; unabhängig, doch im Gehalt ähnlich auch Sozomenos, h.e. VIII 24,11.

35 So die Kapitelüberschrift bei C. Baur, Chrysostomus (wie Anm. 3), 2,365-371.

Hoffnung das Aussterben dieser Generation. Palladios berichtet von Ammonios, einem der ägyptischen Mönche, die als die „Langen Brüder" traurige Berühmtheit erlangt hatten, dass er vor seinem Tod einen prophetischen Ausspruch getan habe: „Zunächst werde eine arge Verfolgung und Spaltung über die Gemeinden der Gläubigen kommen, dann aber würden die Anstifter dieses Unheils ein sehr schimpfliches Ende nehmen und so die Gemeinden sich wieder zur Einheit zurückfinden."[36] Der erste Teil der Weissagung habe sich bereits erfüllt, der zweite werde sich noch erfüllen. An anderer Stelle ist der Autor noch viel deutlicher. Er legt seinem Hauptprotagonisten, dem bischöflichen Gesprächspartner, die Worte in den Mund: „Du wirst erleben, dass Johannes nach der gegenwärtigen Generation, wenn einmal die Gegner seines guten Namens ihr Ende gefunden, die Verehrung eines Märtyrers genießen wird."[37]

Beide Prophezeiungen, mehr noch die zweite, entsprechen in erstaunlichem Maße dem tatsächlichen Lauf der Ereignisse. Skeptische Lektüre könnte sie als *vaticinia ex eventu* lesen und zu revolutionären Spätdatierungen des Textes gelangen. Das scheint mir jedoch nicht angebracht. Vielmehr sollte man sie als Forderungen der Johanniten lesen: auch wenn eine eigentliche Kirchenbildung nicht gelang oder nicht beabsichtigt wurde, auch wenn die Konstantinopolitaner Gruppe zerschlagen und vertrieben wurde (damit aber andererseits eine gewisse überregionale Wirkung und Verbreitung erlangte), auch wenn als einziges identitätsstiftendes Band der Bezug auf die Person des Johannes blieb – oder gerade deshalb: die Forderung nach kompletter Rehabilitierung blieb, und sie blieb Bedingung für die Wiederaufnahme der Kirchengemeinschaft.

3. Der weitere Gang der Ereignisse

Die wichtigsten Etappen im weiteren Verlauf sind bekannt: Aufnahme des Johannes in die Diptychen, zunächst in Antiochien[38], bald auch durch den alten Gegner Akakios von Beroia[39], schließlich äußerst widerstrebend durch Attikos in Konstantinopel[40]. Sokrates schreibt dazu, der Bischof

---

36   ... ὡς μεγάλου διωγμοῦ ἐπιγενομένου καὶ σχίσματος ταῖς ἐκκλησίαις, αἴσχιστον τέλος ἀπενεγκεῖν τοὺς αἰτίους καὶ οὕτως ἑνωθῆναι τὰς ἐκκλησίας. dial. 17,26-29.

37   Οὕτως εὑρήσεις μετὰ τὴν γενεὰν ταύτην ὡς μάρτυρα τιμώμενον τὸν Ἰωάννην, καταλυθέντων τῶν ἀντικειμένων ταῖς περὶ αὐτοῦ εὐφημίαις. dial. 19,79-81.

38   Theodoret, h.e. V 35,5.

39   Innozenz von Rom, ep. 21 (PL 20,543 f.) im Verein mit Kyrill, ep. 75 (PG 77,349D, zu dem Brief siehe unten Anm. 47).

40   Theodoret, h.e. V 34,12 sowie der unten in Anm. 47 angeführte Brief.

habe gehofft, durch diese Geste die Johanniten wiederzugewinnen[41]. Ob
das gelang, sagt er nicht; der Kontext stellt die Maßnahme als eine angemessene und kluge dar. Dies könnte suggerieren, sie sei von Erfolg ge-
krönt gewesen, doch ist über 20 Jahre später immer noch von Johanniten
die Rede[42]; die vollständige Integration gelang also nicht. Am Rande sei
bemerkt, dass der Ausdruck „Johanniten" nur von Sokrates belegt ist[43],
und es ist auch plausibel, dass es sich hierbei – jedenfalls zunächst – ausschließlich um eine Fremdbezeichnung handelte, ähnlich wie etwa die Bezeichnungen „Lutheraner" erst spät und „Calvinisten" nie als Selbst-
bezeichnungen übernommen wurden.

Das Zeugnis des Sokrates gewinnt dadurch an Wert, dass er offensichtlich selbst keinerlei Sympathie oder Verständnis für die Johanniten
hat, wie er auch generell als Quelle für uns dadurch interessant ist, dass er
im Grunde – nach dem Verlust der antijohanneischen Schrift des Theophil[44] – als einziger im erhaltenen Dossier über Johannes eine johanneskri-
tische Tendenz repräsentiert[45]. Selbst noch als im Jahr 438 die spekta-
kuläre Reliquientranslation stattfand und die ehrenvolle Beisetzung des
exilierten Bischofs in der Apostelkirche, kann sich der Berichterstatter eine
kritische Anmerkung nicht verkneifen: Ich wundere mich, so sagt er, dass
dieser Johannes rehabilitiert wird, aber der große Origenes nicht[46].

Attikos selbst bezeugt indirekt ebenfalls die weiterhin bestehende und
weiterhin starke johannitische Opposition. In seinem gewundenen Brief
an Kyrill von Alexandrien, gewiss kein Dokument menschlicher Größe,
begründet er, wieso er „diesen toten Mann" schließlich widerstrebend in
die Diptychen aufgenommen habe (er scheut sich immer noch, den
Namen des Johannes auszusprechen) [47]. Darin erscheint weder der Druck

---

41   h.e. VII 25,1 f.
42   Sokrates, h.e. VII 45,1.
43   h.e. VI 18,5 (zitiert oben in Anm. 1, übernommen bei Sozomenos, h.e. VIII 21,4) und
     VII 25,2.
44   Erhalten sind lediglich die Auszüge, die Facundus von Hermiane (*Pro defensione trium capi-
     tulorum* VI 5,16-29 [CChr.SL 90A, 185-188 Clément/vander Plaetse]) überliefert, ge-
     stützt auf die lateinische Übersetzung von Hieronymus. Vermutlich meint Palladios,
     dial. 13,127 f., wenn er von einem συγγράμμα des Theophil spricht, ebenfalls diese Schrift.
45   Vgl. M. Wallraff, Sokrates (wie Anm. 6), 70-72 sowie W. Mayer im vorliegenden Band.
46   Θαυμάσαι δέ μοι ἔπεισι, πῶς ὁ φθόνος Ὠριγένους μὲν τελευτήσαντος ἥψατο, Ἰωάννου
     δὲ ἐφείσατο. h.e. VII 45,5 (GCS N.F. 1, 392,25 f. Hansen).
47   Im Briefcorpus des Kyrill, ep. 75. Er habe in dieser Sache Rücksprache mit dem
     Kaiser gehalten. Dieser habe ihm entgegenhalten, „es sei doch kein Schade, um des
     Wohlbefindens und der Eintracht der Bevölkerung und des lieben Friedens willen den
     Namen eines toten Mannes aufzuschreiben". Davon schließlich überzeugt, ... ließ ich
     den Namen aufschreiben (μηδὲν εἶναι βλάβος γράφειν ἀπεληλυθότος ἀνδρὸς ὄνομα,
     ὑπὲρ τῆς εὐσταθείας καὶ τῆς τῶν λαῶν ὁμονοίας τε καὶ εἰρήνης. καὶ τοίνυν ἐγὼ τούτοις
     πεισθείς, ... γραφῆναι παρεσκεύασα τὴν προσηγορίαν, PG 77,352A).

der anderen großen Ortskirchen (insbesondere Roms) noch die politische Seite als der entscheidende Faktor, sondern der Druck der Bevölkerung[48], außerdem die nach wie vor beträchtliche Zahl derer, die kirchlich auf Abstand hielt[49]. Die Lobbyarbeit der Johanniten war also auf Dauer erfolgreich, ihr Einfluss in Konstantinopel blieb spürbar. Dieser Befund ist insofern erstaunlich, als wir nach Ps.-Martyrios keine Quellenzeugnisse aus dieser Gruppe selbst mehr haben, konkrete Personen sind nicht bekannt; der Vergleich mit Palladios deutete in die Richtung, dass eine eigenständige und bleibende Gemeindebildung in Konstantinopel langfristig nicht gelang. Vermutlich hat man es eher mit einer Art Opposition im Untergrund zu tun als mit einer eigentlichen Parallelkirche. Es mag auch sein, dass in bestimmten Konstellationen eine Art Doppelmitgliedschaft praktiziert wurde.

Fragt man nach den Konsequenzen dieser Vorgänge für das sich formende Chrysostomosbild, so kommt man zu zwei auf den ersten Blick kontrastierenden Feststellungen, die aber vermutlich beide bis zu einem gewissen Grad wahr sein dürften. Zum einen die Auffassung, derzufolge die Gestaltung des Chrysostomosbildes Resultat gezielter Propaganda einer kleinen, aber sehr aktiven Gruppe war. Diese Gruppe war für die Überlieferung des Johannes-Schrifttums (des echten und des pseudepigraphen) verantwortlich, und sie hat die letztlich kanonisch gewordenen Schriften zur Biographie in Umlauf gesetzt: den Epitaphios des Ps.-Martyrios und den *Dialogus* des Palladios (kanonisch wurden beide später nicht als literarische Produkte als solche, nämlich im Medium ihrer handschriftlichen Überlieferung, sondern inhaltlich als Grundlage der Chrysostomos-Hagiographie). Zum anderen das (manchmal romantisierend gefärbte) Bild, demzufolge die schließlich vorgenommene Rehabilitierung auf den Druck der breiten Bevölkerung bzw. auf die nach wie vor ungebrochene Beliebtheit des charismatischen Predigers und Bischofs zurückging. Beides dürfte wahr sein: weder hätte die kleine radikale Gruppe der Johanniten alleine diesen Erfolg erzielt noch scheint es denkbar, dass das historische Gedächtnis der „breiten Bevölkerung" mehr als eine Generation ohne schriftliche – und das heißt: bewusst gestaltete – Stütze in dieser Intensität fortdauerte. Immerhin ist zu berücksichtigen, dass zum Zeitpunkt der Reliquientranslation – 34 Jahre nach der Vertreibung – nur noch eine Minderheit in der christlichen Gemeinde persönliche Erinnerungen an den Bischof haben konnte.

&

---

48   ep. 75 (PG 77,349D). Der Rekurs auf den Kaiser (s. vorige Anm.) ist nur vorgeschoben.
49   ep. 75 (PG 77,349B).

Zum Schluss einige zusammenfassende Beobachtungen: In der Geschichte der altkirchlichen Schismen nimmt das johannitische Schisma insofern
eine Sonderstellung ein, als gar kein Versuch gemacht wird, eine „Wahr-
heitsfrage", also eine Frage des Dogmas – sei es auch noch so sekundär –
damit zu verbinden; vielmehr geht es von Anfang an von der Frage nach
dem Ethos, der Lebensführung, aus, verbunden mit einem gerüttelt Maß
Kirchenpolitik bzw. Fragen der kirchlichen Organisation. Palladios erhebt
den Aspekt des Ethos zum Programm und versucht, daraus Lehren für
die Zukunft zu ziehen.

Eine schwierige Frage ist die nach dem Grad der institutionellen Verfasstheit der schismatischen Gruppe. Soll man sie als eigenständige Kirche
oder als „Lobby" innerhalb der einen Kirche fassen? Offenbar gelang es
nicht, eine regelrechte Parallelhierarchie aufzubauen, insbesondere kam es
nicht zur Wahl eines Gegenbischofs, und vielleicht war das auch gar nie
beabsichtigt. Andererseits hielt die separatistische Tendenz mehr als eine
Generation lang an, und noch bis zur Reliquientranslation 438 gab es
eigene Gottesdienste und eine radikale Gruppe, die die Kommunion mit
der etablierten Kirche verweigerte. Vermutlich hatte die Gemeinschaft im
Blick auf ihren ekklesialen Status das strukturelle Problem, dass sie einerseits besonders „kirchlich" war (und sein musste), d.h. also gerade an der
Kirche in ihrer institutionellen Verfasstheit hing, an den aus ihrer Sicht
legitimen Amtsstrukturen, denn so war sie entstanden, andererseits besonders zurückhaltend gegenüber der Ausprägung einer eigenen Parallelhierarchie. Zum Vergleich könnte man an die katholischen Traditionalisten
unserer Tage denken, deren Ekklesiologie einerseits besonders konser-
vativ-papalistisch ist, die aber andererseits besonders darunter leiden, dass
aus ihrer Sicht der Papst vom wahren Glauben abgefallen ist.

Daher erklärt sich vielleicht das Paradox, dass einerseits massive kirchenpolitische Impulse von der Bewegung ausgingen, andererseits keine
„Rädelsführer" erkennbar werden. Die Lobbyarbeit führte letztlich zum
Erfolg, zur Rehabilitation des Johannes. Es ist und bleibt eigenartig, dass
dieser Erfolg für uns in den Quellen so wenig mit direkt benennbaren Personen in Verbindung zu bringen ist. Zum Teil ist die schon öfter vorgebrachte Erklärung sicher richtig, dass es sich um eine Bewegung „von unten", mit breitem Rückhalt gerade in der einfachen Bevölkerung handelte[50]. Zugleich ist dies nicht schon die ganze Wahrheit, denn sowohl die
Abfassung der beiden vorhandenen großen Quellentexte (mindestens Ps.-
Martyrios) als auch die intensive Tradententätigkeit setzt ein mehr als
durchschnittliches Bildungsniveau voraus, auch den Zugang zu entspre-

---

50 J. N. D. Kelly, Golden Mouth (wie Anm. 3), 289 spricht von „immense popular
    pressure" als dem entscheidenden Faktor.

chenden Ressourcen. Es ist gut möglich, dass nicht eine charismatische Führungsgestalt, sondern die Sorge um das johanneische und pseudojohanneische Schriftencorpus das Maß an Kohäsion schuf, das die Gruppe zum Überleben brauchte. Diese Tätigkeit war ganz auf Johannes zugeschnitten, alle anderen Personen traten dahinter zurück oder konnten nur Bedeutung erlangen, wenn ihre Worte zu Worten des Johannes wurden.

Im übrigen – dies als Ausblick zum Schluss – ist es vielleicht doch nicht völlig ausgeschlossen, dass noch eingehendere Forschungen dazu führen könnten, die eine oder andere Persönlichkeit im johannitischen Umfeld noch etwas deutlicher zu profilieren und damit die Genese des Chrysostomosbildes der ersten Generation besser zu verstehen. Ich nenne hier nur die beiden großen Rivalen um den Thronos von Konstantinopel in der ersten Hälfte des 5. Jahrhunderts, Proklos und Philippos, beide möglicherweise von Johannes stark geprägt: von Philippos von Side wissen wir es, von Proklos können wir es vermuten[51]. Beide spielten sicher eine Rolle in der Geschichte der johannitischen Opposition.

---

51 Der eine wie der andere wurde beim Tod des Attikos 425 als Nachfolgekandidat hoch gehandelt, doch zog man schließlich als „neutralen" Kandidaten Sisinnios vor, dessen vorausgehende pastorale Tätigkeit in einer Gemeinde außerhalb der Stadt erfolgt war und der sich daher in den Zwistigkeiten der Hauptstadt nicht so exponiert hatte (Sokrates, h.e. VII 26,1 f.). Bei den beiden folgenden Wahlen wiederholte sich im Abstand weniger Jahre die gleiche Konstellation (h.e. VII 29,1 und VII 35,1). Es ist denkbar, dass die Zeit für einen johannitisch „belasteten" Kandidaten schlicht noch nicht reif war. Philippos war ganz ohne Zweifel stark von Johannes geprägt (h.e. VII 27,1), vermutlich sogar dessen σύγκελλος (so sagt es ein Scholion zu dem apologetischen Dialog De gestis in Perside [CPG 6968], ediert von Eduard Bratke, Das sogenannte Religionsgespräch am Hof der Sasaniden [TU 4,3a], Leipzig 1899, 45, vgl. auch 120-123). Sehr wahrscheinlich ist dieser Philippos auch mit dem gleichnamigen Empfänger der ep. 213 von Johannes Chrysostomos sowie mit dem bei Palladios, dial. 20,74 genannten Presbyter identisch. Diese Prägung könnte erklären, wieso seine Kandidaturen um das höchste kirchliche Amt in der Hauptstadt trotz seiner offenbar vorhandenen Begabung erfolglos blieben. Proklos hingegen, der von Haus aus ebenso ein Schüler des Johannes gewesen sein dürfte (allerdings spät belegt: Nikephoros Kallistos Xanthopoulos, h.e. XIV 38), hatte schon früher seinen Frieden mit der vorherrschenden Kirchenpartei geschlossen (er wurde Sekretär von Bischof Attikos, h.e. 7,41,1) und war daher nach dem Tod des Maximianos 434 endlich „wählbar" (h.e. 7,40,4). Ihm blieb es vorbehalten, das große Versöhnungswerk der Reliquientranslation vorzunehmen. Die ikonographische Tradition hat es ihm gedankt, indem sie ihn als den Chrysostomosschüler par excellence häufig mit dem Kirchenvater ins Bild setzte (vgl. K. Krause im vorliegenden Band) – wenn es denn richtig ist, den Proklos der hagiographischen Viten (ab Georg von Alexandrien [BHG 873bd]) mit dem späteren Patriarchen in Verbindung zu bringen.

The Making of a Saint

John Chrysostom in Early Historiography

WENDY MAYER

As Martin Wallraff demonstrates[1], the apologetic funeral encomium and equally apologetic forensic *Dialogue* on the life of John Chrysostom produced by two of his supporters, ps.-Martyrius and Palladius, laid the foundation for a 'canonical' picture of John, a picture that has had lasting influence[2]. This study takes up that development and aims to show how the next stage in the refinement of this 'canonical' picture can be traced in the historiographical sources which date from the first half of the fifth century. Throughout these decades hostile witnesses to John were being suppressed as the voice of sympathisers and supporters won increasing attention. By the end of the sixth century the Johnite representation of events had come to dominate, and the picture of John in circulation was uniformly that of a saint. By the eighth century, when the numerous Byzantine hagiographies of John began to be produced, all trace of an alternative reading of his life and character had been eliminated.

Key to this process is the ecclesiastical history of Socrates. Treated by modern biographers of John as a less reliable source than the history

---

1   See M. Wallraff, Tod im Exil. Reaktionen auf die Todesnachricht des Johannes Chrysostomos und Konstituierung einer „johannitischen" Opposition, in this volume.

2   While ps.-Martyrius' account is utilised in the mid fifth century by Sozomen, Palladius' is adopted as a major source in the seventh to early eighth century by two authors, Theodore of Trimithus and ps.-George of Alexandria, the second of whom has in turn exerted influence in the framing of John's biography. See Theod. Trim., Vita s. Ioh. Chrys. (CPG 7989, BHG 872, BHGn 872b), in: F. Halkin, Douze récits byzantins sur saint Jean Chrysostome (Subsidia hagiographica 60), Brussels 1977, 7-68 (BHG 872b); and Georg. Alex., Vita s. Ioh. Chrys. (CPG 7979, BHG 873), in: Halkin, Douze récits byzantins, 70-285 (BHG 873bd). For a brief overview of the influence of both Palladius and ps.-George see F. van Ommeslaeghe, Que vaut le témoignage de Pallade sur le procès de saint Jean Chrysostome?, AnBoll 95, 1977, 389-441 and id., Jean Chrysostome en conflit avec l'impératrice Eudoxie. Le dossier et les origines d'une légende, AnBoll 97, 1979, 131-159. Palladius' account of the deaconess Olympias (dial. 17) is also utilised extensively by the anonymous *Vita Olympiadis* in the mid fifth century.

produced only a few years later by Sozomen[3], it is important to recognise that this mistrust is recent[4] and has little to do with his historical method and much to do with his more negative portrayal of John and with Sozomen's subtle representation of his own history as based on more objective principles than those employed by his unnamed, but easily identified, major source[5]. It is Socrates' more negative portrayal of John, however, that makes him of such keen interest. Because of his own agenda[6], Socrates displays a greater interest in the hostile witnesses to the events surrounding John and thus preserves evidence that would otherwise be unavailable. What he shows is that in the late 430s to mid 440s, just after John's exile had been revoked and his remains triumphantly returned to Constantinople, hostile accounts of what occurred were still circulating in Constantinople.

Socrates' primary concern, in devoting an entire book to the events associated with John[7], is to document the most recent and most devastating schism within the church and to frame the individual at the centre of the schism, John, as a schismatic[8]. Like Palladius he does not adopt a chronological approach, but rather presents events in such a way that the causal factors behind the schism are brought to the front. It should be said at this point that for Socrates John is not the only person responsible for the schism – Theophilus, Eudoxia, Severian and Antiochus are all given a role – but the difference between his account and those of Palla-

---

3   See C. Baur, Johannes Chrysostomus und seine Zeit, Munich 1929, I,xvii; and G. F. Chesnut, The First Christian Histories. Eusebeius, Socrates, Sozomen, Theodoret, and Evagrius (ThH 46), Paris 1977, 197 f. ('a genuinely critical piece of historiography'). J. N. D. Kelly, Golden Mouth. The Story of John Chrysostom – Ascetic, Preacher, Bishop, London 1995, 293, goes against the consensus when he considers him 'inferior to Socrates in critical method' and finds him 'credulous to a degree'.

4   Both Theodore of Trimithus and ps.-George utilise Socrates as a major source in addition to Palladius and demonstrate no knowledge of or interest in Sozomen's version of events.

5   For an example in which Sozomen supplies alternative opinions regarding culpability, while Socrates casts blame solely on John's followers, see G. C. Hansen, Sozomenos. Historia Ecclesiastica Kirchengeschichte (FC 73/4), Turnhout 2004, 37, on the burning of the church at the time of John's second exile. As Hansen points out, by these subtle differences Sozomen gives the impression of being objective and unbiased. See also Sozomen's claim, h.e. I 1,13-17 (FC 73/4, 104-8 Hansen) that he has scrupulously examined a variety of documents in pursuit of 'the truth'.

6   Socrates' interest in describing these events is not that of a partisan of John, but of an historian seeking to demonstrate the importance of the unity of church and empire and the damaging effects of dissension. See T. Urbainczyk, Socrates of Constantinople. Historian of Church and State, Ann Arbor/MI 1997.

7   Out of 23 chapters in Book VI they consume chapters 2-21.

8   See M. Wallraff, Der Kirchenhistoriker Sokrates. Untersuchungen zu Geschichtsdarstellung, Methode und Person (FKDG 68), Göttingen 1997, 74.

dius and ps.-Martyrius lies in the degree of personal responsibility he attributes to John, something which the Johnite sources are at pains to avoid. His approach is exemplified at the very beginning, when he describes John's election to the episcopate of Constantinople (h.e. VI 2). The culpability of both Theophilus and John is carefully established. Theophilus is portrayed as hostile because he wanted his own candidate on the throne. At the same time he is portrayed as a character who is himself on trial and who escapes conviction only because the charges are suppressed. Socrates in this way sets the scene for Theophilus' later behaviour as events unfold[9]. In the meantime he then moves to establish John's popularity but own lack of innocence by moving onto John's earlier life at Antioch, which he concludes with an assessment of John's character that lays the foundation for much of what subsequently occurs. Here, importantly, he includes general opinion (presumably still circulating at Constantinople), as well as the witness of one of John's intimates from his youth. Due to John's zeal for moderation, his sources tell him, the man was somewhat harsh and severe, 'more hot tempered than circumspect', and 'as a result of his simplicity gullible'[10]. The account culminates with John's uninhibited outspokenness, which was effective when he preached, but which in private left those who didn't know him thinking that he was arrogant[11]. What is so carefully framed as a virtue by both Palladius and ps.-Martyrius (John's παρρησία)[12] is for Socrates a major liability.

What Socrates shows from the beginning is that there were at least two ways of reading John and his role in events and that both remained in circulation at Constantinople. Where ps.-Martyrius introduces the same character faults as enemy propaganda[13], Socrates frames them as general opinion, supported by the opinion of someone who knew him well and can therefore be trusted. His immediate introduction into events at this point of John's unsavoury archdeacon Sarapion, and successive insertion into his account of John's perceived treatment of Eutropius, the coup of the Gothic general Gainas, and the involvement in the Origenist dispute of Epiphanius (VI 4-6; 10-12; 14), none of which is mentioned by Palladius (Table 1), serves further to indicate just how much Palladius suppressed. Sarapion and Epiphanius, significantly, are not mentioned by ps.-Mar-

---

9   To make sure that no one has missed Theophilus' role, Socrates repeats his characterisation of Theophilus' stance at h.e. VI 5,10-12 (GCS NF 1, 317,18-26 Hansen).

10 Ἦν δὲ ἄνθρωπος, ὥς φασι, διὰ ζῆλον σωφροσύνης πικρότερος, καὶ πλέον ... θυμῷ μᾶλλον ἢ αἰδοῖ ἐχαρίζετο, ... δι' ἁπλότητα δὲ εὐχερής. Socr., h.e. VI 3,13 (315,8-10 Hansen).

11 Socr., h.e. VI 3,14 (315,10-13 Hansen).

12 See, e.g., Pall., dial. 18 (SC 341, 372-376 Malingrey); ps.-Mart., or. fun. 40 (92 Wallraff)

13 ps.-Mart., or. fun. 40 (92 Wallraff). Cf. ps.-Mart., or. fun. 44 (94-96 Wallraff).

tyrius either. Socrates' framing of the Gainas episode (VI 6) in contrast to
that of ps.-Martyrius is equally telling. Socrates introduces the episode as a
disruptive event provoked by a 'barbarian' that occurred at the same point
in time, but does not, as does ps.-Martyrius, emphasise Gainas' adherence
to a heterodox Christian party or give John a major part in the story[14].
Instead this information is reserved for the previous chapter (VI 5),
material that serves rather to introduce the Gainas episode, where Gainas'
plea for a church for the Arians is cited only in brief and simply as a
supporting example of John's insensitive use of his typical outspokenness.
Socrates in chapter VI 6 itself (his full account of the Gainas episode)
attributes salvation of the city to divine providence, unlike ps.-Martyrius,
who emphasises Gainas' Arianism and is thus able to interpret events as
an example of John's zealous preservation of Nicene orthodoxy. As
Socrates cites as his source for VI 6 an epic poem by Eusebius Scho-
lasticus, who was an eye-witness of events[15], one suspects that his source,
like Socrates' own account, contained no mention of John at all. This
raises the question of how prominent John's involvement in the events
associated with Gainas' coup really was, while at the same time indicating
the existence of alternative versions of these events, especially since the
surviving fragments of Philostorgius' ecclesiastical history present yet
another perspective[16]. There again there is no mention of any involvement
by John. Instead Gainas' actions are framed within a series of episodes
about barbarian (specifically, Gothic and Isaurian) activity at that time and
only Fravitta's involvement in pursuing Gainas militarily receives mention[17]. The early sixth-century secular history of Zosimus, which relies
heavily on the early fifth-century history of Eunapius of Sardis, is yet
another source where John receives no mention in the course of these
events[18], despite the length at which Zosimus dwells on them. Although
Philostorgius may have his own agenda in framing the Gainas episode in
this way because of his defensiveness of the Eunomian (Arian) cause[19],
and Zosimus has his own thesis to push that the decline of empire was

---

14 ps.-Mart., or. fun. 47-51 (98-104 Wallraff).
15 Socr., h.e. VI 6,35-36 (321,12-16 Hansen).
16 Philostorgius was resident at Constantinople from c. 388 onwards and so serves as
    another important witness to events local to the region.
17 Philost., h.e. XI 8 (GCS 21, 138 f. Bidez-Winkelmann).
18 Zos., hist. nov. V 14-21 (III,20-33 Paschoud). See, however, D. F. Buck (The reign of
    Arcadius in Eunapius' Histories, Byzantion 68, 1998, 31) who argues that Eunapius
    ignored John's involvement and substituted a dramatic episode (Gainas' symbolic
    execution of his hostages) in its place.
19 See A. Nobbs, Philostorgius' view of the past, in: Reading the Past in Late Antiquity,
    ed. by G. Clarke et al., Rushcutters Bay 1990, 251-264.

due in part to the empire's barbarisation[20], the existence of three separate accounts that essentially make no mention of John raises the suspicion that ps.-Martyrius and other Johnites may have exaggerated John's involvement in the Gainas affair as part of their apologetic propaganda.

A final example of how alternative readings of the events associated with John were still in circulation at this time is seen in chapter VI 11, where Socrates inserts an account of a hostile encounter between John's archdeacon, Sarapion, and Severian of Gabala. Here the manuscript tradition preserves two distinct recensions[21], of which the shorter is clearly that of Socrates[22]. Martin Wallraff has proposed, in my opinion correctly, that the longer recension represents the accidental insertion of a page from Socrates' source[23]. A brief comparison of the two shows Socrates either adopting or imposing a markedly different slant on the event, allowing him to promote Sarapion's role as that of a schismatic. In Socrates' account Sarapion swiftly reports on Severian's activities at Constantinople, claiming to John that the latter was unsettling the church, an action which arouses 'the bishop's' jealousy[24]. On John's resumption of control at Constantinople, Sarapion's arrogance becomes unbearable, with the result that he arouses greater hatred against 'the bishop'[25]. A record of an alleged provocation of Severian by Sarapion then follows. The Sarapion who appears in the lead up to this same encounter in the longer recension is presented in a somewhat different light. Much loved by John and entrusted on the latter's departure for Ephesus with the administration of the episcopal household due to his prudence and trust-

---

20 See K.-H. Leven, Zur Polemik des Zosimos, in: Roma Renascens. Beiträge zur Spätantike und Rezeptionsgeschichte, ed. by M. Wissemann, Frankfurt 1988, 177-197; F. Paschoud, L'Impero romano cristiano visto da un pagano. La storia nuova di Zosimo, in: Storici latini e storici greci di età imperiale: atti del corso d'agggiornamento per docenti di latino e greco del Canton Ticino, Lugano, 17-18-19 ottobre 1990, ed. by R. Giancarlo, Lugano 1993, 189-204.

21 Socr., h.e. VI 11,9-20 (329-333 Hansen).

22 That the short recension is Socrates' own version is suggested by the addition of information concerning John's interference with Novatian and Quartodeciman churches on his way home from Ephesus, material which is missing from the longer recension. See Socr., h.e. VI 11,13 (short recension; 330.21-25 Hansen) and compare Socr., h.e. VI 11,13 (long recension; 330.23-25 Hansen), which says simply: 'not long after, John returned to Constantinople'. Socrates returns to criticism of John's treatment of the Novatians and Quartodecimans in Asia Minor in h.e. VI 19,7 (344 Hansen).

23 M. Wallraff, Der Kirchenhistoriker Sokrates (op. cit. n. 8), 65. Socrates revised certain parts of the history upon discovering fresh sources. See G. C. Hansen, Sokrates. Kirchengeschichte (GCS NF 1), Berlin 1995, LVI-VII; and M. Wallraff, ibid., 163-172. See, however, G. C. Hansen, ibid., LVIII-IX, who finds the two versions difficult to explain, but excludes revision.

24 Socr., h.e. VI 11,12 (short recension; 330,14-21 Hansen).

25 Socr., h.e. VI 11,14 f. (short recension; 330,27-331,3 Hansen).

worthiness[26], Sarapion has some basis for falling out with Severian out of
loyalty to John and due to Severian's resentment of John's favouring of
Sarapion[27]. The hatred that develops is confined to Severian and Sarapion[28] and is demonstrated in the provocative encounter which im-
mediately follows. In Socrates' version Sarapion deliberately misreports
Severian's side of the encounter to John, turning John into Severian's
enemy, as a consequence of which Severian is driven from the city[29]. In
the longer recension the dispute between Sarapion and Severian is brought
to a synod where both sides present their case, Sarapion claiming
innocence. Severian disagrees with John's ruling, with the result that the
latter points out that Severian has neglected his see back at Gabala and
firmly suggests that he leave[30]. In Socrates' version the phrase 'the bishop'
is twice used ambiguously to suggest that it is not Severian who is jealous
but John who is upset with Severian as a consequence of Sarapion's
reports, and that it is against John, not Severian, that Sarapion's arrogance
exacerbates hatred. In the longer recension, in both instances 'the bishop'
is named explicitly as Severian. By omitting the name Socrates implies that
the enmity between Severian and John was deliberately inflamed by
Sarapion, whereas the longer recension makes no mention of Sarapion's
arrogance and indicates that when it came to their actions Sarapion and
John may have had reasonable grounds. The accidental survival of this
fragment of one of his sources allows us rare insight into how Socrates'
own agenda has shaped the way in which he presents John's story. His
Sarapion is framed as a troublemaker, whose preferential treatment and
trust by John serves the latter poorly and is in part responsible for the split
in the church that ensues. Whether we posit that Socrates utilised a
number of sources of which the longer recension constituted a version of
events more sympathetic to the Johnite position, or whether we posit that
Socrates took what was in this instance a less hostile source and reshaped
it to fit his own agenda, at the very least his insertion of Sarapion into his
account and the complete silence of Palladius and ps.-Martyrius in this
matter indicate that the sources hostile to John considered the relationship
between John and Sarapion problematic. Curiously Sozomen, who in
many cases reworks Socrates' account so that it presents John in a more
favourable light, shows no awareness of an alternative source and

---

26   Socr., h.e. VI 11,12 (long recension; 330,15-23 Hansen).
27   Socr., h.e. VI 11,14 f. (long recension; 330,23-331,7 Hansen).
28   Socr., h.e. VI 11,15 (long recension; 331,7-10 Hansen).
29   Socr., h.e. VI 11,16 f. (short recension; 331,14-25 Hansen).
30   Socr., h.e. VI 11,18-20 (long recension; 331-332 Hansen).

preserves virtually intact Socrates' more hostile account of the conflict between Sarapion and Severian[31].

Only a few years later[32], we see much of the same material presented in a more positive light. Sozomen, despite retaining much of the material introduced by Socrates and otherwise suppressed by Palladius and ps.-Martyrius, presents a picture of John that conforms more closely to that of the Johnite cause. This he achieves in part by adopting a Johnite version of events at certain points and by inserting events preserved, if not in Palladius and ps.-Martyrius themselves, in what are clearly Johnite sources[33]. Like ps.-Martyrius he inserts John into the midst of the Gainas episode as a defender, against Arianist forces, of the Nicene faith (VIII 4)[34], he inserts the assassination attempt on John[35], and the persecutions of John's supporters, Eutropius and Olympias[36], as well as John's pastoral activity in exile[37]. Like Palladius, he expands his account of the sufferings of John's supporters to include the injuries sustained at the hands of the military[38], and inserts John's vision of Basiliscus on his deathbed[39]. In addition he adds material new to us, but which must have been in circulation, some of it hagiographical in content (VIII 23 f.)[40]. Moreover, he completely reworks the order in which Socrates presents his material so that while the overt organising principle is chronological (Table 2), the covert effect is to eliminate much of the detail about the negative side of John's outspokenness. Where Socrates launches directly into an account of the growing hostility towards John and his own role in its development

---

31 Soz., h.e. VIII 10 (986-988 Hansen).

32 The date of the ecclesiatical histories of Sozomen and Socrates is still a matter of debate, but Socrates' can be dated to between 439 and 443, while that of Sozomen sits somewhere between 443 and 450. See T. Urbainczyk, Socrates of Constantinople (op. cit. n. 6), 20. T. D. Barnes (Athanasius and Constantius. Theology and Politics in the Constantinian Empire, Cambridge/Mass. 1993, 205 f.), however, believes it probable that Socrates completed his work in 439 and, on the basis of arguments by Roueché and Cameron, accepts that at least the last book in Sozomen's history was written in 450 'after Pulcheria's return to power and favor in the last months of Theodosius' life'. Since Socrates altered his history as new sources came to light, it is probable that in both cases the histories were written and published progressively over a period of time.

33 That Sozomen utilised ps.-Martyrius directly is now clear. See Wallraff, Ps.-Mart., 18 f. and Hansen, intro to Soz., GCS, LIII. Evidence of this kind is lacking, however, with regard to Palladius

34 h.e. VIII 4,6-10 (966-968 Hansen). Cf. ps.-Mart., or. fun. 49-51 (100-104 Wallraff).

35 h.e. VIII 21,5-8 (1024-1026 Hansen). Cf. ps.-Mart., or. fun. 105 f. (158-162 Wallraff).

36 h.e. VIII 24 (1032-1036 Hansen). Cf. ps.-Mart., or. fun. 125-131 (180-186 Wallraff).

37 h.e. VIII 27,8-9 (1048-1050 Hansen). Cf. ps.-Mart., or. fun. 134 (190,9-16 Wallraff).

38 h.e. VIII 21,1 f. (1022 Hansen). Cf. Pall., dial. 9 (196-200 Malingrey).

39 h.e. VIII 28,3 (1050-1052 Hansen). Cf. Pall., dial. 11 (224-230 Malingrey).

40 h.e. VIII 23,4-7 and 24,8 f. (1032-1036 Hansen).

(h.e. VI 3-6) Sozomen shifts much of this material towards the middle and opens his own account with material that presents John not as a schismatic but as a unifying force in the church and as a proponent of Nicene orthodoxy.

Examining these opening chapters is instructive of Sozomen's reworking of Socrates in general and his weaving in of Johnite material in particular. Where Socrates's John is from the beginning outspoken and difficult (a problematic vice), in Sozomen this is turned into a virtue. If Sozomen's John antagonises people, this does not reflect badly on John but rather on his audience, since they are guilty of what he is rebuking[41]. New material is inserted at h.e. VIII 3 (John effects reconciliation between the Meletian Nicene faction at Antioch and the West) and VIII 5 (John's miraculous conversion of a woman of Macedonian persuasion) which demonstrates his concern both for unity and for orthodoxy. This new material brackets the Gainas account, which, as mentioned above, is reworked to include John's bold defence of the Nicene faith against the Arian barbarian. In h.e. VIII 9 new material is also introduced, which is bracketed between Sarapion's antagonisation of John's clergy and the charge that John ate alone. This serves to minimise the role of Sarapion, which is reduced to a single sentence[42]. Instead, greater attention is given to the effect of John's regulation of the largesse of Olympias, and to disputes between John and the local monks, particularly their leader Isaac[43]. Of particular note is the way in which Sozomen frames the charge that John would eat with no one nor accept any invitation to dinner, which concludes the chapter[44]. The allegation, he states, is false and goes hand in hand with other allegations brought by disgruntled clergy and monks. These are charges that Socrates had, on the contrary, adduced as fact, namely that John was hard, contentious, uncouth and arrogant[45]. Sozomen concludes his dismissal of these charges against John by adducing a reliable witness, who explains that the charge of being inhospitable was a misrepresentation of acceptable and only occasional behaviour attributable to the lingering effects of

---

41   See Soz., h.e. VIII 2,10 f. (956-958 Hansen) and VIII 3,1 f. (960-962 Hansen).
42   Soz., h.e. VIII 9,1 (982 Hansen).
43   At h.e. VIII 9 Sozomen devotes 3.5 lines to Sarapion, and 16.5 and 13 each, respectively, to Olympias and to the monks and Isaac (982-986 Hansen). He deletes the reported insult against the clergy (Socr., h.e. VI 4,3; 315,19-23 Hansen), which Socrates introduces to illustrate and emphasise Sarapion's character. The aspect of Olympias' role which he presents is not found in Palladius, ps.-Martyrius or Socrates, while the introduction of Isaac and the monks to the list of enemies, which echoes Palladius (dial. 6; 126,16-128,17 Malingrey), shows up their absence in Socrates.
44   h.e. VIII 9,5 f. (984-986 Hansen).
45   Cf. Soz., h.e. VIII 9,5 (984,26 f. Hansen) and Socr., h.e. VI 3,13 f. (315,8-13 Hansen).

John's earlier ascetic rigorism[46]. By the time that we reach the end of chapter 9 it is clear that Sozomen's John is innocent in the developing schism and that the fault lies rather with his enemies.

When we turn to the ecclesiastical history of Theodoret which was produced at much the same time[47], we see that, although Sozomen leans strongly towards a Johnite view of John, Theodoret's depiction of events is entirely partisan (Table 3). His is an Antiochene rather than a Constantinopolitan perspective. At the same time in some respects it is closest to the account of John presented by ps.-Martyrius. For both authors John is first and foremost a martyr[48] and for both the breadth of John's pastoral activities, which spread out into neighbouring sees, is a major element[49]. The Gainas episode is pared down so that John's defence of Nicene orthodoxy, first introduced by ps.-Martyrius, now sits at the centre and a new aspect to John's involvement (as an ambassador to Gainas) is introduced (h.e. V 32-33)[50]. Theodoret has no interest in Sarapion, prominent in Socrates and still a significant element in Sozomen, or in the Origenist affair which involved Theophilus, Isidore, Epiphanius and the Tall Brothers and which is prominent in the accounts of Palladius, Socrates and Sozomen. Eudoxia's role is negligible and John's interference in the see of Ephesus and in Asia Minor in general, a large part of Palladius' defence and a source for criticism in Socrates, receives no mention. John's enemies are never named and the entire series of events from the Synod of the Oak to John's second exile and death are squeezed into a single chapter[51]. At Pityus he is buried *ad sanctos*, next to the martyred Basiliscus, another indication that the John depicted by Theodoret is constructed as both martyr and saint[52].

---

46 Soz., h.e. VIII 9,6 (986 Hansen).
47 Timothy Barnes dates it to the late 440s, locating it before the completion by Sozomen of his own Ecclesiastical History. See T. D. Barnes, Athanasius and Constantius (op. cit. n. 32), 209. Brian Croke, who narrows to 444/45-July 449 the termini of the period within which the history is likely to have been produced, believed that it postdated Sozomen. See B. Croke, Dating Theodoret's Church History and Commentary on the Psalms, Byzantion 54, 1984, 59-74 (esp. 73).
48 See Theod., h.e. V 34,8 (GCS NF 5, 336,1 Parmentier): 'the victorious athlete'; and, e.g., ps.-Mart., or. fun. 34 and 133 (86, 188 Wallraff).
49 Theod., h.e. V 28-31 (329-331 Parmentier); ps.-Mart., or. fun. 24-26 (74-76 Wallraff).
50 Theodoret frames both chapters explicitly as a triumph of orthodoxy (John) over the Arian heresy (Gainas). See Theod., h.e. V 33,2 (333,22-334,2 Parmentier), where Gainas recalls John's 'forthright speech concerning the true religion' and places his children on John's 'holy knees'.
51 Theod., h.e. V 34 (334-336 Parmentier). By contrast two sections in chapter 36 are devoted to the triumphal return in 438 of John's remains to Constantinople. See Theod., h.e. V 36,1 f. (338,10-18 Parmentier).
52 The detail is first introduced by Palladius, dial. 11 (230,154-156 Malingrey).

A very similar John is the subject of Proclus' encomium, presumably delivered at Constantinople in the vicinity of 438, the year in which John's remains were translated to the Church of the Apostles[53]. Highly rhetorical and hence allusive rather than explicit, the homily nonetheless highlights John's role in the promotion of orthodoxy[54], reminiscent of the image promoted by ps.-Martyrius and later echoed by Theodoret. In emphasising this view of John, Proclus alludes to John's removal of the simoniac bishop of Ephesus[55], to his evacuation of synagogues in Syria, his destruction of older religious cults in Phrygia and at Caesarea and his missionary activities in Persia[56]. These allusions support the long list supplied by ps.-Martyrius of activities which John as bishop undertook in neighbouring sees[57]. Yet another piece of evidence raises the suspicion that behind these sources there lies a set of pastoral actions on John's part from which Palladius, by focusing on John's deposition of simoniac bishops at Ephesus[58], distracts his audience. At one point there existed five encomia on John by Theodoret of which the fifth supports this view of John's activities. As reported in a summary by Photius, in this homily John's missionary activities are highlighted, particularly those among the Goths and Persians[59]. Ephesus is mentioned in a similar context (that is, the bringing of the gospel)[60], which may support the emendation proposed by Leroy in regard to the homily by Proclus (that is, that Proclus alludes not to John's removal of simoniac bishops at Ephesus, but to the suppression of pagan cults and the bringing of Christianity). Cumulatively these allusions in ps.-Martyrius, Proclus and Theodoret to missionary work and pastoral activities well beyond the Constantinopolitan see, described more openly in the *Ecclesiastical History* of Theodoret[61], point to

---

53 Proclus, Hom. 20 in s. Iohannem Chrysostomum (CPG 5819; PG 65,827-34). It survives only in Latin, Armenian and Old Slavonic. See F. J. Leroy, L'homilétique de Proclus de Constantinople. Tradition manuscrite, inédits, études connexes (StT 247), Rome 1967, 134 f.

54 PG 65,831,14 f. and 26 f.; 832,17-29.

55 Although see F. J. Leroy, L'homilétique de Proclus (op. cit. n. 53), 152, who prefers to emend the Latin to read 'Artemida nudavit' or 'Artemin denudavit', referring to the destruction of the cult of Artemis at Ephesus rather than John's well documented removal of simoniac bishops.

56 PG 65, 832,18-23.

57 ps.-Martyrius, or. fun. 24-26 (74-76 Wallraff) .

58 Pall., dial. 13-15 (272-300 Malingrey).

59 Photius, bibl. 273 (VIII 109,19-30 Henry).

60 Photius, bibl. 273 (VIII 109,40-110,42 Henry).

61 Theod., h.e. V 28-31 (329-331 Parmentier), claims that John extended his pastoral direction to sees throughout Thrace, Asia and Pontica, that he organised the destruction of temples in Phoenicia, that he organised a church and native-language worship for local Goths at Constantinople, and that he sent apostles to Gothic territory.

a body of information about John's episcopal activity that, though suppressed or ignored by what are usually considered the principle sources (Palladius, Socrates and Sozomen), circulated at the very least in Johnite circles.

One final historical source, dating from the early sixth century, points back towards this critical period in the formation of a canonical picture of John. If we accept that Zosimus derived much of his material for the period up to 404 CE from a history by Eunapius of Sardis[62], then it is likely that the sources behind this section of his history in large part represent those in circulation at the beginning of the fifth century[63]. His is once again a hostile view of John, but not necessarily one that is in any way fabricated. We first meet John in chapter V 23 after the return of Gainas' hostages. From that point onwards, Zosimus asserts, the empress' hatred of John increased. Previously annoyed with him because of his habit of ridiculing her in his homilies, she now becomes his open enemy. It is she who agitates the bishops, in particular Theophilus, for his removal. John is said to have voluntarily left Constantinople (rather than been exiled), at which riots ensued, including a massacre of a group of monks who had taken over the church. John's return involves repetition of his previous behaviour, which stirs up similar troubles in the city[64]. This behaviour includes inciting the people against the empress by his 'usual rubbish', presumably via his preaching. John is again expelled and departs. His followers decide to make it impossible for anyone else to take the episcopal throne and so proceed to burn down the church. The

---

62 See A. Baldini, Le due edizioni della Storia di Eunapio e le fonti della Storia Nuova di Zosimo, AFLF(M) 19, 1986, 45-109; A. E. Baker, Eunapius and Zosimus: Problems of composition and chronology, doct. diss., Providence/RI 1987, 52-104. Eunapius published his history in installments, possibly in several editions, the first no earlier than 395 (A. E. Baker, ibid., 19-51, contra T. Banchich, The Historical Fragments of Eunapius of Sardis, doct. diss., Buffalo/NY 1985, who argues for the appearance of the second of three installments c. 378). A later installment carries the history down to 404 CE. Baker concludes that the new (second) edition to which Photius (Bibl. 77; 158-160 Henry) refers could not have been produced by Eunapius. Regarding the sources utilised by Eunapius and Eunapius' historical approach see T. Banchich, ibid., 67-163.

63 F. Paschoud (Cinq études sur Zosime, Paris 1975, 144) considers that Zosimus follows his sole source (Eunapius) with total servility. A. E. Baker, Eunapius and Zosimus (op. cit. n. 62), 101, modifies this theory to argue that Zosimus 'followed Eunapius more often then he deserted him' and that his History can be used to learn much about the Eunapian History, if the Eunapian fragments are applied as a control. D. F. Buck (The reign of Arcadius [op. cit. n. 18]), reverting to older views of Zosimus as a slavish copyist, bases his analysis of Eunapius' account of Arcadius' reign on the account in Zosimus, on the assumption that the latter more or less faithfully copies Eunapius at this point.

64 Zos., hist. nov. V 23 (III,34 f. Paschoud).

devastating effects of the fire on the city, particularly its non-Christian buildings and statuary, are of greater interest to Zosimus and merit loving and lengthy detail[65].

The biases of this account are obvious, but when it is analysed dispassionately it can be seen that it contains no obviously new or fictional elements. The opinion that it was Johnites who torched the Great Church is reported also by Socrates and mentioned, if not accepted, by Sozomen. The tradition that John had ridiculed the empress in homilies is likewise preserved in Socrates and Sozomen, both of whom report that a sermon upbraiding women was misreported to her[66]. The occupation of a church by monks following John's first exile and their massacre by soldiers is an event alluded to by ps.-Martyrius[67]. Eudoxia's stirring up of Theophilus likewise echoes the role attributed to the empress by ps.-Martyrius[68]. Even the image of John that Zosimus (more likely Eunapius) projects (of an outspoken and insensitive troublemaker) is not dissimilar to Socrates' schismatic. It is largely because of its unsympathetic view that Zosimus' depiction of John has been dismissed. Like Socrates' account, however, it is on the contrary of considerable value for the alternative view of John that it preserves.

When we observe the sources in this way it becomes evident that the view of John that has prevailed is one that is based almost exclusively on the sympathetic picture of John promoted either by Johnites themselves or by authors writing about John who were swayed by the latter's version of events. In the first decades that followed John's initial exile there were other ways of interpreting John's actions and of viewing what occurred. There was also a larger pool of information from which to draw than the sources that held sway suggest. Awareness that there existed a more diverse range of perspectives and a larger pool of evidence than the main sources that survive portray has significant implications for our reading of the modern biographies[69]. At the same time, why more hostile views struggled against more encomiastic and hagiographical versions of what took place and were eventually forgotten has yet to be explained. Two

65 Zos., hist. nov. V 24,3-8 (III,36-38 Pasch.).

66 Socr., h.e. VI 15,2 f. (336,11-15 Hansen); Soz., h.e. VIII 16,1 (1006,9-13 Hansen).

67 ps.-Mart., or. fun. 79 (132 Wallraff) . On allusions to the same event in John's own homilies and for the reconciliation of these sources see J. N. D. Kelly, Golden Mouth (op. cit. n. 3), 233-235.

68 See ps.-Mart., or. fun. 36, 87 (88, 142 Wallraff) .

69 The ramifications of a more critical reading of the sources are discussed at length in W. Mayer, John Chrysostom. The Deconstruction of a Saint, Cambridge, forthcoming.

events, recorded by Socrates and Theodoret, most likely leant impetus to the rapid triumph of the Johnite view. The first is the restoration of John's name to the diptychs under Atticus (bishop of Constantinople 406-425)[70]. The second is the completion of John's rehabilitation under the emperor Theodosius II, which culminated in the translation in 438 of John's body from Pityus, where he died in exile, to the Church of the Apostles at Constantinople[71]. At both points Johnite sympathies would have been reanimated, in the second instance with longer lasting effect. If these two events encouraged the process, it is perhaps the events of the 430s to 450s which helped to cement it into place. As attention rapidly shifted onto Nestorius and momentum built towards the Council of Chalcedon a new, equally alarming schism began to threaten the church. In its shadow the events that had led to the questioning of John's status became a concern of the past[72]. By the time that the confusion and instability that followed Chalcedon began to resolve itself towards the end of the sixth century John the saint had emerged in the literature fully fledged.

In the comparative tables appended to this article italics are used to highlight material that ist novel or unique to a source.

---

70 Interestingly Atticus, who is vilified by both Palladius (dial. 11; 216,31-218,41 Malingrey) and ps.-Martyrius (or. fun. 134; 190 Wallraff), is presented in a positive light by Theodoret (h.e. V 34,12; 337 Parmentier) as well as Socrates (h.e. VI 20 and VII 25; 344 and 372-374 Hansen). Socrates approves of Atticus because of his role in unifying the church. Theodoret's stance, on the other hand, is consistently Johnite. This suggests that the attitude towards Atticus among the Johnites underwent change as events unfolded, an initially hostile reception altering to a more positive view when Atticus was instrumental in having John's name rehabilitated.

71 Socr., h.e. VII 45 (392 f. Hansen) and Theod., h.e. V 36,1 f. (338,10-18 Parmentier).

72 The christological disputes of these decades may in fact have accelarated the canonisation of John as he became part of the appeal to orthodoxy on the 'Antiochene' side.

Table 1

Socrates	Palladius
6,2 Death of Nectarius and ordination of J as bishop of Constantinople; opposition of Theophilus	5.b Death of Nectarius and ordination of J as bishop of Constantinople; opposition of Theophilus
6,3 J's birth, education, early career and character	5.a J's birth, education, early career
6,4,1 J's alienation of his clergy	5.c J reforms clergy, laity, church finances, widows; attacks the rich and imposes litanies
6,4,2-4 *Sarapion the deacon and J's alienation of his clergy* 6,4,5-7 Charge that J ate alone	12.-13.a Charge that J ate alone 6.a J alienates Acacius, bishop of Beroea
6,4,8-9 *J's preaching and popularity*	
6,5 *Broadening dissatisfaction – Eutropius episode*	
6,6 *Gainas episode*	
6,7 Theophilus and the Tall Brothers	7.a Theophilus and the Tall Brothers
6,8 *Arian and Nicene night-time processions*	
6,9 Tall Brothers and Isidore; their arrival at Constantinople, J's response	6.b Isidore and the Tall Brothers 7.b Tall Brothers arrive at Constantinople , J's response
6,10 *Theophilus recruits Epiphanius*	
6,11,1-7 Introduction of Severian and Antiochus	4.b List of J's enemies
6,11,8-11 J at Ephesus	13.b-15. J at Ephesus; defence of J's actions
6,11,11-21 *Sarapion and Severian episode; intervention of Eudoxia*	
6,12 *Epiphanius at Constantinople*	
6,13 *Defence of Origen*	
6,14 *J confronts Epiphanius; harsh words ensue; Epiphanius leaves*	
	8.a Tall Brothers approach Eudoxia, Theophilus summoned to Constantinople
6,15,1-4 *J alienates Eudoxia* 6,15,5-21 Synod of the Oak; first exile	8.b Synod of the Oak, accusation against J of treason 9.a First exile

6,16 *Popular revolt against J's expulsion; J* recalled	9.a Eudoxia miscarries, J recalled
6,17 *Theophilus and Heracleides; J ordains Sarapion bishop of Heraclea*	
6,18 *Eudoxia and the silver statue; J's sermon;* second synod; second exile; burning of the church; persecution of J's followers passed over in silence	9.b Theophilus brings charges that J resumed his throne illegally, emperor bans J from the church, Easter Saturday 10. J deposed by the emperor, second exile, burning of the church 11.a; 20.b Persecution of J's followers
6,19,1 Arsacius ordained bishop of Constantinople	11.a Arsacius ordained bishop of Constantinople
6,19,2-4 *Cyrinus, bishop of Chalcedon, receives his just desserts*	
	16.a Porphyrius ordained bishop of Antioch, Constantius 16.b-17. Olympius, the Tall Brothers
	11.a J in exile
	2. Letter of John to Innocent I
	3. Response of Innocent: calls new synod, letter to Theophilus; letter to Honorius, Honorius' letter to Arcadius; various delegations arrive
	4.a Failed embassy from the west
6,19,5-8 *Omens at Constantinople* 6,20 *Death of Arsacius and ordination of Atticus*	
6,21 J dies in exile; *J's pastoral laxity re penance*	11.b Vision of the martyr Basiliscus, J dies in exile
6,22 *Sisinnius' character, in contrast to J*	
7,25 *Atticus restores J's name to the diptychs*	
7,45 *Return of J's remains to Constantinople under Proclus*	

Table 2

Sozomen	*Socrates*
8,1,9-15 Sisinnius' character (no mention of J)	6,22 Sisinnius' character, in contrast to J
8,2,1 Death of Nectarius 8,2,2-11 J's education, character and popularity 8,2,12-19 Ordination of J as bishop of Constantinople; opposition of Theophilus	6,2 Death of Nectarius and ordination of J as bishop of Constantinople; opposition of Theophilus 6,3 J's birth, education, early career and character
8,3,1-2 J's reform of his clergy 8,3,2-5 *J effects reconciliation between Antioch and the West*	6,4,1 J's alienation of his clergy
8,4 Gainas episode	6,6 Gainas episode
8,5 *J converts pagans and heretics;* his preaching and popularity; *miracle of the Macedonian woman*	6,4,8-9 J's preaching and popularity
8,6 J at Ephesus	6,11,8-11 J at Ephesus
8,7 Eutropius episode	6,5 Broadening dissatisfaction – Eutropius episode
8,8 Arian and Nicene night-time processions	6,8 Arian and Nicene night-time processions
8,9,1 Sarapion alienates J's clergy 8,9,1-3 *J's advice to Olympias a cause for hostility* 8,9,4-6 *Isaac and the monks hostile;* charge that J ate alone	6,4,2-4 Sarapion the deacon and J's alienation of his clergy 6,4,5-7 Charge that J ate alone
8,10 Introduction of Severian and Antiochus; Sarapion and Severian episode; intervention of Eudoxia	6,11,1-7 Introduction of Severian and Antiochus 6,11,11-17 Sarapion and Severian episode 6,11,20-21 Intervention of Eudoxia
8,11-13 Tall Brothers, Theophilus and situation in Egypt; J's response	6,7 Theophilus and the Tall Brothers 6,9 Tall Brothers and Isidore; their arrival at Constantinople, J's response
8,14 Theophilus recruits Epiphanius; Epiphanius at Constantinople	6,10 Theophilus recruits Epiphanius 6,12 Epiphanius at Constantinople
8,15,1-4 *Epiphanius ministers to Eudoxia; meets with the Tall Brothers*	6,14 J confronts Epiphanius; harsh words ensue; Epiphanius leaves

8,15,5-7 Epiphanius departs Constantinople; harsh words between J and Epiphanius	
8,16-17 J alienates Eudoxia; Synod of the Oak; Cyrinus, bishop of Chalcedon receives his just desserts; first exile	6,15 J alienates Eudoxia; Synod of the Oak; first exile 6,19,2-3 Cyrinus, bishop of Chalcedon, receives his just desserts
8,18 Popular revolt against J's expulsion; J recalled	6,16 Popular revolt against J's expulsion; J recalled
8,19,1-3 Theophilus and Heracleides 8,19,4-7 *Nilammon elected bishop of Pelusium and dies* 8,19,8 *J reinstated by council of sixty bishops;* J ordains Sarapion bishop of Heraclea	6,17 Theophilus and Heracleides; J ordains Sarapion bishop of Heraclea
8,20-22 Eudoxia and the silver statue; J's sermon; J under house arrest; assassination attempt; second synod; second exile; burning of the church; arrest of J's bishops and clergy	6,18 Eudoxia and the silver statue; J's sermon; second synod; second exile; burning of the church; persecution of J's followers passed over in silence
8,23 Arsacius ordained bishop of Constantinople; *harrassment of J's followers; St Nicarete*	6,19,1 Arsacius ordained bishop of Constantinople
8,24 *Persecution of Eutropius, Olympias and Tigrius; Porphyrius becomes bishop of Antioch; edict enforcing communion*	
8,25 *Secular events (nature disturbed)*	
8,26 *Letters of Innocent I from Rome to J and to the clergy of Constantinople*	
8,27 Omens at Constantinople; Arsacius' death and ordination of Atticus; *J's celebrity and pastoral acts in exile*	6,19,5-8 Omens at Constantinople 6,20 Death of Arsacius and ordination of Atticus
8,28 *Embassy from Innocent to Constantinople; hostile reception;* J dies in exile; *appearance of Basiliscus*	6,21 J dies in exile; *J's pastoral laxity re penance*
	7,25 Atticus restores J's name to the diptychs
	7,45 Return of J's remains to Constantinople under Proclus

Table 3

Theodoret	Socrates	Sozomen
5,27 Death of Nectarius and ordination of J as bishop	6,2 Death of Nectarius and ordination of J as bishop of Constantinople; opposition of Theophilus 6,3 J's birth, education, early career and character	8,2,1 Death of Nectarius 8,2,2-11 J's education, character and popularity 8,2,12-19 Ordination of J as bishop of Constantinople; opposition of Theophilus
5,28,1 J admonishes his clergy	6,4,1 J's alienation of his clergy	8,3,1-2 J's reform of his clergy 8,3,2-5 *J effects reconciliation between Antioch and the West*
	6,4,2-4 Sarapion the deacon and J's alienation of his clergy 6,4,5-7 Charge that J ate alone	8,9,1 Sarapion alienates J's clergy 8,9,1-3 *J's advice to Olympias a cause for hostility* 8,9,4-6 *Isaac and the monks hostile*; charge that J ate alone
5,28 J's boldness *and care for the churches*: he pursues moral abuses; addresses the imperial couple; *J's care extends through Thrace, Asia and Pontica* 5,29 *J destroys temples in Phoenicia* 5,30 *J assigns a church to the local Goths* 5,31 *J's care for the native Goths (against Arianism) and pursuit of Marcionists*	6,4,8-9 J's preaching and popularity	8,5 *J converts pagans and heretics*; his preaching and popularity; *miracle of the Macedonian woman*

	6,5 Broadening dissatisfaction – Eutropius episode	8,7 Eutropius episode
5,32-33 Gainas episode	6,6 Gainas episode	8,4 Gainas episode
	6,7 Theophilus and the Tall Brothers	8,11 *Origenist situation in Egypt*
	6,8 Arian and Nicene night-time processions	8,8 Arian and Nicene night-time processions
	6,9 Tall Brothers and Isidore; their arrival at Constantinople, J's response	8,12-13 Tall Brothers, Theophilus and Isidore; J's response
	6,10 Theophilus recruits Epiphanius	8,14,1-5 Theophilus recruits Epiphanius
	6,11,1-7 Introduction of Severian and Antiochus	8,10,1-2 Introduction of Severian and Antiochus
	6,11,8-11 J at Ephesus	8,6 J at Ephesus
	6,11,11-21 Sarapion and Severian episode; intervention of Eudoxia	8,10,2-6 Sarapion and Severian episode; intervention of Eudoxia
	6,12 Epiphanius at Constantinople	8,14,6-11 Epiphanius at Constantinople
	6,13 *Defence of Origen*	
	6,14 J confronts Epiphanius; harsh words ensue; Epiphanius leaves	8,15,1-4 *Epiphanius ministers to Eudoxia; meets with the Tall Brothers* 8,15,5-7 Epiphanius departs Constantinople; harsh words between J and Epiphanius
5,34,1-4 Emperor banishes J at behest of clergy; first exile	6,15,1-4 J alienates Eudoxia 6,15,5-21 Synod of the Oak; first exile	8,16,1-3 J alienates Eudoxia 8,17 Synod of the Oak; first exile

5,34,5-6 Earthquake; empress has J recalled; popular appeal for J's return	6,16 Popular revolt against J's expulsion; J recalled	8,18 Popular revolt against J's expulsion; J recalled
	6,17 Theophilus and Heracleides; J ordains Sarapion bishop of Heraclea	8,19,1-3 Theophilus and Heracleides 8,19,4-7 *Nilammon elected bishop of Pelusium and dies* 8,19,8 *J reinstated by council of sixty bishops;* J ordains Sarapion bishop of Heraclea
5,34,7-8 Second synod; second exile	6,18 Eudoxia and the silver statue; J's sermon; second synod; second exile; burning of the church; persecution of J's followers passed over in silence	8,20-22 Eudoxia and the silver statue; J's sermon; J under house arrest; assassination attempt; second synod; second exile; burning of the church; arrest of J's bishops and clergy
5,34,9 Sufferings of J's followers; *J's enemies eventually punished*	6,19,1 Arsacius ordained bishop of Constantinople	8,23 Arsacius ordained bishop of Constantinople; *harrassment of J's followers; St Nicarete*
	6,19,2-4 Cyrinus, bishop of Chalcedon, receives his just desserts	8,16,4-6 Cyrinus, bishop of Chalcedon receives his just desserts
		8,24 *Persecution of Eutropius, Olympias and Tigrius; Porphyrius becomes bishop of Antioch; edict enforcing communion*
		8,25 *Secular events (nature disturbed)*

		8,26 *Letters of Innocent I from Rome to J and to the clergy of Constantinople*
5,34,10-12 *Schism between western bishops and those of Egypt, Oriens, Bosphorus and Thrace; refusal to commune with Arsacius*	6,19,5-8 Omens at Constantinople 6,20 Death of Arsacius and ordination of Atticus	8,27 Omens at Constantinople; death of Arsacius and ordination of Atticus; *J's celebrity and pastoral acts in exile*
5,34,9 J dies in exile; appearance of Basiliscus	6,21 J dies in exile; *J's pastoral laxity re penance*	8,28 *Embassy from Innocent to Constantinople; hostile reception;* J dies in exile; appearance of Basiliscus
	6,22 Sisinnius' character, in contrast to J	8,1,9-15 Sisinnius' character (no mention of J)
5,34,12 Atticus restores J's name to the diptychs	7,25 Atticus restores J's name to the diptychs	
5,36,1-2 Return of J's remains to Constantinople under Theodosius II	7,45 Return of J's remains to Constantinople under Proclus	

L'immagine di Crisostomo negli spuri

Sever J. Voicu

C'è stato un tempo in cui le cose sembravano più chiare: nelle grandi edizioni che vanno da quella di Bernard de Montfaucon (1718-1738) alla ristampa di PG 47-64 (1859-1863), l'"indigesta moles" degli scritti attribuiti a Giovanni Crisostomo è ben distinta in opere genuine oppure spurie, talvolta separate da una tenue zona grigia di "dubia"[1]. Oggi una presentazione tanto attraente nella sua semplicità non sarebbe più possibile, perché le opzioni di autenticità applicabili a Crisostomo si sono moltiplicate e diversificate.

È difficile dire a quando risale questa situazione nuova. Forse se ne possono scorgere le prime avvisaglie nel lavoro di Sebastian Haidacher sulle egloghe, che è del 1902[2], e dimostra chiaramente che materiali autentici sono stati usati su ampia scala per comporre testi che, in fin dei conti, sono spuri sul piano formale[3].

Un secondo colpo di piccone, forse involontario, è stato inferto all'edificio antico dal volume di Frans van de Paverd, nel quale si constata che i manoscritti non trasmettono le *Ad populum Antiochenum homiliae* in ordine cronologico[4].

Ma il vero punto di svolta è costituito dal "ciclone australiano", cioè dagli articoli di Pauline Allen e Wendy Mayer in cui si dimostra il carattere raccoglitìccio di alcuni commenti paolini[5]. Se a questi lavori si somma

---

1   La dicitura "Opera dubia" compare in PG 50, 719 s. lat.; si ripete poi in PG 55, 527 s. e in PG 63, 543-552. In PG 56, 397-428 il titolo corrente "Incerti" si riferisce a omelie di Severiano di Gabala.

2   S. Haidacher, Studien über Chrysostomos-Eklogen (Sitzungsberichte der Akademie der Wissenschaften in Wien. Philosophisch-historische Klasse 144, 4), Wien 1902.

3   Le ricerche di Haidacher tuttavia sono cadute nel dimenticatoio fino alla meritoria pubblicazione di J. A. de Aldama, Repertorium pseudochrysostomicum (Documents, études et répertoires publiés par l'Institut de Recherche et d'Histoire des Textes 10), Paris 1965.

4   F. van de Paverd, St. John Chrysostom, The Homilies on the Statues (OCA 239), Roma 1991.

5   P. Allen/W. Mayer, Chrysostom and the Preaching of Homilies in Series. A New Approach to the Twelve Homilies *In epistulam ad Colossenses* (CPG 4433), OCP 60, 1994, 21-39; The Thirty-Four Homilies on Hebrews. The Last Series delivered by Chrysostom in Constantinople?, in: Hommage à la mémoire de Jacqueline Lafontaine-Dosogne (Byzantion 65,2), Bruxelles 1995, 309-348; Chrysostom and the Preaching of Homilies in Series. A Re-Examination of the Fifteen Homilies *In Epistulam ad*

qualche nota sugli spuri pubblicata da chi scrive[6], si ottiene un quadro abbastanza complesso che, oggi come oggi, si può riassumere in una dozzina di categorie.

0. Gli autografi

Crisostomo sarebbe rimasto perplesso di fronte al ricco repertorio iconografico medievale che lo raffigura mentre scrive sotto la dettatura di san Paolo[7]. Infatti, l'educazione retorica del suo tempo non si limitava a inculcare il "topos" classico che scrivere uccide la memoria, ma considerava anche che si trattava di un lavoro servile indegno di un uomo libero e che è meglio lasciare al monopolio di specialisti: gli scribi[8].

1. Opere scritte sotto dettatura e controfirmate da Crisostomo

Forse a questa categoria appartengono soltanto le lettere spedite dall'esilio: dopo averle dettate a un "segretario", Crisostomo se le sarà fatte rileggere,

---

    Philippenses (CPG 4432), VigChr 49, 1995, 270-289; Traditions of Constantinopolitan Preaching. Towards a New Assessment of Where Chrysostom Preached What, in: Conformity and Non-Conformity in Byzantium. Papers given at the Eighth Conference of the Australian Association for Byzantine Studies, University of New England, Australia, July 1993, ed. by L. Garland (Byzantinische Forschungen 24), Amsterdam 1997, 93-114.

6   S. J. Voicu, Pseudo-Giovanni Crisostomo. I confini del corpus, Jahrbuch für Antike und Christentum 39, 1996, 105-115; In Pentecosten sermo 1 (PG 52, 803-808; CPG 4536). Il problema dell'autenticità, in: Historiam perscrutari. Miscellanea di studi offerti al prof. Ottorino Pasquato, a cura di Mario Maritano (Biblioteca di Scienze Religiose 180), Roma 2002, 849-861; "Furono chiamati giovanniti...". Un'ipotesi sulla nascita del corpus pseudocrisostomico, in: Philomathestatos. Studies in Greek and Byzantine Texts Presented to Jacques Noret for His Sixty-Fifth Birthday, ed. B. Janssens/B. Roosen/P. Van Deun (OLA 137), Leuven 2004, 701-711; La volontà e il caso. La tipologia dei primi spuri di Crisostomo, in: Giovanni Crisostomo. Oriente e Occidente tra IV e V secolo. XXXIII Incontro di Studiosi dell'Antichità Cristiana, Roma, 6-8 maggio 2004 (SEAug 93), Roma 2005, 101-118.

7   Si veda, fin dalla copertina, il bel volume di K. Krause, Die illustrierten Homilien des Johannes Chrysostomos in Byzanz (Spätantike – Frühes Christentum – Byzanz, Reihe B: Studien und Perspektiven 14), Wiesbaden 2004.

8   Le pagine scritte da dom Eligius Dekkers sui testi patristici latini si applicano senz'altro anche all'ambito greco; cf. E. Dekkers, Les Autographes des pères latins, in: Colligere fragmenta. FS Alban Dold zum 70. Geburtstag am 7.7.1952, hg. von B. Fischer/V. Fiala (Texte und Arbeiten. Erzabtei Beuron. Abt. 1, Beiträge zur Ergründung des älteren lateinischen christlichen Schrifttums und Gottesdienstes; Beiheft 2), Beuron 1952, 127-139.

per poi autenticarle (magari mediante un sigillo, più apprezzato all'epoca di un laborioso ghirigoro di suo pugno).

2. Opere come sono state pronunciate da Crisostomo

Grazie ai "notarii", alcune opere saranno state tramandate, senza interventi redazionali considerevoli, più o meno come Crisostomo le ha pronunciate. Oltre a molte omelie singole, si può ipotizzare che ciò sia avvenuto con alcuni commentari biblici, come le In Acta Apostolorum homiliae 1-55 (PG 60, 13-384) o le In Iohannem homiliae 1-88 (PG 59, 23-482)[9].

3. Serie la cui disposizione non è primitiva

L'ordinamento cronologico delle cosiddette *Quindecim novae* si è rivelato fittizio[10]; lo è anche quello della serie *De incomprehensibili*, che riunisce cinque testi antiocheni e uno costantinopolitano. Lo stesso si può dire delle *Contra Iudaeos*, che hanno perso almeno un elemento per strada, e addirittura della serie più nota di Crisostomo, le *Ad populum Antiochenum homiliae* 1-19, 21 (M. 49, 15-198; 211-222)[11].

4. Opere ristrutturate

Wendy Mayer e Pauline Allen hanno dimostrato che alcuni commenti paolini contengono insieme indizi costantinopolitani e antiocheni e quindi devono essere il risultato di un antico lavoro di assemblaggio, eseguito presumibilmente senza l'intervento di Crisostomo. Probabilmente tutti i commenti paolini tranne Galati e, inoltre, Matteo[12] e *In Isaiam* risalgono a

---

9   Più complicato sembra il caso delle *In Genesim homiliae* 1-67 (PG 53-54, 580), la cui prima parte registra una predicazione continua (perché un intervento redazionale deciso avrebbe eliminato la cesura tra le omm. 32 e 33: PG 53, 305). Verso la fine si ha invece l'impressione che almeno alcune omelie provengano da una seconda predicazione quaresimale. Inoltre, l'enigma del loro rapporto con gli *In Genesim sermones* 1-8 è tuttora intatto nonostante le considerazioni emesse, dopo altri, da L. Brottier, Jean Chrysostome, Sermons sur la Genèse (SC 433), Paris 1998, 17-22.

10 Cf. W. Mayer, "Les homélies de s. Jean Chrysostome en juillet 399". A Second Look at Pargoire's Sequence and the Chronology of the *Novae Homiliae* (CPG 4441), Byzantinoslavica 60:2, 1999, 273-303.

11 Su tutto ciò si può consultare ormai l'ampio lavoro di revisione di W. Mayer, The Homilies of St John Chrysostom – Provenance. Reshaping the Foundations (OCA 273), Roma 2005.

12 *In uiuificam sepulturam et triduanam resurrectionem Christi*, pubblicata da Savile (5,912-916), ha tutte le caratteristiche stilistiche di un testo autentico e appare come il seguito

iniziative analoghe. Sostanzialmente solo il suo carattere sistematico, teso a produrre commenti biblici, distingue questa categoria da quella successiva.

5. Riscritture antiche (falsi preterintenzionali)

Alcune opere rinviano a un'occasione storica nota o verosimile, ma il loro tenore concreto presenta anomalie che sembrano frutto di una operazione di "raccordo" o di "ricostruzione", eseguita forse senza secondi fini, di frammenti autentici. Questa situazione, che interessa soprattutto omelie costantinopolitane, è ben esemplificata da *In s. Phocam martyrem* (PG 50, 699-706), il cui contesto storico primitivo è stato studiato da Wendy Mayer[13], ma il cui testo presenta anomalie che vanno oltre una dossologia estranea a Crisostomo[14].

6. Riscritture recenti

De sancta Pelagia virgine et martyre hom. 1 (PG 50, 579-584), un testo in origine autentico, sul quale si ritornerà, ha subito ritocchi che, sembra, mirano a renderlo più "elegante" in senso bizantino. Forse un'altra vittima dello stesso procedimento è il *De educandis liberis* (SC 188), dove frasi e concetti tipicamente crisostomici si alternano a materiali sicuramente inautentici.

7. Falsi "intenzionali" legati a Crisostomo

Rientrano in questa categoria alcuni spuri nei quali si coglie il desiderio di modificare l'immagine di Crisostomo e/o del suo tempo. Ma il concetto stesso di intenzionalità è ambiguo e non necessariamente corrisponde a uno scopo falsificatorio in senso moderno.

Infatti, alcuni testi legati alla cacciata da Costantinopoli[15] potrebbero essere "ricostruzioni", ammesse dalle convenzioni letterarie antiche, di ciò

---

naturale di *De cruce et latrone homilia* 1 (PG 49, 399-408), ma coincide anche in larga misura con l'om. 89 del commento a Matteo. Cosa si oppone allora a che questa sia un adattamento di *In uiuificam* nell'ambito del commento?

13 Cf. W. Mayer, The Sea made Holy. The liturgical function of the waters surrounding Constantinople, Ephemerides Liturgicae 112, 1998, 459-468.

14 Cf. S. J. Voicu, La volontà e il caso (cit. a n. 6), in part. 108 s. Nello stesso articolo si enumerano altri casi analoghi. Per il modus operandi che ha prodotto *In Pentecosten sermo* 1 (PG 52, 803-808), cf. anche S. J. Voicu, *In Pentecosten sermo* 1 (cit. a n. 6).

15 Di cui quattro sono stati esaminati in S. J. Voicu, La volontà e il caso (cit. a n. 6).

che il protagonista avrebbe dovuto dire in determinate circostanze, e non trascrizioni di qualcosa che realmente ha detto[16].

La *Comparatio regis et monachi*, sulla quale torneremo, può essere spiegata in varie maniere: falso antico per dimostrare che Crisostomo è stato discepolo di Libanio, falso relativamente più recente teso a confermare le affermazioni degli storici oppure semplice componimento scolastico "alla maniera di..." (con tutti i limiti di questa nozione presso gli antichi)?

Come si vedrà, *In Hypapanten* (probabilmente di età bizantina) o *De sancta Pentecoste homilia* 2 (forse posteriore al VI secolo) cercano di avallare pratiche liturgiche tardive ponendole sotto il patrocinio di Crisostomo.

8. Egloghe e centoni

Questi laboriosi "collages" di passi in genere autentici rispondono all'esigenza di avere una esposizione tematica continua sotto il nome di Crisostomo. Le appendici dei *Codices Chrysostomici Graeci* stanno rivelando che quanto è pubblicato in PG 63 dà un'idea estremamente parziale di un genere notevolmente diffuso. Questi testi "nuovi" di data incerta, il cui apporto critico non è forse disdegnabile[17], sono comunque ben attestati nella tradizione diretta più antica.

9. Attribuzioni involontarie a Crisostomo

Numerosi sono gli spuri antichi attestati prima di Efeso. Il cambiamento di attribuzione, in una stagione in cui in oriente il nome di Crisostomo non era ancora un'etichetta ambita, rimane enigmatico. Ma lo si può spiegare postulando che le comunità giovannite abbiano asportato questi testi, in origine adespoti, dagli archivi costantinopolitani e antiocheni e li abbiano conservati tra le opere del loro eroe[18].

---

16 Chissà se a questa fattispecie appartiene anche *In SS. Petrum et Heliam* (PG 50, 725-736), il cui testo presenta espressioni estranee a Crisostomo. Per una difesa dell'autenticità cf. J.-P. Bouhot, Adaptations latines de l'homélie de Jean Chrysostome sur Pierre et Élie (CPG 4513), RBen 112, 2002, 36-71 e 201-235.

17 Da una recente tesi di dottorato, difesa da F. P. Barone su *De Davide et Saule* (PG 54, 675-708), si evince che il contributo critico delle Egloghe pubblicate non è irrilevante persino nel caso di omelie la cui tradizione manoscritta è abbondante e apparentemente soddisfacente.

18 Cf. S. J. Voicu, "Furono chiamati giovanniti..." (cit. a n. 6). Lì vengono elencate 46 omelie spurie, di quattro autori diversi, attribuite a Crisostomo già nel periodo preefesino.

10. Attribuzioni consapevoli a Crisostomo

Alcune opere sembrano essere state "pubblicate" scientemente sotto il nome di Crisostomo, come molte omelie di Leonzio di Costantinopoli[19], le due omelie del plagiatore di Anfilochio[20] o la tardiva *In adorationem uenerandae crucis* (PG 62, 747-754)[21].

11. Attribuzioni accidentali a Crisostomo

Per motivi ignoti, molti elementi, autentici e spuri, del corpus di Proclo di Costantinopoli sono tramandati anche sotto il nome di Crisostomo[22]. I CCG hanno comunque mostrato che un ampio spettro di omelie, tra le quali c'è ne sono parecchie del cosiddetto Pseudo-Eusebio Alessandrino, hanno inspiegabilmente subito la stessa sorte.

12. "Refugium peccatorum"

Alcuni testi condannati, tra i quali si contano tutte le omelie di Nestorio sussistenti in greco[23], sono stati salvati dal nome di Crisostomo. È possibile che la stessa trafila sia stata seguita dal corpus greco di Severiano di Gabala[24] e da due omelie che sembrano essere di Attico di Costantinopoli[25].

---

19 Le cui omelie però sono trasmesse sotto ben nove nomi diversi; cf. S. J. Voicu, Dieci omelie di Leonzio di Costantinopoli, Studi sull'oriente cristiano 5:1, 2001, 165-190.

20 Cf. S. J. Voicu, "Giovanni di Gerusalemme" e Pseudo-Crisostomo. Saggio di critica di stile, Euntes docete 24, 1971, 66-111, in part. 90-100, la cui proposta rimane essenzialmente valida nonostante numerose correzioni di dettaglio.

21 Cf. S. J. Voicu, Fonti dell'omelia pseudocrisostomica "In adorationem uenerandae crucis" (PG 62, 747-754; BHG 415; CPG 4672), OCP 58, 1992, 279-283.

22 I CCG finora pubblicati e la disamina di F.-J. Leroy, L'homilétique de Proclus de Constantinople. Tradition manuscrite, inédits, études connexes (Studi e testi 247), Città del Vaticano 1967, registrano testimoni crisostomici delle omelie 1, 4-12, 15 s. e 19, per rimanere ai soli testi editi in PG 65.

23 Alle quattro omelie già elencate dalla CPG ora se ne può aggiungere un'altra; cf. S. J. Voicu, Nestorio e la Oratio de epiphania (CPG 4882) attribuita a Giovanni Crisostomo, Augustinianum 43, 2003, 495-499.

24 Cf. S. J. Voicu, Il nome cancellato. La trasmissione delle omelie di Severiano di Gabala, Revue d'histoire des textes n.s. 1, 2006, 317-333, dove però si propende per l'interferenza di un equivoco, vale a dire la confusione con Severo Antiocheno.

25 Cf. S. J. Voicu, Due terremoti del V secolo e due omelie pseudocrisostomiche (*De S. Basso martyre* e *In catechumenos*: ClavisPG 4512 e 4623), Jahrbuch für Antike und Christentum 46, 2003, 45-49. Qualcosa di analogo deve essere successo con le tre omelie pasquali di Apollinare; cf. E. Cattaneo, Trois homélies pseudo-chrysostomiennes sur la pâque comme œuvre d'Apollinaire de Laodicée. Attribution et étude

13. Attribuzioni moderne

Come se le categorie precedenti non bastassero, due testi sono stati "restituiti" a Crisostomo in età moderna. *In Barlaam martyrem* (PG 31, 484-489; cf. CPG 2861) è uno spurio attribuito a Basilio di Cesarea, il cui lessico e struttura ritmica ne certificano non soltanto l'estraneità a Crisostomo e al suo ambiente, ma anche la data tardiva. *In catenas s. Petri* (cf. CPG 4745) è un'omelia anonima della collezione metafrastica.

Certo, quanto precede è un'arida enumerazione di situazioni reali; ma allo stesso tempo è anche, per quanto schematico e rudimentale, il quadro di riferimento di una domanda vitale: entro quali limiti i singoli elementi dell'immenso patrimonio affidato al nome di Crisostomo trasmettono le sue parole autentiche (che poi sono la chiave per accedere al suo pensiero e per situarlo nel suo ambiente[26]) oppure rivelano piuttosto l'intervento di discepoli benintenzionati, di imitatori tardivi e di spudorati contraffattori o anche semplici errori di trasmissione? Quali sono poi di volta in volta le informazioni che se ne possono ricavare?

Alcuni casi esemplari

Le quattro opere che verranno presentate qui di seguito rientrano nei casi 6 e 7 definiti sopra: sono cioè state rielaborate o composte per modificare o precisare aspetti della vita, dell'azione e della cultura di Crisostomo oppure della sua epoca. Sono accomunate anche dal fatto di non essere mai state analizzate compiutamente riguardo alla loro autenticità.

Per alleggerire in qualche misura la presentazione, le analisi stilistiche relative ai quattro testi sono state messe in appendice.

1. *Comparatio regis et monachi*
(PG 47, 387-392; cf. CPG 4500; Aldama 120, num. 327)

A prima vista, quest'opera ci riporta su un terreno noto: si tratta di una diatriba sulla superiorità della vita del monaco rispetto a quella agitata e piena di preoccupazioni del re. Come dimenticare che proprio Crisostomo ha composto tre libri in difesa della ascesi monastica (*Aduersus oppugnatores*

---

théologique (Théologie historique 58), Paris 1981; S. J. Voicu, Note (pseudo-)ippolitee, Augustinianum 39, 1999, 265-273.

26 Su questo, cf. S. J. Voicu, Teofilo e gli antiocheni posteriori, Augustinianum 46, 2006, 375-388.

uitae monasticae libri 1-3: PG 47, 319-386) e altrove non è mai avaro di lodi nei confronti dei monaci e dell'eccellenza della loro condizione? A un esame attento il testo rivela una certa dipendenza da Libanio e da altri autori pagani[27]. Questo fatto è stato inteso come una conferma della notizia di Socrate[28], seguito da Sozomeno[29], secondo la quale Crisostomo aveva studiato presso Libanio, e per questo motivo la *Comparatio* è stata utilizzata talvolta per colmare la scarsità delle informazioni sulla giovinezza di Crisostomo.

Tuttavia, questa operazione, portata avanti con molta confidenza da Hunter[30], non è proprio scontata.

---

27   Cf. C. Fabricius, Zu den Jugendschriften des Johannes Chrysostomos. Untersuchungen zum Klassizismus des vierten Jahrhunderts, Lund 1962.

28   Ἰωάννης Ἀντιοχεὺς μὲν ἦν τῆς Κοίλης Συρίας, υἱὸς δὲ Σεκούνδου καὶ μητρὸς Ἀνθούσης, ἐξ εὐπατριδῶν τῶν ἐκεῖ, μαθητὴς δὲ ἐγένετο Λιβανίου τοῦ σοφιστοῦ, καὶ ἀκροατὴς Ἀνδραγαθίου τοῦ φιλοσόφου. μέλλων δὲ ἐπὶ δικανικὴν ὁρμᾶν καὶ συνιδὼν τὸν ἐν τοῖς δικαστηρίοις μοχθηρὸν καὶ ἄδικον βίον, ἐπὶ τὸν ἡσύχιον μᾶλλον ἐτρέπετο· καὶ τοῦτο ἐποίησεν ζηλώσας Εὐάγριον, ὃς καὶ αὐτὸς φοιτῶν παρὰ τοῖς αὐτοῖς διδασκάλοις τὸν ἡσύχιον πάλαι βίον μετήρχετο. εὐθύς τε καὶ μεταθεὶς τὸ σχῆμα καὶ βάδισμα, τοῖς ἀναγνώσμασι τῶν ἱερῶν γραμμάτων προσεῖχε τὸν νοῦν, καὶ συνεχεῖς ἐποιεῖτο τὰς περὶ τὴν ἐκκλησίαν σπουδάς. πείθει δὲ καὶ Θεόδωρον καὶ Μάξιμον, συμφοιτητὰς αὐτοῦ γενομένους παρὰ τῷ σοφιστῇ Λιβανίῳ, καταλιπεῖν μὲν τὸν χρηματιστικὸν βίον, μετιέναι δὲ τὸν λιτόν. ὧν Θεόδωρος μὲν ὕστερον Μοψουεστίας τῆς ἐν Κιλικίᾳ πόλεως ἐπίσκοπος γέγονε, Μάξιμος δὲ Σελευκείας τῆς ἐν Ἰσαυρίᾳ (h.e. VI 3,1-5 [GCS NF 1, 313,21-314,7 Hansen]).

29   Περὶ δὲ τοῦτον τὸν χρόνον Νεκταρίου τελευτήσαντος καὶ βουλῆς οὔσης, τίνα δέοι χειροτονεῖν, ἄλλοι μὲν ἄλλους ἐψηφίζοντο καὶ οὐ ταὐτὰ πᾶσιν ἐδόκει, καὶ ὁ χρόνος ἐτρίβετο. ἦν δέ τις ἐν Ἀντιοχείᾳ τῇ παρ' Ὀρόντῃ πρεσβύτερος ὄνομα Ἰωάννης, γένος τῶν εὐπατριδῶν, ἀγαθὸς τὸν βίον, λέγειν τε καὶ πείθειν δεινὸς καὶ τοὺς κατ' αὐτὸν ὑπερβάλλων ῥήτορας, ὡς καὶ Λιβάνιος ὁ Σύρος σοφιστὴς ἐμαρτύρησεν· ἡνίκα γὰρ ἔμελλε τελευτᾶν, πυνθανομένων τῶν ἐπιτηδείων, τίς ἀντ' αὐτοῦ ἔσται, λέγεται εἰπεῖν Ἰωάννην, εἰ μὴ Χριστιανοὶ τοῦτον ἐσύλησαν. ... φύσεώς τε γὰρ εὖ ἔσχε, διδασκάλους δὲ τῆς μὲν περὶ τοὺς ῥήτορας ἀσκήσεως Λιβάνιον, Ἀνδραγάθιον δὲ τῶν περὶ φιλοσοφίας λόγων. προσδοκηθεὶς δὲ δίκας ἀγορεύσειν καὶ τοῦτον μετιέναι τὸν βίον, ἐγνώκει τὰς ἱερὰς ἀσκεῖσθαι βίβλους καὶ κατὰ θεσμὸν τῆς ἐκκλησίας φιλοσοφεῖ. ταύτης δὲ τῆς φιλοσοφίας διδασκάλους ἔσχε τοὺς τότε προεστῶτας τῶν τῇδε περιφανῶν ἀσκητηρίων, Καρτέριόν τε καὶ Διόδωρον τὸν ἡγησάμενον τῆς ἐν Ταρσῷ ἐκκλησίας· ὃν ἐπυθόμην ἰδίων συγγραμμάτων πολλὰς καταλιπεῖν βίβλους, περὶ δὲ τὸ ῥητὸν τῶν ἱερῶν λόγων τὰς ἐξηγήσεις ποιήσασθαι, τὰς θεωρίας ἀποφεύγοντα. οὐ μόνος δὲ παρὰ τούτους ἐφοίτα, ἔπεισε δὲ τῆς αὐτῆς γνώμης εἶναι ἑταίρους αὐτῷ γενομένους ἐκ τῆς Λιβανίου διατριβῆς Θεόδωρόν τε καὶ Μάξιμον· ὧν ὁ μὲν ὕστερον ἐπίσκοπος ἐγένετο Σελευκείας τῆς Ἰσαύρων, Μόμψου δὲ ἑστίας τῆς Κιλίκων Θεόδωρος (h.e. VIII 2,1-7 [GCS NF 4, 349,21-351,2 Bidez/Hansen]).

30   D. G. Hunter, Borrowings from Libanius in the *Comparatio regis et monachi* of St. John Chrysostom, Journal of Theological Studies n.s. 39, 1988, 525-531.

Da un lato, anche sulla scia delle sagge obiezioni di A. Festugière[31], la testimonianza degli storici va accolta con scetticismo in assenza di conferme indipendenti. Se infatti Socrate e Sozomeno, attivi a Costantinopoli, danno una versione palesemente falsa dell'episodio della statua di Eudossia[32], accaduto nella loro stessa città una quarantina di anni prima, ci sono poche speranze che abbiano attinto a informazioni genuine sugli studi di Crisostomo ad Antiochia, ma ignorate da Palladio. È invece più probabile che Socrate sia stato vittima del processo di glorificazione, divenuto inarrestabile dopo che il nome di Crisostomo era stato ripristinato nei dittici, le sue opere erano state citate nella crisi efesina (431) e, nel 438, le sue spoglie erano tornate trionfalmente a Costantinopoli[33]. A questo punto è ragionevole che sia diventato anche discepolo del massimo retore del tempo, anzi, come ricama Sozomeno, superiore al maestro.

Infine, l'autenticità crisostomiana della *Comparatio* non è mai stata ammessa senza remore; fin dall'edizione di Savile, sull'autenticità della *Comparatio* emergono valutazioni contrastanti, con detrattori, come Savile (il quale però, poi ha avuto un ripensamento), e sostenitori, come Montfaucon. Stando alla notizia di Aldama (120, num. 327), nel 1952 J. Weyer l'ha giudicata spuria in una tesi difesa a Bonn, che non mi è stato possibile consultare, dal titolo *De homiliis quae Joanni Chrysostomo falso attribuuntur*. In tempi più recenti, i pareri sono stati oscillanti. L'autenticità, accettata da R. E. Carter e da C. Fabricius, è stata poi negata da R. E. Carter. Più recentemente, era stata presupposta da Hunter, mentre chi scrive ha ipotizzato che la questione fosse ancora degna di un riesame[34].

L'analisi del lessico, mai portata a termine finora in maniera sistematica, indica, anzitutto, che la *Comparatio* è un'opera omogenea: le

---

31 A. J. Festugière, Antioche païenne et chrétienne. Libanius, Chrysostome et les moines de Syrie (Bibliothèque des Écoles françaises d'Athènes et de Rome 194), Paris 1959, 109-140 ("Basile et Chrysostome ont-ils été élèves de Libanius?").

32 Cf. Voicu, "Furono chiamati giovanniti…" (cit. a n. 6), 706 s. Con il senno di poi, mi sembra che la statua di Eudossia abbia un'unica spiegazione: il fatto che dopo aver partorito almeno tre femmine, l'imperatrice fosse finalmente riuscita a dare un erede maschio al trono. Ma, poiché Teodosio II è nato il 10 aprile del 401, Crisostomo deve essere stato singolarmente cieco e sordo per non aver inveito contro la statua prima della metà del 403, quando certamente ormai era finita.

33 Cf. J. C. Baur, John Chrysostom and his time. vol. 1: Antioch; vol. 2: Constantinople, London/Glasgow 1959-60, in part. vol. 2, 458-466.

34 Cf. rispettivamente R. E. Carter, The Chronology of Saint John Chrysostom's Early Life, Traditio 18, 1962, 357-364; C. Fabricius, Zu den Jugendschriften (cit. a n. 27); R. E. Carter, The Future of Chrysostom Studies, StPatr 10 (TU 107), Berlin 1970, 14-21; D. G. Hunter, Borrowings (cit. a n. 30); S. J. Voicu, Pseudo-Giovanni Crisostomo (cit. a n. 6), 108, nota 4.

frequenti ripetizioni di espressioni denotano l'attività di un autore unico[35]. D'altronde, il fatto che molti passi non dipendono da una fonte nota indica non soltanto che la *Comparatio* non è un centone, ma anche che il suo autore non era un mero plagiatore, bensì, certamente, una persona dotata di una discreta cultura classica, come dimostrano, oltre alla sua utilizzazione di Libanio, alcune reminiscenze di altri autori come Platone (cf. 388,39-389,4 e 392,21) o Demostene (cf. 391,18 s.)[36].

Per quanto riguarda Libanio, la *Comparatio* se ne ispira abbastanza spesso, ben più di quanto non lasciassero sospettare le analisi di Fabricius, il quale aveva riconosciuto imitazioni del retore antiocheno in 7 passi (cf. 388,32 s.; 389,43-45; 389,2 ab imo-ult.; 390,5-7; 390,24 s.; 391, ult.-392,3; 392,40). A questi se ne sono aggiunti ben altri 8 (cf. 387,9; 387,24 s.; 389,36; 391,17 s.; 391,20 s.; 391,23; 392,23; 392,40 s.). Non tutti i paralleli sono ugualmente cogenti, ma il loro numero e la loro provenienza da diverse opere (sia pure con qualche preferenza per la Decl 1) fanno sospettare che l'autore della *Comparatio* abbia avuto una buona conoscenza del retore antiocheno. I 15 passi comparabili con le opere di Libanio si distribuiscono in maniera piuttosto uniforme nella *Comparatio*.

Alla luce di questi dati, l'autenticità della *Comparatio* è molto problematica. Vanno presi in considerazione, da un lato, il gran numero di passi estranei al linguaggio di Giovanni Crisostomo; dall'altro, il fatto che un influsso di Libanio analogo a quello riscontrato nella *Comparatio* non è mai avvertibile altrove nel corpus autentico di Crisostomo. Infatti, negli scritti attribuiti a Crisostomo, una concentrazione altrettanto elevata di elementi derivati da Libanio si osserva, con modalità nettamente diverse, soltanto nel trattato *De S. Babyla, contra Iulianum et gentiles*, il cui carattere eccezionale è fuori discussione.

Per concludere, va rilevato che la *Comparatio* non sembra avere addentellati precisi con altri spuri: è cioè un'opera isolata, sebbene in più di un caso presenti analogie lessicali notevoli con le due omelie spurie *De precatione* (PG 50, 775-786), le quali però non sembrano tanto profonde da esigere una comunanza di autore (cf. 387,11 e paralleli; 387,31 e paralleli; 387,36 s.; 388,39-389,4; 391,40 s.). Comunque, l'argomento meriterebbe un riesame, così come quello delle affinità, inattese, tra la *Comparatio* e lo spurio *Contra theatra* (cf. 390,5-7 e 391,23).

La data della *Comparatio* è un mistero: non si può escludere che sia stata composta per "dimostrare" il discepolato di Crisostomo rispetto a Libanio, e che quindi sia la fonte di Socrate, ma l'assenza di una tradizione

---

35 Si pensi alle 5 occorrenze di ὡς ἀληθῶς, alle 4 di μονήρης βίος o alle 5 di Θεοῦ λατρεία. In tutti i casi si tratta di formule scarsamente presenti o addirittura assenti in Crisostomo.

36 Su questo punto sarebbe auspicabile una ricerca sistematica.

laterale antica, sotto forma di citazioni o di traduzioni orientali o latine, sembra meglio conciliarsi con una data bassa, addirittura in età bizantina[37], non contraddetta dal fatto che l'autore della *Comparatio* non si sforza in modo alcuno di produrre clausole bizantine

2. De sancta Pentecoste homilia 2 (PG 50, 463-470; cf. CPG 4343)

Con questa omelia ci troviamo in un ambito del tutto diverso: non si tratta più della cultura di Crisostomo, bensì degli usi liturgici del suo tempo: a Costantinopoli si battezzava o no a pentecoste? Nel IX secolo, il Typicon della Grande Chiesa, che rappresenta l'ordinamento bizantino, risponde affermativamente[38]. Agli inizi del V secolo, Giovanni Crisostomo si era invece pronunciato in senso negativo: Τίνος ἕνεκεν καὶ ἡμεῖς οὐκ ἐν τῷ καιρῷ τούτῳ βαπτίζομεν; (*In Acta Apost. hom.* 1: PG 60, 22,16 s.)[39].

Ma *De sancta Pentecoste homilia* 2 indica chiaramente che la pentecoste è un giorno battesimale. Se fosse autentica, come finora è stato accettato, la contraddizione sarebbe insanabile. Tuttavia, l'analisi dello stile indica che si tratta di uno spurio compilato ricorrendo anche a opere autentiche di Crisostomo.

Lo scopo dell'omelia sembra quello di avallare con il nome di Crisostomo il conferimento del battesimo a pentecoste, un mutamento liturgico la cui data è sconosciuta. Il testo suscita nondimeno alcune considerazioni. Da un lato, la nuova prassi implica la scomparsa o almeno una certa irrilevanza del sistema catecumenale quaresimale, che deve essere sopravvenuta nel VI secolo circa, con la diffusione del battesimo dei bambini[40]. Dall'altro, nell'omelia riecheggiano spesso passi di Crisostomo,

---

37 E quindi, le allusioni alle tasse (col. 390) non sarebbero del tutto prive di pertinenza storica.

38 Καὶ κατέρχεται ὁ πατριάρχης ἐν τῇ βαπτιστηρίῳ καὶ ποιεῖ τὰ βαπτίσματα (J. Mateos, Le typicon de la Grande Église. Ms. Sainte-Croix no 40, Xe siècle. 1. Le cycle des douze mois; 2. Le cycle des fêtes mobiles (OCA 165 e 166), Roma 1962-63, vol. 2, 136).

39 Il fatto che a pentecoste non si conferisse il battesimo a Costantinopoli è confermato da un episodio non ricordato nelle storie della liturgia. Teodosio II, agognato erede imperiale, è nato il 10 aprile 401 (cf. J. R. Martindale, The Prosopography of the Later Roman Empire, vol. 2: A.D. 395-527, Cambridge 1980, 1100), mercoledì santo, ma non è stato battezzato né quattro giorni dopo, a pasqua (14 aprile), né il giorno di pentecoste, che in quell'anno cadeva il 2 giugno, bensì per l'epifania del 402. L'indicazione è confermata dalla concisa notizia di Gennadio di Marsiglia su Severiano di Gabala: *moritur, iuniore Theodosio, suo filio in baptismo, imperante* (vir. ill. 21 [TU 14,1, 70 Richardson]) e avallata dalla Vita di Porfirio, vescovo di Gaza, 47 s. (39-46 Grégoire/ Kugener).

40 Questo sembra dedursi dal lavoro di M. Dujarier, A History of the Catechumenate. The First Six Centuries, New York 1979.

ma il fatto che almeno una volta ricorra un brano di Severiano di Gabala dovrebbe indicare che le omelie di costui erano già passate sotto il nome del suo antico rivale, il che presuppone una data successiva alla metà del VI secolo[41].

3. De sancta Pelagia virgine et martyre hom. 1
(PG 50, 579-584; cf. CPG 4350; BHG 1477)

L'omelia *In S. Ignatium martyrem* (PG 50, 587-596; cf. CPG 4351) inizia alludendo chiaramente a una precedente predicazione sulla martire Pelagia: Πρῴην γοῦν ἡμᾶς κόρη κομιδῇ νέα καὶ ἀπειρόγαμος, ἡ μακαρία μάρτυς Πελαγία, μετὰ πολλῆς τῆς εὐφροσύνης εἱστίασε· σήμερον πάλιν τὴν ἐκείνης ἑορτὴν ὁ μακάριος οὗτος καὶ γενναῖος μάρτυς Ἰγνάτιος διεδέξατο (col. 587,13-17). E lo fa in termini che richiamano proprio l'inizio dell'omelia *De sancta Pelagia virgine et martyre hom.* 1: καὶ γυναῖκες θανάτου λοιπὸν καταπαίζουσι, καὶ κόραι καταγελῶσι τελευτῆς, καὶ παρθένοι κομιδῇ νέαι καὶ ἀπειρόγαμοι εἰς αὐτὰ σκιρτῶσι τοῦ ᾅδου τὰ κέντρα, καὶ οὐδὲν πάσχουσι δεινόν (col. 579,3-6).

Basta questo legame, confermato sotto il profilo storico dal Sinassario di Nicomedia, che ricorda i due martiri antiocheni a pochi giorni di distanza nello stesso ordine: Pelagia l'8 ottobre e Ignazio il 17 dello stesso mese[42], insieme al fatto che l'omelia sia sempre stata considerata genuina, per affermare che la sua autenticità è in salvo?

De s. Pelagia 1 ignora per la dossologia la formula di gran lunga prevalente in Crisostomo (χάριτι καὶ φιλανθρωπίᾳ τοῦ Κυρίου ἡμῶν Ἰησοῦ Χριστοῦ, μεθ' ου | ...), e presenta una chiusa che gli è totalmente estranea: ἐν πᾶσιν εὐαρεστοῦντας διατελεῖν τῷ Θεῷ, ᾧ ἡ δόξα καὶ τὸ κράτος εἰς τοὺς αἰῶνας τῶν αἰώνων. Ἀμήν (col. 584,3 ab imo-ult.). Potrebbe trattarsi allora di un problema di trasmissione del manoscritto a cui risale in definitiva il testo di PG? Al silenzio della BHG si può aggiungere il responso negativo dei *Codices Chrysostomici Graeci*: i 9 manoscritti catalogati finora ignorano anomalie di rilievo nella dossologia[43].

L'analisi del testo consente alcune osservazioni: a) anche se parole ed espressioni estranee allo stile di Crisostomo, indicate con una chiocciola (@) premessa al rinvio a PG, si osservano spesso nell'omelia, esse appaiono concentrate in particolare in alcuni paragrafi (579,7-9; 580,50-52;

---

41 Cf. S. J. Voicu, Il nome cancellato (cit. a n. 24).

42 Cf. F. Nau, Un martyrologe et douze ménologes syriaques (PO 10,1), Paris 1915, 21. Il Typicon della Grande Chiesa ha conservato la stessa data per Pelagia, ma ricorda Ignazio il 20 dicembre (J. Mateos, Le typicon [cit. a n. 38], vol. 1, 64 e 20).

43 Cf. CCG I, 147, 293; 212, 31; 247, 462; II, 44, 325v; III, 29, 40v; 130. 374v; V, 266, 199v; VI, 188, 54; 286, 75.

582,34-38); b) molto spesso, questi "corpi estranei" si adeguano alla cosiddetta "legge di Meyer"[44]; poiché Crisostomo è assolutamente indifferente a questo artificio stilistico, se ne deduce che in questi passi è intervenuta una mano posteriore, probabilmente di età bizantina[45]; c) lo scopo di questi interventi non è molto chiaro: in genere sembrano mirati a "impreziosire" il testo; tuttavia in almeno un caso (579,8 s.), includono delle espressioni "mariane", concettualmente estranee al pensiero di Crisostomo e degli antiocheni in genere; d) qualche affinità occasionale con l'elogio *In catenas sancti Petri* (581,5 s.; 582,5), sembra orientare verso l'ambiente del Metafraste, senza che per il momento si possa dire di più.

4. *In Hypapanten* (ed. Bickersteth; cf. CPG 4756; BHG 1972, 1972b)

Questa omelia presenta una situazione paradossale, poiché è attestata esclusivamente da manoscritti tardivi, i più antichi dei quali risalgono al XII secolo. Si tratta di una situazione del tutto eccezionale nella tradizione manoscritta delle opere attribuite a Crisostomo, benché esistano anche altri spuri trasmessi esclusivamente da codici ancora più tardivi[46].

Probabilmente nessuno difende ancora l'autenticità di *In Hypapanten*, in particolare perché il testo chiama Maria θεοτόκος abbastanza spesso (64,6; 74,10. 19. 20. 27. 29)[47], ma può essere interessante esaminare il modus operandi del suo autore[48].

---

44 Questo fatto è indicato con un «diesi» (#) accanto al rinvio a PG. Cf., su questa struttura ritmica, W. Hörandner, Der Prosarythmus in der rhetorischen Literatur der Byzantiner (Wiener Byzantinistische Studien 16), Wien 1981. Rimangono utili il lavori di S. Skimina, État actuel des études sur le rythme de la prose grecque. Vol. 2 (Eos/Eus Supplementa 11), Lwów 1930; Id., État actuel des études sur le rythme de la prose grecque. Vol. 1 (Bulletin international de l'Académie polonaise des sciences et des lettres. Classe de philologie - Classe d'histoire et de philosophie. No. Supplémentaire 3), Cracovie 1937 e R. Maisano, La clausola ritmica nella prosa di Niceforo Basilace, JÖB 25, 1976, 87-104.

45 Inoltre, in più di un caso, le parole usate nell'omelia *De s. Pelagia* sono ben attestate in Crisostomo, ma il loro ordine è diverso da quello crisostomiano e, in particolare, il frequente uso dell'iperbato sembra rivelare un'intenzione estetica (cf. un esempio estremo, degno di Nestorio, in 583,35 s., costruito a partire da materiale autentico).

46 Si veda il caso di *In adorationem uenerandae crucis* (PG 62, 747-754; cf. BHG 415; CPG 4672), non rappresentata da testimoni anteriori al XVI secolo; cf. S. J. Voicu, Fonti (cit. a n. 21).

47 Il titolo non solo non viene mai usato da Crisostomo, ma è sporadico persino negli spuri, dove la maggior parte delle attestazioni provengono dai titoli, in molti casi evidentemente redazionali.

48 L'attribuzione di *In Hypapanten* a una celebrazione preefesina per il 2 febbraio cozza contro un ostacolo insormontabile di natura liturgica: all'epoca di Crisostomo il natale era appena stato importato ad Antiochia e a Costantinopoli, non sembrava godere

Lo scopo dell'omelia è, evidentemente, quello di fare di Crisostomo un difensore dell'istituzione dell'hypapante. L'ignoto autore utilizza come quadro ideologico l'omelia autentica *In diem natalem D. N. Iesu Christi* (PG 49,351-362), ma non ricorre in misura rilevante al suo testo. I pezzi di sicura origine crisostomica si ritrovano all'inizio dell'omelia, poi questa procede per la sua strada, senza retrocedere, ad esempio, di fronte a una mariologia che sarebbe stata semplicemente rigettata da Crisostomo. Inoltre, non ha saputo evitare il ricorso palese a un'omelia di Proclo.

Da tutto ciò *In Hypapanten* appare come uno spurio particolarmente tardivo, composto in età tardobizantina, in un momento di poco precedente ai primi testimoni manoscritti[49].

---

ancora di un prestigio che rimane riservato all'Epifania (come afferma lo stesso Crisostomo, quando dice che ci sono tre feste importanti durante l'anno, epifania, pasqua e pentecoste; cf. *De sancta pentecoste*: PG 50, 453 s.) ed è molto improbabile che già abbia dato origine a un ciclo di feste. Poiché l'omelia *In occursum Domini,* trasmessa sotto il nome di Anfilochio di Iconio (C. Datema, Amphilochii Iconiensis opera. Orationes pluraque alia quae supersunt, nonnulla etiam spuria [CChr.SG 3], Turnhout 1978, 37-73) appartiene in realtà a Leonzio di Costantinopoli, un autore del VI secolo (cf. M. Sachot, L'homélie pseudo-chrysostomienne sur la Transfiguration CPG 4724, BHG 1975. Contextes liturgiques, restitution à Léonce, prêtre de Constantinople, édition critique et commentée, traduction et études connexes [Publications Universitaires Européennes s. XXIII: Théologie 151], Frankfurt 1981, 479, num. 24, seguito da S. J. Voicu, Dieci omelie [cit. a n. 19]), la più antica attestazione della festa liturgica dovrebbe essere l'omelia cattedrale 14 di Severo Antiocheno, pronunciata nel 513 (cf. M. Brière, Les Homiliae cathedrales de Sévère d'Antioche. Introduction générale à toutes les homélies. Homélies CXX à CXXV [PO 29,1], Paris 1960, 52). Le due più antiche omelie dedicate all'hypapante sono invece quelle di Esichio di Gerusalemme (M. Aubineau, Les homélies festales d'Hésychius de Jérusalem, vol. 1: Les homélies I-XV; vol. 2: Les homélies XVI-XXI et tables des deux volumes [SHG 59], Bruxelles 1978-80, vol. 1, 24-42 e 61-74), ma sono state pronunciate per l'ottava dell'epifania (cf. C. Renoux, L'Annonciation du rite arménien et l'Épiphanie, OCP 71, 2005, 315-342).

49 Per completezza: delle interpolazioni segnalate da E. Bickersteth, Edition and Translation of a Hypapante Homily adscribed to John Chrysostom, OCP 32, 1966, 53-77, in part. 76, la prima proviene da *In epistulam ad Galatas commentarius* (PG 61, 679, 19-31), mentre l'origine della seconda rimane sconosciuta.

Appendici

Le conclusioni del presente lavoro, secondo le quali la *Comparatio regis et monachi*, *De sancta Pentecoste homilia* 2 e *In Hypapanten* sono spuri, mentre invece *De sancta Pelagia virgine et martyre hom.* 1 è stata rimaneggiata, si fondano sulla comparazione sistematica tra lo stile di questi quattro testi e quello del resto del corpus crisostomico, autentico e spurio, contenuto nel TLG-E (di cui si copiano la nomenclature e le indicazioni di volume, colonna e riga).

Offrire "in extenso" almeno una scelta dei passi analizzati e dei loro paralleli richiede uno spazio notevole, che è stato ridotto mediante alcune abbreviazioni e convenzioni. Nelle ricerche eseguite, poste tra parentesi quadre, > e < indicano inizio e fine parola; Δ, la distanza tra le parole; *, l'ordine indifferente di due parole. Se non viene altrimenti precisato, i risultati si riferiscono al lemma esatto oppure la chiave di ricerca è banale (neutralizzazione dei casi e delle terminazioni verbali, ecc.). Sigle: TLG = occorrenze totali nel disco TLG-E; C = occorrenze nelle opere poste sotto il nome di Crisostomo nel TLG. Talvolta i risultati relativi a Crisostomo vengono scomposti così: C = 5 + 6 + 14, cioè 5 occorrenze nell'opera in esame, 6 in opere autentiche e 14 negli spuri (tralasciando i centoni e i testi secondari, come le egloghe); C0 designa una stringa senza riscontro tra le opere attribuite a Crisostomo e C > n, una stringa con almeno n occorrenze. Nel caso della *Comparatio*, la sigla L indica le occorrenze in Libanio e l'asterisco (*) premesso, i passi con paralleli libaniani. *In De sancta Pelagia* la chiocciola (@) segnala le parti presuntamente interpolate o riscritte e il diesi (#), i passi che rispettano la legge di Meyer, mentre la comparazione si limita in genere alle sole opere autentiche.

1. Comparatio regis et monachi (PG 47, 387-39)

*387,9: Ὁρῶν ἐγώ: C0; L1 (Fragmenta de declamationibus 49, 1,1, cioè l'inizio); TLG 7. Il parallelo libaniano non era stato notato finora.

387,9: τοὺς πολλοὺς τῶν ἀνθρώπων [>πολλ >τῶν< >ἀνθρώπων<]: C >10; L1 (Prog 13, 1, 1,2).

387,9-10: δοκοῦντα εἶναι καλά: C 1 + 5 (De virginitate 21,8 = In epistulam ii ad Timotheum 62, 644,62 = Homilia dicta praesente imperatore 63, 477,15: δοκοῦντα εἶναι καλά; Ad eos qui scandalizati sunt 4, 10,9: τῶν δοκούντων εἶναι σοι νῦν καλῶν; Ad eos qui scandalizati sunt 4, 12,6: τῶν δοκούντων εἶναι καλῶν) + 0; L0. TLG: δοκοῦντα εἶναι καλά è espressione esclusiva di Crisostomo e della Comparatio. - Cf. anche 388,9: δοκοῦντα εἶναι χρηστά; 392,42: τὸ δοκοῦν εἶναι καλόν.

*387,10: ἀγαπῶντάς τε καὶ θαυμάζοντας [Δ2: γαπ * θαυμα]: C0; L1 (οἶδα θαυμαζόμενος, οἶδα ἀγαπώμενος: Decl 47, 1, 61,6). - Ἀγαπῶ καὶ θαυμάζω è frequente tra i classici: Plutarco

(Publ 10, 5,7; ecc.); Isocrate (Orat. De big 32,2; ecc.); Dione Crisostomo (Orationes 43, 8,2); Aristide (De musica 2, 16,21); cf. anche Gregorio Nazianzeno (Funebris oratio in patrem 35, 1016,27); θαυμάζω καὶ ἀγαπῶ: Dione Crisostomo (Orationes 1, 83,3); ecc.

*387,10-11: τὰ φύσει χρηστά [>φυσει< >χρηστ]: C0; L2 (Decl 11, 1, 14,6; ecc.).

387,11 (= 388,30; 389,27; 390,21; 392,47): ὡς ἀληθῶς: C = 5 + 5 (In Genesim 54, 556,18; ecc.) + 14; L85 (Decl 1, 1, 15,12; Decl 1, 1, 112,7; Or 13, 47,2; ecc.). L'espressione sembra banale (TLG >2000), ma evidentemente non è gradita da Crisostomo, che la usa di rado. Negli spuri è dispersa, tranne le 3 occorrenze di De precatione 1-2 (50, 775,26; 778,7; 781,19).

387,11-12: ἀναγκαῖον εἶναι νομίζω [>αναγκαιον< >ειναι< νομι]: C = 1 + 9 (Epistulae 18-242 52, 643,1; ecc.) + 1; L0. La metà delle occorrenze crisostomiane si trovano nelle Epistulae.

387,12: βραχεῖς ποιήσασθαι τοὺς λόγους [Δ1: >βραχ ποι >λογ]: C = 1 + 1 (De sanctis martyribus 50, 652,48) + 0; L0.

387,14: πολλῆς τυγχάνοντα σπουδῆς [Δ1: >πολ τυ >σπουδ]: C = 1 + 1 (Epistulae 18-242 52, 706,3) + 0; L0.

387,15: τὸ διάφορον ἑκατέρων (= 388,10-11): C0; L0. Con Δ1 >διαφο >εκατερ si ottiene: C = 2 + 2 (τὴν διαφορὰν ἑκατέρας· In Matthaeum 57, 247,43; ecc.) + 0; L0.

387,15: ἄξια σπουδῆς [>αξι >σπουδης<]: C = 1 + 4 (De sanctis martyribus 50, 652,42; ecc.) + 1; L3 (Ep 372, 2,2; ecc.).

387,16-17: καταφρονεῖν παιδευθῶμεν [φρον * παιδευ]: C = 1 + 4 (Epistulae ad Olympiadem 11, 1,33; ecc.) + 1; L1 (Decl 1, 1, 49,4).

387,19: ἐθνῶν ἄρχοντας [>εθνων< >αρχ]: C0; L1 (Or 13, 43,1).

387,20: ἐπὶ λαμπρῶν ὀχημάτων [>λαμπρ >οχημα]: C0; L0; TLG 3.

387,20: κηρύκων βοῆς [>κηρυκ >βοη]: C0; L0.

387,21: δορυφορίας πολλῆς [>δορυφορια >πολλ]: C = 1 + 0 + 1; L0.

387,22: τῶν φιλοσοφούντων ὁ βίος [Δ2: φιλοσοφ * >βι]: C0; L0. Crisostomo ricorre a formulazioni simili: φιλοσόφος βίος (In Matthaeum 57, 423,35; In Acta apostolorum 60, 260,32 e 52; ecc.), βίος φιλοσόφων (Ad Demetrium de compunctione 47, 408,56), φιλοσοφία βίου (Ad Stagirium a daemone vexatum 47, 449,43) e βίος φιλοσοφίας (Adversus oppugnatores vitae monasticae 47, 379,19; In Acta apostolorum 60, 217,55).

387,22-23: μονήρη δίαιταν ᾑρημένων [>μονηρη >διαιτ]: C0; L0; TLG 1. - Cf. anche τὸν μονήρη βίον ᾑρημένος (388,19-20).

387,24: ἐπιστρέφουσι τὸν δῆμον [Δ2: στρ >δημ]: C0; L0. Cf. In Matthaeum 58, 558,55 (διαστρέφοντες τὸν δῆμον).

*387,24-25: οὐδενὸς ὀφθαλμούς, ἢ κομιδῇ γε ὀλίγων [>κομιδη< >γε<]: C0; L1 (Or 45, 8,2: οὐδενὸς ἢ κομιδῇ γε ὀλίγων). Il parallelo libaniano non era stato notato finora.

387,26: οὐδεὶς ἂν ἐπιθυμήσειε γενέσθαι ὅμοιος: C0; L0; TLG 0.

387,27-28: δυναστείαν μὲν κτήσασθαι (cf. anche 388,27: δυναστείαν κέκτηται) [Δ1: >δυναστεια κτη]: C = 2 + 0 + 1 (De jejunio 60, 716,41); L0.

387,28: ἀρχὴν ἔθνους λαβεῖν [>αρχ >εθνους<]: C = 1 + 1 (In Joannem 59, 86,42: ἀρχὴν ἔθνους ἑτέρου λαβεῖν) + 0; L0.

387,28-29: χαλεπόν τε καὶ τοῖς πολλοῖς ἀδύνατον [Δ2: >χαλεπ >και< >αδυνατ]: C 1 + 1 (Ad Demetrium de compunctione 47, 404,41: χαλεπὸν, μᾶλλον δὲ καὶ ἀδύνατον) + 0; L0;

TLG >10 (cf. Philo Judaeus, Spec 1, 33,1 = Chrysippus Phil., Fragmenta logica et physica 1010,7: οὐ χαλεπὸν μόνον ἀλλὰ καὶ ἴσως ἀδύνατον).

387,29-30: οἱ τῆς ἀρχῆς ἐρασταί (cf. anche 392,6: τῆς ἀρχῆς ἐραστήν) [>αρχης< >εραστ]: C0; L0. - Cf. anche 387,32-34 (τῆς μὲν ἀρχῆς ἡ κτῆσις τῷ βίῳ τούτῳ συνδιαφθείρεται, μᾶλλον δὲ καὶ ζῶντας ἀπολιμπάνει τοὺς ἑαυτῆς ἐραστάς).

387,30: τὸ δὲ μονήρη βίον ἑλέσθαι cf. 388,19-20.

387,31: Θεοῦ λατρείᾳ (= 389,24-25. 43; 392,30; cf. anche 389,17: Θεοῦ λατρείας) [>Θεοῦ< >λατρεία]: C = 4 + 0 + 9; L0; TLG >10. Tutte le occorrenze spurie sono concentrate in De precatione, ma soltanto in 50, 775,14 l'espresione è associata a συζάω, come in 387,31, 389,24-25 e 392,30. I commenti di Fabricius (118-119, § 1) non riguardano questo stilema, ma la sintassi del verbo.

387,31-32: εὔπορόν τε καὶ ῥάδιον [Δ2: >ευπορ * >ραδι]: C0; L0; TLG >10.

387,32-34: cf. 387,29-30.

387,32-33: τῷ βίῳ τούτῳ συνδιαφθείρεται (= 392,42) [Δ2: >βι >συνδι]: C 2 + 0 + 1 (De continentia 577,9: τῷ βίῳ τούτῳ συνδιαφθείρεσθαι); L0.

387,34-35: εἰς κίνδυνον μέγαν ἢ ἀδοξίαν [Δ2: >κινδυν * >αδοξια]: C0; L0; TLG 0.

387,35-36: cf. 387,30.

387,36: πολλῶν ἀγαθῶν ἀναπίμπλησι τοὺς δικαίους (cf. 390,11-12: τῶν οἰκείων κακῶν ἀναπίμπλησι τοὺς ἀρχομένους) [>αγαθων< >αν; >πολλων< >αγαθων<; >κακων< >αν]: C0; L0; TLG 0.

387,36-37: μετὰ τὴν τοῦ βίου τελευτὴν [>βιου< >τελευτ]: C = 1 + 1 (De Babyla contra Julianum et gentiles 64,3) + 1 (De precatione 50, 782,8); L0.

387,37: λαμπροὺς καὶ χαίροντας [>λαμπρο >και< >χαιρ]: C0; L0.

387,39-ult.: διδόντες τῶν βεβιωμένων τὴν δίκην [>βεβιωμε]: C0; L0.

387, ult.-388,9: τά τε τῆς φιλοσοφίας ἀγαθὰ [>φιλοσοφιας< >αγαθ]: C0; L0.

388,9: δοκοῦντα εἶναι χρηστὰ (cf. 387,9-10: δοκοῦντα εἶναι καλὰ) C 1 + 2 (Ad Stagirium a daemone vexatum 47, 445,39: δοκούντων εἶναι χρηστῶν; De virginitate 56,4: τοῖς δοκοῦσιν εἶναι χρηστοῖς) + 0; L0.

388,10-11: cf. 387,15.

388,12: τὴν κορυφὴν τῶν ἀγαθῶν, τὴν βασιλείαν λέγω [Δ1: >κορυφ >ἀγαθῶν<]: C = 1 + 3 (In Matthaeum 57, 300,19; ecc.) + 0; L0. TLG: l'espressione κορυφὴ τῶν ἀγαθῶν è praticamente esclusiva di Crisostomo, il quale però la applica soltanto a realtà spirituali.

388,14: ἑκατέρας κτήσεως τοὺς καρποὺς [Δ1: >κτησεως< * >καρπ]: C0; L0.

388,14-15: καταμαθόντες ἀκριβῶς [>κατ >ακριβως<]: C = 1 + 3 (De virginitate 7,14; ecc.) + 9 (In sanctum Joannem praecursorem 50, 801,46; ecc.); L1 (Or 59, 39,2). L'espressione è usata abbastanza spesso dallo Pseudocrisostomo Cappadoce[50].

388,17: ἐφέστηκεν ἔθνεσι: C0; L0; TLG 0.

388,17-18: στρατηγοὺς καὶ ὑπάρχους καὶ στρατόπεδα καὶ δήμους καὶ βουλὰς cf. ὕπατοι καὶ ὕπαρχοι καὶ βουλὴ καὶ δῆμος (In Matthaeum 57, 285,22); L0.

388,19-20: τὸν μονήρη βίον ᾑρημένος (cf. 387,30: τὸ δὲ μονήρη βίον ἑλέσθαι; 387,35-36: ὁ δὲ μονήρης βίος νῦν τε πολλῶν ἀγαθῶν ἀναπίμπλησι τοὺς δικαίους; 389,39-40: τὸν μονήρη βίον προσήκει μακαρίζειν; e anche 387,22-23: τῶν τὴν μονήρη δίαιταν

---

50 S.J. Voicu, Trentatré omelie pseudocrisostomiche e il loro autore, Lexicum philo-
    sophicum 2, 1986, 73-141, in part. 125.

ἠρημένων) [>μονηρ >βι]: C = 1 + 1 (In illud: Habentes eundem spiritum 51, 279,25: τοὺς τὸν μονήρη βίον ἐπιθυμοῦντας) + 1 (In Psalmum 118 55, 696,36); L1 (Decl 12, 2, 36,7: τὸν μονήρη βίον ἐκεῖνον ἀποθέμενος). Formule come τῶν τὸν μονήρη καὶ ἰδιάζοντα βίον ἐπανῃρημένων (Gregorius Nyssenus, Epistulae 2, 2,2 sono abbastanza diffuse nel TLG presso gli autori cristiani; cf. ἐν τῷ μονήρη ἐπανελέσθαι δείκνυται βίον (Clemente Alessandrino, Stromata 7, 12, 70, 7,1); τὸν μονήρη βίον ἐπανῃρημένους (Eusebio di Cesarea, Commentaria in Psalmos 23, 1008,37); αἱρήσασθαι τὸν μονήρη βίον (Atanasio di Alessandria, Vita Antonii 26, 865,20); οἱ τὸν μονήρη ἐπανῃρημένοι βίον (Ps. Atanasio di Alessandria, Vita sanctae Syncleticae 28, 1533,5); ὁ μονήρη βίον αἱρούμενος (Stobeo, Anthologium 4, 22a, 20,94); τὸν μονήρη βίον πολλάκις ἐπανελόμενον (Ps. Basilio di Cesarea, Sermo de contubernalibus 30, 817,36); οἱ τὸν μονήρη βίον ἐπανῃρημένοι (Ps. Macario, Epistula magna 256,5); ecc.

388,20-21: θυμοῦ καὶ φθόνου καὶ φιλαργυρίας καὶ ἡδονῆς καὶ τῶν ἄλλων ἄρχει κακῶν [>θυμ >και< >φθον] (cf. anche 388,30: θυμοῦ καὶ φθόνου καὶ ἡδονῆς κρατῶν): C0; L0.

388,23: ὑπὸ τοῖς αἰσχροῖς γενέσθαι πάθεσι [Δ1: >αισχρ * >παθ]: C = 1 + 1 (In Acta apostolorum 60, 50,9: αἰσχροτέρῳ πάθει) + 1 (In sanguinis fluxu laborantem 64, 19,31: πάθος αἰσχρὸν); L0.

388,23-24: δουλωθῆναι τὸν λογισμὸν: C0; L0.

388,24: τυραννίδι πικρᾷ [>τυραννι * >πικρ]: C = 1 + 1 (In Matthaeum 58, 790,55: τὸ δὲ τυραννὶς ἡ πικροτάτη) + 0; L1 (Decl 32, 1, 12,6: τῶν πικρῶν τυραννίδων).

388,27: cf. 387,27-28.

388,30: cf. 387,11.

388,30: cf. 388,20-21.

*388,32-33 (cf. Fabricius 120 § 6; Hunter 526): οὐκ ἐῶν ἐνδυναστεῦσαι τῇ ψυχῇ τὴν δεσποτείαν τῶν ἡδονῶν cf. οὐκ ἐάσας ἐνδυναστεῦσαι τῇ ψυχῇ τὴν δεσποτείαν τῶν ἡδονῶν (Libanio, Or 12, 101,6).

388,36-37: ῥᾳδίως ἂν ἐπισταίη καὶ ἀνθρώποις μετὰ τῶν θείων νόμων: C0; L0; TLG 0.

388,38: ἐν πατρὸς τάξει: C0; L0; TLG 0.

388,38-39: μετὰ πάσης ἡμερότητος ὁμιλοῦντα ταῖς πόλεσιν: C0; L0; TLG 0.

388,39-389,4 (cf. Fabricius 119 § 2): Ὁ δὲ ἀνθρώπων μὲν ἄρχειν δοκῶν, θυμῷ δὲ καὶ φιλαρχίᾳ καὶ ἡδοναῖς δουλεύων, πρῶτον μὲν καταγέλαστος εἶναι δόξειεν ἂν τοῖς ἀρχομένοις, ὅτι στέφανον μὲν φορεῖ λιθοκόλλητον καὶ χρυσοῦν, σωφροσύνη δὲ οὐκ ἐστεφάνωται, καὶ ἁλουργίδι μὲν ὅλον τὸ σῶμα λάμπεται, τὴν δὲ ψυχὴν ἀκόσμητον ἔχει cf. Καὶ ψυχὴ ἄρα κόσμον ἔχουσα τὸν ἑαυτῆς ἀμείνων τῆς ἀκοσμήτου – Ἀνάγκη. – Ἀλλὰ μὴν ἥ γε κόσμον ἔχουσα κοσμία – Πῶς γὰρ οὐ μέλλει – Ἡ δέ γε κοσμία σώφρων (Platone, Gorg 506.e.4-507.a.1). Il tema dell'anima "disordinata" è abbastanza diffuso nell'antichità, anche se Crisostomo lo ignora. Cf., ad esempio, ἐγὼ δὲ ἐπίσταμαι τὸν ἐμὸν πατέρα ὅτι αὐτὸς ἄρα πρὸ τῶν φυτῶν ἐκεκαλλιούργητο καὶ εὖ ἤσκητο, οὐκ ἐπειδὴ χιτῶνα ἠμφίεστο λεπτὸν καὶ εὐήτριον, ἀλλ' ὅτι μὴ τὴν ψυχὴν ἀκόσμητον εἶχε (Temistio); τὰ μὲν ἄψυχα καλλωπίζει, τὴν δὲ ψυχὴν ἀκόσμητον ἔχει (Basilio di Cesarea, Homilia in divites 4,42); ψυχὴ κόσμον ἔχουσα τὸν αὐτῆς ἀμείνων τῆς ἀκοσμήτου (Giamblico, Protr 88,24). - L'espressione στέφανον μὲν φορεῖ λιθοκόλλητον καὶ χρυσοῦν è comparabile a οἱ λιθοκόλλητοι στέφανοι (De precatione 50, 782,4).

389,6: πῶς ἂν ἑτέρους δυνηθείη κατευθύνειν τοῖς νόμοι; [Δ3: >κατευθυν * >νομ]: C0; L0; TLG 0.

389,8: δαίμοσι μαχόμενον καὶ κρατοῦντα καὶ νικῶντα: C0; L0.

389,9-10: μετὰ γὰρ τῆς θείας ῥοπῆς: C = 1 + 1 (In Acta apostolorum 60, 167,26: ἀπολαύοντα αὐτὸν θείας ῥοπῆς) + 2 (De precatione 50, 776,43: Ἄνευ γὰρ τῆς θείας ῥοπῆς; etc.); L0.

389,10-11: οὐρανίοις πεφραγμένος ὅπλοις [Δ1: >ουρανι * >οπλ]: C0; L0.

389,12-13: τῶν ἀνθρώπων οἱ δαίμονες φοβερώτεροι [Δ1: >δαιμ * >φοβερωτερ]: C0; L0.

389,17: cf. 387,31.

389,17: πολεμεῖ τοῖς δαίμοσιν [Δ1*]: C0; L0.

389,20: ἔρωτος ἀρχῆς ἀδίκου: C = 1 + 2 (Adversus oppugnatores vitae monasticae 47, 363,51: οἱ δυναστειῶν ἐρῶντες καὶ ἀρχῶν; In epistulam ii ad Thessalonicenses 62, 470,53: ἔρως ἀρχῆς) + 0; L0; TLG 0. La somiglianza con i passi più vicini in Crisostomo è molto scarsa.

389,22: τὰ παρόντα προσαπώλεσαν [Δ1: >παρ * >προσαπωλ + >παρ * >προσαπολ]: C0; L0; TLG 0.

389,24-25: cf. 387,31.

389,27: cf. 387,11.

*389,36: ἀνθρώπων οἴνῳ δουλευόντων: C0; L1 (Ep 316, 3,2: τῶν οἴνῳ δουλευόντων). L'espressione è rara nel TLG e il parallelo libaniano non era stato notato finora.

389,37: τὸ πλέον τῆς ἡμέρας: C = 1 + 1 (In Genesim 53, 56,58) + 0; L1 (Or 1, 271,8).

389,37-38: διατριβόντων ἐν πότῳ: C0; L0.

389,38: οὐδὲν καίριον ἢ καλὸν: C0; L0; TLG 0.

389,39-40: cf. 387,30.

*389,43-45 (cf. Fabricius 120, § 7; Hunter 526): τὸν μοναχὸν μὲν ὀψόμεθα τῇ τοῦ Θεοῦ λατρείᾳ καὶ ταῖς εὐχαῖς κοσμούμενον, πολὺ πρότερον ᾄδοντα τῶν ὀρνίθων cf. σὺ δὲ ᾄδεις πολὺ πρότερος τῶν ὀρνίθων (Libanio, Or 12, 94,6).

389,43: cf. 387,31.

389,45: ἀγγέλοις συμβιοτεύοντα [>αγγελ βιοτευ]: C0; L0.

389,51: ἡ τρυφὴ κατακοιμίζει: C0; L0.

*389,2 ab imo-ult. (cf. Fabricius 120-121, § 10; Hunter 526): τράπεζα μετρία, καὶ σύσσιτοι τῆς αὐτῆς ἀρετῆς ἀθληταί cf. τράπεζα δέ σοι μετρία καὶ σύσσιτοι Πλάτωνος ὁμιληταί (Libanio, Or 13, 44,2). - Si noti che ἀρετῆς ἀθληταί [Δ2: >αρετης< * >αθλητ] = C0; τράπεζα μετρία = C0; L1.

389, ult.-390,1: τὸν βασιλέα δὲ λίθοις τε ἀνάγκη καὶ χρυσῷ καλλωπίζεσθαι [>χρυσ * καλλωπι]: C0; L0.

389,1-2: τράπεζάν τε παρατίθεσθαι λαμπρὰν [Δ2: >τραπεζ * >λαμπρ]: C0; L0; λαμπρὰ τράπεζα non associato a παρατίθημι è banale (C = 1 + 6 + 1; L4).

390,4: χρηστοῖς ἴσως καὶ δικαίοις [Δ2: >χρηστ * >δικαι]: C0; L0.

390,4-5: πολὺ δὲ λειπομένοις τῆς ἐκείνων ἀρετῆς [Δ2: πομ * >πολυ<]: C = 1 + 1 (In Genesim 53, 312,20: πολὺ αὐτοῦ λειπόμενον) + 1 (In Psalmos 101-107 55, 645,48: πολὺ λειπομένην τῶν οὐρανίων); L2 (Ep 855, 1,4: πολὺ λειπομένην τῆς παρὰ τῶν θεῶν; Or 59, 5,3).

*390,5-7 (cf. Fabricius 121 § 11): οὐδὲ κατὰ μικρὸν ἐγγὺς ἐλθεῖν τῆς τοῦ μονάζοντος καλοκαγαθίας δυνήσεται (cf. anche 392,37-38; οὐδὲ κατὰ μικρὸν ἐγγὺς ἐλθεῖν δύναται τῆς τοῦ μοναχοῦ ἀρετῆς) cf. κατὰ μικρὸν ἐγγὺς ἐλθεῖν τῆς τοῦδε τέχνης (Libanio, Or 64, 4,3). In Crisostomo, il passo più vicino è οὐδὲ κατὰ μικρὸν ἐγγὺς τοῦ μακαρίου ἐκείνου (In epistulam ad Philippenses 62, 187,34), e anche se usa più di una volta κατὰ μικρὸν ἐγγύς, lo fa senza complemento e, ciò che più conta, senza il verbo ἔρχομαι; cf. οὔτε κατὰ μικρὸν ἐγγύς (De diabolo tentatore 49, 256,31), ecc. D'altronde, il termine καλοκαγαθία gli è totalmente estraneo: le poche occorrenze si trovano negli spuri (De precatione 50, 780,33; 50, 785,4; Contra theatra 56, 545,21; ecc.).

390,11-12: cf. 387,36.

390,15-16: τὰς πόλεις ἐν τῇ καθέδρᾳ πολιορκεῖν: C0; L0; TLG 0.

390,21: cf. 387,11.

390,21-22: αἰσχυνόμενος τοὺς εὐπόρους: C0; L0; TLG 0.

*390,24-25 (cf. Fabricius 120, § 8; Hunter 526-527): ἱματίῳ μὲν ἑνὶ δι' ἔτους χρώμενος, ὕδωρ δὲ πίνων ἥδιον, ἢ θαυμαστὸν οἶνον ἕτεροι cf. τρίβωνι μὲν ἑνὶ δι' ἔτους χρώμενος, ὕδωρ δὲ πίνων ἥδιον ἢ Θάσιον οἶνον ἕτεροι (Libanio, Decl 1, 1, 18,9). Con le chiavi di ricerca >δι< >ετους< >χρωμ oppure Δ2: >υδωρ< * >ηδιον<, si ottiene C0.

390,31: διὰ τῆς ἀγαθῆς νουθεσίας (cf. anche 391,30: ταῖς ἀγαθαῖς νουθεσίαις): C0; L0.

390,32-33: Βασιλεὺς δὲ τάς τε εἰσφορὰς κουφοτέρας εἶναι κελεύων: C0; L0; TLG 0.

390,35-36: πλούσιον ὀλίγα ἂν βλάψειεν ἡ χαλεπότης τῶν εἰσφορῶν: C0; L0; TLG 0.

390,37-38: οἰμωγῆς πιμπλῶσα τὰς κώμας [Δ2: >οιμωγ * >κωμ]: C0; L0; TLG 0.

390,51: ξίφος ἐν τῇ χειρὶ φέροντα: C0; L0.

391,6: cf. 391,40-41.

391,11: πολέμου καταρραγέντος [Δ2: ραγ * >πολεμ]: C0; L0. Le espressioni più vicine sono: Adversus Judaeos 48, 886,19 (τοσούτους συρραγῆναι πολέμους) e Libanio, Or 11, 177,1 (Τοῦ γὰρ Περσικοῦ τούτου πολέμου ῥαγέντος).

391,11: ἐκ βάθρων αὐτῶν ἀνασπασθῆναι κινδυνευούσης [>ἐκ< >βάθρων<]: C 1 + 27 + 1; L0. Spesso associata da Crisostomo al verbo ἀνασπάω: ἐκ βάθρων ἀνασπάσαι παρεσκευασμένων (Contra eos qui subintroductas habent virgines 11,6); ἐκ βάθρων αὐτῶν καθ' ἑκάστην προσεδοκῶμεν ἡμέραν ἀνασπασθήσεσθαι (Ad populum Antiochenum 49, 127,53); ἐκ βάθρων ἀνασπωμένην αὐτήν (Ad populum Antiochenum 49, 139,4); ecc. (= 15). Cf. anche 392,4.

391,15-16: ἀντὶ πολλῶν μυριάδων: C0; L0.

*391,17-18: τοῦ Περσικοῦ πολέμου συστάντος (cf. anche 391,25-26: τὸν Περσικὸν κατέλυσε πόλεμον) [Δ2: >περσικ * >πολεμ]: C0; L3 (Or 1, 66,10: πρὸς τὸν Περσικὸν πόλεμον; Or 11, 177,1: Τοῦ γὰρ Περσικοῦ τούτου πολέμου; Or 18, 91,1: ὁ Περσικὸς πόλεμος). Il parallelo libaniano non era stato notato finora.

391,18-19 (cf. Fabricius 119 § 4): τῆς πόλεως περὶ τῶν ἐδάφων αὐτῶν εἰς κίνδυνον μέγιστον κατακεκλιμένης cf. τῆς πόλεως ὑπὲρ αὐτῶν τῶν ἐδαφῶν εἰς κίνδυνον μέγιστον κατακεκλειμένης (Demostene, Orat. In Aristogitonem 2 Or 26 11,3).

*391,20-21: καθάπερ ἐν προσδοκίᾳ βροντῆς, ἢ σεισμοῦ πάντα κινοῦντος cf. καθάπερ ἐν προσδοκίᾳ βροντῆς ἢ σεισμῷ πάντα κινοῦντι (Libanio, Or 22, 12,2); C0. Il parallelo libaniano non era stato notato finora.

*391,23: οὐκ ἐψεύσθη τῆς ἐλπίδος: C = 1 + 0 + 1 (Contra theatra 56, 546,53: οὐκ ἐψεύσθης τῶν ἐλπίδων); L3 (Or 48, 22,14: οὐκ ἐψεύσθησάν γε ἐλπίδος; ecc.). Il parallelo libaniano non era stato notato finora.

*391,25: τοῖς ἐξ οὐρανοῦ βέλεσιν: C0; L2 (Prog 8, 1, 11,12: τοῖς ἐξ οὐρανοῦ βαλλόμενος βέλεσιν; Prog 8, 3, 15,5: τοῖς ἐξ οὐρανοῦ πεμπομένοις βέλεσιν). Il parallelo libaniano non era stato notato finora.

391,25-26: cf. 391,17-18.

391,29-30: αἰδεῖσθαι τὰς συμβουλίας: C0; L0.

391,30: cf. 390,31.

391,40-41: ὁ μὲν ὅλως ἐν ἑτέροις ἔχει τὴν ἐλπίδα τῆς σωτηρίας (cf. anche 391,6: τὴν ἐλπίδα τῆς σωτηρίας εἶχεν) cf. ἐν ταῖς ἑτέρων γλώτταις τὴν ἐλπίδα τῆς σωτηρίας ἔχων (Libanio, Decl 36, 1, 1,4). Crisostomo preferisce nettamente il plurale: τὰς ἐλπίδας τῆς σωτηρίας ἔχειν (De Lazaro 48, 1006,3; De Lazaro 48, 1007,28; De baptismo Christi 49, 366,59; cf. Ad populum Antiochenum 49, 68,46; Ad illuminandos catecheses 1-2 49, 240,27; ecc.; C >10) o la forma indeterminata: ἕξομεν ἐλπίδα σωτηρίας (In illud: Salutate Priscillam et Aquilam 51, 195,7; ecc.; C >10). Forme più simili alla Comparatio si trovano di nuovo in De precatione: τὴν ἐλπίδα τῆς σωτηρίας εἶχον (De precatione 50, 778,1 = 50, 784,39) e sono piuttosto rare in Crisostomo.

391,41: τῇ βουλήσει καὶ τῇ σπουδῇ: C0; L0.

391,44-45: τῷ φιλοσοφοῦντι δὲ ἄλυπος: C0; L0.

*391, ult.-392,3 (cf. Fabricius 120, § 9; Hunter 527): τὸν γὰρ ὑπερορῶντα πλούτου καὶ ἡδονῆς καὶ τρυφῆς, ὧν ἕνεκα ζῆν ἐπιθυμοῦσιν οἱ πολλοί, καὶ τὴν ἐνθένδε μετάστασιν ἀνάγκη ῥαδίως φέρειν cf. τόν τε κεκρατηκότα τῶν ἡδονῶν, ὧν ἕνεκα ζῆν ἐπιθυμοῦσιν οἱ πολλοί, καὶ τὴν ἐνθένδε μετανάστασιν ἀνάγκη ῥαδίως φέρειν (Decl 1, 1, 3,5). Crisostomo usa esclusivamente la formula μετὰ τὴν ἐνθένδε ἀποδημίαν (De virginitate 84,69; ecc. = 3). - Per πλούτου καὶ ἡδονῆς καὶ τρυφῆς si ottiene C0.

392,4: ὁ μὲν ὑπὲρ εὐσεβείας ἐπισπάσεται κινδύνους: C = 1 + 1 (In epistulam ad Hebraeos 63, 52,14: περιττοὺς ἐπισπάσαι κινδύνους) + 0: L1 (Decl 4, 2, 43,14· οὐ προσηκόντων ἐπισπάσασθαι κίνδυνον). Cf. anche 391,11.

392,6: cf. 387,29-30.

392,8-9: ἡδὺ καὶ σωτήριον θέαμα: C0; L0; TLG 0.

392,13: τῆς βασιλείας ἐραστήν: C0; L0.

392,18-19: προσδοκία σφαγῆς: C0; L0.

392,19: ἐπικίνδυνον ἔχει πλεονεξίαν: C0; L0; TLG 0.

392,21: ἱκανῶς εἰρῆσθαί μοι δοκεῖ = Platone, Phileb 22.c.2; ἱκανῶς εἰρῆσθαί: C0; L0; TLG 27.

*392,23: ὀψόμεθα λαμπρὸν καὶ περίβλεπτον: C0; L1 (Ep 1367, 4,4: κατάπλουν λαμπρὸν καὶ περίβλεπτον).

392,24-25: κατὰ τὸν ἡγεμόνα καὶ παιδευτήν: C0; L0; TLG 0.

392,26-27: δικαίως φανείη καὶ φιλανθρώπως: C 1 + 1 (In Acta apostolorum 60, 183,31: δικαίως καὶ φιλανθρώπως) + 0; TLG 4.

392,30: ἄκρως: C0; L0.

392,30: cf. 387,31.

392,34-35: τοιαῦτα πάσχων ἅπερ οὔτε λόγῳ ῥητά, οὐδὲ ἔργῳ φορητά: C = 1 + 2 (Adversus Judaeos 48, 886,4: ἕτερα μυρία βασανιστήρια οὐδὲ λόγῳ ῥητά, οὐδὲ ἔργῳ φορητά; In epistulam i ad Timotheum 62, 520,32: ἅπερ οὐκ ἔστι λόγῳ φορητά, ταῦτα δι᾽ ἔργων φορητά ἐστιν) + 0; L0.

392,36: μὴ τοὺς πλουτοῦντας θαυμάζειν: C = 1 + 4 (In illud: Salutate Priscillam et Aquilam 51, 192,50: μὴ τοὺς πλουτοῦντας θαυμάζωσι; In Joannem 59, 442,25: οὐ θαυμασόμεθα πλοῦτον; ecc.) + 0; L0.

392,37-38: cf. 390,5-7.

392,38-39: πλούσιον ἐσθῆτι κεκοσμημένον: C 1 + 1 (In Joannem 59, 25,39: οὐδὲ ἐσθῆτι κεκοσμημένος χρυσῇ) + 0; L0.

392,40 (cf. Fabricius 119 § 5): ἐξόδους ἐξιόντα λαμπρὰς cf. ἐξόδους λαμπρὰς ἐξιοῦσαν (Demostene, Or 48 55,4). Il passo più vicino di Crisostomo è ἐξόδους λαμπρὰς (In illud: Propter fornicationes autem unusquisque suam uxore 51, 214,12).

*392,40-41: μὴ μακαρίσῃς τὸν ἄνθρωπον: C 1 + 1 (De Lazaro 48, 1036,53: Μηδέποτε μακαρίσῃς ἄνθρωπον) + 0; L1 (Fragmenta 88,37: μὴ μακαρίσῃς ἄνθρωπον). La frase, per quanto banale, è rarissima in Crisostomo.

392,42: τὸ δοκοῦν εἶναι καλὸν (cf. 387,9-10).

392,42: cf. 387,32-33.

392,42-44: μοναχὸν δὲ ἰδὼν βαδίζοντα μόνον, ταπεινὸν καὶ πρᾶον καὶ ἡσύχιον καὶ ἥμερον: C 1 + 1 (In Genesim 53, 313,42: τὸ ἥμερον, τὸ ἐπιεικές, τὸ πρᾶον, τὸ ταπεινόν, τὸ ἥσυχον) + 0; L0. Il brano autentico deriva da due passi biblici che Crisostomo usa spesso e talvolta fonde: καὶ ἐπὶ τίνα ἐπιβλέψω ἀλλ' ἢ ἐπὶ τὸν ταπεινὸν καὶ ἡσύχιον καὶ τρέμοντα τοὺς λόγους μοῦ (Is 66: 2) e μάθετε ἀπ' ἐμοῦ, ὅτι πραΰς εἰμι καὶ ταπεινὸς τῇ καρδίᾳ (Mt 11: 29); cf. Ἐπὶ τίνα γὰρ ἐπιβλέψω, φησίν, ἀλλ' ἢ ἐπὶ τὸν πρᾶον καὶ ταπεινόν, καὶ τρέμοντά μου τοὺς λόγου; (In Matthaeum 58, 485,24) oppure Ἐπὶ τίνα γὰρ ἐπιβλέψω, φησίν, ἀλλ' ἢ ἐπὶ τὸν πρᾶον καὶ ταπεινόν, καὶ ἡσύχιον, καὶ τρέμοντά μου τοὺς λόγους (In Joannem 59, 64,40).

392,44: ζήλωσον τὸν ἄνδρα: C 1 + 1 (In Genesim 54, 494,52: ζηλώσωμεν τοῦ ἀνδρὸς τὴν ἀρετήν) + 0; L0.

392,44-45: φάνηθι μιμητὴς τῆς ἐκείνου φιλοσοφίας: C0: L0.

*392,45-46: εὖξαι γενέσθαι τῷ δικαίῳ παραπλήσιος cf. τὸ δὲ οὐ δικαίως ἐπιχειρῆσαι τῷ δικαίως αὐτὸς παραπλήσια παθεῖν (Libanio, Prog 9, 2, 17,3).

392,47: ὡς ἀληθῶς cf. 387,11.

392,47: καλὰ καὶ σωτήρια καὶ μόνιμα: C0; L0; TLG 0.

2. De sancta Pentecoste homilia 2 (PG 50, 463-470)

463,33-34: Μεγάλα, ἀγαπητοί, καὶ πάντα λόγον ἀνθρώπινον ὑπερβαίνοντα cf. πράγματα εἶπεν ὑπερβαίνοντα λόγον ἀνθρώπινον (In Isaiam 7, 4,20); Μεγάλη τῶν εἰρημένων ἡ δύναμις, καὶ πάντα λογισμὸν ἀνθρώπινον ὑπερβαίνουσα (In Genesim 53, 120,43); χάριν ὑπερβαίνουσαν λογισμὸν ἀνθρώπινον (Expositiones in Psalmos 55, 386,41); λογισμὸν ἀνθρώπινον ὑπερβαῖνον (In epistulam ad Galatas commentarius 61, 648,15).

463,34-35: τὰ σήμερον ἡμῖν δωρηθέντα παρὰ τοῦ φιλανθρώπου Θεοῦ χαρίσματα cf. ἐκεῖνα μὲν τῆς τοῦ Δεσπότου φιλανθρωπίας ἐστὶ χαρίσματα (Ad populum Antiochenum 49, 165,3); C0.

463,35-36: διά τοι τοῦτο κοινῇ πάντες χαίρωμεν cf. οὐ συντρέχετε κοινῇ πάντες (De incomprehensibili dei natura 3, 443); κοινῇ πάντες τύχωμεν τῆς βασιλείας τῶν οὐρανῶν (Ad populum Antiochenum 49, 172,11); ecc.

463,36-37: σκιρτῶντες ἀνυμνήσωμεν τὸν ἡμέτερον Δεσπότην; C0.

463,38-41: ἐπὶ τῆς τῶν ὡρῶν καὶ τῶν τροπῶν ἐναλλαγῆς ἑτέρα τὴν ἑτέραν διαδέχεται cf. ἡ δὲ τῶν χρόνων ἐναλλαγή (In illud: Habentes eundem spiritum 51, 282,46); τὴν γνῶσιν ἡμῖν χαρίζεται τῶν καιρῶν, καὶ τῆς τῶν τροπῶν ἐναλλαγῆς (In Genesim 53, 59,66); vedi anche: ἑτέρα τὴν ἑτέραν ἐξώθησεν (Ad populum Antiochenum 49, 106,44); ἑτέρα τὴν ἑτέραν πλεονεκτεῖ (In illud Isaiae: Ego dominus deus feci lumen 56, 144,63).

463,45: εἰς αὐτὸ τὸ τέλος ὑπηντήσαμεν τῶν ἀγαθῶν; C0.

463,46: εἰς αὐτὴν τὴν μητρόπολιν ἐφθάσαμεν τῶν ἑορτῶν cf. οὐκ ἄν τις ἁμάρτοι μητρόπολιν πασῶν τῶν ἑορτῶν προσειπών (De beato Philogonio 48, 752,52, riferita al natale).

463,50-51: Εἴδετε κηδεμονίαν; εἴδετε φιλανθρωπίαν ἄφατον; cf. Εἴδετε Θεοῦ δύναμιν, εἴδετε Θεοῦ φιλανθρωπίαν; (De Lazaro 48, 1027,20); Εἴδετε δικαστοῦ φιλανθρωπίαν; (In Genesim 53, 138,58); Εἴδετε χθὲς Δικαστοῦ φιλανθρωπίαν; (In Genesim 53, 148,39); ecc. Cf. anche lo spurio Εἴδετε Δεσπότου φιλανθρωπίαν; (De terrae motu 50, 714,37[51]). La prima espressione, Εἴδετε κηδεμονίαν;, non sembra usata da Crisostomo.

#463,53: καθέδραν ἀπείληφε; C0.

#463,53-54: τὴν ἐπιδημίαν τοῦ Πνεύματος τοῦ ἁγίου χαρίζεται; C0.

#463,55-56: ἀγαθὰ χορηγεῖ; C0.

463,56-ult. τὴν σωτηρίαν τὴν ἡμετέραν οὐχὶ διὰ τοῦ Πνεύματος ἡμῖν ᾠκονόμηται cf. ὑπὲρ τῆς σωτηρίας τῆς ἡμετέρας οἰκονομεῖται (Ad Stagirium a daemone vexatum 47, 437,24); οἰκονομῶμεν, ἀγαπητοί, τὰ κατὰ τὴν σωτηρίαν τὴν ἡμετέραν (In Genesim 53, 25,25); πάντα ὑπὲρ τῆς ἡμετέρας οἰκονομοῦντι σωτηρίας (In Genesim 54, 598,54). Il materiale è indubbiamente crisostomico, ma Crisostomo non parla mai dello Spirito Santo in questo contesto.

463, ult.: δουλείας ἀπαλλαττόμεθα cf. δουλείας ἀπαλλάττῃ (De paenitentia 49, 307,21); οὐκ ἀπαλλάττουσα τῆς δουλείας (In Matthaeum 57, 387,16); ecc.

464,32-33: ἄνωθεν, ὡς εἰπεῖν, ἀναπλαττόμεθα cf. ἀνέπλασεν ἄνωθεν (In epistulam ad Ephesios 62, 40,24).

463,33-34: τὸ βαρὺ καὶ δυσῶδες τῶν ἁμαρτημάτων φορτίον ἀποτιθέμεθα cf. Οὐ μόνον δὲ βαρεῖα τυγχάνει, ἀλλὰ καὶ δυσώδης (Catecheses ad illuminandos 1-8 6, 22,5); vedi anche πολὺ τοῦ φορτίου τὸ βάρος, πολλὴ ἡ δυσωδία (Catecheses ad illuminandos 1-8 6, 23,16).

464,35: ἱερέων βλέπομεν χοροὺς cf. ἐν χορῷ ἱερέων (Expositiones in Psalmos 55, 252,42); vedi anche τῶν παρθένων τοὺς χορού; τῶν ἱερέων τὰ τάγματά (Homilia dicta postquam reliquiae martyrum 63, 468,40).

#464,35: διδασκάλων ἔχομεν τάγματα; C0.

464,37: ἀποκαλύψεων δωρεαί; C0.

464,38-50: Καὶ βοᾷ Παῦλος λέγων· «Ταῦτα πάντα ἐνεργεῖ τὸ ἓν καὶ τὸ αὐτὸ Πνεῦμα, διαιροῦν ἰδίᾳ ἑκάστῳ καθὼς βούλεται» (1 Cor 12,11). Καθὼς βούλεται, φησίν, οὐ καθὼς προστάττεται· διαιροῦν, οὐ διαιρούμενον· αὐθεντοῦν, οὐκ αὐθεντίᾳ ὑποκείμενον. Τὴν γὰρ αὐτὴν ἐξουσίαν, ἥνπερ ἐμαρτύρησε τῷ Πατρί, ταύτην καὶ τῷ ἁγίῳ Πνεύματι ἀνατίθησιν ὁ Παῦλος. Καὶ ὥσπερ ἐπὶ τοῦ Πατρός φησιν· «Ὁ δὲ Θεός ἐστιν ὁ ἐνεργῶν τὰ πάντα ἐν πᾶσιν» (1 Cor 12,6), οὕτω καὶ ἐπὶ τοῦ ἁγίου Πνεύματος· «Ταῦτα δὲ πάντα», φησίν, «ἐνεργεῖ τὸ ἓν καὶ τὸ αὐτὸ Πνεῦμα, διαιροῦν ἰδίᾳ ἑκάστῳ καθὼς βούλεται»; C0[52].

---

51   Cf. Voicu, Pseudo-Giovanni Crisostomo (cit. a n. 6), 107.

52   Il passo sembra una ripresa di Severiano di Gabala (il che costituirebbe un argomento decisivo contro l'autenticità): Οὐ γὰρ διαιρεῖται τὸ Πνεῦμα, ἀλλὰ διαιρεῖ τὰ χαρίσματα, ὡς μαρτυρεῖ Παῦλος· «Ταῦτα δὲ πάντα ἐνεργεῖ τὸ ἓν καὶ τὸ αὐτὸ Πνεῦμα, διαιροῦν ἰδίᾳ ἑκάστῳ, καθὼς βούλεται» (1 Cor 12,11) διαιροῦν, οὐ διαιρούμενον, μερίζον, οὐ μεριζόμενον, αὐθεντοῦν, οὐκ αὐθεντίᾳ ὑποκείμενον. Καὶ ἣν ἔδωκε τῷ Πατρὶ τιμὴν τῆς αὐθεντίας Παῦλος λέγων· «Ὁ δὲ Θεός ἐστιν ὁ ἐνεργῶν τὰ πάντα ἐν πᾶσιν» (1 Cor 12,6) τὴν αὐτὴν φωνὴν εἶπε καὶ ἐπὶ τοῦ Πνεύματος λέγων· «Ταῦτα» δὲ «πάντα, φησίν, ἐνεργεῖ τὸ ἓν καὶ τὸ αὐτὸ Πνεῦμα» (In sanctam Pentecosten: PG 63, 935,8-17).

464,50: Εἶδες ἀπηρτισμένην ἐξουσίαν; cf. Εἶδες ἐξουσίαν ἀπηρτισμένην; (In Genesim 53, 116,58; In Matthaeum 57, 245,49).

464,52: ὧν ἰσότιμος ἡ ἀξία; C0. Sebbene usi abbastanza spesso ἰσότιμος e ἀξία, Crisostomo non li associa mai.

464,53: ἡ δύναμις καὶ ἡ ἐξουσία μία; C0. Cf. Severiano di Gabala, In Psalmum 96, Πατρός, Υἱοῦ καὶ ἁγίου Πνεύματος, μία θεότης, μία δύναμις, μία ἐξουσία (PG 55, 610,8-9).

464,56: διὰ τῆς τούτου δωρεᾶς ἐξ ἀνθρώπων ἄγγελοι γεγόναμεν cf τοὺς ἐξ ἀνθρώπων ἀγγέλους γεγενημένους (In martyres Aegyptios 50, 696,49); γεγόναμεν ἐξ ἀνθρώπων ἄγγελοι (In epistulam ad Galatas commentarius 61, 619,30); ἐξ ἀνθρώπων ἀγγέλους ποιεῖ (Ad populum Antiochenum 49, 217,45); μᾶλλον δὲ ἐξ ἀνθρώπων ἄγγελοι πάντες (In martyres Aegyptios 50, 696,49); ἐξ ἀνθρώπων ἀγγέλους ποιῶν (De laudibus sancti Pauli apostoli 1, 4,9).

464,56: οἱ τῇ χάριτι προσδραμόντες cf. τοῦ τῇ χάριτι προσδραμεῖν (In epistulam ad Romanos 60, 428,16).

465,4-5: ὄστρακον ἰσχυρὸν αὐτὸν ἀποδείκνυσιν; C0.

465,17-18: ἀλλότριοι τῆς βασιλείας; C0.

465,28-29: τοὺς βλασφημεῖν ἐπιχειροῦντας τοῦ Πνεύματος τὴν ἀξίαν cf. Ποῦ νῦν εἰσιν οἱ βλασφημοῦντες τοῦ Πνεύματος τὴν ἀξίαν; (De sancta pentecoste 50, 458,22); Ποῦ εἰσιν οἱ τοῦ Πνεύματος τὴν ἀξίαν βλασφημοῦντες; (Homilia de capto Eutropio 52, 407,36).

465,34: ἀλλοτριοῦντες αὐτὸ (...) τῆς δεσποτικῆς ἀξίας (466,29: ἀλλοτριούντων αὐτὸ τῆς δεσποτικῆς ἀξίας) cf. διὰ δεσποτικῆς ἀξίας προσλαβὼν τὸ ὄνομα (In Genesim 56, 531,26).

465,34-35: εἰς τὴν τῶν κτισμάτων τάξιν κατάγειν; C0.

465,36: ὦ οὗτοι; C0. Si tratta di un'espressione diffusa in greco; cf. ad esempio Gregorio Nazianzeno, In pentecosten (36, 437,28; 440,15).

465,43: Εἶδες ὁμότιμον τὴν ἀξίαν; cf. τὰ τῆς ἀξίας ὁμότιμα ἦν (In Joannem 59, 56,30). Vedi anche Severiano di Gabala: ὁμότιμον ἔχει τὴν ἀξίαν (56, 505,21); ὁμότιμος ἡ ἀξία (PG 63, 937,30); ὁμότιμος καὶ ἡ ἀξία (PG 65,17 B 4).

465,43-44: εἶδες συμφωνίαν ἀπηκριβωμένην; C0.

465,44: εἶδες τῆς Τριάδος τὸ ἀδιαίρετον; cf. Οὕτω τὰ τῆς Τριάδος ἀδιαίρετα (In epistulam ii ad Corinthios 61, 608,27).

465,45: μή που διαφορά, ἢ ἐναλλαγή, ἢ ὑφαίρεσις; cf. τὴν διαφορὰν οὐχ ἡ ἐναλλαγὴ τῆς φύσεως (De incomprehensibili dei natura 2,343); ἡ δὲ τῶν χρόνων ἐναλλαγὴ οὐδὲ διαφορὰν δεσποτείας οὐδὲ μείωσιν εἰσάγει (In illud: Habentes eundem spiritum 51, 282,46).

465,46: Τί τοῖς τοῦ Δεσπότου ῥήμασιν ὑμεῖς ἐπιδιατάσσεσθαι τολμᾶτέ cf. οὐδεὶς ἀθετεῖ, ἢ ἐπιδιατάσσεται (In epistulam ad Galatas commentarius 61, 653,34; cf. 654,7). Nonostante la sua matrice paolina, il verbo ἐπιδιατάσσομαι (cf. Gal 3,15), non fa parte del lessico usuale di Crisostomo.

465,55: τὰ παρὰ τοῦ κοινοῦ Σωτῆρος ἡμῶν εἰρημένα cf. ἰδὼν τὸν κοινὸν ἁπάντων Σωτῆρα (In Heliam et viduam 51, 346,34).

466,19: ὃ μέγιστον καὶ σφόδρα ἱκανὸν cf. μόνον ἱκανὸν ἦν τῆς μεγίστης αὐτὸν ἀξιῶσαι τιμωρία; (In Genesim 53, 164,54); μεγίστην ἱκανὸν παρασχεῖν ἡδονήν (In Isaiam 1, 9,27).

466,24: ἐπίσταται Πνεῦμα τὸ ἅγιον; C0.

466,30: εἰς τὴν τῶν δημιουργημάτων εὐτέλειαν; C0.

466,33: ὡς χρησμοὺς ἄνωθεν κατενεχθέντας δεχόμενοι cf. θεῖος χρησμὸς ἄνωθεν ἐνεχθεὶς (In sanctum Eustathium Antiochenum 50, 603,10); θεῖον ὄντα χρησμὸν καὶ ἄνωθεν ἥκοντα (In illud: Habentes eundem spiritum 51, 285,15); ἔνθα χρησμοὶ ἄνωθεν συνεχεῖς ἐφέροντο (Ad populum Antiochenum 49, 177,27); ὁ δὲ χρησμὸς ἄνωθεν ἐφέρετο (In Matthaeum 57, 56,47); ὡς πιστεῦσαι χρησμοὺς αὐτοῖς ἄνωθεν κατενεχθέντας (In epistulam ad Romanos 60, 437,53); καὶ χρησμοῖς ἄνωθεν κατενεχθεῖσιν (In epistulam ad Romanos 60, 637,26).

466,50· ὁ ὑγιαίνων καὶ εὐεκτῶν τὸ σῶμα cf. τὰ σώματα ἔχουσιν εὐεκτοῦντα καὶ ὑγιῆ (Ad populum Antiochenum 49, 21,41).

466,52: τῆς νόσου πεῖραν λάβῃ cf. ὅσοι τοῦ νοσήματος εἰλήφασι πεῖραν (In Joannem 59, 432,7).

467,13: τὴν τοῦ Παρακλήτου δωρεάν cf. τοῦ δόντος τὴν δωρεὰν Παρακλήτου (In epistulam ad Romanos 60, 527,48).

467,22-23 ποῖον δεῖ κλίμα τῆς οἰκουμένης κηρῦξαι τὸν λόγον; C0.

467,24-25 τῆς κατὰ τὴν οἰκουμένην διδασκαλίας τὰ κλίματα; C0.

467,43: διὰ τὴν ἐν ἡμῖν ὑλομανήσασαν τῆς ἁμαρτίας ἄκανθαν cf. ἐρημοῦται καὶ ὑλομανεῖ καὶ ἀκάνθας ἐκφέρει πολλάς (De Christi divinitate 48, 811,20).

467,44: Καθάπερ γὰρ γῆ, ὅταν λιπαρὰ καὶ πίων οὖσα τυγχάνη cf. Καὶ καθάπερ γῆ λιπαρὰ καὶ πίων (De Anna 54, 657,61); λιπαρὰ καὶ πίων τύχη οὖσα ἡ γεωργουμένη ψυχή (De Christi divinitate 48, 803,17).

467,45-46 πολλὴν ἐπιδείκνυται τῶν ἀκανθῶν τὴν φοράν; C0.

467,49: δέξασθαι τὸ τῆς εὐσεβείας ἄροτρον cf. τὸ ἄροτρον τῆς εὐσεβείας ἕλκοντα (Homilia dicta postquam reliquiae martyrum 63, 472,17).

467,49-50· τὸν τῆς θεογνωσίας σπόρον; C0.

467,50-51· ἑτέραν ἄχρηστον ὕλην τὴν ἀσέβειαν ἀπεγέννησε; C0.

467,54-55: τὸ εὐγενὲς καὶ τὸ καθαρὸν τῆς ψυχῆς; C0.

467,56: ὁ γεωργὸς τῆς φύσεως τῆς ἀνθρωπίνης; C0.

468,2: οὐ τὴν πύλην στεφανοῦντες; C0.

468,3-4: οὐ κοσμοῦντες τὴν ἀγορὰν παραπετάσμασιν; C0.

468,4-5: τοῖς τῆς ἀρετῆς περιβολαίοις; C0.

468,22-23: τοὺς κλάδους τῆς ἀρετῆς; C0.

468,31: χαρακτῆρα ἀξιόπιστον; C0.

468,38: ἀργεῖ τῆς ψυχῆς τὰ ἐλαττώματα; C0.

468,39: τὰ ἄλογα τῆς διανοίας σκιρτήματα; C0.

468,42: ὅπου ἀγάπη πολιτεύεται; C0.

468,43: τοῦ φθόνου τὴν πηγήν; C0.

468,46: λέγω τῶν φθονούντων κηδόμενος; C0.

468,53: εὐδοξίας αὐτῷ γέγονεν ἀφορμή; C0.

469,12: τῆς ψυχῆς περιέλωμεν ἐνδύματα; C0.

469,13: τοῦ φθόνου τὸ περιβόλαιον; C0.

469,15: τῆς πικρᾶς ἡμῖν καὶ ὠμῆς ταύτης ἐνοχλούσης λύμης cf. οὕτως ὁ πικρὸς, καὶ ὠμὸς, καὶ ἀπαραίτητος (Ad populum Antiochenum 49, 55,50); ἐνοχλούσης λύμης è hapax.

470,1: διὰ τῆς τοῦ λουτροῦ χάριτος; C0.

470,2: τὸ παλαιὸν τῶν ἁμαρτημάτων ἔνδυμα ἀποθεμένους cf. πέθου τὸ παλαιὸν ἔνδυμα (Catecheses ad illuminandos 1-8 4, 22,6).

470,4-5. εἰς τὴν υἱοθεσίαν ἐγγραφέντες; C0.

470,5-6: τὸ λαμπρὸν τοῦτο περιβόλαιον; C0.

470,8: πανταχόθεν ἀποτειχίσαντες τῷ διαβόλῳ τὴν εἴσοδον cf. ἀποτειχίζῃ τῷ διαβόλῳ τὴν εἴσοδον (In Genesim 54, 524,57); οὐ δώσεις τῷ διαβόλῳ ἀφορμὴν καὶ εἴσοδον (De Anna 54, 666,46).

470,10-11: ἓν τριάκοντα, καὶ ἓν ἑξήκοντα, καὶ ἓν ἑκατὸν; C0.

3. De sancta Pelagia virgine et martyre hom. 1 (PG 50, 579-584)

579,3: Εὐλογητὸς ὁ Θεός = Christi divinitate 48, 801,59; ecc.; C = 1 + 40. La formula ha una buona attestazione in posizione iniziale: C = 1 + 7.

@#579,3-4: γυναῖκες θανάτου λοιπὸν καταπαίζουσι: C0.

579,4: κόραι καταγελῶσι τελευτῆς cf. πάσης καταγελάσεται τελευτῆς (Ad populum Antiochenum 49, 73,32); κατεγέλα τῆς τελευτῆς (Ad populum Antiochenum 49, 75,40).

579,4-5: κόραι καταγελῶσι τελευτῆς, καὶ παρθένοι κομιδῇ νέαι καὶ ἀπειρόγαμοι cf. κόρη κομιδῇ νέα καὶ ἀπειρόγαμος (In sanctum Ignatium martyrem 50, 587,12).

579,5-6: εἰς αὐτὰ σκιρτῶσι τοῦ ᾅδου τὰ κέντρα cf. γυναῖκες κατακλῶσαι τοῦ ᾅδου τὰ κέντρα (In Isaiam 7, 6,51).

579,6: οὐδὲν πάσχουσι δεινόν (cf. anche 582,11-12: οὐδὲν ἔπαθον δεινόν) cf. οὐδὲν πάσχουσι δεινὸν (De Lazaro 48, 997,52; ecc.); C = 2 + >10.

579,7: τὸν ἐκ παρθένου Χριστὸν = De virginitate 1,4.

@579,7-8: γέγονεν ἡμῖν τὰ ἀγαθά; C0.

@#579,8-9: τὰς μακαρίας ὠδῖνας ἐκείνας; C0; TLG 2.

@#579,9: τὸν φρικωδέστατον τόκον; C0; TLG 0.

579,9-10: ἐξελύθη τοῦ θανάτου τὰ νεῦρα cf. ἵνα τμηθῇ τοῦ θανάτου τὰ νεῦρα (Ad eos qui scandalizati sunt 8, 7,7; ecc.); C = 1 + 3 (mai con derivati di λύω; ma vedi il passo seguente).

579,10: παρελύθη ἡ τοῦ διαβόλου δύναμις cf. τοῦ διαβόλου τὴν δύναμιν ἐξέλυσε (Ad illuminandos catecheses 1-2 49, 240,29; ecc.); C = 1 + 3.

579,11-12: οὐκ ἀνδράσι μόνον, ἀλλὰ καὶ γυναιξὶν εὐκαταφρόνητος γέγονε, καὶ οὐ γυναιξὶ μόνον (cf. anche 579,16: εὐκαταφρόνητον καὶ καταγέλαστον ποιεῖ) cf. οὐκ ἀνδράσι μόνον, ἀλλὰ καὶ γυναιξὶν (De Anna 54, 637,28; cf. anche Ad viduam juniorem 337; ecc.); vedi anche εὐκαταφρόνητον ἐποίησε γυναιξίν (De sanctis Bernice et Prosdoce 50, 633,13); γυναικὶ ἐπαχθὴς καὶ παισὶ καταγέλαστος καὶ οἰκέταις εὐκαταφρόνητος (Catecheses ad illuminandos 1-8 5, 10,12).

579,12-13: Καθάπερ γάρ τις ποιμὴν ἄριστος cf. καθάπερ ποιμὴν ἄριστος (In illud: Hoc scitote quod in novissimis diebus 56, 274,21).

@#579,13-14: λέοντα ἐκφοβοῦντα τὰ θρέμματα; C0.

579,14: τῇ ποίμνῃ πάσῃ λυμαινόμενον; C0. - Con Δ3* si ottiene: Εἰ δὲ λυμαίνῃ μου τὴν ποίμνην (In illud: Ne timueritis cum dives factus fuerit homo 55, 504,39); Τί λυμαίνῃ τὴν ποίμνην (In illud: Ne timueritis cum dives factus fuerit homo 55, 504,46).

579,15-16: τοὺς ὀδόντας ἐκκόψας, καὶ τοὺς ὄνυχας ἐκτεμών, καὶ τὴν κόμην ἀποκείρας cf. ὅπλα τοῦ λέοντος κόμη τριχῶν, ὀνύχων ἀκμή, καὶ ὀδόντες ἠκονημένοι (Ad populum Antiochenum 49, 100,16).

579,16: cf. 579,11-12.

579,17: παιδίοις ποιμενικοῖς καὶ κόραις cf. τὰ παιδία τὰ ποιμενικά (De paenitentia 49, 314,9); vedi anche: παιδία εὐτελῆ, καὶ κόραι ἀπειρόγαμοι (In epistulam ad Philippenses 62, 236,38).

579,18-19: τὸν θάνατον φοβερὸν ὄντα τῇ φύσει τῇ ἡμετέρᾳ cf. ὁ θάνατος φοβερὸς ἦν (De diabolo tentatore 49, 275-276,5); vedi anche: τῇ φύσει τῇ ἡμετέρᾳ (De diabolo tentatore 49, 247,24; ecc.).

597,19-20: φοβοῦντα τὸ γένος ἡμῶν ἅπαν λαβὼν cf. τῷ φόβῳ παιδεύει τὸ γένος ἡμῶν (Ad populum Antiochenum 49, 125,52); vedi anche: τὸ φύραμα ἅπαν λαβεῖν (In sanctum Eustathium Antiochenum 50, 605,7).

(...)
579,27-28: μὴ τὸν τῆς παρθενίας ἀπολέσῃ στέφανον cf. τῶν δὲ ἀπὸ τῆς παρθενίας ἑαυτὴν ἀπεστέρησε στεφάνων (De virginitate 49,9).

579,28: Καὶ ἵνα μάθῃς ὅτι = De incomprehensibili dei natura 1,190; ecc.; C = 1 + >100.

579,28-29: τὴν τῶν ἀσεβῶν ἀσέλγειαν ἐδεδοίκει [Δ2: >ασεβ * >ασελγει]; C0.

579,29-30: τῆς ἀσχήμονος ὕβρεως ἑαυτὴν προεξαρπάζει cf. τὸ σῶμα τὸ ἑαυτῶν προεξαρπάσωσι τῆς φλογὸς (De sanctis Bernice et Prosdoce 50, 635,20); ecc.

579,30-31: ὁ ἀνθρώπων οὐδεὶς οὐδέποτε τοιοῦτον οὐδὲν ἐπεχείρησεν (cf. anche 580,56-57: οὐδεὶς οὐδὲν τοιοῦτον εἰργάσατο) cf. οὐδεὶς τοιοῦτον οὐδὲν οὐδέποτε (De incomprehensibili dei natura 2,163); ἣν οὐδεὶς οὐδέποτε ἀνθρώπων διέβη (In dictum Pauli: Nolo vos ignorare 51, 248,33); ecc.; vedi anche: τοιοῦτον οὐδὲν (Adversus oppugnatores vitae monasticae 47, 321,32; ecc.).

579,32-33: κἀκεῖ τὴν ἀνδρείαν ἐπεδείξαντο cf. ὁ δίκαιος τὴν ἀνδρείαν ἐπεδείξατο (De diabolo tentatore 49, 266,34); ecc.

579,33: γυναῖκες δὲ διὰ τὸ τῆς φύσεως εὐεπηρέαστον cf. καὶ εὐεπηρέαστος ἡ φύσις (De sancta Droside martyre 50, 688,12); τῆς φύσεως τῆς ἡμετέρας τὸ εὐεπηρέαστον (In Genesim 53, 56,34); ecc.

579,34: τοῦτον ἐπενόησαν ἑαυταῖς τὸν τρόπον τῆς τελευτῆς (cf. anche 582,10: ἐξ αὐτοῦ τοῦ τρόπου τῆς τελευτῆς τοῦτο ἔστι συνιδεῖν) cf. αὐτοῦ τῆς τελευτῆς τὸν τρόπον χαλεπόν τινα καὶ πικρὸν ἐπενόησεν (In sanctum Julianum martyrem 50, 671,17); ἐξ αὐτοῦ τοῦ τρόπου τῆς τελευτῆς τοῦτο πιστώσομαι (In sanctum Ignatium martyrem 50, 593,53); ecc.; cf anche: ἔστι συνιδεῖν (In Genesim 53, 151,25; 54, 456,17).

(...)
579,41-42: οὐδὲ γενέσθαι θέατρον ἀκολάστοις ὀφθαλμοῖς cf. ἀκολάστοις ὀφθαλμοῖς (Adversus oppugnatores vitae monasticae 47, 330,24; ecc.).

(...)
579,44-45: ἀπὸ τοῦ θαλάμου καὶ τῆς γυναικωνίτιδος cf. θάλαμοι καὶ γυναικωνίτιδες (De sanctis Bernice et Prosdoce 50, 636,1); καὶ θαλάμους, καὶ γυναικωνίτιδας (In illud: Propter fornicationes autem unusquisque suam uxore 51, 211,18).

(...)
579,51-52: ἡ δὲ μηδὲν μηδέπω παθοῦσα τοιοῦτον cf. μηδὲν μηδέπω πεποιηκέναι νόμιζε (Ad populum Antiochenum 49, 196,16); ecc.

(...)
580,5-6: Καὶ μὴ παραδράμῃς ἁπλῶς τὸ συμβὰν cf. Καὶ μὴ παραδράμῃς ἁπλῶς τὸ εἰρημένον (Ad populum Antiochenum 49, 94,52); ecc.

(...)

580,15: διᾶραι στόμα, καὶ φωνὴν ἀφεῖναι cf. στόμα διᾶραι (Ad populum Antiochenum 49, 34,40; De mutatione nominum 51, 153,3; ecc.); cf. anche: φωνὴν ἀφιέναι (Adversus oppugnatores vitae monasticae 47, 360,50); φωνὴν ἀφιᾶσι (De Lazaro 48, 1028,31); ecc.

(...)

580,26-27: Τίς γὰρ οὐκ ἂν ἐκπλαγείη δικαίως ἀκούσας cf. Τίς οὐκ ἂν ἐκπλαγείη ταῦτα ἀκούσας (In sanctum Lucianum martyrem 50, 523,37); Καὶ τίς οὐκ ἂν ἐκπλαγείη ταῦτα καὶ θαυμάσειε (Ad populum Antiochenum 49, 108,17); ecc.; cf. anche: δικαίως ταῦτα ἀκούωσιν (In epistulam ad Philippenses 62, 252,52); ecc.

(...)

580,29-30: Ἴστε γὰρ δήπου, πάντες = In paralyticum demissum per tectum 51, 50,6; ecc.

(...)

580,41: οὕτω μετὰ ἀδείας ἅπαντα ἔπραττε (cf. anche 581,6-7: καθορῶσα μετὰ ἀδείας τοὺς ἐπιβουλεύσαντας αὐτῇ πρότερον) cf. μετὰ ἀδείας ἔπραττεν (In epistulam i ad Corinthios 61, 92,13); vedi anche: μετὰ πολλῆς τῆς ἀκριβείας ἅπαντα ἔπραττεν (In epistulam i ad Timotheum 62, 578,64); ἐποίησε μετὰ ἀδείας ἀπάσης (In Genesim 53, 327,31); ecc. - μετὰ ἀδείας: C = 2 + >100.

580,40-41: καὶ μάλα εἰκότως = De Christi divinitate 48, 810,8; In Kalendas 48, 961,30; ecc.; C 1 + >100.

580,42: Οὐ γὰρ ἦν ἔνδον μόνη cf. οὗτος οὐκ ἦν ἔνδον πλούσιος; (De Lazaro 48, 1035,38).

580,43-44 ἐκεῖνος τῆς καρδίας αὐτῆς ἥπτετο [D2: >ΚΑΡΔΙΑΣ< * >ΗΠΤΕ oppure >ΚΑΡΔΙΑΣ< * >ΑΠΤΕ oppure >ΚΑΡΔΙΑΣ< * >ΗΨΑ] cf. τοῦ βασιλέως τῆς καρδίας ἥψατο (Expositiones in Psalmos 55, 194,7); ecc.; C = 1 + 3.

580,44: ἐκεῖνος τὴν ψυχὴν παρεθάρρυνεν cf. κβαλὼν τοίνυν τὸν φόβον καὶ τὴν ἀγωνίαν τὴν κατασείουσαν αὐτῶν τὴν ψυχὴν, καὶ διὰ τῶν ἑξῆς παραθαρρύνει πάλιν (In Matthaeum 57, 401,44).

@#580,45: ἐκεῖνος μόνος τὸν φόβον ἐξέβαλε; C0.

580,45-46: Ταῦτα δὲ οὐχ ἁπλῶς ἐποίει cf. τὸ σῶμα τοιοῦτον οὐχ ἁπλῶς ἐποίησον (Ad populum Antiochenum 49, 125,23).

580,46-47: πρότερον ἑαυτὴν ἀξίαν παρεσκεύασε τῆς ἐκείνου βοηθείας ἡ μάρτυς cf. βούλοιντο διηνεκῶς ἀπολαύειν τῆς ἐκείνου βοηθείας (Expositiones in Psalmos 55, 358,41); ἡ δύνασθαι χωρὶς τῆς ἐκείνου βοηθείας διορθώσασθαι νενοσηκὸς ἓν μέλος (Ad populum Antiochenum 49, 19,32).

@#580,50: μετημφιάσατο ἀφθαρσίαν ἀντὶ φθορᾶς; C0; TLG 2. - Con [Δ1: >ΑΦΘΑΡΤ >ΑΝΤΙ<]: C0.

@#580,50-51: ἀθανασίαν ἀντὶ θανάτου; C0; T0.

@#580,51-52: ζωὴν ἀτελεύτητον ἀντὶ προσκαίρου περιβαλλομένη ζωῆς; C0. Nessuno degli elementi della frase si ritrova in Crisostomo in combinazioni simili, sebbene si tratti di termini da lui usati.

580,52-53: Ἐγὼ δὲ πρὸς τοῖς εἰρημένοις καὶ τοῦτο θαυμάζω cf. πρὸς τοῖς εἰρημένοις (Adversus oppugnatores vitae monasticae 47, 335,23; ecc.; C = 1 + 11) o anche τοῦτο θαυμάζω (Ad Stagirium a daemone vexatum 47, 472,48; ecc.; C = 1 + 6).

@580,53-54: πῶς ἠπάτησε τοὺς ἄνδρας ἡ γυνή [Δ1: >ΗΠΑΤΗΣΕ * >ΑΝΔΡΑΣ<]; C0.

580,56-57: οὐδεὶς οὐδὲν τοιοῦτον εἰργάσατο (cf. anche 370,30-31: οὐδεὶς οὐδέποτε τοιοῦτον οὐδὲν) = In Matthaeum 58, 488,47.

@580,60: πολλῶν τοιούτων δραμάτων ὁ καιρὸς ἔγεμεν ἐκεῖνος; C0; TLG 0.

581,3-4: καθάπερ ἔλαφος εἰς αὐτὰς τῶν θηρατῶν ἐμπεσοῦσα τὰς χεῖρας (cf. anche 581,8-9: εἰς αὐτὰς τῶν θηρατῶν ἐμπεσοῦσα τὰς χεῖρας) cf. Καὶ καθάπερ ἔλαφος δεξαμένη βέλος ἐν καιρίῳ τοῦ σώματος, κἂν ἐκφύγη τῶν θηρατῶν τὰς χεῖρας (In illud: Vidi dominum 3, 4,68); ἔλαφος δὲ εἰς δίκτυον ἐμπεσοῦσα (Ad populum Antiochenum 49, 157,44).

@581,5: πρὸς κορυφὴν ὄρους δύσβατον. - δύσβατος: C = 1 + 0 + 4.

@581,5-6: ἀφέσει βελῶν ἀνέφικτον. - ἀνέφικτος: C 1 + 0 + 4 (In catenas sancti Petri 3,3: πρὸς τὸ πάντη ἀνέφικτον; ecc.).

581,6: ἵσταται τοῦ δρόμου λοιπὸν cf. σταίη τοῦ δρόμου (Stelechium de compunctione 47, 413,41); στῆσον τοῦ δρόμου (In epistulam ad Colossenses 62, 370,8); C = 1 + 2 + 2.

581,6-7: καθορῶσα μετὰ ἀδεῖας τοὺς ἐπιβουλεύσαντας αὐτῇ πρότερον (cf anche 580,41: οὕτω μετὰ ἀδείας ἅπαντα ἔπραττε e paralleli) cf. μετὰ ἀδείας τοῦτο αὐτὸ γέγονεν ἐπιβουλὴ (Expositiones in Psalmos 55, 473,51). - μετὰ ἀδείας: C = 2 + >100.

581,8-9: cf. 581,3-4.

581,10-11: ἀνέδραμεν οὐκ εἰς ὄρους κορυφήν, ἀλλ' εἰς αὐτὴν τοῦ οὐρανοῦ τὴν κορυφὴν cf. Καὶ γὰρ πολλοὶ εἰς αὐτὴν τοῦ οὐρανοῦ τὴν κορυφὴν ἀνελθόντες (In Matthaeum 57, 340,5); ἀθρόον εἰς αὐτὴν ἀνέβησαν τοῦ οὐρανοῦ τὴν κορυφὴν (In Joannem 59, 180,1); ἐν τῇ γῇ βαδίζων πρὸς αὐτὴν ἀνεπεπηδήκει τοῦ οὐρανοῦ τὴν κορυφήν (Ad Stelechium de compunctione 47, 413,20).

(...)

581,15: Ἐννόησον γὰρ ἡλίκον ἦν cf. Ἐννόησον τοίνυν ἡλίκον ἦν (De Lazaro 48, 1024,53); ἐννόησον γὰρ ἡλίκον ἐστὶν (In diem natalem 49, 351,15); ecc.; C = 1 + >10.

581,15: τοῦ δικαστοῦ καθημένου cf. τὸν δικαστὴν καθήμενον (In Genesim 53, 145,18); ecc.

581,15-16: τῶν δημίων παρεστώτων cf. δήμιοι παρειστήκεισαν (Ad populum Antiochenum 49, 201,36); κἂν δήμιοι μὴ παρεστήκοιεν (Homilia dicta praesente imperatore 63, 478,6).

581,16-17: τῶν κολαστηρίων εὐτρεπισμένων cf. τὰ κολαστήρια ὁρῶντα ἡὐτρεπισμένα (In Genesim 53, 195,31).

581,17: τοῦ πλήθους παντὸς συνειλεγμένου cf. τὸ πλῆθος τῶν συνειλεγμένων (De beato Philogonio 48, 749,48).

(...)

581,24: διὰ τῶν ἔργων μανθάνοντας cf. διὰ τῶν ἔργων ἐμάνθανον αὐτῶν (In sanctum Ignatium martyrem 50, 592,53); οἱ διὰ τῶν ἔργων μαθόντες (Adversus oppugnatores vitae monasticae 47, 376,16); ecc.

581,25-26: πρὸς τὸν Θεὸν ὁ πόλεμος αὐτοῖς ἦν cf. τὸν πόλεμον προεκήρυττε τὸν πρὸς τὸν Θεὸν (De diabolo tentatore 49, 269,28); ecc.; C = 1 + 4.

581,28: παρὰ τῇ βαρβάρῳ γυναικὶ (= la moglie di Potifar) cf. τὴν βάρβαρον γυναῖκα προφθάσαντες οἱ ἀδελφοὶ (Epistulae ad Olympiadem 10, 11,15; = la moglie di Potifar); εἰκὸς ἦν βάρβαρον γυναῖκα καὶ ἀλλόφυλον λογίσασθαι (In epistulam ii ad Corinthios 61, 534,54).

@#581,29-30: ὑπὸ τῶν ἀκολάστων ἀφῆκε χειρῶν [>ακολαστ * >χειρ]; C0.

581,30-31: ἀναβᾶσα γυμνῇ τῇ ψυχῇ cf. γυμνῇ τῇ ψυχῇ (De sacerdotio 3, 4,23).

@#581,31: τὴν ἁγίαν σάρκα ἀφεῖσα; C = 1 + 0 + 1 (Fragmenta in Proverbia 64, 736,31: τὴν ἁγίαν σάρκα Κυρίου).

581,32: εἰς πολλὴν αὐτοὺς ἀμηχανίαν ἐνέβαλεν (cf. anche *#581,37-38: εἰς τὴν ἐσχάτην ἐμβάλλειν ἀμηχανίαν) cf. εἰς ἀμηχανίαν ἐμβαλεῖν (Ad Stagirium a daemone vexatum 47, 425,40; In Genesim 53, 219,43); εἰς ὅσην αὐτοὺς ἐνέβαλεν ἀμηχανίαν (In Genesim 53,

279,8). - La somiglianza esiste, ma Crisostomo non qualifica ἀμηχανία ricorrendo ad aggettivi enfatici; cf. sempre in De s. Pelagia, εἰς πλείονα ἀμηχανίαν ἐνέπεσον (581,50-51).

581,33-34: Τοιαῦτα τοῦ Θεοῦ τὰ κατορθώματα = De Anna 54, 664,55; In Joannem 59, 80,39.

@#581,36: ἐκ τῶν εὐμηχάνων εἶναι δοκούντων; C0. Sebbene εὐμήχανος sia un termine molto usato da Crisostomo (>50), la formula usata da De s. Pelagia è priva di paralleli convincenti. Crisostomo associa il termine a Θεὸς (De Lazaro 48, 1014,33; Epistulae ad Olympiadem 7, 3,1: Εἶδες τὸ εὐμήχανον τοῦ Θεοῦ; ecc.), a σοφός (Ad populum Antiochenum 49, 64,14; In illud: Diligentibus deum omnia cooperantur in bonum 51, 167,49; ecc.), a εὔπορος (Ad populum Antiochenum 49, 122,33; In paralyticum demissum per tectum 51, 56,55; ecc.) o a formule imparentate, come τὸ εὐμήχανον τῆς τοῦ Θεοῦ σοφίας (Ad populum Antiochenum 49, 154,44); τῆς εὐμηχάνου σοφίας (Ad eos qui scandalizati sunt 7, 10,2); Εἶδες εὐμήχανον αὐτοῦ φιλανθρωπίαν (In Genesim 53, 255,61). Crisostomo applica il termine esclusivamente a Dio e mai all'"ingegno" umano.

581,37-38: cf. 581,32.

(...)

581,43: ἀποτυχόντες τῆς θήρας cf. οὐκ ἀποτεύξῃ τῆς τοιαύτης θήρας (In Joannem 59, 335,46). L'associazione più usata da Crisostomo è θήρας ἐπιτυχόντες (Ad Theodorum lapsum 18,47); cf. ἐπιτυχεῖν τῆς θήρας (In principium Actorum 51, 84,4; cf. In Genesim 53, 379,33; ecc.).

581,44: οὐδεμίαν οὐδαμόθεν = De sancta Droside martyre 50, 687,14; In Genesim 53, 227,48; 53, 292,15; ecc.

581,46: ὡς ἂν εἴποι τις = Ad Stagirium a daemone vexatum 47, 492,6 (C = 1 + >50).

581,47-48: διέφυγε τὰς ἐπιβουλὰς cf. διαφυγεῖν δυνάμεθα τὰς ἐπιβουλὰς (In Genesim 54, 500,43); διαφεύγομεν τὰς ἐπιβουλὰς (In Genesim 54, 501,21); διδαχθέντες αὐτοῦ τὰς ἐπιβουλὰς, διαφύγωμεν τὴν ἐντεῦθεν βλάβην (In Genesim 53, 283,46); ecc.

581,50-51: cf. 581,32.

581,52-53: οἷον ἂν εἰ κύματός τινος ἐμβολὴν cf. οὐδὲ κυμάτων ἐμβολὰς (In sanctum Lucianum martyrem 50, 521,21); κύματος ἐμβολὴ βραχεῖα (Quales ducendae sint uxores 51, 232,29); ecc.

581,54: ὁλκὰς μυριοφόρος cf. μυριοφόρον ὁλκάδα (In Psalmum 145 55, 519,9).

581,55-56: μέλλοντος αὐτὴν καταβαπτίζειν καὶ ποιεῖν ὑποβρύχιον cf. πολλάκις ὑποβρύχιος γίνεται, καταβαπτισθέντος τοῦ σκάφους (In Genesim 53, 81,22); καταβαπτίζεται, καὶ ὑποβρύχιον γίνεται (In Genesim 53, 84,16). Nel TLG, l'associazione tra καταβαπτίζω e ὑποβρύχιος è esclusiva di Crisostomo.

581,64-65: παρέπεμψεν αὐτὴν πρὸς τὸν λιμένα τὸν εὔδιον cf. ἐπὶ τὸν εὔδιον λιμένα παραπέμπει (Ad populum Antiochenum 49, 70,54); εἴς τινα εὔδιον λιμένα ὁρμίζουσα καὶ παραπέμπουσα τὴν ψυχήν (De sacerdotio 3, 12,38); πρὸς εὔδιον λιμένα παρεπέμπετο (De Eleazaro et septem pueris 63, 524,54).

581,65-ult.: πάσης ἀστραπῆς φωτεινότερον; C0.

581, ult.-582,1: πλῆττον τοῦ διαβόλου τὰς ὄψεις cf. ἀποτυφλοῦσι τοῦ διαβόλου τὰς ὄψεις (De Maccabeis 50, 617,35).

@582,5: ἀθεεὶ; C = 1 + 0 + 1 (In catenas sancti Petri 40,11).

582,10: cf. 579,34.

582,11-12: cf. 579,6.

(…)

582,21-22: σῶμα τοσαύτη δόξῃ ἠμφιεσμένον ἐδέξατο cf. δόξαν ἠμφιεσμένος τοσαύτην (Adversus oppugnatores vitae monasticae 47, 324,14); ἐν τοσαύτῃ δόξῃ ἠμφίασας (In sanctam theophaniam seu baptismum Christi 50, 806,49); ecc.

(…)

582,32-33: οὐκ ἂν ἐπῃσχύνθη τιμῆσαι τῇ αὐτοῦ παρουσίᾳ cf. Ἐτίμησας τὴν μάρτυρα τῇ παρουσίᾳ (De sancta Pelagia virgine et martyre 50, 583,18); Ἐτίμησας τοὺς μάρτυρας τῇ παρουσίᾳ (Homilia in martyres 50, 663,52); τιμῆσαι τῇ παρουσίᾳ (In epistulam ad Galatas commentarius 61, 631,45); vedi anche: οὐκ ἐπῃσχύνθη ὁ Δεσπότης ὁ ἡμέτερος (De cruce et latrone 49, 402,13); οὐκ ἐπῃσχύνθη ὁ τοῦ κόσμου Δημιουργός (In Joannem 59, 296,20); ecc.

@#582,34-35: τῷ κόσμῳ τῆς ὁμολογίας καλλωπιζομένη; C0.

@#582,35-36: πάσης βασιλικῆς ἁλουργίδος; C 1 + 0 + 1 (In illud: Simile est regnum caelorum patri familias 59, 585,1: τῆς βασιλικῆς ἁλουργίδος).

@#582,36-37: πάσης πορφύρας τιμίας τιμιωτέραν περιβεβλημένη στολήν; C0.

@582,37-38: τὴν τῆς παρθενίας, καὶ τὴν τοῦ μαρτυρίου; C = 1 + 0 + 3 (De sancta Thecla martyre 50, 745,28: τῇ μὲν τὴν παρθενίαν, τῇ δὲ τὸ μαρτύριον; ecc.).

582,39-40: Τοιαύτην τινὰ καὶ ἡμεῖς σπουδάζωμεν cf. Τοῦτο τοίνυν καὶ ἡμεῖς σπουδάζωμεν (In Genesim 54, 493,63).

(…)

582,46-47: αὐτῶν τῶν βασιλικῶν αὐλῶν λαμπρότερος παρὰ πᾶσιν ὁ τάφος ἔσται ἐκεῖνος cf. τῶν βασιλικῶν αὐλῶν λαμπρότερον ἦν (Ad populum Antiochenum 49, 40,59); λαμπροτέρα τῆς πορφυρίδος ἡ μηλωτὴ ἦν, καὶ τῶν βασιλικῶν αὐλῶν τὸ σπήλαιον τοῦ δικαίου (Ad populum Antiochenum 49, 46,39); cf. anche τοῦ ἁγίου τάφος ἐστὶν ἐκείνου (In sanctum Eustathium Antiochenum 50, 600,32); πρὸς τὸν ἅγιον τάφον ἐκεῖνον (In sanctum Julianum martyrem 50, 670,1).

582,47-48: σῶμα κείμενον ἀρετῇ καὶ εὐσεβείᾳ συζῆσαν cf. ἡ τῶν ἐνοικούντων ἀρετὴ καὶ εὐσέβεια (Ad populum Antiochenum 49, 176,36); cf. anche: μαρτύρων σώματα κείμενα (De Maccabeis 50, 618,20).

@582,49: τὰς μὲν θήκας τῶν πλουσίων; C0.

@#582,49-50: χρυσᾶ ἐχούσας ἱμάτια καθάπερ σπήλαια παρατρέχοντες; C0; TLG 0.

582,50-51: πρὸς δὲ τὴν ἁγίαν ταύτην μετὰ πολλῆς δραμόντες τῆς προθυμίας cf. μετὰ πολλῆς ἑλέσθαι τῆς προθυμίας (Ad Demetrium de compunctione 47, 405,51); μετὰ πολλῆς ποιῶ τῆς προθυμίας (Epistulae 18-242 52, 688,23); ecc.

(…)

582,55-56: κατεφρόνησεν ἐκείνη ζωῆς, καταφρονήσωμεν ἡμεῖς τρυφῆς cf. Κατεφρόνησαν ἐκεῖνοι ζωῆς, καταφρόνησον σὺ τρυφῆς (Homilia in martyres 50, 664,43); Κατεφρόνησαν ἐκεῖνοι ζωῆς· καταφρόνησον σὺ τρυφῆς (De sanctis martyribus 50, 710,45); vedi anche: καταφρονήσωμεν καὶ ἡμεῖς τρυφῆς (In sanctum Lucianum martyrem 50, 525,23); ecc.

@582,56: καταγελάσωμεν πολυτελείας; C0.

@582,56-57: ἀποστῶμεν μέθης; C0.

@582,57: ἀδηφαγίαν φύγωμεν; C0.

582,57: Οὐχ ἁπλῶς ταῦτα λέγω νῦν cf. οὐχ ἁπλῶς ταῦτα λέγω (In Genesim 54, 498,34); ecc.

582,58-59: μετὰ τὸ λυθῆναι τὸ πνευματικὸν τοῦτο θέατρον cf. τὸ πνευματικὸν τοῦτο θέατρον (In dictum Pauli: Oportet haereses esse 51, 251,44); τὸ παρὸν πνευματικὸν θέατρον (De gloria in tribulationibus 51, 162,10).

@#582,59: ἐπὶ μέθην καὶ καπηλείαν; C0.

@#582,60: τὰς ἐν πανδοχείοις τραπέζας; C0.

@582,60: τὴν ἄλλην ἀσχημοσύνην τρέχοντας; C0.

582,61: Διὰ τοῦτο δέομαι καὶ παρακαλῶ cf. Διὰ τοῦτο μάλιστα αὐτῶν δέομαι καὶ παρακαλῶ (Quod frequenter conveniendum sit 63, 462,21); cf. anche: Διὸ δέομαι καὶ παρακαλῶ (Ad Demetrium de compunctione 47, 410,48); ecc.

@#582,62: ἐν μνήμῃ καὶ διανοίᾳ; C0.

582,63: μὴ καταισχῦναι τὴν πανήγυριν cf. τὴν ἱερὰν ταύτην καταισχύνει πανήγυριν (Ad populum Antiochenum 49, 208,20).

@#582,63: ἐκ τῆς ἑορτῆς ταύτης ἐγγινομένην ἡμῖν παῤῥησίαν ἀφελέσθαι; C0.

@#582,66: καλλωπιζόμεθα τῷ πλήθει τῆς ἑορτῆς; C0.

582, ult.-583,1: πόλιν ὁλόκληρον καὶ δῆμον τοσοῦτον = Ad populum Antiochenum 49, 171,24; In epistulam ii ad Corinthios 61, 492,27; cf. anche: ὁλοκλήρῳ πόλει καὶ δήμῳ τοσούτῳ (In illud: Salutate Priscillam et Aquilam 51, 187,35).

(…)

583,7-8: μετὰ ῥᾳθυμίας, καὶ ὀλιγωρίας πολλῆς cf. ἀπὸ ῥᾳθυμίας καὶ ὀλιγωρίας πολλῆς (In epistulam ad Ephesios 62, 20,10); φυγαδεύει ῥᾳθυμίαν καὶ ὀλιγωρίαν (De incomprehensibili dei natura 5,469); οὐχ ἡ ῥᾳθυμία, καὶ ἡ ὀλιγωρία (Ad populum Antiochenum 49, 178,43); ecc.

583,8: ὄνειδος καὶ κατηγορία cf. πρὸς ὀνείδη καὶ κατηγορίαν (De Anna 54, 671,25).

583,9: ἐναβρυνώμεθα τῷ πλήθει; C0.

583,10: μετὰ τῆς αὐτῆς οἴκαδε εὐταξίας ἀναχωρῶμεν cf. πάντα λαβόντες οἴκαδε ἀναχωρῆσαι (De petitione matris filiorum Zebedaei 48, 768,57); μετὰ παραγγελίας ἕκαστος οἴκαδε ἀναχωρείτω (Ad populum Antiochenum 49, 136,16); ecc.

(…)

583,19-20: ἂν ἴδῃς γέλωτα ἄτακτον cf. ἀντὶ γέλωτος ἀτάκτου (Ad populum Antiochenum 49, 155,3); ecc. Vedi anche: καὶ γέλωτα ἄτακτον, καὶ σχῆμα, καὶ βάδισμα (In Matthaeum 57, 19,29); τὸ γέλωτα κινοῦν ἄτακτον, ἢ τὸ αἰσχρὸν καὶ ἀναίσχυντον καὶ ἀνελεύθερον (In Matthaeum 57, 453,15); γέλως ἄτακτος, βήματα ἀτακτότερα, στολὴ καὶ βάδισις ἀσχημοσύνης γέμουσα, σχήματα πολλῆς ἀνοίας καὶ μωρίας (In Acta apostolorum 60, 301,1)[53].

@#583,20: δρόμον ἀσχήμονα; C0.

@#583,20-21: βάδισιν ἀνελεύθερον; C0.

583,21: σχῆμα ἀπρεπὲς = In Acta apostolorum 60, 139,13.

@583,22: δριμὺ καὶ φοβερόν; C0.

583,22-23: καταφρονοῦσι καὶ καταγελῶσι μειζόνως cf. τῶν Γραφῶν ἀκούων κατεφρόνει, κατεγέλα (De Lazaro 48, 1009,47); μὴ καταγελάσῃς, μηδὲ καταφρονήσῃς μόνον (De Davide et Saule 54, 700,22); Οὐδενὸς μὲν οὖν οὕτω δεῖ καταφρονεῖν, οὐδενὸς οὕτω καταγελᾶν (In epistulam ad Ephesios 62, 107,31); ecc.

---

53 Si noti che alcuni elementi che si ritrovano nei passi citati qui di seguito sono familiari a Crisostomo; ma la loro combinazione non ha riscontro nell'omelia.

583,28-29: μὴ εἶξαι καὶ ἐντραπῆναι καὶ καθυφῆναι cf. μὴ ἐντρέπεσθαι, μηδὲ καθυφεῖναι τῆς κακίας τῆς πολλῆς (In epistulam ad Philippenses 62, 210,4).

@583,29-30: ἀτάκτου καὶ παιδικῆς χορείας cf. τὰς ἀτάκτους χορείας (In illud: Propter fornicationes autem unusquisque suam uxore 51, 210,36).

583,30-31: κἂν ἕνα κερδάνῃς μόνον; C0.

583,31-32: πολλὴν λαβὼν εἰσελεύσῃ τὴν ἐμπορίαν cf. πολλὴν λαβὼν τὴν ἐμπορίαν (De beato Philogonio 48, 756,9); πολλὴν αὐτοῖς συνάγων τὴν ἐμπορίαν (Epistulae ad Olympiadem 7, 2,26); ecc.

583,32: Πολὺ τῆς ὁδοῦ τὸ μῆκος[54] cf. τῆς ὁδοῦ τὸ μῆκος (In sanctum Eustathium Antiochenum 50, 601,9); ecc.

583,33: πρὸς συλλογὴν τῶν εἰρημένων ἀποχρησώμεθα (cf. anche 584,26-27: εἰς τὴν συλλογὴν αὐτοὺς καὶ τὴν διήγησιν τῶν εἰρημένων ἐμβάλλετε) cf. πρὸς τὴν κοινωνίαν τῆς τῶν εἰρημένων καλεῖν συλλογῆς (In Matthaeum 57, 55,18); τῆς τῶν εἰρημένων συλλογῆς ἀναγκαιότερον (In Matthaeum 57, 55,28).

@583,34: ἐμπλήσωμεν τὴν λεωφόρον; C0.

583,35-36: διὰ πάσης αὐτῆς θυμιατήριά τις τιθεὶς τῆς εὐωδίας ἀναχρώσειε τὸν ἀέρα (cf. anche 583,39) cf. τὸν ἀέρα τῆς οἰκείας ἀναχρῶσαν εὐωδίας (De virginitate 63,29); ἀναχρώννυσι τὸν ἀέρα τῆς εὐωδίας (In sanctum Julianum martyrem 50, 669,11); τόν τε ἀέρα ἀνέχρωσε καὶ τοὺς παρόντας τῆς εὐωδίας ἐνέπλησεν ἅπαντας (Sermo cum presbyter fuit ordinatus 288). Crisostomo preferisce usare θυμιατήριον nel senso concreto di "incensiere".

583,39 cf. 583,35-36.

583,41-ult.: οἱ στρατιῶται στοιχηδὸν ἑκατέρωθεν καθωπλισμένοι βαδίζουσιν cf. ὁρμαθοὺς πενήτων ὁρῶντες στοιχηδὸν ἑκατέρωθεν ἑστηκότων (In Genesim 54, 602,57).

@#584,2: τοῖς θεωροῦσιν αὐτοὺς ἀξιοθέατοι φαίνεσθαι; C0.

@#584,4: βασιλέως οὐκ αἰσθητοῦ; C0.

584,6-7: ῥυθμῷ καὶ τάξει προβαίνειν cf. ἐν τάξει καὶ ῥυθμῷ βαινόντων (Expositiones in Psalmos 55, 172,3); τάξις δὲ καὶ ῥυθμὸς (Adversus oppugnatores vitae monasticae 47, 366,21); ἐν τάξει καὶ ῥυθμῷ μᾶλλον ἀσκῆσαι (De sacerdotio 3, 13,60).

@#584,8: τοὺς θεωμένους ἐκπλήξωμεν; C0.

@#584,9-10: ἀλλὰ μόνοι κατὰ τὴν ὁδὸν ἐβαδίζομεν; C0. L'espressione κατὰ τὴν ὁδὸν, è banale (C = 1 + 23, ma TLG >300).

584,11-12: τὸν πανταχοῦ παρόντα καὶ πάντα βλέποντα cf. τὸν πανταχοῦ παρόντα, καὶ πάντα ὑπερβαίνοντα (De incomprehensibili dei natura 2,191); πανταχοῦ παρόντος, καὶ πάντα ὁρῶντος (Expositiones in Psalmos 55, 143,3). La formula più usata da Crisostomo è quella classica: ὁ πανταχοῦ παρὼν καὶ τὰ πάντα πληρῶν (Adversus Judaeos 48, 880,54; Ad populum Antiochenum 49, 98,52; In Genesim 53, 135,20; ecc.).

@#584,12-13: πολλοὶ τῶν αἱρετικῶν εἰσιν ἡμῖν ἀναμεμιγμένοι; C0. Tuttavia πολλοὶ τῶν αἱρετικῶν è comune in Crisostomo; cf. In Acta apostolorum 60, 331,20; Ad Demetrium de compunctione 47, 408,18; ecc.

@#584,14: χορεύοντας, γελῶντας, βοῶντας, μεθύοντας; C0.

@#584,14-15: τὰ ἔσχατα καταγνόντες ἡμῶν ἀπελεύσονται; C0.

---

54 Si tratta forse di un'indicazione topografica in senso stretto?

584,16: ἀπαραίτητον ὑπομένει κόλασιν cf. ἀπαραίτητον ἐκεῖ κόλασιν ὑπομένων (De Lazaro 48, 999,37); vedi anche: εἰς τὴν ἀπαραίτητον κόλασιν (De Lazaro 48, 1050,41); τὰς ἀπαραιτήτους κολάσεις (Ad populum Antiochenum 49, 101,28); ecc.

584,17: ποίαν δώσομεν δίκην; cf. ποίαν δώσουσι δίκην; (De sacerdotio 6, 1,16); ποίαν ἂν δίκην δοὺς (In epistulam ad Ephesios 62, 87,22).

584,19: ὑπεύθυνον ὄντα τοῖς εἰρημένοις cf. τῶν εἰρημένων ὑπεύθυνον εἶναι (In Matthaeum 57, 310,20); οὐκ ἦν ὑπεύθυνος τοῖς εἰρημένοις (In Matthaeum 57, 310,24).

584,23: ταῦτα τολμώμενα ἀσύγγνωστα ἦν cf. ἀσύγγνωστον σφαγὴν ἐτόλμησε (Adversus Judaeos 48, 930,12).

584,20-21: μετὰ τὴν συμβουλὴν ταύτην καὶ τὴν ἐπίπληξιν cf. μετὰ τὴν ἐπίπληξιν καὶ συμβουλὴν (In epistulam i ad Corinthios 61, 239,1).

(...)

584,26-27: cf. 583,33.

584,29: λείψανα τῆς τραπέζης ταύτης ἀπενεγκόντες cf. λείψανα τῆς τραπέζης τοῖς ἑαυτῶν ἐπιτηδείοις φέρουσιν (Ad populum Antiochenum 49, 90,51).

@584,31: τῆς ἑορτῆς ταύτης μεγίστην αἴσθησιν ληψόμεθά C0.

584,32-33: εἰς πλείονα ἐπισπασόμεθα εὔνοιαν cf. πλείονα τὴν εὔνοιαν ἐπισπάσασθαι (De libello repudii 51, 224,11); πολλῷ πλείονα τὴν ἄνωθεν εὔνοιαν ἐπεσπάσατο (In Genesim 53, 313,60); τοσαύτην εὔνοιαν ἐπεσπάσατο (De incomprehensibili dei natura 5,553); μείζονα παρὰ Θεοῦ ἐπισπάσεται τὴν εὔνοιαν (Ad populum Antiochenum 49, 30,33); πλείω τὴν εὔνοιαν ἐπισπασάμενος (Ad populum Antiochenum 49, 32,38); ecc.

@#584,33: τιμὴν τὴν ἀληθῆ τιμῶντες αὐτήν; C0.

@584,35: καρπωσαμένους καὶ ὠφεληθέντας; C0. Crisostomo non abbina mai i due verbi, ma usa esclusivamente (e spesso) la formule come ἐκαρπωσάμεθα τὴν ὠφέλειαν (De Lazaro 48, 1013,10; Ad populum Antiochenum 49, 82,55; Ad populum Antiochenum 49, 128,27); τὴν ὠφέλειαν καρπωσάμεναι (In paralyticum demissum per tectum 51, 50,35); ecc.; C = 0 + 27 + 3.

584,36: πνευματικήν τινα ὠφέλειαν ἀπελθεῖν cf. αἴσθησιν ὠφελείας πνευματικῆς (De Lazaro 48, 991,34).

584,38-39: τῶν ἄλλων τῶν εἰρημένων ἀκριβῆ τὴν μνήμην ὑμᾶς κατασχεῖν; C = 1 + 1 (In illud: Habentes eundem spiritum 51, 281,24: τῶν μελλόντων ἀπολαμβάνειν ἀκριβέστερον τὴν μνήμην ἔχουσιν) + 1 (De negatione Petri 59, 620,15: μνημονεύσωμεν μετὰ ἀκριβείας ἅπαντα τὰ εἰρημένα). Il passo spurio di De negatione Petri dipende da In illud: Habentes eundem spiritum.

4. In Hypapanten (ed. Bickersteth)

56,6-7: Φαιδρὸν ἡμῖν τήμερον τὸ θέατρον καὶ λαμπρότερος τοῦ συνήθους ὁ σύλλογος cf. Φαιδρὰ σήμερον ἡμῖν ἡ πανήγυρις, καὶ λαμπρότερος τοῦ συνήθους ὁ σύλλογος (De paenitentia 49, 305,53); vedi anche Λαμπρότερος ἡμῖν σήμερον ὁ σύλλογος, φαιδρότερον τὸ θέατρον (In illud: Habentes eundem spiritum 51, 273,9); λαμπρὸν ἡμῖν τὸ θέατρον σήμερον, καὶ φαιδρὸς ὁ σύλλογος (In Eutropium 52, 394,44); Λαμπρὸν ἡμῖν τήμερον τὸ θέατρον γέγονε καὶ φαιδρὸς ὁ σύλλογος (In illud: Vidi dominum 4, 1,2).

56,7: Τί ποτε ἄρα τὸ αἴτιον; = Ad populum Antiochenum 49, 103,44; De paenitentia 49, 305,54; In illud: Vidi dominum 4, 1,2; ecc.

#56,7-8: ὅταν τὰς εὐαγγελικὰς ἑρμηνεύωμεν ῥήσεις; C0.

56,8: μεστὴ γίνεται ἡ ἐκκλησία τῷ πλήθει τῶν ἀκροατῶν; C0.

#56,9: παρθένος εὐαγγελίζεται; C0.

56,9-10: τῆς οἰκουμένης σωτηρία γίνεται; C0.

#56,10: ἐπειδή τινες ἐθρύλησαν (!) περὶ τοῦ ἀρτίως ἀναγνωσθέντος; C0.

56,12-13: τοῖς θεσπίσμασι τῆς ἱερωσύνης ἄγεσθαι; C0.

#56,13: τῶν παρὰ τῶν πατέρων θεσπιζομένων; C0.

#56,14: τὰ πρόβατα τοῖς ποιμέσιν ἀνθίστανται; C0.

56,16: προσέχετέ μοι μετὰ πάσης ἀκριβείας; C0. Crisostomo non aggiunge mai il dativo, ma preferisce forme come: Προσέχετε δὴ, ἀγαπητοὶ, μετὰ πάσης ἀκριβείας, παρακαλῶ (In quatriduanum Lazarum 48, 781,39); Πρόσεχε, παρακαλῶ, μετὰ πάσης ἀκριβείας (In quatriduanum Lazarum 48, 783,26).

#56,16-17: βούλομαι γὰρ σαφεστέραν τὴν διδασκαλίαν ποιῆσαι, ἵνα εὐσύνοπτα ᾖ τοῖς ἀκροαταῖς τὰ λεγόμενα cf. Βουλόμενοι τοίνυν εὐσύνοπτα κατασκευάζειν αὐτοῖς τὰ λεγόμενα, διὰ τῶν προοιμίων σαφεστέραν ποιῆσαι τὴν διδασκαλίαν σπουδάζομεν (De mutatione nominum 51, 136,27); ἵνα πᾶσιν εὐσύνοπτα ᾖ τὰ λεγόμενα (De Lazaro 48, 994,37).

56,18: μακαρία παρθένος ἡ θεοστόκος (!) Μαρία (cf. anche 72, ult.-74,1: ἡ μακαρία παρθένος); C = 2 + 0 + 2 (In resurrectionem domini 27: τὴν θεοτόκον παρθένον μακαρίζομεν).

56,19: καθὼς ἀπεπείσαμεν ἐν Ἀντιοχείᾳ (cf. anche 58,25-26: Ἐπεὶ οὖν ἀπεπείσαμεν τὴν ὑμετέραν ἀγάπην); C0. Il trasparente rinvio a In diem natalem D. N. Iesu Christi (PG 49, 351-362), che prosegue nelle linee successive, contraddice il titolo di In Hypapanten, che afferma che l'omelia è stata pronunciata ἐν Ἀντιοχείᾳ.

#56,21: καθὼς μέμνηνται οἱ φιλόπονοι τῶν γραφῶν cf. ὅσοι φιλόπονοι περὶ τὴν ἀνάγνωσιν τῶν θείων Γραφῶν ἐστε (In Genesim 53, 330,45).

56,22: παλαιᾶς μαρτυρίας εἰς μέσον ἠγάγομεν cf. ἀπὸ τῆς Παλαιᾶς φέρων αὐτῷ μαρτυρίαν Γραφῆς (In Matthaeum 57, 211,27); αἱ ἐκ τῆς Παλαιᾶς Γραφῆς μαρτυρίαι (In epistulam i ad Corinthios 61, 51,5); δυνατὸν ἐκ τῆς Παλαιᾶς παραγαγεῖν μαρτυρίας (In epistulam ii ad Corinthios 61, 446,34); cf. anche: εἰς μέσον ἀγάγωμεν (Contra eos qui subintroductas habent virgines 1,24); ecc.

56,22-23: συμφωνούσας τοῖς εὐαγγελικοῖς ῥήμασιν; C0.

56,23-24: Ἀρίθμησον τοίνυν ἀπὸ τῆς Χριστοῦ γεννήσεως μέχρι τοῦ νῦν (cf. anche 58,22: Ἀρίθμησον οὖν ἑπτὰ ἡμέρας τῆς ἀκαθαρσίας); C0.

#56,24: πόσαι ἡμέραι τυγχάνουσι; C0.

58,1: μεχρὶ τῆς δεῦρο; C0.

#58,7-8: τῆς πανσόφου ἐστὶν οἰκονομίας τοῦ Κυρίου; C0.

58,8-9: ἀναδέξασθαι τὰ τοῦ νόμου κελεύσματα ἐν τῇ οἰκείᾳ σαρκί (cf. anche 60,20: τὰ τοῦ νόμου ποιεῖν κελεύσματα; 60, ult-62,1: ἀνέλαβεν ὁ θεὸς λόγος ἐν τῇ οἰκείᾳ σαρκὶ τὰ τοῦ νόμου; 62,7: ἀναδέξασθαι ἐν τῇ οἰκείᾳ σαρκὶ τὰ τοῦ νόμου; 64,21-22: ἐν τῇ οἰκείᾳ σαρκὶ τὰς διατηρήσεις λαμβάνων); C0.

#58,10: ἅπαντα προφητικῶς ὁ νόμος ἐκήρυττεν (cf. anche 60,20-21: ἐλαφρὸν νόμον κηρύττειν); C0.

58,13: καθὼς προείρηται = In epistulam ad Hebraeos 63, 57,12.

58,13: πάντα τὰ τοῦ νόμου ἐσπούδαζε ποιῆσαι cf. ποιεῖν σπούδαζε (In Genesim 53, 184,50); ποιεῖσθαι σπουδάζομεν (In Genesim 53, 331,53).

58,22: cf. 56,23-24.

58,25-26: cf. 56,19.

58,27: Συμεὼν τὸν ἐπὶ γῆς βαδίζοντα καὶ μετὰ ἀγγέλων χορεύοντα cf. ἐν γῇ βαδίζων, ὡς μετὰ ἀγγέλων περιπολῶν (De laudibus sancti Pauli apostoli 2, 8,5).

60,6: τὸν μηδέπω χωρισθέντα τοῦ πατρός; C0.

60,13: τῆς τοῦ θεοῦ σοφίας καὶ προγνώσεως; C0.

60,14-15: Ἀπέκλειε γὰρ διά τε τῶν γραμμάτων, διά τε τῶν λόγων, τὰς αὐτῶν κακονοίας; C0.

60,16: Οὐδὲ γὰρ ὤκνησαν οἱ Ἰουδαῖοι κατηγορίας ἐφευρίσκειν κατὰ τοῦ Κυρίου cf. οἱ ἔξωθεν μυρίας εὑρίσκοντες κατηγορίας (In epistulam i ad Thessalonicenses 62, 430,11).

60,18-19: ἐπέκλειεν αὐτῶν τὰ ἀναίσχυντα στόματα; C0. Crisostomo ricorre soltanto ad espressioni come, ἵνα ἐπιστομίσῃ αὐτῶν τὰ ἀναίσχυντα στόματα (De Christi divinitate 48, 806,51); ἐνέφραξαν τὸ ἀναίσχυντον στόμα (In Genesim 54, 601,38).

60,20: cf. 58,8-9.

60,20-21: cf. 58,10.

60, ult-62,1: cf. 58,8-9.

62,7: cf. 58,8-9.

#62,10: σαρκωθεὶς ἄνευ σπορᾶς; C0.

62,10-11: Ἡ δὲ παναγία παρθένος (cf. anche 66,13-14: τῆς τε παναγίας παρθένου); C0.

62,11-12: ὃν τὰ σύμπαντα χωρῆσαι οὐκ ἠδύναντο (cf. anche 62,14-15: ὃν τὰ σύμπαντα οὐκ ἐχώρησε μήτρα παρθενικὴ ἐχώρησεν); C0[55].

62,13: τίς ἀκούσας οὐκ ἐκπλάγει; C0.

62,14-15: cf. 62,11-12.

62,23: εἰς πολύπλουτον γυναῖκα; C0.

62, ult.-64,1: εὔοπτος καὶ περικαλλής; C0.

64,3: τὴν εὐοψίαν τὴν εὐόλισθον; C0.

64,21-22: cf. 58,8-9.

66,13-14: cf. 62,10-11 e 66,4.

66,4: τὰς διατρήσεις τῶν ἥλων λαβόντα (cf. anche 64,21-22: τὰς διατρήσεις λαμβάνων τῶν ἥλων); C0.

72,2: ἀσφαλῆ καὶ ἑδραῖα καὶ ἀμετακίνητα τὰ θεῖα λόγια cf. στήκετε ἑδραῖοι καὶ ἀμετακίνητοι (Ad eos qui scandalizati sunt 24, 7,4).

72,8: τοὺς μηδέποτε χαροποιηθέντας ἀγγέλους (cf. anche 72,9: διὰ τῆς πρὸς τὸν δεσπότην ἐπανόδου χαροποίησον); C0.

72,20: Διὸ παρακαλῶ, καὶ δέομαι καὶ ἀντιβολῶ = De libello repudii 51, 222,9; In Genesim 53, 158,28; ecc.; cf. anche: Διὰ τοῦτο παρακαλῶ καὶ δέομαι καὶ ἀντιβολῶ (De incomprehensibili dei natura 5,556; Non esse ad gratiam concionandum 50, 657,55); ecc.

72,22: Εἰς δὲ τὸ προκείμενον ἐπανέλθωμεν cf. εἰς τὸ προκείμενον ἐπανέλθωμεν (De paenitentia 49, 295,29); εἰς τὸ προκείμενον ἐπανέλθωμεν πάλιν (De paenitentia 49, 330,39); ecc. Ma la frase è banale.

---

55 L'intero passo τίς ἀκούσας οὐκ ἐκπλάγει τίς ἐννοήσας οὐ θαυμάσειεν; ὅτι ὃν τὰ σύμπαντα οὐκ ἐχώρησε μήτρα παρθενικὴ ἐχώρησεν (62,13-15) appare come una rielaborazione dell'omelia 1 di Proclo: Τίς εἶδεν, τις ἤκουσεν ὅτι μήτραν ὁ Θεὸς ἀπεριγράπτως ᾤκησεν; ὃν οὐρανὸς οὐκ ἐχώρησεν, γαστὴρ οὐκ ἐστενοχώρησεν (N. Constas, Proclus of Constantinople and the cult of the Virgin in late Antiquity. Homilies 1-5 [VigChr.S 66], Leiden 2003, 138).

Byzanz und christlicher Orient

Eucharistie et prières diverses transmises sous le nom de Jean Chrysostome dans la tradition liturgique de l'Eglise Orthodoxe

GEORGIOS PHILIAS

1. L'Eucharistie de St. Jean Chrysostome dans l'Eglise Byzantine

L'eucharistie occupe une place centrale dans la pratique liturgique de l'Eglise Orthodoxe du monde entier. Elle est célébrée pendant toute l'année, exception faite de dix fois par an, où l'on célèbre la Liturgie de S. Basile, des deux fois où l'on célèbre la Liturgie de S. Jacques et du temps du Carême, où l'on célèbre la liturgie des présanctifiés. Dans ce qu'on appelle « apolysis » de la Liturgie chrysostomienne actuelle (à savoir la prière de bénédiction finale par le prêtre), on lit que Jean Chrysostome est l'auteur (ou le rédacteur/compilateur) de cette liturgie. Est-ce vrai? Oui, pour la conscience du clergé et des fidèles des Eglises orthodoxes. Mais, pour la recherche liturgique, cette conscience n'est pas le seul critère. Nous voulons donc aborder le problème du point de vue de l'histoire de la liturgie.

§1. Dès que l'appartenance de cette liturgie à Chrysostome, dont elle porte le nom, a été mise en question, et que des recherches ont été entreprises pour en découvrir l'origine, des hypothèses plus ou moins heureuses ont été émises. Nous y reviendrons au cours de notre exposé. Il nous faut, cependant, dans l'examen de la question de l'authenticité de la liturgie, nous concentrer sur l'authenticité des prières, et non pas du rituel[1]. De plus, il faut mettre en parallèle l'Anaphore (la prière centrale de la liturgie chrysostomienne) et les écrits de Chrysostome, si nous voulons aboutir à des conclusions correctes.

C'est F. van de Paverd qui a essayé de mettre ces textes en parallèle : il a rassemblé et analysé tous les éléments liturgiques dans les écrits de Chrysostome, et il les a comparés avec des prières de la liturgie dite chrysostomienne, notamment avec la prière d'invocation du Saint Esprit

---

1   Sur ce point, A. Raes avait raison (Id., L'Authenticité de la Liturgie byzantine de S. Jean Chrysostome, Orientalia Christiana Periodica 24, 1958, 5).

(l'épiclèse)[2]. Mais, après une telle recherche, van de Paverd n'était pas en mesure de défendre l'authenticité (il parle, même, de Pseudo-Chrysostome)[3]. J'en tire un parallèle, le plus étonnant à mon avis, entre une phrase de l'Anaphore chrysostomienne et celle de son oeuvre *Sur l'incompréhensibilité de Dieu.*

<table>
<tr>
<td>(Dieu, qui est) «inexprimable, en dehors de l'intelligence, invisible, insaisissable» (...τὸν ἀνέκφραστον, τὸν ἀπερινόητον, τὸν ἀόρατον, τὸν ἀκατάλυπτον) [*Sur l'incompréhensibilité de Dieu*, 3, 7].</td>
<td>«Parce que tu es Dieu inexprimable, en dehors de l'intelligence, invisible, insaisissable» (Σὺ γὰρ εἶ Θεὸς ἀνέκφραστος, ἀπερινόητος, ἀόρατος, ἀκατάληπτος) [Liturgie de S. Jean Chrysostome].</td>
</tr>
</table>

Je ne trouve pas non plus un argument confirmant l'authenticité de la Liturgie dans la citation par Chrysostome de la commémoration des défunts (ce qu'on appelle « prière de Diptyches »)[4], parce qu'il s'agit plutôt des intercessions liturgiques et non pas des prières rédigées par tel ou tel écrivain ecclésiastique[5].

§2 Nous abordons en premier lieu le sujet du silence de certaines sources ecclésiastiques sur l'authenticité de la Liturgie.

G. Khouris-Sarkis tirait une conclusion très juste quand il écrivait: « S'il était vrai que Chrysostome ait laissé une liturgie à l'Eglise de Constantinople, un témoin au moins aurait mentionné ce fait entre l'an 407 (date de sa mort) et le XIe siècle, où pour la première fois on trouve son nom en tête de l'anaphore »[6]. Bon nombre de sources postérieures à la mort du Chrysostome gardent le silence sur l'auteur de la Liturgie dite chrysostomienne: les historiens du Ve s. (Socrate, Sozomène, Théodoret)[7], les fameuses « Chroniques » (le « *Chronicon Paschale* » vers 619-629), la « Chronique » de Georges le Syncelle et celle de Georges le Pécheur), les

---

2　F. van de Paverd, Zur Geschichte der Meßliturgie in Antiocheia und Constantinopel gegen Ende des 4. Jahrhunderts. Analyse der Quellen bei Johannes Chrysostomos (Orientalia Christiana Analecta 187), Roma 1970, 287-340.

3　Ibid., 485.

4　*Sermon 41, 4-5 sur la Première Epître aux Corinthiens*, PG 61, 361/ *Sermon 21, 4 sur les Actes des Apôtres*, PG 60, 170.

5　R. Taft, A history of the Liturgy of St. John Chrysostom, vol. 4, The Diptychs (Orientalia Christiana Analecta 238), Roma 1991, 42; F. van de Paverd, Zur Geschichte der Meßliturgie (v. n. 2), 348 ff.

6　G. Khouri-Sarkis, L'origine syrienne de l'Anaphore Byzantine de Saint Jean Chrysostome, Orient syrien 7, 1962, 3-68, en particulier 5 s.

7　Sur le silence des historiens du Ve siècle, cf. P. de Meester, Art. Grecques (Liturgies), DACL 6, Paris 1925, 1591-1662, 1601.

Annales d'Eutychius d'Alexandrie, le « Compedium Historiarum » et les biographes de Saint Jean Chrysostome (Palladius, Théodore le Trinithe, vers 680)[8], exception faite d'un certain Georges d'Alexandrie, qui écrit que Chrysostome « a donné la Sainte Mystagogie » aux Evêques et aux Presbytres qui a ordonné à Coucousos d'Arménie[9]. Mais ce témoignage se réfère à une transmission et non pas à une composition de la Liturgie par Chrysostome. Un peu plus tard, Jean Damascène (vers 750) se réfère à S. Basile, qui « a appelé le pain et le vin "antitypes" du corps et du sang du Christ »[10]; mais il dit rien d'une Liturgie de Chrysostome.

Nous insistons, particulièrement, sur le silence de deux sources: du Concile de Trullo et de Léonce de Byzance. Le dernier (vers 531), en dénonçant « l'audace » de Nestorius de « rédiger une Liturgie », cite les deux liturgies en usage à Constantinople au temps de Théodore de Mopsueste (qu'il considère comme « père du nestorianisme »): la Liturgie de S. Basile et celle des Apôtres[11]. Il est curieux que Léonce de Byzance, sous la plume de qui le nom du « célèbre Jean de Constantinople » revient fréquemment, n'ait pas mentionné la Liturgie de ce grand Docteur. S'il ne l'a pas fait, c'est ou bien qu'elle n'existait pas de son temps à Constantinople, ou bien qu'elle existait, mais qu'elle n'était pas connue sous ce nom. Est-ce que la Liturgie de Chrysostome se cache sous le nom des « Saints Apôtres »? Nous y reviendrons.

Le Canon 32 de Concile de Trullo (692)[12] mentionne les Liturgies de Jacques et de St. Basile (le texte précise que ces écrivains « nous ont transmis la Liturgie par écrit »), mais il ne fait aucune référence à une Liturgie de Chrysostome, bien qu'il cite quelques phrases de l'*Homélie 82* de Chrysostome *sur l'Evangile de Matthieu*, à propos de la mixtion de l'eau et du vin pendant l'Eucharistie[13]. A. Raes a raison d'écrire: « Si les Pères du synode avaient connu la Liturgie de S. Jean, ils auraient renforcé oppor-

---

8   Sur le silence des biographes, cf. P. Trempelas, Λειτουργικοί τύποι Αιγύπτου και ανατολῆς. Συμβολαί εις την ιστορίαν της χριστιανικῆς λατρείας, Athènes 1961, 334.

9   F. Halkin, Douze récits byzantins sur Saint Chrysostome (Subsidia Hagiographica 60), Bruxelles 1977, 238.

10   *Exposé de la foi Orthodoxe* 1, IV, 13, PG 94, 1152-1153.

11   Léonce de Byzance, *Contre les Nestoriens et les Eutychiens*, 1, III, 19, PG 86, 1368C.

12   J. D. Mansi, Sacrorum conciliorum nova et amplissima collectio, vol. 2, Paris 1901 (éd. anast. Graz 1960), 956.

13   Cf. les remarques importantes de P. de Meester, Les origines et les développements du texte grec de la liturgie de S. Jean Chrysostome, dans : Χρυσοστομικά. Studi e ricerche intorno a S. Giovanni Crisostomo, vol. 2, Rome 1908, 245-357, en particulier 254-257 ; J. M. Hanssens, Institutiones liturgicae de ritibus orientalibus, vol. 3, De Missa rituum orientalium, Roma, 1932, 119, no 1485. Notons que dans ce canon les byzantins reprochent aux Arméniens de ne pas mêler de l'eau au vin de la liturgie, alors que de « grandes lumières spirituelles » (S. Jacques et S. Basile) ont conservé cet usage.

tunément leur argumentation en le citant »[14]. Notons que le témoignage du canon 32 est proche de celui de Charles le Chauve, qui écrivait en 877 une lettre au clergé de Ravenne, dans laquelle il se référait au « rite de Jérusalem » qui connaissait la Liturgie de Jacques, et à celui de Constantinople qui connaissait seulement la Liturgie de S. Basile[15].

§3 Le silence des sources sur l'authenticité de la Liturgie chrysostomienne prend fin avec le témoignage du Pseudo-Proclus de Constantinople. Il s'agit d'un texte placé sous le nom de Proclus (434-446) et intitulé « *Tractatus de traditione divinae missae* »[16]. Comme docteurs ayant transmis des formulaires pour la messe, l'écrivain de ce texte cite le bienheureux Clément et le divin Jacques, ensuite le grand Basile et enfin « notre père à la bouche d'or, Jean », qui a abrégé le formulaire rédigé précédemment (évidemment celui de S. Basile)[17].

Dans ce témoignage, on observe deux points, qui démontrent que Proclus de Constantinople n'a aucun rapport avec ce « Tractatus ». Le premier concerne le surnom de « bouche d'or » (chrysostome) donné à Jean. On sait que cette appellation date du VIIe siècle, donc deux siècles après Proclus[18]. Le second point porte sur le fait que l'anaphore chrysostomienne ne peut en aucun cas être considérée comme une abréviation de celle du S. Basile. Cela apparaît avec évidence, notamment dans la prière eucharistique, noyau central de la Liturgie, où les deux versions, basilienne et chrysostomienne, diffèrent considérablement[19].

Mais si l'authenticité du « *Tractatus* », ainsi que la référence au surnom Chrysostome, est fort contestée, ce n'est pas le même avec l'« Ermineia » (explication) de Jean le Jeûneur (582- 595) qui attribue à Jean Chrysostome l'abrègement de la Liturgie basilienne[20]. Ce témoignage est-il suffisant pour que soit admise l'authenticité de la Liturgie dite-chrysostomienne? Nous essaierons de nous prononcer dans nos conclusions.

§4 Ce qui doit plutôt attirer notre attention se trouve dans le témoignage de Léonce de Byzance: l'abrègement par Chrysostome d'une

---

14 A. Raes, L'Authenticité de la Liturgie (v. n. 1), 6.
15 Voir la lettre chez Mabillon, *De liturgica Gallicana*, Praefatio III et chez J. M. Hanssens, Institutiones liturgicae (v. n. 13), 573.
16 PG 65, 849- 852.
17 Μετ'οὐ πολὺ δὲ πάλιν ὁ ἡμέτερος πατὴρ ὁ τὴν γλῶτταν χρυσοῦς Ἰωάννης..., πρόρριζον πᾶσαν σατανικὴν πρόφασιν ἠβουλήθη ἀποσπάσασθαι ·διὸ καὶ τὰ πολλὰ ἐπέταμε, καὶ συντομώτερον τελεῖσθαι διετάξατο (PG 65, 852B).
18 Jean Moschus, *Leimon*, PG 87, 2991.
19 Ce qui accentue, entre d'autres, G. Khouri-Sarkis L'origine syrienne de l'Anaphore Byzantine (v. n. 6), 5.
20 Le texte chez Pitra, *Spicilegium Solesmense*, IV, 440- 442.

Liturgie « des Apôtres ». Le savant patriarche syrien Rahmani avait déjà attiré l'attention sur les ressemblances existantes entre la Liturgie chrysostomienne et l'anaphore syriaque des Douze Apôtres[21] (que Renaudot croyait être la plus ancienne de toutes). Rahmani était absolument convaincu que l'anaphore syriaque des Douze Apôtres n'est rien d'autre que l'anaphore byzantine de saint Jean Chrysostome, telle qu'elle se célébrait à la fin du VIe s. Dom H. Engberding, en 1938, fit entre les deux textes une comparaison minutieuse qui montre à l'évidence leur intime parenté[22]. Plus tard, A. Raes a juxtaposé cette anaphore syriaque avec le texte de la Liturgie chrysostomienne dans le premier manuscrit (le Barberini grec 336 de la Bibliothèque vaticane)[23], en démontrant la parenté de deux textes.

Il est très important de récapituler les conclusions de Raes sur cette parenté: (1) La prière d'action de grâce pour la création et la rédemption, adressée au Père, et étendue au Fils et au Saint-Esprit, est certainement commune aux deux textes. (2) Il faut en dire autant de la prière de louange après le «sanctus». (3) Le récit de l'Institution et l'Anamnèse supposent une source commune. (4) Les deux épiclèses, quoique toutes deux encore peu développées dans leurs première et deuxième parties (et donc semblables), proviennent (pour la troisième partie) de sources différentes[24]. Ces différences peuvent presque toujours s'expliquer soit par l'exigence du rite byzantin ou syrien dans lequel telle prière est insérée, soit par un développement plus tardif dont on a des exemples dans d'autres anaphores. Il reste un fond commun, grec à son origine, qui proviendrait de la région syrienne et qui pourrait remonter au IVe siècle.

Peut-on conclure que la référence de Léonce de Byzance à la Liturgie des Apôtres indique la Liturgie chrysostomienne? Nous savons que le nom de Chrysostome se trouve dans le titre des certaines Liturgies des Syriens Jacobites, des Maronites et des Syriens Uniates[25]. Mais aucune de ces Liturgies ne ressemble à la Liturgie byzantine de Chrysostome.

§5 Voyons, maintenant, les témoignages des plus anciens euchologes manuscrits. C'est une constatation dominante que ces euchologes font

---

21 I. Rahmani, I Fasti della Chiesa patriarcale Antiochena, Roma 1920, XXVI, XXX (cf. Id., Les Liturgies orientales et occidentales, étudiées séparément et comparées entre elles, Beyrouth 1929, 388, 403, 712).

22 H. Engberding, Die syrische Anaphora der zwölf Apostel und ihre Paralleltexte, Oriens Christianus 12 (3. Serie), 1937, 213-247.

23 A. Raes, L'Authenticité de la Liturgie (v. n. 1), 9-13 ; pour l'anaphore syriaque, Raes a utilisé le manuscrit syriaque du British Museum Addit. 14493 du Xe siècle (édité dans : Pontificio Istituto per gli Studi Orientali [éd.], Anaphorae Syriacae, vol. 1, fasc. 2, Roma 1940, 215-221).

24 Ibid., 14.

25 Voir P. Trempelas, Λειτουργικοί τύποι (v. n. 8), 331.

précéder la Liturgie de S. Jean Chrysostome par celle de S. Basile[26]. Le caractère secondaire de la Liturgie de Chrysostome est encore accentué par le fait que dans la plupart de ces anciens manuscrits son formulaire est incomplet[27].

L'euchologe le plus ancien est le Barberini grec 336 de la bibliothèque vaticane. Il n'est pas précieux seulement à cause de son ancienneté, mais aussi parce qu'il contient des prières qui présentent une ressemblance remarquable avec celles d'autres Liturgies Orientales (S. Marc, Jacques le frère du Seigneur)[28]. Cet euchologe, d'ailleurs, comme les deux autres un peu moins anciens (Leningrad 226 et Grottaferrata b VIII) contient plutôt une collection de prières (sans formule euchologique stricte), ce qui conforme leur ancienneté[29]. Dans le Barberini grec 336, donc, tandis que pour la Liturgie de S. Basile il y a un titre précis, il n'y a aucun titre pour la Liturgie qui suit, et qui contient quelques prières attribuées à Chrysostome. La seule explication qu'on peut formuler est la suivante: A l'époque de Chrysostome la Liturgie commençait par les lectures. Or, les prières des catéchumènes, de l'Entrée, des Antiennes et du Trisagion (par lesquelles commence le Barberini grec 336) sont postérieures du Chrysostome (V[e]- VIe s.). C'est probablement pourquoi le rédacteur du plus ancien euchologe n'a pas donné de titre à la Liturgie qui suit celle de S. Basile[30].

Il y a deux prières dans le Barberini grec 336 attribuées à Chrysostome: la « Prière des catéchumènes avant la sainte anaphore du Chrysostome » et la « Prière de la proscomidie de Saint Jean Chrysostome après le depôt des Saints Dons à l'autel et l'achèvement de l'hymne secret par le peuple »[31]. Pour la deuxième prière, A. Raes refuse son attribution à Chrysostome[32]. Quoiqu'il en soit, il s'agit du premier témoignage d'une partie eucharistique chrysostomienne.

26　La liste de ces euchologe est donnée par A. Jacob, Une version géorgienne inédite de la liturgie de saint Jean Chrysostome, Le Muséon 77, 1964, 73. On doit y ajouter le co-dex Arabe de 1260 signalé par C. Bacha (Notions générales sur les versions arabes de la liturgie de St. Jean Chrysostome suivies d'une ancienne version inédite, dans : Χρυ-σοστομικά. Studi e ricerche intorno a S. Giovanni Crisostomo, vol. 2, Rome 1908, 405-471).

27　A. Jacob, La tradition manuscrite de la liturgie de Saint Jean Chrysostome (VIIIe- XIIe s.), dans : Eucharisties d'Orient et d'Occident II (Lex Orandi 47), Paris 1970, 112 s.

28　H. Engeberding, Die Angleichung der byzantinischen Crysostomusliturgie an die by-zantinischen Basiliusliturgie, Ostkirchliche Studien 13, 1964, 105-122.

29　Voir A. Jacob, Recherches sur la tradition manuscrite de la liturgie de Saint Jean Chrysostome, Louvain 1963, 50-53.

30　Ce qui suppose, aussi, P. Trempelas, Λειτουργικοί τύποι (v. n. 8), 332 s.

31　F. E. Brightman, Liturgies Eastern and Western, Oxford 1896, 315, 319.

32　A. Raes, L'Authenticité de la Liturgie (v. n. 1), 15.

Peu plus tard, l'euchologe Leningrad gr. 226 (connu comme l'eucho-loge de Porphyre Uspenski) contient une «Prière du Trisagion de l'ana-phore du Chrysostome»[33]. Ce texte ne s'explique que si l'on suppose qu'un copiste, ayant trouvé la mention de Chrysostome à la prière de la prosco-midie, l'a fait s'étendre jusqu'à celle du Trisagion, oubliant d'effacer ce qui regarde son usage primitif. Cela permet de supposer que, dans l'euchologe Barberini grec 336 la mention la plus ancienne du Chrysostome revient à la prière de la proscomidie; cette mention, sans avoir été omise, a été étendue dans ce cas jusqu'à la prière des catéchumènes.

Le troisième euchologe dans l'ordre chronologique est le codex Roumiantsev du Xe s., qui donne le nom de Chrysostome aux deux prières des catéchumènes et de la proscomidie, comme le Barberini grec 336[34]. Il en est du même dans les euchologes Sinai 958 (10e s.) et 959 (11e s.)[35]. C'est ainsi qu'on en est arrivé au premier euchologe qui contient le titre « Liturgie de S. Jean Chrysostome », à savoir le Vat. gr. 1970 du XIe s.[36].

Pour tirer des conclusions à partir des données précédentes, il faut être à peu près sûr que le nom du Saint Jean a été attaché d'abord à la seule prière de la proscomidie qui précède l'anaphore ; puis que le nom a été étendu soit à la prière des catéchumènes soit à celle du Trisagion. La con-viction que S. Jean était l'auteur de cette Liturgie n'a été acceptée dans les euchologes que vers le XIe s., quand on commença à la placer avant celle de S. Basile parce qu' elle était employée dès ce temps plus fréquemment que celle-ci.

Comment se fait-il que la Liturgie n'a été attribuée à Jean Chrysostome qu'au XIe s.? Si nous admettons l'opinion du professeur de l'académie ecclésiastique de Kazan N. Krasnoseltsev (qui a été adoptée par D. P. de Meester[37]), il nous faut distinguer deux parties nettement distinctes de la messe des fidèles : la première se compose des différentes prières dites depuis l'oraison sur les catéchumènes jusqu'à celle de l'offertoire ; la seconde partie comprend l'anaphore proprement dite, c'est-à-dire les prières de l'offertoire et toutes celle qui les suivent jusqu'à la fin de la communion. Deux des prières numérotées portent le nom de saint Jean Chrysostome, comme on l'a déjà vu dans les euchologes les plus anciens. Or, chacune de ces deux prières constitue le début de l'une des deux

33   A. Jacob, L'Euchologe de Porphyre Uspenski. Cod. Leningr. Gr. 226 (X s.), Le Muséon 78, 1956, 183, n. 23.

34   N. F. Krasnoseltsev, Сведения о некоторых литургических рукописях Ватикан-ской Библиотеки, Kazan 1885, 241 et 247.

35   A. Dmitrievskij, Описание литургических рукописей хранящихся в библиотеках православнаго Востока, vol. 2. Εὐχολόγια, Kiev 1901, 20 et 43.

36   C. A. Swainson, The Greek Liturgies, chiefly from original authorities, Cambridge, 1884, 88.

37   P. de Meester, Origines (v. n. 13), 260 s.

parties de la Liturgie. Il paraît, donc, que le nom de S. Jean Chrysostome, mis en tête de ces deux parties, a petit à petit disparu de sa place primitive; il a été reculé et il a, finalement, précédé tout le formulaire quand celui-ci pris consistance et s'est fixé.

§6 Qui sont (parmi les chercheurs du XXe s.) ceux qui admettrent l'authenticité de la Liturgie ? C'est, d'abord, P. de Meester qui voit dans le texte de l'anaphore quelques données tirées des Homélies chrysostomien-nes[38]. C'est dans la même voie que A. Baumstark a essayé de démontrer que S. Jean Chrysostome a abrégé l'ancienne Liturgie de Constantinople, que Nestorius (428-431) a refondu la rédaction chrysostomienne, et que nous possédons cette refonte dans l'anaphore chaldéenne de Nestorius, finalement ajustée par Proclus[39].

Mais parmi les défenseurs de l'authenticité, c'est l'opinion du regreté Mgr. George Wagner qui mérite d'être exposée plus en detail[40]. Wagner a repris le travail de van de Paverd, mettant en relation le texte de l'anaphore dans la Liturgie dite-chrysostomienne, avec les écrits de Chrysostome. Il a démontré des ressemblances sur les points suivants : (1) l'appellation de Dieu le Père[41] ; (2) la triple répétition de la confession trinitaire par une forme brève de l'appellation de trois Personnes Divines[42] ; (3) la phrase de la prière de l'anaphore « pour tous ceux que nous connaissons ou non » (ὑπὲρ πάντων ὧν ἴσμεν καὶ ὧν οὐκ ἴσμεν), qui se trouve dans un oeuvre de Chrysostome[43] ; (4) l'utilisation du vocabulaire johannique sur l'Eucha-ristie par Chrysostome ; ce vocabulaire est attesté, aussi, dans la Liturgie chrysostomienne[44] ; (5) les phrases de l'anaphore « pour tous les saints » (ὑπὲρ πάντων ἁγίων) et « pour l'esprit de tout juste qui est mort dans la foi » (ὑπὲρ παντὸς πνεύματος δικαίου ἐν πίστει τετελειωμένου). Ces phrases se trouvent dans les écrits de Chrysostome, mais pas dans la Liturgie de S. Basile[45].

G. Wagner remarque que seul le verbe « changer » (quand à l'action du Saint Esprit sur les Saints Dons) ne peut être chrysostomien[46], alors qu'il

---

38 P. de Meester, Origines (v. n. 13), 268.
39 A. Baumstark, Zur Urgeschichte der Chrysostomosliturgie, Theologie und Glaube 5, 1913, 299-313.
40 G. Wagner, Der Ursprung der Chrysostomusliturgie (Liturgiewissenschaftliche Quel-len und Forschungen 59), Münster, 1973.
41 Ibid., 75-78.
42 G. Wagner, Der Ursprung der Chrysostomusliturgie (v. n. 40), 78-84.
43 *Homélie 10, 2 aux Colossiens*, PG 62, 368, Wagner, p.92-97.
44 Ibid. p.102-106.
45 *Homélie 21, 5 aux Actes*, PG 60, 170 B/C ; G. Wagner, Der Ursprung der Chrysostomusliturgie (v. n. 40), 116-122.
46 «En changeant par ton Esprit Saint» (μεταβαλὼν τῷ πνεύματίσου τῷ ἁγίῳ).

était utilisé dans le langage de l'époque[47]. Ses conclusions sont claires : le noyau central de la Liturgie attribuée à Chrysostome est constitué par un certain nombre des prières, qui sont semblables aux prières que Chrysostome utilisait comme archevêque de Constantinople[48]. Ces conclusions sont reprises par J. Schulz, qui parle d'une Liturgie de Chrysostome à Constantinople après le IIe Concile Oecumenique de 381 et avant Nestorius[49].

§7 Essayons de résumer les conclusions de toutes les données ci-dessus.

(1) Pour la parenté entre l'anaphore chrysostomienne et quelques phrases dans les écrits du Chrysostome, G. Wagner semble d'avoir raison, parce qu'on constate des ressemblances étonnantes. Or, dans l'anaphore attribuée à Chrysostome, sa pensée théologique n'est pas absente.

(2) Le silence (entre le Ve et le XIe s.) s'explique, selon toute vrai-semblance, parce que Chrysostome n'a pas rédigé une Liturgie « *ex nihilo* », mais il a fait des interventions sur un fond liturgique provenant d'Antioche, plus connu sous le nom des Apôtres (ce qui était, d'ailleurs, la tradition eucharistique d'Antioche). D'ailleurs, à son époque le formulaire de la Liturgie était plus simple que celui qui se trouve dans les plus anciens euchologes.

(3) Quant au « *Tractatus de traditione divinae missae* », il est certain qu'il s'agisse d'un Pseudo-Proclus, soit d'un texte daté après le VIIe s. Mais on doit réfléchir sur le « pourcentage » de vérité dans ce témoignage, c'est-à-dire qu'il y ait une tradition sur la relation du Chrysostome avec l'anaphore dite-chrysostomienne. L'argument pour ce raisonnement est le témoignage de Jean le Jeûneur (VIe s.), qui fait certainement écho à cette tradition.

(4) L'absence du titre (« Liturgie de St. Jean Chrysostome ») dans les plus anciens manuscrits s'explique, probablement, par le fait qu'il y ait des titres avec le nom de Chrysostome dans les deux prières qui débutent chaque de deux parties de la Liturgie.

Pour conclure en une phrase : Chrysostome est présent dans l'ana-phore qui porte son nom, soit par la rédaction de deux ou trois prières,

---

47   G. Wagner, Der Ursprung der Chrysostomusliturgie (v. n. 40), 112-122. Il s'appuie sur les remarques de J. Betz, Die Eucharistie in der Zeit der Griechischen Väter I/1, Die Aktualpräsenz der Person und des Heilswerkes Jesu im Abendmahl nach der vor-ephesinischen, griechischen Patristik, Freiburg 1955, 308 s.

48   G. Wagner, Der Ursprung der Chrysostomusliturgie (v. n. 40), 133.

49   H. J. Schulz, Die Byzantinische Liturgie. Glaubenszeugnis und Symbolgestalt, Trier ³2000, p. 25 et en général pp. 23-34.

soit par son autorité pastorale d'évêque qui célébrait si fréquemment la Liturgie.

2. Prières diverses au nom de St. Jean Chrysostome dans la vie liturgique de l'Eglise Orthodoxe actuelle

Notre exposé sur ces prières sera bref; juste pour signaler les prières, leur place dans la liturgie orthodoxe actuelle, ainsi que leur contenu.

§1 Dans l'euchologe actuel de l'Eglise Orthodoxe il y a deux textes attribués à Chrysostome: le premier sous le titre « Homélie de St. Jean Chrysostome pour une exhortation spirituelle pour le Jeudi Saint »[50] et une « Homélie catéchétique pour le Saint Dimanche de Pâques »[51].

Abordons en premier lieu l'usage liturgique de ces Homélies. La première (« pour le Jeudi Saint ») n'est plus en usage, bien qu'elle soit présente dans l'euchologe. Il nous semble que cette Homélie était, auparavant, en usage dans les rites monastiques mais aussi dans les paroisses, probablement avant la communion. La deuxième est récitée la nuit de Pâques, juste avant le début de la Liturgie pascale, parce qu'il s'agit (comme la précédente) d'une Homélie préparatoire pour la communion.

Le contenu théologique des prières est révélé par leur titre. L'« Homélie d'exhortation spirituelle pour le Jeudi Saint » exhorte à ne pas approcher « les Saints Mystères » (i.e. la Sainte Communion) sans une préparation spirituelle avec la Pénitence. C'est pourquoi, pour cette prière (bien qu'elle ne soit plus en usage dans la liturgie), nous sommes convaincus qu'il s'agit d'une prière préparatoire pour la communion. Mais, bien que cette prière ait disparu de la Liturgie du Jeudi Saint, la seconde prière (avec un contenu tout à fait semblable) se trouve dans la Liturgie Pascale.

Est-ce qu'il y a un sujet de mettre en doute l'authenticité des deux « Homelies » qui se trouvent dans l'euchologe byzantin ? La réponse est affirmative pour la première Homelie d'exhortation pour le Jeudi Saint, parce que dans les écrits authentiques du Chrysostome il y a seulement (le Jeudi Saint) les trois Homelies « à la trahison de Juda ». Mais l'Homelie catéchétique de Pâques doit être considérée comme authentique, parce qu'elle a des points communs avec les Catéchèses mystagogiques de Chrysostome[52].

---

50   Εὐχολόγιον τὸ Μέγα, Athènes 1970, 609 s.
51   Ibid., 611 s.
52   Cf. P. Christou, Ἑλληνικὴ Πατρολογία, vol. 4, Thessalonique 1989, 274.

§2 Il y a, enfin, quatre prières attribuées à Chrysostome, dans un office intitulé « Office préparatoire à la Sainte Communion »[53]. Cet office n'est pas strictement liturgique, au sens d'une celebration sacerdotale. Elle est récitée par des fidèles soit à l'Eglise, soit chez eux. Or, ces prières ne sont pas liturgiques, à proprement dire.

Nous n'avons pas, non plus, d'éléments pour attester l'authenticité de ces prières. L'office apparaît au IXe s. et démontrer la parenté probable entre ceux prières et les écrits du Chrysostome exigerait une recherche assez difficile. Mais pour la théologie orthodoxe la tradition (i.e. l'attri-bution des prières à Chrysostome) exprime en tout cas une certaine vérité.

---

53   Ὡρολόγιον τὸ Μέγα, Athènes 1973, 436-438, 443.

Nachwirkungen der Kanzelreden des Johannes Chrysostomos in der byzantinischen politischen Philosophie

Konstantinos Bosinis

Die Persönlichkeit des Johannes Chrysostomos hat unauslöschliche Spuren in der Orthodoxen Kirche hinterlassen. Und zwar zu allererst im Kult: Johannes wird die Liturgie zugeschrieben, die jeden Sonntag in jedem Kapellchen und jeder Kirche der gesamten orthodoxen Welt gefeiert wird. Sodann zählt Chrysostomos zusammen mit Basileios dem Großen und Gregor dem Theologen zu den „Drei Hierarchen", welche im Bewusstsein der Gläubigen die harmonische Verbindung des christlichen Glaubens mit dem Ideal der altgriechischen *Paideia* verkörpern. Das Andenken an die „Drei Hierarchen" wird mit Pracht am 30. Januar gefeiert, einem Jahrestag, der nicht nur religiös gefärbt ist, sondern zugleich auch als Fest der Künste und der Wissenschaften gilt[1]. Johannes Chrysostomos ist darüber hinaus für die Orthodoxen *der* Interpret der Heiligen Schrift schlechthin, insbesondere der Paulusbriefe. Alle späteren Kirchenväter – Theodoret von Kyrrhos, Johannes von Damaskos, Theophylakt, Oikoumenios oder Zygabenos – befassen sich nur dann mit der Auslegung der Evangelien und der Episteln des Neuen Testaments, wenn sie ihn vorher konsultiert haben. Und in den meisten Fällen folgen sie ihm entweder treu, indem sie seine Meinung, ja sogar seine Worte wiederholen, oder sie geben seine originale Interpretation frei wieder, wie ein jeder ihn zu verstehen glaubte[2]. Sehr bezeichnend ist die Miniatur, die sich in einer Handschrift des 11. Jahrhunderts erhalten hat (*codex Parisinus gr. 224*), die eine Katene mit Auslegungen des großen Heiligen zu den Paulusbriefen enthält (Abb. 17).

---

1   Obschon der Gedenktag auf die byzantinische Zeit zurückgeht, wurde er auf Beschluss des Senats der Kapodistrias-Universität Athen 1842 offiziell als Fest der Wissenschaften und Künste eingeführt. Auf diese Weise wollte nur wenige Jahre nach der Befreiung Griechenlands von den Türken die neu gegründete Universität von Athen deutlich machen, „dass sie das Ideal hat, das auch jene hervorragenden Männer hatten, die glaubten γυμνάσιον μὲν τῆς ψυχῆς τὴν ἀνθρωπίνην σοφίαν, τέλος δὲ τὴν θείαν" (D. S. Balanos, Διατί η εορτή των Τριῶν Ιεραρχῶν εθεσπίσθη ως εορτή της Παιδείας, Athen 1948, 3).

2   Siehe S. N. Sakkos, Ο Ιερός Χρυσόστομος ως ερμηνευτής, in: Πρακτικά του ΙΣΤ' Θεολογικού Συνεδρίου Ιεράς Μητροπόλεως Θεσσαλονίκης με θέμα „Ο Ιερός Χρυσόστομος", hg. v. D. Vakaros, Thessaloniki 1996, 266.

Man sieht Chrysostomos in der Bildmitte auf einem Thron sitzen und
seine Rechte in lehrerhafter Haltung heben; neben ihm steht ein Lesepult
mit dem Neuen Testament. Zu seinen Füßen sitzen rechts und links zwei
Männer, die auf den ersten Blick kaum zu erkennen sind, da sie viel
kleiner als Chrysostomos sind. Schauen wir sie uns näher an, können wir
sie erkennen: Es sind zwei spätere Kirchenväter, Theodoret von Kyrrhos
und Oikoumenios, welche der Bibelexegese des großen Lehrers lauschen
und sich Gedanken machen, was sie davon schriftlich festhalten wollen[3]!

In den letzten Jahrzehnten hat die Forschung ihr Interesse einem besonderen Aspekt der Persönlichkeit von Johannes Chrysostomos zugewandt, der den meisten unbekannt sein dürfte: seinen Ansichten zum
öffentlichen Leben. 1960 erschien in Graz die Monographie von Stefan
Verosta „Johannes Chrysostomus. Staatsphilosoph und Geschichtstheologe", die erste, die ganz dem politischen Denken des Kirchenvaters
gewidmet ist. Eine Reihe von Untersuchungen und Artikeln befassten sich
seither und bis heute mit demselben Thema[4]. Und zu Recht: in den
Predigten des Chrysostomos wird ohne weiteres die Sensibilität des Kirchenvaters gegenüber den Problemen des öffentlichen Lebens deutlich;
oft prangert er von der Kanzel die Eitelkeit und die Grausamkeit der
herrschenden Klasse an, die Verderbtheit des Justizsystems, die Absurdität
der Kriege oder die schwere Besteuerung, die das Volk niederdrückt. Viele
Ermahnungen des Johannes richten sich auch konkret an die Mitglieder
des *ordo senatorum* und des *ordo decurionum,* die Senatoren und die Rats-
herren der spätrömischen Zeit, die seine Predigten in der Kirche zusammen mit den anderen Gläubigen verfolgen[5]. Im *corpus chrysostomicum* haben
sich mehrere Reden erhalten, die für Personen des königlichen Hofes verfasst worden sind: für den einflussreichen Patrizier und Eunuchen Eutrop,
die Kaiserin Eudoxia, Arcadius und Theodosius den Großen[6]. Auf der
Grundlage der genannten Daten möchte ich im vorliegenden Aufsatz

---

3   Siehe die Miniatur im *Parisinus graecus 224* in der Untersuchung von K. Krause, Die
     illustrierten Homilien des Johannes Chrysostomos in Byzanz (Spätantike-Frühes
     Christentum-Byzanz: Kunst im ersten Jahrtausend. Reihe B: Studien und Perspektiven
     14), Wiesbaden 2004, Abb. 107 und die Analyse des Bildes auf S. 189 f.

4   Eine Auswahl aus dem reichhaltigen Material, das sich mit der Zeit angesammelt hat,
     im Literaturverzeichnis meiner Arbeit: K. Bosinis, Johannes Chrysostomus über das
     Imperium Romanum. Studie zum politischen Denken der Alten Kirche (Texts and Stu-
     dies in the History of Theology 10), Mandelbachtal/Cambridge 2005, die, wie deut-
     lich aus dem Titel hervorgeht, der modernen Forschung folgt, wie sie von Stephan
     Verosta vor einigen Jahrzehnten eröffnet wurde.

5   Siehe unten Anm. 41 und 76 f. Zur Zusammensetzung der Zuhörerschaft, welche die
     Predigten von Johannes verfolgte, siehe auch die Abhandlung von W. Mayer/P. Allen,
     John Chrysostom (The Early Church Fathers), London/New York 2000, 34-40.

6   Siehe stat. 21,3 (PG 49,214-219); Eutrop 1-2. (PG 52,391-414); hom. div. 2-3 und 6,1
     (PG 63,467-478, 491 f.).

versuchen, einen Schritt weiter zu gehen und das politische Denken des Johannes mit dem der Byzantiner zu vergleichen. Hat seine Botschaft in der Philosophie, die sich im Mittelalter um die Person des Kaisers und den Themen des öffentlichen Lebens allgemein entfaltete, Spuren hinterlassen? Um diese Frage soll es im folgenden gehen. Den ganzen Reichtum der byzantinischen politischen Philosophie auszuschöpfen ist freilich unmöglich. Für die Zwecke dieses Aufsatzes habe ich ihr wohl repräsentativstes Stück ausgewählt: die „Fürstenspiegel". Die Spiegel sind ein Literaturgenus, das sich vornehmlich mit den Visionen und den Erwartungen der Politik befasst. Sie haben ihren Ausgangspunkt bereits in klassischer Zeit und zwar mit dem Brief *Ad Nicoclem* von Isokrates. Nach dem Zusammenbruch der Demokratie und der Einrichtung der Monarchie erleben die Spiegel eine große Blütezeit, die sich im Mittelalter bis zur neueren Zeit fortsetzt. Zum literarischen Genus der Spiegel gehört auch – trotz seiner bedeutenden Neuerungen – das berühmte Werk von Nicoló Macchiavelli *Il principe*[7]. Was Byzanz im Besonderen angeht, haben sich neun Fürstenspiegel erhalten, die vom 6. bis zum 15. Jahrhundert datieren und uns ein getreues Bild der politischen Weltanschauung der Byzantiner überliefern[8]. Ich habe mich systematisch damit beschäftigt und gewisse Gedanken herausgeschält, die für sie charakteristisch sind, und sie mit denen des Johannes verglichen, um festzustellen, ob sie vielleicht seinen Einfluss verraten. Die Resultate finden sich, konzentriert und in groben Zügen, im folgenden Text.

---

7   Siehe W. Blum, Byzantinische Fürstenspiegel. Agapetos, Theophylakt von Ochrid, Thomas Magister (BGrL 14), Stuttgart 1981, 19 f., der die wichtigsten Stationen in der Entwicklung der Spiegel als besondere Literaturgattung von Isokrates bis in die neuere Zeit bietet. Vgl. ferner P. Hadot, Art. Fürstenspiegel, RAC 8, Stuttgart 1972, 555-632.

8   Ganz richtig unterscheidet Herbert Hunger die byzantinischen Fürstenspiegel von den Enkomien und Festreden zu Ehren des Kaisers. „Die Autoren der echten Fürstenspiegel", bemerkt er, „konnten ein freies Wort wagen, weil sie genügend Zivilcourage besaßen, wie Synesios oder Kekaumenos, oder aber zu ihrem Adressaten in einem Lehrer-Schüler-Verhältnis standen." Den Enkomien und Festreden fehlt nach Hunger andererseits der echte Beratungscharakter; ihre Argumentation artet gewöhnlich in eine Lobhudelei der königlichen Person aus, an die sie sich mit ständiger Lobpreisung ihrer Tugenden und Heldentaten richten, H. Hunger, Die hochsprachliche profane Literatur der Byzantiner, Bd. 1 (HAW 12,5), München 1978, 158. Der Unterscheidung Hungers folgen heute die meisten Forscher, s. W. Blum, Byzantinische Fürstenspiegel (wie Anm. 7), 30 f.; ebenso K. D. S. Paidas, Τα βυζαντινά κάτοπτρα ηγεμόνος της πρώιμης και μέσης περιόδου (398-1085). Συμβολή στην πολιτική θεωρία των Βυζαντινών, Athen 2005, 20 – eine interessante Arbeit, die es unternimmt, die Ähnlichkeiten und Unterschiede zwischen den einzelnen Fürstenspiegeln der Byzantiner herauszuarbeiten.

1. Ὁ ὁμόδουλος: Die menschliche Natur des Kaisers

Einer der bedeutendsten Punkte, in denen sich das Christentum von den religiösen Auffassungen der griechisch-römischen Welt unterscheidet, ist nach Chrysostomos der Kaiserkult. Bei der Interpretation der Einleitung von Paulus' Römerbrief erwähnt er mit deutlichem Abscheu die zu Zeiten des Neuen Testaments herrschende Gewohnheit, dem Kaiser göttliche Attribute beizulegen, ja sogar Tempel zu seiner Verehrung zu bauen oder ihm Opfer zu bringen. Derartige Gebräuche sind, so Johannes, ein Beweis für den Hochmut der Römer aufgrund ihrer unermesslichen Reichtümer, ihres Ruhmes und ihrer Herrschaft über alle Völker der Erde[9]. Im Kommentar zum 2. Korintherbrief macht er Gebrauch von der Theorie des Euhemeros und verknüpft den Beginn der heidnischen Religion mit der Vergöttlichung starker Persönlichkeiten in der fernen Vergangenheit[10]. Er führt für seine Hörer darüber hinaus zwei bezeichnende Beispiele zur Erklärung seiner Position an: die Ausrufung Alexanders zum 13. Olympischen Gott durch den römischen Senat und die Gründung der Stadt Antinoos zu Ehren von Hadrians gleichnamigem Liebhaber, der auf Initiative des Kaisers im gesamten *Imperium Romanum* als Gott verehrt wurde[11].

---

9   hom. in Rom. 2,6 (PG 60,408).

10 Euhemeros von Messene (ca. 330-260 v.Chr.) behauptete bekanntlich, die Götter der griechischen Mythologie seien in Wirklichkeit Könige gewesen, die nach ihrem Tod von ihren Untertanen vergöttlicht worden seien. In seinem Buch Ἱερὰ ἀναγραφή – Bruchstücke davon haben sich nur bei späteren Autoren erhalten – erzählt er, wie er auf einer Reise auf die Insel Panchaia im Indischen Ozean eine goldene Weihestele angetroffen habe, auf der die Namen des Ouranos, des Kronos, des Zeus und der anderen Götter eingehauen waren, zusammen mit Informationen über ihr Leben und den berühmten Taten, die sie während ihrer Herrschaft auf der Erde vollbracht hätten (Diod. VI 1,2-12). Lange vor Johannes wurde der „Euhemerismus" von den kirchlichen Apologeten als Waffe im Kampf gegen das Heidentum eingesetzt, siehe K. Thraede, Art. Euhemerismus, RAC 6, Stuttgart 1966, 877-890, insbesondere 883-890 und W. Winiarczyk, Euhemeros von Messene. Leben, Werk und Nachwirkung (Beiträge zur Altertumskunde 157), München 2002, 169-172.

11 hom. in 2 Cor. 26,4 (PG 61,580 f.). Beide Beispiele entlehnt Johannes – ähnlich wie beim „Euhemerismus" – der frühchristlichen Apologetik. Vgl. zur Ernennung Alexanders zum τρισκαιδέκατος θεός Clem. Al., protr. X 96, 4. Clemens indessen lastet die Vergöttlichung des mazedonischen Königs den Heiden allgemein an, ohne sie mit einem Beschluss des römischen Senats zu verbinden – dies letztere eine aus historischer Sicht zweifelhafte Information, die eventuell auf ein Missverständnis des Chrysostomos zurückzuführen ist (J. A. Straub, Divus Alexander – Divus Christus, in: KYRIAKON. FS J. Quasten, hg. v. P. Granfield/J. A. Jungmann, Bd. 2, Münster ²1970, 461-473). Die Gründung von Antinopolis durch Hadrian 130 n. Chr. erwähnt bereits Origenes in *Contra Celsum* (III 25), s. J. A. Straub, 466 mit Anm. 29, wo eine detaillierte Analyse der Quellen vorgenommen wird, die an der oben genannten Stelle des Kommentars zum 2. Korintherbrief benutzt werden.

Es überrascht also nicht, dass der Kirchenvater in seinen Predigten von der Kirchenkanzel oder in seinen Schriften oft versucht, den Mythos zu zerstören, der die Person des römischen Kaisers umgibt, indem er dessen sterbliche Natur besonders herausstreicht. „Könige führen Gesetze ein, die oft nicht zu aller Nutzen sind; es sind ja auch nur Menschen", kann er in den Tagen der großen Unruhe vor dem Osterfest 387 n. Chr. zum Volk von Antiochien sagen, als sich die Gerüchte verstärkten, die Stadt werde von der Armee des Theodosius dem Erdboden gleichgemacht, weil sie sich gegen die ihr auferlegten Steuerabgaben erhoben hatte[12]. In einer Predigt aus der gleichen Zeit weist er auch auf die Sorgen und die hohe Belastung hin, in der der Inhaber des römischen Throns lebt, da auf seinen schwachen Schultern das ganze Gewicht der mannigfaltigen Angelegenheiten lastet, welche das Reich beschäftigen[13]. Die Kriege und Erhebungen der Barbaren bringen sein Leben in Gefahr, fügt Johannes hinzu, ähnlich wie die Verschwörungen, die von seinen Leibwächtern der Prätorianergarde betrieben werden[14]. Und wenn der Irrtum wie auch die Leiden unabdingbar zur menschlichen Natur gehören, die der König mit jedem seiner Untertanen teilt, so gilt das Gleiche auch für das Vergessen, das ihn im Laufe der Zeit bedeckt. „Nach dem Tod der Könige haben die von ihnen geschaffenen Gesetze keine Gültigkeit mehr", lesen wir im apologetischen Pamphlet des Chrysostomos *Contra Judaeos et Gentiles*, „ihre Statuen und Bilder, die den Markt, das Theater und die öffentlichen Gebäude der Städte schmücken, werden entfernt, ihr Name gerät in Vergessenheit, und die Erinnerung an sie schwindet allmählich, während die Verwandten und Freunde, die sie umgaben, ihre Macht einbüßen und auf sie herabgesehen wird"[15]. Die Institution des Kaisers bestätigt das Gesetz des Vergehens, das allem Menschlichen eigen ist, wozu auch der Ruhm gehört, den einem Szepter und Purpurgewand verleihen[16]. Außerdem ist Gott gegenüber der Träger weltlicher Macht ein einfacher Sklave und unterscheidet sich nicht von seinen Mitmenschen. Die Attribute ὁμόδουλος und σύνδουλος begegnen sehr oft und werden

---

12 stat. 16,2 (PG 49,164). Zum historischen Hintergrund der Homilienreihe des Johannes *De Statuis* s. J. N. D. Kelly, Golden Mouth. The Story of John Chrysostom. Ascetic, Preacher, Bishop, London 1995, 72-82. Zusammenfassend: R. Brändle, Johannes Chrysostomus. Bischof, Reformer, Märtyrer, Stuttgart 1999, 40-42.

13 stat. 18,2 (PG 49,183).

14 Ebd.

15 Iud. et gent. 9 (PG 48,825), frei wiedergegeben. Die Echtheit von *Contra Iudaeos et Gentiles*, die kürzlich von S. J. Voicu, La volontà e il caso. La tipologia dei primi spuri di Crisostomo, in: Giovanni Crisostomo-Oriente e Occidente tra IV e V secolo, XXXIII Incontro di studiosi dell'antichità cristiana, Roma 6-8 maggio 2004 (SEA 93), Rom 2005, 101-118, hier 106 f., in Frage gestellt wurde, betrachte ich als gegeben.

16 Iud. et gent. 9 (PG 48,824 f.). Vgl. exp. in Ps. 48,6 (PG 55,231).

von Chrysostomos abwechselnd benutzt, um die wesensmäßige Gleichheit zwischen dem König und seinen Untertanen, auch dem Fremden, dem Sklaven, dem Bettler oder anderen ums Leben Kämpfenden zu bezeichnen[17]. Die Macht schließlich, die er über sie ausübt, leitet sich nicht vom Naturrecht ab, im Gegenteil: sie ist eine Konvention, die von den Bedürfnissen des Zusammenlebens der Menschen im Rahmen einer Gesellschaft gefordert ist. Dabei wird nicht die ὁμοτιμία, d.h. die Gleichheit, aufgehoben, die zwischen ihnen besteht. Eine Gleichheit, die bekanntlich für Johannes der Urordnung der Schöpfung vor dem Sündenfall entspricht und die in der Kirche durch die Fleischwerdung des Gottessohns wieder hergestellt wird. Den berühmten Satz des Paulus aus dem Galaterbrief: „Denn ihr alle, die ihr auf Christus getauft seid, habt Christus angezogen. Hier ist nicht Jude noch Grieche, hier ist nicht Sklave noch Freier, hier ist nicht Mann noch Frau" (3,27 f.) kommentiert der Kirchenvater mit den Worten: „Wenn es bei Jesus Christus keinen Sklaven und keinen Freien gibt, gibt es noch weniger einen König und einfachen Bürger."[18] Der Abstand, der zwischen ihnen aufgrund der verschiedenen Positionen im hierarchischen Bau der Gesellschaft herrscht, verschwindet, wenn sie zu Christen getauft werden und gemeinsam die Gaben der Heiligkeit und der „Adoption" durch die Gnade Gottes empfangen[19].

Die leidenschaftlichen Reden Chrysostomos' stießen sicher nicht ins Leere; sie hatten einen lang dauernden Widerhall bei den Gläubigen, der bei weitem die Grenzen des 4./5. Jahrhunderts überschreitet und bis zur spätbyzantinischen Zeit reicht. Blättern wir in den mittelalterlichen Fürstenspiegeln, so stellen wir fest, dass ihre Verfasser der Ansicht des Kirchenvaters zur Institution der Königsherrschaft sehr nahe kommen. „Niemand brüste sich seiner adligen Herkunft", schreibt Agapetos Diakonos in seinem Werk *Expositio capitum admonitoriorum,* das er im 6. Jahr-

---

17 Siehe fem. reg. 9 (PG 47,532); stat. 3,6; 7,2; 20,5 und 21,4 (PG 49,56.93.206 und 220); cruc. 1,2 (PG 49,401); in Gen. 57,7 (PG 54,494); hom. in Mt. 58,5 (PG 58,574); hom. in Jo. 10,2 (PG 59,76); ecl. 7 (PG 63,617); exp. in Ps. 145:2 1 (PG 55,520) usw.

18 Εἰ γὰρ ἐν Χριστῷ Ἰησοῦ οὐκ ἔστι δοῦλος οὐδὲ ἐλεύθερος, πολλῷ μᾶλλον οὐδὲ βασιλεὺς καὶ ἰδιώτης (hom. in Rom. 1,3 [PG 60,399]).

19 hom. in Rom. 1,4 (PG 60,400). Vgl. zur Wiederherstellung der Gleichheit zwischen den Gläubigen der Kirche hom. in Mt. 19,4 (PG 57,278 f.); hom. in Eph. 1,3 und 4,4 (PG 62,13 f. und 36); hom. in Phil. 10,4 (PG 62,260); hom. in 1 Tim. 10,3 (PG 62,551 f.). Weitere Belege aus dem Werk von Chrysostomos in A. Stötzel, Kirche als „neue Gesellschaft". Die humanisierende Wirkung des Christentums nach Johannes Chrysostomus (MBTh 51), Münster 1984, 128-132. Das Naturrecht in der Theologie des Kirchenvaters behandelt S. Verosta, Johannes Chrysostomus. Staatsphilosoph und Geschichtstheologe, Graz 1960, Kap. 1-5, 35-73, bes. Kap. 4, 61-68. Siehe auch K. Bosinis, *Imperium Romanum* (wie Anm. 4), 100-103 und 196-201.

hundert an Kaiser Justinian richtet[20]. „Denn Lehm ist der Urvater aller, sowohl jener, die sich ihres Purpurs und ihrer Seidengewänder rühmen, als auch derer, die unter Armut und Krankheit leiden, sowohl derer, die eine Krone auf ihrem Kopf tragen, als auch derer, die an der Straße stehen und betteln."[21] An einer anderen Stelle seiner *Expositio* erklärt Agapetos ausdrücklich, dass der König „zusammen mit allen anderen Sklave Gottes ist"[22]; er fügt hinzu, dass er trotz seines hohen Rangs als Sterblicher das „irdische Bild" trägt, von dem er die Gleichheit gegenüber allen Menschen lernt[23].

Ähnliche Vorstellungen wie die des Agapetos Diakonos begegnen uns auch in einem anderen byzantinischen Spiegel vom Ende des 9. Jahrhunderts, der Basileios I. zugeschrieben wird, dem Begründer der mazedonischen Dynastie. In diesem Werk, das eine Reihe von Ratschlägen des Kaisers für seinen Sohn und zukünftigen Thronfolger, Leon VI. den Weisen, enthält, wird die menschliche Natur der weltlichen Macht auf ganz besondere Weise unterstrichen: „Auch wenn du auf einen hohen Thron steigst", schreibt Basileios für seinen Sohn, „steigst du nach einiger Zeit wieder herunter. Und wenn du den Ehrgeiz hast, die ganze Welt zu erobern, wirst du doch nach deinem Tod mit nur drei Ellen Erde auskommen."[24] Mit der gleichen schmucklosen und direkten Sprache, die an Ausdruckskraft die gnomologischen Kapitel des Agapetos übertrifft, erinnert Basileios Leon auch daran, dass er „Mitsklave" (σύνδουλος) im Verhältnis zu seinen Untergegebenen ist, weil es eigentlich nur „einen einzigen Herrn aller Menschen gibt", nämlich Gott; und „der Lehm ist unser einziger Stammvater", ergänzt Basileios gleich weiter unten, „mögen wir auch noch so der eine auf den anderen herabsehen"[25].

---

20 Ein repräsentatives Beispiel für das politische Denken der Byzantiner in justinianischer Zeit – so J. Irmscher in seinem Aufsatz: Das Bild der Untertanen im Fürstenspiegel des Agapetos, Klio 6, 1978, 507-509.

21 Exp. cap. adm. § 4 (28,1-4 Riedinger). Gründliche Einführung in die *Expositio* des Agapetos sowie die anderen Fürstenspiegel, die als Quellen meiner weiteren Ausführungen benutzt werden: W. Blum, Byzantinische Fürstenspiegel (wie Anm. 7), 32 ff., mit zusätzlicher Literatur.

22 … δοῦλος μετὰ πάντων ὑπάρχει Θεοῦ (Exp. cap. adm. § 68, [72,7 f. Riedinger]).

23 Exp. cap. adm. § 21; 38,16-18 in der Ausgabe von Riedinger, dem ich hier allerdings nicht folge. Statt des von ihm gewählten κόνει χοϊκῇ συμπέπλεκται [ὁ βασιλεὺς], ziehe ich εἰκόνι χοϊκῇ συμπέπλεκται vor und gebe damit der Textversion im Kodex *Marcianus gr. XI 23* den Vorrang.

24 Cap. adm. § 45 (PG 107,xliv).

25 Cap. adm. § 14 (PG 107,xxvi). Auf die Bewahrung Leons vor dem Hochmut, der mit der Ausübung der Königsmacht einhergeht, zielt zweifellos ab, dass er an die gemeinsame Herkunft aller Menschen aus der Erde erinnert wird. Vgl. die soeben zitierte Stelle bei Agapetos, Exp. cap. adm. § 4 (28,1-4 Riedinger). Einem ähnlichen Ziel dienten auch die verschiedenen formellen Handlungen, die wir aus dem Ritual des byzan-

Wenn wir also den öffentlichen Rang herausnehmen, der ihm einen göttlichen Glanz verleiht, unterscheidet sich der König gemäß der politischen Philosophie von Byzanz in nichts von seinen Untertanen: er ist ihnen gleichgestellt. Wie jene ist auch er ein Gottesknecht und darüber hinaus ihr Bruder, wie wir in den *Praecepta educationis regiae* lesen, einem weiteren Fürstenspiegel des 14. Jahrhunderts, der aus der Feder von Manuel II. Palaiologos stammt[26]. Wie Basileios ist Manuel byzantinischer Monarch und verfasst seinen Spiegel, um seinem Sohn, Johannes VIII. Palaiologos, die ethischen Prinzipien zu vermitteln, die dessen Verhalten durchwalten sollen, wenn er aufgerufen ist, die Zügel des Reichs in die Hand zu nehmen. Eins der bedeutendsten ist natürlich die Hingabe an Gott, dem er als treuer Knecht zu dienen hat. Die Unterwerfung unter Gott, sagt Manuel seinem zukünftigen Nachfolger, werde ihm sogar größere Freude bereiten als die Herrschaft über die Menschen[27]. Der

---

tinischen Hofes kennen. Bei der Krönungsfeier z.B. waren die ersten Personen, die der neue Kaiser empfing, die Hersteller von Grabdenkmälern und die Marmorschleifer. Nachdem man ihm einige Arten bunten Marmors vorgeführt hatte, richtete man die Frage an ihn: „Wer soll nach dem Willen Ihrer Majestät Ihr Grab bauen?" (H. Hunger, Reich der Neuen Mitte. Der christliche Geist der byzantinischen Kultur, Graz 1965, 95). Seit den mittleren Jahrhunderten von Byzanz bürgert sich unter anderen Insignien der Königsmacht die ἀκακία ein, ein Säckchen aus Purpurseide voll Erde, das der Kaiser bei bestimmten Festen oder offiziellen Veranstaltungen zu halten hatte. Den symbolischen Gehalt erklärt uns Georgios Kodinos, der bemerkt, dass διὰ τοῦ χώματος, [ὅπερ] ἀκακία καλεῖται (...) τὸ τὸν βασιλέα ταπεινὸν εἶναι ὡς θνητὸν [δείκνυται] καὶ μὴ διὰ τὸ τῆς βασιλείας ὕψος ἐπαίρεσθαι καὶ μεγαλαυχεῖν (De offic. 6, PG 157,69B [Hunger, ebd.]). Interessant ist auch der formelle Zug des Kaisers am Karmittwoch vom Palast bis zur Hagia Sophia, den der Araber Harun-ibn-Jahjah um 900 beschreibt, Einzelheiten bei O. Treitinger, Die oströmische Kaiser- und Reichsidee nach ihrer Gestaltung im höfischen Zeremoniell, Jena 1938, 148 mit Anm. 15.

26 Zur Datierung des Textes zwischen 1399 und 1403 siehe C. Dendrinos, Μανουὴλ Β΄ Παλαιολόγου Ὑποθῆκαι βασιλικῆς ἀγωγῆς, in: Β΄ Συνάντηση Βυζαντινολόγων Ἑλλάδος και Κύπρου (24-26 Σεπτεμβρίου 1999), hg. v. A. Kolia-Dermitzaki et al., Athen 2000, 159.

27 Praec. educ. reg. § 7 (PG 156,324). Vgl. Eus., v. C. IV 48,14-22, wo erwähnt wird, dass Konstantin der Große einmal einen Bischof rügte, der ihn wegen seiner Weltherrschaft glücklich gepriesen hatte, und ihm entgegnete, sein einziger Wunsch sei es, ein treuer Diener des Herrn zu sein. Im Gegensatz zu den negativen Assoziationen, die der Ausdruck δοῦλος Θεοῦ oder seine Variationen heute bei uns auslösen, haben sie für den Menschen des Mittelalters nichts Abwertendes, im Gegenteil: Sie stellen einen Ehrentitel dar, der dem byzantinischen Kaiser liebedienerisch zuerkannt wird. Bezeichnend sind die Hochrufe der Grünen und der Blauen für die königliche Familie πολλοὶ ὑμῖν χρόνοι, οἱ θεράποντες τοῦ Κυρίου, die nach dem Zeugnis von Konstantin VII. Porphyrogennetos, oft im Hippodrom von Konstantinopel zu hören waren (De caer. aul. byz. I 2, 36,3 f.; I 2, 37,1; I 5, 49,16 Reiske, vgl. O. Treitinger, Die Kaiseridee, [wie Anm. 25], 146). Als δοῦλος oder θεράπων Gottes wird Johannes VIII. Palaiologos außer mit Konstantin dem Großen mit Paulus und den anderen Aposteln gleichgestellt, die sich im Dienst an Gott aufzehrten, s. P. E. Schramm, Der Titel *Servus Jesu Christi* Kaisers Ottos III., ByZ 30, 1930, 424-430, hier 426 f.

junge Prinz indessen solle wissen, dass er auch im Verhältnis zum Sklaven, der für ein paar Münzen auf dem Markt gekauft wurde, σύνδουλος, ὁμότιμος und, wie vorher gesagt, ἀδελφός ist. Ihn vereint mit ihm die gemeinsame Abkunft von der Erde und dem Urvater Adam, der von der Hand Gottes geformt wurde; dann die Taufe, da auch jener, wie er selbst, Christ ist; schließlich der Kreuzestod Christi, der für alle Menschen ausnahmslos erfolgte[28]. „Und man sollte sich nicht brüsten wegen der Ungleichheit der äußeren Pracht", rät Manuel seinem Sohn; denn „der Lehm unterscheidet sich nicht vom Lehm und ein Geschenk Gottes ist das gleiche Geschenk, das allen Menschen gleichermaßen gemacht wird"[29]. Besonders bei diesen Gedanken, die ein Mitglied der letzten byzantinischen Dynastie über die brüderliche Liebe formuliert, welche die Gläubigen der Kirche unabhängig von ihrer gesellschaftlichen Rolle vereint, ist der Widerhall von Chrysostomos' Predigten ganz klar zu vernehmen[30].

2. Τὸ φοβερὸν βῆμα

Schon bei Augustus zeichnen sich Tendenzen ab, die allmählich zur Umwandlung des Prinzipats in einen absoluten Staat führen sollten. Nach der Volksversammlung sollte auch der römische Senat seine Macht verlieren und sich auf eine passive Rolle beschränken, nämlich nur die Beschlüsse des Kaisers zu bestätigen[31]. Auch wird das Gesetz, Grundlage der antiken Republik, immer mehr mit dem Willen des „ersten Bürgers" des Staates gleichgesetzt. Seine Erlasse gelten jetzt als Quelle des öffentlichen und privaten Rechts, ohne dass er selbst an die Artikel der bestehenden Gesetze gebunden wäre. *Quod principi placuit, legis habet vigorem* − „was der Prinzeps beschlossen hat, hat Gesetzeskraft". Dieser Satz Ulpians gibt den Geist wieder, der in den Kreisen der Gesetzeskundigen Roms im 3. Jahrhundert herrschte[32], und er sollte später in den *Codex Iustinianus* als Verfassungsprinzip des byzantinischen Staats aufgenommen werden[33]. Wenn

---

28 Praec. educ. reg. § 7 (PG 156,324).
29 καὶ δεῖ μὴ κατεπαίρεσθαι δι' ἀνισότητα σχήματος, πηλὸν ὁμοίου πηλοῦ, καὶ Θεοῦ τι χάρισμα, τοῦ αὐτοῦ χαρίσματος πᾶσιν ἴσως διδομένου (ebd.)
30 Vgl. hom. in Rom. 1,4 (PG 60,400) und die übrigen, oben in Anm. 19 zitierten Stellen bei Johannes; s. auch A. Stötzel, Kirche als „neue Gesellschaft" (wie Anm. 19), 128-132.
31 Siehe M. Rostovtzeff, A History of the Ancient World, Bd. 2 (Rome), Übersetzung aus dem Russ. v. J. D. Duff, Oxford ³1938, 190-194.
32 F. Dvornik, Early Christian and Byzantine Political Philosophy. Origins and Background, vol. 2 (DOS 9), Washington 1966, 513-520.
33 Dig. I 4, 1 pr. Vgl. die Paraphrase des gleichen Axioms in der Revision des justinianischen Gesetzeswerks durch die Dynastie der Mazedonier: ὅπερ ἀρέσει τῷ βασιλεῖ νόμος ἐστίν (Basil. II 6, 2).

wir die Schwelle der Spätantike überschreiten, als auf die „Zeit der Anarchie" mit ihrem ständigen Wechsel von Usurpatoren das System der Tetrarchie des Diokletian folgte, scheint jeglicher Widerstand gegen die institutionelle Festigung der kaiserlichen Allmacht gebrochen zu sein. Die Monarchie tritt in Rom mit ihren spezifisch hellenistischen Merkmalen auf: als Despotismus oder, um einen authentischen Ausdruck antiker Quellen zu gebrauchen, als eine ἀνυπεύθυνος ἀρχή, eine Obrigkeit also, die keine Gesetzesschranken kennt und niemandem Rechenschaft schuldet[34].

Auf diesem historischen Hintergrund gewinnen die Erwähnungen eines künftigen Gerichts, die wir hier und da im Werk des Johannes finden, eine gewichtige Bedeutung. Der „schreckliche Richterstuhl", vor dem alle Menschen Rechenschaft über ihre Taten abzulegen aufgefordert sind, ist ein Leitmotiv in den Reden des Chrysostomos. Der Kirchenvater erinnert oft seine Zuhörer an „jenen Tag", wenn die Vorhänge des Himmels sich öffnen und Christus erscheint, von den unzähligen Heerscharen von Engeln umgeben, um Gerechte und Ungerechte zu richten[35]. Dann erscheint alles „bloß und aufgedeckt", betont Chrysostomos (vgl. *Hebr* 4,13). Das Schauspiel des gegenwärtigen Lebens löst sich auf, und die verschiedenen Rollen, die wir als Schauspieler in unserem gesellschaftlichen Umgang spielen, können den unbestechlichen Richter, der vor uns sitzt, nicht täuschen. Jeder wird ausschließlich nach seinen Werken beurteilt und nicht nach seinem Reichtum, seinem Rang, seinem Ruf oder nach der Macht, die er über andere ausübt[36]. Die Masken fallen, und die Illusion, die wir über die Wichtigkeit der menschlichen Angelegenheiten nähren, wird zerstört. „Dann gibt es keinen König und Untertanen, Reichen und Armen,

---

34 Siehe Diotogenes, regn.: ὁ δὲ βασιλεὺς ἀρχὰν ἔχων ἀνυπεύθυνον, καὶ αὐτὸς ὢν νόμος ἔμψυχος, θεὸς ἐν ἀνθρώποις παρεσχαμάτισται (bei Stobaios IV, vii, Frgm. 61, 265 Wachsmuth-Hense) und Dion Chrysostomos, or. III 42 f. Die Festigung der Monarchie in Rom durch die Reformen des Diokletian beschreibt J. B. Bury, History of the Later Roman Empire from the Death of Theodosius I. to the Death of Justinian, vol. 1, London ²1958, 5-24. Spezieller zur Benutzung von Elementen des hellenistischen Königtums durch den römischen Kaiser im 3. Jh. n. Chr. vgl. F. Dvornik, Political Philosophy (wie Anm. 32), 520-525. Es sei gleichwohl angemerkt, dass die Epoche, die mit der Tetrarchie des Diokletian beginnt und die in der traditionellen Forschung gewöhnlich als „Dominat" bezeichnet wird, keinen Bruch mit der Vergangenheit darstellt, sondern vielmehr ihre Fortsetzung, da in ihrem Verlauf viele absolutistischen Tendenzen unverhüllt offenbar werden, die bereits seit der Zeit des Augustus in dessen Prinzipat zu erkennen waren. ἐκ δὲ τούτου μοναρχεῖσθαι αὖθις ἀκριβῶς ἤρξαντο [Ῥωμαῖοι], wie Cassius Dio in seiner *Historia Romana* entwaffnend erklärt (LII 1, 1). Die organische Einheit von Prinzipat und Dominat betont u.a. A. Demandt, Geschichte der Spätantike. Das Römische Reich von Diocletian bis Justinian (HAW 3,6), München 1998, 182-184.

35 Siehe z.B. hom. in Mt. 56,4 (PG 58,554 f.).

36 Laz. 6,5 und 2,3 (PG 48,1035 und 986).

Gebildeten und Ungebildeten", hören wir den Kirchenvater bezeichnenderweise in seiner Predigt *De studio praesentium* sagen, die aus der reifen Zeit seines Patriarchats in Konstantinopel stammt.

> Du siehst dann keinen, der die Krone auf dem Kopf trägt und sich in die königliche Tunika hüllt; auch siehst du keinen, den man mit dem Wagen transportiert und wie Hunderte von Liktoren mit stolzem Schritt auf den Markt der Stadt stürmen. Aber all das verschwindet, und jeder zeigt sich nackt und hat als einziges Beweisstück für seine Rettung oder seine Verurteilung allein das, was er getan hat. Denn gemäß den Taten eines jeden Menschen wird auch das Urteil verkündet.[37]

Konkret gesagt, erben alle Gerechten das ewige Königreich, während die Ungerechten andererseits an Händen und Füßen gefesselt ins Dunkel geworfen werden, um die schrecklichsten Torturen zu erleiden, die der Kirchenvater nicht müde wird, eine nach der anderen den Gläubigen aufzuzählen: den κάμινος, die ἀξίνη, den ἰοβόλος σκώληξ, das πῦρ τὸ ἄσβεστον, den κλαυθμός und den βρυγμὸς τῶν ὀδόντων[38].

Chrysostomos' Erwähnungen der letzten Tage enthalten jenseits ihres unschätzbaren pastoralen Wertes potentiell eine politische Stellungnahme, die desto klarer wird, je mehr der Kirchenvater darauf beharrt, uns den Tag des Gerichts als Umsturz der Machtstrukturen vorzuführen, welche die römische Gesellschaft seiner Zeit durchziehen. Das Bild des Königs, der, entblößt von seinen Machtsymbolen, herbeikommt, um sich vor dem φοβερὸν βῆμα Christi zu verteidigen, dient dem gleichen Zweck wie die Attribute „Mitsklave" und „Gleichsklave" in der Rhetorik des Johannes: es holt die Institution des Kaisers aus der göttlichen in die menschliche Sphäre herab und setzt seinen Inhaber mit der Masse der Untertanen gleich. Die Taten des Königs werden wie bei jedem Gläubigen kontrolliert und ständig bewertet vom „schlaflosen Auge" (ἀκοίμητος ὀφθαλμός), das über die menschlichen Dinge wacht[39]; sie haben entscheidendes Gewicht bei seiner Rettung oder seinem Untergang in der zukünftigen Zeit. Auch begründet sein Rang keine privilegierte Beziehung zu Gott, befreit ihn

---

37 hom. div. 5,1 (PG 63,486).

38 Den „Ofen", das „Beil", den „Giftwurm", das „nicht verlöschende Feuer", das „Heulen und Zähneklappern". Siehe hom. in Mt. 12,4 (PG 57,207) und 56,4 (PG 58,555); Thdr. 1 9 (PG 47,288; SC 117,126); oppugn. 1,4 (PG 47,324); Laz. 7,1 (PG 48,1045); stat. 5,2 und 20,2 (PG 49,72 und 200); grat. 3 (PG 50,657); hom. in Gen. 18,8 (PG 53,158); exp. in Ps. 48,9 (PG 55,236); hom. in Jo. 70,3 (PG 59,436); hom. in Rom. 25,4 (PG 60,633); hom. in 1 Cor. 23,6 (PG 61,197); hom. in 2 Cor. 9,4 (PG 61,466); hom. in 1 Thess. 9,5 (PG 62,454) usw.

39 Siehe stat. 20,4 (PG 49,203); pan. Juv. 3 (PG 50,576); pan. Pelag. Ant. 4 (PG 50,584); hom. in Gen. 5,6 und 31,2 (PG 53,53 und 284); hom. in Ac. 4,4 (PG 60,50); hom. in 1 Cor. 12,4 (PG 61,101); hom. in 2 Cor. 5,3 (PG 61,431); hom. in Col. 10,2 (PG 62,367) usw.

auch nicht von der Verpflichtung, vor dem himmlischen Gericht Rede und Antwort zu stehen. Wohl eher das Gegenteil ist der Fall: Die Strafe, die den König beim Jüngsten Gericht erwartet, wird härter als die aller anderen sein, weil sie der gewaltigen Verantwortung entspricht, die er in bezug auf den Wohlstand und die Rechtspflege für seine Untertanen übernommen hat. ἄρχοντες καὶ δικασταὶ μετὰ πολλῆς ἐξετάζονται τῆς ἀκριβείας versichert uns Johannes in einer seiner Homilien zum Gleichnis der tausend Talente im Neuen Testament (Mt 18, 23-35)[40]. Die Dienstzeit der Herrscher und Richter unterliegt einer gründlichen Kontrolle am Tage des Gerichts: ob man auf irgend eine Weise das Recht gebeugt hat, ob man bei der Behandlung eines Gerichtsfalles dem einen zu Gefallen ist oder aus persönlichen Gründen den anderen verurteilt, ob man Schmeicheleien erlegen ist und ein falsches Urteil gefällt hat und schließlich ob man jemanden aus Böswilligkeit und Ressentiment geschädigt hat, der kein Unrecht begangen hat[41].

Ein noch schlagenderes Beispiel für die politischen Folgen, die sich aus der Rechenschaftspflicht des Königs vor Gott am Tag des Jüngsten Gerichts ergeben, bietet uns Chrysostomos in seiner 21. Homilie *De Statuis*. In dieser Homilie, der letzten die er aus Anlass des Aufstands gegen Theodosius in Antiochien hielt, zitiert er ein längeres Stück aus der Rede des Flavian an den Kaiser, zu dem dieser in jenen unruhigen Tagen des Frühlings 387 n. Chr. als Gesandter der Stadt eilends geschickt worden war[42]. Flavians Rede ist zweifellos von Johannes aufgesetzt, zu jener

---

40 hom. in Mt. 18:23 4 (PG 51,23).

41 Ebd. Wie in so vielen anderen Fällen liegt es auch hier offensichtlich in der Absicht des Kirchenvaters, die Mitglieder der herrschenden Klasse zu ermahnen, die ihn von der Kirchenkanzel herab predigen hören. Warum sollte er sonst mit aller Ausführlichkeit die Kontrolle vergegenwärtigen, die sie erdulden müssen, wenn die letzten Tage kommen? Die Erinnerung an den „Schrecklichen Richterstuhl" Christi soll sie in den Grenzen der Tugend halten und die Willkür einschränken, mit der sie ihre Macht besonders zu Lasten der Volksmassen ausüben. Siehe zu Letzterem die Beschreibung der Ausbeutung, der die πένητες den Reichen in Antiochien ausgesetzt sind – mit der Rückendeckung und unter Mitschuld der Würdenträger des Staates: Πάντα (…) ἄνω καὶ κάτω γέγονε (…) καὶ πολλοὶ καθ’ ἑκάστην ἡμέραν οἱ ἀδικούμενοι, οἱ ἐπηρεαζόμενοι, οἱ βιαζόμενοι, οἱ βλαπτόμενοι, οἱ ἀσθενεῖς παρὰ τῶν δυνατωτέρων, οἱ πένητες παρὰ τῶν πλουσίων (…) καὶ οὔτε νόμων διόρθωσις, οὔτε δικαστηρίων φόβος, οὔτε ἄλλο οὐδὲν τὸν λοιμὸν τοῦτον ἔστησε καὶ τὴν νόσον, ἀλλὰ καθ’ ἑκάστην ἡμέραν αὐξάνεται τὸ κακόν, καὶ οἰμωγαὶ πανταχοῦ, καὶ θρῆνοι, καὶ δάκρυα τῶν ἀδικουμένων καὶ οἱ ταχθέντες τὰ τοιαῦτα διορθοῦν δικασταί, αὐτοὶ τὸν χειμῶνα ἐπιτείνουσι, καὶ τὴν νόσον ἐπιτρίβουσι (laed. 1 [PG 52,461]). Vgl. oppugn. 1,7 (PG 47,328); proph. obscurit. 2,6 (PG 56,183); hom. in Mt. 58,5 (PG 58,574). Die Korruption der staatlichen Behörden in der Spätantike bestätigen außer den Stellen bei Chrysostomos auch andere Quellen, denen die moderne Forschung ihre Aufmerksamkeit zugewandt hat, vgl. R. MacMullen, Corruption and the Decline of Rome, New Haven 1988, bes. Kap. 3.

42 stat. 21,2 f. (PG 49,213-219).

Zeit Priester in der Diözese von Antiochien. Alle Argumente, die von Flavian Theodosius gegenüber dargelegt werden, damit sich sein Zorn besänftige und er von harten Repressalien gegen die Bevölkerung der Stadt Abstand nehme, verweisen uns an das theologische Temperament des Kirchenvaters; sie begegnen auch mit großer Häufigkeit in seinen anderen Predigten. Dazu zählt auch das φοβερὸν βῆμα, mit dessen Erwähnung Flavian seine Gesandtschaft an den Hof Konstantinopels beschließt. „Denke also an jenen Tag, an dem wir alle Rechenschaft über unsere Taten ablegen", führt er konkret gegenüber Thedosius an, um ihn von der Zerstörung von Antiochien abzuhalten, die er, so ging das Gerücht, bereits beschlossen hatte[43]. „Bedenke, dass wenn auch eine Verfehlung von dir begangen wurde, du alle Vergehen durch einen Beschluss abwaschen kannst, ohne Mühe und Anstrengung."[44] Ein weiterer Kommentar erübrigt sich. Die Worte, die Chrysostomos durch den Mund des Bischofs an Theodosius richtet, beweisen besser als jede Analyse die politische Dynamik, die das Dogma des Christentums hinsichtlich des künftigen Gerichts in sich birgt: Der römische Kaiser wird für seine Beschlüsse einer höheren, metaphysischen Stelle gegenüber rechenschaftspflichtig, welche sich anschickt, das institutionelle Vakuum auszufüllen, das die Schwächung des Gesetzes und der Kollektivorgane des Staates auf der langen Strecke vom Prinzipat bis zum Dominat schuf. Auch der Spruch des Herrn aus der Bergpredigt: „Denn wenn ihr den Menschen ihre Verfehlungen vergebt, so wird euch euer himmlischer Vater auch vergeben" (Mt 6, 14) steckt den Rahmen einer neuen öffentlichen Moral ab, welche die absolutistischen Tendenzen des Throninhabers einschränkt, indem sie die Beziehung zu seinen Untertanen innerhalb der eschatologischen Perspektive der Abrechnung am Jüngsten Gericht neu bestimmt[45].

---

43 Dies erscheint keineswegs unwahrscheinlich, wenn man die Brutalität berücksichtigt, mit der eine andere Erhebung unterdrückt wurde, die kaum drei Jahre später in Thessaloniki ausbrach. Man schätzt, dass ungefähr 7.000 Menschen im Hippodrom der Stadt ihr Leben verloren, in einem Blutbad, für das der Kaiser die ausschließliche Verantwortung trägt. Einzelheiten bei S. Williams/G. Friell, Thedosius. The Empire at Bay, London 1994, 67-69. Die Gerüchte, Antiochien werde dem Erdboden gleich gemacht, klingen an vielen Stellen der Statuenhomilien an (stat. 2,2; 6,7; 21,3 [PG 49,36.91.218]). Vgl. auch Libanios, or. XX 5; XXIII 12 (J. N. D. Kelly, Golden Mouth [wie Anm. 12], 74).

44 Ἀναμνήσθητι τοίνυν τῆς ἡμέρας ἐκείνης καθ' ἣν ἅπαντες δίκην δώσομεν περὶ τῶν πεπραγμένων· ἐννόησον ὅτι, εἰ καὶ τί σοι ἡμάρτηται, πάντα ἀπονίψασθαι δυνήσῃ τὰ πλημμελήματα διὰ τῆς ψήφου, καὶ τῆς γνώμης ταύτης, χωρὶς πόνων, χωρὶς ἱδρώτων (stat. 21,3 [PG 49,219]).

45 Dass die kaiserliche Macht sich einer höheren, göttlichen Obrigkeit unterzuordnen habe, drücken in milderer Form auch die heidnischen Autoren der römischen Zeit aus. Siehe Plutarch, Ad princ. iner. 3 (Mor. 780D): ἀληθέστερον δ' ἄν τις εἴποι τοὺς ἄρχοντας ὑπηρετεῖν θεῷ πρὸς ἀνθρώπων ἐπιμέλειαν καὶ σωτηρίαν und Dion Chryso-

Die Eschatologie stellt gleicherweise einen das Mittelalter durchziehenden Begriff der politischen Philosophie dar, wie die Menge der Zeugnisse aus den verschiedenen Fürstenspiegeln der byzantinischen Zeit beweist. Von den insgesamt 72 Kapiteln, die Agapetos Diakonos Justinian widmet, beschäftigen sich zehn mit dem künftigen Tag des Gerichts oder spielen darauf an. Das gleiche Verhältnis kennzeichnet auch das Werk Basileios' I. des Makedoniers, während die Idee der Rechenschaftsablegung des Königs vor Gott ständig wiederkehrt in der Rede des Thomas Magistros *De regno*, einer wertvollen Quelle für die politischen Anschauungen der Byzantiner zur Zeit der paläologischen Renaissance zwischen dem 13. und 15. Jahrhundert.

Sehen wir uns die bedeutendsten Zeugnisse nacheinander an. „Vor der Pracht der Würden neigt der Tod nicht schamvoll seinen Kopf. In alle schlägt er seine Zähne, die alles verschlingen", schreibt Agapetos Diakonos poetisch in seiner *Expositio* und fährt gleich im Anschluss fort:

> Bevor er also unentrinnbar irgendwann erscheint, lasst uns unseren Reichtum in den Himmel bringen. Denn niemand nimmt mit sich, was er auf Erden gesammelt hat, wenn er dahinscheidet, sondern er lässt alles hier und verteidigt nackt seine Lebensführung.[46]

„Großzügiger König", sagt Diakonos an einem anderen Punkt, sich an Justinian wendend, „gib allen, die dich darum bitten, freigiebig; denn unendlich mehr wirst du zurückerhalten, wenn die Zeit der Abrechnung kommt"[47]. In seinem Fürstenspiegel *Capita admonitoria* lenkt auch Basileios die Gedanken seines Sohns, Leon VI. des Weisen, auf den Tag des Gerichts:

---

stomos, or. II 72: θεοῖς γε μὴν τοῖς ἀμείνοσι ἕπεσθαι [τὸν βασιλέα], καθάπερ οἶμαι νομεῦσιν ἀγαθοῖς (...) δεσπότας αὐτοῦ καὶ ἄρχοντας νομίζοντα ἐκείνους, καὶ τοῦ μεγίστου καὶ πρώτου βασιλέως θεοῦ κτῆμα ἀποφαίνοντα τιμιώτατον πρῶτον μὲν αὐτόν, ἔπειτα τοὺς ἄλλους τοὺς ὑπ' αὐτῷ τεταγμένους. Eine absolute Hingabe an Gott fordert von Kaiser Arcadius auch Synesios von Kyrene in seiner Rede *De regno* (XXV, 28D-29A, 56 Terzaghi), die er am Ende des 4. Jh. hielt und die zusammen mit der Trizennatsrede des Euseb von Kaisareia den Übergang von der heidnischen zur christlichen Epoche bezeichnet. Siehe Le discours sur la royauté de Synésios de Cyrène à l' empereur Arcadios, eingel., übers. und komm. v. C. Lacombrade, Paris 1951, 71 f. und 94-100. Allgemein zu den Ansichten Plutarchs und Dions vgl. F. Dvornik, Political Philosophy (wie Anm. 32), 537-549.

46 Exp. cap. adm. § 67 (72,1-6 Riedinger). „Nackt" rechtfertigt sich vor Gott, gemäß byzantinischer Auffassung, auch der Kaiser, was die Begräbnissitten des Hofes bezeugen, die Konstantinos VII. Porphyrogennetos schildert: Vor der Beisetzung des verstorbenen Monarchen ruft einer der Höflinge dreimal: ἀπόθου τὸ στέμμα ἀπὸ τῆς κεφαλῆς σου. Dann nimmt er ihm das Diadem von der Stirn und ersetzt es mit einem einfachen Purpurband, siehe De caer. aul. byz. I 60 (275, 15ff. Reiske), zitiert von O. Treitinger, Die Kaiseridee (wie Anm. 25), 156.

47 Exp. cap. adm. § 44 (56,10-13 Riedinger).

Auch wenn du andere verurteilst, die einen Fehler gemacht haben, hast du doch Gott als Richter für deine Fehler. Und versprich dir jeden Tag, dass du Verzeihung übst, und hoffe, dass auch dir von ihm verziehen wird. Da sein Richterspruch über dir schwebt, erlass allen, die dir etwas schulden, ihre Schulden, und auch dir werden die Sünden erlassen. Denn so wie du dich deinen Mitsklaven gegenüber verhältst, so wird sich dir gegenüber auch der uns gemeinsame Herr verhalten, da du mit dem gleichen Maß gerichtet wirst, mit welchem auch du richtest.[48]

Mit besonderer Herablassung spricht Basileios über die Insignien kaiserlicher Macht, den Purpurmantel, die Krone und die roten Sandalen; sie symbolisieren, wie er Leon gegenüber anführt, die „vorläufige Königsherrschaft" (πρόσκαιρος βασιλεία), deren Wert im Vergleich zu den inneren Qualitäten des Menschen gering sei. Die Gerechtigkeit, die Vernunft und die Bescheidenheit erweisen einen als wirklichen König unter seinen Untertanen, und die gleichen Tugenden schenken ihm die „unsterbliche Königsherrschaft" (ἀθάνατος βασιλεία) und retten ihn vor der ewigen Hölle[49]. Und die Bezüge zu den letzten Dingen hören hier noch nicht auf. Leon müsse das Gericht Gottes vor Augen haben, wann immer er dem Volk Steuern auferlegt, Führer wählt, um ihnen die Verwaltung des Staats anzuvertrauen, oder Appelle von Leuten zu ihm dringen, denen Unrecht geschehen ist und die zu ihm kommen, um von ihm eine gerechte Behandlung zu erreichen[50]. Ebenso wie die *Expositio* des Agapetos bezeugen auch die *Capita admonitoria* des Basileios das tiefe eschatologische Bewusstsein, welches das Reich des Neuen Roms kennzeichnet und seine öffentliche Moral entscheidend beeinflusst[51]. Sogar in der Zeit der Paläologen sollte die Hinwendung zur Antike und die große Blüte der klassischen Wissenschaften[52] nicht das Evangelium aus seiner zentralen Position verdrängen, die es in allen Aspekten der byzantinischen Kultur innehat. Der „schreckliche Richterstuhl" Christi erscheint im Spiegel des Thomas Magistros *De regno* neben Belegstellen aus Homer, den Tragikern, der „Grabrede des Perikles" des Thukydides oder den *Philippica* des De-

---

48 Cap. adm. § 45 (PG 107,xlviii). Vgl. Jesu Sentenz in Mt 7,2, die Basileios fast wörtlich zitiert, und das Vaterunser aus dem gleichen Evangelium (6,12); auch Agapetos, Exp. cap. adm. § 23 (40,6-10 Riedinger).

49 Cap. adm. § 63 (PG 107,liii).

50 Cap. adm. § 27, § 33 und § 44 (PG 107,xxxvi, xxxvii und xliv).

51 Vgl. F. Dölger, Die Kaiserurkunde der Byzantiner als Ausdruck ihrer politischen Anschauungen, in: Byzanz und die europäische Staatenwelt. Ausgewählte Vorträge und Aufsätze, hg. v. F. Dölger, Darmstadt 1964, 10 f. (= HZ 159, 1938/39, 230 f.).

52 Siehe das betreffende Kapitel von I. Ševčenko, Palaiologan Learning, in: The Oxford History of Byzantium, hg. v. C. Mango, Oxford 2002, 284-293.

mosthenes[53]. „Für die große und bewundernswerte Macht, die du ausübst, wird von dir auch die genaueste Rechenschaft gefordert, mein König, und du wirst dich für alles vor dem πρύτανις des Alls verantworten", schreibt Thomas in der Mitte des 14. Jahrhunderts an den damaligen Thronfolger Konstantinos Palaiologos[54]. „Behandle also auf entsprechende Weise die gegenwärtigen Angelegenheiten. Und verhalte dich allen gegenüber nicht nur menschlich (…), indem du sie reichlich versorgst, sondern achte vor allem anderen darauf, dass niemandem von dieser ganzen Menschenmenge Unrecht geschieht"[55]. Die Tatsache, dass es kein Verfassungsorgan gibt, das den König mit seinen Beschlüssen binden kann, bedeutet nach Thomas Magistros nicht, dass er furchtlos tun kann, was ihm beliebt; seine Taten werden ständig vom „schlaflosen Auge Gottes" (ἀκοίμητον ὄμμα Θεοῦ) kontrolliert, das ihn verpflichtet, die Schlechtigkeit zu verabscheuen und die Tugend in seinem Leben zu beherzigen[56]. Außerdem bewirkt die exponierte Stellung, die er in der Gesellschaft einnimmt, dass er mit seinem Verhalten den Charakter der Bürger formt. Jenseits ihres materiellen Wohlstands hängt also folglich auch ihre Rettung im anderen Leben in großem Maße von ihm selbst ab. „Du sollst nicht nur für dich vor Gott Rechenschaft ablegen, sondern für alle", sagt Thomas Magistros zu dem jungen Adressaten seiner Rede, Konstantinos Palaiologos, und bringt damit den Widerhall von der Kanzel des Johannes Chrysostomos ein weiteres Mal deutlich zu unseren Ohren[57].

---

53   Genaue Verweise im Kommentar der deutschen Übersetzung des Fürstenspiegels des Thomas Magistros von W. Blum, Byzantinische Fürstenspiegel (wie Anm. 7), 99-145.

54   De regn. § 6 (38,218-221 Cacciatore). Der Titel πρύτανις, der Gott zuerteilt wird, ist altertümlich und verweist auf die Auffassung der frühen Stoa, dass das Universum in seiner Gesamtheit eine Stadt darstelle (= κοσμόπολις, s. K. Bosinis, *Imperium Romanum* [wie Anm. 4], 70, Anm. 55).

55   De regn. § 6 (38,221-225 Cacciatore).

56   De regn. § 17 (61,785-792 Cacciatore).

57   De regn. § 30 (83,1368 f. Cacciatore). Vgl. Joh. Chrys., hom. in Heb. 34,1 (PG 63,233): Πάντων ὧν ἄρχεις γυναικῶν καὶ ἀνδρῶν καὶ παίδων σὺ λόγον δίδως τοσούτῳ πυρὶ τὴν κεφαλὴν ὑποτίθης. Für Chrysostomos ruht die Verantwortung für die Erlösung der Gläubigen natürlich viel mehr auf den Schultern des kirchlichen als des weltlichen Herrschers. Der Priester und nicht der König ist vor allem Gott gegenüber für die Seelen all derer verantwortlich, die ihm unterstellt sind (sac. 4,1 [PG 48,660 und SC 272,228]; hom. in Mt. 18:23 4 [PG 51,23]). In den Reden allerdings, die er an Personen des königlichen Hofes richtet, versäumt Johannes es nicht, den entscheidenden Einfluss zu unterstreichen, den ihr Verhalten für die moralische Erhöhung der Bevölkerung des Kaiserreiches hat. Siehe etwa sein Loblied der Eudoxia, deren Demut τῶν μαρτύρων οὐκ ἔλαττον τὸν δῆμον ὠφέλησεν (hom. div. 2,2 [PG 63,471]); auch die Bekehrung der Heiden und Juden zum Christentum aufgrund der tugendhaften Ausübung der Herrschaft durch Theodosius (stat. 21,3 [PG 49,217]). Ein Beispiel – obschon auf negative Weise – bietet auch Eutrop der Bevölkerung Konstantinopels, indem er als Bittflehender in der Kirche der Hagia Sophia Zuflucht sucht (Eutrop. 1,3

3. Μίμησις Θεοῦ

Kein Ausdruck gibt getreuer das politische Ideal wieder, das die Königsherrschaft für die antike Welt verkörperte, als die μίμησις Θεοῦ. Wenn
dieser Ausdruck, der aus den platonischen Dialogen stammt[58], auf dem
Gebiet der Philosophie einseitig mit der Tugend oder genauer der ἀπάθεια,
die vornehmlich Gott eignet, gleichgesetzt wird, so gewinnt er im öffentlichen Leben einen charakteristisch verschiedenen Inhalt je nach den An-
sprüchen und Erwartungen, die das Volk an seinen Führer hat. Der König
ahmt im Prinzip das Göttliche nach durch die Großzügigkeit und die Fülle
der Güter, die seine Regierung der gesamten Bevölkerung bietet. Die
Antwort auf die Frage *Quod est dare beneficia?* ist für einen politischen Den-
ker wie Seneca selbstverständlich; er formuliert sie in zwei Worten: *deum
imitari*[59]. Ähnlich selbstverständlich ist es für einen griechischen Sophisten
wie Dion Chrysostomos, der die Schrecken der Tyrannei Domitians am
eigenen Leib erfuhr, welche Tugend für einen römischen Kaiser passe:
μάλιστα δὴ χαίρ[ει] εὐεργεσίαις, ὅπερ ἐστὶν ἐγγυτάτω τῆς τῶν θεῶν φύσεως,
sagt er in seiner zweiten Rede *De regno*[60], wobei er einen Begriff benutzt,
der seit der Zeit der Diadochen auf Inschriften und offiziellen Schrift-
stücken den Wohlstand bezeichnet, den die Massen unter der Herrschaft
des göttlichen Königs genießen[61]. Außerdem verbindet sich die μίμησις

[PG 52,394]). Vgl. hom. in Rom. 23,2 (PG 60,617). Das zukünftige Urteil begegnet
  ebenfalls in den *Praecepta educationis regiae* von Manuel II. Palaiologos (§ 9 und § 100
  [PG 156,325 und 384]).
58   Tht. 176a. Vgl. R. X 613a; Lg. 716a-d.
59   Fragment aus De mor. lib. 47, 62 Haase, das H. Merki anführt, ΟΜΟΙΩΣΙΣ ΘΕΩ.
  Von der platonischen Angleichung an Gott zur Gottähnlichkeit bei Gregor von Nyssa
  (Paradosis 7), Freiburg i. Ue. 1952, 14.
60   or. II 26.
61   Siehe zur εὐεργεσία in der höfischen Propaganda der Diadochenstaaten W. Schubart,
  Das hellenistische Königsideal nach Inschriften und Papyri (APF 12), Leipzig 1937,
  13-15 und 20 f.; weitere Zeugnisse in F. Preisigke, Wörterbuch der griechischen Papy-
  rusurkunden 1, Berlin 1925 (sowie die Supplementbände 1-3, Amsterdam/Wiesbaden
  1940-1988), s.v. Zwei Mitglieder der Lagiden-Dynastie in Ägypten, Ptolemäus III. und
  Ptolemäus VIII., führten bekanntlich den Beinamen Εὐεργέτης. Sie wurden zusammen mit ihren Gattinnen Berenike bzw. Kleopatra von der Menge als θεοὶ εὐεργέται
  verehrt (B. Kötting, Art. Euergetes, RAC 6, Stuttgart 1966, 848-860, 853 f.). Εὐεργέτης war auch einer der üblichen Titel der Attaliden in Pergamon und der Seleukiden in
  Syrien; ebenso wurden nach der Einnahme Griechenlands durch Rom in den Ehren-
  dekreten der Städte Persönlichkeiten wie Julius Cäsar, Pompejus oder Oktavian bezeichnet (Kötting 855). Vgl. die Worte Jesu aus dem Lukasevangelium: οἱ βασιλεῖς τῶν
  ἐθνῶν κυριεύουσιν αὐτῶν καὶ οἱ ἐξουσιάζοντες αὐτῶν εὐεργέται καλοῦνται (22,25). Die
  Pracht, die der König des Hellenismus seiner Macht zu verleihen strebte, indem er
  sich den unterworfenen Städten oder dem Volk ständig großzügig zeigte, betont auch

Θεοῦ im monarchischen Ideal der Antike mit der Nachsicht des Throninhabers und dem großen Wohlwollen, das er seinen Untertanen zeigt. Sogar dann, wenn sie einen Fehler begehen, richtet er sie nicht mit der ausschließlichen Richtschnur der Gerechtigkeit, dem „kalten Buchstaben des Gesetzes", wie wir heute sagen würden. Seine Beziehung zu ihnen soll sein wie jene des Hirten zu seiner Herde oder des Vaters zu seinen Kindern, damit er der Vollkommenheit Gottes nahe kommt. In den pseudopythagoräischen Fragmenten des Stobaios, wo sich zum ersten Mal nach dem Ende der klassischen Zeiten die Monarchie als die ideale Staatsform abzeichnet, lesen wir zur Nachahmung Gottes durch den König: ἄριστα δέ κα μιμέοιτο τοῦτον, εἰ μεγαλόφρονά τε καὶ ἄμερον καὶ ὀλιγοδεέα παρασκευάζει αὐτόν, πατρικὰν διάθεσιν ἐνδεικνύμενος τοῖς ὑφ᾽ αὑτῷ. „Aus eben diesem Grund wurde der erste Gott für einen Vater sowohl der Götter als auch der Menschen gehalten", erklärt uns in der Folge der unbekannte Verfasser des Fragments, der sich hinter dem Namen des pythagoräischen Sthenidas aus Lokroi verbirgt, „dass er stets mild zu dem ist, der von ihm gezeugt ist, und seinen Schutz nie einstellt"[62]. Der gleiche Gedanke, dass die Sanftmut und die Fürsorge des Zeus für alle ihm die Bezeichnung πατὴρ θεῶν τε καὶ θνητῶν eingebracht hat, wiederholt sich stereotyp bei den Denkern der hellenistischen und römischen Zeit mit einer offenkundigen Zielsetzung: neben der traditionellen und eingebürgerten Tugend der Gerechtigkeit[63] solle auch die φιλανθρωπία dem Bewusstsein der Herrschenden eingeprägt werden – als Voraussetzung für die Angleichung ihrer Königsherrschaft an jene des Königs der olympischen Götter[64].

P. Veyne in seiner klassischen Studie: Bread and Circuses. Historical Sociology and Political Pluralism, Engl. transl. by B. Pearce and pref. by O. Murray, London 1990, 102.

62 ὅτι ἤπιος πρὸς πάντα τὰ ὑπ᾽ αὐτῷ γενόμενα ἐντί, καὶ ἀντεχόμενος τᾶς προστασίας οὐδέποτε παύεται (bei Stob. IV, vii, Frgm. 63, 270-271 Wachsmuth-Hense).

63 Homer, Od. 19,109-114; Hesiod, op. 225-243.

64 Siehe Dion Chrysostomos, or. I 40 und die Fragmente von Diotogenes, Ekphantos und Musonios Rufos in *Anthologium* des Stobaios IV, vii, 62, 269 f.; 64, 276 und 67, 283 Wachsmuth-Hense. Zur φιλανθρωπία als Eigenschaft der Götter und Halbgötter der heidnischen Welt, die der König nachahmen soll, vgl. auch H. Hunger, Prooimion. Elemente der byzantinischen Kaiseridee in den Arengen der Urkunden (WBS 1), Wien 1964, 59 f. und 143-148; zur Verbindung mit der ἐπιείκεια bei der Art der politischen Machtausübung und mit dem Wohlwollen dem Volk gegenüber: W. Schubart, Das hellenistische Königsideal (wie Anm. 61), 10 und J. Ferguson, Moral Values in the Ancient World, London 1958, 104 und 107, der jedoch vorschnelle Urteile bisweilen nicht vermeiden kann. Im 4. Jh., noch vor der Etablierung des Christentums, genießt die φιλανθρωπία den Primat unter den Fürstentugenden. Es ist die βασιλέως ἴδιος καὶ βασιλικὴ παρὰ τὰς ἄλλας [ἀρετή], εἰς ἣν ξυνδοῦνται καὶ αἱ λοιπαί, ὥσπερ εἰς μίαν κορυφὴν ἀνημμέναι (Them., or. I 5c). Vgl. Julian, ep. 89b, 298a-b und J. Kabiersch, Untersuchungen zum Begriff der Philanthropia bei dem Kaiser Julian (Klassisch-philologische Studien 21), Wiesbaden 1960, 49-61.

Von der antiken politischen Philosophie übernimmt auch Johannes Chrysostomos das Motiv der Nachahmung Gottes. So wie es in seiner Rhetorik erscheint, entspricht es in den grundlegenden Punkten dem Inhalt, den ihm Jahrhunderte zuvor die griechischen und römischen Schriftsteller verliehen haben. Es gewinnt jedoch zugleich eine betont christliche Färbung und wird mit Beispielen aus dem Alten und Neuen Testament angereichert. In der Rede des Flavian an Theodosius, die, wie gesagt, der Kirchenvater verfasste und die er unverändert in seiner 21. Homilie *De Statuis*[65] zitiert, gehört die „Nachahmung Gottes" zusammen mit dem „schrecklichen Richterstuhl" zu den politischen Argumenten, die vor dem Kaiser entwickelt werden, damit er über die Zerstörung seiner Standbilder durch die Einwohner Antiochiens hinweg sähe und sie nachsichtig behandle. „Ich bitte dich, es deinem Herrn nachzumachen, der täglich beschimpft wird, aber nicht aufhört, alle zu unterstützen", sagt Flavian zu Theodosius und erinnert ihn an den Auftrag des Herrn aus dem Matthäusevangelium (5,45)[66]. In derselben Rede der Gesandtschaft nach Konstantinopel 387 n. Chr., in der übrigens die hellenistischen Bezeichnungen εὐεργέτης, πρᾶος, ἡμερώτατος und φιλανθρωπότατος dem christlichen Kaiser großzügig beigemessen werden[67], greift Flavian auf die ersten Tage der Schöpfung der Welt zurück, um Theodosius' Zorn zu besänftigen: War es etwas ohne Grund, dass Adam, der erste Mensch, damals im Paradies nicht auf Gott hörte – auf ihn, dem er den Lebensodem und seine Existenz verdankte? Wie verhielt sich jener zu ihm? Er verließ ihn nicht, sondern umgab ihn mit Liebe, und an Stelle des Paradieses öffnete er ihm später das Himmelreich[68]. Τοῦτο καὶ σὺ ποίησον, endet Flavian nach dem Rückgriff auf die fernen Tage der Schöpfung – eine Aufforderung, die seinem Zuhörer die Gleichwerdung mit Gott suggeriert[69]. Die Worte Flavians berührten, wie es scheint, eine empfindliche Seite im Herzen des gläubigen Kaisers. Chrysostomos lässt uns wissen, dass Theodosius, kaum war die Verteidigungsrede für die Leute von Antiochien beendet, ihm unter Tränen antwortete:

> Und ist es etwa so großartig und bewundernswert, wenn wir Menschen gegenüber Menschen, die uns beleidigt haben, unseren Zorn verrauchen lassen, wo doch der Herr des Universums selbst, der auf die Welt kam und Knecht für uns wurde (...), seinen Vater bat für jene, die ihn kreuzigten und sagte:

---

65 S. oben S. 122 f.

66 stat. 21,3 (PG 49,219).

67 Siehe W. Schubart, Das hellenistische Königsideal (wie Anm. 61), 10-15 und 21.

68 Natürlich mit der Entfaltung des göttlichen Heilsplans, der in der Fleischwerdung des Wortes Gottes und seinem Erlösungswerk zur Rettung der Menschheit gipfelt, siehe stat. 21,2 (PG 49,215).

69 Ebd.

„Vergib ihnen, denn sie wissen nicht, was sie tun"? Was ist also so bewundernswert daran, wenn wir Sklaven den anderen Sklaven verzeihen?[70]

Noch klarer als die Argumente des Flavian bestätigt die Antwort des Theodosius die Verchristlichung des hellenistischen Motivs der μίμησις Θεοῦ mittels der direkten Verbindung zum kirchlichen Dogma der Fleischwerdung und der Passion des Herrn[71].

Ob Theodosius wirklich Flavian so geantwortet hat, wie es Chrysostomos beschreibt, ist keineswegs gewiss. Sicher jedenfalls ist die 21. Homilie De Statuis nicht die einzige Schrift im Werk des Kirchenvaters, in der wir dem gleichen Bild von Jesus Christus am Kreuz begegnen, wie er darum bittet, dass seinen Verfolgern verziehen werde. Johannes benutzt es oft in seinen Predigten als Beispiel für die Großherzigkeit, welche die Gläubigen in ihrem Leben nachahmen sollen[72]. Die Person Jesu überhaupt, wie sie im Neuen Testament erscheint, bietet Chrysostomos die Möglichkeit, ständig neue Seiten des Motivs der μίμησις Θεοῦ aufzudecken, die sich in den Festreden und politischen Abhandlungen der heidnischen Welt nur ansatzweise erkennen lassen. Beispielsweise wird der christologische Hymnus aus dem 2. Kapitel des Briefs an die Philipper zum Sprungbrett, um die ταπεινοφϱοσύνη rhetorisch zu einer göttlichen Tugend zu erhöhen, welche das Wort Gottes mit seiner Fleischwerdung bestätigt. Konkret: Bei der Interpretation von Paulus' Satz „…entäußerte

---

70   … τί τοίνυν θαυμαστόν, εἰ τοῖς ὁμοδούλοις καὶ ἡμεῖς ἀφήσομεν; stat. 21,4 (PG 49,219-220); das Zitat aus dem Evangelium: Lk 23,34.

71   Zum ersten Mal begegnet die Nachahmung Gottes in bezug auf den „Herrn der Mächte" des Alten Testaments und im Verein mit religiösen Vorstellungen Israels im Aristeasbrief, dem Werk eines unbekannten Juden der Diaspora, der ca. im 2. Jh. v. Chr. in Ägypten lebte (F. Dvornik, Political Philosophy [wie Anm. 32], 261-265). Die Gedanken dieses Briefes wurden aufgenommen und weiter entwickelt von Philo von Alexandrien, vgl. E. R. Goodenough, The Politics of Philo Judaeus. Practice and Theory, Hildesheim ²1967, 90ff. Die Verchristlichung des Motivs der „Nachahmung Gottes" im Besonderen wird gewöhnlich Euseb von Kaisareia zugesprochen, der es wiederholt in seiner Trizennatsrede zu Ehren Konstantins des Gr. benutzt (III 5; V 4; X 7). Bei Euseb fehlen indessen alle Bezüge zur Fleischwerdung und zur Passion Christi. Sein Τϱιακονταετηϱικός stellt außerdem eine Mischung christlicher und heidnischer Elemente dar, die völlig der eigenartigen religiösen Ideologie des Imperiums der ersten Hälfte des 4. Jh. entspricht; das durch ihn verkörperte Christentum ist, wie richtig bemerkt wurde, abstrakt, philosophisch „less interested in the Person of Jesus than in the principle of Logos generated from God to enact His will and to combat His invisible enemies, the spiritual demons" (H. A. Drake, In Praise of Constantine. A Historical Study and New Translation of Eusebius' Tricennial Oration, Berkeley 1975, 48). Die Person Christi wird nicht erwähnt, auch nicht in De regno des Synesios von Kyrene, welche Schrift von vielen als der erste byzantinische Fürstenspiegel angesehen wird, siehe dazu C. Lacombrade, Le discours sur la royauté (wie Anm. 45), 102.

72   Vgl. hom. in Mt. 26:39 4 (PG 51,38); Eutrop. 2,5 (PG 52,400); exp. in Ps. 44.6 (PG 55,192); cruc. 2.5 (PG 49,415); hom. in Mt. 18.4 (PG 57,269 f.) usw.

sich selbst und nahm Knechtsgestalt an, ward den Menschen gleich und der Erscheinung nach als Mensch erkannt" (V. 7) schreibt er:

Das hat er [der Apostel] gut gesagt *als Mensch*, weil er nicht einer der vielen war, sondern *wie* einer von den vielen Menschen war. Das Wort Gottes verkam nicht zu einem Menschen, veränderte auch nicht sein Wesen, sondern erschien als Mensch, nicht um unsere Augen zu täuschen, sondern uns die Demut zu lehren.[73]

Der ganze Bau des orthodoxen Dogmas über die Wesensgleichheit des Vaters und des Sohns stützt sich nach Johannes auf ethische Fundamente: die Lehre, maßvoll und demütig in seinem Leben zu bleiben[74]. Die Tatsache, dass der Sohn aus freiem Willen die Gestalt eines Knechts annahm, beweist für Chrysostomos – vielleicht noch deutlicher als die Schöpfung des Universums – seine unübertroffene Göttlichkeit. δοῦλος ἐγένετο, διὰ τοῦτο δεσπότης ἐστὶ πάντων, erklärt er von der Kanzel den Gläubigen, um sie dann zu ermahnen, seinem Beispiel zu folgen, „so dass auch wir nicht glauben, wir verlören unsere Stellung und verkämen, wenn wir demütig sind. Denn dann werden wir zu Recht erhöht; dann verdienen wir die Bewunderung der anderen."[75] Und natürlich betrifft diese Ermahnung vor allen anderen die Reichen und Mächtigen, die der herrschenden Klasse angehören. Mit besonderer Schärfe stellt Johannes die Tugend der ταπεινοφροσύνη ihrem Hochmut gegenüber und ihrer Neigung, ständig höhere Würden anzustreben, nach den Beifallsbekundungen des Volkes zu hecheln, Gefallen an der Servilität ihrer Umgebung zu finden oder auf der Agora in Begleitung von hunderten von Schmeichlern und Sklaven zu erscheinen[76]. Im Gegensatz zu dieser Krankheit des öffentlichen Lebens, welche der Begriff κενοδοξία zusammenfasst, skizziert Chrysostomos das Profil des idealen Herrschers mit der Demut als Hauptkennzeichen: er interessiert sich nicht für die Ehrenbezeugungen; er ist niemandem gegenüber deshalb unwillig – aber er lehnt sie ab, wenn man sie ihm erweist[77].

---

73 hom. in Phil. 7.3 (PG 62,231); Phil 2,7.
74 Das führt er immer wieder als Argument gegen die Arianer an, wobei er die Unverträglichkeit ihrer Theologie mit dem Geist unterstreicht, in dem Paulus über die Fleischwerdung im christologischen Hymnus des Philipperbriefs spricht. Siehe zum paulinischen Hintergrund der Argumentation des Johannes I. D. Karavidopoulos, Ἀποστόλου Παύλου Ἐπιστολές Πρὸς Ἐφεσίους, Φιλιππησίους, Κολοσσαεῖς, Φιλήμονα (Ἑρμηνεία Καινῆς Διαθήκης 10), Thessaloniki 1981, 300-316.
75 hom. in Phil. 7.5 (PG 62,234).
76 Siehe oppugn. 3.9 (PG 47,363 f.); exp. in Ps. 109,8 (PG 55,278); hom. in Ps. 48:17 2,2 (PG 55,514 f.); hom. in 1 Cor. 35,5 und 40,5 (PG 61,303 und 353 f.); hom. in Mt. 58,2-5, 65,4-5 und 72,3-4 (PG 58,567-574, 622-624 und 670-672); hom. in Jo. 33,3 (PG 59,192); weiter hom. in Rom. 22,2 (PG 60,610); hom. div. 10,4 (PG 63,522) usw.
77 ὁ δὲ καταφρον[εῖ] τοῦ πράγματος, sagt Johannes wörtlich über den idealen Herrscher, indem er ihn mit dem gewöhnlichen Staatsmann des 4. Jh. vergleicht, der nach

Dieser theoretische Entwurf, den wir in den Homilien des Kirchenvaters seit seiner Zeit in Antiochien finden, wird in der Person der Kaiserin Eudoxia Wirklichkeit, als er zum Bischof von Konstantinopel beför-
dert wird. In der ca. 400 gehaltenen Festrede aus Anlass der Überführung
der Gebeine dreier Märtyrer aus Trient in Italien nach Konstantinopel[78]
singt Johannes ein Preislied auf die Frau, die sich für seine künftige
Karriere als fatal erweisen sollte. „Was soll man bei ihr zuerst bewundern?
Ihren Eifer, der heißer als Feuer ist? Ihren Glauben, der fester als Diamant
ist?", fragt er mit rhetorischem Schwulst vor der Menge der Konstantinopolitaner, welche in die Thomaskapelle in der Gegend von Drypia,
außerhalb der Hauptstadt, geströmt sind, um den Gebeinen der Märtyrer
ihre Ehre zu erweisen[79]. Bewundernswerter jedoch als der Eifer und der
Glaube der Königin ist für Chrysostomos die Zerknirschtheit des Herzens
und ihre Demut, mit der sie „die königliche Macht und die Krone und
jeden Hochmut verwarf, der daraus entspringt", weil sie akzeptierte, sich
unter die Menge zu mischen und wie eine einfache Gläubige die Urne mit
den Gebeinen auf dem gesamten nächtlichen Zug von der Kirche der
Hagia Sophia bis nach Drypia zu begleiten[80]. „Statt Purpurs zog sie das
Gewand der Demut an und damit strahlte sie noch stärker", fügt der
Kirchenvater hinzu, „und nutzte so der Menge nicht weniger als die
Märtyrer"[81]. Sie sollte sich zusammen mit Phoebe und Priscilla unsterb-
lichen Ruhm erwerben, den Frauen also, die Paulus pflegten und ihn bei
seiner Mission unterstützten[82]. Freilich sollte die große Kluft zwischen der
Wirklichkeit und den der Kaiserin hier zugeschriebenen Merkmalen leider
bald zu Tage treten; einige Jahre nach der Rede enthob sie Chrysostomos
seines Amtes und schickte ihn zum ersten Mal ins Exil[83]. Indessen ist die

---

Ehrungen und Schmeicheleien vom Volk lechzt, καὶ πρὸς μηδένα ὑπὲρ τούτου
δυσχεραίν[ει], καὶ διδομένην τὴν τιμὴν διακρούε[ται] (hom. in Phil. 7,5 [PG 62,235]).
Vgl. hom. in Jo. 3,5-6 (PG 59,43-46); hom. in Rom. 17,3-5 (PG 60,568-572) und hom.
in Tit. 2,3 (PG 62,673-675).

78   S. J. Vanderspoel, Claudian, Christ and the Cult of the Saints, CQ N.S. 36, 1986, 244-
     255, hier 247-249.
79   hom. div. 5,2 (PG 63,470).
80   Die Entfernung beträgt schätzungsweise dreizehn Kilometer und wurde an der
     Bosporus-Küste mit einem Fußmarsch zurückgelegt, der die ganze Nacht dauerte.
     Siehe dazu J. N. D. Kelly, Golden Mouth (wie Anm. 12), 140 und zur umstrittenen
     Datierung der Rede K. G. Holum, Theodosian Empresses. Women and Imperial
     Dominion in Late Antiquity, Berkeley/Los Angeles 1982, 56, Anm. 35 – allerdings
     ohne schlagende Argumente.
81   hom. div. 2,2 (PG 63,470 f.).
82   hom. div. 2,3 (PG 63,471).
83   Siehe die Chronik des Abbruchs der Beziehungen zwischen dem Bischof von Kon-
     stantinopel und Eudoxia in K. G. Holum, Theodosian Empresses (wie Anm. 80), 69-
     75. Eingehender J. N. D. Kelly, Golden Mouth (wie Anm. 12), 168-171; 185-189;

historische Angemessenheit in der Festrede des Kirchenvaters *Cum Imperatrix media nocte in magnam ecclesiam venisset* zweitrangig. Wie er in der 21. Homilie *De Statuis* Theodosius präsentiert, wie er unter Tränen den Einwohnern Antiochiens nach dem Vorbild des Gekreuzigten ihre Beleidigung verzeiht, so schafft er auch hier eine Idealgestalt mit den Mitteln, die seine Redekunst ihm zur Verfügung stellt: die fromme christliche Königin, die ihren Blick vom Thron weg zum Himmel richtet und mit ihrem ungekünstelten und demütigen Charakter die κένωσις des Wortes Gottes nachahmt[84].

Außer der Demut umschließt das Dogma der Fleischwerdung nach Ansicht von Chrysostomos noch eine weitere bedeutende Lehre: die Macht ist nicht ein Mittel, um seinen persönlichen Ehrgeiz zu befriedigen, sondern sich in den Dienst der anderen zu stellen. Je höher die Stellung ist, die man innehat, desto größer muss die Selbstverneinung sein, mit der man dem Gemeinnutz dient. Dass Gott die demütige „Knechtsgestalt" annahm, um die Menschen zu retten, wird in den chrysostomischen Schriften zu einem göttlichen Urbild erhöht, das nachzuahmen jedem Träger, sei es der kirchlichen oder der politischen Macht, obliegt. Im Maße des Menschenmöglichen spiegelt sich dieses Urbild der freiwilligen Knechtwerdung des Gottessohns nach Johannes in der fieberhaften Aktivität des Paulus beim Aufbau der Urkirche. Für die moderne kritische

---

201 f., 211-217 und 228ff. Griechische Literatur zum Thema: S. Papadopoulos, Ἁγ. Ἰωάννης ὁ Χρυσόστομος, Bd. 1 (Η ζωή του, η δράση του, οι συγγραφές του), Athen 1999, 33-63.

84 Die enge Verbindung zwischen dem Dogma der Menschwerdung und der Demut der Eudoxia wird in der Festrede des Chrysostomos besonders an den Details sichtbar, mit denen er beschreibt, wie die Königin von ihrem Palast zu den Straßen von Konstantinopel hinabsteigt: „Sie, die ungesehen in den königlichen Gemächern wohnt und der nicht einmal die Kammerdiener unter die Augen kommen dürfen, erschien vor Tausenden von Menschen", führt der Kirchenvater an, „und wurde während des Zuges eins mit ihnen" (hom. div. 2,1 f. [PG 63,469.471]). Auch Eudoxias Auftritt ohne ihr Gefolge – sie trug nicht einmal die Krone und den königlichen Purpur – rundet das Bild der Kenose von ihrem hohen Rang ab (hom. div. 2,2 [PG 63,470 f.]). Vgl. interessante Parallelstellen in anom. 8,6 und 10,6 (PG 48,777 f. und 792; SC 396,202-208 und 244-250); exp. in Ps. 109,8 (PG 55,278) ; hom. in Jo. 11,1 (PG 59,79); hom. div. 8,2-3 (PG 63,503 f.); hom. in 1 Tim. 5:9 12-13 (PG 51,332 f.). Die Schönung der Gestalt der Königin verrät in dem Panegyricus des Chrysostomos auch der Vergleich mit dem μακάριος Δαυΐδ (hom. div. 2,1, [PG 63,470]). Siehe auch S. Verosta, Johannes Chrysostomus (wie Anm. 19), 272-277 und besonders die letzte Seite („Hinter dem von Chrysostomus auch wiederholt eingeflochtenen höfischen Lob ist leicht die pastorale *Captatio benevolentiae* der höchsten Reichsautorität zu erkennen"). Zu der festen Gewohnheit des Kirchenvaters, mit seiner Rede Idealgestalten zu formen, die er dann seinen Zuhörern zur Nachahmung empfiehlt: M. M. Mitchell, The Heavenly Trumpet. John Chrysostom and the Art of Pauline Interpretation (HUTh 40), Tübingen 2000, 49-66.

Erforschung des Neuen Testaments vielleicht willkürlich, sammelt der
Kirchenvater verstreute Sätze aus den Paulusbriefen und vereint sie, um
den Geist ans Licht zu bringen, in dem der „Apostel der Heiden" sein
missionarisches Werk betrieb. Seine Ermahnung Μιμηταί μου γίνεσθε,
καθὼς κἀγὼ τοῦ Χριστοῦ (I Kor 4,16) erklärt sich etwa mit Hilfe des
christologischen Hymnus im Philipperbrief. Paulus ahmt Christus nach,
weil er, auch wenn er frei war ohne von jemandem abzuhängen, zum
Knecht aller wurde, damit sie gerettet würden; auch hat er nie seinen persönlichen Vorteil gesucht, sondern den der Menge[85]. Der Auftrag Jesu
„wer unter euch der Erste sein will, der sei euer Knecht" (Mt 20,27)
gewinnt die Dimensionen einer μίμησις Θεοῦ, da er in der Predigt des
Chrysostomos mit der Annahme der menschlichen Natur durch das Wort
Gottes auf kosmologischer Ebene zusammenhängt[86]. Und deutlicher
noch als die Fleischwerdung, die Selbstverleugnung als Qualitätsmerkmal
der Machtausübung, spiegelt das Kreuzesopfer Christi, das sich in der
liturgischen Sprache der Orthodoxen Kirche mit dem charakteristischen
Begriff „äußerste Demütigung" (ἄκρα ταπείνωσις) verbindet. In der Homilie des Chrysostomos *De cruce et latrone* werden wir Zeugen eines erfun-
denen Dialogs zwischen Christus und dem Schächer, der, ans Kreuz ge-
nagelt, den berühmten Satz sagt: „Gedenke meiner, wenn du in dein Reich
kommst" (Lk 23,42). „Sag mir bitte, Schächer, wieso eigentlich hast du
dich an das Königreich erinnert?" lässt Johannes die bekannte Gestalt des
Neuen Testaments fragen, die vor den Augen seiner Zuhörer zu neuem
Leben erwacht. „Wo siehst du jetzt so etwas? Hier sieht man nur Nägel
und das Kreuz, und hört Beschimpfungen und Flüche und ironische
Bemerkungen." „Ja", antwortet der Schächer, „mir scheint aber, dass das
Kreuz Symbol der Königsherrschaft ist. Und eben deswegen nenne ich
Jesus König, weil ich ihn gekreuzigt sehe. Die Pflicht eines Königs ist es,
sich für seine Untertanen zu opfern."[87] Dieses Zwiegespräch bezeichnet
zusammen mit vielen anderen Stellen in Chrysostomos' Werk eine entscheidende Wende im Prozess der Christianisierung des *Imperium Romanum*. Das Kreuz, abscheuliches Hinrichtungs- und Folterinstrument
Roms[88], wird in ein Symbol der Pracht umgewandelt, welches die kaiserliche Macht ausströmt; darüber hinaus wird das Urbild, das der Kaiser

---

85 hom. in Ac. princ. 4,4 (PG 51,103). Vgl. Philogon. 2 (PG 48,751 f.), wo Paulus' Nach-
    ahmung Christi auch mit Röm 15, 3 in Verbindung gebracht wird, und hom in Jo. 70,1
    (PG 59,381); hom. in Ac. 9:1 2,1 (PG 51,124); hom. in Eph. 7.4 (PG 62,53-55); hom.
    in 1 Thess. 1,2 (PG 62,395).
86 Siehe hom. in Mt. 55,4 (PG 58,622) und anom. 8,6 (PG 48,622; SC 396,204-208).
87 cruc. 2,3 (PG 49,413).
88 Siehe J. Blinzer, Der Prozess Jesu. Das jüdische und das römische Gerichtsverfahren
    gegen Jesus Christus auf Grund der ältesten Zeugnisse dargestellt und beurteilt,
    Regensburg ³1960, 263-267.

nachahmen soll, mit dem fleischgewordenen Gott gleichgesetzt, der auf Golgatha sein Blut vergießt, um die Menschen zu retten[89]. In dieser Hinsicht – das sei mir erlaubt, zu bemerken – sind die Urteile, die in der internationalen Bibliographie formuliert werden, oft ungerecht: Das Christentum hat die griechisch-römische politische Philosophie nicht bloß bewahrt, sondern ganz wesentlich zu ihrer weiteren Entwicklung beigetragen[90].

Wenn wir auf den Darstellungen der byzantinischen Kunst sehen, dass das Kreuz die Krone und das Szepter des Königs ziert, wächst unsere Neugier, ob die Verkündigung des Chrysostomos wirklich ein Echo bei den späteren Generationen gefunden hat. Haben sich Zeugnisse des Überlebens seiner politischen Gedanken in den Fürstenspiegeln der Byzantiner erhalten? Diese Frage kann ohne Bedenken mit „Ja" beantwortet werden. Einer Aufforderung, es Christus gleich zu tun, begegnen wir zunächst in den *Praecepta educationis regiae* von Manuel II. Palaiologos. Im Rahmen eines Vergleichs der Königsherrschaft mit der Tyrannei – ein Gemeinplatz in der Philosophie der Antike schon seit der klassischen Zeit – führt Manuel an, dass der wahre König der Masse des Volkes gegenüber ein Vater ist, ein Hirte, ein Arzt und Lehrer. „Er denkt, dass sein persönliches Interesse mit dem öffentlichen zusammenfällt, dient Christus und ahmt ihn nach, indem er seinen Untergebenen eher dient als über sie herrscht (…) So musst auch du werden, mein Liebster", wünscht Manuel seinem Sohn, Johannes VII. Palaiologos[91]. Was die Verleumdungen und ungerechten Anklagen betrifft, die gegen ihn geschleudert werden, solle er

---

89 Vgl. die Worte Jesu aus dem Johannesevangelium: ὁ ποιμὴν ὁ καλὸς τὴν ψυχὴν αὐτοῦ τίθησιν ὑπὲρ τῶν προβάτων (Joh 10, 11), die in der Homiletik des Chrysostomos oft anklingen.

90 Siehe dagegen E. Barker, Social and Political Thought in Byzantium from Justinian I to the last Palaeologus, Oxford 1957, 1: „Byzantium did not produce any *original* political theory (…) But it did preserve and cherish the inherited political theory of ancient Greece, Hellenic and Hellenistic". Gleichwohl leugnet der gleiche Verfasser nicht die Existenz einer „eigentümlichen politischen Theorie" im christlichen Orient bezüglich der Natur des Kaisers und seiner Verpflichtungen gegenüber der Menge (ebd.). Ähnlich denkt Francis Dvornik. Im zweiten Band seiner Studie *Early Christian and Byzantine Political Philosophy* versammelt er die vielfältigen politischen Ansichten der Väter der Alten Kirche unter der allgemeinen Bezeichnung „Christian Hellenism". Wie dem Argumentationsgang zu entnehmen ist, bedeutet „Christian Hellenism" die Absorbierung des hellenistischen Monarchie-Ideals und seine spätere Reproduktion in christlichem Gewand seitens der Kirchenväter. Siehe ders., Political Philosophy (wie Anm. 32), 594ff. und bes. 614-622, wo die „politische Theologie" des Euseb von Kaisareia präsentiert wird. Vgl. S. Runciman, The Byzantine Theocracy (The Weil Lectures), Cincinnati, Cambridge 1977, 22-25 und 161 f. Eine objektivere Einschätzung der Dinge von H. Hunger, Die hochsprachliche profane Literatur (wie Anm. 8), 248 f. Siehe auch ders., Reich der Neuen Mitte (wie Anm. 25), 39.

91 Praec. educ. reg. § 85 (PG 156,373).

sie, so rät Manuel Johannes, als Geschwätz abtun. Es sei unvermeidlich, dass man ihm schmeichle, wenn er dabei ist, und ihn hinten herum verleumde; das geschehe bei jeder Person, die Macht ausübe. „Wenn man dich also fälschlich beschuldigt, hast du Christus als Trost, der aus dem gleichen Grund so gelitten hat und immer noch leidet", endet Manuel, indem er wieder einmal den Gedanken seines Sohns auf das göttliche Urbild lenkt, das seine Königsherrschaft inspirieren soll[92]. Desgleichen rät auch Nikephoros Blemmydes seinem Schüler und gekrönten byzantinischen Kaiser, Theodor II. Laskaris, immer Christus vor Augen zu haben. Κεφάλαιον τῶν ἀγαθῶν ἀτενίζειν ἀεὶ πρὸς τὸν κύριον, schreibt er in seinem Spiegel *De regis officiis*[93], der 1254 verfasst wurde, als nach der Einnahme Konstantinopels durch die Ritter des 4. Kreuzzuges die Hauptstadt des Reiches nach Nikaia verlegt wurde[94]. Nikephoros Blemmydes ist wie Thomas Magistros Attizist, und sein Spiegel ist voller Zitate klassischer Schriftsteller, Bezüge zur Mythologie, Ideen und Begriffe der alten griechischen Welt[95]. Unter anderem begegnet auch die *Hybris*, die Überschreitung des Maßes durch den Menschen, die Blemmydes mit Ikarus versinnbildlicht, dem mythischen Helden, der zusehen musste, wie seine Wachsfedern schmolzen, als er versuchte, den Himmel zu stürmen[96]. Im Gegensatz zur Unbedachtsamkeit des Ikarus ist für Blemmydes das einzige „Fahrzeug", das einen in die Höhe bringen kann, die Tugend der Bescheidenheit, wie die Fleischwerdung des Wort Gottes schlagend beweist. „Wozu das Geschwätz?", sagt er zu Theodor Laskaris, nachdem er ihm eine Reihe Beispiele zum Wert der Bescheidenheit aus der griechischen Mythologie angeführt hat:

> Der König, der zusammen mit anderen königlichen Tugenden auch bescheiden ist, ahmt Ihn nach, den König des Ruhms, der den Himmel herabgeholt hat und sich bis zum Knecht erniedrigt hat; der dann erhöht wurde, höher als

---

92 Praec. educ. reg. § 38 (PG 156,344).

93 Griech. Titel: Βασιλικὸς ἀνδριάς, siehe dazu W. Blum, Byzantinische Fürstenspiegel (wie Anm. 7), 49.

94 De reg. off. XII 172 (102 Hunger/Ševčenko). Zum „Reich von Nikaia", das vom Beginn des 13. Jhs. bis 1261 dauerte, als Konstantinopel vom byzantinischen Heer zurückerobert wurde, siehe S. W. Reinert, Fragmentation (1204-1453), in: History of Byzantium (wie Anm. 52), 336-344. Trotz seiner politischen Schwankungen erfährt Byzanz jedoch eine große geistige Renaissance (I. Ševčenko, Palaiologan Learning [wie Anm. 52], 380).

95 Die souveräne Leichtigkeit, mit der sich Blemmydes in der klassischen Literatur bewegt, rechtfertigt den ihm zuerkannten Titel des „bedeutendsten Vertreters des geistigen Lebens [in Byzanz] des 13. Jh." (V. N. Tatakis, La philosophie byzantine, griech. Übers. v. E. K. Kalpourtzi und bearb. mit Literaturnachträgen v. L. Benakis, Athen 1977, 216). Vgl. H. Hunger, Die hochsprachliche profane Literatur (wie Anm. 8), 253.

96 De reg. off. VI 96 (74 Hunger/Ševčenko).

alle überweltliche Obrigkeit, zusammen mit dem Körper, nachdem sich vor ihm die ewigen Tore des Hades geöffnet hatten.

Ein Bezug freilich auf die Himmelfahrt und die Inthronisierng Jesu ἐκ δεξιῶν τοῦ Πατρὸς, die als natürliche Konsequenz auf seine freiwillige Erniedrigung um der Menschen willen erfolgt[97]. Unser Rundgang durch die byzantinischen Fürstenspiegel ist damit beendet. Weitere Parallelen zwischen Chrysostomos und diesen späteren Autoren bezüglich der μίμησις Θεοῦ können wir sammeln, wenn wir unsere Aufmerksamkeit auf eine andere Tugend, die Barmherzigkeit, lenkten, die ebenfalls den Menschen Gott nahe bringt. Aber der Raum erlaubt keine weiteren Analysen.

Aufgrund des Materials, das in den drei Abschnitten der Arbeit präsentiert wurde, dürfen wir, glaube ich, zu Recht behaupten, dass die byzantinische politische Philosophie von Johannes Chrysostomos beeinflusst worden ist. In vielen Punkten geben die Fürstenspiegel getreu seinen Geist wieder – auch wenn sie Chrysostomos nicht ganz einfach kopieren. Die literarische Abhängigkeit wenigstens einiger Schriftsteller von Chrysostomos wie Agapetos Diakonos oder Manuel II. Palaiologos ist eine verständliche Frage, die sich beim Vergleich der Texte ergibt und die von der Forschung beantwortet werden sollte. Johannes bietet natürlich nicht immer Ursprüngliches. Viele von ihm vertretene Anschauungen sind auch bei anderen Vätern zu finden, die möglicherweise mit ihrem Werk zur Ausformung des byzantinischen Denkens beigetragen haben[98]. Auch eine Kli-

---

97   De reg. off. VI 102 (76 Hunger/Ševčenko). Vgl. Joh. Chrys., hom. in Eph. 11,2 (PG 62,82) und hom. in 1 Cor. 40,5 (PG 61,354). Außer der Literatur ermahnen den Throninhaber auch die Sitten des byzantinischen Hofes, die Demütigung des fleischgewordenen Wort Gottes nachzuahmen. Und zwar bürgert sich in spätbyzantinischer Zeit die Gewohnheit ein, dass der Kaiser an jedem Gründonnerstag zwölf arme und unbedeutende Menschen in den Palast einlädt und ihnen die Füße wäscht – nach dem Beispiel Jesu Christi aus dem Neuen Testament (Joh 13,1-17). S. Georgios Kod., De offic. 10 (PG 157,85D-88AB). Auch gebietet der Humanismus des Evangeliums dem Monarchen, an den Ostertagen mit Alten und unheilbar Kranken zusammenzukommen, um ihnen Trost zuzusprechen (De caer. aul. byz. I 33 und 34 [177, 6ff. und 180, 5-10 Reiske]). Andere förmliche Handlungen der Nachahmung Christi durch den König bei O. Treitinger, Die Kaiseridee (wie Anm. 25), 124-129.

98   Die vermutlichen Einflüsse Basileios des Großen und Gregors von Nazianz auf den Fürstenspiegel des Agapetos werden untersucht von D. Letsios, Η ‹'Έκθεσις κεφαλαίων παραινετικών› του Διάκονου Αγαπητού: μια σύνοψη της ιδεολογίας της εποχής του Ιουστινιανού για το αυτοκρατορικό αξίωμα, Dodoni 1, 1985, 175-210. Auf Isidor von Pelusium als Hauptquelle der Expositio verweist auf der anderen Seite Renate Frohne, deren Schlussfolgerungen R. Riedinger in der Einleitung zu seiner Ausgabe des Werkes des Agapetos zustimmt (Agapetos Diakonos, Der Fürstenspiegel für Kaiser Iustinianos, Athen 1995, 6 f. und 17-20). Vgl. zum Echo der Gedanken Basileios des

scheevorstellung wie die des φοβερὸν βῆμα, die wir in dem einen oder anderen Spiegel finden, kommt nicht notwendigerweise von ihm. Andererseits gebührt jedoch Chrysostomos die Ehre, dass er ihr eine klare politische Dimension verleiht und sie – als erster? – als Argument vor dem römischen Kaiser verwendet. Ist es denn möglich, dass das, was wir heute sehen, von den Byzantinern nicht gesehen wurde? Ist es möglich, dass ein ganzes byzantinisches Reich nur von Euseb von Kaisareia beeinflusst wurde, von dem bekanntlich nicht einmal ein Heiligenleben erhalten ist, nur weil er zu Beginn des 4. Jahrhunderts Konstantin dem Großen die Trizennatsrede gewidmet hatte? Diese Ansicht, die noch heute das Gewissen der akademischen Welt belastet[99], muss als einseitig und darüber hinaus als unbewiesen betrachtet werden, wenn man sich vorurteilsfrei mit den Quellen beschäftigt. Zum Schluss möchte ich bemerken, dass es normal ist, wenn eine große Kultur wie die byzantinische widersprüchliche Seiten zeigt, und man sollte sie nicht vorschnell richten. Trotz der monarchischen Staatsform durchtränkte die Republik mit ihrem Geist das Reich des Neuen Rom, und das Überleben der Republik ist größtenteils Persönlichkeiten zu verdanken wie dem Heiligen, dessen Gedächtnis wir in diesem Jahr feiern: Johannes I. von Konstantinopel mit dem Beinamen Chrysostomos[100].

Großen im Spiegel des Blemmydes K. D. S. Paidas, Τὰ βυζαντινὰ κάτοπτρα ηγεμόνος της ύστερης περιόδου (1254-1403). Εκφράσεις του βυζαντινού βασιλιού ιδεώδους, Athen 2006, 78, Anm. 95.

99 Siehe F. Young, Christianity, in: The Cambridge History of Greek and Roman Political Thought, hg. v. C. Rowe et al., Cambridge 2000, 653 und 660.

100 Bereits in der Mitte der fünfziger Jahre führt Ioannis Karagiannopoulos in einem Artikel über das Kaisertum im frühen Byzanz Chrysostomos an und zitiert charakteristische Ansichten seines Werks. Die christliche Auffassung der Macht, wie sie von Johannes und anderen Kirchenvätern zum Ausdruck gebracht wird, trug seiner Meinung nach dazu bei, dass den absolutistischen Tendenzen des römischen Throns Einhalt geboten wurde (Der frühbyzantinische Kaiser. Quellen und Grenzen seiner Gewalt, ByZ 49, 1956, 369-384, hier 382 f., Anm. 71, erneut abgedruckt in: H. Hunger [Hg.], Das byzantinische Herrscherbild, Darmstadt 1975, 235-257). Karagiannopoulos behauptet darin darüber hinaus, dass Byzanz in den ersten Jahrhunderten seiner Geschichte von einer liberalen politischen Ideologie bestimmt worden sei, deren Wurzeln in der römischen *res publica* und dem Prinzipat lägen (383). Siehe ähnlich H.-G. Beck, Res publica Romana. Vom Staatsdenken der Byzantiner, in: Das Byzantinische Herrscherbild (wie oben), 379-414, der noch radikaler die Allherrschaft der Monarchie in der politischen Theorie und Praxis der Byzantiner bezweifelt. Vgl. Ders., Das byzantinische Jahrtausend, München ²1994, Kap. II. Zum Überleben des republikanischen Ideals des klassischen Griechenlands in der Rhetorik des Chrysostomos vgl. auch K. Bosinis, *Imperium Romanum* (wie Anm. 4), 162-169 und 196-206.

Göttliches Wort aus goldenem Mund

Die Inspiration des Johannes Chrysostomos in Bildern und Texten

KARIN KRAUSE

Als „Quell" göttlicher Weisheit, als „geistiger Euphrat" und „Gottes weise Leier" begegnet Johannes Chrysostomos in Texten aus mittelbyzantinischer Zeit. Neben solchen Formulierungen zeugen – weit mehr als bei sonst einem orthodoxen Kirchenvater – vor allem die Bilder von der Vorstellung seiner göttlichen Inspiration, von der Auffassung also, dass die Lehren des Goldmunds von höchster Stelle autorisiert seien. Im Zentrum der folgenden Ausführungen stehen verschiedene Bildentwürfe aus Byzanz, die der Idee einer verbindlichen Gültigkeit chrysostomischer Lehre im Sinne der Rechtgläubigkeit visuellen Ausdruck verleihen. Obgleich entsprechende bildliche Darstellungen vereinzelt bereits im 10. Jahrhundert begegnen, erfahren sie in der Zeit um 1000 nicht nur eine gewisse Kodifizierung, sondern nehmen im Laufe des 11. Jahrhunderts auch in der Anzahl signifikant zu. Neben den Grundlagen der Bildfindungen im Schriftgut der orthodoxen Kirche wird vor allem ihre sich steigernde Popularität vor der Folie zeitgenössischer theologischer Debatten wie bestimmter liturgischer Entwicklungen diskutiert.

Besonders häufig begegnen Bilder, die den Goldmund gemeinsam mit dem Apostel Paulus zeigen, welcher stellvertretend für den göttlichen Logos erscheint, um dessen Inspiration an den Exegeten zu vermitteln. Eine qualitätvolle und detailreiche Komposition enthält der Cod. Vat. gr. 766 aus dem fortgeschrittenen 11. Jahrhundert (Abb. 1). Es handelt sich um eine ganzseitige, gerahmte Miniatur, die dem Text der von Randkatenen begleiteten Paulusbriefe vorangestellt ist[1]. Die Frontispizminiatur zeigt in einer aufwendigen Architekturkulisse Johannes Chrysostomos im

---

1   Zum Codex und seinem Inhalt R. Devreesse, Codices Vaticani Graeci, Bd. 2. Codices 604-866, Rom 1950, 281 (mit unbegründeter Datierung der Miniatur erst ins 14. Jh.); K. Staab, Die Pauluskatenen nach den handschriftlichen Quellen untersucht (Scripta Pontifici Instituti Biblici), Rom 1926, 102 f. Zur Miniatur und ihrer Datierung siehe zuletzt K. Krause, Die illustrierten Homilien des Johannes Chrysostomos in Byzanz (Spätantike – Frühes Christentum – Byzanz, Reihe B. Studien und Perspektiven 14), Wiesbaden 2004, bes. 190 f.

Mönchshabit[2], der auf einem hölzernen Stuhl vor einem Lesepult sitzt und in eine Schreibarbeit vertieft ist. Von hinten hat sich ihm Paulus genähert, der sich zum rechten Ohr des Kirchenvaters hin neigt, um ihm den Text als Diktat einzuflüstern. Rechts im Bild bezeugt ein Mönch das Geschehen, der unauffällig im Schatten einer teilweise geöffneten Flügeltür steht. Oben mittig erscheint unübersehbar eine große Ikone, die den Apostel vor Goldgrund als Büstenfigur zeigt, welche in Physiognomie und Tracht der entsprechenden Figur in der Inspirationsszene gleicht. Gleichsam als Bild im Bild hängt die Paulusikone an einer Kette von der ornamentierten Rahmenleiste der Miniatur herab, von deren Goldgrund sie lediglich durch eine eigene, schmale Rahmung abgesetzt ist.

Die vatikanische Miniatur bezeugt als besonders repräsentatives Beispiel ein im späten 11. Jahrhundert bereits standardisiertes Bildformular für die Abbildung des von Paulus inspirierten Exegeten. Mit weit reichenden Ähnlichkeiten bis in Details hinein erscheint die Szene als gerahmtes Bild auch in anderen Manuskripten, beispielsweise in einer Miniatur aus dem 12. Jahrhundert im Psalter Cod. 7 der Nationalbibliothek in Athen (Abb. 2) sowie im Tetraevangeliar Cod. Add. 720 der Universitätsbibliothek in Cambridge aus der Zeit um 1100 (Abb. 3, hier allerdings ohne die Paulus-Ikone)[3].

Was genau stellen die Miniaturen dar? Ein spätantiker Wunderbericht, der in verschiedenen Fassungen der Chrysostomos-Vita und in Enkomien auf den Kirchenvater begegnet, liefert den Schlüssel für das Verständnis der Szene. Die Erzählung schildert mehrere nächtliche Besuche des Paulus im bischöflichen Gemach zu Konstantinopel, während derer der Apostel dem Exegeten die Kommentare zu seinen biblischen Episteln diktierte. Die Besuche wurden von einem Bediensteten namens Proklos beobachtet und konnten überhaupt nur dadurch bekannt werden[4]. Die wahrscheinlich früheste Quelle mit einer ausführlichen Schilderung der so genannten

---

2   Dass der Kirchenvater in monastischem Gewand und nicht in der seinem späteren Rang entsprechenden Bischofstracht abgebildet wird, ist in byzantinischen Darstellungen kein Einzelfall. Irmgard Hutter erklärte das Phänomen plausibel mit dem besonderen Ansehen und der Wertschätzung des Mönchtums im 11. und 12. Jh. (I. Hutter, Die Homilien des Mönches Jakobos und ihre Illustrationen. Vat. gr. 1162 – Par. gr. 1208, maschinenschriftl. Diss. Wien 1970, Bd. 1, 23). Die monastische Tracht mag auch ein Indiz für die Herstellung des jeweiligen Manuskriptes in einem Kloster sein. Für weitere Darstellungen bischöflicher Kirchenlehrer im Mönchshabit siehe auch K. Krause, Die illustrierten Homilien (wie Anm. 1), 184, Anm. 1242.

3   Ausführlich zu beiden Miniaturen K. Krause, Die illustrierten Homilien (wie Anm. 1), 191 f.

4   Die genaue Funktion des Proklos im Palast wird in den Quellen nicht spezifiziert. Zur fraglichen Identität siehe F. Halkin, Douze récits byzantins sur Saint Jean Chrysostome (Subsidia Hagiographica 60), Brüssel 1977, Anm. 40.

Proklos-Vision ist eine Vita, die manche Manuskripte Georgios dem Patriarchen von Alexandria (gest. um 630) zuschreiben, während sie allerdings erst um das Jahr 700 verfasst worden sein wird[5]. Bis zum Beginn des Ikonoklasmus war die Geschichte des vom Apostel Paulus persönlich inspirierten Goldmunds in Byzanz mit Sicherheit verbreitet, denn Johannes Damaskenos zitiert in seinen zwischen 726 und 730 verfassten Reden zur Verteidigung der Bilder (*Contra imaginum calumniatores*) die entsprechenden Passagen des Georgios beinahe wortgleich[6].

Der Text des Georgios von Alexandria schildert ausführlich die Entstehung des Kommentars zu den Paulusbriefen durch eine wundersame Interaktion des Chrysostomos mit einer Paulus-Ikone in seinem Schlafgemach: Bei der Lektüre der paulinischen Episteln und bemüht, deren „gottgehauchte Weisheit"[7] angemessen zu deuten, betrachtet der Exeget mit Konzentration und Verehrung das Bild ihres Autors, „und als ob er lebendig wäre" stellt Chrysostomos sich vor, mit Paulus selbst zu reden[8]. Detailliert wird nachfolgend geschildert, dass Proklos von der Tür des bischöflichen Gemaches aus beobachtet, wie der Exeget auf seinem Stuhl sitzt und an seinem Kommentar arbeitet. Dies geschieht, während der Apostel dicht hinter ihm steht und ihm die Worte ins rechte Ohr flüstert[9]. Das Phänomen wiederholt sich in gleicher Weise in zwei weiteren Nächten[10]. Proklos erkennt den Besucher zunächst nicht und schildert nach seiner dritten Vision dessen Aussehen dem Goldmund, welcher selbst

---

5   BHG und BHG[a] 873; F. Halkin, Douze récits (wie Anm.4), Nr. III, 70-285. Baur argumentierte, beim Verfasser handele es sich um einen aus Italien stammenden Priestermönch, der die Vita zwischen ca. 680 und 725 verfasst habe (J. C. Baur, Der heilige Johannes Chrysostomus und seine Zeit, München 1929-1930, Bd. 1, XXI; J. C. Baur, Georgius Alexandrinus, ByZ 27, 1927, 5-7, bes. 7). Eine undatierte, möglicherweise ältere Fassung des Visionsberichtes findet sich in der Vita des Chrysostomos, die dem Hesychios von Jerusalem (5. Jh.) zugeschrieben wird. Die Schilderungen des nächtlichen Erscheinens Pauli sind knapper, wobei allerdings auch hier das Geschehen durch einen Dritten, in diesem Fall einen nicht namentlich bezeichneten Mönch, von der Tür des bischöflichen Gemaches aus bezeugt wird. Die Identifikation des Besuchers geschieht ebenfalls mit Hilfe einer Paulus-Ikone; BHG und BHG[a] 880h; F. Halkin, Douze récits (wie Anm. 4), Nr. VIII, 443-472, bes. 456 f.

6   *Contra imaginum calumniatores orationes tres,* hg. v. B. Kotter (Die Schriften des Johannes von Damaskos 3 = PTS 17), Berlin/New York 1975, 161 f. Ausführlicher zu den Zitaten aus der Proklos-Vision im Zuge der Ikonoklasmus-Debatte K. Krause, Die illustrierten Homilien (wie Anm. 1), 186 f. (mit weiterer Lit.).

7   F. Halkin, Douze récits (wie Anm. 4), 142.

8   Καὶ ἡνίκα διήρχετο τὰς ἐπιστολὰς αὐτοῦ, ἐνητένιζεν αὐτῇ καὶ ὡς ἐπὶ ζῶντος αὐτοῦ οὕτως προσεῖχεν αὐτῷ, μακαρίζων αὐτοῦ τὸν λογισμόν· καὶ ὅλον αὐτοῦ τὸν νοῦν πρὸς αὐτὸν εἶχεν, φανταζόμενος διὰ τῆς θεωρίας αὐτῷ ὁμιλεῖν. F. Halkin, Douze récits (wie Anm. 4), 142.

9   Ebd., 144.

10 Ebd., 145 f.

keinerlei Notiz von den nächtlichen Ereignissen genommen hat. Schließlich bemerkt Proklos die Ähnlichkeit des Mannes mit Paulus auf der
Ikone im Zimmer des Bischofs und kann ihn dadurch als den Apostel
identifizieren[11].

Die ideelle Verbindung des Chrysostomos mit dem Apostel Paulus,
die in postikonoklastischer Zeit auf unterschiedliche Weise visualisiert
wurde, fußt zunächst auf der immensen Bedeutung, die die Persönlichkeit
des Apostels wie auch sein Werk für den Kirchenvater besaßen. Margaret
Mitchell hat diesen Zusammenhängen in jüngerer Zeit eine höchst lesens-
werte Studie gewidmet[12]. Kein anderer Kirchenlehrer hat eine annähernd
große Zahl an Texten zu Paulus und seinen Schriften hinterlassen: Außer
in den vielen Homilienserien und Einzelreden zu den paulinischen Episteln hat sich seine Verehrung des Apostelfürsten auch in sieben Panegyri-
ken niedergeschlagen[13]. Schon ein Zeitgenosse des Chrysostomos, sein
Schüler Isidor von Pelusion (ca. 360/70 – 435/40), äußerte sich voll des
Lobes über die Auslegung des Römerbriefes: Hätte „der göttliche Paulus"
seinen Kommentar selbst verfasst, so hätte sich dieser in Stil und Inhalt
nicht von dem des Goldmunds unterschieden[14].

Wenn der biblische Autor selbst für die Exegese seiner Schriften sorgt,
ist diese in der Botschaft deckungsgleich mit den kanonischen Texten der
Heiligen Schrift, so die Argumentation der Texte und der Bilder. An-
schaulich führt die Geschichte von der nächtlichen Visite des Paulus die
Idee der Autorisierung des Exegeten durch den Verfasser der biblischen
Texte selbst vor Augen. Sowohl die Wundererzählung als auch ihre bildlichen Fassungen unterstreichen die verbindliche Gültigkeit der Kommen-
tartexte.

Die Beziehung zwischen dem Goldmund und dem Apostel Paulus
wurde bereits in einem Homiliar aus dem 10. Jahrhundert in der National-

---

11 Ebd., 146 f.
12 M. M. Mitchell, The Heavenly Trumpet. John Chrysostom and the Art of Pauline
    Interpretation (Hermeneutische Untersuchungen zur Theologie 40), Tübingen 2000.
    Einige Bildbeispiele der Inspiration des Goldmunds durch den Apostel aus Byzanz
    beschreibt die Autorin, basierend auf der älteren kunsthistorischen Forschungslite-
    ratur, im Anhang ihres Buches, 490-498.
13 Kommentare zu den Paulusbriefen: CPG 4427-4440; Einzelhomilien und kürzere
    Serien zu bestimmten Versen aus den Episteln: CPG 4374, 4375, 4380, 4381, 4383,
    4384 und 4386. Die Panegyriken (BHG und BHGᵃ 1460 k, m, n, p, q, r, s) existieren
    in einer modernen Edition: Jean Chrysostome, Panégyriques de S. Paul. Introduction,
    texte critique, traduction et notes par Auguste Piédagnel (SC 300), Paris 1982; engl.
    Übersetzung M. M. Mitchell, Heavenly Trumpet (wie Anm. 12), 442-487.
14 Die Stelle findet sich in einem Brief an einen befreundeten Diakon: ep. 1255 (Isidore
    de Péluse, Lettres, Tome 1. Lettres 1214-1413, ed. Pierre Evieux [SC 422], Paris 1997,
    252); erwähnt bei R. Brändle, Art. Johannes Chrysostomus I, RAC 18, Stuttgart 1997,
    493 f.; J. C. Baur, Der heilige Johannes Chrysostomus (wie Anm. 5), Bd. 1, 247 f.

bibliothek in Athen ins Bild gesetzt, wenngleich hier noch keine direkte Beeinflussung der Ikonographie durch die Geschichte der Proklos-Vision greifbar ist. Der Athener Cod. 210 ist eine groß dimensionierte, luxuriös ausgestattete Anthologie, ein Panegyrikon mit insgesamt 39 Homilien des Kirchenvaters[15]. Das Manuskript enthält auf einer Doppelseite nebeneinander gestellt ganzseitige Portraits des Exegeten und des Paulus (Abb. 4 und 5), wobei die Figuren jeweils frontal vor Goldgrund sowie einer mit stilisierten Ornamenten versehenen Wand stehen und von einem Vorhang gerahmt werden. Bei gleicher Dimensionierung, Rahmenfarbe und Hintergrundgestaltung der Miniaturen erscheinen auch die beiden Heiligen einander sehr ähnlich. Der Eindruck kommt durch den Einsatz derselben Farbskala für die Gewänder beider Figuren zustande, vor allem aber durch ihre nahezu identischen Physiognomien, mit hoher, kahler Stirn und Vollbart. Der Goldmund ist hier noch nicht als Asket dargestellt, wie später, ab dem 11. Jahrhundert allgemein üblich[16]. Er besitzt hingegen die gleichen fleischigen Gesichtszüge wie der Apostel. Die weitgehend übereinstimmenden Gestaltungsmerkmale beider Figuren sind sicher kein Zufall, sondern bildliche Reflexe der bekannten *Mimesis* des Apostels seitens des Goldmunds[17]. Ebenso unauffällig wie bedeutsam ist die Gestik des Apostels, die gleichfalls eine Beziehung zwischen den beiden portraitierten Heiligen herstellt: Mit der Rechten weist Paulus auf den Codex, den er in der verhüllten linken Hand hält und mit dem seine eigenen biblischen Schriften gemeint sein werden, die der neben ihm stehende Kirchenvater kommentierte. In verhaltener Form äußert sich in diesem Bildpaar folglich der Gedanke der Autorisierung des Exegeten durch den Apostel persönlich.

Das mit dem Cod. 210 der Athener Nationalbibliothek etwa zeitgleiche Homiliar Cod. 211 derselben Bibliothek enthält ebenfalls Illustrationen, die die Assoziation des Kirchenvaters mit Paulus thematisieren[18]:

---

15 Maße des Codex 36,5 × 25 cm. A. Marava-Chatzinicolaou/C. Toufexi-Paschou, Catalogue of the Illuminated Byantine Manuscripts of the National Library of Greece, vol. 3. Homilies of the Church Fathers and Menologia 9th-12th Century, Athen 1997, Nr. 5, 57-69 (mit der älteren Lit.); zu den beiden Miniaturen auch K. Krause, Die illustrierten Homilien (wie Anm. 1), 185 und 188.

16 Zur sich zwischen dem 10. und 11. Jh. wandelnden Darstellungsweise des Chrysostomos siehe K. Krause, Die illustrierten Homilien (wie Anm. 1), bes. 36 f. (mit der älteren Lit.).

17 In der Chrysostomos-Vita des Georgios von Alexandria ist explizit die Rede vom Goldmund als „Παύλου μιμητής" (F. Halkin, Douze récits [wie Anm. 4], Nr. III, 258). Zur Imitation des Paulus siehe bes. auch M. M. Mitchell, The Heavenly Trumpet (wie Anm. 12), bes. 49-55.

18 Zum Cod. Athen. 211 siehe A. Marava-Chatzinicolaou/C. Toufexi-Paschou, Catalogue (wie Anm. 15), Nr. 2, 24-53 (mit der älteren Lit.); siehe auch K. Krause, Die illustrierten Homilien (wie Anm. 1), 188.

Die Titulusrahmung am Beginn einer Homilie über Paulus (CPG 5067) vereint zwei Medaillons, jeweils mit einem Portrait des Apostels und des Exegeten (Abb. 6). Die zweite Darstellung, in einem Rundbogenfeld oberhalb des Titels einer weiteren Homilie zum Apostel (CPG 7555), zeigt die beiden Heiligen vertieft in ein großes gemmengeschmücktes Buch (Abb. 7). Der Apostel vollzieht mit der Rechten einen Gestus, der wohl die mündliche Instruktion des Kirchenvaters andeutet, wie die Episteln auszulegen seien.

Keine der Miniaturen aus dem 10. Jahrhundert weist ikonographische Details auf, die sich aus dem Wunderbericht des Georgios von der nächtlichen Visite des Apostels ableiten ließen. Hingegen beziehen sie sich alle in allgemeiner Art und Weise auf die in den Texten schon einige Jahrhunderte früher thematisierte Beziehung zwischen dem Kirchenvater und Paulus. Offenbar wurde die detailreiche Proklos-Vision gemäß der Schilderung in den Viten erstmals und vor allem im 11. Jahrhundert illustriert, wofür die eingangs angesprochene vatikanische Miniatur ein besonders prachtvolles Beispiel ist. Gleichfalls im 11. Jahrhundert war eine solche Darstellung Gegenstand einer Ekphrasis, die dem Johannes Mauropous zugeschrieben wird[19]. Die Beschreibung ist Teil einer iambischen Gedichtsammlung über Bilder (πίνακες) zu den orthodoxen Hauptkirchenfesten[20].

Das früheste erhaltene Bild, das *direkte* Einflüsse der Textgrundlage erkennen lässt, findet sich im Cod. Vat. gr. 1640, einem wahrscheinlich dem frühen 11. Jahrhundert angehörenden ersten Halbband des chrysostomischen Genesiskommentars (Abb. 8)[21]. Trotz ihrer erheblichen Beschädigungen zeugt die Miniatur noch vom malerischen Können ihres Schöpfers. Übereinstimmend mit dem Bericht des Georgios illustriert das Bild, wie Paulus sich von hinten genähert hat, um dem Exegeten die Kommentare zu diktieren. Proklos, in der Erzählung wichtig als Zeuge für das Geschehen, fehlt hier allerdings, ebenso wie die Paulus-Ikone. Unterhalb der Miniatur, die unvollendet ist[22], steht in schwarzer Tinte ein Epigramm, welches besagt:

---

19 PG 120, 1134 f. (Nr. 13); zu den Versen auch M. M. Mitchell, The Heavenly Trumpet (wie Anm. 12), 439. Auch die Gedichte Nr. 14 (PG 120, 1135) und Nr. 21 (ebd., 1138 f.) sind dem Goldmund gewidmet.

20 Εἰς πίνακας μεγάλους τῶν ἑορτῶν ὡς ἐν τύπῳ ἐκφράσεως (PG 120, 1119/20).

21 Zu diesem Manuskript und der Miniatur K. Krause, Die illustrierten Homilien (wie Anm. 1), bes. 176 f. und 190. Zu der Miniatur und ihrem Epigramm auch R. Stichel, Beiträge zur frühen Geschichte des Psalters und zur Wirkungsgeschichte der Psalmen (Abhandlungen der nordrhein-westfälischen Akademie der Wissenschaften 116), Paderborn u.a. 2007, 400 f.

22 Eine ursprünglich geplante Rahmung wurde zwar in Teilen vorgerillt, jedoch nicht zu Ende geführt. Für das Bildfeld waren die Maße 23,3 x 20,7 cm vorgesehen. Vom

Du Orpheus, schlag Gottes weise Leier,
den Johannes, o Paulus, den goldenen Mund.
Sie zieht jegliche Natur von steinernem Sinn
zu Christus, dem unverrückbaren Eckstein hin.[23]

Das Gedicht rekurriert auf den verbreiteten Topos der allegorischen Umschreibung heiliger Autoren bzw. Redner als von einer höheren Instanz zum Erklingen gebrachte Musikinstrumente. So sprach beispielsweise Johannes Damaskenos von Paulus selbst als „die inspirierte Lyra des Heiligen Geistes, der laut klingende Mund der apostolischen Stimmen"[24], und der Goldmund nannte den Apostel „die himmlische Trompete"[25].

Wie erklärt sich die zeitliche Verzögerung der Illustration des Wunderberichts um rund drei Jahrhunderte, oder – anders gefragt – vor welchen Hintergründen ist zu erklären, weshalb das Interesse an einer Verbildlichung der Episode mit dem 11. Jahrhundert aufkommt?

Die Chrysostomos-Vita des Georgios von Alexandria ist in der Zeit zwischen dem 10. und 17. Jahrhundert nur in einer vergleichsweise kleinen Zahl von rund 20 Manuskripten tradiert. Mehr als die Hälfte aller Textzeugen stammt allerdings aus dem 11. und 12. Jahrhundert, was die besondere Beliebtheit der Vita in dieser Zeit bestätigt[26]. Der von Georgios verfasste *bios* begegnet in Menologien als Lektüre entweder für die Gedenktage des Chrysostomos am 13. November oder, seltener, am 27. Januar[27].

Hintergrund wurden nur wenige Bereiche vergoldet. Dass ursprünglich wenigstens die Paulus-Ikone Abbildung finden sollte, erscheint möglich, jedoch nicht zwingend. Die ansonsten in Byzanz so wichtigen Namensbeischriften der Heiligen fehlen.

23 Ὀρφεὺς θεοῦ σὺ τὴν σοφὴν κρότει λύραν / Ἰωάννην ὦ Παῦλε, τὸ χρυσοῦν στόμα / ἕλκουσαν πᾶσαν τὴν λιθότροπον φύσιν / εἰς Χριστὸν ἀκρογόνον ἀρραγῆ λίθον. Edition und Übersetzung nach R. Stichel, Beiträge (wie Anm. 21), 401. Der Text wurde an die Stelle eines älteren, später ausrasierten gesetzt. Genauer zum Befund K. Krause, Die illustrierten Homilien (wie Anm. 1), 176 f.

24 ... Παῦλος, ἡ θεόφθογγος λύρα τοῦ πνεύματος, τῶν ἀποστολικῶν γλωσσῶν τὸ πολύηχον στόμα. *Laudatio sancti Johanni Chrysostomi*, in: *Opera homiletica et hagiographica*, hg. v. B. Kotter (Die Schriften des Johannes von Damaskos 5 = PTS 29), Berlin/New York 1988, 362. Zum Vergleich göttlich inspirierter Personen mit Musikinstrumenten (mit Textbeispielen) siehe J. Beumer, Die Inspiration der Heiligen Schrift (Handbuch der Dogmengeschichte I/3b), Freiburg 1968, 20 f.; J. Leipoldt, Die Frühgeschichte der Lehre von der göttlichen Eingebung, ZNW 44, 1952/53, 134; K. Thraede, Art. Inspiration, RAC 18, Stuttgart 1996, 357.

25 Die Metapher wählte Margaret Mitchell zum Titel ihres Buches über Chrysostomos als Kommentator der paulinischen Schriften: M. M. Mitchell, The Heavenly Trumpet (wie Anm. 12), zum Zitat bes. 1.

26 J. C. Baur, Georgius Alexandrinus (wie Anm. 5), 1 f.

27 Siehe K. Krause, Die illustrierten Homilien (wie Anm. 1), 192, mit Anm. 1316 f.

In einer aus dem Jahre 882 stammenden Lobrede auf den Goldmund, die der spätere byzantinische Kaiser Leon VI. verfasste, erscheint der Visionsbericht in einer gerafften, jedoch alle wichtigen Details enthaltenden Variante[28]. Auch dieses Enkomion begegnet in manchen Menologien als Text für den 13. November[29].

Die wichtigste Etappe in der Rezeptionsgeschichte des Wunderberichtes stellt eindeutig die Chrysostomos-Vita des Symeon Metaphrastes aus dem späten 10. Jahrhundert dar, die in den Manuskripten meist als Lektüre für den 13. November vorgesehen ist und in der die Proklos-Vision in großer Ausführlichkeit geschildert wird[30]. Als zeitgenössischer Ersatz für die älteren hagiographischen Texte wurden die Viten Symeons, zumeist in einer zehnbändigen Edition, gerade im 11. Jahrhundert sehr häufig kopiert und teilweise auch illustriert[31]. Stärker als in den früheren Berichten wird beim Metaphrasten hervorgehoben, dass es sich bei der Visite des Paulus um ein übermenschliches, göttliches Geschehen gehandelt habe[32]. In diesem Sinne schließt Symeon seinen Bericht mit dem lobenden Fazit, Chrysostomos habe durch seinen göttlich inspirierten Kommentar die Kirche bereichert[33]. Dass die Episode der Inspiration des Exegeten durch den Apostel höchst persönlich das Kernstück der langen Vita ausmachte, bezeugt ein Gedicht in einem Exemplar des ersten Novemberhalbbandes des metaphrastischen Corpus. Es handelt sich um den im 11. Jahrhundert kopierten Cod. Saba 33 des griechisch-orthodoxen Patriarchats zu Jerusalem, wo jemand, wahrscheinlich der Kopist selbst, neben dem Beginn der entsprechenden Textpassage ein Wortspiel in kalligraphischer Minuskel verewigte. Es verdeutlicht die Rolle Pauli als Mediator, der die an den Goldmund weitergegebene Inspiration seinerseits von Christus empfangen hatte:

---

28 or. 18 PG 107, 227-292, 257. Zu der Rede und ihren Entstehungsumständen T. Antonopoulou, The Homilies of the Emperor Leo VI (The Medieval Mediterranean 14), Leiden 1997, 67 f. und 123-126.

29 Siehe K. Krause, Die illustrierten Homilien (wie Anm. 1), 192, mit Anm. 1318.

30 PG 114, 1101-1107.

31 Grundlegend A. Ehrhard, Überlieferung und Bestand der hagiographischen und homiletischen Literatur der griechischen Kirche von den Anfängen bis zum Ende des 16. Jahrhunderts (TU 50-52), Leipzig 1937-1952, Bd. 2, 306-709. Zu den illustrierten Exemplaren N. P. Ševčenko, Illustrated Manuscripts of the Metaphrastian Menologion (Chicago visual library text fiche series 54), Chicago 1990. In jüngerer Zeit zum Autor und seinem Werk: C. Høgel, Symeon Metaphrastes. Rewriting and Canonization, Kopenhagen 2002.

32 PG 114, 1105 und 1108.

33 PG 114, 1108.

Χριστοῦ στόμα πέφυκε τὸ Παύλου στόμα /
στόμα δὲ Παύλου τὸ Χρυσοστόμου στόμα[34]
„Zum Mund Christi ist der Mund des Paulus geworden,
zum Mund des Paulus aber der Mund des Chrysostomos."

Im Vergleich zu den erwähnten vormetaphrastischen Texten wurde die Chrysostomos-Vita Symeons weitaus häufiger kopiert: Albert Ehrhard zählte insgesamt 75 erhaltene Exemplare des ersten Novemberhalbbandes der metaphrastischen Biographien[35]. Im frühen 11. Jahrhundert verdrängte das Corpus des Metaphrasten die älteren Menologien als Standardlektüre für Heiligengedenktage im monastischen Morgengottesdienst (*Orthros*)[36]. Es ist daher wahrscheinlich, dass die Verbreitung von Illustrationen der Proklos-Vision in einem unmittelbaren Zusammenhang mit der Popularität der metaphrastischen Texte und der jährlich wiederkehrenden Lesung der Chrysostomos-Vita in den Klöstern des byzantinischen Reiches steht. Dafür spricht auch die Tatsache, dass die Szene der Inspiration des Goldmunds durch den Apostel Paulus in drei von insgesamt vier Fällen als einzige Illustration für die Vita des Kirchenvaters erscheint. Obwohl der Bericht von dem wundersamen Erscheinen des Paulus sich erst im fortgeschrittenen Text des *bios* findet, fungiert das Inspirationsbild in allen Fällen als Titelillustration. Die vier Novemberhalbbände, in denen der Text illustriert wurde, gehören allesamt der zweiten Hälfte des 11. Jahrhunderts an. In zwei Exemplaren erscheint die Szene als gerahmte bzw. ungerahmte Miniatur vor dem Beginn der Vita (Sinai, Katharinenkloster, Cod. gr. 500, datiert 1063[37]; Athen, Nationalbibliothek, Cod. 2535[38]); (Abb. 9 und 10). Sie zeigt in beiden Fällen außer Chrysostomos und dem ihn inspirierenden Paulus auch den im Türrahmen stehenden Proklos, jedoch nicht die Ikone[39]. In einem anderen Manuskript (London, British Library, Cod. Add. 36636) ist die Inspirationsszene

---

34 A. Papadopoulos-Kerameus, Ἱεροσολυμιτικὴ Βιβλιοθήκη, St. Petersburg 1891-1894, Bd. 2, 77, Nr. 15; Washington, D.C., Library of Congress, Microfilm Nr. 5017/Saba 33; J. C. Baur, Saint Jean Chrysostome et ses œuvres dans l'histoire littéraire, Louvain/Paris 1907, 34.

35 A. Ehrhard, Überlieferung (wie Anm. 31), Bd. 2, 678.

36 Hierzu ausführlicher am Ende dieses Beitrages.

37 N. P. Ševčenko, Illustrated Manuscripts (wie Anm. 31), 66 und 85; K. Weitzmann/G. Galavaris, The Monastery of Saint Catherine at Mount Sinai. The Illuminated Greek Manuscripts, vol. 1. From the Ninth to the Twelfth Century, Princeton 1990, Nr. 28, 73-80.

38 N. P. Ševčenko, Illustrated Manuscripts (wie Anm. 31), 84; A. Marava-Chatzinicolaou/C. Toufexi-Paschou, Catalogue (wie Anm. 15), Nr. 47, bes. 189-192.

39 Zur häufigen Auslassung der Ikone in den Bildern K. Krause, Die illustrierten Homilien (wie Anm. 1), 186-188, bes. 187.

als Initiale *Kappa* am Vitenbeginn gestaltet worden (Abb. 11)[40]: Paulus, der vor einem kreuzbekrönten Kuppelbau steht, bildet die Vertikale des Buchstabens. Der mit der rechten Hand gestikulierende, thronende Chrysostomos, hier im Bischofsornat, bildet die untere Schräge der Initiale. In diesem Fall, sicher vor allem mit Blick auf eine leichte Erkennbarkeit des Buchstabens, sind sowohl Proklos als auch die Ikone weggelassen worden. Der Weisegestus des Apostels nach schräg oben, dem der Kirchenvater mit seinem Blick folgt, erklärt sich zunächst durch die praktische Notwendigkeit, die obere Buchstabendiagonale zu formen. Gleichzeitig ist damit in überaus geschickter Weise die Idee illustriert, dass der göttliche Logos als der eigentliche Ursprung der Eingebung zu gelten hat, die sich am Goldmund durch Paulus als Mittler vollzieht. Ohne die Assistenz des Apostels wird die göttliche Inspiration des Chrysostomos in der *Kappa*-Initiale des vierten illustrierten Novemberhalbbandes visualisiert (Venedig, Biblioteca Marciana, Cod. gr. 351): Der vor einer Architekturkulisse thronende Bischof empfängt in diesem Fall die göttliche Eingebung unmittelbar durch die Taube des Heiligen Geistes, die auf einem Strahl vom Himmel herab gesandt wird, der gleichzeitig die obere Diagonale des Buchstabens bildet[41].

Gleichfalls in einer *Kappa*-Initiale begegnet die Szene des schreibenden Exegeten, diesmal wieder mit Paulus, in einem in der zweiten Hälfte des 11. Jahrhunderts oder um 1100 in Konstantinopel kopierten und illustrierten Rotulus mit der Chrysostomos-Liturgie, heute aufbewahrt im griechisch-orthodoxen Patriarchat zu Jerusalem (*Hagiou Staurou* 109; Abb. 12)[42]. Wieder bildet Paulus die Vertikale, während der schreibend nach vorn gebeugte Chrysostomos die Diagonalen der Initiale formt. Der

---

40 N. P. Ševčenko, Illustrated Manuscripts (wie Anm. 31), 128.

41 I. Furlan, Codici greci illustrati della Biblioteca Marciana, Padua 1978-1997, Bd. 4, 18, Abb. 13; N. P. Ševčenko, Illustrated Manuscripts (wie Anm. 31), 172, Abb. 5B1; Oriente Cristiano e Santità, Figure e storie di santi tra Bisanzio e l'Occidente, a cura di Sebastiano Gentile, Biblioteca Nazionale Marciana, 2 luglio – 14 novembre 1998, Venedig 1998, Nr. 13.

42 Inc. Κύριε ὁ θεὸς ἡμῶν τὴν ἐκτενῆ ταύτην ἱκεσίαν..., F. E. Brightman, Liturgies Eastern and Western, vol. 1. Eastern Liturgies, Oxford 1896, 314 (30) und 373 (5). Die Initiale steht am Beginn des ersten Gebets nach der Lesung des Evangeliums. Zu diesem Gebet J. Mateos, La célébration de la parole dans la liturgie byzantine. Étude historique (OCA 191), Rom 1971, 149-156. Grundlegend zu dieser liturgischen Rolle und ihrer Illustration A. Grabar, Un rouleau liturgique constantinopolitain et ses peintures, DOP 8, 1954, 161-199, zur Datierung ebd., 166 f.; siehe auch H. -J. Schulz, Die byzantinische Liturgie. Glaubenszeugnis und Symbolgestalt (Sophia 5), 3. völlig überarbeitete und aktualisierte Auflage, Trier 2000, 171-182. Zum Textinhalt des Rotulus auch: S. Parenti, Osservazioni sul testo dell'anafora di Giovanni Crisostomo in alcuni eucologi italo-greci (VIII-XI secolo), Ephemerides liturgicae 105, 1991, 145 f.

Ursprung der Eingebung wird hier durch die Hand Gottes angedeutet, die von oben rechts auf den Exegeten weist. Gegenüber, auf der anderen Seite der Textkolumne, zeigt Gottes Hand auf einen anonymen Bischof, womit gemeint sein wird, dass alle Bischöfe, die die göttlich inspirierte und vom Goldmund aufgeschriebene Liturgie nach ihm zelebrieren, dies gleichfalls mit dem Segen Gottes tun.

Wie nicht zuletzt die Titelillustrationen der metaphrastischen Chrysostomos-Vita zeigen, avancierte das Bild des von Paulus inspirierten Goldmunds im Laufe des 11. Jahrhunderts zur biographischen Kernszene des Heiligen. Möglicherweise war gerade die Popularität dieser aussagekräftigen Episode ein Grund dafür, dass Illustrationen zum Leben des Chrysostomos in Byzanz ansonsten eine Seltenheit blieben, und zwar trotz seines hohen Ranges[43].

Unverkennbar zeigt sich die Ikonographie von antiken Darstellungen der Museninspiration beeinflusst, die besonders auf Sarkophagen zahlreich begegnen. Ein Exemplar in Palermo aus dem vierten nachchristlichen Jahrhundert zeigt, formal der Gruppe Chrysostomos-Paulus gut vergleichbar, wie sich eine Muse einer sitzenden, Lyra spielenden Frau von hinten genähert und ihr die Hand auf die Schulter gelegt hat (Abb. 13)[44]. Ein Sarkophag in Rom (3. Jh. n. Chr.) zeigt, gleichfalls sitzend, einen Philosophen. Eine der ihn umgebenden Musen steht dicht hinter ihm und hat ihren Kopf zu seinem Ohr hin geneigt (Abb. 14)[45].

Auffälligerweise steht keine der recht zahlreichen Miniaturen mit der Proklos-Vision in einem Codex mit chrysostomischen Homilien zu den Paulusbriefen. Zwar befindet sich die wohl elaborierteste Kompositon, die eingangs diskutierte Frontispizminiatur im Cod. gr. 766 der Vaticana, in einem Manuskript mit den paulinischen Episteln und deren Exegese in

---

43 Zu Illustrationen der Chrysostomos-Vita: C. Walter, Biographical Scenes of the Three Hierarchs, REByz 36, 1978, 250-259; K. Krause, Die illustrierten Homilien (wie Anm. 1), bes. 2, 92-97 und 100, thematische Auflistung im Register, ebd., 247 f.

44 B. C. Ewald, Der Philosoph als Leitbild. Ikonographische Untersuchungen an römischen Sarkophagreliefs (Mitteilungen des Deutschen Archäologischen Instituts, römische Abteilung, Erg.-Heft 34), Mainz 1999, E 13, 176. Für ihren Hinweis auf diese Publikation danke ich Marion Meyer, Universität Wien. Zum vergleichbaren Einfluss der antiken Musenikonographie auf zweifigurige Evangelistenportraits A. Baumstark, Eine antike Bildkomposition in christlich-orientalischen Umdeutungen, Monatshefte für Kunstwissenschaft N. F. 8, 1915, 117-119.

45 B. C. Ewald, Der Philosoph als Leitbild (wie Anm. 44), C 1, 152. Die pagane Muse selbst, als *weibliche* Gestalt, fand Eingang in die Titelminiatur des sog. Pariser Psalters aus dem 10. Jh. (Paris. gr. 139, fol. 1v): Die Muse, betitelt als *Melodia*, sitzt dicht hinter der rechten Schulter des jugendlichen Psalmisten, während – gut vergleichbar der Figur des Proklos – eine Zeugenfigur, teils verborgen hinter Architektur, dem Ereignis beiwohnt (G. Galavaris, Ζωγραφικὴ βυζαντινῶν χειρογράφων ['Ελληνικὴ τέχνη], Athen 1995, Abb. 21).

Form von Randkatenen. Jedoch enthalten letztere keinerlei direkte Zitate aus den chrysostomischen Auslegungen[46]. In einem Manuskript der Paulusbriefe erscheint eine Miniatur durchaus passend, die die posthume Einflussnahme des Apostels auf die Kommentierung seiner Schriften zum Thema hat. Gleichzeitig fungiert die Illustration als Inspirationsbild schlechthin und betont die besondere Bedeutung gerade des Chrysostomos für die richtige, weil vom göttlichen Logos autorisierte Exegese der paulinischen Episteln. Als solche konnte sie ihrerseits die Grundlage für die Auslegungen anderer Exegeten bilden.

Das aus den Vitenerzählungen hergeleitete Motiv des Kirchenvaters, der von dem hinter ihm stehenden Paulus den Kommentar ins Ohr diktiert bekommt, fand später in Kompositionen Aufnahme, die den Goldmund als „Quell der Weisheit" darstellen. Ein prachtvolles Bild mit diesem Thema wurde nachträglich, im 14. Jahrhundert, in den aus dem 11. Jahrhundert stammenden Cod. A 172 sup. der Mailänder Biblioteca Ambrosiana eingefügt, welcher die 32 Homilien des Chrysostomos zum Römerbrief enthält (Abb. 15)[47]: Die Miniatur zeigt vor einer Architekturkulisse den auf einem hölzernen Stuhl vor einem Pult sitzenden Kirchenvater, dem Paulus den Text des Kommentars von hinten einhaucht. Der Goldmund hält das Diktat auf einem Rotulus fest, der in einen Wasserstrom übergeht. Eine große Ansammlung von Bischöfen und Mönchen steht dicht gedrängt neben dem Schreibpult des Exegeten. Im Vordergrund haben sich fünf Kleriker zu dem Quell hinab gebeugt, um sich an ihm zu laben und so an der Weisheit teilzuhaben. Auch in dieser Komposition wurde der tatsächliche Ursprung der Inspiration ins Bild gerückt: In einem großen Himmelssegment erscheint die Büste Christi, welcher mit seiner ausgestreckten Rechten einen Strahl auf die schreibende Hand des Exegeten lenkt. Im Vordergrund ist kniefällig ein Laie gezeigt, wahrscheinlich der Besitzer des Homiliars bzw. Stifter der Miniatur, der seine Hände bittend in Richtung der beiden Heiligen ausgestreckt hat. Das Bildthema „Quell der Weisheit", gleichfalls bezogen auf andere Kirchenväter, begegnet ansonsten vor allem in der Monumentalmalerei, wo es sich besonders in spätbyzantinischer Zeit einiger Beliebtheit erfreute[48].

---

46 Zu den exzerpierten Quellen siehe R. Devreesse, Codices Vaticani Graeci (wie Anm. 1), 281; K. Staab, Die Pauluskatenen (wie Anm. 1), 102 f.

47 Ausführlich zu dem Homiliar und der später ergänzten Miniatur K. Krause, Die illustrierten Homilien (wie Anm. 1), 178 f. (mit der älteren Lit.).

48 Siehe die Studien von A. Xyngopoulos, Ἅγιος Ἰωάννης ὁ Χρυσόστομος «Πηγὴ τῆς Σοφίας», Ἀρχαιολογικὴ Ἐφημερίς (Arch Eph) 81/83, 1942/44, 1-36, T. Velmans, L'iconographie de la „Fontaine de Vie" dans la tradition byzantine à la fin du Moyen Age, in: Synthronon. Art et archéologie de la fin de l'Antiquité et du Moyen Age (Bibliothèque des Cahiers archéologiques 2), Paris 1968, 119-134 und C. Walter, Art and Ritual of the Byzantine Church, preface by R. Cormack (Birmingham Byzantine

Die Vorstellung von Johannes Chrysostomos als „Quell der Weisheit" fand ihren bildlichen Niederschlag auch in einem qualitätvollen Miniaturenpaar, das sich im Cod. gr. 224 der Pariser Bibliothèque nationale auf einer Doppelseite gegenüber steht (Abb. 16 und 17). Das Luxusmanuskript aus der ersten Hälfte des 12. Jahrhunderts enthält die Paulusbriefe mit den Katenen verschiedener Exegeten sowie zusätzlich die Apokalypse, gleichfalls versehen mit Randkatenen[49]. Die erste der beiden Miniaturen zeigt den neben einem Lesepult thronenden und schreibenden Paulus. Das obere Drittel der Bildfläche ist der Bildbeischrift „Paulus, der Eingeweihte in die geheimen Worte" (Παῦλος ὁ μύστης τῶν ἀπορρήτων λόγων) vorbehalten, die in roter alexandrinischer Auszeichnungsmajuskel hervorgehoben ist. Dass Paulus privilegiert gewesen sei, an Gottes Mysterium teilzuhaben, ist in den Kommentaren des Chrysostomos zu den Episteln eine wiederkehrende Vorstellung[50]. Die unmittelbar benachbarte Miniatur vereint drei Kommentatoren der Paulusbriefe, die zu verschiedenen Zeiten gewirkt haben, und deren Texte in den Katenen des Paris. gr. 224 hauptsächlich verarbeitet sind: Johannes Chrysostomos, (Ps.-)Oikoumenios (6. Jh.) und Theodoret von Kyrrhos (ca. 393-466)[51]. Der Goldmund, als der wichtigste und zeitlich früheste der drei Exegeten, thront erhöht über den anderen beiden, ist in der Größe hervorgehoben und überdies als einziger mit einem Nimbus ausgezeichnet. Die Bildhierarchie findet auch im Titulus Ausdruck, der zu Chrysostomos ausführt: „Johannes, der Ruhm der Kirche, ist dabei, die geheimen Worte des Paulus zu erforschen" (Ἰωάννης ἡ δόξα τῆς ἐκκλησίας λόγους ἐρευνῶν τοὺς ἀπορρήτους Παύλου). Die anderen beiden Autoren wurden lediglich mit einfachen Namensbeischriften versehen. Der Goldmund ist frontal und mit Sprechgestus gezeigt und fasst mit der Linken an ein zum Betrachter hin gedreh-

---

Series 1), London 1982, 111-115. Ein frühes, aus dem späten 12. Jh. stammendes Fresko des Themas „Quell der Weisheit" befindet sich im Parekklesion des Johannesklosters auf Patmos (für diesen Hinweis danke ich Nancy Ševčenko). Allerdings ist nicht mehr mit Sicherheit zu rekonstruieren, wer der einst am Schreibpult sitzende Heilige war, von dem der Wasserfluss seinen Ausgang nimmt, denn der entsprechende Bereich des Freskos ist zerstört (für verschiedene Identifikationsvorschläge siehe D. Mouriki, Οἱ τοιχογραφίες τοῦ παρεκκλησίου τῆς Μονῆς Ἁγίου Ἰωάννου τοῦ Θεολόγου στὴν Πάτμο. Τὸ εἰκονογραφικὸ πρόγραμμα, ἡ ἀρχικὴ ἀφιέρωσε τοῦ παρεκκλησίου καὶ ὁ χορηγός, Δελτίον τῆς χριστιανικῆς ἀρχαιολγικῆς ἑταιρείας (DCAH), ser. 4, 14, 1987 f., 234-237, fig. 39; A D. Kominis (ed.), Patmos. Treasures of the Monastery, Athen 1988, 60).

49 Zuletzt und ausführlich K. Krause, Die Illustration der Homilien (wie Anm. 1), 188 f. (mit der älteren Lit.).

50 Ausführlich M. M. Mitchell, The Heavenly Trumpet (wie Anm. 12), 85 (mit Textzitaten).

51 Zu den in den Katenen nachweisbaren Autoren siehe K. Staab, Die Pauluskatenen (wie Anm. 1), 117-119.

tes Lesepult. Auf diesem liegt prominent, etwa im Zentrum der Miniatur, ein aufgeschlagenes Buch, dessen Text Chrysostomos mit den Worten „der geistige Euphrat" (ὁ νοητὸς εὐφράτης) auszeichnet. Die beiden untergeordneten Kommentatoren lauschen dessen Erklärungen mit nachdenklicher Mimik und Gestik. Oikoumenios blickt zum Goldmund empor und weist – dessen Autorität anerkennend – mit der Rechten in Richtung des offenen Buches. Zwischen den beiden Exegeten befindet sich ein niedriger Tisch mit Schreibutensilien. Beide halten Rotuli, wobei der des Oikoumenios geöffnet, aber unbeschriftet ist. Hierdurch soll wohl angedeutet werden, dass der Exeget noch den Instruktionen des Chrysostomos lauscht, ohne die – eben als „Quell der Weisheit" – er sein Werk nicht beginnen kann. Beide Bilder werden von langen Epigrammen gerahmt, von denen in unserem Zusammenhang vor allem das der rechten Miniatur interessant ist: Das Gedicht betont, was auch das Bild selbst klar vor Augen führt, nämlich den Primat des Chrysostomos vor Theodoret und Oikoumenios als würdigster, göttlich inspirierter Kommentator der ihrerseits göttlich inspirierten paulinischen Schriften[52]. Ikonographie und Bildinschriften legen, gemeinsam mit den Textinhalten des Codex, den Schluss nahe, dass dieser im intellektuellen Milieu der Hauptstadt entstanden sein wird[53]. Im Vergleich zum biblischen Textinhalt (Paulusbriefe und Johannesapokalypse) sind die Katenen mit dessen Auslegungen deutlich ausführlicher. Das Manuskript wird gezielt für einen am exegetischen Studium interessierten Gelehrten angefertigt worden sein. Gleiches ist übrigens auch für den eingangs erwähnten Cod. Vat. gr. 766 anzunehmen, der

---

52 Ἰδοὺ λαλοῦσιν ὡς διηρμηνευκότες / Συνὼν Θεοδώριτος Οἰκουμενίῳ / Παύλου τὰ θεόπνευστα ῥητὰ τῶν λόγων / Ἀλλ'ἡνίκα φράσειε τὸ χρυσοῦν στόμα / Σιγῶσι οὗτοι καὶ διευκρινημένα / Ὡς χρυσόρειθρος χρυσόνους γράφει μόνος. K. Staab, Die Pauluskatenen (wie Anm. 1), 118; für das Epigramm der linken Miniatur siehe ebd., 117 f. In teilweise vergleichbarer Weise geschieht etwa zur gleichen Zeit die Differenzierung zwischen Autoren gemäß ihrem Rang im Autorenbild des Cod. Paris. gr. 1208 mit den Homilien des Jakobos von Kokkinobaphos (siehe H. Maguire, Art and Eloquence in Byzantium, Princeton 1981, Abb. 1): In diesem Fall ist es ein zeitgenössischer Autor, der Mönch Jakobos, der von zwei Kirchenvätern, Johannes Chrysostomos und Gregor von Nyssa, unterwiesen wird. In devoter Körperhaltung nimmt der in kleinerem Maßstab abgebildete Jakobos von den beiden thronenden Autoritäten die Anleitung bezüglich einer vorbildlichen Exegese biblischer Schriften entgegen. Ausführlich zur Deutung der Miniatur I. Hutter, Die Homilien (wie Anm. 2), 21-23; J. C. Anderson, The Illustrated Sermons of James the Monk. Their Dates, Order and Place in the History of Byzantine Art, Viator 22, 1991, 71-74.

53 Für eine Entstehung in Konstantinopel sprechen, abgesehen vom insgesamt luxuriösen Erscheinungsbild, die stilistischen und qualitativen Merkmale der Kalligraphie wie auch der Miniaturen. Das Manuskript war einst Teil der Serail-Bibliothek in Istanbul. Siehe zur Provenienz zuletzt K. Krause, Die illustrierten Homilien (wie Anm. 1), 188 mit Anm. 1286.

im Wesentlichen gleiche Charakteristika aufweist. Die Bildkonzeption der beiden Frontispizminiaturen im Paris. gr. 224 mit den begleitenden Tituli und Epigrammen reflektiert klar die Vertrautheit ihres Entwerfers mit der Paulus-Exegese, als deren maßgebliche Autorität Johannes Chrysostomos zu gelten hat[54].

Als Resultat der reichen Texthinterlassenschaft des Goldmunds begegnen in der byzantinischen Literatur häufig metaphorische Anspielungen auf seinen „Wortfluss", deren visuelle Reflexe die angesprochenen Bilder sind. Bereits in einem nur wenige Wochen nach seinem Tod verfassten Enkomion begegnet die Metapher des Chrysostomos als Quell, der viele, somit gleichermaßen vom Heiligen Geist gespeiste Bächlein nährt, also all diejenigen, die seine Lehre über seinen Tod hinaus verbreiten[55]. Genau diese Vorstellung illustrieren in späterer Zeit gemalte Bilder wie die bereits erwähnte Miniatur in Mailand (Abb. 15). In Sudas Enzyklopädie wird, nach einer Würdigung seiner vielen Werke, die Rede des Chrysostomos mit den Wasserfällen des Nils verglichen, und auch die vielen Gedichte zu Ehren des Goldmunds aus mittelbyzantinischer Zeit, die noch immer ihrer systematischen Sammlung und kritischen Edition harren, bieten einen reichen Fundus derartiger Metaphern[56]: Ein anonymes Epigramm, das in einem Codex aus der ersten Hälfte des 10. Jahrhunderts überliefert ist, entwickelt über mehrere Verse eine komplexe Wassermetaphorik in Bezug auf Chrysostomos, dessen Eloquenz mit den Bildern, auch hier, des Nils, daneben auch des Ozeans, des Meeres umschrieben wird[57]. Auch zwei Verse in einem Gedicht des Theodoros Stu-

---

54 Auch das rahmende Epigramm der linken Miniatur (zitiert bei K. Staab, Die Pauluskatenen, wie Anm. 1, 117 f.), das einen Vergleich des Paulus mit dem Kaiser Nero enthält, zeigt sich von der Exegese des Chrysostomos inspiriert. Siehe zur *Synkrisis* Paulus–Nero M. M. Mitchell, The Heavenly Trumpet (wie Anm. 12), 206-212.

55 Die Lobrede wurde wahrscheinlich gegen Ende des Jahres 407, spätestens Anfang 408, in oder bei Konstantinopel verfasst; siehe die eben erschienene Textedition mit italienischer Übersetzung Oratio funebris in laudem sancti Iohannis Chrysostomi. Epitaffio attribuito a Martirio di Antiochia (BHG 871, CPG 6517), edizione critica di Martin Wallraff, traduzione di Cristina Ricci, Spoleto 2007, §4,11-16; zu den Entstehungsumständen ebd., 13-14. Ich danke Martin Wallraff herzlich für diesen Hinweis.

56 … καὶ τὴν γλῶσσαν αὐτοῦ καταρρεῖν ὑπὲρ τοὺς Νειλῴους καταρράκτας. Suidae Lexicon, ed. A. Adler, Leipzig 1928-1938, Bd. 2, 463 (diesen Hinweis verdanke ich Andreas Heiser, Humboldt Universität Berlin). Eine Liste von ihm bekannten Gedichten und ihrer Initia publizierte J. C. Baur, S. Jean Chrysostome (wie Anm. 34), 54 f. Für vorhandene kritische Editionen einiger Epigramme siehe die folgenden Anmerkungen.

57 Σκάμανδρος ἐκλέλοιπεν, Ἑρμὸς ἐστάθη, / καὶ ῥεῖθρα Νεῖλος ἐκράτησεν ὡς ἴδε / τὰ ῥεύματα τρέχοντα τοῦ Χρυσοστόμου / σὺν Ὠκεανῷ τὴν ἅμιλλαν, ὦ πάτερ · / ναὶ τῶν λόγων γὰρ ἡ θάλασσα τὴν κτίσιν / ἐπικρατεῖ ῥέουσα τὴν σωτηρίαν. R. Browning, An Unpublished Corpus of Byzantine Poems, Byzantion 33, 1963, 289-316, hier 302, Nr. 17; zur Datierung des Codex ebd., 290.

dites nehmen in diesem Sinne auf ihn Bezug und verlautbaren: „Du hast eine nie versiegende Quelle von Worten ganz aus Gold strömen lassen / du, Seliger, überschwemmst damit die gesamte Erde."[58] Als eigentlicher Quell derartiger Sprachgewalt hat freilich die göttliche Weisheit zu gelten, der Ursprung aller Texte heiliger Autoren. So begründete Theodoret von Kyrrhos die Konkordanz der Vätertexte mit denjenigen der Bibel damit, dass die Kirchenväter aus derselben göttlichen Quelle wie die biblischen Autoren geschöpft und somit gleichermaßen Anteil am Heiligen Geist gehabt hätten[59].

Außer der Wassermetaphorik zur Umschreibung des göttlich inspirierten Wortflusses aus dem Mund bzw. der Feder der Kirchenlehrer sowie der oben angesprochenen Vorstellung von heiligen Autoren als Musikinstrumente Gottes begegnen auch Lichtmetaphern als Ausdruck göttlicher „Erleuchtung": Nach Johannes von Damaskus entzündete Chrysostomos „als Gottes Leuchter (θεῖος λαμπτήρ) die Lampe der Erkenntnis"[60], und auch in der Lobrede am Ende der Vita des Georgios von Alexandria wird der Goldmund „Leuchter der Kirche" (τῆς ἐκκλησίας φωστήρ) genannt[61].

In den Texten finden sich ähnliche oder identische Metaphern auch in Bezug auf andere Kirchenlehrer, sie waren also personell durchaus austauschbar[62]. Demgegenüber erscheint höchst bemerkenswert, dass in Byzanz allein für Johannes Chrysostomos variantenreiche Bildformulierungen entwickelt worden sind, die den heiligen Exegeten als direkt autorisiert von Gott und als erstrangigen Heiligen vorführen. Dies erscheint nicht zuletzt im Hinblick auf die Tatsache erstaunlich, dass man spätestens um die Mitte des 11. Jahrhunderts als eines der wichtigsten Heiligenfeste in Byzanz das der drei Hierarchen am 30. Januar institutionalisierte, an dem Gregor von Nazianz und Basileios der Große mit Johannes Chrysostomos gemeinsam verehrt werden[63]. Der Institutio-

---

58 Πηγὴν ἄληκτον παγχρύσων λόγων βλύσας / Ὅλην κατάρδεις τὴν ὑφήλιον, μάκαρ. V. Somers, Quelques poèmes en l'honneur de S. Gregoire de Nazianze. Édition critique, traduction et commentaire, Byzantion 69, 1999, 528-564, hier 540, Nr. 2; zur Autorschaft ebd.

59 PG 83, 80 C-D.

60 … ὡς θείου λαμπτῆρος τὸν λύχνον ἀνάπτων τῆς γνώσεως…, Laudatio sancti Johanni Chrysostomi (wie Anm. 24), 361 (Abschnitt 4, Zitat Z. 19 f.).

61 F. Halkin, Douze récits (wie Anm. 4), 284.

62 Siehe z. B. die Epigrammdichtung: R. Browning, An Unpublished Corpus (wie Anm. 57), Nr. 12-25; V. Somers, Quelques poèmes (wie Anm. 58), Nr. 1-11. Siehe auch die diversen Textzitate weiter unten im vorliegenden Beitrag.

63 C. G. Bonis, Worship and Dogma. John Mavropous, Metropolitan of Euchaita (11th Century). His Canon of the Three Hierarchs, and its Dogmatic Significance, Byzantinische Forschungen 1, 1966, 1-23, bes. 2-3, 16 und 18. Der genaue Zeitpunkt der Einsetzung des Festes ist umstritten. Siehe z. B. J. C. Baur, Saint Jean Chrysostome (wie

nalisierung des Festes war eine Debatte darüber vorausgegangen, welcher der drei Kirchenlehrer als der ranghöchste anzusehen sei, und der dem Johannes Mauropous zugeschriebene Messkanon für den Festtag legt gerade auf die Betonung der absoluten Gleichrangigkeit der drei Hierarchen in ihrer Definition der fundamentalen Dogmen für die Orthodoxie besonderen Wert[64]. Der Legende nach hatten sich die drei Hierarchen dem Bischof in einer Vision offenbart, um ihre Ranggleichheit und Harmonie zu betonen und die Einsetzung eines gemeinsamen Festes zu verlangen. Das dabei vorgebrachte zentrale Argument war die ihnen allen gleichermaßen eigene Inspiration durch den Heiligen Geist[65].

Die Idee, dass die Autoren biblischer Texte göttlich inspiriert, sie nur Dolmetscher (ἑρμηνεῖς) Gottes gewesen seien, begegnet zuerst bei Philo von Alexandria in Bezug auf die Propheten[66], und auch in den neutestamentlichen Episteln ist in Bezug auf das Alte Testament die Rede von „gottgehauchtem" Text[67]. In den Kommentaren der Kirchenväter zu den biblischen Büchern ist der Gedanke, dass deren Autoren göttlich inspiriert gewesen seien, ein wiederkehrendes Argument[68]. Wenn nun der Kirchenvater selbst inspiriert durch Christus bzw. biblische Autoren als seine Stellvertreter vorgeführt wird, so manifestiert sich hierin der Anspruch, dass die patristischen Texte eine Kontinuität der biblischen darstellen: In der Nachfolge der Propheten, Evangelisten und Apostel unterscheidet sich die göttliche Inspiration der Kirchenväter in Sinn und Botschaft nicht

---

Anm. 34), 25, mit Anm. 2; H.-G. Beck, Kirche und theologische Literatur im byzantinischen Reich (HAW 2, 1), München 1959, 555 f. Eine frühe Bilddarstellung der drei Hierarchen findet sich im sog. Theodor-Psalter des Jahres 1066 (London, British Library, Cod. Add. 19352, fol. 35v); The Theodore Psalter, electronic facsimile, ed. Charles Barber, Urbana Champaign 2000.

64 C. G. Bonis, Worship and Dogma (wie Anm 63), 1, 7-15 und 21-23.

65 PG 29, CCCXCI, B; E. Lamerand, La fête des Trois Hiérarques dans l'église grecque, Bessarione 3, 1898, 164-176, hier 165.

66 Differenziert H. Burkhardt, Inspiration der Schrift durch weisheitliche Personalinspiration. Zur Inspirationslehre Philos von Alexandrien, ThZ 47, 1991, 214-225, bes., 216-218; vgl. auch J. R. Levison, Inspiration and the Divine Spirit in the Writings of Philo Judaeus, Journal for the Study of Judaism in the Persian, Hellenistic and Roman period 26, 1995, 271-323, bes. 297-298, 301, 307, 309 und 311-313. Einen guten Überblick über die Idee der Schriftinspiration bietet K. Thraede, Art. Inspiration (wie Anm. 24), 329-365, bes. 340-365 (mit Bibliographie).

67 πᾶσα γραφὴ θεόπνευστος καὶ ὠφέλιμος πρὸς διδασκαλίαν (2 Tim 3, 16); vgl. auch 2 Petrus 1, 20 f.: ὅτι πᾶσα προφητεία γραφῆς ἰδίας ἐπιλύσεως οὐ γίνεται· οὐ γὰρ θελήματι ἠνέχθη προφητεία ποτέ, ἀλλὰ ὑπὸ πνεύματος ἁγίου φερόμενοι ἐλάλησαν ἀπὸ θεοῦ ἄνθρωποι.

68 Für Johannes Chrysostomos sei auf die fundamentale Studie von S. Haidacher, Die Lehre des heiligen Johannes Chrysostomus über die Schriftinspiration, Salzburg 1897 verwiesen. Siehe auch G. Bardy, L'inspiration des pères de l'église, Recherches de science religieuse 40, 1951/52, 7-26.

von der der biblischen Autoren selbst. Weil ihnen die Worte durch den Heiligen Geist eingegeben wurden, kann das, was sie in der Folge der biblischen Autoren mitgeteilt haben, uneingeschränkte Geltung im Sinne der Rechtgläubigkeit beanspruchen. Deren Dogmen sind in den Vätertexten definiert, unter gleichzeitiger Abgrenzung von den Irrlehren[69]. Die Idee fand in mittelbyzantinischer Zeit auch Eingang in die Epigrammdichtung zu Ehren verschiedener orthodoxer Kirchenlehrer. So heißt es beispielsweise in einem Gedicht des Theodor Studites über Gregor von Nazianz in bildreicher Sprache, dass dieser die göttliche Unterrichtung durch den Klang der Dogmen habe erdonnern lassen und die Häresien zum Erlöschen brachte[70]. In einem anderen Gedicht begegnet Gregor als „das Auge der Dogmen", das „den Geist der Häretiker blind gemacht" habe[71]. Der heilige Dionysios wird in einem Epigramm gar als „Dogmatograph" (δογματογράφος) bezeichnet, und zwar im Vergleich zu Moses, seinerseits „Nomograph" (νομογράφος)[72]. Bald in Bezug auf Gregor, bald auf Basileios begegnet in Gedichten die Beschreibung als mit Schlüsseln ausgestatteter „neuer Petrus" und „Wächter der gesamten Kirche"[73]. Der Legende nach hat auch Johannes Chrysostomos die Schlüssel von Petrus erhalten, und zwar während einer nächtlichen Visite des Apostels, die in den Viten beschrieben ist[74]. In seinem für das Fest der drei Hierarchen verfassten Messkanon betonte Johannes Mauropous, die drei heiligen Kirchenlehrer hätten durch ihre Worte die Häresien und die Heiden verdrängt und gleichzeitig die (Recht-)Gläubigen vereint[75]. Die Einheit der Kirche unter einem allgemein gültigen Dogma ist also auch hier der zentrale Gedanke. Gleichfalls vor diesem ideologischen Hintergrund muss eine Äußerung des Patriarchen Michael Kerullarios im Zuge des Kirchenschismas von 1054 gesehen werden: Der Patriarch wirft der Kirche Roms vor, diese erkenne die großen Kirchenväter der Ostkirche und deren Lehren nicht an – Gregor den Theologen, Basileios den Großen und „den

---

69 Zum Argument der göttlichen Inspiration gegen die Häresien J. Beumer, Die Inspiration (wie Anm. 24), 21 f.

70 (Vers 1) Βροντῶν τὰ θεῖα τῇ βοῇ τῶν δογμάτων… (Vers 3) Καὶ πάσας ἀπρὶξ μαράνας τὰς αἱρέσεις. V. Somers, Quelques poèmes (wie Anm. 58), 540.

71 Ὀφθαλμὸς ὀφθεὶς δογμάτων Γρηγόριε / Ἀπομματώσας αἱρετιζόντων φρένας. Ebd., 550, zur Autorschaft ebd., 551.

72 R. Browning, An Unpublished Corpus (wie Anm. 57), 313 und Nr. 21.

73 Λαβὼν δὲ τὰς κλεῖς κ’ αὐτὸς ὡς Πέτρος νέος / Φύλαξ ὑπάρχεις τῆς πάσης ἐκκλησίας; V. Somers, Quelques poèmes (wie Anm. 58), 540, zum wechselnden personellen Bezug der Verse ebd.

74 PG 114, 1064, E’, bes. Abschnitte B-C; siehe auch J. C. Baur, Georgios Alexandrinus (wie Anm. 5), 4.

75 Bes. Ode 7, C. G. Bonis, Worship and Dogma (wie Anm. 63), 22.

göttlichen Chrysostomos" (τὸν θεῖον Χρυσόστομον)[76]. Die drei großen
Lehrer der Orthodoxie, die im Westen in einem ungleich geringeren Ausmaß verehrt und wahrgenommen wurden, versinnbildlichen mit ihren
Schriften nicht wirklich die Einheit *der* Kirche. Die Polemik des Kerullarios reflektiert hingegen eines ganz deutlich: Die drei Hierarchen
verkörperten für die *Ostkirche* den Gedanken der Einheit, ja sie hatten mit
ihren Lehren eine geradezu Identität stiftende Funktion.

Gleich und doch nicht gleich? Dass allein für den Goldmund – nicht
auch für Basileios und Gregor – eine Fülle von Bildformulierungen zur
Visualisierung der Idee göttlicher Autorisierung entwickelt wurde, relati-
viert die mit dem Fest am 30. Januar besonders betonte Gleichwertigkeit
der drei Hierarchen: Es hat ganz den Anschein, als führten die Bilder eine
Argumentation, die auf schriftlicher Ebene nicht oder – gerade im weiter
fortgeschrittenen 11. Jahrhundert – nicht mehr opportun erschien.

Das auf visuellem Weg transportierte Argument einer überragenden
Bedeutung gerade des Goldmunds für die Auslegung der Heiligen Schrift
und damit für die Lehre der orthodoxen Kirche findet am ehesten im
lateinischen Westen eine Entsprechung, und zwar in der Person Gregors
des Großen – ebenfalls Bischof und Exeget. Eine sich zur Illustration
gleichfalls besonders gut eignende Legende bezüglich der göttlichen Inspiration des Papstes begegnet in dessen Vita, die im späten 8. Jahrhundert
von dem langobardischen Gelehrten Paulus Diaconus verfasst worden
ist[77]. Der dortige Bericht von der wundersamen Heimsuchung Gregors
durch den Heiligen Geist, während der Papst mit der Exegese der letzten
Vision des Ezechiel befasst war, zeigt auffällige Parallelen zur Vision des
Proklos in der Chrysostomos-Vita des Georgios von Alexandria: Während
der Bischof seinem durch einen Vorhang von ihm getrennten Sekretär
den Kommentar diktierte, sei er plötzlich verstummt. Als die Worte aus-
blieben, bohrte der Schreiber aus Neugier heimlich mit der Feder ein Loch
in den Stoff. Durch dieses sah er, wie die Taube des Heiligen Geistes auf
dem Haupt Gregors saß und ihm in den Mund den heiligen Text
einflüsterte, den dieser anschließend seinem Sekretär zu diktieren fort-
fuhr[78]. Die Erzählung illustriert überaus plastisch die Idee, dass der Heilige
Geist sich des Mundes des Exegeten als Organ bedient habe. Der Wun-

---

76 Οὔτε μὴν τοὺς ἁγίους καὶ μεγάλους Πατέρας ἡμῶν καὶ διδασκάλους καὶ ἀρχιερεῖς, τόν
   τε Θεολόγον φημὶ Γρηγόριον, καὶ τὸν μέγαν Βασίλειον, καὶ τὸν θεῖον Χρυσόστομον, τοῖς
   λοιποῖς συναριθμοῦσιν ἁγίοις, ἢ ὅλως τὴν διδαχὴν αὐτῶν καταδέχονται. PG 120, 793; M.
   Jugie, Le schisme byzantin. Aperçu historique et doctrinal, Paris 1941, 214; siehe die
   kritische Stellungnahme zu diesem Vorwurf des Kerullarios von A. Michel, Humbert
   und Kerullarios. Quellen und Studien zum Schisma des XI. Jahrhunderts, zweiter Teil,
   Paderborn 1930, 153 f.
77 BHL 3640.
78 PL 75, 57C-58A.

derbericht wurde seit dem 9. Jahrhundert, mit mehr erzählerischen Details
dann vor allem im 10. Jahrhundert vielfach ins Bild umgesetzt (Abb. 18)[79].
Anders als im Text explizit beschrieben, hockt die Taube in den Darstellungen nicht auf dem Kopf, sondern meist auf der rechten Schulter
des Exegeten und flüstert diesem den Text ins Ohr, nicht in den Mund[80].
Genauso wie die bildlichen Darstellungen des von Paulus inspirierten
Chrysostomos in Byzanz finden sich die Bilder Gregors mit der ihn
inspirierenden Geisttaube ebenfalls losgelöst von ihrem eigentlichen
Kontext (Ezechielkommentar), in Handschriften verschiedenen Text-
inhalts[81]. Wie bei den byzantinischen Illustrationen der Proklos-Vision
verzichtete man auch bei Gregor häufig auf eine Abbildung der erzählerischen Details und reduzierte die Komposition auf die Inspiration des
Exegeten als das Wesentliche[82].

Im Falle von Johannes Chrysostomos existieren neben den Bildern
seiner Inspiration durch den Apostel Paulus verschiedene weitere Darstellungen der göttlichen Eingebung seiner Reden, die ihrerseits jedoch einer
eigenen Textgrundlage entbehren. Im Marc. gr. 97 (569), einem Band der
chrysostomischen Homilien zur Apostelgeschichte aus der Zeit um 1000
oder dem frühen 11. Jahrhundert findet sich eine große, gerahmte Frontispizminiatur (Abb. 19)[83]. Das Bild zeigt sich eindeutig von Georgios'
Bericht der nächtlichen Visite Pauli beeinflusst, allerdings ist es hier – dem
Buchinhalt entsprechend – der Evangelist Lukas als traditioneller Autor
der Apostelgeschichte, der sich von hinten über die rechte Schulter des
schreibenden Exegeten gebeugt hat, um ihm die Auslegung seiner Schriften einzuflüstern.

Gleichfalls Einflüsse der Geschichte von der Vision des Proklos lässt
die Frontispizminiatur in einem ersten Teilband des chrysostomischen Kommentars zum Matthäus-Evangelium in Paris erkennen, der aus dem 11.
Jahrhundert stammt (Bibliothèque nationale, Cod. Coislin. 66[84], Abb. 20):
Auch in diesem Bild sitzt der Kirchenvater, wie in der venezianischen Mi-

---

79 Ausführlich zu den erhaltenen Darstellungen und ihren textlichen wie ikonogra-
    phischen Grundlagen A. von Euw, Gregor der Große (um 540-604). Autor und Werk
    in der buchkünstlerischen Überlieferung des ersten Jahrtausends, Imprimatur N. F. 11,
    1984, 19-41.
80 ...vidit columbam nive candidiorem super ejus caput sedentem, rostrumque ipsius ori diu tenere
    appositum... (PL 75, 58A). Die Anpassung der Ikonographie geschah wohl in der
    Absicht einer angemessen würdevollen Abbildung des Kirchenvaters.
81 Zu den Textinhalten differenziert A. von Euw, Gregor der Große (wie Anm. 79).
82 Die Taube wurde somit gleichsam zum Attribut Gregors; siehe A. von Euw, Gregor
    der Große (wie Anm. 79), 20, Abb. 1 und 2.
83 Zum Codex und seiner Illustration zuletzt K. Krause, Die illustrierten Homilien (wie
    Anm. 1), 177 (mit der älteren Lit.).
84 Zuletzt ebd., 175.

niatur in monastischer Tracht, vertieft in seine Schreibarbeit, auf einem Stuhl. Passend zum Kommentar und seinem Ausgangstext hängt oberhalb des Lesepultes eine Ikone mit der Büste des Evangelisten Matthäus. Ihre Präsenz erinnert an Georgios' Wunderbericht von der Inspiration des Exegeten nach dessen meditativer Betrachtung der Paulus-Ikone in seinem Gemach.

Eine direkte Interaktion zwischen Matthäus und Johannes Chrysostomos ist in einer Miniatur dargestellt, die ein anderer erster Halbband des Matthäuskommentars enthält: Es handelt sich um den Cod. gr. 364 des Katharinenklosters auf dem Sinai, dessen Herstellung zwischen 1042 und 1050 der byzantinische Kaiser Konstantin IX. Monomachos in Auftrag gab[85]. Eine der beiden Frontispizminiaturen des Homiliars zeigt links den stehenden Evangelisten, der sich dem in Bischofstracht abgebildeten Exegeten zuwendet und ihm einen großen Codex überreicht (Abb. 21). Der Goldmund hat beide Hände ausgestreckt, um das heilige Buch entgegen zu nehmen. In dem Epigramm, das die Darstellung umgibt, treten Evangelist und Homilet quasi gleichrangig als Fürbittende für die Familie des kaiserlichen Stifters auf, die in der Miniatur gegenüber abgebildet ist:

> Nachdem er [Johannes Chrysostomos] die Worte des Zöllners klar verständlich gemacht hat, erbittet er, der golden in Wort und Stil ist, gemeinsam mit ihm für die, die da unten regieren, Ruhe im Leben und eine Teilhabe an den himmlischen Dingen.[86]

Verschiedene Deutungen der Ikonographie erscheinen möglich: Es könnte gemeint sein, dass das Evangelium dem Goldmund von dessen Autor persönlich zur Kommentierung anvertraut wird. Diese Interpretation erscheint als freie Übertragung einer in den Viten berichteten, nächtlichen Vision des Chrysostomos durchaus möglich, in der der von Christus aus dem Himmel herab gesandte Evangelist Johannes dem Exegeten sein Evangelium persönlich aushändigte[87]. Wahrscheinlicher ist jedoch, dass der Kommentar gemeint ist, den der Exeget bereits vollendet aus den Händen des Evangelisten empfängt, ähnlich wie nach traditioneller Vorstellung Moses den Pentateuch oder David den Psalter von Gott selbst

---

85 D. Harlfinger/D. R. Reinsch/J. A. M. Sonderkamp, Specimina Sinaitica. Die datierten griechischen Handschriften des Katharinenklosters auf dem Berge Sinai, 9.-12. Jahrhundert, Berlin 1983, 23-25; zuletzt K. Krause, Die illustrierten Homilien (wie Anm. 1), bes. 175 und 194 (mit weiterer Lit.).

86 Εἰς εὐσύνοπτον τοῦ τελόνου τοὺς λόγους / τιθεὶς ὁ χρυσοῦς τὸν λόγον καὶ τὸν τρόπον / αἰτεῖ σὺν αὐτῷ τοῖς κρατοῦσι τῶν κάτω / βίου γαλήνην καὶ μέθεξιν τῶν ἄνω Transkription nach D. Harlfinger/D. R. Reinsch/J. A. M. Sonderkamp, Specimina Sinaitica (wie Anm.85), 23.

87 Siehe z. B. den metaphrastischen Text PG 114, 1064, E', bes. Abschnitte B-C.

jeweils als fertiges Buch erhalten haben. Die göttliche Herkunft der
Psalmen illustriert beispielsweise eine Miniatur im Psalter Barb. gr. 320 der
Biblioteca Vaticana aus dem letzten Drittel des 11. Jahrhunderts[88], wo
gezeigt ist, wie David – mit gleicher Geste wie der Goldmund in der
sinaitischen Miniatur – einen Rotulus (den Psalter) aus der Hand Gottes
entgegen nimmt (Abb. 22)[89]. Der seinerseits göttlich autorisierte Prophet
ist es, der in der H-Initiale am Beginn der dem Goldmund zugeschriebenen Homilie über Psalm 48 (49), 17 in ein Gespräch mit dem Exegeten
vertieft erscheint (Abb. 23)[90]. Die winzige Miniatur befindet sich in einer
Chrysostomos-Anthologie auf dem Berg Athos, dem Cod. Pantokratoros
22 aus der zweiten Hälfte des 11. Jahrhunderts[91]. David und der Homilet
halten ein beschriebenes Pergament zwischen sich, über das sie zu diskutieren scheinen. Auch hier ging es offenbar darum, die Autorisierung des
Exegeten durch den heiligen Autor des von ihm kommentierten Textes
selbst ins Bild zu rücken. Das Pergament, dessen Beschriftung lediglich
mit roter Tinte angedeutet wurde und daher unlesbar ist, steht entweder
für die Psalmen oder aber für deren Auslegungen durch den Goldmund.

Johannes Chrysostomos erscheint in den Bildentwürfen inspiriert von
verschiedenen Heiligen ersten Ranges, nämlich biblischen Autoren.
Gerade die in Texten beschriebene und besonders häufig visualisierte Vorstellung einer Vermittlung der göttlichen Inspiration durch den Apostel
Paulus hebt das chrysostomische Werk in denselben Rang wie die Evangelien, und dies erscheint besonders signifikant: Schon in den Texten
frühchristlicher Autoren (Eirenaios, Eusebios von Kaisaraia, etc.) wurde
die Entstehung der vier Evangelien differenziert erklärt. Johannes und
Matthäus hätten ihre Texte als Jünger und Schüler Christi verfasst bzw. sie

---

88   Zu diesem Manuskript siehe Biblioteca Apostolica Vaticana, Liturgie und Andacht im
      Mittelalter, Erzbischöfliches Diözesanmuseum Köln, 9. Okt. 1992 bis 10. Jan. 1993,
      Köln 1992, Nr. 20, 120-123. Zu Moses und dem Pentateuch vgl. K. Krause, Die
      illustrierten Homilien (wie Anm. 1), 195 f.
89   Die Miniatur trägt die Beischrift ὁ Δα[υὶ]δ αἰτούμενο[ς] τὴν χάριν τ[ῶν] ψαλμῶν
      („David, das Geschenk der Psalmen erbittend"). Illustriert ist folglich schon das
      Resultat der Bitte. Die Idee des göttlichen Ursprungs der Psalmen wird in demselben
      Manuskript gleich zu Beginn in zwei weiteren Miniaturen visualisiert: So enthält fol.
      1bisv eine gerahmte Miniatur, die David stehend, mit dem zum Betrachter hin aufge-
      schlagenen Psalter in seiner Linken zeigt. Dass dessen Text direkt von Gott stammt,
      verdeutlicht die Zeigegeste Davids hin zu einem Himmelssegment mit der Büste des
      ihn segnenden Christus (Biblioteca Apostolica Vaticana [wie Anm. 88], 122, links).
      Auf der Seite gegenüber birgt die M-Initiale gleich am Beginn des Psalmentextes die
      stehenden Figuren Davids und Christi; David hält einen beschrifteten Rotulus, den
      Psalter, während Christus den „Autor" bzw. seinen Text segnet (ebd., 122, rechts).
90   CPG 4414.
91   Ausführlich zu dem Manuskript und seinen Illustrationen K. Krause, Die illustrierten
      Homilien (wie Anm. 1), 125-138.

direkt von Christus erhalten. Markus hingegen habe sein Evangelium in Rom von Petrus diktiert bekommen und Lukas das seine von Paulus. Diese spätantiken Erklärungen haben nachfolgend in Form von Prologen und Epigrammen Eingang in zahlreiche Evangeliare gefunden. Sowohl aus dem Westen als auch aus dem christlichen Osten existieren Illustrationen, in denen die Vorstellung einer apostolischen Autorisierung des Markus und des Lukas auf verschiedene Arten verbildlicht ist[92]. Für unsere Belange erscheinen gerade diejenigen Darstellungen bemerkenswert, die – ganz ähnlich wie bei Chrysostomos und Paulus – den jeweiligen schreibenden Evangelisten mit dem hinter ihm stehenden, ihn über die Schulter hinweg inspirierenden Apostel zeigen: Eine dem 14. Jahrhundert angehörende Miniatur in Athen (Nationalbibliothek, Cod. 151) illustriert, wie Petrus dem vor ihm sitzenden Evangelisten Markus sein Evangelium diktiert (Abb. 24)[93]. In ähnlicher Weise sind die beiden Figuren in einer dem späten 13. Jahrhundert angehörenden Miniatur in St. Petersburg (Öffentliche Bibliothek, Cod. gr. 101) vereint[94] (Abb. 25). Der Athener Codex enthält außerdem eine Miniatur, in der sich Paulus von hinten zum rechten Ohr des Lukas hin geneigt hat, um ihm das Evangelium einzuhauchen[95] (Abb. 26). Nicht zuletzt die enge ikonographische Verwandtschaft von Portraits des Chrysostomos und Paulus mit solchen Darstellungen der von den Apostelfürsten inspirierten Evangelisten führt deutlich vor Augen, dass man in Byzanz die Exegese des Goldmunds als unter gleichen Bedingungen entstanden betrachtete wie zwei der kanonischen Evangelien. Genau diese bedeutsame Übereinstimmung dürfte ein wesentlicher Grund dafür gewesen sein, dass man die Proklos-Vision in Byzanz so häufig abbildete. Sie bewirkte wohl auch, dass Paulus selbst dann hinter Chrysostomos stehend abgebildet wurde, wenn man ihn ebenso gut hätte weglassen können: Bei der Initiale in dem Jerusalemer Rotulus (Abb. 12) weist die göttliche Hand schließlich direkt

---

92 G. Galavaris, The Illustrations of the Prefaces in Byzantine Gospels, Wien 1979; R. S. Nelson, The Iconography of Preface and Miniature in the Byzantine Gospel Book, New York 1980. Zur Vorstellung des Diktats der Evangelien des Markus und Lukas durch Petrus bzw. Paulus siehe die Textzitate aus den Prologen ebd., 7 und 8 sowie G. Galavaris, The Illustrations of the Prefaces, 33-35. Für Bildbeispiele siehe außerdem R. Kahsnitz, „Matheus ex ore Christi scripsit". Zum Bild der Berufung und Inspiration der Evangelisten, in: Byzantine East, Latin West. Art-Historical Studies in Honor of Kurt Weitzmann, ed. by C. Moss/K. Kiefer, Princeton 1995, 169-176 sowie M. Lechner, Art. Markus Evangelist, LCI 7, Freiburg 1974, 549-562, hier 554 f., bes. 554 (Petrus und Markus) sowie ders., Art. Lukas Evangelist, ebd., 448-464, hier 455-458, bes. 457 (Paulus und Lukas).

93 R. Nelson, The Iconography of Preface (wie Anm. 92), 80; G. Galavaris, The Illustrations of the Prefaces (wie Anm. 92), 61 f.

94 R. Nelson, The Iconography of Preface (wie Anm. 92), 62 und 80.

95 G. Galavaris, The Illustrations of the Prefaces (wie Anm. 92), 61 f.

auf den schreibenden Goldmund, genauso wie in der Mailänder Miniatur
(Abb. 15) der inspirierende Strahl Christi die schreibende Hand des
Exegeten lenkt. Der Apostel ist in diesen Darstellungen jedoch nur
scheinbar überflüssig, denn gerade durch die Assistenz von Paulus bei der
Inspiration erfuhr der Goldmund genau die gleiche Behandlung wie vor
ihm der Evangelist Lukas. Die Bilder präsentieren Chrysostomos folglich
als würdigen Nachfolger der Evangelisten und Apostel, deren Lehre er
nicht nur weiter trägt, sondern auch erklärend kommentiert. In diesem
Sinne lobt ein Epigramm in einem Athener Homiliar (Cod. 2553), das mit
großen, goldenen Lettern in einer Zierrahmung den Text des Johannes-
kommentars einleitet, den Goldmund als „Schüler" (μαθητής) des gleichnamigen Evangelisten. Signifikant ist bei der Metaphorik des Gedichts
zudem die Vorstellung, dass Evangelium und Kommentar gleich den
Materialien eines kostbaren Textils miteinander verwoben sind, folglich
ihrer Botschaft nach übereinstimmen:

> Ausgezeichnet deine Perlen von Worten mit Worten aus Gold kombinierend
> und durchwirkend, o Schüler Christi [Johannes Evangelist], zeigte sich dein
> Schüler [Johannes Chrysostomos] sehr würdig...[96]

Ein frühes Bild, das die Idee der Authentizität chrysostomischer Schriften
in höchst außergewöhnlicher Weise visualisiert, findet sich im bereits erwähnten Athener Cod. 211 aus dem 10. Jahrhundert (Abb. 27). Hier vermittelt dem Exegeten nicht wie zumeist üblich ein biblischer Autor die
Inspiration, sondern die Miniatur zeigt den Kirchenvater integriert in eine
Illustration zur Geschichte des 12-jährigen Jesus im Tempel bei den
Schriftgelehrten (Lk 2,41-52). Der Goldmund wendet sich mit einem
leicht geöffneten Buch Christus zu, der sich seinerseits im Gespräch zum
Exegeten hin gewandt hat und gleichzeitig mit der ausgestreckten Rechten
auf die Schriftgelehrten weist. Die verschieden geartete Weisheit von
Christus einerseits und den Schriftgelehrten andererseits wird bildlich
durch eine unübersehbare räumliche Distanz visualisiert und noch
verstärkt durch den dekorativ als Gewächs aus einer Vase empor sprießen-

---

96 Τοὺς μαργάρους σου τῶν λόγων, χρυσοῖς λόγοις / κεραννύων ἄριστα καὶ περιπλέκων /
Χριστοῦ μαθητά, σὸς μαθητὴς εἰκότως / ἔδειξε πολλῷ μᾶλλον εὐπρεπεστέπους... Der
Codex stammt aus dem 11. Jh. und enthält die ersten 44 Homilien des Johannes-
kommentars A. Marava-Chatzinicolaou/C. Toufexi-Paschou, Catalogue (wie Anm.
15), Nr. 39, 156-164; Transkription des Gedichts ebd., 157. Das Epigramm begegnet
auch im Cod. Vindob. suppl. gr. 4 (fol. 5r), einem etwa zeitgleichen ersten Halbband
des Matthäuskommentars (H. Hunger, Katalog der griechischen Handschriften der
Österreichischen Nationalbibliothek, Teil 4. Supplementum Graecum, unter Mitarbeit
von Christian Hannick, Wien 1994, 9-11, bes. 9) sowie im oben erwähnten Cod. Paris.
Coislin. 66 (K. Krause, Die illustrierten Homilien, wie Anm. 1, 176). Zu dem Gedicht
siehe auch J. C. Baur, Saint Jean Chrysostome (wie Anm. 34), 55, Nr. 10.

den Titel der Homilie. Dem Goldmund, so suggeriert das Bild, wurde von Christus höchst persönlich übermittelt, wie das Geschehen zu deuten sei, bei welchem seine (göttliche) Weisheit besonders offenkundig wurde (Lk 2, 47). Die Einbeziehung einer nicht-biblischen Figur in die Handlung einer biblischen Szene ist in der byzantinischen Malerei äußerst selten[97]. Sogar biblische Autoren wurden in Byzanz nur ausnahmsweise in gleicher Größe und im selben Bild-Raum wie Christus dargestellt[98]. Die Athener Miniatur ist also in jeder Hinsicht ein höchst sprechendes Zeugnis für den Stellenwert, den die Byzantiner dem Goldmund beimaßen.

Für die ihrem argumentativen Anspruch nach bemerkenswerte Visualisierung der Herkunft chrysostomischer Inspiration unmittelbar von Christus, der – ohne Heilige als Mittler – persönlich auftritt, lassen sich weitere Bildzeugnisse anführen: Zwei Initialen in der bereits erwähnten Jerusalemer Rolle *Hagiou Staurou* 109 mit der Liturgie des Chrysostomos illustrieren gleichfalls diese direkte Art göttlicher Autorisierung: Einmal (Abb. 28) erscheint der Bischof als Vertikale einer K-Initiale am Beginn des Gebets für die Katechumenen[99]. Die im Winkel geführte Rolle, auf der der Beginn des nebenstehenden Gebets zu lesen ist, formt die beiden Buchstabendiagonalen. Auf der anderen Seite der Textkolumne steht Christus, der den rechten Arm inspirierend in Richtung des Zelebranten ausgestreckt hat, womit er nicht nur dem Text der Liturgie, sondern gleichzeitig auch dem Ritus insgesamt seinen Segen und damit seine Autorisierung erteilt. In der unmittelbar darauf folgenden figürlichen

---

97 Siehe auch A. Grabar, Un manuscrit des homélies de Saint Jean Chrysostome à la Bibliothèque Nationale d'Athènes (Atheniensis 211), in: L'art de la fin de l'Antiquité et du Moyen Age, Bd. 2, Paris 1968, 804-839, hier 837 f.

98 R. Kahsnitz, „Matheus ex ore Christi scripsit" (wie Anm. 92), Abb. 4 und 172, Abb. 9 und 174, Abb. 10 und 175, Abb. 13 und 175 (allesamt westliche Miniaturen aus karolingischer Zeit; nur die ersten beiden Darstellungen zeigen Christus und den Evangelisten im selben Raum; bei den letzten beiden Beispielen befinden sich der inspirierende Christus und der schreibende Evangelist jeweils in voneinander separaten Miniaturen). Eine Miniatur in einem Evangeliar der Florentiner Biblioteca Medicea Laurenziana aus der Zeit um 1100 (Cod. Plut. VI,18, fol. 17v) zeigt, wie Matthäus von der deutlich kleineren Büste Christi in einem Himmelssegment inspiriert wird (ebd., 169 und Abb. 1). Eine seltene byzantinische, allerdings auch späte Darstellung des Matthäus, der das Evangelium von Christus überreicht bekommt, wobei letzterer gleichzeitig seine Rechte inspirierend zur Stirn des Evangelisten ausstreckt, findet sich im 1346 kopierten Cod. 152 des Katharinenklosters auf dem Sinai; zuletzt Byzantium, Faith and Power (1261-1557), ed. by H. C. Evans (Exhibition at the Metropolitan Museum of Art), New York 2004, Nr. 204, 345-346 (mit Abb. der Miniatur).

99 Inc. Κύριε ὁ θεὸς ἡμῶν ὁ ἐν ὑψηλοῖς κατοικῶν... F. E. Brightman, Liturgies (wie Anm. 42), 315 (12) und 374 (13); zu diesem Gebet J. Mateos, La célébration (wie Anm. 42), 156-159.

Initiale *Epsilon*, am Beginn des ersten Gebets der Gläubigen[100], ist erneut Chrysostomos im Bischofsornat bei der Zelebration der Liturgie gezeigt (Abb. 29). Abgebildet ist der Moment der Elevation des Lektionars durch den heiligen Bischof, der unter einer die Kirche bzw. deren Sanktuarium andeutenden Kuppel steht und den aufgeschlagenen Codex über den Altar hält[101]. Gegenüber erscheint wiederum der in seine Richtung segnende Christus, der das an ihn gerichtete Dankgebet annimmt. Hier ist es nicht nur der liturgische Ritus, der von höchster Stelle autorisiert wird, sondern auch Chrysostomos selbst als amtierender Bischof und archetypischer Zelebrant der Göttlichen Liturgie, stellvertretend für alle Amtsnachfolger, die diese nach ihm feiern[102].

Die drei Illustrationen des Rotulus *Hagiou Staurou* 109 inszenieren den Goldmund seinem hohen Rang als „Autor" der Göttlichen Liturgie angemessen, die zur Entstehungszeit der Rolle bereits seit einigen Jahrzehnten die Hauptliturgie des byzantinischen Reiches war. Zwischen dem Ende des 10. und dem Beginn des 11. Jahrhunderts hatte in Konstantinopel eine Reform stattgefunden, in deren Zuge die Göttliche Liturgie des Chrysostomos jene des Basileios als Hauptliturgie ablöste. Gleichzeitig wurde die Anaphora, das Opfergebet als Kern der Eucharistiefeier, stellenweise einer Neuredaktion unterzogen[103]. Die für Byzanz und bis in die Gegenwart für die orthodoxe Kirche bedeutende Liturgiereform der Zeit um

---

100 Inc. Εὐχαριστοῦμέν σοι Κύριε… F. E. Brightman, Liturgies (wie Anm. 42), 316 (11) und 375 (15). Zu diesem Gebet J. Mateos, La célébration (wie Anm. 42), 160 f.

101 Das erste Gebet der Gläubigen und die Elevation des Evangeliums finden allerdings in der Liturgie nicht gleichzeitig statt. Zur Elevation des Lektionars siehe J. Mateos, La célébration (wie Anm. 42), 73 f. und 82-85, bes. 83; H.-J. Schulz, Die byzantinische Liturgie (wie Anm. 42), 236 f. Die Elevation des Evangelienlektionars in der Realität des Ritus wie in der Miniatur spiegelt den Rang dieses Buches als Symbol für Christus selbst. Siehe hierzu J. Mateos, La célébration (wie Anm. 42), 89; R. S. Taft, How Liturgies Grow. The Evolution of the Byzantine "Divine Liturgy", OCP 43, 1977, 359; H.-J. Schulz, Die byzantinische Liturgie (wie Anm. 42), 161.

102 Die Idee des mit göttlicher Autorisierung ausgeübten Bischofsamts wurde etwa zur gleichen Zeit erstmals auch in Bezug auf Nikolaus von Myra visualisiert. Mehrere Vitentexte beschreiben, dass dem Heiligen Christus und die Muttergottes im Traum erschienen seien, um ihm *Omophorion* und Evangeliar (Lektionar) als Zeichen seiner Bischofswürde zu überreichen. Auf dieser narrativen Episode basieren im 11. Jh. aufgekommene repräsentative Nikolaus-Ikonen, die den heiligen Bischof frontal abbilden, wobei ihm von oben rechts und links Maria und Christus die genannten Gegenstände überreichen; N. P. Ševčenko, The Life of Saint Nicholas in Byzantine Art (Centro Studi Bizantini Bari, Monografie 1), Turin 1983, 79 f.

103 Stefano Parenti sprach von „una vera e propria riforma liturgica", S. Parenti, Osservazioni (wie Anm. 42), 151, vgl. auch 136, 139 und 145; zur Verdrängung der Basileios-Liturgie durch diejenige des Chrysostomos siehe auch H.-J. Schulz, Die byzantinische Liturgie (wie Anm. 42), Anm. 17, S. 23, 33 und Anm. 469. Grundlegend zur Anaphora ebd., Kap. II.

1000 kann heute lediglich konstatiert werden, während ihre Gründe bzw. Initiatoren im Dunkeln liegen[104]. Der Wandel war mitnichten nur auf die eucharistische Liturgie beschränkt, sondern er betraf auch andere Gottesdienste und die dabei zum Einsatz kommenden Texte: Aus dem Ende des 10. Jahrhundert datiert die bereits erwähnte Großunternehmung einer Neuredaktion der Heiligenviten durch den Logotheten Symeon Metaphrastes, deren Auftraggeber mit hoher Wahrscheinlichkeit Kaiser Basileios II. war (975-1025)[105]. Bis zur Mitte des 11. Jahrhunderts hatten die metaphrastischen Viten den älteren hagiographischen Texten als Lektüre für den monastischen Orthros eindeutig den Rang abgelaufen. Dies bezeugt das 1054 verfasste liturgische Typikon, das so genannte *Synaxarion*, des Klosters der Theotokos Evergetis bei Konstantinopel, worin die metaphrastischen Texte die Standardlektüre für Heiligengedenken bilden[106]. Auch auf dem Gebiet der Homiletik sind in besagtem Zeitraum Neuerungen zu konstatieren: Aus dem Corpus der Homilien des Gregor von Nazianz wurden sechzehn herausgelöst, die als so genannte liturgische Edition ebenfalls regelmäßig in den monastischen Gottesdiensten zum Einsatz kamen[107]. Die Bedeutung dieser Sammlung reflektieren nicht zuletzt die Manuskripte selbst, von denen gerade im 11. Jahrhundert besonders viele entstanden[108]. Aus derselben Zeit stammen auch zahlreiche luxuriös ausgestattete und oftmals reich illustrierte Bände dieses Spezialpanegyrikons[109]. In einem unmittelbaren Zusammenhang mit der

---

104 So bemerkte S. Parenti: „La riforma di cui parliamo risulta, allo stato attuale, documentabile quasi esclusivamente in base a dati eucologici, mancando al riguardo ogni possibile informazione desumibile dalla letteratura ecclesiastica e canonica del tempo." S. Parenti, Osservazioni (wie Anm. 42), 151.

105 Möglicherweise erst unter dessen Bruder und Nachfolger Konstantin VIII. (1025-1028) wurden die Viten in ihrer üblichen 10-bändigen Edition verbreitet. Zur Chronologie der Entstehung und Publikation der metaphrastischen Heiligenviten ausführlich C. Høgel, Symeon Metaphrastes (wie Anm. 31), bes. 75, 127-134 und 150 f.

106 Zum Text des Typikons siehe die Neuedition von R. Jordan, The Synaxarion of the Monastery of the Theotokos Evergetis. Text and translation, 2 vols. (Belfast Byzantine Textes and Translations, 6.5-6.6), Belfast 2000-2005. Zum Evergetis-Kloster: Byzantine Monastic Foundation Documents, ed. by J. Thomas/A. Constantinides Hero, Bd. 2 (Dumbarton Oaks Studies 35), Washington, D.C. 2000, Nr. 22, 454-506 (mit umfangreicher Bibliographie); C. Høgel, Symeon Metaphrastes (wie Anm. 31), 152 f.; zuvor N. P. Ševčenko, Illustrated Manuscripts (wie Anm. 31), 3.

107 Zuletzt K. Krause, Die illustrierten Homilien (wie Anm.1), bes. 148-149 und 169; V. Somers-Auvers, Les collections byzantines de XVI Discours de Grégoire de Nazianze, ByZ 95, 2002, 102-135; siehe hierzu auch die Bemerkungen von K. Krause, Die illustrierten Homilien (wie Anm. 1), Anm. 942.

108 Aus dem 11. Jh. ist mit 114 Exemplaren die weitaus größte Anzahl an Manuskripten erhalten; V. Somers-Auvers, Les collections (wie Anm. 107), 105.

109 G. Galavaris, The Illustrations of the Liturgical Homilies of Gregory Nazianzenus (Studies in Manuscript Illumination 6), Princeton 1969. Viele Illustrationen sind

skizzierten Liturgiereform dürfte auch die Tatsache zu sehen sein, dass sich im Laufe des 11. Jahrhunderts die Kopiertätigkeit von Chrysostomos-Homiliaren immens steigerte[110]. Der erhöhte Bedarf an Manuskripten mit Reden des Goldmunds erklärt sich vor allem mit der prominenten Rolle seiner Texte für die Lesungen in den monastischen Gottesdiensten, insbesondere im *Orthros*. Das erwähnte liturgische Typikon des Evergetis-Klosters und weitere Dokumente dieser Art sehen an nahezu jedem Tag des Kirchenjahres die Lektüre von Reden des Chrysostomos vor[111]. Aus dem umfangreichen Werk des Goldmunds sind es bezeichnenderweise vor allem die gottesdienstlich genutzten Texte, die in Byzanz einer aufwendigeren, auch figürlichen Illustration für würdig befunden wurden[112].

Beginnend bereits im 10., vor allem aber im Laufe des 11. Jahrhunderts wurden in Byzanz verschiedene Bildvarianten entwickelt, die Johannes Chrysostomos als vom göttlichen Logos inspirierten Verfasser heiliger Texte geradezu inszenieren. Die Portraits finden sich nicht von ungefähr zum weit überwiegenden Teil in Handschriften, deren Inhalt damit gleichsam ein Gütesiegel göttlicher Autorisierung erhielt. Während in mittelbyzantinischer Zeit viele Gedichte und andere Texte die göttliche Inspiration selbstverständlich auch für andere Kirchenväter beanspruchen, begegnet eine verstärkte *visuelle* Betonung der Idee allein beim Goldmund. Diese Sonderbehandlung kann gar nicht genug betont werden, ist sie doch ein unübersehbarer Reflex seiner alle anderen orthodoxen Kirchenlehrer überragenden Stellung. Sie ist derjenigen Gregors des Großen im lateinischen Westen vergleichbar, den viele Bilder als stimmliches Organ des Heiligen Geistes vorführen.

Mit dem in Byzanz populären Wunderbericht von der Inspiration des Goldmunds durch den Apostel Paulus verfügte man frühzeitig über eine Geschichte, die sich durch ihren Erzählreichtum besonders gut zur bildlichen Umsetzung eignete. Dennoch verbreiteten sich erst im 11. Jahrhundert Darstellungen, deren Ikonographie die erzählerischen Details reflektiert. Sicher nicht zuletzt wurde das Bild durch das häufig kopierte metaphrastische Menologion verbreitet und als ikonographische Formel etabliert, ein Werk, in dem die Autorisierung des Goldmunds durch Paulus zur Titelillustration der Chrysostomos-Vita avancierte. Es ist kein Zufall,

---

weiterhin unpubliziert; siehe hierzu V. Somers-Auvers, Les collections (wie Anm. 107), 135, mit Anm. 138.

110 Siehe zu den Zahlen z. B. K. Krause, Die illustrierten Homilien (wie Anm. 1), Kap. II, jeweils die Einleitungen zu den einzelnen Werken.

111 Ausführlich ebd., Kap. IV.

112 Grundlegend ebd., *passim*.

dass die bildlichen Darstellungen in Byzanz gerade in einer Zeit höchste Popularität genossen, als die Schriften des Goldmunds nachweislich eine dominante Position in den Gottesdiensten eingenommen hatten – in Gestalt seiner Homilien und der mit seinem Namen untrennbar verbundenen Göttlichen Liturgie.

Besonders häufig erscheint der Goldmund, wie gezeigt wurde, mit Paulus als Vermittler göttlicher Inspiration. Obwohl diese Episode in der hagiographischen Literatur konkret auf die Entstehung der Kommentare zu den paulinischen Episteln bezogen ist, begegnet das Bild in den verschiedensten Kontexten. Dies reflektiert die Vorstellung, dass die Schriften des Goldmunds *insgesamt* auf einen göttlichen Ursprung zurückzuführen seien. Gleichzeitig wird die Enstehung chrysostomischer Texte durch die Vermittlung göttlichen Wortes gerade durch einen Apostelfürsten eng mit den Evangelien assoziiert. Die Exegese des Goldmunds steht in deren würdiger Nachfolge, weil sie in der Botschaft mit ihnen übereinstimmt. In manchen Bildern ist es sogar der inkarnierte Logos selbst, der persönlich dem Chrysostomos die Inspiration zuteil werden lässt – ebenso wie zu Lebzeiten seinen Jüngern.

In einem für byzantinische Verhältnisse absolut einzigartigen Ausmaß unterstreichen auch – ja *gerade* – die Bilder, dass die Schriften des Goldmunds als Dokumente göttlicher Offenbarung zu gelten haben, verfasst im selben Geiste wie die biblischen Schriften. Als solche können sie eine allgemein verbindliche Geltung im Sinne der Rechtgläubigkeit beanspruchen, deren Kriterien sie definieren.

Johannes Chrysostomos und die Rhetorik der Bilder im Bema der Sophienkirche in Ohrid

BARBARA SCHELLEWALD

Die Sophienkirche in Ohrid, Sitz des Erzbischofs, darf als ein höchst ambitioniertes Bauvorhaben des 11. Jahrhunderts tituliert werden. Der Bau, auf den Fundamenten einer frühchristlichen Basilika errichtet, bietet sich als ein gelängter Kreuzkuppeltypus mit vier über den Eckräumen errichteten Oberkapellen dar. Nicht allein dadurch zeigt der Bau seine eindeutige Rezeption hauptstädtischer Bautradition. Die beiden in der Ost-West-Achse angelegten Kreuzarme, ausgehend vom zentralen Kuppelquadrat, sind abweichend vom üblichen Kreuzkuppelschema zweijochig angelegt und jeweils in Arkaden zu ihren seitlich angeschlossenen Räumen geöffnet (Abb. 30). Diese Konzeption verschafft dem Bema eine ungewöhnliche Grösse. Die Abschrankung der Ikonostase war ursprünglich an der Grenze zum Kuppelraum situiert. Auftraggeber von Bau und Ausstattung war der Erzbischof Leon (1037-1056), ehemals *Chartophylax* an der Hagia Sophia in Konstantinopel, der den Anspruch der Kirche schon mit der Wahl des Patroziniums signalisierte[1].

In der Auseinandersetzung mit der römischen Kirche in der Mitte des 11. Jahrhunderts um die Eucharistie, als Azymen-Streit in die Kirchengeschichte eingegangen, hat Leon dezidiert Position bezogen. Diese Debatte mündete bekanntlich in das sogenannte Schisma von 1054[2]. Schon

---

1   B. Schellewald, Die Architektur der Sophienkirche in Ohrid, Bonn 1986.

2   Die Debatte um die Frage der Auswirkungen dieser Auseinandersetzungen ist noch immer nicht abgeschlossen, vgl. die Ausführungen bei A. Bayer, Spaltung der Christenheit. Das sogenannte Morgenländische Schisma von 1054, Köln 2004. Er resümiert wie folgt: „Für das Jahr 1054 ist ungeachtet der gegenseitigen Bannsprüche kein Schisma zwischen der römischen und konstantinopolitanischen Kirche zu konstatieren. Dabei ist zu berücksichtigen, dass das Wort Schisma hier in seiner umfassenden Bedeutung, im Sinne der Kirchenspaltung, zu verstehen ist" (203). Es wäre zudem eine historisch unzulässige Verengung, wollte man den Disput auf die Frage des ungesäuerten bzw. gesäuerten Brotes einengen. Denn letztlich standen ebenso die Problematik um das *filioque* wie die Frage der Ehelosigkeit von Priestern etc. zur Disposition. Für unseren Kontext sind diese Fragen jedoch von sekundärer Bedeutung, da im Bildprogramm vornehmlich die Azymen-Frage ihren Widerhall findet. Es gibt in der kirchenhistorischen Forschung durchaus unterschiedliche Einschätzungen, welcher Stellenwert der Frage um das Brot zukommt. Im noch zu diskutierenden Brief von Leon von Ohrid nimmt das Azymen-Thema eine zentrale Position ein.

früh wurde in der Diskussion zur Bemaausmalung von verschiedenen Autoren die Auswahl und Anordnung der Bischofsdarstellungen mit einer politischen Konnotation in Zusammenhang gebracht[3]. Epstein und Lidov haben in mehreren Aufsätzen bis in die neunziger Jahre zu einer weiteren Erhellung beitragen können[4]. Trotz der unzweifelhaft zentralen Erkenntnis, dass das Ohrider Programm als Spiegel der kirchenpolitischen Debatte fungieren und Position beziehen kann, liegt keine Untersuchung vor, die alle Bilder einbezieht. Im Zentrum meiner folgenden Überlegungen steht die Frage nach der Argumentation der Bilder. Mit den Themen Opfer und Liturgie manifestiert sich auf den Seitenwänden eine Programmatik, die in den zentralen Apsisbildern kulminiert.

Eingangs sei kurz das Bildprogramm vorgestellt[5]: Die Apsiskonche dominiert eine thronende Gottesmutter im Typus der *Nikopoia* (Abb. 31).

S. Bartlett hat in einem Vortrag (The sacrificial lamb: The importance of the Byzantine eucharistic rite in the azyma controversy) der Byzantine Studies Conference (University of Maryland 1999) die Relevanz dieser Frage betont (Dieser Vortrag ist nur als Abstract im WEB). Die Abänderung des Ritus hätte seiner Einschätzung nach den Byzantinern einen substantiellen Bestandteil ihrer eigenen Identität genommen.

3   A. Grabar, Les peintures murales dans le choeur de Sainte-Sophie d'Ochrid, Cahiers archéologiques 15, 1965, 257-265; ders., Deux temoignages archéologiques sur l'autocéphalie d'une église Prespa et Ohrid, Zbornik radova Vizantološkog Instituta 8, 1964, 163-168. Im Bema sind Patriarchen von Konstantinopel und Alexandria, im Diakonikon diejenigen von Antiocheia, Jerusalem und römische Päpste visualisiert. Letztere sind generell durch eine petrinische Physiognomie gekennzeichnet. Eine Infragestellung des römischen Primatanspruches, wie verschiedentlich diskutiert, dürfte hier jedoch nicht vorliegen. A. M. Lidov (Byzantine church decoration and the great schism of 1054, Byzantion 68, 1998, 381-405, hier 396) hat zu Recht darauf hingewiesen, dass der Autor des Programms, der Ohrider Erzbischof, diesen auch in dem Disput zwischen den Kirchen nicht zur Disposition gestellt hat. Ohrid hatte seine Position als autokephales Erzbistum zu diesem Zeitpunkt schon eingebüßt, der Erzbischof Leon war durch den Patriarchen von Konstantinopel eingesetzt. (H. Gelzer, Der Patriarchat von Achrida. Geschichte und Urkunden [ASGW.PH 20,5], Leipzig 1902, 9 f.)

4   A. W. Epstein, The political content of the paintings of Saint Sophia at Ohrid, JÖB 29, 1980, 315-329; A. M. Lidov, Obraz „Christa-archiereja" v ikonografičeskog programme Sofii Ohridskoj, Zograf 17, 1986, 5-20; ders., L'Image du Christ-prélat dans le programme iconographique de Sainte Sophie d'Ohride, Arte cristiana 79, 1991, 245-250; ders., Christ the Priest in Byzantine church decoration of the eleventh and twelfth centuries, in: Acts of the XVIIIth international congress of byzantine studies Moscow 1991, Shepherdstown 1996, 158-170; vgl. auch C. Walter, Art and ritual of the Byzantine Church (Birmingham Byzantine Series 1), London 1982, 178-221.

5   Pläne des Programms bei R. Hamann-MacLean/H. Hallensleben, Die Monumentalmalerei in Serbien und Makedonien. Vom 11. bis zum frühen 14. Jahrhundert (Osteuropastudien der Hochschulen des Landes Hessen: Reihe 2, Marburger Abhandlungen zur Geschichte und Kultur Osteuropas 3), Giessen 1963, Plan 1-3; vgl. auch die sorgfältige Dokumentation von P. Miljković-Pepek, Materijali za makedonskata srednovekovna umetnost. Freskite vo svetilišteto na crkvata Sv. Sofija vo Ohrid, Zbornik na arheološkiot musej 1, 1955/56, 1-34 (37-70).

Unterhalb dieser ist eine sogenannte Apostelkommunion dargestellt, die im übrigen wie die *Nikopoia* durch signifikante Modifikationen heraussticht. Das untere Register wird von frontal ausgerichteten Bischöfen eingenommen, die sich entlang der Pfeilerfronten fortsetzen, lediglich im Osten sind zwei Diakone dazwischengeschaltet. Von besonderem Interesse ist das zweite Register der beiden Seitenwände[6]. Den Auftakt bildet die Südwand, deren Bilder von West nach Ost organisiert sind. Die erste Szene zeigt den Besuch der drei Engel bei Abraham in zwei Bildsequenzen (Abb. 32 und 33), ihnen folgt die Geschichte der Opferung Isaaks (Abb. 34). Die einzelnen Narrationsabschnitte sind auf dieser Wand nur zu Beginn von einem einfachen roten Rahmenband gefasst. Bild zwei und drei werden durch die Architekturkulisse geschieden.

Die Bilder der Nordwand sind analog zum Süden auf die Apsis ausgerichtet. Hier folgt der Darstellung der drei Jünglinge im Feuerofen der Traum Jakobs von der Himmelsleiter (Abb. 35). Eine Chrysostomosszene (Abb. 36) mündet in das letzte Bild der Südwand mit dem die Liturgie feiernden Kirchenvater Basileios (Abb. 37). Eine Darstellung der Himmelfahrt Christi (Abb. 38) überzieht das gesamte Tonnengewölbe, zwischen diese und den narrativen Bildzyklus schiebt sich beidseits ein schmales Register mit ostwärts proskynierenden Engeln (Abb. 39). Die Bilder der Apsis sind grundsätzlich aus der Tradition herzuleiten. Für die Seitenwände trifft diese Aussage nicht zu. Weder zählen Szenen des Alten Testaments zum Repertoire byzantinischer Bemaprogramme, noch lassen sich überhaupt für das Chrysostomos-Bild wie auch dasjenige mit Basileios Parallelen aufführen. Die Singularität der Konzeption wie auch die spezifische Anlage der Bilder provoziert die Frage nach ihrer Funktion, die den Bildern selbst eingeschrieben sein dürfte.

Bei der Geschichte des Patriarchen Abraham ist in den ersten beiden Sequenzen, der Ankunft der drei Engel und ihrer Bewirtung durch Abraham, die Dominanz der Engel augenfällig (Gen 18,1 ff., Abb. 32 und 33)[7]. Die Disposition bleibt an geläufigen Bildformularen orientiert. Die „Ankunft der Engel" erfolgt von rechts, Abraham empfängt sie von links in Proskynese. Hinterfangen wird er von einem Landschaftsprospekt mit einem aufgeschichteten Hügelmassiv. Eine Pflanze markiert die innere Bildgrenze hinter Abraham. Oktateuchillustrationen sind in ihrer Grund-

---

6 A. Grabar (Peintures [wie Anm. 3], 260) hat bei der Ausrichtung der Bilder treffend den Begriff eines Triptychons verwandt, ohne jedoch daraus weitere Schlüsse zu ziehen.

7 Allgemein zur Ikonographie von Abraham: K. Wessel, Art. Abraham, Reallexikon zur byzantinischen Kunst, Bd. 1, Stuttgart 1966, 11-22; der Ohrider Bildzyklus wird kurz erwähnt, irrtümlicherweise im „Mittelschiff" plaziert.

struktur ähnlich angelegt[8]. Allein die Haltung Abrahams mit dem aufgerichteten Oberkörper ist in Ohrid leicht modifiziert, die Gestik scheint eine Ansprache zu indizieren. Nur die Pflanze (der Baum vom Mamre, Gen 18,1 f.) ist in den Oktateuchbildern beheimatet, während der landschaftliche Hintergrund dem monumentalen Entwurf geschuldet ist. Die folgende Szene wird durch die drei um einen Tisch positionierten Gäste bestimmt. Der mittig plazierte Engel wird anhand des Kreuznimbus als Christus kenntlich gemacht. Eilfertig nähert sich Abraham mit einer Schale seinen Besuchern. Wiederum dient der die Szenerie hinterfangende Architekturprospekt einer Monumentalisierung der Szene. Bei dem vergleichbaren Bild im Vat. gr. 747 (fol. 39r) wurde der Bildhintergrund hingegen erst im Zuge einer palaiologischen Überarbeitung hinzugefügt. Auch die Markierung der mittleren Figur als Christus wird von der Forschung in der Miniatur als spätere Präzisierung gelesen[9]. Hinter Abraham zeichnet sich in Ohrid eine Architekturkulisse als Abschluss ab, in der Sarah in einer Türöffnung neugierig den Vorhang beiseite schiebt.

Zwischen diesem und dem folgenden Bild fungiert ein zwischen die Kulisse der beiden Szenen eingespannter Mauerabschnitt als Übergang (Abb. 33 und 34). Lassen sich die einzelnen Teile der Bilderzählung weitgehend problemlos herleiten, so ist die Ohrider Fassung in der Organisation der Erzählschritte singulär. Das Bild gliedert sich in zwei Abschnitte: eine Architekturkulisse, die konzeptionell nur wenig von der des vorherigen Bildes differiert, und in eine sich in die Höhe erstreckende Hügellandschaft, in welche die einzelnen Handlungsschritte der Erzählung logisch eingebettet sind. Die Erzählung fokussiert gleichsam auf zwei

---

8 K. Weitzmann/M. Bernabò, The Byzantine Octateuchs (The illustrations in the manuscripts of the septuagint 2, Octateuchs), 2 vols., Princeton 1999, vol. 1, 76 f., vol. 2, Abb. 257-260. Folgende Handschriften sind in der Untersuchung berücksichtigt: Rom, Biblioteca Apostolica Vaticana, cod. Vat. gr. 747, in die Zeit 1070-1080 datiert; Smyrna, Evangelical School Library cod. A. 1, Istanbul, Topkapı Sarayı Library cod. G I 8 sowie Rom, Biblioteca Apostolica Vaticana, cod. Vat. gr. 746 werden in die Mitte des 12. Jahrhunderts datiert. Die Bilder sind durch ihre Rahmungen als eigenständig gegenüber dem Text gekennzeichnet. Die drei letztgenannten Handschriften zeigen eine relative Nähe, was die Bildfassungen anbelangt. Für den Vat. gr. 747 ist zu beachten, dass die Bilder in der Palailogenzeit überarbeitet wurden. Die viel diskutierte Frage der Genese der Bilder ist für unseren Kontext nur von sekundärer Relevanz.

9 K. Weitzmann/M. Bernabò, Octateuchs (wie Anm. 8), vol. 1, 77 f., vol. 2, Abb. 261; die einzige originale Architektur, links im Hintergrund, dient Sarah als Bildraum, von dem aus sie dem Geschehen ihre Aufmerksamkeit zukommen lässt. Ob der Architekturprospekt angesichts der Ohrider Bildfassung nicht auch dem 11. Jahrhundert angehören kann, wäre zumindest einer weiteren Überprüfung wert. Abb. 262-264 zeigen die Bilder der drei anderen Oktateuche. Bei allen dreien wird vor den Tisch eine Kuh plaziert. Diese wird von den Autoren als die Mutter des geschlachteten Kalbes identifiziert (vol. 1, 77).

zentrale Punkte, die als Auftakt und Ende der Narration im rechten Bildfeld antithetisch angelegt sind. Zwei Himmelssegmente markieren diesen Abschnitt; aus dem rechten Segment erstreckt sich die Hand Gottes, aus dem linken kommt ein Engel mit seiner in die Handlung eingreifenden Geste hervor. Die Bilderzählung nimmt rechts ihren Ausgang. Abraham, den Körper frontal ausgerichtet, wendet seinen Kopf nach links oben, um der Stimme Gottes zu lauschen. Wie in Genesis 22, Verse 1 und 2 festgehalten, fordert Gott ihn auf, seinen Sohn als Brandopfer auf einem Berg im Land Morija darzubringen. Die Konstellation divergiert im Grundsatz nicht von vergleichbaren Darstellungen in den Oktateuchen[10]. Die im Text folgende Passage führt uns in den linken Bildteil nach unten vor die Architektur, wo Abraham sich mit den beiden Knechten und seinem Sohn auf die Reise vorbereitet[11]. Der Esel, den Kopf schon vor die Hausgrenze geschoben, wird am Zügel vom ersten Knecht gehalten, beide indizieren somit auf eindrückliche Weise den weiteren Bewegungsverlauf. Hinter dem Esel, vor der geöffneten Tür, bietet Abraham dem zweiten Knecht das Holz an, Isaak beugt sich zu einem weiteren Holzbündel herunter, das hinter dem Esel auf dem Boden plaziert ist.

Ungewöhnlich ist die Tatsache, dass die Bilderzählung von Tituli begleitet wird, die wortwörtlich dem Septuagintatext entlehnt sind. Unterhalb des Architravs der Tür haben sich an dieser Stelle jedoch nur wenige Worte überliefert, die Rekonstruktion von Passagen aus Vers 3 scheint dennoch plausibel[12]. Miljković-Pepek hat die fragmentarisch überlieferten Worte dokumentiert, dabei jedoch weder auf ihren originären Kontext noch ihre präzise Rekonstruktion untersucht. Die wenigen Worte lassen sich zu folgendem Text ergänzen: „[ἀναστὰς] δὲ Ἀβραὰμ [τὸ πρωὶ ἐπέσαξεν τὴν ὄνον αὐτοῦ. παρέλαβεν δὲ μεθ' ἑαυτοῦ δύο παῖδας καὶ Ἰσαὰκ τὸν... Der Text („Und Abraham stand des Morgens früh auf und sattelte seinen

---

10 K. Weitzmann/M. Bernabò, Octateuchs (wie Anm. 8), vol. 1, 86; vol. 2, Abb. 307. Die Anweisung Gottes wird verbunden mit dem Aufbruch von Abraham und seinem Sohn wie den beiden Knechten. Dreh- und Angelpunkt der beiden Handlungssequenzen ist Abraham selbst, dessen Kopf der Hand Gottes noch zugeneigt ist, während der Körper insgesamt schon nach rechts gewandt ist. Der Fortgang der Erzählung, der Antritt der Reise, wird so angezeigt. Die Bilder der anderen Oktateuche folgen einem analogen Bildschema. (Vgl. vol. 2, Abb. 308-310).

11 Die Eigenständigkeit der Szene kontrastiert deutlich mit den Bildern der Oktateuche. Der Konzepteur der Bilderzählung in Ohrid hat geschickt die Anbindung an die Bewirtungsszene durch die Hintergrundsarchitektur erzielt.

12 P. Miljković-Pepek (Freskite [wie Anm. 5]) hat die Bildinschriften dokumentiert. Wenige Fehllesungen lassen sich leicht korrigieren. Die hier diskutierten Rudimente (Fig. 7) sind nicht nur ausreichendes Indiz, sondern der zwischen den Fragmenten heute bestehende Leerraum ist groß genug, die entsprechenden Passagen an dieser Stelle zu integrieren.

Esel und nahm mit sich zwei von seinen Knechten und Isaak, seinen…")
kommentiert hier gleichsam die im Bild zu sehende Handlung. Die Zu-
satzinformation der Zeitangabe ist visuell nicht erfassbar. Während die
Beigabe von Inschriften in Handschriften keineswegs ungewöhnlich ist,
stellt sie für die Monumentalmalerei bis in die Palaiologenzeit eine Ausnahme dar und bedarf weiterer Überlegungen. Den Vorbereitungen logisch angeschlossen wird in zwei weiteren Abschnitten der Verlauf der
Reise. Am linken Bildrand haben sich die beiden Knechte am Fuße der
Hügel niedergelassen, vor ihnen steht der Esel. Dahinter erklimmen Abraham und sein mit dem Holz beladener Sohn den Berg. Isaak hat einen
Stock zur Hilfe genommen. Sein Vater schreitet hinter ihm. Beide Handlungen werden von Tituli begleitet. Über den Knechten findet sich der
nahezu vollständige Passus von Vers 5: „Καθίσατε αὐτοῦ μετὰ τῆς ὄνου,
ἐγὼ δὲ καὶ τὸ παιδάριον διελευσόμεθα ἕως ὧδε καὶ προσκυνήσαντες
ἀναστρέψομεν πρὸς ὑμᾶς."[13] Der Text, mit der Auslassung der Eingangs-
worte („Und Abraham sprach zu seinen Knechten"), produziert nur
mittelbar eine Kohärenz zwischen Bild und Text. Sein Wortlaut („Bleibet
ihr hier mit dem Esel, ich aber und der Knabe wollen bis dorthin gehen
und anbeten und dann zu euch zurückkehren.") bezieht sich auf eine in
der Vergangenheit gehaltene Rede des Protagonisten, das Bild führt
hingegen das Ergebnis vor Augen. Die Vollständigkeit, mit der sich uns
Text und Bild präsentieren, erstaunt. Denn Vers 5 wird im darüber-
liegenden Abschnitt durch Vers 6 fortgesetzt. Die fehlenden Worte lassen
sich eindeutig rekonstruieren[14]: „[ἔ]λαβεν δὲ Ἀβραὰμ τὰ ξύλα τῆς
ὁλοκαρπώσεως καὶ ἐπέθηκεν [Ἰσαὰκ τῷ υἱῷ αὐ]τοῦ. ἔλαβεν δὲ καὶ τὸ πῦρ
μετὰ χεῖρα καὶ τὴν μάχαιρα[ν]…" („Und Abraham nahm das Holz des
Brandopfers und legte es auf Isaak, seinen Sohn, und in seine Hand nahm
er das Feuer und das Messer…"). Der letzte Passus „und sie gingen beide
miteinander" wird nicht zitiert. Dies ist insofern nachvollziehbar, als sich
die Logik der Kompetenzzuweisung an Text und Bild wiederholt:
Während der Text die vorausgehende Aktion berichtet, zeigt das Bild eben
diese letzte Passage. Schließlich findet die Erzählung ihren eigentlich
Zielpunkt in der oberen linken Bildecke. Isaak kniet vor dem Altar,

---

13 Vgl. Fig. 6 bei P. Miljković-Pepek, Freskite (wie Anm. 5). Der Septuagintatext zitiert
nach der Ausgabe: Septuaginta, hg. von A. Rahlfs/R. Hanhart, Stuttgart 2006. Die
Anfangsworte (καὶ εἶπεν Ἀβραὰμ τοῖς παισὶν αὐτοῦ) waren wohl auch ursprünglich
nicht zitiert. Für diese Vermutung spricht die zu verifizierende Logik einer bewusst
gewählten Relation zwischen Text und Bild, da zu Beginn die Rede von dem
sprechenden Abraham ist.

14 Vgl. Fig. 5 bei P. Miljković-Pepek, Freskite (wie Anm. 5). Wiewohl auch hier der Text
partiell durch den Erhaltungszustand gestört ist, ist er grosso modo noch so vollständig, dass er eindeutig als vollständiges Zitat des Septuaginta-Textes rekonstruiert
werden kann.

dahinter sein Vater, den Kopf nach hinten oben gestreckt, die eingreifende Geste himmlischer Intervention entgegennehmend. Hinter ihm, nahezu mittig zwischen erster und letzter Abrahamsdarstellung fungiert der Widder als das zentrale Indiz des verhinderten Opfers. Fragmente eines weiteren Titulus sind unterhalb des Engels zu erkennen[15]. Vermutlich dürfen wir an dieser Stelle den Wortlaut von Vers 11 ergänzen.

Die kreative Bildkonzeption in Ohrid wird im Vergleich mit Oktateuchillustrationen evident: Der Text 22,5 f. wird von einem Bild flankiert, das die Grundbestandteile für die Ohrider Bildfassung bereithält. Links sitzen die Knechte, vor ihnen grast der Esel. Nach links verlassen Abraham und Isaak ihre Begleiter hügelanwärts. Im Vat. gr. 747, fol. 43r schaut sich Isaak zu seinem Vater um. Während die vatikanische Inschrift ohne bildinternen Text auskommt, wird in den späteren Handschriften, in denen sich die Figuren alle auf einer planen Ebene bewegen, ein Text integriert, der kein wortwörtliches Zitat der Septuaginta darstellt, sondern einen kurzen Kommentar zum Szenischen anbietet, die vollständigen Passagen sind im Textteil der Handschrift aufgehoben[16]. Im Kontrast zu den Handschriftenillustrationen steht demnach vor allem die abgeänderte erzählerische Variante des Ohrider Zyklus, bei der der Bewegungsverlauf auf das Ziel in der linken Bildecke fokussiert. Die Reisevorbereitung ist in den Oktateuchen nicht durch ein eigenes Bild präsent, vielmehr sind Handlungsanweisung durch Gott und Aufbruch unmittelbar aneinander gekoppelt. Die Opferszene dagegen steht Bildfindungen der Oktateuche nahe. Einzig die dortige Hand Gottes wird hier ganz dem Text der Septuaginta folgend durch einen Engel ausgetauscht, hierzu darf man etwa auf eine analoge Fassung im Chludov-Psalter (Moskau, Historisches Museum, Cod. 129) verweisen. Isaak kniet vor dem Altar, vor sich die Holzbündel. Die Hände sind gefesselt[17].

---

15 Der Text ist stark an der Oberfläche beschädigt. Eine zweifelsfreie Lesung war leider nicht möglich.

16 K. Weitzmann/M. Bernabò, Octateuchs (wie Anm. 8), vol. 1, 86 und vol. 2, Abb. 311-314.

17 Im Vat. gr. 747 (K. Weitzmann/M. Bernabò, Octateuchs [wie Anm. 8], vol. 2, Abb. 315), wie im übrigen in vielen anderen Darstellungen, sind die Hände von Isaak ebenfalls gebunden. Dies steht im Widerspruch zum Wortlaut der Septuaginta, nach dem Abraham Isaak die Füße gebunden hat. Unser Bild bestätigt damit abermals die Vermutung, dass die Bildkonzeption anhand einer Septuaginta-Illustration gewonnen worden ist. Zyklische Bilder lassen sich natürlich auch jenseits der Oktateuche auffinden. Sie sind jedoch gegenüber den Oktateuchen durch stärkere Abweichungen gegenüber den Ohrider Bildern ausgezeichnet. Man vergleiche etwa die Szenen in den Homilien des Gregor von Nazianz (Paris. gr. 510). Fol. 174v zeigt im obersten Register Abraham, wie er den Knechten (die als Erwachsene erscheinen) gebietet, an dem Ort zu verharren, Isaak schreitet vor ihm und ganz rechts erfolgt die vermeintliche Opferszene, wobei der Widder auf dem Berg hinter Abraham steht.

Grundsätzlich mögen die wortwörtlichen Textpassagen als Indiz gedeutet werden, eine Septuaginta-Illustration als Vorlage zu behaupten. Aber selbst wenn man einer derartigen These folgt, dürfte dies keine ausreichende Begründung für die hier gewählte erzählerische Konzeption sein. Die gemessen an monumentalen Vergleichsobjekten auffällige Tendenz unseres Bildes, die gesamte Geschichte minutiös und durch Text authentifiziert vor Augen zu führen und mittels der Bildrhetorik der Erzählung subtil eine Kernaussage zu unterlegen, ist die eigentliche Leistung dieser Bildidee. Das obere Bild „register" subsumiert prägnant das Fazit der Erzählung: Während rechts die Aufforderung zum Opfer erteilt wird, wird links das Ergebnis der Handlung im gleichen Rezeptionsvorgang bereitgehalten. Zwischen beiden steht das für den Alten Bund charakteristische Opfertier, der Widder. Das Bild unterstreicht in subtiler Weise das verhinderte Opfer und verweist implizit auf einen historisch späteren Moment, den der Selbstopferung Christi im Neuen Testament. Ein in gängigen Bildern zentrales Ereignis wird marginalisiert und durch das Zeichen des Opferlammes ersetzt. Wenngleich die Ingredienzien der Ohrider Erzählung vermutlich Handschriftenillustrationen geschuldet sind, ist die Konstruktion der Erzählung in der Landschaft in ihrer originären Konzeption intentional auf einen grösseren Sinnkontext hin geformt[18]. Ein weiterer Befund bedarf hinsichtlich der argumentativen Struktur der Südwand noch einer Erläuterung. Die Kleinteiligkeit des letzten Bildes unterscheidet sich sowohl von den ersten beiden Bildern als auch von der Szene mit der Vorbereitung anhand der stärker auf den monumentalen Bildträger ausgerichteten Proportionierung der Figuren. Im Kern zielen die beiden ersten Bilder darauf ab, der göttlichen Intervention in Form der Erscheinung der drei Engel Ausdruck zu verleihen. Somit darf man nach dem letzten Bild hinzufügen, dass sich der Handlungsverlauf göttlicher Vorsehung verdankt. Der der Philoxenie inhärente typologische Verweis auf die Eucharistie wird durch den Kreuznimbus der mittleren Figur zwar herausgestellt, im Gesamtzusammenhang aber in seiner antizipatorischen Funktion erst durch den Fortgang der Erzählung erkennbar[19]. Die ungewöhnliche Adaption der Textpassagen in das Bild

Im Bild der vatikanischen Handschrift begegnen wir auch dem Holzbündel vor dem Altar. In den anderen Oktateuchillustrationen fehlt dieses Detail (K. Weitzmann/M. Bernabò, Octateuchs [wie Anm. 8], vol. 2, Abb. 316-318).

18 In der Monumentalmalerei dominiert ein Bildtypus, bei dem allein die „Opferung Isaaks" dargestellt wird. Selbst in der Sophienkirche wurde das Bildkonzept des Bemas nicht wiederholt, als man um 1200 an der Fassade des Esonarthex das Thema noch einmal aufgriff.

19 A. Grabar (Peintures [wie Anm. 3], 260) wie andere nach ihm haben den typologischen Aspekt betont, ohne die spezifische Bildfassung eingehender zu diskutieren. Die Tituli finden keine Erwähnung. A. W. Epstein (Political content [wie

unterstreicht nicht allein Authentizität, sondern scheint von der Ambition geleitet, durch die Rede Gottes sowie der daraus resultierenden Handlung ein Argument für das Gesamtprogramm zu gewinnen[20]. Dass das Isaak-Opfer im Proskomidie-Gebet Erwähnung findet, sei als eine liturgische Konnotation des Bildes abschließend erwähnt. Die behauptete Argumentationsstrategie erfährt zusätzliche Unterstützung in den Bildern der Nordwand.

Die erste Begebenheit mit den das Martyrium überlebenden hebräischen Jünglingen (Dan 3, Abb. 35) koinzidiert mit der Geschichte Abrahams in zwei Punkten. Die drei Männer weigerten sich, einem von Nebukadnezar aufgestellten Götzenbild zu opfern, d.h. ein falsches Opfer darzubringen. Ganz im Vertrauen auf ihren Gott, der sie erretten werde, leisten sie nicht den geforderten Götzendienst und werden dem Feuerofen übergeben[21]. Ein von Gott gesandter Engel rettet sie wie Isaak vor dem Tod. Während in der Abrahams-Geschichte der Sohn geopfert werden soll, sind es hier die Männer selbst, die dem Gebot Gottes folgend ihre Selbstopferung riskieren[22]. Wenngleich diese Geschichte typologisch ebenfalls auf den Sohn Gottes und damit die Eucharistie bezogen wird, bleibt die Differenz zu Christus evident. Das Opfer findet nicht statt[23].

Anm. 4], 319) sieht in der Abrahamsgeschichte eine Dramatisierung. Auch bei ihr bleiben die Inschriften unerwähnt.

20 Zum Isaak-Opfer vgl. auch U. Schwab, Zum Verständnis des Isaak-Opfers in literarischer und bildlicher Darstellung des Mittelalters, Frühmittelalterliche Studien 15, 1981, 435-494. Sie weist darauf hin, dass der ungefesselte Isaak bei der Opferszene eher die Ausnahme darstellt (451 f.). Obwohl sich das Bild in Ohrid unmittelbar am Septuagintatext orientiert, könnte der von ihr betonte Aspekt der damit zum Ausdruck kommenden Freiwilligkeit des Opfers für Ohrid Sinn machen. Der typologische Verweis auf Christus wird damit noch expliziter.

21 Johannes Chrysostomos hat die Tugend der drei Männer herausgestellt (K. Krause, Die illustrierten Homilien des Johannes Chrysostomos in Byzanz [Spätantike – Frühes Christentum – Byzanz, Reihe B. Studien und Perspektiven 14], Wiesbaden 2004, 129).

22 Zum Grundverständnis und zur frühen Bildprägung: H. R. Seeliger, Πάλαι μάρτυρες. Die Drei Jünglinge im Feuerofen als Typos in der spätantiken Kunst, Liturgie und patristischen Literatur. Mit einigen Hinweisen zur Hermeneutik, in: Liturgie und Dichtung. Ein interdisziplinäres Kompendium, Bd. 2. Interdisziplinäre Reflexion, hg. von H. Becker/R. Kaczynski, Sankt Ottilien 1983, 257-334. Das Verständnis der Jünglinge als Märtyrer war konstitutiv. Dennoch bleibt der Grundbefund, den Seeliger betont (318), dass der jeweilige argumentative Kontext den Sinn akzentuiert, auch für Ohrid zu beachten. A. W. Epstein (Political content [wie Anm. 4], 319) hat dementsprechend zu Recht den der Szene innewohnenden trinitarischen Aspekt wie den Hinweis auf die Eucharistie betont.

23 In der *Expositio in psalmum* 148 (PG 55, 484-485) des Johannes Chrysostomos wird der auf die Errettung folgende Lobgesang der Jünglinge im Kontext der Lobgesänge Heiliger thematisiert. Diese fordern viele auf, gemeinsam mit ihnen die Liturgie zu feiern. Dieser Passus lässt sich möglicherweise als Anschluss an die direkt auf die Liturgie bezogenen Szenen identifizieren. Nicht nur die Tatsache, dass die Bilder im

Die nächste Szene zeigt den schlafenden Jakob, der von der Himmelsleiter träumt (Gen 28,10-22, Abb. 35). Man vermag aber auch hier noch zu präzisieren, dass er schläft und einen Traum hat, der ihm den Weg zu Gott eröffnet. Nachdem er erwacht ist, bezeichnet er den Platz und bringt auf einem Stein, der zu seinem Haupt gelegen hat, ein Ölopfer dar. Das Ohrider Bild konfrontiert uns diesbezüglich mit einer Leerstelle[24]. Lesen wir den Bildzyklus im Sinne einer sich sukzessive entfaltenden Argumentation, so hat sich der Akzent der Erzählung insofern verlagert, als nunmehr die potentielle Verbindung zum Himmlischen im Traum offenbart wird[25]. Dass selbst hier ein kommunikativer Akt erprobt ist, manifestiert sich in einer ungewöhnlichen Bildvariante, indem der erste Engel auf der Leiter Jakob anzusprechen scheint[26]. Zwischen dieser und der vorausgegangenen Szene wird eine erste Zäsur etabliert, indem die Opferthematik nunmehr ausgeblendet ist. Die Intention der inhaltlichen Verlagerung wird an dieser Stelle nicht preisgegeben. Erst im folgenden Akt erklärt sich die eigentliche Funktion der Jakobsszene, die mittels bildsprachlicher Analogien transferiert wird. Nunmehr ist es nicht der träumende Jakob, sondern Johannes Chrysostomos, dem im Schlaf eine folgenreiche Erscheinung zuteil wird (Abb. 36).

Die singuläre Szene wurde schon früh in der Forschung von Ljubinković mit dem vermeintlichen Autor der Göttlichen Liturgie in Verbindung gebracht[27]. Lazarev wie auch Radojčić plädierten hingegen für eine Identifzierung mit dem Apostel Johannes[28]. Grabar hat ausgehend von der Vita des Basileios des Pseudo-Amphilochios das Bild als die Inspiration

---

Raum des liturgischen Zeremoniells verortet sind, spricht für eine derartige Überlegung, sondern überdies die Darstellung des Autors, Johannes Chrysostomos, wie er von der Heiligen Sophie die Göttliche Liturgie überantwortet bekommt (s.u.).

24 Lidov bindet die Szene in seine Gesamtinterpretation ein, die auf den Weiheritus abzielt. Die Szene wird in der Weihezeremonie erwähnt (A. M. Lidov, Obraz [wie Anm. 4], 11 ff., ders., Image [wie Anm. 4], 246 f.). Zu den von ihm dazu angeführten Indizien s.u. Für Jakobs Traum bleibt der Tatbestand, dass der Opferritus nicht visualisiert wird, ernst zu nehmen.

25 Das im Text beschriebene Auf- und Absteigen der Engel auf der Leiter akzentuiert die Dynamik der Verbindung.

26 Die Beischrift der Darstellung identifiziert ihn als Alten der Tage (ὁ παλαιὸς τῶν ἡμερῶν). Bei P. Miljković-Pepek (Freskite [wie Anm. 5], 13 [49]) irrtümlich wiedergegeben als: ὀναλεος η μ(εψ)ων.

27 R. Ljubinković, La peinture murale en Serbie et en Macédoine aux XIe et XIIe siècles, in: IX Corso di cultura sull'arte ravennate e bizantina, Ravenna 1962, 405-441, hier 418 f.

28 V. N. Lazarev, Živopis XI-XII vekov v Makedonii, in: XII Congrès international des études byzantines, Ohrid 1961, Rapports V, Belgrad 1961, 105-134; S. Radojčić, Prilozi za istoriju najstarijeg Ohridskog slikarstva, Zbornik radova Vizantološkog instituta 8, 1964, 355-381, hier 363 f.

des Kirchenvaters durch den Heiligen Geist interpretiert. Dieser visionierte Christus bei der Proskomidie-Feier, begab sich sodann in das Sanktuarium und begann sein Gebet, das im nächstfolgenden Bild in Ohrid dargeboten ist[29]. Epstein folgte seinem Vorschlag[30]. Grabar räumte jedoch ein, dass eine Bildtradition für das erste Bild nicht zu verifizieren ist. Zuletzt hat Grozdanov mit guten Gründen die ältere Identifizierung für Johannes Chrysostomos präzisiert, die weitgehende Akzeptanz in der Forschung gefunden hat[31]. Wie Jakob liegt die Hauptfigur, hier auf einer Bettstatt, die Hand an den Kopf geführt, die Augen geschlossen, ein eindeutiges Indiz für einen Schlafenden. Hinterfangen wird der Protagonist von einer Bildarchitektur. An der Seite des Lagers erscheint die Personifikation der Weisheit. Strahlen gehen von ihr auf den Schlafenden. Sophia legt ihm eine Schriftrolle in den Mund. Im linken Torbogen sind nur schemenhaft die Spuren einer (?) Figur erhalten, die die Funktion des Augenzeugen einnimmt[32]. Auf der linken Bildseite erscheint die von Paulus angeführte Gruppe von elf Aposteln (Abb. 40)[33]. Die Physiognomie des Schlafenden korrespondiert weitgehend mit derjenigen der Chrysostomosdarstellung in der Apsis (Abb. 41)[34].

Inspirationsszenen der Kirchenväter wie auch der Evangelisten zählen zum gängigen Bildrepertoire. In der Regel sind wir mit schreibenden Personen konfrontiert, die entweder direkt durch eine im Himmelssegment figurierte göttliche Hand oder durch unterschiedlichste Erscheinungen vermittelt Inspiration erfahren, Figuren sind ihnen hierzu im Rücken beigesellt, die ihren Schreibvorgang fördern. Chrysostomos hat diesbezüglich nicht nur eine Fülle von besonderen Bildprägungen erhalten, sondern wie Krause überzeugend argumentiert, geradezu eine Privilegierung erfahren[35]. Weit mehr als Texte es vermögen, werden der Autor und die ihm verdankten Schriften im Bildmedium profiliert. Was Chrysostomos gegen-

---

29 A. Grabar, Peintures (wie Anm. 3), 262-264 mit Textauszügen.

30 A. W. Epstein, Political content (wie Anm. 4), 319.

31 C. Grozdanov, Slika javljanja premudrosti Sv. Jovanu zlatoustom u sv. Sofiji Ohridskoj, Zbornik radova Vizantološkog instituta 19, 1980, 147-155.

32 Der Erhaltungszustand erlaubt keine zweifelsfreie Aussage, ob es sich um eine oder möglicherweise auch mehrere Figuren handelt, die in der Türöffnung erscheinen.

33 C. Grozdanov (Slika [wie Anm. 30], 149 f.) bezieht die Rolle auf den Apostel Paulus. Dieser Bezug wird im Bild jedoch nicht explizit gemacht. Die Erscheinung der Göttlichen Weisheit wird auch auf das Patrozinium der Kathedrale bezogen.

34 Der Erhaltungszustand des Bildes ist bedauerlicherweise gerade an den Stellen prekär, die jeden Zweifel ausräumen könnten. Soweit erkennbar, ist die schlafende Person unbärtig und in der physiognomischen Charakterisierung dem Bild von Chrysostomos analog gestaltet, wie es auch in der Apsis zu sehen ist. Ein relativ eindeutiges Indiz scheint der hohe Haaransatz. Bei Basileios reichen die Haare bis an den Stirnansatz.

35 K. Krause, Göttliches Wort aus goldenem Mund. Die Inspiration des Johannes Chrysostomos in Bildern und Texten, in diesem Band, 139-167, 166.

über anderen Personen und insbesondere den beiden anderen Hierarchen, Basileios und Gregor von Nazianz, nachdrücklich qualifiziert, ist das Phänomen, dass er selbst zum Quell der Weisheit avanciert[36]. Das Ohrider Bild kann allerdings nur sehr periphär mit den Wunderberichten in Zusammenhang gestellt werden, die für die anderen Bilder weitgehend als Textgrundlage zu erkennen sind. Die charakteristische Eigenheit scheint vielmehr darin zu liegen, aus verschiedenen Text- und Bildtraditionen zu schöpfen und diese in eine genuin eigenständige Konzeption zu über- führen. Die Versatzstücke fungieren dabei als Argumente. Erst die Rückführung dieser Teilaspekte erlaubt es uns, der Rhetorik dieses Kernbildes des Ohrider Bemaprogrammes gewahr zu werden.

Beginnen wir mit der Texttradition: Aus dem Wunderbericht, der Proklos-Vision, gewinnen wir lediglich das nächtliche Szenarium[37]. Die Bildvokabel eines Träumenden ist in der Tradition wohlbekannt. Das Lager mit der nierenförmigen Matratze, der Schlafende, den Kopf in die Hand des angewinkelten Armes geborgen, wie auch eine Architektur im Hintergrund als Kürzel für eine gedachte Innenraumszene zählen zum Grundbestand der Ikonographie[38]. Paulus kann nicht als der nächtliche Besucher der Proklos-Vision identifiziert werden. Er führt zwar die Gruppe der Apostel an, kann aber wohl kaum, wie von Grozdanov formuliert, bildintern die Funktion als ursächlicher Autor der Rolle einnehmen. Die göttliche Weisheit wird sich kaum auf ihn berufen. Die Apostelgruppe hat ihren Ursprung in den Frontispizes der Apostel- geschichte, wo sie dem Autor Lukas gegenübergestellt sind[39]. Die Modi- fikation, Paulus an ihre Spitze zu stellen, soll wohl primär auf die Nähe zwischen dem Apostel und Chrysostomos anspielen. Letzterer wird damit, wie auch in anderen Bildentwürfen, als würdiger Nachfolger der Apostel

---

36 Zu den drei Hierarchen: C. Walter, Art (wie Anm. 4), 111-115; ders., Biographical scenes of the three hierarchs, Revue des études byzantines 36, 1978, 234-260.

37 Zu den Texten vgl. Krause, Homilien (wie Anm. 21), 186-188; dies., Inspiration (wie Anm. 35), 150.

38 Vgl. die Ausführungen bei S. Bogen, Träumen und Erzählen. Selbstreflexion der Bild- kunst vor 1300, München 2001. Auf Abb. 2 und 3 finden sich vergleichbare Dar- stellungen aus den Bronzetüren von Monte Sant'Angelo, die 1076 in Konstantinopel hergestellt worden sind. Träume, in denen sich Gott offenbart, zählen zum gängigen Repertoire der Hagiographie. Zu Recht betont Bogen (40), dass sich erst im Kontext der Bilder zeigt, welche Relevanz die Darstellung für den Gesamtzusammenhang einnimmt. Dies trifft auch auf das Bild in der Sophienkirche zu. Zu Träumen in Byzanz und insbesondere zu Träumen innerhalb der Hagiographie: G. Dagron, Rêver de Dieu et parler de soi. Le rêve et son interprétation d'après les sources byzantines, in: I sogni del medioevo, hg. von T. Gregory, Rom 1985, 37-55, bes. 42 f.

39 Vgl. fol. 215 im Codex Dumbarton Oaks MS 3, Abb. 32 bei S. Der Nersessian, A Psalter and New Testament manuscript at Dumbarton Oaks, Dumbarton Oaks Papers 19, 1965, 153-183.

insgesamt und im besonderen von Paulus visualisiert[40]. Im Kontrast zu allen anderen Bildern ist in Ohrid der Autor nicht aktiv, er schreibt nicht, sondern ist Empfänger einer Rolle, die wir uns als schon beschrieben vorstellen dürfen. Diese Auszeichnung teilt er zwar mit einigen Autoren, wie z. B. David, denen ein Text in Form einer Rolle von Christus unmittelbar übergeben wird[41]. Im Kontrast zu unserem Bild ist dies aber ein bewusster Akt, in einer im wortwörtlichen Sinn zu verstehenden Handlung. Die Rolle wird Chrysostomos jedoch im Schlaf in den Mund gelegt, die Strahlen der Personifikation göttlicher Weisheit berühren ihn. In etlichen Textstellen im Alten und im Neuen Testament wird die Aussage getroffen, Gott habe jemandem Worte in den Mund gelegt. In Lukas 21,14 f. formuliert Christus, dass er seinen Jüngern die Worte und die Weisheit eingeben wird, so dass ihre Gegner nicht gegen sie ankommen können. Im Menologion Basileios' II. (Vat. gr. 1613, fol. 78r) findet sich jedoch eine Szene, die kaum deutlicher formale wie auch inhaltliche Analogien zu unserem Bild aufweisen könnte. Dargestellt ist Romanos der Melode. Er liegt vor einer Kirche auf seiner Schlafstatt, an deren Seite die Gottesmutter tritt. Sie führt eine Rolle zu seinem Mund. Das Bild rekurriert auf die Vita des Dichters, nach der dieser die Nacht des Weihnachtsfestes in einer Marienkirche verbrachte. Dort erscheint ihm die Jungfrau und gibt ihm eine Schriftrolle als Nahrung. Erst nach dieser nächtlichen Intervention beginnt der Melode zu singen[42]. Chrysostomos widerfährt eine darüber hinausgehende Auszeichnung, er inkorporiert göttliche Weisheit durch den Mund[43]. Wir werden Zeugen eines Aktes, bei dem Johannes Chrysostomos das widerfährt, was ihn bezeichnet, er avanciert zum Goldmund. Liegt der Akzent der zeitparallelen Bildkonzepte für Chrysostomos darauf, ihn als Quell der Weisheit zu präsentieren, so besteht das hier gewählte Verfahren darin, auf die Genese seiner Weisheit zu setzen. Es dürfte überdies signifikant sein, dass das Modell unseres

---

40 Vgl. K. Krause, Inspiration (wie Anm. 35), 162.

41 So auf fol. 5v der Dumbarton Oaks Handschrift (S. Der Nersessian, Psalter [wie Anm. 39], Abb. 4; Abb. 22 bei K. Krause, Inspiration [wie Anm. 35]). Krause hat zu Recht in einer Anmerkung betont, dass durch die Beischrift im vatikanischen Psalter die Übergabe des Rotulus auf eine Bitte des Psalmisten zurückgeführt wird. Dies betont noch einmal die aktive Handlung ganz im Gegensatz zu dem Ohrider Chrysostomosbild.

42 Abb. 22 bei S. Bogen, Träumen (wie Anm. 38). Bogen (74) weist darauf hin, dass hier alte Bilder (Ez 3,1; Offb 10,9) rezipiert werden. Zum Menologion: M. Carpenter, The paper that Romanos swallowed, Speculum 7.1 , 1932, 3-22; L. A. Paton, A note on the vision of Romanos, Speculum 7.4, 1932, 553-555.

43 Die Romanos-Szene war als Modell auch deshalb gut geeignet, da wie in Ohrid die Person der Erscheinung mit der des Patroziniums identisch ist.

Bildes von dem eines Autors entliehen wurde, dessen *Kontakia* Bestandteil der Liturgie sind.

Diese Inkorporation göttlicher Weisheit, durch die der Träumer zum Medium göttlicher Botschaft avanciert, bleibt für die Lesung der weiteren Bildfolge nicht ohne Konsequenzen.

Das Argument der linken Bildhälfte ist kaum zu steigern. Der orthodoxe Kirchenvater steht nicht nur in einer apostolischen Tradition, sondern ist den Augenzeugen gleichgestellt. Eben diese Position dokumentiert auch die von Krause diskutierte Miniatur im Athener Cod. 211 des 10. Jahrhunderts, in der Chrysostomos in die Szene des 12-jährigen Jesus im Tempel integriert wird[44].

Die Funktion der vorgeschalteten Jakobsszene (Abb. 35) erklärt sich somit in diesem Zusammenhang. Sie dient einerseits als Modell, andererseits haftet ihr gleichsam typologische Qualität an. Jakob wird der Weg offenbart, eine Vision zuteil. Ihre Vollendung findet diese Szenerie, indem der Goldmund körperlich von Gottes Weisheit erfüllt wird (Abb. 36). Die im Hintergrund erscheinende Figur oder Figuren, sind Augenzeugen, wiederum aus der Tradition entlehnt. Sie authentifizieren das Geschehen. Als Proklos sollte man diesen kaum identifizieren. Das bestechende Argument der Inkorporation göttlicher Weisheit konnte nur über einen schlafenden Chrysostomos realisiert bzw. visualisiert werden[45]. Das Bild wird jedoch durch seine kontextuelle Einbindung konkretisiert. So ist natürlich die Koinzidenz mit der Wahl des Patroziniums der Ohrider Kathedrale, die Grozdanov betont hat, augenfällig[46].

Da die göttliche Intervention sich im liturgischen Raum vollzieht und da das Objekt im folgenden Bild in der Basileios-Liturgie als Realie ausgerollt wird (Abb. 42), liegt es nahe, die Eingebung mit der der Göttlichen Liturgie gleichzusetzen, als deren Autor Chrysostomos gilt. In

---

44 K. Krause, Inspiration (wie Anm. 35), 162 und Abb. 27.

45 Im Gegensatz zu Grozdanov plädiere ich dafür, die Differenz zu den Wunderberichten dahingehend zu interpretieren, die Szene nicht in direkte Nähe zu der Proklos-Vision zu stellen. Sie fungiert lediglich als eine Folie, vor der sich das originäre Bildkonzept entwickelt. Das Ohrider Bild ist ad hoc für diesen Ort und zu diesem Zeitpunkt entstanden.

46 Die der göttlichen Weisheit zugrundeliegenden Texte, die Konzepte wie auch die auf diesen basierenden Bilder werden in der Forschung schon lange thematisiert. Die meisten Bilder datieren aus der Spätzeit, nur wenige Beispiele lassen sich bis zum 11. Jahrhundert finden: J. Meyendorff, Wisdom-Sophia. Contrasting approaches to a complex theme, Dumbarton Oaks Papers 41, 1987, 391-401; ders. L'iconographie de la sagesse divine dans la tradition byzantine, Cahiers Archéologiques 10, 1959, 259-277.

dieser Eigenschaft erscheint der Goldmund in der Jerusalemer Rolle (*Hagiou Staurou* 109), zugleich aber auch als aktiver Zelebrant[47].

Auch Gregor der Grosse wurde als göttlich inspiriert präsentiert[48]. Wiewohl sich dem Zeugnis der Vita des Paulus Diaconus zufolge die Inspiration durch die Geisttaube auf die Abfassung eines Ezechiel-Kommentars bezog, wird wie bei Chrysostomos schon früh in der Tradition diese Inspirationslegende auf die andere Textproduktion übertragen. In dem um 869 datierten Sakramentar aus der Kathedrale von Metz (Paris, Bibliothèque Nationale, Ms. lat. 1141) wird der Kirchenvater auf fol. 3r hinter einem Vorhang frontal ins Bild gesetzt[49]. Einer der beiden im Vordergrund sitzenden Schreiber ist im Begriff, diesen zu lüften[50]. Im Kontrast zu anderen Darstellungen ist die Taube nicht an Gregors Ohr plaziert, sondern fliegt zu seinem Mund. Von Euw hat den Vorhang als Sinnbild desjenigen interpretiert, hinter dem Gott seine einsamen Ratschlüsse fasst. Diese Vorstellung wird seiner Ansicht nach auf Gregor übertragen[51]. Im Sakramentar wird auf die Autorschaft der Messtexte Bezug genommen. Ein im Frankfurter Liebighaus bewahrter Elfenbein-buchdeckel zeigt die Darstellung des Messopfers, für den *Celebrans* vermutet von Euw die Identität mit Gregor dem Grossen[52]. Wenngleich keine direkte Abhängigkeit zwischen den Darstellungen beider Kirchen-väter postuliert werden soll, so ist die Tatsache, dass analoge Verfahrens-weisen entwickelt worden sind, um sie in besonderer Weise als vom Göttlichen berührt zu visualisieren, auffällig.

Die Chrysostomos-Liturgie hatte am Ende des 10. bzw. zu Beginn des 11. Jahrhunderts diejenige von Basileios für den Großteil des liturgischen Jahres abgelöst. Nur an hohen Feiertagen wurde weiterhin nach der des

---

47 Vgl. Abb. 28 und 29 im Beitrag von K. Krause. Zum Objekt: A. Grabar, Un rouleau liturgique constantinopolitain et ses peintures, Dumbarton Oaks Papers 8, 1954, 161-199. Zur Rolle und weiteren Verbindungen zur Sophienkirche in Ohrid: B. Schellewald, Vom Unsichtbaren zum Sichtbaren. Liturgisches Zeremoniell und Bild in Byzanz im 11. und 12. Jahrhundert, in: Riten, Gesten, Zeremonien. Beiträge zur gesellschaftlichen Symbolik in Mittelalter und Früher Neuzeit, hg. von E. Bierende/S. Bretfeld/K. Oschema (in Druck).

48 K. Krause, Inspiration (wie Anm. 35), 155 f. Zu den Darstellungen als Autor: A. von Euw, Gregor der Grosse (um 540-604). Autor und Werk in der buchkünstlerischen Überlieferung des ersten Jahrtausends, Imprimatur N. F. 11, 1984, 19-41. Mein herzlicher Dank gilt Karin Krause, die mich auf diesen Aufsatz aufmerksam gemacht hat.

49 Abb. 9 bei A. von Euw, Gregor (wie Anm. 48).

50 Der Vorhang wird bei Paulus Diaconus erwähnt, dort heißt es jedoch, der Diener habe mit dem Griffel ein Loch in den Vorhang gestochen (A. von Euw, Gregor [wie Anm. 48], 22-24).

51 A. von Euw, Gregor (wie Anm. 48), 32-34.

52 A. von Euw, Gregor (wie Anm. 48), 34 und Abb. 10.

Basileios prozediert[53]. Bei grundsätzlichen Fragen zur byzantinischen Liturgie sind die Autoren beider Liturgieformulare gefragt. So entspricht es der argumentativen Logik unseres Programmes, dass im nächstfolgenden Bild Basileios als Protagonist gewählt wird (Abb. 37). Waren in der bisherigen Bildregie Opfer angekündigt, nicht jedoch vollzogen oder durch eine Leerstelle gekennzeichnet, so überführt uns das nächste Bild mit Basileios folgerichtig auf eine konkrete liturgische Ebene. Das Chrysostomos-Bild stellt innerhalb der Bemaausmalung eine zweite Zäsur dar: Bezogen sich die Szenen zuvor auf die Vergangenheit des Alten Bundes, so wird nunmehr ein Wechsel in die Zeit der Kirche erprobt, die als diejenige des durch Christus eingesetzten Neuen Bundes profiliert wird. Das zweite Bild manifestiert sich als Spiegel realer liturgischer Handlung: Basileios steht vor einem Altar, zwei Diakone mit Rhipidia sind seitlich dahinter plaziert, in seinem Rücken sehen wir zwei weitere Geistliche. Am Rand, in einem separaten Raumabschnitt, wodurch die Scheidung zwischen Laien- und klerikalem Raum berücksichtigt wird, stehen Laien. Im Kontrast zur realen Situation wird ihnen der Blick auf das Geschehen jedoch nicht verweigert. Der hinter dem Altar agierende Diakon befindet sich im übrigen just oberhalb von demjenigen, der innerhalb der Malerei die Bischofsreihe unten ergänzt. Sein Bild suggeriert eine aktive Teilhabe an der realen Liturgie. Der Moment der Liturgie ist der der *Proskomidie*, da die ersten Worte des Gebets der Rolle inskribiert sind, die Basileios vor dem Altar in der Hand hält (Abb. 42). Die Haltung reflektiert eine reale Situation in der Liturgie. Demonstrativ sind auf dem Altar die eucharistischen Gaben präsentiert. Am Ende der maßgeblichen Passage in der Vita heißt es, Basileios habe das Brot erhoben und laut gebetet. Eine Verbildlichung dieser Passage unterbleibt[54]. Der in beiden Bildern fortgeführte Spannungsbogen wird durch die Vermeidung von Wiederholungen erzielt. Beiden Liturgieautoren ist überdies in der Bischofsreihe ein prominenter Platz im Zentrum der Apsis zugewiesen[55]. Dass die Bildrhetorik ihren Zielpunkt in der Apsis erreicht, ist von überraschender Konsequenz: Die Broterhebung erfolgt durch Christus selbst, der als der eigentliche Liturge in der Apsis erscheint (Abb. 31 und 43)[56]. Die bild-

---

53 R. F. Taft, The Byantine Rite. A Short History (American Essays in Liturgy), Collegeville 1992.

54 Zu den entsprechenden Passagen in der Vita: A. Grabar, Peintures (wie Anm. 3), 262 f. A. M. Lidov (Obraz [wie Anm. 4], 12 f.; ders., Image [wie Anm. 4], 247) möchte diese Szene auch im Kontext der Weihezeremonie sehen, dies gründet auf der Zuweisung der spezifischen Bekleidung des Christuskindes in der Apsis (s.u.).

55 Auf diese Herausstellung hat A. W. Epstein (Political content [wie Anm. 4], 320 f.) hingewiesen.

56 Auf dieses Phänomen hat schon C. Walter (Art [wie Anm. 4], 195) aufmerksam gemacht. S. E. J. Gerstel (Beholding the sacred mysteries. Programs of the Byzantine

sprachliche Anbindung an das Wandprogramm ist insofern augenfällig, als auch hier eine Modifikation des geläufigen Bildschemas der Apostel-kommunion vonnöten war. Zum Vergleich sei hier auf die zeitgenössisch übliche Bildfassung in der Sophienkirche in Kiew verwiesen. Vertraut ist die Austeilung von Wein und Brot an die von beiden Seiten heran-schreitenden Apostel, angeführt durch die Apostelfürsten Petrus und Paulus[57]. Dass Christus ein Brot in den Händen hält, das bis ins Detail orthodoxer Praxis analog ausgeführt ist, unterstreicht den Befund, dass im Kontrast zur Tradition die Vergegenwärtigung realer liturgischer Hand-lung vor Augen geführt werden soll.

Unsere Bilder der Seitenwände münden somit mit in den Schlussak-kord einer von höchster Stelle autorisierten liturgischen Handlung. Die maßgebliche Kompetenzzuweisung an Christus findet ihre Begründung in der oben schon erwähnten kirchenpolitischen Krise[58]. Diese thematisierte in nicht geringem Masse die Frage nach dem Gebrauch ungesäuerten bzw. gesäuerten Brotes. Leon, dessen Brief an Johannes von Trani 1053 als Auftakt der Diskussion gilt[59], dürfte in Ohrid nicht nur Auftraggeber, sondern eben auch Autor des Programms sein[60]. Die zwischen den geg-nerischen Parteien ausgetauschten Schriften sind überdies durch Themen gekennzeichnet, die für unseren Kontext durchaus interessant sind. So hat der Kardinalbischof Humbert von Silva Candida in seiner Beweisführung für den Primat Petri formuliert, selbst Paulus habe, wiewohl er die Korin-

---

sanctuary [Monographs of the fine arts 56], Seattle/London 1999, 83 f.) hat sich gegen diese zeitliche Bestimmung ausgesprochen. Im Zusammenhang mit den Seiten-wänden ist die bildsprachliche Anbindung jedoch unverkennbar. Dem realen Ritus entspricht nicht die Darstellung der *Prosphora*, da das Amnos nicht herausgetrennt ist. Das scheint aber eher dem Anspruch geschuldet, dem Betrachter das Objekt in Gänze darzubieten. Das Bild ist auf zwei Rezipientengruppen ausgerichtet. Für den Klerus ist es im Kontext der Seitenwände lesbar, für die jenseits der Ikonostase befindlichen Laien bleibt der Blick primär auf die Apsis konzentriert. Die Seitenwände sind nicht en détail einsehbar. Auch A. Lidov (Schism [wie Anm. 3], 395) vertrat die Auffassung von Gerstel, allerdings mit dem Argument, nicht die *Prosphora* sei dargestellt, sondern das Lamm auf der Patene.

57 Schon A. Grabar (Peintures [wie Anm. 3], 259 f.) hat die originäre Bildfassung betont und auf den Proskomidie-Ritus hingewiesen, A. W. Epstein hat sich dieser Inter-pretation angeschlossen (Political content. [wie Anm. 4], 320).

58 Zu den Ereignissen der Jahre 1053-1054: M. H. Smith, And taking bread...: Ceru-larius and the azyme controversy of 1054 (Théologie Historique 47), Paris 1978.

59 Der Brief sollte, so M. H. Smith (Bread [wie Anm. 58], 114) primär auf eine Diszipli-nierung liturgischer Praxis innerhalb des byzantinischen Territoriums zielen. Erst nachdem dort die notwendigen Korrekturen vonstatten gegangen seien, sollte man die Aufmerksamkeit des Papstes auf diese Angelegenheit richten.

60 A. Lidov (Schism [wie Anm. 3], 392-397) hat auf diesen Bezug nachdrücklich aufmerksam gemacht. Auf S. 392 f. wird eine Passage aus dem Brief des Ohrider Erzbischofs wiedergegeben.

ther wegen der rituellen Verwendung des alten, d. h. aus dem Alten Testament herrührenden Brotes, kritisiert hatte, die Gültigkeit petrinischer Tradition anerkannt[61]. In seiner Gegenrede polemisiert der Patriarch Michael Kerullarios indes, dass man in Rom nicht einmal die großen und heiligen Väter, Lehrer und Erzbischöfe aufzähle, namentlich Gregor den Theologen, Basileios den Grossen und den göttlichen Chrysostomos[62]. Durch Christus sei die liturgische Praxis erneuert, die jüdische Tradition außer Kraft gesetzt worden[63]. Für die zwischen Alt und Neu erhobene Distinktion wurde die Autorität Pauli ins Spiel gebracht. Leon hatte das Azymen als leblos charakterisiert, hingegen das gesäuerte Brot (ἄρτος) etymologisch von αἴρω und ἐπαίρω (hochheben, sich erheben) hergeleitet[64]. Zudem verweist er auf den Apostel Paulus, der ebenfalls nur den Terminus ἄρτος verwendet habe[65].

Die im Zentrum stehende liturgische Praxis des Brotes findet ohne Zweifel ihren unmittelbaren Widerhall im Bildprogramm des Bemas in Ohrid. Es ist wohl auch kein Zufall, dass sich die Argumentationslinie auf Szenen aus dem Alten Testament gründet. Damit wird im ersten Argumentationsgang ein Zeithorizont etabliert, der ebenfalls in der Diskussion präsent ist. Die in den Bildern geschickt etablierte Opferthematik kulminiert in einer auf den vollzogenen Opfertod Christi rekurrierende Liturgiepraxis. Ankündigung und Realisierung halten sich dabei gleichsam die Waage, ostkirchliche Autoritäten wie Chrysostomos und Basileios werden aufgerufen, nicht ohne implizite Steigerungsmomente zu etablieren[66]. Von dieser Perspektive aus ist die Integration der von Paulus angeführten Apostelgruppe nochmals einsichtig. Es wird ein genereller Rekurs auf *eine* apostolische Zeit genommen, die auch in den Quellen des Azymen-Streites präsent ist. Wird der Autor hier durch eine Personifikation mit göttlicher Weisheit bedacht, so bleibt der letzte Schritt dem vorbehalten, mit dem die neue Zeit angebrochen ist, Christus selbst. Ein Bild ist bislang

---

61 M. H. Smith, Bread (wie Anm. 58), 92.
62 M. H. Smith, Bread (wie Anm. 58), 96.
63 Die Aussagen weiterer Schriften können an dieser Stelle nicht weiter diskutiert werden. Niketas Stethatos vom Studioskloster in Konstantinopel hat sich dezidiert in diesen Disput eingemischt. Er vermerkt unter anderem, dass Christus selber uns das Brot offeriert hat. Christus wird als einer der Trinität bezeichnet. Der trinitarische Gedanke findet substantiellen Widerhall im Ohrider Programm, erinnert sei nur an den Besuch der drei Engel bei Abraham. (Die Stelle wird zitiert bei M. H. Smith, Bread [wie Anm. 58], 145, Anm. 212).
64 M. H. Smith, Bread (wie Anm. 58), 68. Es wäre durchaus zu überlegen, ob die Tatsache, dass Christus das Brot erhebt, nicht zugleich auf diese Ableitung anspielt, wiewohl das Erheben bei Kerullarios auf den Gärvorgang des Brotes bezogen ist.
65 A. Bayer, Spaltung (wie Anm. 2), 217 f.
66 Vgl. Anm. 2.

in unseren Überlegungen gänzlich außer acht gelassen worden, das nunmehr als letztes Glied in dieser Kette nicht fehlen darf: nämlich das Bild der *Nikopoia* in der Apsis (Abb. 44): Die Gottesmutter thront mit dem Christuskind auf einem lyraförmigen Sitz. Dem Typus gemäß hält sie das Kind vor ihrer Brust. Diesem ist eine scheibenartige Aureole hinterlegt[67]. Schon die frühe Forschung hat die Ohrider Darstellung mit dem Bild der göttlichen Weisheit in Zusammenhang gebracht[68].

Die farbig changierende Aureole, der Regenbogen, auf dem Christus Platz genommen hat, sowie die Bekleidung des Kindes mit einer Tunika und einem über die Schulter gelegten Band belegen auch dieses Bild mit weiterführenden Konnotationen (Abb. 45)[69]. So wird mit der Bekleidung auf Christi Priesterschaft Bezug genommen. Während Epstein dies als das von Diakonen getragene *orarion* identifiziert hat, sah Walter vorsichtiger eine Annäherung an ein liturgisches Gewand[70]. Zuletzt hat Lidov in ihm ein *sindon* erkennen wollen, mit dem der Bischof die Weihe eines neuen Altares vornahm[71]. Die angeführte Beschreibung bei Symeon von Thessa-

---

67 Als *Nikopoia* bei R. Hamann-MacLean/H. Hallensleben (Monumentalmalerei [wie Anm. 5], Erläuterung zu Plan 2) bezeichnet. H. Hallensleben (Art. Das Marienbild der byzantinischen-ostkirchlichen Kunst nach dem Bilderstreit, LCI 3, Freiburg 1971, 161-178, hier 162) bezeichnet das Bild in Ohrid als „ungewöhnl. Nachfahre der vorikonoklastischen Nikopoia".

68 A. W. Epstein, Political content (wie Anm. 4), 317 f.; so auch A. Grabar, Peintures (wie Anm. 3), 258 f.; so auch schon S. Radočić, Prilozi [wie Anm. 28], 357-359. Letzterer bezog sich auf J. Meyendorff, Iconographie (wie Anm. 46), 262-264. Meyendorff diskutiert eine Darstellung in der Pariser Handschrift (B.N., syr. 341, fol. 118), die den Beginn der Sprichwörter ziert. Im Zentrum steht die Gottesmutter, die vor sich ein blaues Schild mit dem Christuskind hält. Ihre Hände befinden sich am unteren Rand. Links und rechts wird sie von zwei Personen flankiert, den Autor Salomon und die Personifikation der Weisheit, mit Buch und Kreuzstab ausgezeichnet. Mit dem Bild, so Meyendorff, sei auf eine kirchliche Tradition angespielt, nach der die Weisheit, die ihr Haus baut, als Typos der Inkarnation Christi fungiere. Für die Typuskennzeichnung in Ohrid ist die Handhaltung Mariae nicht unerheblich: Ihre Hände sind mittig angelegt, so dass der Schildcharakter betont ist. Dennoch ist davon auszugehen, dass gemäß dem Patrozinium auch die Verkörperung der Göttlichen Weisheit dem Ohrider Bild inhärent ist. Mit Blick auf die Hagia Sophia in Konstantinopel ist aber ebenso klar, dass es einen verbindlichen Bildtypus offenkundig nicht gegeben hat, da man sonst darauf rekurriert hätte. Dort „fehlt" bekanntermaßen eine solche Mandorla.

69 Im Kern greift das Bildformular auf Darstellungen des erwachsenen Christus zurück, verwiesen sei auf Maiestas-Bilder oder die Vision des Ezechiel. Stellvertretend für viele Darstellungen: G. Galavaris, The illustrations of the prefaces in Byzantine gospels (Byzantina Vindobonensia 11), Wien 1979, Fig. 50 und 79. Die zentrale Figur des Christus wird in Ohrid mit der des Christuskindes ausgetauscht.

70 C. Walter, Art (wie Anm. 4), 194.

71 A. M. Lidov, Obraz (wie Anm. 4), 6-8; ders., Schism (wie Anm. 3), 388; ders., Image (wie Anm. 4), 245.

lonike geht von einer drei Zonen berührenden Umgürtung mit dem
Tuch/Band des Körpers, als Verweis auf die Trinität aus[72]. Der Autor
referiert eine Praxis der Palaiologenzeit, eine absolute Kohärenz zwischen
seiner Beschreibung und der Bildfassung ist nicht gegeben. Analoge
Beispiele mahnen zur Vorsicht[73]. Eine genaue Identifikation muss wohl
fraglich bleiben. Grundsätzlich teile ich die Grundannahme der Autoren,
dass Christus in jedem Fall als Priester charakterisiert werden soll. Dass
eine Präzisierung unterbleibt, mag auch dem Umstand einer bewussten
Enthistorisierung geschuldet sein.

Wiewohl die Vorstellung von Christus als Priester durch eine lange
literarische Tradition wie auch durch dementsprechende Bilder, die jedoch
den erwachsenen Christus zeigen, fundiert ist, fehlt für die Ohrider Lö-
sung ein konkretes Vorbild[74]. Der Rekurs auf den Kerntypus könnte mit

---

72 Das weiße Band berührt drei (Körper)-Zonen (Hals, Achseln-Brust, Lenden). Der
    Bezug auf die Trinität wird explizit formuliert. Das Band/Tuch wird schon allein in
    seiner Begrifflichkeit auf das Grabtuch Christi bezogen. Die Umgürtung des Bandes
    um den Körper des Christuskindes im Bild folgt dieser Beschreibung partiell, aller-
    dings wird nicht von der dreifachen Umschlingung in der Taille gesprochen. (Symeon
    von Thessalonike, *De sacro templo. Ejus consecratione*, in: PG 155, 309 f.). Inwiefern hier
    präzise auf den Weiheakt angespielt werden soll, muss auch insofern fraglich bleiben,
    als z. B. in der Panteleimonskirche in Nerezi (1164 datiert) das Christuskind in der
    Darstellung im Tempel ebenfalls durch eine Stola als Priester gekennzeichnet ist (I.
    Sinkević, The church of St. Panteleimon at Nerezi. Architecture, programme, patro-
    nage [Spätantike – Frühes Christentum – Byzanz, Reihe B. Studien und Perspektiven
    6], Wiesbaden 2000, 49, Anm. 139). Der Kontrast zu Ohrid ist freilich unübersehbar:
    Das Kind hat kein langes Gewand, es ist weiß, und das Band ist dementsprechend
    farbig gefasst. Ein weiteres Beispiel ist in der Panaghia tou Arakos in Lagoudhera zu
    finden. Im Patroziniumsbild trägt das Kind ebenfalls ein Band. A. M. Lidov (Obraz
    [wie Anm. 4], 14-18; ders., Image [wie Anm. 4], 249 f.) hat ebenfalls auf eine Reihe
    derartiger Beispiele hingewiesen. Er sieht diesen Typus aber grundsätzlich als auf den
    Weihritus bezogen. Der divergierende Kontext der Bilder spricht m. E. gegen eine
    derartige einschränkende Definition.

73 Lidov hat diese Darstellung als Schlüssel zur Deutung des gesamten Programms
    angesehen und soweit als denkbar, die Bilder auf diesen Weihakt beziehen wollen.

74 A. Lidov (Schism [wie Anm. 3], 389 f.; ders., Priest [wie Anm. 4], 162-164) hat eine
    zweite Darstellung im Diakonikon, ein Brustbild unterhalb des Fensters in der Apsis,
    als Christus als Priester identifizieren wollen. P. Miljković-Pepek (Freskite [wie Anm.
    5], 58) plädierte vorsichtig für Christus Emmanuel. Eine eindeutige Festlegung ist
    aufgrund des Erhaltungszustandes kaum möglich. Die weitergehende Interpretation
    von Lidov ist gewagt: Die Apsiskonche zeigt Johannes den Täufer. Der Autor spricht
    davon, Johannes' Segensgestus sei auf Christus bezogen. Nicht nur, dass zwischen
    beiden Personen ein Fenster ist, auch die vertikale Anordnung spricht kaum für eine
    derartige Interpretation. Er will darüber hinaus einen Verweis auf die Ordination von
    Christus durch Johannes den Täufer sehen. Damit würde vom Priestertum des Alten
    Bundes in das des Neuen überführt. Für diese Perspektive zieht er sodann eine Text-
    stelle von Leon von Ohrid heran. Wenngleich sich dies in die Programmatik des

der wunderbaren Wiederentdeckung der *Nikopoia* in der Blachernenkirche aus dem Jahr 1030 in Verbindung stehen. Das Bild war während des Bilderstreits auf ebenso unerklärliche Weise abhanden gekommen. Durch das Zitat der Ikone würde der Erzbischof Leon auf den Triumph der siegreichen Kirche von Byzanz auf dem Balkan, mit der legendären Schlacht von 1018, anspielen. Die bestehenden Unterschiede zu der konstantinopolitanischen Bildfassung hat jedoch schon Lidov dahingehend interpretiert, dass die inhaltliche Verlagerung einen anderen Triumph indiziert, nämlich den der wahren und richtigen Liturgie ostkirchlicher Prägung. Das Schild wird gleichsam denen entgegengehalten, die ihren Zweifel erhoben haben[75]. Letzterem haftet jedoch, man möchte fast sagen, eine virtuelle Qualität an, da es innerhalb des Kontextes des liturgischen Raumes primär auf eine Vergewisserung oder Selbstentäußerung der Auftraggebermeinung hinausläuft. Die hier diskutierten Bilder sind jenseits der Ikonostase verortet, ihr Referenzbetrachter ist – zumindest was eine sukzessive und Details erkennende Inaugenscheinnahme anbelangt – nur der Kleriker. Die den Bildern eingeschriebene inhaltliche Aufladung bedarf ohne Zweifel auch eines geschulten Publikums. Die sorgsam austarierte Rhetorik vertraut auf einen Rezipienten, der die Bilder zur eigenen Positionsbestimmung innerhalb eines komplexen, historischen Systems nutzen kann. Der autoritative Gestus definiert in hohem Maße nicht allein den ambitionierten Auftraggeber, sondern ebenso die Zielgruppe, worin seine Nachfolger eingeschlossen sind. Das Programm zeigt die Handschrift eines Autors, der sich als Liturge am Ort performativ in dieses als orthodox ausgewiesene System einschreibt[76]. Der daraus erzielte Gewinn im Sinne selbstinszenatorischer Behauptung ist erheblich. Die Symbiose zwischen Bild und Performanz ist vollzogen. Jenseits der Ikonostase jedoch vermittelt sich an eine divergente Rezipientengruppe ein Bild, dem zufolge das liturgische Zeremoniell, von dem man ausgeschlossen ist, unmittelbar als Reflex der von Christus initiierten Liturgie zu verstehen ist. Das Programm hat seinen Abschluss damit noch nicht gefunden. Das

---

Bemas gut einbinden würde, fehlen die grundlegenden Indizien für diese weitgehende Schlussfolgerung.

75 A. Lidov (Schism [wie Anm. 3], 395) stellt die Form der Mandorla in Bezug zum eucharistischen Brot in den Händen Christi. Dieses wiederum möchte er mit der Patene mit dem Lamm identifizieren. Der Bezug zur Mandorla funktioniert nicht. Neben rein formalen Kriterien stellt sich vor allem über den Regenbogen wie auch den Himmelsbogen, dessen Spuren sich eindeutig abzeichnen (gut erkennbar auch an der Fußstellung Christi, die mit derjenigen in Maiestas-Bildern absolut identisch ist, vgl. Anm. 63) eine verifizierbare Differenz her.

76 Die Bischöfe des unteren Registers sind gleichsam in die Liturgie eingebunden. Die oben schon erwähnten Diakone unterstreichen diesen Eindruck (A. Lidov, Schism [wie Anm. 3], 386).

schon erwähnte Engelregister (Abb. 39) ist willkommene Ergänzung, da es auf eine himmlische Praxis, die himmlische Liturgie Bezug nimmt. Die irdische Liturgie ist Spiegel eines Zeithorizontes, der durch das Gewölbebild expliziert wird: Christus fährt gen Himmel und kündet, wie in der Apostelgeschichte berichtet, seinen *secundus adventus* an, mit dem sich die Zeit erfüllt (Abb. 38)[77]. Die Deesis im Stirnbogen über der Apsiskonche bindet sich schlüssig als Hinweis auf die Endzeit ein[78]. Eine durchaus bezeichnende Integration von David in die Himmelfahrt bezieht sich wohl auf Ps 46,6, in dem es heißt: „Gott fährt auf mit Jauchzen…". Wenn denn in der *Historia Ecclesiastica* formuliert wird, dass die Einheit zwischen dem Kult der Engel und demjenigen der Menschen durch die Inkarnation (Apsisbild) und die Himmelfahrt wiederhergestellt worden sei, so bleibt uns nur der Nachtrag, dass der soteriologische Gedanke der Inkarnation in Ohrid konsequent liturgisch ins Bild gesetzt ist[79].

Das Ohrider Bildprogramm nimmt innerhalb der erhaltenen Monumentalmalerei des 11. Jahrhunderts eine originäre Position ein, eine vergleichbare Komplexität lässt sich andernorts nicht nachweisen. Dass Bilder jedoch ihr Potential zu argumentieren in den unterschiedlichsten Kontexten nach dem Bilderstreit prononciert unter Beweis stellen, dokumentieren nicht allein die polemischen Psalterien des 9. Jahrhunderts. Der kirchenpolitische Disput der Mitte des 11. Jahrhunderts hat auf einem Prozessionskreuz deutliche Spuren hinterlassen. Auftraggeber dürfte der Untersuchung von Jenkins nach Michael Kerullarios sein, der als Patriarch maßgeblich die Auseinandersetzungen moderierte und am Ende durch die römische Kirche exkommuniziert worden ist[80]. Das Kreuz, heute in der Dumbarton Oaks Collection, Washington, ist nur in Fragmenten überliefert. Das erste Fragment demonstriert die Superiorität der geistlichen Autorität des Patriarchen gegenüber dem Kaiser. Kaiser Konstantin erweist den Ikonen von Petrus und Paulus, die ihm Papst Sylvester entgegenhält, seine Reverenz. Wenngleich die Szene auf einer ersten Ebene auf die konstantinische Schenkung rekurriert, ist die Anspielung auf

---

77 Das Christuskind in der Mandorla ist in seiner Grundstruktur dem Maiestas-Typus entlehnt (vgl. Anm. 63). Man könnte darin auch eine Anspielung auf den Secundus Adventus sehen.

78 A. Grabar, Peintures (wie Anm. 3), 264.

79 Zur *Historia Ecclesiastica* R. Bornert, Les commentaires bzyantins de la divine liturgie du VIIe au XVe siècle (Archives de l'Orient chrétien 9), Paris 1966, 177.

80 R. J. H. Jenkins, A cross of the Patriarch Michael Cerularius, Dumbarton Oaks Papers 21, 1967, 233-240, ergänzt durch einen Anhang von E. Kitzinger, The cross of Cerularius. An art-historical comment, 243-249. Am 16. Juli 1054 wurde in der Exkommunikationsschrift das Anathem überdies auch über Leon von Ohrid und die Anhänger beider Protagonisten verhängt (A. Bayer, Spaltung [wie Anm. 2], 97).

Michael Kerullarios und Kaiser Isaak Komnenos evident[81]. Das zweite Bild zeigt die Rettung der Kirche von Chonae durch den Erzengel Michael, der implizite Verweis gilt dem Triumph von Michael Kerullarios über die römische Häresie[82]. Im dritten Fragment erscheint der Erzengel Michael, der Joshua bei der Belagerung von Jericho unterwirft. Implizit kommemoriert das Bild die Einführung des Heerführers Isaak Komnenos durch den Patriachen Kerullarios am 31. August 1057. Das Kreuz lässt sich aufgrund der Lesung recht gut datieren, es dürfte nach dem September 1057 (Krönung von Isaak Komnenos am 1. September) und vor der Exilierung von Kerullarios im November 1058 entstanden sein. Die von Jenkins vorgetragenen Indizien sind überzeugend, zumal die in den Bildern anvisierte sekundäre Lesart auf erkennbaren Modifikationen tradierter Ikonographie gründet. Eine Fülle von ihm in die Diskussion eingeführter Quellenaussagen unterstreicht diesen Befund. Es dürfte kaum ein Zufall sein, dass beide in den Disput maßgeblich involvierte Personen, der Patriarch wie auch der Ohrider Erzbischof als Auftraggeber für kirchenpolitisch ausgerichtete Bildprogramme fungieren, die weder zuvor, noch im Anschluss direkte Parallelen finden[83]. So wie das Kreuz des Kerullarios innerhalb der erhaltenen Prozessionskreuze ein Einzelfall ist, so bleibt auch das Ohrider Bemaprogramm ohne direkte Nachfolge. Wie in Ohrid bedarf es intellektuell hervorragender Personen, die rhetorisch versiert, mittels der Adaption eines vorhandenen Bildrepertoires, der subtilen Modifikation wie auch der Neuschöpfung von Bildern ambitionierte Programme entwickeln. Obwohl argumentativ auf einen spezifischen

---

81 Die rhetorische Gewandtheit des Kerullarios manifestiert sich in besonderer Weise in der Wahl des ersten Themas, da dieses ohne Frage als genuin römisch konnotiert galt. Indem er sich dieses propagandistisch zu eigen macht, um die eigene Position gegenüber dem Kaiser visuell zu demonstrieren, erzielt er einen doppelten Effekt. Kerullarios war während seiner gesamten Amtszeit bemüht, seine für Byzanz ungewöhnliche Position gegenüber dem Kaiser zu behaupten. Das Kreuz nimmt in diesem Sinne eine weitaus politisch propagandistischere Funktion ein, als dies in Ohrid der Fall ist. Kitzinger (246) sagt in diesem Zusammenhang: „it was really a misuse of a scene whose true import and meaning were quite different." Am Ende seiner Ausführungen konstatiert er treffend (249): „The cross, after all, was less an object of devotion than an *affiche*."

82 A. M. Smith (Bread [wie Anm. 58], 101 Anm. 82) hat eingewandt, die Flut wäre nicht allein auf die römische Häresie zu beziehen, sondern ziele vielmehr auf jede Art von Irrglauben. Dem ist jedoch zu entgegen, dass das Bild seine Lesung im Kontext der anderen Bilder fundiert, der Rückgriff auf die römische Kirche im 1. Bild explizit vorhanden ist.

83 Die von A. M. Smith (Bread [wie Anm. 58], 107) formulierte These, dass Kerullarios seine Argumente an denjenigen des Ohrider Bischofs entwickelt habe, dürfte auch für unseren Zusammenhang die Vermutung nahelegen, dass die Idee zu einem derart propagandistischen Programm indirekt durch das Ohrider Programm angeregt worden ist.

historischen Moment reagierend, bewahren sie letztlich auch über diesen Zeitraum hinweg ihre Gültigkeit. Dass an einem Ort wie Ohrid ein aus Konstantinopel stammender Erzbischof sich für ein einerseits zeitpolitisch Position ergreifendes und zugleich zeitüberdauerndes Programm entscheidet, unterstreicht den Anspruch. Ohrid ist nicht irgendein Erzbistum, sondern dasjenige, das auch in Zukunft kirchenpolitischen Implikationen an Bau und Ausstattung Evidenz verschaffen wird.

Das Bild des Johannes Chrysostomos in der ostsyrischen Kirche

KARL PINGGÉRA

In seinem neunten Brief an Olympias erkundigt sich Johannes Chrysostomos nach zwei Briefen, die er Bischof Marutha von Maipherkat durch Olympias hatte zukommen lassen[1]. Mit diesen Schreiben hatte er in erster Linie versucht, sich einen zuverlässigen Eindruck von der Situation der Christen im persischen Reich zu verschaffen[2]. Von den beiden Briefen haben sich keine weiteren Spuren erhalten. Chrysostomos dürfte sie im Exil gegen Ende des Jahres 404 verfasst haben[3]. Da Chrysostomos offenbar vergeblich auf Antwort gewartet hatte, bittet er Olympias, den Kontakt zu Marutha unbedingt aufrecht zu erhalten. Falls sich Marutha weigere, ihm selbst zu antworten, möge er doch wenigstens Olympias von der Lage der Christen im Perserreich berichten.

Jener Marutha war Bischof im Grenzland zu Persien und pflegte schon länger enge Kontakte zu den Christen jenseits der Reichsgrenze[4]. Die systematischen Verfolgungen, die über die Christen Persiens unter Schapur II. (309-379) hereingebrochen waren, fanden nach dem Regierungsantritt Yazdegerds I. (399-420/21) ein Ende. Bereits in den ersten Jahren der Regentschaft Yazdegerds hatte der oströmische Kaiser Arcadius (395-408) unter Führung Maruthas eine Gesandtschaft an den Hof von Seleukia-Ktesiphon entsandt. Diese Delegation sollte den Auftakt zu intensiven diplomatischen Beziehungen in den folgenden Jahren bilden. Zugleich hatte Marutha Beziehungen zu den Bischöfen des Perserreiches aufgenommen. Bei der Reorganisation ihrer Kirche spielte er eine ent-

---

1   Joh. Chrys., ep. ad Olymp. 9,5a (SC 13bis, 236,1-13 Malingrey); zu den Umständen, unter denen Johannes Chrysostomos diesen Brief schrieb, siehe R. Brändle, Johannes Chrysostomus. Bischof – Reformer – Märtyrer, Stuttgart 1999, 143.
2   Μάλιστα γὰρ αὐτοῦ δέομαι διὰ τὰ ἐν Περσίδι (SC 13bis, 236, 2 f. Malingrey).
3   Vgl. P. Bruns, Johannes Chrysostomus und die Kirche des Perserreiches, in: Giovanni Crisostomo. Oriente e Occidente tra IV e V secolo. XXXIII Incontro di studiosi dell'antichità cristiana, Roma, 6-8 maggio 2004 (SEAug 93/2), Rom 2005, 733-744, hier 736.
4   Vgl. P. Bruns, Bemerkungen zur Rezeption des Nicaenums in der ostsyrischen Kirche, AHC 32, 2000, 1-22, hier 5-8. Zu Marutha ist bis heute grundlegend geblieben: O. Braun, De Sancta Nicaena Synodo. Syrische Texte des Maruta von Maipherkat nach einer Handschrift der Propaganda zu Rom (KGS 4,3), Münster 1898.

scheidende Rolle. Damit war er für Chrysostomos der nahe liegende Ansprechpartner, um Informationen aus Persien zu erhalten. Und doch bleibt es eine bemerkenswerte Tatsache, dass sich Johannes Chrysostomos an Marutha gewandt hat. Denn bei der Verurteilung und Absetzung des Chrysostomos im Jahr 403 hatte Marutha dem Druck von Theophilos von Alexandrien und Epiphanios von Salamis nicht standzuhalten vermocht.

Die Neuordnung der persischen bzw. ostsyrischen Kirche schlug sich erst nach dem Tod des Chrysostomos in festen kirchlichen Strukturen nieder[5]. Auf der von Marutha geleiteten Synode in Seleukia-Ktesiphon 410 wurden die einzelnen Bistümer in sechs Kirchenprovinzen zusammengefasst. An ihre Spitze wurde der Bischof der Reichshauptstadt gestellt. Auch formulierten die Synodalväter ein Glaubensbekenntnis, das sich an das reichskirchliche Nicaenum anschloss, an mehreren Stellen allerdings eigene Traditionen des syrischsprachigen Raumes aufnimmt[6]. Ihre Selbständigkeit bekundete die Perserkirche auf einer Synode im Jahr 424, als die Appellation an den Patriarchen von Antiochien untersagt wurde. Dieser Anspruch auf Autokephalie fand in der Folgezeit seinen Ausdruck im Titel des Ersthierarchen von Seleukia-Ktesiphon als eines Katholikos und Patriarchen. Schicksalhaft war nun, dass zur institutionellen Selbständigkeit im Laufe des 5. Jahrhunderts auch die *dogmatische* Trennung von der Reichskirche trat. Mit der Synode von 486 legte sich die persische Kirche verbindlich auf die antiochenische Fassung der Christologie fest und grenzte sich damit von der chalcedonensischen Reichskirche ab. Schon bald galt die ostsyrische Kirche ihren Gegnern als „nestorianisch"[7]. Die antiochenische Theologie war den Christen Persiens vermittelt worden, nachdem die theologische Schule Edessas Mitte des 5. Jahrhunderts auf persischen Boden nach Nisibis verlegt worden war[8]. In dieser Schule

---

5   Vgl. dazu etwa die Überblicksdarstellung bei S. H. Moffett, A History of Christianity in Asia, vol. 1. Beginnings to 1500, San Francisco 1992, 149-167 sowie I. Gillman/ H. J. Klimkeit, Christians in Asia before 1500, Richmond/Surrey 1999, 111-127; zum Selbstverständnis der persischen Kirche auf den Synoden von 410 und 424 siehe auch W. Hage, Die Kirche „des Ostens". Kirchliche Selbständigkeit und kirchliche Gemeinsamkeit im fünften Jahrhundert, in: After Bardaisan. Studien on Continuity and Change in Syriac Christianity in Honour of Professor Han J. W. Drijvers, ed. by G. J. Reinink/A. C. Klugkist (OLA 89), Leuven 1999, 141-148.

6   Vgl. Bruns, Bemerkungen (wie Anm. 4), 9-16.

7   Der unsachgemäße, dem Selbstverständnis der Kirche des Ostens nicht gerecht werdende Terminus sollte besser vermieden werden. Die Selbstbezeichnung lautet heute „Assyrische Kirche des Ostens". Vgl. dazu S. P. Brock, The ‚Nestorian' Church. A Lamentable Misnomer, in: The Church of the East. Life and Thought, ed. by J. F. Coakley/K. Parry (BJRL 78/3), Manchester 1996, 23-35.

8   Vgl. zur Geschichte und Prägung dieser Schule A. Vööbus, History of the School of Nisibis (CSCO 266 Sub. 26), Louvain 1965; A. H. Becker, Fear of God and the

wurde das theologische Erbe Theodors von Mopsuestia in besonderer Weise gepflegt. Den Ostsyrern galt Theodor schon bald als „der Schrifterklärer" schlechthin[9].

1.

Diese theologische Prägung der ostsyrischen Kirche war Ende des 6. Jahrhunderts nicht unumstritten geblieben. Im Zusammenhang schwerwiegender Auseinandersetzungen um die Autorität Theodors taucht erstmals der Name des Johannes Chrysostomos in einem offiziellen Synodaltext der persischen Kirche auf. Diese Erwähnung des Goldmundes scheint ein geeigneter Ausgangspunkt zu sein, wenn wir im folgenden nach der Rolle fragen, die Johannes Chrysostomos für die Ostsyrer gespielt hat. Wir werden sehen, wie Johannes Chrysostomos dabei in ein bestimmtes „Bild" der Kirchengeschichte eingezeichnet wurde. Dieses Bild der Kirchengeschichte – und darin das Bild des Chrysostomos – wird uns vor Augen führen, wie die ostsyrische Kirche im Medium geschichtlicher Rückschau ihre eigene Identität begriffen hat[10].

Die Synode des Katholikos Ischoyahb I. (582-595) im Jahr 585 sah sich veranlasst, die Autorität Theodors in theologischen Fragen nachdrücklich zu sanktionieren. Der zweite Kanon der Synode stellt einleitend fest, dass Theodor ein reines, arbeitsames Leben geführt und „mit dem Beistand der Gnade" die heiligen Schriften ausgelegt habe. Mit dem Schwert des Geistes habe er die Irrlehren bekämpft. Seine Lehre werde von seinem tugendhaften Wandel bestätigt. Nach seinem Tode werde sein Gedächtnis „in allen Kirchen Gottes" in Ehren gehalten. Unter allen Rechtgläubigen würden seine Schriftkommentare bevorzugt. In seiner Lehre sei der apostolische Glaube unverfälscht bewahrt worden[11].

Bevor der Kanon namentlich nicht genannte Zeitgenossen verurteilt, die kürzlich aufgetreten seien, um der Lehre des Bischofs von Mopsuestia zu widersprechen, findet Johannes Chrysostomos folgende Erwähnung:

Beginning of Wisdom. The School of Nisibis and Christian Scholastic Culture in Late Antique Mesopotamia, Philadelphia 2006.

9   Vgl. R. Macina, L'homme à l'école de Dieu. D'Antioche à Nisibe: Profil herméneutique, théologique et kérygmatique du mouvement scoliaste nestorien. Monographie programmatique, POC 32, 1982, 87-124, 263-301; 33, 1983, 39-103.

10 Vgl. zu den folgenden drei Abschnitten K. Pinggéra, John Chrysostom in East Syrian Theology of the Late Sixth Century, The Harp 18, 2005, 193-201.

11 Vgl. J. B. Chabot, Synodicon orientale ou Recueil de synodes nestoriens, Paris 1902, 136,14-137,13; O. Braun, Das Buch der Synhados oder Synodicon Orientale, Wien 1900 (Nachdruck Amsterdam 1975), 196 f.

Denn auch der selige Johannes Chrysostomos gedachte, als er in Trübsal in die Verbannung geführt wurde und bereits nahe daran war, zum Herrn, der seine Kämpfe krönte, zu wandern, des ‚Kommentators' (*mfaššqānā*) als Lehrers der Wahrheit und schrieb ihm in der Zeit der Drangsal einen Brief, in dem er folgendes sagt: „Wir gedenken deiner warmen, aufrichtigen und tadellosen Liebe und freuen uns in dir, der du der Schatz der Kirche bist, niedergelegt im Land Kilikien."[12]

Die Funktion dieses Zitates aus ep. 112 des Chrysostomos ist leicht ersichtlich: Johannes soll die herausragende Stellung Theodors, des „Schatzes der Kirche", bezeugen. Aufschlussreich ist ein Vergleich des Zitates mit dem Griechischen. Dort dankt Chrysostomos seinem Freund für dessen „aufmerksame und edle Liebe", die für ihn als großer Trost wie „ein Schatz und ein Reichtum in Kilikien niedergelegt" sei[13]. Dem entspricht auch die lateinische Fassung bei Facundus von Hermiane († 568)[14]. Was Ausdruck der persönlichen Hochschätzung war, wandelt sich in unserem Synodaltext zur allgemeinen Aussage über Theodors kirchliche Stellung: Er wird zum Schatz *der Kirche*.

Es darf als sicher gelten, dass dieser Synodalkanon gegen Ḥenana aus der Adiabene gerichtet war, des ebenso berühmten wie umstrittenen Schulleiters von Nisibis. Trotz mancherlei Anfeindungen konnte er dieses Amt von 572 bis zu seinem Tod 610 ausüben[15]. Die Anschauungen Ḥenanas lassen sich nicht mehr sicher rekonstruieren. Es scheint, als habe er sich in der Christologie dem Chalcedonense genähert und eine besondere Wertschätzung für Origenes an den Tag gelegt. Auf alle Fälle traf ihn der

---

12 J. B. Chabot, Synodicon orientale (wie Anm. 11), 137,13-18; Übersetzung im Anschluss an O. Braun, Buch der Synhados (wie Anm. 11), 197.

13 … καρπούμεθα τὴν παράκλησιν, ὅταν τοσοῦτον ἐν καρδίᾳ (var. ἐν Κιλικίᾳ) θησαυρὸν καὶ πλοῦτον ἀποκείμενον ἔχομεν, τῆς ἐγρηγορυίας καὶ γενναίας σου ψυχῆς τὴν ἀγάπην (PG 52, 669 mit der Konjektur in Anm. a).

14 Facund., def. VII 7,22f. (CChr.SL 90A, 222,159-223,175 Clément/vander Plaetse): … *talem in Cilicia thesaurum et reconditas divitias possidemus* (ebd., 223,173 f.). Facundus gehört zu jenen lateinischen Theologen, die im Drei-Kapitel-Streit für die Rechtgläubigkeit Theodors und Diodors Partei ergriffen; vgl. P. Bruns, Zwischen Rom und Byzanz. Die Haltung des Facundus von Hermiane und der nordafrikanischen Kirche während des Drei-Kapitel-Streites (553), ZKG 106, 1995, 151-178.

15 Vgl. zu den Streitigkeiten um Ḥenana: A. Vööbus, School of Nisibis (wie Anm. 8), 234-317; G. J. Reinink, ‚Edessa grew dim and Nisibis shone forth'. The School of Nisibis at the Transition of the Sixth-Seventh Century, in: Centres of Learning. Learning and Location in Pre-Modern Europe and the Near East, ed. by J. W. Drijvers and A. MacDonald (Brill's Studies in Intellectual History 61), Leiden 1995, 77-89; ders., Babai the Great's *Life of George* and the Propagation of Doctrine in the Late Sasanian Empire, in: Portraits of Spiritual Authority. Religious Power in Early Christianity, Byzantium and the Christian Orient, ed. by J. W. Drijvers and J. W. Watt (Religions in the Graeco-Roman World 137), Leiden 1999, 171-193, bes. 182-184.

Vorwurf, in seinen exegetischen Werken die Autorität Theodors von Mopsuestia preisgegeben zu haben.

Mit Johannes Chrysostomos wird Ḥenana in Verbindung gebracht in dem juristischen Sammelwerk „Recht der Christenheit" (*fiqh an-naṣrānīya*) des Abdallah ibn aṭ-Ṭayyib († 1043). Die Bestimmung des Synodalkanons von 585 werden dort so wiedergegeben: Wer die Kommentare Theodors des Interpreten nicht beachte, „ist im Bann, wie es derjenige getan hat, der ihn (Theodor) bekämpfte, dadurch dass er Chrysostomos folgte."[16] Die ältere Forschung zog daraus den Schluss, Ḥenana habe in seiner exegetischen Arbeit Chrysostomos konsequent an die Stelle des Theodor gesetzt. Auf diesem Weg habe Chrysostomos in die ostsyrische Exegese Eingang gefunden[17]. Doch steht die (späte) Notiz bei Abdallah ibn aṭ-Ṭayyib viel zu vereinzelt da, als dass sich aus ihr weitergehende Schlüsse ziehen ließen. In den erhaltenen Resten von Ḥenanas Werk lässt sich jedenfalls kein spezieller Einfluss des Chrysostomos erkennen[18].

---

16 CSCO 161/162 Arab. 16/17, 120,7f./111,1f. Hoenerbach/Spies.
17 Vgl. beispielsweise G. Diettrich, Išôʿdâdh's Stellung in der Auslegungsgeschichte des Alten Testaments an seinen Commentaren zu Hosea, Joel, Jona, Sacharja 9-14 und einigen angehängten Psalmen veranschaulicht (BZAW 6), Gießen 1902, LXII-LXV: Ischodad von Merw (9. Jh.) galt Diettrich aufgrund seiner Zitate aus den ansonsten verlorenen Kommentaren Ḥenanas als dessen glühender Anhänger. C. van den Eynde (Commentaire d'Išoʿdad de Merv sur l'Ancient Testament III. Livres des Sessions [trad.] [CSCO 230 Syr. 97], Louvain 1963, III-VI) schloss sich dieser Einschätzung zwar (zu Recht) nicht an, hielt es allerdings für wahrscheinlich, dass Ischodad bei seinen Zitaten aus Chrysostomos von Ḥenana abhängig sei. Da es außer der Notiz in *fiqh an-naṣrānīya* jedoch keine weiteren Hinweise auf Ḥenanas angebliche Favorisierung des Chrysostomos gibt, müssen solche Überlegungen als unsicher gelten; siehe dazu C. Molenberg, The Silence of the Sources. The Sixth Century and East-Syrian „Antiochene" Exegesis, in: The Sixth Century. End or Beginning?, ed. by P. Allen/E. Jeffreys (Byzantina Australiensia 10), Brisbane 1996, 145-162, hier 153 f. Auch C. Leonhard (Ishodad of Merw's Exegesis of the Psalms 119 and 139-147 [CSCO 585 Sub. 197], Louvain 2001, 17 f.) kommt für das von ihm untersuchte Textcorpus zu dem Ergebnis, dass der Einfluss Ḥenanas angesichts der Quellenlage nicht mehr rekonstruierbar sei. Der Rekurs auf Ḥenana sei keineswegs die einzige Möglichkeit, Ischodads Abweichungen von Theodor von Mospuestia zu erklären.
18 Vgl. zusammenfassend G. J. Reinink, ‚Edessa grew dim' (wie Anm. 15), 79. – Der Synodaltext wirft den Gegnern vor, den Hiobkommentar Theodors abzulehnen. Wir wissen, dass in der Auslegung des Hiobbuches zwischen Theodor und Johannes (neben grundsätzlichen Gemeinsamkeiten im exegetischen Ansatz) auffällige Unterschiede bestehen; vgl. dazu den Exkurs bei F. Thomé, Historia contra Mythos. Die Schriftauslegung Diodors von Tarsus und Theodors von Mopsuestia im Widerstreit zu Kaiser Julians und Salustius' allegorischem Mythenverständnis (Hereditas 24), Bonn 2004, 108-113. Theodor hielt weite Teile des Buches für das Produkt eines in heidnischen Wissenschaften gebildeten Juden der Nachexilszeit, der zum historischen Hiob allerlei Aussagen dazuerfunden habe, die sich letztlich der heidnischen Mythologie verdankten. Solche Passagen strich Theodor als unkanonisch. Dieses Vorgehen

2.

Im ausgehenden 6. Jahrhundert begegnet uns Johannes Chrysostomos in einem weiteren ostsyrischen Text, in der „Geschichte der um der Wahrheit willen verfolgten Väter" von Barḥadbeschabba Arbaya. Trotz einiger Unklarheiten im Blick auf den Verfasser und den genauen Zeitpunkt der Abfassung lässt sich doch soviel sagen, dass das Werk nicht allzu lange nach 569 entstanden sein muss[19].

Die gesamte Kirchengeschichte wird darin in einzelnen biographischen Skizzen vorgestellt. Von allem Anfang an, so die Grundüberzeugung des Werkes, stachelte der Satan die Häretiker an, die rechtgläubigen Kirchenväter zu verfolgen. Schon die Proportionen des Werkes verraten seine Absicht[20]: Von den 32 Kapiteln entfallen allein zehn auf Nestorios. Die ersten 15 Kapitel decken die Zeit bis zur Mitte des 4. Jahrhunderts ab, die Kapitel 16-19 widmen sich den antiochenischen Vätern Flavian, Diodor, Johannes Chrysostomos und Theodor von Mopsuestia. An die breite Darstellung des Nestorios (Kap. 20-30) schließen sich sodann zwei kürzere Kapitel über die Schulleiter von Nisibis Narsai und Abraham an. Nestorios ist also die zentrale Figur, der tragische Held dieses Entwurfs einer Kirchengeschichte.

Im Kapitel über Chrysostomos (Kap. 18)[21] stehen die Auseinandersetzungen in Konstantinopel mit dem zweimaligen Exil im Vordergrund. Damit reiht sich Chrysostomos ein in die Schar der „um der Wahrheit willen verfolgten Väter". Natürlich geraten die üblen Machenschaften der Alexandriner sogleich in den Blick. Mit Nachdruck wird Johannes vom Vorwurf des Origenismus freigesprochen, den Theophilos von Alexandrien gegen ihn erhoben hatte. Diese Anklage brandmarkt der Verfasser als infame Lüge[22]. Theophilos wird mit dem beziehungsreichen Zusatz

---

bildete einen der Anklagepunkte auf dem zweiten Konzil von Konstantinopel. Johannes hielt dagegen das ganze Buch für kanonisch. Aufgrund der mangelhaften Quellenlage lässt sich nur vermuten, dass Johannes Chrysostomos in dem Synodaltext gerade deswegen als Kronzeuge für Theodors Autorität ausgewählt wurde, weil Ḥenana im Falle Hiobs tatsächlich Chrysostomos den Vorzug vor Theodors ungleich radikalerer Erklärung gegeben hatte; vgl. K. Pinggéra, John Chrysostom (wie Anm. 10), 195 f.

19 Es ist das Todesjahr des Schulleiters von Nisibis Abraham von Beth Rabban, mit dem das Geschichtswerk beschlossen wird. – Zu den Einleitungsfragen mit dem Versuch einer Charakterisierung des Werkes vgl. (mit Lit.) K. Pinggéra, Das Bild Narsais des Großen bei Barḥadbšabbā ʿArbāyā. Zum theologischen Profil der „Geschichte der heiligen Väter", in: Inkulturation des Christentums im Sasanidenreich, hg. von A. Mustafa/J. Tubach in Verb. mit G. S. Vashalomidze, Wiesbaden 2007, 245-259.

20 Vgl. L. Abramowski, Untersuchungen zum Liber Heraclidis des Nestorius (CSCO 242 Sub. 22), Louvain 1963, 34.

21 PO 23, 323-333 Nau.

22 PO 23, 328,9 Nau.

eingeführt: „der Onkel Kyrills"[23]. Es ist sicher kein Zufall, dass schon hier der spätere Gegner des Nestorios Erwähnung findet. Später unterstreicht Barḥadbeschabba die Zusammengehörigkeit von Nestorios und Chrysostomos mit einer symbolträchtigen Geste: Nestorios, „sein Kampfgefährte und Freund", sei es gewesen, der die sterblichen Überreste seines unglücklichen Amtsvorgängers in die Reichshauptstadt zurückführen ließ. Barḥadbeschabba war sich übrigens dessen bewusst, dass er mit dieser (chronologisch unmöglichen) Auskunft seinen Quellen widersprach[24].

Unser Autor preist zwar die Beredsamkeit des „Goldmundes", seine Schriften werden dagegen nirgends erwähnt. Die Rolle *des* Kirchenlehrers bleibt Theodor vorbehalten. Er wird im Anschluss an Chrysostomos (in Kap. 19) vorgestellt. Barḥadbeschabba preist Theodor als „einen Mann, der, dem weisen Salomo gleich, alle an Weisheit und Gottesfurcht übertraf"[25]. In Ost und West habe man seine Weisheit und seine Einsicht bewundert, mit seinen Werken habe er die „Wahrheit der Orthodoxie" festgesetzt[26]. Theodor, der Schriftausleger schlechthin[27], sei von Kaiser Theodosius zum Schiedsrichter bestellt worden in allen Streitfragen um das rechte Verständnis der Heiligen Schrift. Barḥadbeschabba feiert Theodor als „Leuchte des Erdkreises", der wie niemand sonst die Wahrheit aufzuzeigen vermocht habe[28].

Barḥadbeschabba berichtet, dass Johannes Chrysostomos und Theodor dieselbe „Schule", das Asketerion Diodors, besucht hatten. Johannes habe seinen Gefährten dort zum Studium der heiligen Schriften ange-

---

23 PO 23, 325,4 f. Nau.
24 Barḥadbeschabba fügt seinem Bericht hinzu (PO 23, 332,13 Nau): „Andere aber sagen, Proklos habe sie (die Gebeine) zurückbringen lassen. Das ist falsch." Gleichzeitig überliefert Barḥadbeschabba (wie Sokrates, h.e. VII 45), die sterblichen Überreste von Chrysostomos seien 35 Jahre nach seinem Tod in die Hauptstadt gebracht worden (PO 23, 332,11f. Nau). Barḥadbeschabba war offensichtlich entgangen, dass diese Angabe nur in die Amtszeit des Proklos (434-446) führen kann.
25 PO 9, 503,6 f. Nau.
26 Vgl. PO 9, 512,4-9 Nau.
27 Die Verwendung des absoluten *mfaššqānā* begegnet etwa PO 9, 515,6 Nau.
28 PO 9, 516,1-6 Nau. – Zur Aussage über Theodosius ist der Brief des Johannes von Antiochien an den Kaiser zu vergleichen, von dem sich bei Facundus ein Ausschnitt erhalten hat. Daraus geht hervor, dass Theodor an der Provinzsynode von Konstantinopel 394 teilgenommen und offenbar einen bleibenden Eindruck auf den Kaiser hinterlassen hatte; Facund., def. II 2,14 (CChr.SL 90A, 47,101-108 Clément/Vander Plaetse): *Qui in desiderio uisionis uiri factus, in Ecclesia eius doctrinae fuit auditor magnus ille imperator; nec arbitratus est alterum se talem comperisse doctorem, superadmiratus quidem eius doctrinam et colloquio delectatus atque obstupefactus tunc, quem nunc spernunt aliqui, tamquam sortem sumentes probandi et reprobandi obeuntium doctorem quos uolunt. Iam uero et a uestro imperio, pro sui reuerentia, et spiritali sapientia, ei saepius attestatum est, et uestris litteris honoratus est.* Die (darüber freilich hinausgehende) Aussage bei Barḥadbeschabba wird hier ihren traditionsgeschichtlichen Haftpunkt haben.

spornt[29]. Nach Sozomenos habe sich Theodor dem entsagungsreichen Leben im Asketerion schon bald nicht mehr gewachsen gefühlt; er habe die Gemeinschaft verlassen, um seine Hochzeit zu planen. Johannes Chrysostomos konnte seinen Studienfreund von diesem Plan jedoch abbringen und zum asketischen Leben zurückführen[30]. Dass Chrysostomos damit dem weiteren Lebensweg Theodors die entscheidende Wende gegeben hat, bleibt bei Barḥadbeschabba unerwähnt. Ein solches Gefälle zwischen den beiden Kirchenvätern hätte die „Rollenverteilung", die Barḥadbeschabba ihnen zugedacht hatte, wohl empfindlich gestört[31].

Mit dem Hinweis auf Diodor als Lehrer wird Chrysostomos am Beginn von Kap. 18 in die antiochenische Tradition der Schriftauslegung eingezeichnet[32]. Im vorangehenden Kapitel, das Diodor gewidmet ist (Kap. 17), zitiert Barḥadbeschabba aus dem Enkomion des Johannes (*laus Diodori episcopi*), das zusammen mit anderen Väterzitaten die überragende theologische, aber auch asketische Leistung Diodors unter Beweis stellen soll. Johannes lobt das äußerst anspruchslose Leben seines Lehrers sowie die Bedrängnisse, die ihm sein freimütiges Eintreten für die Wahrheit eingetragen hatten. Im Blick auf beide Aspekte wird Diodor mit Johannes dem Täufer verglichen[33]. Barḥadbeschabba fügt dem Zitat hinzu: „So spricht Johannes Chrysostomos zugunsten seines Meisters. Du siehst, wie

---

29 PO 9, 504,12 f. Nau; vgl. Sokrates, h.e. VI 3,1 (GCS N.F. 1, 314,4 f. Hansen).

30 Sozomenos, h.e. VIII 2,8-10 (FCh 73/4, 956,6-30 Hansen). – Zur Problematik des Briefes *Ad Theodorum lapsum* vgl. L. van Rompay, John Chrysostom's ‚Ad Theodorum lapsum'. Some remarks on the Oriental Tradition, OLoP 19, 1988, 91-106: Es ist nicht sicher zu entscheiden, ob es sich bei dem Adressaten dieses von Chrysostomos verfassten Schreibens wirklich um Theodor von Mopsuestia gehandelt hat.

31 Barḥadbeschabba liefert statt dessen folgende Version des Vorgangs: Theodor habe in ein Kloster eintreten wollen, die Mönche hätten ihn aber aufgrund seiner vornehmen Abstammung zuerst nicht aufnehmen wollen. Deswegen habe er ein ganzes Jahr lang nicht im Kloster verbringen können; vgl. PO 9, 505,1-9 Nau. – Möglicherweise reagierte Barḥadbeschabba mit dieser Erzählung bewusst auf das zweite Konzil von Konstantinopel 553, das „dunkle Flecken" in Theodors Vita bereitwillig aufgegriffen hatte, um (neben den Lehrfragen) auch die moralische Verkommenheit des Häretikers unter Beweis stellen zu können; vgl. in den Konzilsakten das Zitat aus der Kirchengeschichte des Hesychios von Jerusalem (ACO IV/1, 90 f. Straub), mit der Schilderung von Theodors „Rückfall" (ebd., 90,3-10).

32 „... er (Diodor) lehrte ihn die Bedeutung der Heiligen Schriften" (PO 23, 324,11 Nau).

33 PO 23, 317,12-318,11 Nau; vgl. den griechischen Text PG 52, 764. Eine Paraphrase dazu findet man bei Facund., def. IV 2,35 (CChr.SL 90A, 114,284-286 Clément/ Vander Plaetse): *Hoc solum nobis considerare sufficiat, quod Iohannes eum baptistae Iohanni conuersatione ac martyrio comparans et suum nomen in illum transtulit et coronam.* Vgl. dazu L. Abramowski, Reste von Theodorets Apologie für Diodor und Theodor bei Facundus, in: StPatr 1 (TU 63), Berlin 1957, 61-69, hier 63 sowie dies., Untersuchungen (wie Anm. 20), 98 f.

weit er ihn erhöht."[34] – Chrysostomos erscheint hier als Gewährsmann für die Geltung eines anderen antiochenischen Theologen. Eine analoge Rolle spielte Chrysostomos auch in dem Text der Synode von Ischoyahb I.

Das Geschick des Chrysostomos wird von Barhadbeschabba in erkennbarer Parallele zu Nestorios beschrieben. Auf der Suche nach Vorbildern für diese Parallelisierung wird man auf Nestorios selbst zurückgehen können. Denn Nestorios sah sich in der Tat als Leidensgenosse seines Amtsvorgängers. Bereits in seiner Homilie vom 12. (6.?) Dezember 430 beklagt sich Nestorios über die hinterhältigen Winkelzüge Kyrills und erinnert seinen Gegner an das Chrysostomos zugefügte Unrecht: „Ich schweige von Johannes, dessen Asche du nun unwillig durch Anbeten verehrst."[35]

Im *Liber Heraclidis*, einer Apologie mit autobiographischen Zügen, die Nestorios gegen Ende seines Lebens (um 450) niedergeschrieben hatte, wird Kyrill bezichtigt, seine Vorgänger in Alexandrien an Bosheit noch übertroffen zu haben. Diese hätten ihre Gegner wenigstens vor ein ordentliches Gericht gebracht. Nestorios nennt dafür folgende Beispiele: Alexander von Alexandrien war gegen Areios vorgegangen, Timotheos von Alexandrien gegen Gregor von Nazianz[36] und schließlich Theophilos von Alexandrien gegen Johannes Chrysostomos.[37] Eine ähnliche Aussage findet sich übrigens auch in einem der Nestorios gewidmeten Kapitel bei Barhadbeschabba (Kap. 26). Dort wird Kyrill mit folgenden Worten angesprochen: „Gregor und Johannes wurden von deinem Onkel Theophilos weggejagt."[38] Nach Luise Abramowski zitiert Barhadbeschabba in diesem

---

34 PO 23, 318,11 f. Nau.

35 Das Zitat ist erhalten bei Marius Mercator; vgl. F. Loofs, Nestoriana. Die Fragmente des Nestorius, Halle 1905, 300: *taceo de Joanne, cujus nunc cineres adorando veneraris invitus*. Eine deutsche Übersetzung gibt C. Konoppa, Die Werke des Marius Mercator. Übersetzung und Kommentierung seiner Schriften (Europäische Hochschulschriften XXIII/800), Frankfurt 2006, 249. Syrisch findet sich der Text Sev. Ant., c. imp. gramm. III 39 (CSCO 101/102 Syr. 50/51, 254,16-18/187,12-14 Lebon).

36 Bei der Nennung von Timotheos von Alexandrien muss es sich um einen Irrtum handeln. Gregor resignierte bereits 381 als Bischof von Konstantinopel, also noch vor dem Amtsantritt des Timotheos im Jahr 385. Der Text spielt auf die Vorgänge 379/380 an, als der Philosoph Maximus auf Betreiben von Petrus II. von Alexandrien (373-380) in Konstantinopel zum Gegenbischof geweiht wurde; vgl. dazu etwa O. Bardenhewer, Geschichte der altkirchlichen Literatur 3, Freiburg/Br. 1923, 168 f.

37 P. Bedjan, Nestorius. Le Livre d'Héraclide de Damas, Paris/Leipzig 1910 (Nachdruck Piscataway 2007), 390.

38 PO 9, 559,9 f. Nau. – Offenbar wurde die Parallele Kyrill-Theophilos schon auf dem Konzil von Ephesos 431 gezogen. In ep. I 310 weist Isidor von Pelusium Kyrill darauf hin, dass viele Konzilsväter die Feindschaft, mit der er seine Gegner verfolge, als unchristlich empfänden. Den maßlosen Hass habe Kyrill von seinem Onkel ererbt. Die Konzilsväter, die Isidor hier in wörtlicher Rede auftreten lässt, fühlen sich an das schändliche Vorgehen des Theophilos gegen Johannes Chrysostomos erinnert (wobei

Kapitel aus der sogenannten „Tragoedia", der ersten, wohl schon im Exil (also nach 435) entstandenen Apologie des Nestorios[39].

In unserem Zusammenhang ist ein längerer Abschnitt am Schluss des *Liber Heraclidis* aufschlussreich, in dem Nestorios einen umfassenden Aufriss der Kirchengeschichte entwirft[40]. Schon im Alten Testament seien die Propheten um der Wahrheit willen von falschen Propheten verfolgt worden. Nicht anders sei es „unseren Vätern" ergangen: Sie wurden von Konzilien abgesetzt, die von Häretikern geleitet worden waren. Nestorios erwähnt dabei Athanasius, Johannes Chrysostomos und seinen Nachfolger Flavian von Konstantinopel, der auf der sogenannten „Räubersynode" von 449 abgesetzt worden war. Für Nestorios wären sie keine wahren Kirchenväter gewesen, hätten sie die Entscheidungen dieser häretischen Synoden akzeptiert. Ganz bewusst stellt sich Nestorios in eine Reihe mit diesen verfolgten rechtgläubigen Vätern[41].

---

die Schlussbemerkung – sollte sie noch zu dem stilisierten Zitat gehören – nahe legt, dass diese Konzilsväter in Kyrills eigenen Reihen standen): Ὥσπερ γὰρ ἐκεῖνος μανίαν σαφῆ κατεσκέδασε τοῦ θεοφόρου καὶ θεοφιλοῦς Ἰωάννου, οὕτως ἐπιθυμεῖ καυχήσασθαι καὶ οὗτος, εἰ καὶ πολὺ τῶν κρινομένων ἐστὶ τὸ διάφορον. (PG 78, 361C). Vgl. dazu den Hinweis bei S. Acerbi, „Accusatore, Testimone e Giudice". Il ruolo dei vescovi di Alessandria nella Sinodo della Quercia e in altri concili posteriori, in: Giovanni Crisostomo. Oriente e Occidente tra IV e V secolo. XXXIII Incontro di studiosi dell'antichità cristiana, Roma, 6-8 maggio 2004 (SEAug 93/2), Rom 2005, 713-720, hier 718. Von Severus von Antiochien († 538) wird der Brief übrigens zitiert, um ihn als nestorianische Fälschung zu entlarven; Sev. Ant., c. imp. gramm. III 39 (CSCO 101/102 Syr. 50/51, 252,6-21/184,26-36 Lebon).

39 Vgl. L. Abramowski, Untersuchungen (wie Anm. 20), 65.

40 P. Bedjan, Le Livre d'Héraclide (wie Anm. 37), 516-518.

41 In der syrischen Überlieferung sind drei Homilien des Nestorios unter dem Namen des Johannes Chrysostomos auf uns gekommen (PO 13, 119-151 Nau, vgl. PG 61, 683-686 und F. Nau, Le texte grec de trois homélies de Nestorius et une homélie inédite sur le Psaume 96, ROC 15, 1910, 113-124, hier 115-119). In unserem Zusammenhang ist vielleicht erwähnenswert, dass François Nau im Vorwort seiner Edition des syrischen Textes zu zeigen versuchte, dass Nestorios Wortwahl und Stil des Chrysostomos bis in Einzelheiten hinein imitiert hat (PO 13, 115 f.); auf alle Fälle standen Nestorios und Johannes in derselben rhetorischen Tradition (vgl. dazu exemplarisch die im Folgenden genannten Arbeiten von Voicu). Es kann hier nur summarisch darauf hingewiesen werden, dass die griechische Überlieferung weitere Homilien des Nestorios unter dem Namen des Chrysostomos kennt; vgl. etwa S. Haidacher, Rede des Nestorius über Hebr. 3,1, überliefert unter dem Namen des hl. Chrysostomus, ZKTh 29, 1905, 192-195; H. F. Stander, A Homily of Nestorius on the Ascension of Christ. Text, Translation and Commentary, Acta Patristica et Byzantina 6, 1995, 130-146; S. J. Voicu, Nestorio e la Oratio de Epiphania (CPG 4882) attribuita a Giovanni Crisostomo, Aug. 43, 2003, 495-499 (mit stilistischen Gründen für die Zuschreibung). Für weitere wohl nicht von Nestorios selbst stammende, aber doch „nestorianische" Homilien unter Chrysostomos' Namen siehe z.B. C. Baur, Drei unedierte Festpredigten aus der Zeit der nestorianischen Streitigkeiten, Tr. 9, 1953, 101-126; H. F. Stander, Another Nestorian Homily on the Ascension of Christ. Text,

3.

Neben dem biographischen Interesse am Kirchenvater wird für uns zu Beginn des 7. Jahrhunderts der theologische Rückgriff auf den Kirchen-*lehrer* Johannes Chrysostomos erkennbar. Unter Großkönig Chosrau II. (590-628) hatte die ostsyrische Kirche mancherlei Benachteiligungen in Kauf zu nehmen. Am härtesten traf sie die langjährige Vakanz des Stuhles von Seleukia-Ktesiphon (609-628). Chosrau II, der die miaphysitischen („jakobitischen") Christen seines Reiches vorübergehend begünstigte, hatte die Wahl eines Nachfolgers für den 609 verstorbenen Katholikos Gregor I. untersagt. Als eine Bischofsdelegation im Jahre 612 beim Großkönig vorstellig wurde, um die Wahl eines neuen Katholikos zu erbitten, wurde von ihnen ein Glaubensbekenntnis zum Erweis ihrer Rechtgläubigkeit verlangt[42]. Doch gab sich der Großkönig mit diesem Bekenntnis nicht zufrieden. Denn er ließ den Bischöfen drei Fragen zukommen, zu denen sie Stellung zu nehmen hatten[43]. In diesen Fragen artikuliert sich der Vorwurf der Miaphysiten, dass die ostsyrische Kirche die Lehren des Häretikers Nestorios angenommen habe und damit von der ursprünglichen apostolischen Lehre abgewichen sei.

Für die ostsyrischen Bischöfe kam nun alles darauf an, den Vorwurf der Neuerung (also der Häresie) zu entkräften. Ihre Antwort dient dem Nachweis, dass sich ihre Christologie zweifelsfrei in der Heiligen Schrift finden lasse und lange vor Nestorios von den allgemein anerkannten Vätern der Kirche vertreten worden sei. Der Antwort ist ein umfangreiches Florileg aus Schrift- und Väterzitaten beigegeben[44]. Die Textaus-

---

Translation and a Commentary, Acta Patristica et Byzantina 7, 1996, 105-116 sowie S. J. Voicu, Due omelie „Nestoriane": In Assumptione Domini (CPG 4739) e In Sanctum Stephanum Homilia 1 (CPG 4690), Aug. 44, 2004, 459 f.

42 J. B. Chabot, Synodicon orientale (wie Anm. 11), 564-567; O. Braun, Buch der Synhados (wie Anm. 11), 309-315. Der Text findet sich auch in der Sammlung ms. Cambridge Or. 1319: L. Abramowski/A. E. Goodman, A Nestorian Collection of Christological Texts, Cambridge 1972, vol. 1, 150-169 (syr.)/vol. 2, 88-101 (Übersetzung). – Zu den Vorgängen von 612 und ihren religionspolitischen Hintergründen vgl. F. P. Ridolfini, La 'Disputa' tra i vescovi siro-orientali di Persia e i monofisiti del 612, SROC 18, 1995, 3-22; G. J. Reinink, Life of George (wie Anm. 15), 178-182.

43 Die Fragen sind überliefert im Martyrium des heiligen Giwargis von Babai dem Großen: J. B. Chabot, Synodicon orientale (wie Anm. 11), 632; O. Braun, Ausgewählte Akten persischer Märtyrer (BKV 22), Kempten 1915, 257. In anderer Reihenfolge finden sich die Fragen auch bei L. Abramowski/A. E. Goodman, Nestorian Collection (wie Anm. 42), vol. 1, 1,6 f. (syr.)/vol. 2, 100,23-27 (Übersetzung). Im *Synodicon orientale* entfällt die zweite Frage; J. B. Chabot, Synodicon orientale (wie Anm. 11), 574,1-5; O. Braun, Buch der Synhados (wie Anm. 11), 322.

44 J. B. Chabot, Synodicon orientale (wie Anm. 11), 575-580; O. Braun, Buch der Synhados (wie Anm. 11), 324-330.

wahl resultiert aus dem Anspruch, den Glauben der orthodoxen Kirche aller Zeiten zu bekennen. Zitiert wird aus Werken berühmter griechischer, in zwei Fällen sogar lateinischer Väter (Damasus und Ambrosius). Johannes Chrysostomos eröffnet die Sammlung mit Auszügen aus dem Brief an Caesarius und mehreren Homilien[45]. Peter Bruns konnte zeigen, dass die Texte „zum Teil recht gewaltsam im Sinne der nestorianischen Konzeption von der Fleischwerdung des Logos gepresst werden."[46] Im *Synodicon orientale* begegnet das Zitat aus dem Brief an Caesarius nochmals (in freier Wiedergabe) im Lehrbrief des Katholikos Georg an Bischof Mina aus dem Jahr 678/79[47].

Im 7. Jahrhundert finden wir endlich Spuren des Chrysostomos in der exegetischen Literatur der Ostsyrer. Syrische Übersetzungen seiner Kommentare lagen schon vor, namentlich zu Matthäus, Johannes und den Paulinen[48]. In den Fragmenten aus dem Evangelienkommentar von Katho-

---

45 Eine Analyse dieser Zitate gibt P. Bruns, Johannes Chrysostomus (wie Anm. 3), 741-743.

46 Ebd., 741. – Bruns arbeitet dabei die „nestorianisierende" Veränderung einer Aussage in Joh. Chrys., hom. 11 in Jo. (PG 59, 80) heraus, wo Johannes zum rechten Verständnis des Begriffes „Einwohnung" (σκήνωσις) für die Inkarnation ausführt: Τὸ δὲ σκηνοῦν οὐ ταὐτον ἂν εἴη τῇ σκηνῇ, ἀλλ᾽ ἕτερον. Ἕτερον γὰρ ἐν ἑτέρῳ σκηνοῖ· ἐπεὶ οὐδ᾽ ἂν εἴη σκήνωσις· οὐδὲν γὰρ ἐν ἑαυτῷ κατοικεῖ (…). Die ostsyrische Theologie verwendete die Redeweise von der „Einwohnung" Gottes, des Logos, in der menschlichen Natur bzw. Hypostase, um in der Menschwerdung des Erlösers die bleibende ontische Differenz zwischen Gott und Mensch anzuzeigen. Dieses theologische Anliegen macht sich in der syrischen Übersetzung durch einen Genuswechsel bemerkbar: Anstelle des Neutrums Ἕτερον γὰρ ἐν ἑτέρῳ setzt das Syrische das Masculinum *'ḥrānā b-'ḥrānā* (das Neutrum wäre durch Hinfügung eines *meddem* durchaus wiederzugeben gewesen). „Aus dem im chalkedonischen Sinne orthodoxen *aliud et aliud* ist hier ein dyoprosopistisches *alius et alius* geworden, mithin die Subjekteinheit aufgelöst, eine durchaus intendierte dogmatische Änderung seitens des nestorianichen Übersetzers." (P. Bruns, ebd., 743).

47 J. B. Chabot, Synodicon orientale (wie Anm. 11), 243,17-23; O. Braun, Buch der Synhados (wie Anm. 11), 369; vgl. PG 52,759. Wiederum steht das Zitat in einem Väterflorileg, das einer Darlegung des rechten Christusglaubens angefügt ist; vgl. dazu P. Bruns, Johannes Chrysostomus (wie Anm. 3), 743 f.

48 Sie dazu besonders J. W. Childers, Studies in the Syriac Versions of St. John Chrysostom's Homilies on the New Testament with Special Reference to Homilies 6, 20, 22, 23, 37, 62, 83 and 84 on John, Diss. phil. Oxford 1996; ders., Chrysostom's Exegetical Homilies on the New Testament in Syriac Translation, in: StPatr 33, Leuven 1997, 509-516; ders., The Syriac Evidence for the ‚Pre-Johannine text' of the Gospel. A Study in the Method, in: Studies in the Early Text of the Gospels and Acts. The Papers of the First Birmingham Colloquium on the Textual Criticism of the New Testament, ed. by D. G .K. Taylor (Text-critical Studies 1), Atlanta 1999, 49-85 (eine kritische Auseinandersetzung mit den Arbeiten Boismards); ders., Patristic Citations and Versional Evidence. The Syriac Version(s) of Chrysostom's Homilies on Matthew and the Old Syriac Text, Muséon 115, 2002, 129-156. Die Untersuchungen behandeln v.a. Handschriften aus dem 6./7. Jahrhundert (die damit deutlich älter sind als das gros der griechischen handschriftlichen Überlieferung). Die Übersetzung der

likos Ḥenanischo I. (686/6-692/93, † 699/700) finden sich zwei Zitate aus den Homilien zum Johannesevangelium; dabei wird Chrysostomos einmal namentlich genannt. Aber auch auf einige andere Stellen haben die Homilien zu Matthäus und Johannes erkennbar eingewirkt[49]. Einflüsse der Homilien zu Matthäus und Johannes zeigen sich auch bei Mar Aba von Kaschkar, dem späteren Katholikos Aba II. (741-751)[50]. Auszüge aus seinen Kommentaren haben sich in dem Sammelwerk „Gannat Bussame" (10. Jahrhundert) erhalten, in dem älteres exegetisches Material nach der Ordnung der Evangelienlesungen an Sonn- und Festtagen zusammengestellt wurde. Obwohl Chrysostomos nicht namentlich genannt wird, folgt ihm die Auslegung zu Mt 4,1-11 teilweise wörtlich[51]. Zum Johannes-Kommentar lassen sich zumindest starke inhaltliche Anklänge nachweisen[52].

Gerrit Reinink hat es wahrscheinlich gemacht, dass diese Befunde bei Ḥenanischo und Mar Aba ein geistiges Milieu voraussetzen, in dem neben Theodor von Mopsuestia auch andere Traditionen, darunter Johannes Chrysostomos, gepflegt wurden. Dabei müssen die verschiedenen Auslegungen miteinander verglichen und abgewogen worden sein, ohne dass Theodor immer und von vorne herein bevorzugt worden wäre. Denn sowohl Ḥenanischo, als auch Mar Aba geben bei alternativen Möglichkeiten der Auslegung mehrmals Johannes Chrysostomos vor Theodor den Vorzug[53].

Matthäus-Homilien muss schon im 5. Jahrhundert entstanden sein; Philoxenus von Mabbug zitiert daraus 484 in einem Florilegium; vgl. F. Graffin, Le florilège patristique de Philoxène de Mabboug, in: Symposium Syriacum 1972 (OCA 197), Rom 1974, 267-290, hier 281. Für die Übersetzung der Homilien zum Johannesevangelium ist eine etwas spätere Entstehungszeit um das Jahr 500 anzunehmen.

49 Vgl. dazu G. R. Reinink, Fragmente der Evangelienexegese des Katholikos Ḥenanišoʿ I, in: V. Symposium Syriacum, ed. by R. Lavenant (OCA 236), Rom 1990, 71-91 (84-87 zu den Stellen aus Chrysostomos). Reinink zitiert aus ms. Vat. syr. 504 und der Kompilation „Gannat Bussame" (ms. BM Or. 9353): In Fragment 20 (Vat.) begegnet das namentlich gekennzeichnete Zitat aus Joh. Chrys., hom. 62,1 in Jo. (PG 59, 342f.); Fragment 3 (Gannat Bussame) bietet mit der Zuschreibung an „einen gewissen Theophoros" ein Zitat aus hom. 6,2 in Mt. (PG 57, 64). Fragment 22 (Gannat Bussame) zeigt enge Parallelen zu hom. 70,2 in Jo., Fragment 12 (Gannat Bussame) zu hom. 20,3 in Mt.

50 Vgl. G. R. Reinink, Studien zur Quellen- und Traditionsgeschichte des Evangelienkommentars der Gannat Bussame (CSCO 414 Sub. 57), Louvain 1979 (zur Identifizierung von Aba von Kaschkar mit dem Katholikos gleichen Namens siehe S. 61-70). Mit dem Geburtsjahr 641 [!] reicht Aba in das 7. Jahrhundert zurück; möglicherweise gehörte er zu Ḥenanischos Schülern.

51 Siehe dazu die quellenkritische Analyse bei Reinink, ebd., 232-256. Die Auslegung von Mt 4,11 führt Reinink zu der Vermutung, dass sich Abas Kenntnis der chrysostomischen Werke nicht nur sekundären Quellen verdankt, sondern (wenigstens zum Teil) eine unmittelbare Benutzung der Homilien voraussetzt (S. 256).

52 Ebd., 257-268.

53 Vgl. zusammenfassend ebd., 287-291 sowie ders., Fragmente (wie Anm. 49), 90 f.

Punktuell war die Theologie der Ostsyrer also über die vornehmlich historisch und philologisch geprägte Exegese Theodors hinausgegangen[54].

Dass man sich des Unterschiedes zwischen Theodor und Chrysostomos durchaus bewusst war, lässt sich an einer Bemerkung bei Dadischo Qaṭraya ablesen, eines Mönches, der in der zweiten Hälfte des 7. Jahrhunderts als Verfasser von monastisch-asketischen Schriften hervortrat. Im Kommentar zum *Asceticon* des Isaias von Gaza (5. Jahrhundert) wird an einer Stelle explizit zwischen den verschiedenen Arten der Schriftauslegung unterschieden: Zur Frage des rechten Verständnisses der Psalmen wird Theodors Exegese mit dem Stichwort „historisch" (*taš'īṯānāyā*) bezeichnet, während Dadischo diejenige von Basilius dem Großen und Johannes Chrysostomos „homiletisch" (*mṭargmānāyā*) nennt. Die beiden Methoden seien für unterschiedliche Adressatenkreise gedacht: die „historische" richte sich an die Gelehrten, die „homiletische" an die Weltchristen (die Laien). Mit dem Ausdruck „homiletisch" dürften die Kommentare des Chrysostomos zutreffend charakterisiert sein[55]. Darüber hinaus kennt Dadischo freilich noch eine dritte Art des Bibelverständnisses: das Verstehen, das der Heilige Geist selbst schenkt. Diese Einsicht in den tieferen Sinn der Psalmen bleibt freilich den Anachoreten und „heiligen Menschen" vorbehalten. Dieser „geistliche" Sinn gilt Dadischo (unter Berufung auf ein nicht identifizierbares Theodor-Zitat) als „die ihnen (den Psalmen) angemessene Bedeutung"[56]. Hier zeigt sich das Anliegen einer von Evagrios Pontikos geprägten Mönchstheologie, die über die historische Exegese Theodors (mit ihrer strikten Betonung des noch ausstehenden Eschatons) hinaus schon im Hier und Jetzt die Erfahrung des Geistes und die Teilhabe am himmlischen Leben zu erreichen suchte[57].

---

54 Vgl. C. Molenberg, The Interpreter Interpreted. Išoʿ Bar Nun's Selected Questions on the Old Testament, Diss. phil. Groningen 1990, 245-250 sowie dies., Silence (wie Anm. 17), 149-151.

55 Vgl. etwa die Charakterisierung der exegetischen Homilien als „applied exegesis" bei L. van Rompay, Antiochene Biblical Interpretation. Greek and Syriac, in: The Book of Genesis in Jewish and Oriental Christian Interpretation. A Collection of Essays, ed. by J. Frishman/L. van Rompay (Traditio Exegetica Graeca 5), Louvain 1997, 103-123, hier 107 f.

56 Memra 11,17 (CSCO 326/327 Syr. 144/145, 155,26-156,5/120,15-21 Draguet). – In Memra 10,3 wird Chrysostomos zusammen mit Euagrios und Arsenios zum Kronzeugen dafür aufgerufen, dass die Anfänger im monastischen Leben sich in der körperlichen Askese üben müssten, und zwar in der Gemeinschaft der Mitbrüder. Dabei erwähnt Dadischo die überstrenge Fastenpraxis des Chrysostomos (CSCO 326/327 Syr. 144/145, 141,1-8/108,28-109,4 Draguet).

57 Vgl. L. Abramowski, Dadisho Qatraya and his Commentary on the Book of the Abbas Isaiah, The Harp 4, 1991, 67-83 (78 f. zu unserer Stelle mit der Übersetzung „homiletisch" statt – wie bei Draguet – „hermeneutisch" für *mṭargmānāyā*).

Auch in den späteren Jahrhunderten beinhalten die Werke ostsyrischer Theologen Zitate und Gedankengänge des Chrysostomos. Die prinzipielle Autorität des schlechthinnigen „Schrifterklärers" Theodor blieb von der Berücksichtung anderer Traditionen allerdings unberührt. In diesem Rahmen aber behauptete Johannes – neben den anderen griechischen Vätern – seinen Platz. Das gilt etwa für die Werke der großen ostsyrischen Kommentatoren des 9. Jahrhunderts, Ischo Bar Nun und Ischodad von Merw[58]. Im „Buch der Biene", einer heilsgeschichtlich aufgebauten Glaubenslehre Salomos von Basra (13. Jh.), ist Chrysostomos immerhin mit zwei Zitaten vertreten[59]. Auch der bedeutsame Katholikos Timotheos I. (780/99-823) zitiert Chrysostomos als theologischen Gewährsmann[60]. Wie in den oben besprochenen Texten aus dem 6./7. Jahrhundert kommt es auch Timotheos darauf an, dass sich Nestorios und Diodor mit den übri-

---

58 Zu Ischo Bar Nun (Katholikos 823-828), dessen Kommentare möglicherweise noch im ausgehenden 8. Jahrhundert entstanden sind, vgl. C. Molenberg, The Interpreter Interpreted (wie Anm. 54): über die autoritative Stellung Theodors siehe u.a. S. 249, zu einer zweifellos von Chrysostomos beeinflussten Stelle vgl. etwa S. 272 f.; Molenberg erwägt, dass Ischo Bar Nuns Ausgriff auf eine „spirituellere" Exegese auf das Theoria-Konzept des Chrysostomos zurückzuführen sei (so etwa S. 339 f.). – Bei Ischodad von Merw sollen folgende Verweise auf die (teils unsicheren) Zitate und Erwähnungen von Chrysostomos genügen: Zu den neutestamentlichen Kommentaren vgl. die Einleitung von J. R. Harris in: M. D. Gibson (ed.), The Commentaries of Isho'dad of Merv, Bishop of Ḥadatha (c. 850 A.D.), in Syriac and English (HSem 5), Cambridge 1911, XVII; zu den alttestamentlichen Kommentaren vgl. die Angaben, die C. van der Eynde jeweils im Vorwort seiner Editionsbände gibt: CSCO 156 Syr. 75, XVII-XIX; CSCO 179 Syr. 81, XXIII; CSCO 230 Syr. 97, XV und XXIV, CSCO 329 Syr. 147, XVf.; CSCO 434 Syr. 186, XXI. Zur Kritik an van der Eyndes Einschätzung des von Ḥenana ausgeübten Einflusses s.o. Anm. 17.

59 Kap. 38, E. A. Wallis Budge, The Book of the Bee (Anecdota Oxoniensia. Semitic series 1/2), Oxford 1886 (Nachdruck Piscataway 2006), 91,9-19 (syr.)/83 (Übersetzung), mit einem Zitat aus hom. 7,3 in Mt. (PG 57, 76). Kap. 44, ebd., 107,9-14 (syr.)/95 (Übersetzung), mit einem Zitat aus cat. ad illuminandos (ser. III) 3,16 (SC 50, 160,5-10 Wenger = cat. bapt. 2/4, 16; FCh 6/1, 272,16-274,3 Kaczynski); die Angabe hom. 85 in Jo. (PG 59, 465 [463?]) bei Wallis Budge, ebd., 95, Anm. 3, ist unzutreffend.

60 Den Ehrentitel „unser Vater" beschränkt Timotheos allerdings auf Theodor von Mopsuestia („unser Vater Theodor der Schrifterklärer") und Gregor von Nazianz, („unser Vater der Theologe"); vgl. L. van Rompay, Past and Present Perceptions of Syriac Literary Tradition, Hugoye 3/1, 2000, [28] (mit Belegen in den Anm. 34-36). Timotheos zeigte ganz allgemein großes Interesse an den Werken der griechischen Väter. Aus einem Brief an den Priester Sergius (ep. 49) erfahren wir z.B., dass er Sergius beauftragt habe, nach den Briefen des Chrysostomos an Olympias zu suchen und sie ihm zu schicken. Timotheos erinnert sich, die Briefe bei einem früheren Aufenthalt in Marga in einem Buch aus dem Cypriankloster gesehen zu haben; vgl. die Inhaltsangabe bei R. J. Bidawid, Les lettres du patriarche Timothée I. Etude critique avec en appendice La lettre de Timothée I aux moines du Couvent Mar Marōn (StT 187), Città del Vaticano 1956, 38.

gen (vom Zweistromland aus gesehen) „westlichen" Vätern in Übereinstimmung befunden hätten[61]. Die Verfolgungen, denen die rechtgläubigen Väter im Reich der Römer ausgesetzt waren, bringt Timotheos mit einer pointierten Sicht der Kirchengeschichte in Verbindung. Allein im „Westen", dem römischen Reich, habe es christliche Könige gegeben. Deswegen hätten sich die Herrscher auch nur dort in die Lehrfragen der Kirche eingemischt – und ihr damit schweren Schaden zugefügt. Je nach Laune der Könige seien bald die Häretiker, bald die Rechtgläubigen verfolgt worden. Gerade weil die Kirche des Ostens nie unter einer christlichen Obrigkeit gelebt hatte, konnte auch nur sie allein den apostolischen Glauben unverfälscht bewahren[62]! Im Brief an die Mönche von Mar Maron illustriert Timotheos diese Sicht der „westlichen" Kirchengeschichte unter anderem an Johannes Chrysostomos: Die Rechtgläubigen seien von den Königen verfolgt worden, wie „Athanasius der Große von König Konstantin, Johannes Chrysostomos von Theodosius dem Großen, der Märtyrer Nestorios von Theodosius ‚dem Kleinen', und andere von anderen."[63]

4.

Mit Timotheos dem Großen sind wir wieder zurückgelehrt zu der Rolle, die Johannes im Geschichtsbild der Ostsyrer eingenommen hat. An ihm haftete die Erinnerung an einen rechtgläubigen Kirchenvater, der wie Nestorios um der Wahrheit willen Verfolgung erlitten hatte. Wie geläufig diese Rolle den ostsyrischen Autoren war, lässt sich manchmal schon an kleinen Bemerkungen ablesen. So führt Gabriel von Basra (9. Jahrhundert) den Missbrauch, am Ende der Liturgie kein Vaterunser zu beten, auf Theophilos und Kyrill von Alexandrien zurück. Dabei zieht er unwillkürlich die Parallele: „Der Häretiker Theophilos, der Mutterbruder des Kyrillos, des gefleckten Leoparden, der in Gegnerschaft zu Johannes Goldmund stand, ebenso wie Kyrillos gegenüber Nestorios: sie bestimmten in ihren Kirchen aus Gegnerschaft gegen die Wahren und das Evangelium, dass der Kanon, den diese Orthodoxen festgelegt hatten, nicht

---

61 So etwa in ep. 42 an die Schüler des Gabrielklosters in Mossul; vgl. die Inhaltsangabe bei R. J. Bidawid, Lettres (wie Anm. 60), 34.

62 Vgl. den Abschnitt im Brief an die Mönche von Mar Maron: R. J. Bidawid, Lettres (wie Anm. 60), 41,9-42,12 (syr.)/120 f. (Übersetzung).

63 Bidawid, Lettres (wie Anm. 60), 42,1-4 (syr.)/121 (Übersetzung). Es muss offen bleiben, warum Chrysostomos mit Theodosius dem Großen (379-395) in Verbindung gebracht wird und nicht mit Arcadius (395-408), unter dem er abgesetzt und verbannt worden war.

beachtet werde…"[64] Zur Begründung der Tatsache, dass die Anaphoren von Theodor, Nestorios und Chrysostomos in Gebrauch stünden, liest man im „Recht der Christenheit" von Ibn aṭ-Ṭayyib: „Sodann befahlen die Väter des Ostens zur Ehrung *der verbannten Väter des Westens* Theodor, Nestorios und Chrysostomos, dass deren Anaphora verwendet würde."[65]

Die Vita des Chrysostomos wird dann wieder etwas ausführlicher dargestellt in der arabisch verfassten Chronik von Seert (10./11. Jahrhundert)[66]. Am Ende des Kapitels über Theodosius (Kap. 46) tritt Johannes mit seiner Einsetzung zum Bischof von Konstantinopel durch Arcadius erstmals in Erscheinung. Schon hier wird er dem autoritativen Lehrer der Ostsyrer zugeordnet: „In seiner Lehre befand er (Johannes) sich in Übereinstimmung mit Theodor dem Schrifterklärer."[67] Kap. 49 berichtet von drei Reden, die Chrysostomos beim Tode des verehrten Lehrers Diodor gehalten habe[68]. Hier folgt die Chronik zweifelsohne Barḥadbeschabbas Geschichte der verfolgten Väter[69]. Das dürfte auch für das anschließende Zitat aus dem „Brief" Theodorets an Kyrill gelten, in dem das Ansehen Diodors verteidigt wird. Unter anderem wird in diesem Zitat auf Chrysostomos verwiesen, der Diodor mit Johannes dem Täufer verglichen habe[70].

Das Kapitel über Johannes Chrysostomos liegt ebenfalls ganz auf der von Barḥadbeschabba vorgezeichneten Linie (wenngleich dessen Geschichtswerk hier sicher nicht die einzige Quelle darstellt). Auch die Chro-

---

64   H. Kaufhold, Die Rechtssammlung des Gabriel von Baṣra und ihr Verhältnis zu den anderen juristischen Sammelhandschriften der Nestorianer (Abhandlungen zur rechtswissenschaftlichen Grundlagenforschung 21), Berlin 1976, 241.

65   CSCO 167/168 Arab. 18/19, 90,12 f./93,34-36 Hoenerbach/Spies (Hervorhebung K.P.).

66   Kap. 67 (PO 5, 319-321 Scher/Dib); vgl. dazu P. Bruns, Johannes Chrysostomus (wie Anm. 3), 737 f. – Zur Datierung der Chronik siehe R. G. Hoyland, Seeing Islam as Others Saw It. A Survey and Evaluation of Christian, Jewish and Zoroastrian Writings on Early Islam (Studies in Late Antiquity and Early Islam 13), Princeton/N. J. 1997, 443-446.

67   PO 5, 268,9 Scher/Dib. Im Chrysostomos gewidmeten Kap. 67 heißt es entsprechend (PO 5, 319,5 f. Scher/Dib): „Er war Theodor dem Schrifterklärer (geistig) verwandt."

68   PO 5, 278, 3 Scher/Dib.

69   Vgl. L. Abramowski, Untersuchungen (wie Anm. 20), 98: Während Facundus nur zwei Predigten kennt, spricht Barḥadbeschabba von dreien (PO 23, 317,8f. Nau). Möglicherweise handele es sich um eine „Vorliebe des Syrers für runde Zahlen".

70   Auch hierzu ist wieder Barḥadbeschabba zu vergleichen. Bei ihm findet sich ein Fragment aus der verlorenen Apologie Theodorets (PO 23, 318,14-319,2 Nau), das die Chronik von Seert – in erweiterter Form – als „Brief" Theodorets aufnimmt. Die Zusätze sind wohl als „apokryph" zu betrachten; vgl. L. Abramowski, Untersuchungen (wie Anm. 20), 99 f. Die nur in der Fassung der Chronik begegnende Aussage, Chrysostomos habe Diodor mit Johannes dem Täufer verglichen, konnte der Chronist (oder seine Vorlage) übrigens leicht aus dem Chrysostomos-Zitat entnehmen, das Barḥadbeschabba unmittelbar vor dem Fragment aus Theodoret gibt (PO 23, 317,12 f. Nau; s.o. Anm. 33).

nik von Seert konzentriert sich auf die üblen Machenschaften der Alexandriner. Hier sind es ausdrücklich Theophilos *und* Kyrill, die Chrysostomos unter dem Vorwand des Origenismus anklagen[71]. Ferner wird der Einsatz Theodors von Mopsuestia für den exilierten Chrysostomos gerühmt. Ebenso wird dessen Dankesbrief erwähnt[72], den schon die Synode Ischoyahbs I. (585) zitiert hatte[73]. Im Unterschied zu Barḥadbeschabba werden nun auch Schriften des Chrysostomos genannt: die Kommentare zu Matthäus, Johannes und den paulinischen Briefen, Homilien zu den Festen und nicht näher gekennzeichnete Widerlegungen der Häretiker[74]. Die Chronik charakterisiert die Kommentare ähnlich wie Dadischo Qaṭraya[75]: Sie seien im Stil der Unterweisung (*'alā 'l-ṭarīq al-ta'līm*) gehalten; an ihrem Ende befänden sich stets predigthafte Ermahnungen (*mawā'iẓ*)[76]. Damit spiegelt die Chronik wieder, dass die Werke des Chrysostomos in den zurückliegenden Jahrhunderten zum festen Lesestoff der ostsyrischen Kirche geworden waren. Dem entsprach ein Geschichtsbild, das Chrysostomos in der Tradition der antiochenischen Schule (Diodor und Theodor) verankerte und ihn als Leidensgefährten des Nestorios begriff.

Dieses Bild prägte die ostsyrische Kirche noch in der Zeit nach den Mongolenstürmen des 14./15. Jahrhunderts, die der größten Missionskirche ihrer Epoche fast den Todesstoß versetzt hatten. Doch vermochte selbst diese Katastrophe nicht, das geistige Leben der Ostsyrer vollends zum Erliegen zu bringen. Deswegen wollen wir unseren Gang durch die ostsyrische Literaturgeschichte wenigstens mit einem Ausblick auf das 16. Jahrhundert beschließen. Nach dem Vorbild des Barḥadbeschabba wird in einer damals entstandenen „syrischen Nestorioslegende" erzählt, dass Nestorios die Gebeine des Chrysostomos nach Konstantinopel zurückgebracht habe[77]. So berichtet es auch das davon abhängige Preisgedicht auf Nestorios des Priesters Ṣliba von Manṣuriya[78].

Als der Ostsyrer Simeon Sulaqa Mitte des 16. Jahrhunderts eine Union mit Rom einging, da wurde er – in Rom gerade zum Katholikos geweiht – auf Anstiftung der Unionsfeinde in den eigenen Reihen 1555 ermordet.

---

71 PO 5, 320,2 Scher/Dib.
72 PO 5, 320,10-321,1 Scher/Dib.
73 S. o., Anm. 12.
74 PO 5, 319,8-10 Scher/Dib. Zu den beiden Evangelienkommentaren wird gesagt, dass sie jeweils in zwei Büchern vorlägen. Das entspricht der Angabe im Schriftstellerkatalog des Abdischo bar Brikha († 1318), der eine über die Chronik von Seert hinausgehende Werkliste des Chrysostomos beinhaltet (BOCV III/1, 24-27), auf deren Problematik im vorliegenden Rahmen nicht eingegangen werden kann.
75 S.o. Anm. 55.
76 PO 5, 319,8 f. Scher/Dib.
77 M. Brière, La légende syriaque de Nestorius, ROC 15, 1910, 1-25, 6 (syr.)/19 (Übers.).
78 PO 13, 298,4 Nau.

Der Bischof Abdischo von Gazarta, ein Freund des Ermordeten und selber Befürworter der Union, verfasste drei Gedichte auf Simeon Sulaqa. Darin feiert er ihn als Märtyrer des Glaubens. Im dritten Gedicht fließt es Abdischo wie selbstverständlich in die Feder, die Feinde des ermordeten Katholikos mit Kyrill von Alexandrien zu vergleichen, Sulaqa dagegen mit Nestorios. Dem toten Sulaqa ruft Abdischo in die Ewigkeit nach: „Geh hin, werde ein Nachbar des verfolgten Nestorios *und des gefeierten Johannes.*"[79] Wilhelm de Vries bemerkte zu diesem Gedicht, dass die Union bei einem Bischof wie Abdischo wohl noch keine besonders tiefen Wurzeln geschlagen habe[80]. Im Werk eines Katholiken stellen Nestorios als Heiliger und Kyrill als Inbegriff des Feindes in der Tat ein Kuriosum dar. Dieses abschließende Beispiel zeigt jedoch, wie stark jenes – letztlich auf Nestorios selbst zurückgehende – Bild der Kirchengeschichte im Bewusstsein der Ostsyrer verankert war. Als Leidensgefährte des Nestorios war Johannes Chrysostomos zu einem der Ihren geworden[81].

---

79 BOCV I, 541; vgl. dazu J. P. M. van der Ploeg, Mgr. Joseph, Bishop-Metropolitan of India (1556-1559), in: III. Symposium Syriacum, ed. by R. Lavenant (OCA 221), Rom 1983, 161-170 (das Zitat S. 165).

80 W. de Vries, Rom und die Patriarchate des Ostens, Freiburg/München 1963, 79.

81 Auf das Chrysostomos-Bild der miaphysitischen Syrer konnte im vorliegenden Rahmen nicht eingegangen werden. Auch ihnen galt Johannes Chrysostomos als anerkannter Kirchenlehrer; für Jakob von Edessa († 708) vgl. etwa L. van Rompay, Perceptions (wie Anm. 60), [12] und [20]. Für den beträchtlichen Einfluss des Chrysostomos auf die Schriftauslegung vgl. A. Baumstark, Die Evangelienexegese der syrischen Monophysiten, OrChr 2, 1902, 151-169; 358-389. In unserem Zusammenhang ist vielleicht der Hinweis auf eine volkstümliche (und chronologisch ganz unbekümmerte) Legendenbildung von Interesse, die Johannes Chrysostomos in einen scharfen Gegensatz zu Nestorios bringt. In einer miaphysitischen Nestoriosvita, überliefert in einer Handschrift des frühen 18. Jahrhunderts, tritt Chrysostomos auf dem Konzil von Ephesus auf [!] und küsst einer nackten Prostituierten, die der geschmacklose Nestorios in die Versammlung der Konzilsväter geschleust hatte, auf den Bauch. Um den von Nestorios bekämpften Titel „Gottesgebärerin" für Maria sinnfällig zu rechtfertigen, tut er dies mit den Worten: „Ich glaube und bekenne Gott, der erschien und geboren wurde von einem Ort wie diesem und aus einem Schoß wie diesem. Dieser hier ist freilich von Sünden beschmutzt. Maria aber, die Gott, das Wort, gebar, ist die reine und heilige Jungfrau." Vgl. E. Goeller, Eine jakobitische „Vita" des Nestorius, OrChr 1, 1901, 276-287, das Zitat S. 282,13-16 (syr.)/283,18-21 (lat. Übersetzung). Ein Standbild der Maria lactans über den Häuptern der Konzilsväter habe daraufhin ausgerufen: „Johannes Goldmund, sprich; sprich, o Johannes Goldmund." Und weiter: „Gut, gut hast du Zeugnis abgelegt und gesprochen, o Johannes Goldmund." Fortan sei Johannes allgemein „Goldmund" genannt worden; ebd., 282,21/284,3 (syr.)/283,27-31 (lat. Übersetzung). Eine längere und in Einzelheiten abweichende Version dieser Legende findet sich im äthiopischen „Buch des Mysteriums" von Georg von Saglā, welches im Jahr 1424 fertiggestellt wurde: CSCO 515/516 Aeth. 89/90, 73,3-75,18/44,28-46,10 Beyene; siehe auch G. Colin, La notice sur Nestorius du Maṣḥafa Mesṭīr de Georges de Saglā, OCP 50, 1984, 107-125, hier 111 f.

„Verlockende Reden" zu „seelischem und leiblichem Nutzen"

Johannes Chrysostomos in der altbulgarischen Literatur

MARTIN ILLERT

In meinem Beitrag möchte ich am Beispiel von vier ausgewählten Zeugnissen zentralen Aspekten des Chrysostomos-Bildes in der altbulgarischen Literatur nachgehen: Einen ersten Einblick in die historischen und geistesgeschichtlichen Rahmenbedingungen für die Aufnahme des patristischen Schrifttums in der altbulgarischen Literatur gewährt uns ein Abschnitt aus dem Vorwort des zu Beginn des 10. Jahrhunderts verfassten „Sechstagewerkes" (Shestodnev) des Exarchen Johannes. Sodann beschreibt das Vorwort der Sammlung „Goldstrom" (Zlatostruj) den Prozess der Kompilation unterschiedlicher chrysostomischer Stücke zu einer Anthologie. Anschließend verdeutlich der Vergleich des zwischen 886 und 893 entstandenen, sogenannten „Lehrevangeliums" (Utshitelno Evangelie) Konstantins von Preslav mit dem Matthäuskommentar des Chrysostomos, dass die Übertragung aus dem Griechischen ins Altbulgarische in vielen Fällen mit einer Vereinfachung der Vorlage einherging. Abschließend beschäftigt sich die „Rede" (Beseda) des Presbyter Kozma gegen die Bogomilen mit der Aufnahme des altbulgarischen Chrysostomosbildes abseits der Trägerkreise des altbulgarischen Schrifttums.

1. Rahmenbedingungen

Im Prolog seines „Sechstagewerkes" beschreibt der altbulgarische Autor Johannes der Exarch[1] seine schriftstellerische Tätigkeit mit einem Vergleich. Seinem Werk hat Johannes Passagen aus den Schriften des Basileios von Kaisareia und aus dem byzantinischen *Corpus Chrysostomicum* eingefügt[2]. Diese Schriften vergleicht er in seinem an Zar Simeon I (893-927)[3]

---

1   Vgl. M. Jonova, Art. Joan Ekzarh, Starobulgarska Literatura, Sofia 2003, 230 f.
2   Entgegen der Meinung des Exarchen und seiner byzantinischen Gewährsleute entstammen die vermeintlich chrysostomischen Passagen allerdings dem Werk Severians von Gabala.
3   Vgl. A. Kazhdan, Art. Symeon of Bulgaria, ODB 3, New York/Oxford 1991, 1984.

gerichteten Vorwort mit Spolien, d.h. den wiederverwendeten Teilen der antiken und byzantinischen Architektur, aus denen die frühmittelalterlichen Herrscher ihre Paläste errichten. Der Spolienvergleich des Exarchen beschreibt die Rahmenbedingungen der Rezeption der Kirchenväterschriften in der altbulgarischen Literatur:

> Diese sechs Reden, mein Herr, haben wir nicht selbst zusammengestellt. Einmal haben wir (scil. etwas) vom [...] Heiligen Basileios [...] übernommen. Ebenso auch von Johannes (scil. Chrysostomos) und anderes von anderen, so wie wir es einmal gelesen haben. So haben wir dieses Werk zusammengestellt, als ob jemand wäre, [...] der den Wunsch hätte, [...] einen Palast[4] zu errichten. Da er aber nichts hat, um dies zu tun, ginge er zu Reichen, um von ihnen das Nötige zusammenzubitten. Vom einen Marmorstücke, vom anderen Ziegel [...]. So muss es jemand machen, der in seinem eigenen Haus nichts hat. Und: So arm ist auch unser Verstand, dass er mit Fremdem diese Reden zusammengestellt hat. Er hat aber auch aus seinem eigenen armseligen Haus eigene Worte, vergleichbar mit dem Stroh und den Holzstangen beigetragen.[5]

Bald nach der Taufe des Fürsten Boris-Michail (852-889) im Jahre 865 und der Aufnahme der aus Mähren vertriebenen Schüler Methods in den achtziger Jahren des neunten Jahrhunderts waren die bulgarischen Herrscher die wichtigsten Träger der eigenständigen Literatur im slawischen Idiom[6]. Daher ist es auch kein Zufall, dass das einzige literarische Zeugnis für eine Bibliothek im Bulgarien des zehnten Jahrhunderts sich auf die Hofbibliothek der Residenz Groß-Preslav bezieht[7] und sich auch die Masse der altbulgarischen Skriptorien in der Nähe der Hauptstadt befunden haben dürfte[8]. Es ist daher nur konsequent, wenn Johannes der Exarch sein Sechstagewerk dem Zaren als dem Haupt des Trägerkreises der altbulgarischen Literatur widmet. Für die bulgarischen Herrscher war das literarische Schaffen ein wichtiger Bestandteil ihres ehrgeizigen Kulturprogramms der „Imitatio imperii"[9]. Die Übertragungen der Kirchenväterschriften und ihre Nachahmung, gehörten ebenso wie die Okkupation byzantinischer Territorien oder die Verwendung byzantinischer Titulaturen in den Kontext dieser umfassenden Aneignung der byzantinischen Traditionen[10].

---

4   Vgl. M. Illert, Zum theologiegeschichtlichen Hintergrund des Vergleiches vom Fürstenpalast im Hexaemeron des Joan Exarcha, OS 48, 1999, 22-27.
5   Johannes der Exarch, Sechstagewerk 6b-6d (1, 43-47 Aitzetmüller).
6   Vgl. K. Kuev, Tshernorizets Chrabur, Sofia 1967, 188-191.
7   Vgl. D. Petkanova, Art. Biblioteki, Starobulgarska Literatura, Sofia 2003, 68 f.
8   Vgl. E. Kotseva, Art. Skriptorij, Starobulgarska Literatura, Sofia 2003, 461 f.
9   Vgl. G. Podskalsky, Theologische Literatur des Mittelalters in Bulgarien und Serbien 865-1459, München 2000, 194.
10   E. Georgiev, Raztsvet na bulgarskata literatura v ix-x v., Sofia 1962, 278.

Johannes der Exarch war sich bewusst, in einer Situation zu schreiben, die sich grundlegend von der Entstehungssituation der Kirchenväterschriften unterschied[11]. Hörer und Leser der werdenden theologischen Literatur war nicht länger die Bevölkerung der spätantiken griechischsprachigen Metropolen, vielmehr hatte sich das Evangelium den Barbaren geöffnet. Zwei Personengruppen waren von den Missionaren anzusprechen: So richteten sich die Werke des Exarchen natürlich vor allem an den Herrscher und seine adeligen, nichtslawischen Boyaren, doch verwendeten die Schriften dazu die slawische Sprache der unterworfenen Bevölkerungsmasse[12].

Äußerst bescheiden tritt der Exarch auf und weist mit einem Demutstopos jede Originalität von sich. Nach eigenem Bekunden erstrebt er einzig die Erstellung eines Werkes, in dem die „Spolien" des byzantinischen „Klassikers" möglichst gut zur Geltung kommen[13]. Tatsächlich schufen die altbulgarischen Schriftsteller unter diesen Rezeptionsbedingungen nur insofern ein neues Chrysostomosbild als sie einzelne Stücke des überkommenen byzantinischen Bildes dieses Kirchenvaters in neue Kontexte setzten[14]. Die Aufgabe unserer Untersuchung besteht deshalb darin, gemeinsam mit den Facetten des Chrysostomos-Bildes in der altbulgarischen Literatur immer auch die neuen Kontexte dieser Facetten herauszuarbeiten, welche dem überkommenen Motiv eine je neue Bedeutung verleihen.

2. Übertragungsprozesse

Viele altbulgarische Stücke unter dem Namen des Johannes Chrysostomos sind Bestandteile unterschiedlicher Sammelcodices (Sbornitsi). Eine Besonderheit unter den Sbornitsi ist „Goldstrom" (Zlatostruj)[15], die erste altkirchenslawische Chrysostomosanthologie. Die Vorrede des „Goldstroms" beschreibt die Entstehung der Sammlung und ist zugleich ein bemerkenswertes Zeugnis zur Chrysostomosrezeption im alten Bulgarien:

---

11 Vgl. G. Podskalsky, Literatur (wie Anm. 9), 147-149.
12 Vgl. G. Tshavrukov, Sredishta na bulgarskata knizhovnost ix-xviii vek, Sofia 1988, 14-33.
13 Dass dennoch etwas durchaus Eingenständiges bei dieser Arbeit entstehen konnte, zeigt der Bildungsbegriff des Exarchen. Vgl. M. Illert, Obrazovanie – Bildung. Altkirchenslawische Kontexte eines theologischen Schlüsselbegriffs, OS 54, 2004, 292-297.
14 Vgl. K. Ivanova, Art. Zhitija I slova posventeni na Joan Zlatoust, Starobulgarska Literatura, Sofia 2003, 191.
15 Vgl. G. Podskalsky, Literatur (wie Anm. 9), 196.

Als der fromme Zar Simeon alle alten und neuen Bücher studierte, den inneren und den äußeren Sinn der Heiligen Schrift, die Sitten und Gebräuche aller Lehrer und die große Verstandesweisheit des seligen Johannes Chrysostomos, da staunte er über dessen Beredsamkeit und über die Gnade des Heiligen Geistes und da er die Bücher des Chrysostomos regelmäßig las, wählte er aus dessen Werken alle Aussprüche aus und ordnete sie in einem Buch an, das er ‚Goldstrom' nannte. [...] Denn die Lehre des Heiligen Geistes gleich Strömen von Gold, reinigt uns durch Reden von Menschen gleich heilsamer Buße von allen Sünden und bringt uns Gott nah. Sie reinigt durch verlockende Reden von aller fleischlichen und geistlichen Unreinheit. [...] So wählten wir ein wenig aus der Fülle aus, und zwar das, was uns gefiel. Und jeder, der es aufmerksam und mit Verstand liest, ... wird darin großen seelischen und leiblichen Nutzen finden.[16]

Der Abschnitt gewährt Einblick in den Prozess der Übertragung der chrysostomischen Stücke ins Altbulgarische.

Mit der Nennung des Zaren Simeon I wird eingangs wie schon im Fall des „Sechstagewerkes" Johannes des Exarchen die höfische Einbindung des Übersetzungsprojektes herausgestellt. Wie die byzantinischen Herrscher der mazedonischen Renaissance „studiert" der Bulgarenherrscher „alte und neue Bücher", er exzerpiert und kompiliert[17]. Im Prolog der anderen großen Sammlung, des „Simeonov Sbornik" (Simeons-Sammlung), wird Zar Simeon aufgrund dieser Tätigkeiten als ein „neuer Ptolemaios"[18] bezeichnet.

Der bilinguale Simeon liest die Chrysostomos-Schriften im griechischen Original[19] und fertigt Auszüge an. Damit entsteht zunächst nichts anderes als eine weitere byzantinische Chrysostomos-Anthologie. Ob der Zar selbst die altbulgarische Übersetzung anfertigte, geht aus unserem Abschnitt keinesfalls eindeutig hervor. Im Fall des ebenfalls unter diesem Zaren entstandenen sogenannten „Simeonov Sbornik", der neben zahlreichen Kirchenvätertexten auch Material klassischer Autoren enthält, erfolgte die Übersetzung jedenfalls durch einen Mitarbeiter der Hofschule, dem der Herrscher auftrug „die Formen der Worte zu ändern und dabei die Genauigkeit der Gedanken zu bewahren"[20]. Ein dem „Simeonov Sbornik" vergleichbarer Übertragungsprozess ist natürlich auch für den „Zlatostruj" denkbar, wenn man nicht mit Georgiev den Prolog literarkritisch in zwei unterschiedliche Quellen unterteilt, indem man einen dem

---

16 Simeon, Zlatostruj Prolog (30-31 Malinin).
17 Vgl. F. Dölger: Die mittelalterliche Kultur auf dem Balkan als byzantinisches Erbe, in: Ders., Byzanz und die europäische Staatenwelt, Ettal ²1964, 261-281.
18 Simeonov Sbornik, Prolog (202, 10 Pawlova/Raleva/Doseva).
19 Liutprand von Cremona, Liber antapodoseos III, 29 (378 Bauer/Rau) bezeichnet Simeon als „semigraecus".
20 Simeonov Sbornik, Prolog (wie Anm. 18).

Redaktor des „Zlatostruj" zuzuschreibenden Eingangsteil des Prologs von einem vom Zaren verfassten Anschlussteil unterscheiden will[21].

Lesen wir den eben gehörten Prolog des „Zlatostruj" als einen einheitlichen Text, so ist hier von zwei Redaktionen des Chrysostomostextes die Rede, nämlich von den griechischen Auszügen, die Simeon anfertigte und im Anschluss von einer kürzenden Überarbeitung der Textauswahl durch den Redaktor. Als Endprodukt entstand eine 136 chrysostomische Logoi umfassende Sammlung, in der die griechischen Stücke z.T. sehr frei wiedergegeben wurden. In mittelbulgarischer Zeit begegnet auch eine Kurzfassung der Anthologie Simeons unter dem Titel „Perle" (Margarit)[22].

Die Kompilationstätigkeit Simeons wird nach dem alttestamentlichen Vorbild Salomos beschrieben[23]: Wie dieser sammelt Simeon in seinem Streben nach Weisheit die Sprichworte der Weisen und Johannes Chrysostomos ist für Simeon das Musterbild eines solchen Weisen[24]. Gewiss wird es den *Spin doctors* des bulgarischen Zaren nicht entgangen sein, dass Salomo für sein Weisheitsstreben von Gott mit der ausdrücklichen Absicherung seiner Herrschaft belohnt wurde[25]. Das bereits in Byzanz weit verbreitete Motiv des nach Weisheit dürstenden Herrschers[26] war folglich auch für die Legitimation und Selbstdarstellung des machtbewussten Bulgarenherrschers, der sich bekanntlich vor den Toren Konstantinopels zum Basileus krönen lies, von besonderer Bedeutung.

Übrigens prägt der Vergleich Simeons mit Salomo bis heute die Sicht der bulgarischen Literaturwissenschaft auf die Epocheneinteilung der altbulgarischen Literatur. Entsprechend der biblischen Unterteilung in die Zeit der Reichsgründung unter David, der Blüte unter Salomo und des Verfalls unter Salomos Nachfolgern hält die bulgarische Literaturwissenschaft nämlich an der Dreiteilung der Chronologie in eine Zeit des Aufstiegs unter den Schülern Kyrills und Methods am Hofe Boris-Michaelis, eine Zeit der Blüte, dem sogenannten „goldenen Zeitalter", unter Zar Simeon und eine Zeit des Abstiegs unter Zar Petur und dessen Nachfolgern fest[27]. Freilich ist anstelle des Abstiegsszenarios auch eine andere

---

21 Vgl. E. Georgiev, Raztsvet (wie Anm. 10) 277.
22 Vgl. G. Podskalsky, Literatur (wie Anm. 9) 195.
23 Vgl. Sprüche 1,1 und 1 Könige 5,9-14.
24 Vgl. das Stichwort der „großen Verstandesweisheit" des Johannes Chryostomos.
25 Vgl. 1 Könige 3,13. Noch in einem weiteren Punkt ist Simeon mit Salomo vergleichbar: Wie dieser war jener der jüngere Sohn des Königs und kam erst nach der Absetzung seines älteren Bruders an die Macht.
26 Vgl. A. Kazhdan/J. Irmscher/J. H. Lowden/A.Cutler, Art. Solomon, ODB 3, New York/Oxford 1991, 1925.
27 Vgl. D. Petkanova, Art. Zlaten Vek, Starobulgarska Literatura, Sofia 2003, 202.

Deutung der Entwicklung denkbar, die sich beispielsweise als Dezentralisierung und Aufstieg regionaler literarischer Zentren[28] verstehen ließe.

3. Elementarisierung

Die Leserschaft des altbulgarischen *Corpus Chrysostomicum* bildete freilich gegenüber der Hörerschaft eine Minderheit, die sich auf höfische und monastische Kreise beschränkte[29]. Die illiterate Masse der Bevölkerung kam an den Sonn- und Festtagen des orthodoxen Kalenders neben der dem Chysostomos zugeschriebenen Liturgie[30] und der für die entsprechenden Festtage bestimmten Chrysostomos-Vita des Ps.-Georgios von Alexandria[31] v.a. mit den altbulgarischen Übertragungen chrysostomischer und vor allem pseudochrysostomischer Homilien in Berührung[32]. Altbulgarische Homilien-Sammlungen[33] geben einen Einblick in das überragende Prestige des Namens Johannes Chrysostomos und den stilistischen und inhaltlichen Vorbildcharakter des *Corpus Chrysostomicum*[34].

Die hohe Reputation des Johannes Chrysostomos als Prediger kommt bereits in der ältesten Kompilation chrysostomischer Homilien, dem „Lehrevangelium" (Ucitelno Evangelie) des Konstantin von Preslav[35] zum Ausdruck. Das zwischen 886 und 893 entstandene Werk enthält einundfünfzig Homilien für die Sonntage des Kirchenjahres von Ostern bis Palmarum. Die Homilien besitzen selbständig verfasste Einleitungs- und Schlussteile. Ihre Mittelteile bestehen aus Übersetzung und Paraphrasen

---

28 Vgl. M. Illert, Rez. zu Podskalsky, G., Theologische Literatur des Mittelalters in Bulgarien und Serbien 865-1459, ZKG 114, 2003, 415.

29 Zur Beschränkung des literarischen Publikums auf den Hof und die Klöster vgl. den Prolog Johannes' des Exarchen zur Übersetzung der Theologie des Johannes Damaskenos bei L. Sadnick, Des heiligen Johannes von Damaskus ekthesis akribes tes orthodoxu pisteos in der Übersetzung des Exarchen Johannes, Wiesbaden 1967, 6-8.

30 In diesem Zusammenhang sind auch die Fresken beachtenswert, welche den Kirchenvater regelmäßig mit einer Buchrolle abbilden, auf der ein Zitat der heiligen Liturgie zu lesen ist. Vgl. I. Dujtschev, Iz starata bulgarska knizhnina, Sofia 1943, 173.

31 Vgl. E. Hansack, Die Vita des Johannes Chrysostomos in kirchenslawischer Übersetzung, Freiburg 1980.

32 Die Masse der Homilien ist pseudochrysostomisch. CPG verzeichnet mit *hom in Mt, pasch., mart., prod. Jud.* 1-2 und *poenit.* 9 nur wenige authentische Werke.

33 Vgl. Suprasulski ili Retkov Sbornik, hg. von J. Zaimov/M. Capaldo, 2 Bde, Sofia 1982; Uspenski Sbornik, hg. von O. A. Knjazevskaja/V. G. Demjanov/M. V. Ljapon, Moskau 1971; Clozianus, hg. von A. Dostal, Prag 1959.

34 Wie stark sich die altkirchenslawischen Syntax an den griechischen Vorlagen orientierte, hat zuletzt E. Galluci (La lingua di Costantino di Preslav, eSamizdat 2004) 114 f., mit zahlreichen Beispielen belegt.

35 Vgl. K. Kuev, Art. Konstantin Preslavski, Starobulgarska Literatura, Sofia 2003, 267 f.

von Predigten der beiden Kirchenlehrer Kyrill von Alexandria und Johannes Chrysostomos. Die achtunddreißig chrysostomischen Mittelabschnitte entstammen den Matthäus- und den Johanneshomilien des Kirchenvaters. Die zwölfte Homilie der Sammlung leitet Konstantin mit dem folgenden Vorspruch ein:

> Ihr Christusliebenden! Unser Herr und Gott Jesus Christus spricht: „Wer mich und meine Worte verleugnet, den werde auch ich vor meinem Vater verleugnen!" (Mt 10.33). Deshalb, da ihr diese harten und strengen Worte gehört habt, so darf man sich nicht schämen, noch das Talent verbergen, das man empfangen hat, wie es jener Diener tat. Vor allem lasst uns die Worte des Herrn ausbreiten und gleich jenem Zenturio den Glauben zeigen, der die Gnade bringt, um vor Gott Herrlichkeit vor Engeln und Menschen zu empfangen und anstelle unserer unverständigen Belehrung zu verstehen, was der Hochheilige (scil. Johannes Chrysostomos) sagt. Dieser spricht folgendermaßen.[36]

An diesen Einleitungsabschnitt schließt sich eine auf etwa ein Zwanzigstel ihres Umfanges gekürzte Fassung der sechsundzwanzigsten Homilie des Johannes Chrysostomos zum Matthäusevangelium an[37]. Seine Chrysostomos-Paraphrase beschließt Konstantin mit der Mahnung zur eifrigen Nachahmung des frommen Zenturio und einer Doxologie.

Die Homilien des Chrysostomos zum Matthäus- und zum Johannesevangelium dürften für Konstantin von Preslav nicht zuletzt deshalb attraktiv gewesen sein, da sie dogmatische Fragen ebenso wie die komplizierte allegorische Exegese weitgehend aussparten[38], um ihr Publikum einer gehörigen Dosis moralisierender Mahnungen auszusetzen. Die Einleitungsworte des sich selbst als „unverständig" bezeichnenden altbulgarischen Redaktors verstärken dieses schon im griechischen Text vorgegebene Streben nach Einfachheit und Klarheit. Die Worte Konstantins sollen einen elementaren Rahmen des Verstehens schaffen, der eine möglichst große Zahl von Hörern einschließt[39]. Zu Konstantins Streben nach Allgemeinverständlichkeit passten die ausführlichen Streichungen innerhalb der Vorlage ebenso wie die übersetzungstechnischen Zugeständnisse an die gesprochene Sprache und seine Neigung, solche Passagen zu umschreiben oder zu kommentieren, die den Hörern möglicherweise schwer verständlich sein könnten[40].

---

36 Konstantin von Preslav, Lehrevangelium, Homilie 12 (47-48 Petkanova).
37 Vgl. Chrys. hom. in Mt 26,1-2.
38 Einzig *Homilie* 51 widmet sich mit der Frage nach der Bedeutung des Abendmahls einem dogmatischen Thema.
39 Konstantin umschreibt diese sprachliche Schlichtheit selbst in seiner neununddreißigsten Homilie als Verzicht auf die Sprache Platos.
40 Vgl. E. Galluci, Lingua (wie Anm. 34), 117.

Bei Konstantin von Preslav besitzt Johannes Chrysostomos, der „Hochheilige" den Status des christlichen Musterpredigers. Nicht ohne Stolz blickt Konstantin deshalb auf sein Übersetzungswerk des Chrysostomos und stellt fest, Chrysostomos habe nicht allein die Griechen beschenkt, sondern auch die Slawen[41]. Das Lob des Johannes Chrysostomos sollte über die gesamte altkirchenslawische Literaturepoche hinweg erschallen[42]. Doch sind unter unseren Zeugnissen auch vereinzelt andere Stimmen zu vernehmen, wie der nun folgende Abschnitt zeigen wird.

4. Außen- und Innensicht

In seiner „Rede" (Beseda) gegen die Bogomilen referiert der altbulgarische Autor Presbyter Kozma[43] Vorwürfe der Bogomilen gegen die Orthodoxie. Die Bogomilen kritisieren die Orthodoxie in vielen Punkten und Kozma lässt sich in seiner Schrift auf eine ausführliche Auseinandersetzung mit ihren Kritikpunkten ein.

In diesem Zusammenhang ficht Kozma auch die bogomilische Deutung von Matthäus 6,25 an. Die dualistischen Bogomilen verschmähten den Ackerbau als „Dienst an den Dämonen"[44]. Möglicherweise wendete sich das heute in einem anderen Sinn gebrauchte bulgarische Sprichwort „Djavolat ni ore ni kopae"[45] (Der Teufel ackert und gräbt nicht) ursprünglich gegen diese bogomilische Position. In jedem Fall stellt Kozma der bogomilischen Exegese von Matthäus 6,25 eine alternative Auslegung entgegen, die sich auf Chrysostomos sützt:

> Sie sagen: Es gehört sich nicht, dass wir arbeiten, [...] wie der Herr gesagt hat: „Sorgt nicht, was ihr essen oder trinken sollt [...] Und deshalb wollen sie nicht mit eigenen Händen arbeiten, gehen von Haus zu Haus und essen fremdes Eigentum. [...] Der Herr sagte das nicht, um Arbeit zu verbieten, sondern weil er nicht wollte, dass wir uns um irdische Dinge Sorgen machen.[46]

---

41 Konstantin von Preslav, Lehrevangelium, Homilie 47.

42 Vgl. A. Palmieri, San Giovanni Crisostomo nella letteratura russa, in: Χρυσοστομικά. Studi e ricerche intorno a S. Giovanni Crisostomo, Rom 1908, 189-211, hier 189.

43 Vgl. D. Petkanova, Art. Kozma Prezviter, Starobulgarska Literatura, Sofia 2003, 261.

44 Euthymios Zigabenos, Panoplia dogmatica 26 (PG 130, 1277).

45 G. Gawritsky, Bulgarische Konversationsgrammatik, Heidelberg 1923, 120. Ganz im Sinne der antibogomilischen Polemik und der synodalen Verurteilungen kehrt das Sprichwort die Verteufelung der materiellen Welt und die bogomilische Verteufelung der Handarbeit in die Verteufelung der Bogomilen um. Vgl. Euthymios Zigabenos, Contra Phudagiatas, PG 131, 48-57.

46 Presbyter Kozma, Gegen die Bogomilen 16 (93 Kiselkov).

Ganz ähnlich hatte Chrysostomos in seinem Matthäuskommentar formuliert, Christus habe nicht die Arbeit verurteilt, sondern nur die Sorge[47]. Auch in seinen das Werk abschließenden Mahnungen an den Klerus und die Mönche griff Kozma, dessen Werk auch in Russland und Serbien weite Verbreitung fand, chrysostomische Gedanken auf. Daher mag es kaum verwundern, wenn ein seit dem 14. Jahrhundert nachweisbarer Auszug kirchenamtlicher Vorschriften für den Umgang mit den Häretikern ebenfalls unter dem Namen des Johannes Chrysostomos umlief[48].

Ein weiterer Kritikpunkt der Bogomilen sind die Rituale der Orthodoxie, zuvörderst die heilige Liturgie, die als unapostolisch verworfen wird. Gegen diese Einwände betont Kozma die Inspiriertheit der Väter, um sodann zum Haupteinwand der Bogomilen gegen die Liturgie zu kommen: Diese würden sagen, nicht die Apostel, sondern erst der dreihundert Jahre später geborene Johannes Chrysostomos sei der Schöpfer der Liturgie[49]. Kozma begegnet der bogomilischen mit der rhetorischen Frage, ob es etwa bis zu Johannes Chrysostomos keinen Abendmahlsgottesdienst in der Kirche gegeben habe[50]. Offensichtlich möchte Kozma sagen, dass Chrysostomos nur Überlieferungen aufnahm, die er bereits selbst als ein Glied in der Kette apostolischer Tradition empfangen hatte.

Später kommt Kozma ein weiteres Mal auf die von den Bogomilen bestrittene Autorität des Chrysostomos zurück. Diesmal wehrt er den Vorwurf durch den Hinweis auf die Heiligenverehrung der Gläubigen ab. Hier berichtet Kozma von der Praxis, die drei Hierarchen, Chrysostomos, Basilios und Gregor von Nazianz, anzurufen, um so die Dämonen zu vertreiben[51]. Diese zuletzt erwähnte Bemerkung erinnert uns daran, dass der Name des Johannes Chrysostomos in der altbulgarischen Literatur nicht allein mit den ihm zugeschriebenen Reden und Schriften assoziiert wurde, sondern zugleich auch mit der Liturgie und den Festtagen, die dem Namen des Heiligen verbunden waren[52.]

---

47 Vgl. Chrys., hom. in Mt. 21,3.
48 Vgl. M. Tsibranska-Kostova, Kratki svedenija na bogomilite v juzhnoslavjanski tekstove, Bulgarski ezik 51, 2004, 40-50.
49 Presbyter Kozma, Gegen die Bogomilen 5.
50 Presbyter Kozma, Gegen die Bogomilen 5.
51 Presbyter Kozma, Gegen die Bogomilen 7.
52 Sollte Kozmas' Nennung des Chrysostomos, Basilios und Gregor von Nazianz im siebenten Kapitel das von Kaiser Manuel Komnenos im Jahre 1084 etablierte Fest der drei Hierarchen voraussetzen, wäre Kozmas' Schrift freilich deutlich später als üblich zu datieren. Übrigens schreibt die mittelbulgarische Literatur den drei Hierarchen ein eigenes Werk zu, nämlich die im Stil der Erotapokriseis gehaltene „Rede der drei Heiligen" vgl. A. Miltenova, Art. Beseda na trimata svetiteli, Starobulgarska Literatura, Sofia 2003, 64 f.

5. Alte Texte in neuen Kontexten

Zusammenfassend haben wir die folgenden Züge im Chrysostomos-Bild der altbulgarischen Literatur betrachtet: Erstens begegnete uns Johannes als literarischer „Klassiker": So gleicht sein Werk nach Johann Exarch den Spolien, aus denen die Barbaren nach den Stürmen der Völkerwanderung ihre Paläste errichten. Ein zweiter Aspekt unserer Untersuchung war das Bild des Johannes als eines Weisheitslehrers: In diesem Zusammenhang präsentierte sich Zar Simeon I als „neuer Salomo", der die Weisheits- sprüche des Johannes sammelte und als Belohnung für sein Weisheitsstre- ben die Legitimation seiner Herrschaft erwarb. Sodann lernten wir Johan- nes als den idealen Katecheten und normativen Ausleger der heiligen Schrift kennen: In dieser Weise ehrten den Chrysostomos die Missionare des neu getauften Volkes durch die weite Verbreitung der chrysosto- mischen Homilien in ihrer elementarisierten Form. Schließlich begegnet Johannes bei Presbyter Kozma als Heiliger, Ahnherr der Liturgie, sozial- ethischer Lehrer und später sogar als ein kirchenrechtlicher Normgeber.

Kaum reflektiert die altbulgarische Literatur die Konflikte um Johan- nes[53]. Tatsächlich werden der Bereich möglicher Konflikte zwischen „Kirche und Staat" sowie der Bereich der innerkirchlichen Konflikte von den altbulgarischen Schriftstellern ausgeblendet. Als wichtigste Träger der Verbreitung der altkirchenslawischen Literatur hatten die Zaren dem chrysostomischen Schrifttum eine integrative Funktion bei der Heraus- bildung der orthodoxen Staatskirche in Bulgarien zugedacht und besaßen kein Interesse daran, derartige Konflikte zwischen Kirche und Staat zu thematisieren.

---

53 Die einzige mir bekannte Ausnahme bildet die Chrysostomos-Vita des Ps.-Georgios von Alexandria (wie Anm. 31). Die kirchenpolitische Instrumentalisierung der Figur des Johannes gegen die Interessen des Herrschers scheint erst im 14. Jh. zu beginnen. Vgl. G. Podskalsky, Literatur (wie Anm. 9), 324.

The Ethiopic Life of John Chrysostom[*]

WITOLD WITAKOWSKI

In Ethiopia, as elsewhere, John Chrysostom is one of the most important Church Fathers, yet very little research has been done on the reception of his work in that country. Indeed, scholars have often been unaware of the existence of Ethiopic versions of some of his numerous works. None of them is listed in Maurits Geerard's *Clavis Patrum Graecorum*, although some of his homilies in Ethiopic had already been published in the first decade of the 20th century. The editor was the Portuguese scholar Francisco Esteves Pereira[1], who in 1910 summarised what was then known about Chrysostom's texts in Ethiopic[2]. For the next c. 80 years nobody touched the material, a situation that has begun to change only recently, thanks to two Italian scholars. The first of them, Gianfranceso Lusini, undertook some research, published in 1988, on Ethiopic homiliaries, and showed how important John Chrysostom's work was in Ethiopia and how many of his homilies had found their way to the country via these homiliaries[3]. Delio Vania Proverbio, the second scholar who recently dealt with the *Chrysostomica Aethiopica* in 1998 published a substantial dissertation on one work by, or at least attributed to, John Chrysostom, namely the homily *On the Fig-Tree* [4].

---

[*]   Abbreviations: Cat. EMML - A Catalogue of Ethiopian manuscripts microfilmed for the Ethiopian Manuscript Microfilm Library, Addis Ababa, and for the Monastic Manuscript Microfilm Library, Collegeville, Collegeville, MN, 10 vol., 1975-1993; VOHD – Verzeichnis der orientalischen Handschriften in Deutschland, 1973-1999.

[1]   J. M. Esteves Pereira, Homilia sobre o baptismo de N.S. Jesus Christo attribuida a S. João Chrysostomo: a primeira segundo a versão ethiopica, (Academia Real das Sciencias de Lisbõa: Boletim da Segunda Classe, 3:6), Lisbõa 1910; idem, Homilia sobre o baptismo de N.S. Jesus Christo attribuida a S. João Chrysostomo: Homilia primeira, (Academia Real das Sciencias de Lisbõa: Boletim da Segunda Classe, 3:6), Lisbõa 1911; Idem, Homilia sobre as vodas de Cana de Galileia attribuida a S. João Chrysostomo, Lisbõa 1910-11; idem, Duas homilias sobre S. Tomè attribuida a S. João Chrysostomo, Coimbra 1914;

[2]   J. M. Esteves Pereira, Homilias de S. João Chrysostomo na litteratura ethiopica, (Academia Real das Sciencias de Lisbõa: Boletim da Segunda Classe, 3:5), Lisbõa 1910.

[3]   G. Lusini, Appunti sulla patristica greca di tradizione etiopica, SCO 38, 1988, 469-493.

[4]   D. V. Proverbio, La recensione etiopica dell'omelia pseudocrisostomica de ficu exarata ed il suo tréfonds orientale (Äthiopistische Forschungen 50), Wiesbaden 1998.

It seems however that the popularity of John Chrysostom in Ethiopia is much greater than might be expected from just the translation of some of his homilies into Ethiopic. In fact, over 40 works are attributed to Yohannəs Afä Wärq[5], as he is called in Ethiopic (*Afä Wärq* being a translation of his Greek nickname). Only five of them are published. Included amongst these works, in addition to the one already mentioned, are such homilies as *The First Homily On the Baptism of the Lord, On the Wedding Feast at Cana*, and two homilies *On Saint Thomas* [6].

The large number of works, which are almost certainly apocryphal, is surprising. A comparison of the *Chrysostomica Aethiopica*, purely by titles found in the catalogues of Ethiopian manuscripts, with the list in the *Clavis*, is often negative. The sheer number of these apocryphal works shows, however, that he must have been a very popular Church father indeed. After all, why should one attribute one's work to a little known author, if one wanted that work to be read by as many readers as possible?

This popularity must have led to the interest in the life of the person, and, as a result, a biography of John was composed. As we shall see, it is an original Ethiopic composition. At any rate, I am not aware of anything similar extant in Arabic or Syriac, the languages through which it could be expected to reach Ethiopia. Moreover, the introductory lines of the biography, to which we shall return, show that it is based on sources that are all, though not uniquely, known in Ethiopic.

Below, we attempt to present the *vita* and explore these sources.

The Manuscripts

The text is not rare. At least 18 manuscripts are known to me[7], seven of them from major Western collections, and eleven in Ethiopia that, how-

---

5   W. Witakowski, Art. John Chrysostom, Encyclopaedia Aethiopica 3, 2007, s.v. (forthcoming).

6   See above, n. 1.

7   Uppsala, O Etiop 21, 18th cent. (O. Löfgren, Katalog über die äthiopischen Handschriften in der Universitätsbibliothek Uppsala, Uppsala 1974, 129); Munich, Cod. Aeth. 38, 18th cent. (?) (V. Six, Äthiopische Handschriften, 2: Die Handschriften der Bayerischen Staatsbibliothek, hg. v. E. Hammerschmidt [VOHD 20:5], Stuttgart 1989, 66); London, British Library: Orient. 737, 18th cent., Orient. 740, early 18th cent., Orient. 741, 18th cent. (W. Wright, Catalague of the Ethiopic manuscripts in the British Museum acquired since the year 1847, London 1877, 204 and 208), and Orient. 12513, 18th cent. (S. Strelcyn, Catalogue of Ethiopian manuscripts in the British Library acquired since the year 1877, London 1978, 98); Paris, d'Abbadie 20, 18th cent. (C. Conti Rossini, Notice sur les manuscrits éthiopiens de la collection d'Abbadie, Journal Asiatique 10:20, 1912, 459); Kebran 37, beginning of the 18th cent.

ever, can be found in microfilm form in Western libraries. The oldest manuscript known dates from the 17ᵗʰ century, whereas the most recent dates from the 1950's[8].

The *Life of John Chrysostom* is usually copied as a sort of introduction to his *Commentary on Paul's* Epistle to the Hebrews (ትርጓሜ፡ መልእክተ፡ ጳውሎስ፡ ኀበ፡ ሰብእ፡ ዕብራውያን፡).

The text is written in the manuscripts as *scriptio continua*. No division system into chapters or sections is evident. However, pieces of information in it are sometimes introduced with the words, *Such and such says*, whereupon a new source for the excerpt is stated.

The author and title

The *Life* is anonymous, which is, of course, nothing unusual in Ethiopic literature.

The title of the piece reads *Zena Yohannes Afä Wärq* (ዜና፡ ዮሐንስ፡ አፈ፡ ወርቅ፡), i.e., *The Story of John Chrysostom*. Our text begins – as does any Ethiopic text – with the eulogical formula, whereupon the author or a scribe introduces his text with the following words:

> With the help of God and the beauty of his gift we begin writing the story of our father holy John Mouth of Gold, the archpriest of Constantinople.[9]

The Contents

After the introduction on the sources, to which we shall return, the proper biographical narrative begins. It presents John as originating in Antioch, of an affluent family. The names of his parents are given as *Sifaniyus*

(E. Hammerschmidt, Äthiopische Handschriften vom Ṭānāsee, vol. 1 [VOHD 20:1], Wiesbaden 1973, 174), Collegeville: EMML 46, late 19ᵗʰ cent. (W. F. Macomber, Cat. EMML, vol. 1, 1975, 50); EMML 345, year 1920 and EMML 513, 19ᵗʰ/20ᵗʰ cent. (W. F. Macomber, Cat. EMML, vol. 2, 1976, 51 and 245); EMML 948, c. 1710, (W. F. Macomber, Cat. EMML, vol. 3, 1978, 276); EMML 2116, 18ᵗʰ cent. and EMML 2377, 17ᵗʰ cent. (the oldest; Getatchew Haile/W. F. Macomber, Cat. EMML, vol. 6, 1982, 215 and 458), EMML 3002, 18ᵗʰ cent. (Getatchew Haile, Cat. EMML, vol. 8, 1985, 2); EMML 4653, 18ᵗʰ/19ᵗʰ cent. and EMML 4758, year 1702 (Getatchew Haile, Cat. EMML, vol. 10, 1993, 253 and 296 f.).

8   Collegeville, EMML 1200 (Getatchew Haile, Cat. EMML, vol. 6, 1979, 159).
9   ነዋየን፡ በረድኤተ፡ እግዚአብሔር፡ ወበሥነ፡ ህብቱ፡ ጽሐፈ፡ ዜናሁ፡ ለአቡነ፡ ቅዱስ፡ ዮሐንስ፡ አፈ፡ ወርቅ፡ ሊቀ፡ ጳጳሳት፡ ዘቀስጥንጥንያ፡ ...; Ms. Collegeville, EMML 3002, f. 3ra; further quotations will be taken from this manuscript.

(ሲ.ፋሩይስ፡)[10] and *Atnasəya* (አትናስያ፡). While the name of the mother is what one might call a "normally" garbled version of *Anthusa*, the Ethiopic name of the father (originally *Secundus*) reveals its transmission through Arabic, in which script the letter *qaf*, which regularly renders the Greek *kappa* in Ethiopic (and in other Semitic languages), may be easily mistaken for *fa*, which seems to be what the Ethiopian translator saw in his Arabic *Vorlage*. Then we learn that John became a monk, and lived in the same monastery where once Basil (the Great) had lived. Also living there was a monk, of Syrian origin, by the name of Sisikos (ሲ.ሲ.ኮስ፡; behind which name the Greek 'Hesychios' can be detected[11]), who had a gift of fore-seeing the future. In one of his visions, he saw the apostles Peter and John the Evangelist visiting John Chrysostom and bestowing upon him the dignity of a priest, as well as the keys to the Heavenly Kingdom[12]. Then it is said that John composed numerous homilies and paraenetic writings, as well as Bible commentaries, all as a result of the Holy Spirit's descending upon him. The appearance of an angel of God is also reported, the angel prophesying that thousands of people would listen to John and would be guided by him to the right faith. The same angel also appeared to Patriarch Fulatyanos (ፉላትያኖስ፡; the Greek name behind which seems to be *Philotheos*, although most probably *Flavian* is meant) and commanded him to consecrate John a priest. That he did, although John himself was unwilling to become one.

When the patriarch of Constantinople died, Emperor Arqadewos (አርቃዴዎስ፡ Arcadius) gave orders to bring John and make him the patriarch of the capital. Here he continued explaining the Scriptures and preaching. Then we learn that Empress Awdoksəya (አውዶክስያ፡ Eudoxia), who "loved riches" (φιλάργυρος)[13] took a vineyard from a poor widow, who then complained to John. His intervention reached the level of forbidding the Empress to enter churches[14]. Then the queen banished him

---

10 In the Synaxary: Sifandos; Le Synaxaire éthiopien: mois de genbot: éd. critique du texte éthiopien et trad. française par Gérard Colin (Patrologia Orientalis 47:3 = 211), Turnhout 1997, 248 [56], 9; The Book of the Saints of the Ethiopian Church, a translation of the Ethiopic Synaxarium Maṣhafa sĕnkĕsār made from the manuscripts Oriental 660 and 661 in the British Museum by E. A.Wallis Budge, vol. 3, Cambridge 1928 (= Hildesheim 1976), 879: Sifandus.

11 Cf. Vie de Chrysostome par Georges d'Alexandrie, in: Douze récits byzantins sur saint Jean Chrysostome, ed. F. Halkin (Subsidia hagiographica 60), Bruxelles 1977, 93. The name Sisikos is a corruption from Isikos (ኢሲኮስ፡); the latter form occurs in the Synaxary, ibid., 248 [56],18.32; Budge's translation 880.

12 George of Alexandria, § 7 (Halkin 93-97).

13 George of Alexandria, § 28 (Halkin 148).

14 George of Alexandria, § 42 (Halkin 196).

to the region of Aṭraqya (አጥራቅያ፡[15] = Thrace?), or Ǝkratya (እክራጥያ፡), whereupon a controversy rose among the people of Constantinople, while the emperor himself was deeply saddened. The inhabitants of Aṭraqya, which, as we learn, was an island (ደሴት፡), were heretics but John instructed them and they returned to the right faith.

Anorewos (አኖሬዎስ፡ Honorius), the king of Rome, and Yonakəndiyos (ዮናክንዲዮስ፡ Innocent), the patriarch of Rome, sent a letter to Arcadius admonishing him to bring John back from exile. So he did, but Empress Eudoxia soon exiled John again to Ǝkratya, where he died. Before the news of his death reached the capital and Rome, Innocent excommunicated the Empress, unless she revoked John's exile. In fact, she tried to do so, but the people she sent to bring him back found him dead. Some time later, Eudoxia became afflicted with a serious illness, and notwithstanding all the medical treatments that she received, she was able to recover only after she asked John for forgiveness. The author adds that many other miracles occurred at the tomb of the saint, although he does not specify them.

Then an explanation of his nickname is provided: John, we learn, was called "the language (sic!) of gold" (ልሳነ፡ ወርቅ፡) miraculously, namely by the icon of Mary, after he had explained to the Emperor the problem of the immaculate conception in the room in which the icon was hanging.

An apocalyptic section now follows, in which an unnamed bishop is allowed to see the congregation of Church Fathers in heaven. He asks why John is not among them, and the guiding angel answers that it is because John stands by God's throne of glory.

The next fragment tells of John's simple food habits – he ate only barley dough and chaff – and his likewise simple clothes of hair.

Then another miraculous anecdote is reported: John, on his way to baptise a girl, met an angel on God's mission to take the girl's soul. John told the angel to stop and not move, then himself rushed to baptise the girl. He returned home by another way, but a year later went the same way as previously and met the angel still waiting there, just as he had been told. Now John released the angel from his previous command and, as a result, the girl soon died, but in a baptised state.

The last section tells of the inscribing of John's name on the diptychs of churches in Alexandria, which was done by Patriarch Cyril (412-444) at the request of Emperor Theodosius.

---

15 Thus, in ms. EMML 948 and passim both here and in ms. EMML 3002, and in the Synaxary (see above, n. 10), from which this section of the Life comes.

The Sources

In the preface, as a continuation of the title (see above), the compiler writes:

[The Story of John Chrysostom], which was taken from the *Book of History* (መጽሐፈ፡ ታሪክ፡) written by Giyorgis Wäldä 'Amid, and moreover from the *Book of Synaxary* (መጽሐፈ፡ ስንክሳር፡), and (that of) Abushakir (አቡሻክር፡), and from the *Book* of John Mädäbbər, which in translation means 'Arranger' (ሠራዒ፡).

This provides the starting point for source analysis.

The *Book of History* of Giyorgis Wäldä 'Amid is a universal chronicle. The author, often referred to as al-Makīn (Latinised as Almacinus), was a Coptic historian who wrote in Arabic ca. 1262-68. His full name is Ğirğis ibn Abī 'l-Yāsir ibn Abī 'l-Mukārīm ibn Abī 't-Ṭayyib al-ʿAmīd (called) al-Makīn[16]. The work's original title is *The Blessed Collection* (Al-maǧmuʿ al-mubārak), but in modern scholarship it is referred to as *Universal History*. It was translated into Ethiopic during the reign of Ləbnä Dəngəl (1508-40)[17], and in this version it is entitled *Tarikä Wäldä ʿAmid*, i.e., simply "The History (or: the Chronicle) of the son of Amid" (Eth. wäld = Ar. ibn). The work has not been published so far either in Arabic, except for fragments (but these are concerned with Islamic history), or Ethiopic, again except for a fragment (on Alexander the Great). Almost no studies have been done on it so far either, and thus we know very little about its sources[18].

What is known, however, is that one of its sources was *Abushakir* (*Abušakər*, አቡሻክር፡), which is also named in the introduction to John's *vita*. *Abushakir* is another Copto-Arabic piece of historiographical litera-ture, also translated into Ethiopic. The word itself, functioning in Ethiopic as the short title, comes from the name An-Nušūʾ Abū Šākir ibn as-Sanā ar-Rāhib Abū 'l-Karam Buṭrus ibn al-Muhadhdhib (ca. 1210- ca. 1295)[19].

---

16 G. Graf, Geschichte der christlichen arabischen Literatur, Zweiter Band: Die Schrift-steller bis zur Mitte des 15. Jahrhunderts, (Studi e Testi, 133), Città del Vaticano 1960 [= 1947], 348; A. S. Atiya, Art. Makīn, ibn Al-ʿAmīd, Al-, The Coptic Encyclopedia 5, New York 1991, 1513.

17 Ute Pietruschka, Art. Giyorgis Wäldä 'Amid, Encyclopaedia Aethiopica 2, Wiesbaden 2005, 812-814.

18 See, however, W. Witakowski, Ethiopic universal chronography, in: Julius Africanus und die christliche Weltchronistik (TU 157), ed. Martin Wallraff, Berlin 2006, 285-301, esp. 293-298.

19 G. Graf (op. cit. n. 16), 428; A. Sidarus, Ibn al-Rāhib, Encyclopaedia of Islam, new ed., Supplement, fasc. 5-6, 1982, 396 f., here 396.

The work itself is called *Book of Chronologies* (Arabic: *Kitāb at-tawārīḫ*)[20], and is known mainly for its computistic contents, which take up a large part of the text[21]. It was finished in 1257. Neither the Arabic text nor the Ethiopic translation have been published, but an Arabic abbreviation of the historiographical part was, by Louis Cheikho in 1903, and is entitled *Chronicon Orientale* [22].

Luckily we know when it was translated into Ethiopic, namely between the years 1529 and 1536[23], by Archimandrite ᶜƎmbaqom, the famous author and translator from Arabic, and himself an Arab from Yemen who had converted to Christianity[24].

Although these two chronicles are named in the introduction, no specific fragment of the text of the *Story* is attributed to either of them, and thus the full identification will have to wait until the text of either of them is published. However, a cursory check of the text of the *Chronicle* of Giyorgis Wäldä Amid[25] has revealed that its account of Chrysostom is concerned with the confiscation of the vineyeard by the Empress, the intervention of Epiphanios of Cyprus in Constantinopolitan affairs and the naming of John by the icon.

The next source named is the *Synaxary* of the Ethiopian Orthodox Church. It is basically a translation of the *Alexandrian Synaxary*, undertaken ca. 1400[26], but supplemented in Ethiopia with material on local saints. The commemoration of John Chrysostom, or the day of his feast, is the 12th of Gənbot (= 17 May). Although here again no section of the *Story* is said to be taken from the *Synaxary*, we were able to establish that approximately the first half of the *Story* comes from this source, up to the section in which the icon of Mary speaks to John, addressing him as

20 The word *taʾrīḫ* (sg. of *tawārīḫ*) has a wide range of meanings: 'era, epoch, date, chronology, chronicle, history, history book'.

21 This part is of no concern to us here; Otto Neugebauer published a study devoted to it: Abu Shaker's "Chronography": A treatise of the 13th century on chronological, calendrical, and astronomical matters, written by a Christian Arab, preserved in Ethiopic (Sitzungsberichte der Österreichischen Akademie der Wissenschaften. Philologisch-historische Klasse 498), Wien 1988.

22 Petrus Ibn Rahib, Chronicon Orientale, ed. (interpretationem olim ab Abrahamo Ecchellensi institutam tum a I.S. Assemano revisam iterum ad fidem arabici textus recognovit) L. Cheikho, (CSCO [45, 46], Scriptores Arabici, ser. 3, t.1 [= 1-2]), Beirut/Paris/Leipzig 1903 [= Leuven 1955].

23 S. Uhlig, Art. Abušakər, Encyclopaedia Aethiopica 1, Wiesbaden 2003, 56 f., here 57.

24 More on these two chronicles in W. Witakowski (op. cit. n. 18), 285-301;

25 Ms. Collegeville, EMML 21, 180a-181a (the ms is paginated).

26 According to E. Cerulli (La letteratura etiopica. L'oriente cristiano nell'unità delle sue tradizioni [La letteratura del mondo 30], Firenze 1968, 55) by the Egyptian monk Simeon.

"Tongue of Gold"[27], i.e. partly duplicating the material from the *Chronicle* of Giyorgis Wäldä Amid.

The last source stated in the introduction is the *Book* of John Mädäbbər[28], which name in Arabic, *mudabbir(un)*, means 'manager, organizer', just as the anonymous compiler has explained. He is better known to the Western scholars as John, the bishop of Nikiou in Egypt, the author of a *World History* [29] covering the period from the Creation up to the late 7th century, when he lived. The Ethiopic translation is the only form in which John of Nikiou's work is known, as neither the Arabic *Vorlage* of the Ethiopic, nor the original, which was most probably Coptic, are extant. In any case, it was translated into Arabic in the 13th century and from the latter into Ethiopic in 1602. Two fragments are based on this source: one telling of the controversy among people after the expulsion of John[30] (inserted into the material originating in the *Synaxary*), and the other, actually the final fragment, which reports the introduction of John's name on to the church diptychs in Alexandria[31].

Two more sources are mentioned in the text, but not in the introduction. The first is the *Book of Hawi*, from which the report on Chrysostom's nutritional habits comes. *Hawi* is a sort of encyclopedia of Christian doctrine and church matters. This again is a translation from Arabic, which in turn was translated from the Greek original compiled in the 11th century by Nikon, monk of the Chalcedonian monastery of the *Theotokos tou Rhoidiou* (Mother of God of the Pomegranate), near Antioch. The Ethiopic translation (not published) was made in 1582 by one Salik, a monk of the Monastery of Däbrä Libanos in Shewa[32].

The last source to be mentioned is called the *Story of the Fathers* (ዜናሆሙ፡ ለአበው፡), from which the apocalyptic fragment is taken about the bishop, who could not find John Chrysostom within the congregation of Church Fathers. To judge by the title, the *Story of the Fathers* seems to be a piece of monastic literature. Several collections of such literature – of

---

27   Le Synaxaire éthiopien: mois de genbot, (see n. 10), 248 [56]-255 [63] ; E. A. W. Budge's translation, 879-883.
28   Also spelled Mädäbbär.
29   Chronique de Jean évêque de Nikiou, texte éthiopien, édité et traduit par H. Zotenberg, Paris 1883; Engl. tr.: The Chronicle of John, Bishop of Nikiu, translated from Zotenberg's Ethiopic text by R. H. Charles (Text and Translation Society, Publ. 13), London 1916.
30   Chronique de Jean (see n. 29), (Eth. text), 109,12-16; The Chronicle of John (see n. 29), 95, § 38.
31   Chronique de Jean (see n. 29), (Eth. text), 109,5 from the bottom - 110,6; The Chronicle of John (see n. 29), 95 f., § 42 f.
32   Ezra Gebremedhin, 'Ḥawi, Mäṣḥafä ḥawi', Encyclopaedia Aethiopica 2, Wiesbaden 2005, 1052 f.

apophthegmata character – are known in Ethiopic, many of them entitled
Paradise or *Garden*[33]. Luckily, it turns out that the story in Chrysostom's *vita*
comes from the collection that is published, entitled *Patericon Aethiopice*.
This conventional title was invented by the editor Victor Arras[34], but the
longer title formula includes both the title *Book of the Story of the Fathers*
(መጽሐፈ፡ ዜናሆሙ፡ ለአበው፡) and the *Paradise* (ገነት፡)[35].

The repertory of the Ethiopic sources presented above makes it clear
that it is an original Ethiopic composition, not a translation from Arabic,
although, as we have seen, all the sources were translated from that
language. Since the text does not include any information on its date, it
has to be dated to the period between the last source used – 1602, the date
of the translation of John of Nikiou's *Universal History* into Ethiopic –
and the date of the earliest manuscript, i.e., 17th century[36]. Thus we may
conclude that the Ethiopic *Story of John Chrysostom* comes from the first
half of the 17th century.

In addition to what has already been noted above, there is still material
in the *Story of John Chrysostom* that remains unaccounted for. This is the
story of the girl whom Chrysostom managed to baptise before the Angel
of Death could take her soul. I have been unable to find this in the
sources named above.

I have presented above only the direct, Ethiopic, sources of the *Story*,
not the ultimate, which – whatever the transmission – must have been
Greek. In some places above, I have already drawn attention (in the
footnotes) to the parallels to our text which can be found in the *Life of
Chrysostom* by George of Alexandria[37], but the problem requires a more
systematic study than can be undertaken in this paper.

---

33 See W. Witakowski, Filekseyus, the Ethiopic version of the Syriac Dadisho Qatraya's
    Commentary on the Paradise of the Fathers, in: Wälättä Yohanna, Ethiopian Studies
    in Honour of Joanna Mantel-Niećko on the Occasion of the 50th Year of Her Work
    at the Institute of Oriental Studies, Warsaw University (Rocznik Orientalistyczny,
    59:1), ed. W. Witakowski/L. Łykowska, Warsaw 2006, 281-296.

34 Patericon aethiopice, ed. and tr. V. Arras (CSCO 277-278; Scriptores Aethiopici 53-
    54), Louvain 1967, 192,6-19 (Eth.); 141 f. (no. 270) (Lat. transl.).

35 Ibid., 1 (both the *Textus* and *Versio*).

36 Ms. Collegeville, EMML 2377.

37 Published by F. Halkin, Douze récits byzantins (see n. 11), 69-286.

Neuzeit

„Boshaft wie goldene Rede"

Aspekte der Traditions- und Rezeptionsgeschichte der Reden gegen die Juden von Johannes Chrysostomos

RUDOLF BRÄNDLE/WENDY PRADELS

Der nachstehende Beitrag ist einem einzigen Textkorpus, den *Adversus Iudaeos orationes*, gewidmet[1]. Das hat einen eher zufälligen Grund darin, dass die Vorbereitungen für unsere Edition dieser Reden in den *Sources Chrétiennes* vor dem Abschluss stehen. Mehr ins Gewicht fällt die Tatsache, dass die *Orationes adversus Iudaeos* einen wichtigen und schwierigen Text bilden – und zwar auch und gerade mit Blick auf die Rezeptionsgeschichte. Die Wendung „Boshaft wie goldene Rede" stammt aus dem Gedicht „Spät und Tief" von Paul Celan. Möglicherweise hat der 1970 in Paris aus dem Leben geschiedene Dichter mit diesen Worten auf die *Reden gegen die Juden* von Johannes Chrysostomos angespielt[2]. Wenn diese Annahme stimmt, dann bildet das schwer verständliche Gedicht eine seltene Ausnahme. In poetischen Kontexten begegnen die Reden des Goldmunds sonst nicht. Der Ort, an dem auf sie Bezug genommen wird, sind in der Regel argumentative Texte.

---

1   PG 48,871-942. Deutsche Übersetzung von R. Brändle/V. Jegher-Bucher, Johannes Chrysostomus, Reden gegen Juden (BGrL 41), Stuttgart 1995.
2   Paul Celan, Spät und Tief, in „Mohn und Gedächtnis", in: B. Wiedemann (Hg.), Paul Celan. Die Gedichte, Frankfurt/M. 2003, 38.
     Boshaft wie *goldene Rede* beginnt diese Nacht.
     Wir essen die Äpfel der Stummen.
     Wir tuen ein Werk, das man gern seinem Stern überlässt;
     wir stehen im Herbst unsrer Linden als sinnendes Fahnenrot,
     als brennende Gäste vom Süden.
     Wir schwören bei Christus dem Neuen, den Staub zu vermählen dem Staube,
     die Vögel dem wandernden Schuh,
     unser Herz einer Stiege im Wasser. ...
     Die Interpretation der ersten Zeile auf die Reden des Goldmundes ist keineswegs gesichert. Zu verweisen ist auf Spr. 25,11. Zu denken ist ferner als möglicher Kontext auch an die sog. Plagiatsdebatte, s. B. Wiedemann (Hg.), Paul Celan – die Goll-Affäre, Frankfurt/M. 2000.

1. Die handschriftliche Überlieferung
der Reden gegen die Juden[3]

Üblicherweise wird von acht Reden gegen die Juden gesprochen[4]. Die Handschriften weisen aber deutlich darauf hin, dass die ursprüngliche Reihe nur aus sieben Reden bestanden hat. Die meisten Manuskripte verwenden den vollen Titel: „Gegen die Juden und die judaisierenden Christen". In einigen Handschriften findet sich eine noch umfassendere Version des Titels: „Rede gegen die Juden, aber gerichtet gegen die Judaisierer und diejenigen, die mit ihnen fasten" „λόγος κατὰ Ἰουδαίων – ἐλέχθη δὲ πρὸς τοὺς Ἰουδαΐζοντας καὶ μετ' ἐκείνων νηστεύοντας". Darin spiegelt sich die komplexe Situation der Kirchen in Antiochien im späten 4. Jahrhundert. Entgegen der lange Zeit üblichen Annahme, dass sich das Christentum sehr früh vom Judentum getrennt und zu einer eigenständigen Religion entwickelt habe, sehen wir in Antiochien (und andernorts), dass Kirche und Synagoge noch nicht Größen mit klar umrissenen Grenzen waren, sondern sich gegenseitig beeinflussten[5].

Nicht wenige Angehörige der Gemeinde von Johannes Chrysostomos hatten eine hohe Meinung vom jüdischen Glauben. Sie besuchten regelmäßig am Sabbat die Synagoge und nahmen am jährlichen Zyklus der Feiertage teil. Johannes bezeichnete diese Christen als judaisierende (Christen). Eine Splittergruppe von Christen feierte Ostern am Datum des jüdischen Pessach. Johannes spricht von ihnen als „denjenigen, die mit ihnen (sc. den Juden) fasten". Diese werden heute als „Protopaschiten" bezeichnet, da die jüdische Feier in der Regel vor der christlichen stattfand[6]. Die zusätzliche Rede, in der traditionellen Zählung die dritte, die zu der Zahl von acht Reden in den modernen Ausgaben führte, ist eine Rede, die sich gegen diese Protopaschiten richtet. Johannes Chrysostomos kritisiert sie, weil sie durch das Festhalten an einem durch das jüdische Pessach bestimmten Osterdatum die Einheit der Kirche zerstörten, die in ihrer überwiegenden Mehrheit den Ostertag anders festlegte. Sein Urteil über

---

3 Dieser Abschnitt ist von W. Pradels verfasst.

4 P. W. Harkins hat seine Übersetzung „Discourses against Judaizing Christians" betitelt ([The Fathers of the Church 68], Washington D.C. 1979). Wir sind aber der Meinung, dass er mit der Ersetzung des eingebürgerten Titels „ΛΟΓΟΙ ΚΑΤΑ ΙΟΥΔΑΙΩΝ" zu weit ging. Die Reden sind in der Tat in erster Linie an die Adresse der judaisierenden Christen gerichtet, enthalten aber auch nicht wenig direkte Polemik gegen die Juden.

5 Vgl. D. Boyarin, Border Lines. The Partition of Judaeo-Christianity, Philadelphia 2004.

6 M. Heimgartner, Der Ostertermin der sogenannten „Protopaschiten" in der dritten Rede gegen die Juden von Johannes Chrysostromus. Zum jüdischen Pessachkalender und dem christlichen Osterkalender Antiochiens, ThZ 60, 2004, 131-144.

die Protopaschiten ist aber weniger scharf als dasjenige über die judaisierenden Christen, die nach seiner Überzeugung mit vom Teufel bewohnten Seelen Gesellschaft hielten und dadurch ihres Heils verlustig gingen.

Die Rede „Gegen die Protopaschiten" wurde erstmals im 18. Jahrhundert durch Bernard de Montfaucon in die Reihe der *Reden gegen die Juden* aufgenommen. Henry Savile hatte sie direkt nach, aber deutlich getrennt von der Reihe „Gegen die Juden" platziert, während David Hoeschel sie gar nicht erst in seine Ausgabe mit eingeschlossen hatte[7]. Tillemont beschrieb diese Rede als einen von den *Reden gegen die Juden* unabhängigen Text[8].

Es ist verständlich, dass ein Herausgeber diese Rede zu der Reihe der *Reden gegen die Juden* hinzufügen wollte, wie Savile es getan hat, da ihre Themen bis zu einem gewissen Grad Verwandtschaft aufweisen, aber es ist höchst unglücklich, dass Montfaucon sie als Rede 3 und somit als Teil der Reihe aufgenommen hat. Seine Entscheidung basierte auf der Erkenntnis, dass auf Grund von Hinweisen in den erhaltenen Reden die Existenz einer weiteren Rede erschlossen werden konnte. Eine fehlende Rede wurde zwar gefunden, aber sie war unvollständig. Sie wurde als isolierte Rede in einer jetzt in München[9] befindlichen Handschrift entdeckt, in der leider 16 Seiten, also rund zwei Drittel dieser Rede fehlen. Aus diesem Grund konnten Montfaucon (und andere, damals und nach ihm) die ursprüngliche Reihe nicht rekonstruieren. Wegen gewisser Anklänge an die erste und die vierte Rede fügte Montfaucon sie an zweiter Stelle ein und platzierte an dritter die Rede „Gegen die Protopaschiten", weil Bezüge in der zweiten und vierten auf eine zusätzliche fehlende Rede hinzudeuten schienen. Er kam daher zu dem Schluss, dass die ursprüngliche Reihe acht Reden enthalten habe.

Bei der Vorbereitung unserer Ausgabe des griechischen Textes hatten wir das große Glück, auf der griechischen Insel Lesbos auf ein Manu-

---

7 In der großen, von Erasmus veranstalteten lateinischen Übersetzung der *Opera* des Chrysostomos findet sich dieser Text ebenfalls nicht. Das griechische Manuskript, das er für seine Übersetzung der *Reden gegen die Juden* verwendete, enthält die *Rede gegen die Protopaschiten* nicht.

8 Er datierte sie auf den Samstag vor Beginn der Fastenzeit im Jahre 387, während die Reihe der übrigen Reden in die Zeit September 386 und September bis Oktober 387 gehören. (Mémoires pour servir à l'histoire ecclésiastique des six premiers siècles, Paris 1706, XI, 46-61). Siehe auch J. Stilting (De S. Joanne Chrysostomo, episcopo Constantinopolitano et ecclesiae Doctore, prope Comana in Ponto, commentarius historicus, in: Acta Sanctorum Septembris IV, Antwerpen 1753, 401-701, 452 f.), der sich mit Tillemont gegen Montfaucon stellt und mehrere Abschnitte der Diskussion um die Identität der Gruppe widmet, an die sich die Rede richtet.

9 München, Bayerische Staatsbibliothek, cod. gr. 190, 10. Jahrhundert.

skript zu stoßen, das eine weitere Abschrift der Rede enthält, die in der Münchner Handschrift nur unvollständig erhalten ist. Es war uns daher möglich, die zwei Drittel der Rede zu veröffentlichen, die seit dem Mittelalter verloren waren[10].

Der neu entdeckte Text erlaubte uns, die Rekonstruktion von Montfaucon zu korrigieren. Zusätzlich zur Eliminierung der „Rede gegen die Protopaschiten" aus der Reihe der Reden gegen die Juden, die wir – wie Savile – am Ende unseres Bandes herausgeben werden, haben wir (unter Verwendung von Montfaucons Nummerierung) folgende Chronologie erstellt: 1, 4, 2, 5, 6, 7, 8. Bei erneuter Zählung in numerischer Reihenfolge wird Montfaucons 4 eine 2, seine 2 eine 3 und seine 5-8 werden 4-7[11]. Im Rahmen dieses Artikels wird die Zählung Montfaucons beibehalten.

Bei der Bearbeitung der Manuskripte fiel uns insbesondere die Tatsache der unterschiedlichen Überlieferungsgeschichte der verschiedenen Texte auf. Das ist wichtig für ihre Rezeption im Mittelalter. Johannes Chrysostomos war vom 10. bis ins 15. Jahrhundert hinein ein viel gelesener und deshalb auch ein viel kopierter Autor, wobei die Anzahl der Manuskripte, die ein bestimmtes Werk des Kirchenvaters enthalten, stark variiert. Die größte Verbreitung erfuhren die umfangreichen Homilienreihen zu den Evangelien des Matthäus und Johannes. Die Homilien zum Titus- und Philemonbrief hingegen sind nur in 27, resp. 23 Handschriften überliefert. Die *Reden gegen die Juden*, genauer die Reden 1 und 4-8, sind als vollständige Reihe oder in Teilen in 114 Manuskripten enthalten. Sie hatten also eine ähnlich große Verbreitung wie die populären *Säulenhomilien*. Die Rede „Gegen die Protopaschiten" hingegen ist nur in 13 Handschriften überliefert.

Warum diese großen Unterschiede? Damit eine Reihe von solch bescheidenem Umfang so bekannt werden konnte, musste ihr Inhalt besondere Aufmerksamkeit auf sich gezogen haben. Die heftige Polemik dieser Reihe von Reden muss angezogen und fasziniert sowie Resonanz im Denken ihrer mittelalterlichen Leserschaft gefunden haben, wie die Geschichte ihrer Überlieferung indirekt bezeugt. Wir können in der Überlieferungsgeschichte dieser Texte drei verschiedene Fälle unterscheiden: den Extremfall eines Missgeschickes in der Überlieferung, den nicht seltenen Fall einer isolierten Rede sowie den außergewöhnlichen Fall einer wohlbekannten, häufig gelesenen Reihe.

---

10 Für den griechischen Text mit deutscher Übersetzung siehe W. Pradels/R. Brändle/M. Heimgartner, Das bisher vermisste Textstück in Johannes Chrysostomos, Adversus Iudaeos, Oratio 2, Zeitschrift für antikes Christentum 5, 2001, 23-49.

11 W. Pradels/R. Brändle/M. Heimgartner, The Sequence and Dating of the Series of Adversus Iudaeos, Zeitschrift für antikes Christentum 6, 2002, 90-116.

Im Falle des Missgeschickes in der Überlieferung wurde die Rede 2 auf unbekannte Weise zu einem unbekannten Zeitpunkt vor dem 9. Jahrhundert von den anderen Reden der Reihe getrennt. Möglicherweise ist dieser Verlust eingetreten, weil die Reden zu jenem Zeitpunkt als einzeln gebundene Texte existierten. Dieser Zeitpunkt könnte sogar die Lebenszeit des Johannes Chrysostomos selbst sein, der erwähnt, dass diese Reden unter anderen bereits zu seiner Zeit in Umlauf waren.[12] Es ist erstaunlich, dass diese Rede überhaupt bis heute erhalten geblieben ist. Es ist jedoch von großer Ironie, dass unter allen von uns untersuchten Handschriften genau dieser Rede 16 Seiten fehlten.

Der recht häufige Fall ist derjenige der „Rede gegen die Protopaschiten", die lediglich durch 13 Handschriften vertreten ist, in denen sich keine besonderen Bezüge zu anderen Schriften finden: es handelt sich damit tatsächlich um eine isolierte und wahrscheinlich wenig gelesene Rede.

Den außergewöhnlichen Fall bildet die Reihe „Gegen die Juden", oder, genauer gesagt, die Reden 1 und 4-8. Der bereits erwähnte volle Titel „Reden gegen die Juden, aber gerichtet gegen die judaisierenden Christen und diejenigen, die mit ihnen fasten" beschreibt nicht abschließend, zu wem Chrysostomos spricht. Er wendet sich nämlich an drei Gruppen: erstens und indirekt an die Juden, die in der Kirche nicht anwesend sind. Aus den gelegentlichen direkten Anreden an die Juden darf nicht auf deren reale Anwesenheit geschlossen werden. Chrysostomos tritt aus rhetorischen Gründen ab und zu mit einem imaginären, „repräsentativen" Juden in einen Dialog. Zweitens und ebenfalls eher indirekt an die Adresse der judaisierenden Christen – die vermutlich gelegentlich in seiner Kirche anwesend waren, wenn nicht die Gottesdienstzeit mit einem wichtigen Termin der Synagoge kollidierte. Das war der Fall am Donnerstag, den 9. September 387, dem ersten Tag von Jom Kippur. An

---

12 In ev. Mt. h. 88 al. 89,4 (PG 58, 780): „Es wäre auch mein eigener Wunsch, anstatt so oft dieselbe Aufforderung (sc. zum Almosengeben) an euch zu richten, vom Kampf gegen Juden, Heiden und Ketzer predigen zu können. … In anderen Büchern (ἐν γοῦν ἑτέροις βιβλίοις) haben wir viel hierüber gesagt, aber trotzdem können wir wegen der Lässigkeit so vieler diesen Sieg nicht feiern". (Übersetzung J. C. Baur, BKV 4, 1916, 214). H. Lietzmann hat auf diese Stelle hingewiesen (Art. Joannes Chrysostomos", RE 9,2, Stuttgart 1916, 1811-1828, hier 1817) und versucht, die betreffenden Schriften zu identifizieren. Er nannte neben „Gegen die Juden" folgende chrysostomischen Texte: „Contra Iudaeos et gentiles"; „Gegen die Anhomöer" und „De s. Babyla". M. Bonsdorff (Zur Predigttätigkeit des Johannes Chrysostomus. Biographisch-chronologische Studien über seine Homilienserien zu neutestamentlichen Büchern, Helsingfors 1922, 21 f.) stimmte ihm zu. Siehe auch W. Mayer, The Homelies of Saint John Chrysostom – Provenance. Reshaping the foundations (OCA 273), Rom 2005, 124.133.

diesem Tag lud Johannes Chrysostomos seine Gläubigen in die Große Kirche ein und trug ihnen die längste seiner *Reden gegen die Juden* vor. Er trat damit in offene Konkurrenz mit dem wichtigsten Festtag der jüdischen Gemeinde. Eingangs stellte er mit Befriedigung fest, dass die Menge größer als üblich sei[13] und deutete an, dass seine vorhergehenden Reden mit Erfolg dazu geführt hätten, judaisierende Christen vom Synagogenbesuch abzubringen. Er sprach indes allenfalls anwesende Vertreter dieser Gruppierung nicht direkt an. Hauptansprechpartner sind in dieser wie auch in den anderen Reden dieser Reihe die nicht judaisierenden Mitglieder seiner Kirche, die er immer wieder dazu aufruft, die judaisierenden Mitchristen zu überzeugen und sie von ihrem Tun abzubringen.

Im Mittelalter existierte die Gruppierung der judaisierenden Christen nicht mehr. Der eigentliche Grund für die Reden des Chrysostomos gegen die Juden entfiel damit. Die Nebenaussage der Reden, die direkte Polemik gegen die Juden, diente im Kampf von Chrysostomos in erster Linie dazu, die Christen von den Juden abzuhalten, indem er diese in den Augen der Christen schlecht zu machen versuchte. Vermutlich hat gerade die scharfe Polemik gegen die Juden die späteren Leser angesprochen, zuerst im griechischsprachigen Raum, dann auf Grund der lateinischen Übersetzung durch Erasmus auch im Westen. Kirche und Synagoge gingen theologisch immer deutlicher getrennte Wege. Diese Reden nährten zusammen mit vielen anderen Texten während Jahrhunderten die feindselige Haltung der Kirche gegenüber der jüdischen Gemeinschaft. Die hohe Anzahl von Abschriften, die angefertigt wurden, ist wohl auf diesem Hintergrund zu verstehen. Der Umstand, dass die Reden gegen die Juden ohne Verständnis für ihren ursprünglichen Kontext, wahrscheinlich auch ohne Kenntnis der in der Rhetorik des 4. Jahrhunderts so beliebten extremen Formulierungen gelesen wurden, sollte ihre Wirkungsgeschichte erst recht schwierig machen. Die Gewalt der Worte des Chrysostomos wurde auf eine Weise geschätzt und beklatscht, die dessen Intention weit übertroffen haben dürfte. Seine Botschaft wurde von einer Gemeinschaft rezipiert, die nicht mehr von der inneren Spaltung bedroht war, die bei der Abfassung ausschlaggebend war. Paradoxerweise könnte man deshalb den großen Erfolg dieser Texte als besonders verhängnisvoll werten.

---

13 Jud. 5,1 (PG 48,883).

2. Aspekte der Rezeptionsgeschichte[14]

Symeon stand während Jahrzehnten auf seiner Säule bei Telanissos, rund 50 Kilometer nordöstlich von Antiochien[15]. Häufig kamen Besucher aus der syrischen Metropole zum Säulensteher und baten um Rat und Segen. Nach seinem Tod wurde er in Antiochien beigesetzt. Im Jahre 423 hatte er Kaiser Theodosius II. einen scharfen Brief geschrieben, mit dem er sich gegen dessen Erlass[16] wandte, den Juden die ihnen nach dem Zwischenfall in Imnestar weggenommenen Synagogen zurückzugeben, resp. sie dafür zu entschädigen[17]. Am Purimfest 414[18] sollen Juden in dieser zwischen Antiochien und Chalkis gelegenen Stadt einen christlichen Knaben an ein Kreuz geschlagen haben. Hintergrund dieser Beschuldigung war wohl der jüdische Brauch, am Purimfest eine Hamanspuppe an einem Galgen zu befestigen. Theodosius war tief beeindruckt durch dieses Schreiben des Styliten und machte seine Verfügung rückgängig. Im gleichen Jahr 423 wurden Gesetze erlassen, die den Juden verboten, neue Synagogen zu bauen[19].

In der Chrysostomosforschung wird seit Jahrzehnten diskutiert, ob und in welchem Ausmaß Johannes Chrysostomos mit seinen Reden gegen die Juden zu der seit den frühen Jahrzehnten des 5. Jahrhunderts repressiver werdenden Haltung des Staates gegenüber den Juden beigetragen hat. Rosmarie Ruether mit ihrem 1974 erschienenen Buch *Faith and Fratricide* [20] und Adolf Martin Ritter markieren die beiden Eckpunkte in dieser Diskussion[21]. Ruether zieht m. E. zu direkte Linien von den erschreckenden Äußerungen des Johannes – dass sie erschreckend sind, bestreitet keiner der Diskussionspartner – zu den staatlichen Repressionen bis hin zu den Pogromen des Mittelalters und der neuesten Zeit. Mit Ritter ist anzunehmen, dass das erste Ziel unseres Predigers nicht der Kampf

---

14 Dieser Abschnitt ist von R. Brändle verfasst.

15 G. Downey, A History of Antioch in Syria, Princeton 1961, 460. Zu Symeon siehe H. Lietzmann/H. Hilgenfeld, Das Leben des heiligen Symeon Stylites (Texte und Untersuchungen 32,4), Leipzig 1908.

16 cod. Theod. XVI 8,25 (SC 497,408-410).

17 Text des Briefes: Syrische Lebensbeschreibung 133 (Hilgenfeld 175).

18 Andere Datierung 415, s. R. Delmaire/F. Richard, Code Théodosien, Livre XVI (SC 497), Paris 2005, 395. Hier auch die antiken Quellen zu diesem Ereignis.

19 cod. Theod. XVI 8,27 (SC 497,412.).

20 Deutsche Übersetzung unter dem Titel Nächstenliebe und Brudermord, München 1978.

21 A. M. Ritter, Erwägungen zum Antisemitismus in der Alten Kirche, in: Bleibendes im Wandel der Kirchengeschichte, hg. von B. Moeller/H. Ruhbach, Tübingen 1973, 71-91; ders., Chrysostomos und die Juden – neu überlegt, in: KuI 5, 1990, 109-122.

gegen die Juden, sondern derjenige um die judaisierenden Christen war[22].
Mit seinen Attacken hatte er letztlich keinen Erfolg. Die Sympathien vieler
Christen für jüdisches Leben und jüdischen Glauben waren auch zehn
Jahre nach seinen Reden lebendig. In anderen Werken von Johannes ist
der Ton nicht gleich gehässig wie in den Reden[23]. A. M. Ritter schreibt in
seinem Beitrag zum Deutschen Pfarramtskalender 2007, den er die
Freundlichkeit hatte, Rudolf Brändle zu seiner Emeritierung zu widmen,
folgende Worte: „Dass die ‚Judenreden' des J[ohannes], richtiger: seine
Polemik gegen die ‚Judaisierer', viel zu wenig dagegen geschützt waren, in
einer anderen Situation antisemitisch missbraucht zu werden, diesen
Vorwurf wird man ihrem Verf. unmöglich ersparen können."[24]

Offen ist die Frage, wann und wo solche Situationen gegeben waren.
Angriffe gegen Synagogen wie in Rom und Kallinikon gegen Ende des 4.
Jahrhunderts sind mit unseren Reden nicht in Zusammenhang zu bringen.
Auffällig aber bleibt, dass ab dem 5. Jahrhundert vor allem im Antiochien
benachbarten Nordsyrien[25] massiert Synagogen zerstört oder in Kirchen
umgewandelt wurden[26]. Direkte Zusammenhänge sind auch in diesen
Fällen nicht herzustellen.

---

22 Einzelheiten schätze ich anders ein. Das betrifft z.B. die Mitteilung des Johannes an
    Innozenz I. (402-417), bei seiner ersten Amtsenthebung hätten auch die Juden mitge-
    trauert: Ad Innoc. 1,3 (SC 342,86). Das kann wie Bernhard Blumenkranz in anderem
    Zusammenhang gezeigt hat, auch ein topischer Zug sein (Die Juden als Zeugen der
    Kirche, ThZ 5, 1949, 396-398). Vgl. aber den in mancher Hinsicht rätselhaften Text
    Ps.-Mart. 81, der doch wohl ein eher positives Verhältnis des Johannes zu den Juden
    impliziert, Oratio funebris in laudem Sancti Iohannis Chrysostomi. Epitaffio
    attribuito a Martirio di Antiochia (BHG 871, CPG 65,17), hg. v. M. Wallraff, üs. v. C.
    Ricci (Quaderni della Rivista di Bizantinistica 12), Spoleto 2007, 134. Palladios seiner-
    seits erwähnt in seinem Dialog, bei der zweiten Exilierung hätten Juden und Heiden
    gezischt und den Bischof verspottet (dial. 10,76 f.: SC 341, 210).
23 Jean-Claude Margolin nimmt das offensichtlich an (Brèves réflexions sur l'antiju-
    daïsme de Jean Chrysostome et sur celui d'Erasme d'après les homélies *Adversus
    Judaeos*, in: Les Pères de l'Eglise au XVIIe siècle, Actes du colloque de Lyon 2-5
    octobre 1991, hg. von E. Bury/B. Meunier, Paris 1993, 33-52). Er sieht in den
    anderen Werken, vor allem auch den Homilien zu den Paulusbriefen die gleichen
    Verurteilungen und „la même violence verbale" (S. 39).
24 A. M. Ritter, Johannes Chrysostomos, in: Pfarramtskalender 2007, Neustadt/Aisch
    2006, 9-25, hier 24.
25 Zu syrischen Übersetzungen der Reden s. A. Baumstark, Geschichte der syrischen
    Literatur, Bonn 1922 (Nachdruck Berlin 1968), 80.
26 B. Brenk, Die Umwandlung der Synagoge von Apamea in eine Kirche. Eine menta-
    litätsgeschichtliche Studie. In: Tesserae. Festschrift für Josef Engemann (JAC.E 18),
    Münster 1991, 1-25. R. Delmaire/F. Richard verweisen in SC 497 ([wie Anm. 18], 409,
    Anm. 5.) auf weitere Texte und Literatur zum Thema Umwandlung von Synagogen in
    Kirchen.

Ein Fall direkter Beeinflussung liegt indessen bei Pseudo-Kaisarios vor. Unter dem Namen Kaisarios, des Bruders von Gregor von Nazianz, publizierte im 6. Jahrhundert ein Anonymus eine dem Genre der *Erotapokriseis* angehörige Schrift, die „in 228 Fragen und Antworten eine Summe theologischen und profanen Wissens" ausbreitet, um, wie es im Prooemium heißt, „das Seelenschifflein" aus den „Wogen der Häresie" in den „Hafen der Vernunft" zu geleiten"[27]. Der Kompilator, der mit dem Leben am kaiserlichen Hof vertraut war[28], gehörte wohl monophysitisch-monastischen Kreisen an. Das alles kann hier nicht weiter verfolgt werden. Für unsere Fragestellung interessant ist der Umstand, dass er in *Erotapokriseis* 218 ausgedehnte Passagen aus der 4. und 5. *Oratio* des Johannes gegen die Juden zitiert. Er folgt dem chrysostomischen Text weitgehend, lässt längere Passagen weg und fügt andere hinzu. Für Rudolf Riedinger ist klar, dass der Anonymus die zwei Reden des Chrysostomos benutzt hat, „um seine eigene antijüdische Gesinnung auszudrücken"[29]. A. M. Ritter hat in seinen Erwägungen zum Antisemitismus in der alten Kirche die Meinung vertreten, die exzerpierten Stellen seien die eher harmloseren Passagen, weist aber gleichzeitig darauf hin, dass die ausgedehnten Exzerpte möglicherweise in Zusammenhang stehen mit den gesetzgeberischen Maßnahmen Justinians (527-565). Der Kaiser erließ in seinem ersten Regierungsjahr 527 gemeinsam mit seinem Onkel Justin I. zum ersten Mal nach 89 Jahren wieder ein Gesetz, das den Juden Einschränkungen brachte[30]. Besonders gravierend war die Novelle 146 aus dem Jahre 553[31]. Damit versuchte der Staat zum ersten Mal, in innerjüdische religiöse Belange einzugreifen. Der anonyme Kompilator verrät seine eigene antijüdische Gesinnung nicht nur durch die Übernahme zweier Reden des Johannes, sondern auch durch höchstwahrscheinlich von ihm selbst verfasste Spottlieder auf die Synagoge[32]. In diesen fragmentarisch erhaltenen *Kontakien*, die an Romanos erinnern, polemisiert der Anonymus der justinianischen Zeit scharf gegen die Juden. Für die weitere byzantinische Wirkungsgeschichte sei hier allein an die Tatsache erinnert, daß die Reden 1 und 4-8 in über 100 Manuskripten überliefert sind. Sie gehören damit zu den gut bezeugten Texten des Chrysostomos wie z.B.

---

27 Pseudo-Kaisarios, Die Erotapokriseis, hg. von R. Riedinger (GCS), Berlin 1989; vgl. dazu R. Riedinger, Pseudo-Kaisarios. Überlieferungsgeschichte und Verfasserfrage, München 1969; C. Hartmann, Art. Cäsarius von Nazianz, Lexikon der antiken christlichen Literatur, Freiburg ³2002, 137 f.

28 R. Riedinger, Pseudo-Kaisarios (wie Anm. 27), 321-325.

29 R. Riedinger, Pseudo-Kaisarios (wie Anm. 27), 373 f.

30 cod. Iust. I 5,12. K. L. Noethlichs, Das Judentum und der römische Staat, Darmstadt 1996, 111.

31 K. L. Noethlichs, Judentum und römischer Staat (wie Anm. 30), 115.

32 R. Riedinger, Pseudo-Kaisarios (wie Anm. 27), 358-364. 374.

die Säulenreden oder die *conciones de Lazaro*. Die relativ hohe Zahl der Manuskripte weist auf eine weite Verbreitung im Osten des Imperiums hin. Im Westen beginnt die Lektüre der Reden eigentlich erst mit der Übersetzung des Erasmus.

Der Humanist aus Rotterdam „hegte für Johannes Chrysostomos eine hohe Wertschätzung"[33]. Diese zeigte sich zum einen in seinen Editionen griechischer Texte des Kirchenvaters, zum anderen aber und vor allem in seiner großen Ausgabe der Werke des Chrysostomos in lateinischer Übersetzung. Viele Texte hat er selber ins Lateinische übertragen, so auch unsere Reden gegen die Juden[34]. Johannes Chrysostomos war für den Humanisten einer der wichtigsten Exegeten der alten Kirche. Er zählte für ihn mit Origenes, Gregor von Nazianz, Basileios, Athanasios und Kyrill von Alexandrien zu den *optimi veteres*. Die Lektüre der biblischen Kommentare dieser Theologen empfahl Erasmus als Hilfsmittel für das richtige Bibelverständnis[35]. Chrysostomos erschien denn auch gemeinsam mit den genannten Theologen ergänzt um die wichtigsten lateinischen Väter auf dem Titelblatt der ersten Auflage seiner Ausgabe des Neuen Testaments von 1516. Erasmus berief sich immer wieder auf Johannes Chrysostomos, um sein Verständnis des neutestamentlichen Textes zu verteidigen[36]. In seiner Methodenlehre *Ratio seu compendium verae Theologiae* rekurrierte er mehrfach auf die Homilien des Goldmunds, um gegen die Spitzfindig-

---

33 W. Lackner, Erasmus von Rotterdam als Editor und Übersetzer des Johannes Chrysostomos, JÖB 37, 1987, 293-311, Zitat 293; J. den Boft, Erasmus and the Church Fathers, in: The Reception of the Church Fathers in the West, vol. 2, ed. by I. Backus, Leiden 1997, 537-572. R. D. Sider, „Searching the Scriptures". John Chrysostom in the New Testament Scholarship of Erasmus, in: Within the Perfection of Christ. Essays on peace and the nature of the Church. In honor of Martin Schrag, ed. by T. L. Brensinger/E. Morris Sider, Nappannee/IN 1990, 83-105. Für die Werke des Erasmus werden folgende Ausgaben benutzt: Opera omnia Desiderii Erasmi Roterodami recognita et adnotatione critica instructa notisque illustrata, Amsterdam 1969 ff., abgekürzt mit ASD; Desiderii Roterodami Opera Omnia emendatiora et auctoria edidit Joannes Clericus, 10 tomi, Lugduni Batavorum 1703-1706, abgekürzt mit LB; für die Briefe: Opus Epistularum Des. Roterodami denuo recognitum et auctum per P. S. Allen, 13 tom., Oxonii 1906-1958, abgekürzt mit Allen; Erasmus von Rotterdam, Ausgewählte Schriften, hg. von W. Welzig, Darmstadt ³2006, abgekürzt mit Welzig.

34 Die eigenen Übersetzungen des Erasmus finden sich in Band I der Ausgabe von 1530. Seinen Übersetzungen war ein langes Nachleben beschieden. Die fünf Reden gegen Juden übernahm noch Montfaucon in, wie er erwähnt, überarbeiteter Form. Sancti Patris Nostri Johannis Chrysostomi Opera omnia quae exstant, opera et studio D. B. de Montfaucon, Editio Parisina altera, emendata et aucta, T. 1, Paris 1834, 712-843, 715. Dieser Text ist auch in PG 48, 871-942 zu lesen.

35 W. Lackner, Erasmus (wie Anm. 33), 306.

36 W. Lackner, Erasmus (wie Anm. 33), 308.

keiten scholastischer Theologie zu argumentieren[37]. Er ist für ihn vor allem aber der große Prediger. In der *Praefatio* zur fünfbändigen lateinischen Chrysostomos-Ausgabe von 1530 nennt er ihn den *„mellitissimus ille concionator Christique praeco indefatigabilis"*[38]. In der beigefügten Vita des Kirchenvaters äussert er den Wunsch: *„utinam tales oratores nunc haberet ubique Christianus orbis!"* Denn, so fährt er fort: *„Ab his enim praecipue pendet totius Reipub. disciplina"*[39]. Johannes Chrysostomos verbindet nach seiner Überzeugung auf höchst kunstvolle Weise tiefste Frömmigkeit mit bewundernswerter Beredsamkeit. Seine Rede atmet Christus nicht weniger als Demosthenes[40]. Im Widmungsschreiben an den portugiesischen König Johann III. vom 24. März 1527, das Erasmus an den Anfang der *Lucubrationes*, einer Sammlung von Schriften des Johannes Chrysostomos und des Athanasios stellte, gab er seiner Überzeugung Ausdruck, dass die Welt nicht so sehr durch Kriege und tiefe Meinungsverschiedenheiten zerrissen wäre, wenn viele der Priester dem Vorbild des Chrysostomos folgen würden[41]. Wir alle wären weiter entfernt von Judaismus und Paganismus. Christus würde unter uns herrschen und wir würden unter seinem Banner in glücklicher Ruhe leben. Der christliche Machtbereich würde sich immer weiter ausdehnen. Erasmus war ferner überzeugt, dass *„nostri mores"* mitschuldig sind daran, dass die Türken, Muslime, Sarazenen, Moschobiten, Griechen und andere halbchristliche oder schismatische Nationen sich der Herde Christi nicht anschließen und die Juden nicht aus ihrer jahrhundertelangen Blindheit zur Besinnung kommen[42]. Der Abschnitt schließt mit einem Hinweis auf die Argumentationskraft des Chrysostomos und die zwingenden Zeugnisse der Heiligen Schriften, die beide doch dazu führen müssten, dass die Juden wenigstens Scham und Bedauern über das

---

37　Nachweise bei C. Béné, Erasme et Augustin ou l'influence de saint Augustin sur l'humanisme d'Erasme (Travaux d'Humanisme et de Renaissance 103), Genève 1969, 276.

38　Opera Tom. I, A2r. Weitere Zeugnisse der hohen Wertschätzung des Chrysostomos finden sich in Ep. 2359, 8-10, Allen 9,5; Ep. 1558,177, Allen 6,49, Ep. 1800, 124-134, Allen 6,486.

39　Opera Tom. I, Br. Erasmus hatte diese Sätze zusammen mit einem längeren Abschnitt aus dem Widmungsschreiben an König Johann III. von Portugal übernommen, das er seinen *Lucubrationes* von 1527 vorangestellt hatte, dort S. a4r. Zu diesem Schreiben s. unten S. 250.

40　Ep. 1856, 6-9; 12-14, Allen 7, 126.

41　Divi Ioannis Chrysostomi Archiepiscopi Constantinopolitani & divi Athanasii Alexandrini Archiepiscopi Lucubrationes aliquot non minus elegantes quam utiles, nunc primum versae & in lucem aeditae per Erasmum Roterod... Basel: Johannes Froben März 1527.

42　Chrysostomos hatte ähnlich argumentiert, z.B. in Hom. in I Tim. 10,3 (PG 62,551): „οὐδεὶς ἂν ἦν Ἕλλην, εἰ ἡμεῖς ἦμεν Χριστιανοί, ὡς δεῖ" (Es gäbe keine Heiden, wenn wir alle richtige Christen wären).

so lang dauernde Elend empfinden müssten[43]. Erasmus hat bei diesen Zeilen vermutlich an die Reden gegen die Juden gedacht. Nach der Dedikation folgen sie ja an erster Stelle der *Lucubrationes*[44].

In schroffem Gegensatz zu Erasmus steht Luthers Urteil über Johannes Chrysostomos. In seinen Tischreden von 1532 sagt er von ihm, er sei ein „lauter wescher", der den Text fallen lässt[45]. Und in den Tischreden von 1538 äußert er sich kritisch zu den Kirchenvätern im allgemeinen und zu Chrysostomos im Besonderen. „Aber wer da will, der lese sie (sc. die Kirchenväter), sonderlich Chrysostomum, welcher der fürtrefflichste Rhetor und Redener ist, wie er von der Hauptsache auf ein ander Materie kömmt, läuft weit aus und schweift umher, sagt nichts oder wenig, was zum Handel gehöret"[46]. Luther hat bei Chrysostomus den nach ihm entscheidenden Glaubenssatz des *sola fide* vermisst[47]. Denkbar ist aber auch, dass Luthers Ablehnung ferner darin begründet war, dass Erasmus diesen Kirchenvater hoch verehrte. Die Bemerkung Luthers in den Tischreden von 1532 ist bezeichnend: „*Chrisostomus plane videtur seditiosus* (aufrührerisch, unruhig) *et garrulus* (geschwätzig), *ideo placet Erasmo*"[48]. Die Tatsache, dass Erasmus sich in seiner Schrift *De libero arbitrio* neben anderen Kirchenvätern mehrfach explizit auch auf Johannes Chrysostomos berufen hat, hat Luther in seinem negativen Urteil über den Kirchenvater nur bestärken können[49]. Der Humanist hat sich in seiner Kontroverse *Hyperaspistes* ebenfalls auf Chrysostomos bezogen[50]. Er führt aus, Luther erkläre die Zeremonien als indifferent (*quasi nunc quoque talia ponenda sint in mediis*), dabei polemisiere Johannes mehr gegen Christen, die in Gesellschaft von Juden fasten, als gegen Ehebrecher und Trunkenbolde[51].

Die Randnotiz in der wichtigen Basler Handschrift B II 15 aus dem 9./10. Jahrhundert zur dritten Homilie von Johannes Chrysostomos über die Änderung der Namen, in der sich der Kirchenvater gegen Stimmen wendet, die bei der Bekehrung des Paulus ausschließlich die Gnade Gottes am Werk sehen wollten und jede Mitwirkung des menschlichen Willens ablehnten, hält fest: „*Ex istorum numero sunt Lampadius et Lutherus, quorum*

---

43 Ep. 1800, Allen 6,235-247.
44 S. unten S. 250.
45 WA.TR 1, 85, Nr. 188.
46 WA.TR 4,49 f. Nr. 3975.
47 Vgl. A. M. Ritter, Charisma im Verständnis des Ioannes Chrysostomos, Göttingen 1972, 42-53.
48 WA.TR 2, 516, Nr. 2544.
49 Lib. Arb. Ib 2, Welzig 4, 167; vgl. Desiderii Erasmi Hyperaspites diatribae adversus servum arbitrium Martini Lutheri, Lib. II. 95; 241, LB X, 1361; 1510 f.
50 Lib. II, 218, LB X, 1496.
51 Vgl. Jud. 7,1 (PG 48,915); 8,1 (PG 48,927-929), ferner die beiden Reden, die Erasmus nicht zur Verfügung standen: Jud. 1,2 (PG 48,846 f.); 2,1-3 (PG 48,857-862).

primus Chrysostomum tabe aspergere conatus est in suis stolidis annotationibus, quibus contaminavit opus, non illustravit[52]. Luther wird in dieser Notiz, die möglicherweise von Erasmus stammt[53], mit Oekolampad zusammengestellt, der seine Übersetzung der erwähnten Homilie in den *Psegmata* von 1523 entsprechend kommentiert hatte[54].

Guido Kisch, der 1985 in Basel verstorbene Rechtshistoriker, publizierte 1969, also im Jahr, da überall in Europa der 500. Geburtstag des Erasmus gefeiert wurde, eine Broschüre zur Stellung des großen Humanisten zu Juden und Judentum, in der er dem Erasmus einen tief verwurzelten, maßlosen Hass gegen die Juden und das Judentum zuschrieb[55]. Simon Markish urteilte in seiner breit angelegten Untersuchung, die im Unterschied zu Kisch nicht nur die Briefe, sondern das Gesamtwerk des Humanisten berücksichtigt, differenzierter. In seinen Schlussfolgerungen betonte er, dass Erasmus dem Judentum seiner Zeit letztlich gleichgültig gegenüber gestanden sei[56]. Das gesamte Werk des großen Humanisten ist indes von einem „virulenten theologischen Antijudaismus" geprägt[57]. Damit steht er den Kirchenvätern näher als der profanen Judenfeindschaft seiner eigenen Zeit[58]. Für Erasmus ist das Judentum durch das Kommen Christi zu einer überholten Form der Religion geworden[59]. Die Juden gelten ihm als Vertreter einer veralteten Religionsgemeinschaft, die, wie er im *Lob der Torheit* ausführt, „immer noch standhaft ihren Messias erwarten und bis zum heutigen Tag verbissen an ihrem Moses festhalten"[60]. Er wirft den Juden vor, dass sie die Gesetzesrollen ehrerbietig behandeln, aber vernachlässigen, was das Gesetz lehrt. Die Juden sind nach seiner Überzeugung in tiefste Armut gefallen (*„depauperati sunt"*), sie haben kei-

---

52 De mut. nom. h. 3,5 (PG 51,141). Die Randnotiz findet sich am linken Rand von f. 468^v.

53 W. Lackner, Erasmus (wie Anm. 33), 303.

54 Divi Ioannis Chrysostomi Psegmata quaedam, nuperrime a Ioanne Oecolampadio in latinum primum versae: cum adnotationibus eiusdem. Basel: Andreas Cratander März 1523. Zu Oekolampads Übersetzungen der Kirchenväter s. E. Staehelin, Die Väterübersetzungen Oekolampads, SThZ 33, 1916, 57-91.

55 G. Kisch, Erasmus' Stellung zu Juden und Judentum (Philosophie und Geschichte 83/84), Tübingen 1969, 9, vgl. auch 20. Zehn Jahre später erschien die Untersuchung von S. Markish, Erasme et les Juifs, Lausanne 1979. Hingewiesen sei ferner auf den Aufsatz von A. Godin, L'Antijudaisme d'Erasme, Bibliothèque d'Humanisme et Renaissance 47, 1985, 537-553; s. auch J.-C. Margolin, Brèves Réflexions (wie Anm. 23).

56 Conclusions, s. S. Markish, Erasme et les Juifs (wie Anm. 55), 171 f.

57 H. A. Oberman, Wurzeln des Antisemitismus. Christenangst und Judenplage im Zeitalter von Humanismus und Reformation, Berlin 1981, 50.

58 H. Schreckenberg, Die christlichen Adversus-Judaeos-Texte und ihr literarisches Umfeld (13.-20. Jh.), Frankfurt 1994, 610.

59 C. Augustijn, Erasmus und die Juden, NAKG 60, 1980, 22-38, 38.

60 Stultitiae laus, ASD IV-3, 128-130.

nen Staat mehr, keinen Tempel, keine Opfer, keinen Gott, keinen
Christus. „Denn den Vater hat jeder verleugnet, der den Sohn verleugnet"[61]. Johannes Chrysostomos hatte ähnlich argumentiert. Gott habe sich
von den Juden abgewendet. Die Prophetie habe aufgehört, der Geist sei
verstummt, der Tempel zerstört, Opfer seien nicht mehr möglich, die
πολιτεία der Juden sei nicht mehr existent und Hoffnung, die früheren
Zustände wieder zu erlangen, gebe es nicht[62]. In den Reden von Johannes
Chrysostomos spielt der Begriff ἄκαιρος eine wichtige Rolle. Das Gesetz
und seine Befolgung sind ἄκαιρος, denn die rechte Zeit zur Erfüllung des
Gesetzes ist vergangen[63].

Erasmus setzte sich letztlich aber nicht mit dem Judentum auseinan-
der, seine Sorge galt der christlichen Kirche, die nach seiner Einschätzung
in Gefahr war, im religiösen Formalismus zu ersticken. Formalismus, Ge-
setzlichkeit, veräusserlichte Religion, das sind für ihn Kennzeichen des
Judaismus, der die Kirche von innen her bedroht. So werden „ihm ‚Pha-
risäer' und ‚Scholastiker' Synonyme und ‚jüdisch' austauschbar mit ‚lega-
listisch'"[64]. Bezeichnend ist ein Satz des Erasmus aus dem Gutachten für
die Pariser theologische Fakultät: „*Iudaismum appello non impietatem Iudaicam,
sed praescripta de rebus externis, veluti de vesto, cibo ieiunio, quae similitudinem quam-
dam habent cum Iudaeorum observantiam*"[65]. In seinem Brief an John Colet
vom Dezember 1505 hält Erasmus fest, er habe das *Enchiridion* nicht in
der Absicht geschrieben, sein Genie und seine Eloquenz zur Darstellung
zu bringen. Ziel seines Wirkens sei es vielmehr, die Massen von ihren Irrtümern zu heilen, „die ihre Religion in Zeremonien und körperlichen
Riten, die jüdische fast übertreffen, suchen, aber alles vernachlässigen, was
mit der Gottesfurcht zusammenhängt"[66]. Den Christen, die Glauben und
Liebe vergessen haben und an Äusserlichkeiten kleben, wird es ähnlich
wie den Juden gehen. Erasmus nennt diese Christen „*Christiani judaici*"[67].

Erasmus kannte das Judentum seiner Zeit kaum; Talmud, Midraschim
und Kabbala waren für ihn praktisch unerreichbar. Er hat etwas Hebräisch
gelernt, seine Kenntnisse aber nicht vertieft, wobei er das mit der Kürze
des Lebens und der Fülle seiner Forschungsaufgaben rechtfertigte[68]. Die
wahren Gründe liegen wohl tiefer. Das Erlernen dieser Sprache ist für ihn
mit gewissen Gefahren verbunden. In seinem Traktat *De Pronuntiatione*

---

61 Enarratio in Psalmum XXXIII, 701-740; ASD V-3, 139 f.
62 Jud. 7,2 (PG 48,917 f.); Jud. 6,4 (PG 48,908-910); Jud. 5,9-11 (PG 48, 897-901); Jud. et
    gent. 16 f. (PG 48,834-838).
63 Jud. 2,1 (PG 48,858); 2,2 (48,858 f.); vgl. 4,3 (48,876).
64 H. A. Oberman, Wurzeln (wie Anm. 57), 50.
65 Declarationes ad censuras facultatis theologiae parisienis, LB IX,889D.
66 Ep. 181, Allen 1,405, 47-50; vgl. Ep. 296, Allen 1,567-568, 81-83.
67 Enarratio in Psalmum XXXIII, 745-749; ASD V-3, 140.
68 Brief 181 an J. Colet, Allen 1, 405, 36 f.

warnt er vor dem Erlernen des Hebräischen. Der junge Student könnte dabei auch „*quid Iudaismi*" einsaugen[69]. Diese Zurückhaltung fällt angesichts des steigenden Interesses gegenüber der Sprache des Alten Testaments in humanistischen Kreisen (Reuchlin!) und der Bemühungen des Erasmus um das *Collegium trilingue* in Löwen auf.

Gegenüber getauften Juden, zumal den Maranen, den im 15. Jahrhundert zwangsgetauften spanischen Juden, die insgeheim ihrem Glauben treu geblieben waren, war Erasmus äußerst zurückhaltend[70]. Er mahnte denn auch zur Vorsicht, Juden in die Gemeinschaft der Kirche aufzunehmen[71]. Den Juden generell unterstellte Erasmus in einem Brief an John Caesarius, sie seien darauf aus, die „*concordia christiana*" zu untergraben[72]. Im gleichen Brief vom 3. November 1517 verstieg er sich sogar dazu, das Alte Testament preiszugeben, „eher als dass der Friede zwischen den Christen wegen der jüdischen Bücher zerschnitten wird"[73]. In seinem Brief vom 13. März 1518 an den Humanisten und späteren Reformator Strassburgs Wolfgang Capito schrieb Erasmus: „Möge doch die Kirche dem Alten Testament nicht soviel Wert beimessen! Es steht doch fest, dass dieses in der Zeit der Schatten nur für eine bestimmte Zeit gegeben worden ist. Und doch wird es heute beinahe über die christlichen Schriften gestellt."[74]

Im Kontext des Gesagten wird verständlich, dass Erasmus den Reden des Chrysostomos gegen die Juden große Bedeutung zugemessen hat. Er übersetzte diese Reden, um genau zu sein fünf Reden, nach der uns vertrauten Zählung die Reden 4-8, aus einer griechischen Handschrift des 11. Jahrhunderts aus Venedig, die nur diese fünf Reden enthält, ins Lateinische[75]. Er stellte sie an den Anfang einer Sammlung von insgesamt acht Texten des Johannes[76] sowie acht kürzeren Texten des Athanasios,

---

69 De recta latini graecique sermonis pronuntiatione, ASD I-4, 32, 621 f.

70 S. J.-C. Margolin, Brèves Réflexions (wie Anm. 23), 43, 47; A. Godin, L'antijudaisme (wie Anm. 55), 540.

71 Ep. 701, 37 f., Allen 3,127.

72 Ep. 701, 35 f., Allen 3,127.

73 „*Malim ego incolumi Nouo Testamento vel totum Vetus aboleri quam Christianorum pacem ob Iudaeorum libros rescindi*".

74 Ep. 798, 25 f., Allen 3, 253.

75 Zu diesem Manuskript s. den Brief des Erasmus an L. Casembroot vom 1. Mai 1526, Ep. 1705, Allen 6, 334. In diesem Brief bat Erasmus seinen flämischen Landsmann Leonard Casembroot, der sich in Padua aufhielt, Hieronymus Froben bei der Jagd nach alten Handschriften tatkräftig zu unterstützen: „*seu precio seu precario seu furto seu rapto*". Das Manuskript steht seit 1604 unter der Signatur Oxon. Bodl. Auct. E.1.13 in der Bodleian Library in Oxford. M. Aubineau, Codices Chrysostomici graeci Bd. 1, Paris 1968, 109 f; F. Hieronymus, Griechischer Geist aus Basler Pressen, Basel 1992, 630 f. In der für zahlreiche Werke des Chrysostomos wichtigen Basler Handschrift B II 15 (9./10. Jh.) sind unsere Reden nicht enthalten.

76 Die Serie der chrysostomischen Schriften wird beschlossen mit *De sacerdotio*.

die er in einem prächtigen kleinen Band im Jahre 1527 bei Johannes Froben in Basel erscheinen ließ[77]. Diese Anordnung hat Erasmus nicht dem genannten griechischen Codex entnommen, denn dort stehen die *Adversus Iudaeos orationes* am Schluss. Er nannte diese Schriften *Lucubrationes*, bezeichnete sie als *„non minus elegantes quam utiles"* und merkte an, dass er als erster die Texte ins Lateinische übersetzt hat. Erasmus eröffnete den Band mit einer Widmung an König Johann III. von Portugal (1502-1557). Er erwähnte hier, dass er in einer sehr alten griechischen Handschrift mehrere Reden von Johannes Chrysostomos entdeckt habe, die noch niemand bisher übersetzt habe und deren Publikation die christliche Sache verdiene. Der Widmung an den portugiesischen König ließ Erasmus eine knappe Vita des Kirchenlehrers aus der *Historia tripartita* folgen. Hier hielt er fest, Johannes habe die Reden gegen Juden nach seiner Weihe zum Lektor gehalten[78]. Daran schließt eine ebenfalls kurze Vita in griechischer Sprache aus der Suda an. Auf der Rückseite des Titelblatts stellt der Humanist den Inhalt der *Lucubrationes* zusammen und erwähnt bei der Angabe der *„Adversus Iudaeos conciones quinque"* auch hier: *„quod opus omnium primum scripsit lector tantum Ecclesiae Antiochenae"*. Die wiederholte Aussage, die *Reden gegen die Juden* seien das allererste Werk des Johannes Chrysostomos, er habe es während der Jahre seines Lektorats verfasst, hat Erasmus wohl aus Sokrates geschöpft, der schreibt, Johannes habe den *Logos wider die Juden* als Lektor, also vor 381 verfasst[79]. Die *Reden gegen die Juden* sind indes eindeutig in die Zeit nach seiner durch Bischof Meletios vor Beginn der Fastenzeit des Jahres 386 vollzogenen Weihe zum Presbyter anzusetzen. Die erste der *Reden gegen die Juden* hielt Johannes im August oder September 386[80].

Erasmus hat die Reden gegen die Juden wegen der hohen Wertschätzung, der er schon im Widmungsschreiben an König Johann III. bei ihrer Erstveröffentlichung 1527 Ausdruck gegeben hatte, und in der Annahme, dass Johannes sie als erste Schrift verfasst habe, auch an den Anfang seiner großen fünfbändigen Gesamtausgabe von 1530 gestellt. Diese erschien bei Hieronymus Froben[81]. Für den ersten Band übernahm Erasmus sechs der acht Texte aus den *Lucubrationes* von 1527 und setzte neu dazu die umfangreichen Homilienreihen zum 1. und 2. Korintherbrief und eine Reihe von weiteren Texten des Goldmunds. Die Ausgabe ist dem Bischof von Augsburg Christoph von Stadion gewidmet. Der knappen

---

77 Zu den *Lucubrationes* s. Anm. 41.
78 A3r; s. auch Ep. 1800,87 f.; Allen 6, 485.
79 h.e. VI 3,9 f. (GCS NF 1, 1995, 314,17 f. Hansen).
80 Zur Datierung der Reden W. Pradels/R. Brändle/M. Heimgartner, The Sequence (wie Anm. 10), 90-116.
81 S. 1-46.

Widmung folgt eine mehrseitige Vita des Chrysostomos, datiert von Freiburg i. B. den 5. August 1530. Hier erwähnt Erasmus ebenfalls, Chrysostomos habe nach seiner Weihe zum Lektor ein Buch gegen die Juden geschrieben und fügt bei „*quem* (*librum*) *nos Latinum fecimus*"[82].

Die Herausgeber der fünfbändigen Gesamtausgabe, die drei Jahre nach dem Tod des Erasmus 1539 bei Johannes Herwagen in Basel erschienen ist, haben den Angaben des Sokrates offensichtlich misstraut und den *Reden gegen die Juden* weniger Bedeutung zugemessen; sie haben sie im dritten Band untergebracht[83]. In den fünfbändigen Ausgaben von 1547 und 1557 erscheinen die Reden im fünften Band[84].

Erasmus und Johannes Chrysostomos waren beide von der Sorge für die Kirche ihrer Zeit erfüllt, und beiden sind Einigkeit und Friede innerhalb der Kirche wichtigstes Anliegen. Für Johannes ist nichts mit Friede und Eintracht vergleichbar. Die Friedfertigkeit ist unsere Mutter und Amme. Friede ist mehr als Freundlichkeit, der wahre Friede ist die Gott entsprechende Friedfertigkeit[85]. Erasmus hielt im Brief, den er am 2. November 1517 an Willibald Pirckheimer richtete, um ihm für die Übersendung seines Plädoyers für Reuchlin zu danken, fest, dass die öffentliche Eintracht das Wichtigste und Beste des Christentums seien (*publica orbis Christiani concordia*)[86]. Für Erasmus wie für Johannes wurde das Gesetz von Gott nur für eine bestimmte Zeit gegeben, es ist durch Christus außer Kraft und Geltung gesetzt[87]. Zum Judentum ihrer Zeit hatten beide kaum Kontakte. Jüdisches Denken, der Judaismus ist für beide eine die Kirche bedrohende Gefahr. In diesem Kontext sind sowohl der Kampf des Johannes gegen die judaisierenden Christen wie auch die Zurückhaltung des Erasmus gegenüber Übertritten von Juden zum Christentum und die Ablehnung der Maranen zu verstehen. Im Kampf, der sich bei beiden primär gegen innerchristliche Phänomene richtete, ließen sie beide sich zu Äußerungen, zu boshafter Rede, hinreißen, die sich in der Folgezeit als Material für Antisemitismus geeignet zeigten. Bei Erasmus fehlen allerdings gewisse überbordende Angriffe gegen Juden, die er in den Reden des Johannes hat lesen können. Dabei ist jedoch zu bemerken, dass die besonders heftige erste Rede ihm nicht zur Verfügung gestanden hat.

---

82 A3r . Vgl. Lucubrationes Überschrift „*divi Ioannis Chrysostomi Adversus Iudaeos Oratio prima interprete Des. Erasmo Roterodamo*".

83 S. 645-690.

84 S. 1077-1145. Gleiche Seitenzahl in Ausgabe 1557.

85 Jud. 3,6 (PG 48,870); vgl. 3,1 (48,862).

86 Ep. 694,41-43, Allen 3,117.

87 Erasmus, Ep. 798,25 f., Allen 3,253; Johannes Chrysostomos, Jud. 3,4 (PG 48,866); 7,3 (48,919).

Zum Schluss eine berührende Beobachtung. Erasmus schließt sich bei der Auslegung von zwei für die Stellung der Kirche zu den Juden zentralen Texten des Neuen Testaments dem Johannes Chrysostomos an. In seinen *Paraphrasen* zu Röm. 9-11 schmälert Erasmus wie Johannes die Überzeugung des Paulus nicht, dass ganz Israel gerettet werde[88]. Und beim sogenannten Blutruf Mt 27,25, der im Verlauf der Geschichte eine unselige Rolle gespielt hat, hält er fest: „Sie haben sich selbst und ihren Nachkommen das Verderben gewünscht. Aber Christus war barmherziger gegen sie, als sie gegen sich selbst waren und hat niemanden von der Vergebung ausgeschlossen, wenn er sich nur bekehren ließ. Denn viele von denjenigen, die damals unter dem Volk riefen: weg mit ihm, kreuzigt ihn, haben später das Kreuz Christi angebetet."[89] Johannes führte zur gleichen Stelle aus: „Trotzdem sie aber in solche Wut gegen sich und ihre Kinder verfallen waren, ließ der Herr in seiner Liebe ihr Urteil, nicht allein soweit es die Kinder, sondern auch soweit es sie selbst betraf, nicht in Erfüllung gehen."[90]

Im Schlussabschnitt soll noch auf wenige weitere Texte hingewiesen werden. Theophylakt von Achrida/Ochrid (ca. 1050 bis ca. 1126) war ein außerordentlich fruchtbarer Exeget, der neben alttestamentlichen Schriften das gesamte Neue Testament außer der Apokalpyse kommentiert hat. Er ist dabei stark abhängig von den kappadokischen Vätern, vor allem aber von Johannes Chrysostomos, den er ausgiebig benutzt hat[91]. Als ein Desiderat der Forschung sei auf eine antijüdische Schrift Theophylakts hingewiesen, die nicht ediert ist[92]. Möglicherweise hat Theophylakt dafür die Reden von Johannes Chrysostomos gegen die Juden ausgeschrieben. Angesichts der Tatsache, dass die Kommentare Theophylakts früh ins Slavische übersetzt worden sind, könnte seiner unedierten Schrift gegen die Juden große Bedeutung für die Rezeptionsgeschichte der chrysostomischen Reden im Osten zukommen.

Eine erste vollständige deutsche Übersetzung ist im 18. Jahrhundert erschienen. Johann Andreas Cramer (1723-1788), der später als Hofprediger in Kopenhagen und Superintendent in Lübeck wirken und einen sehr

---

88 Paraphrases in Novum Testamentum, LB VII, 806A-817A. Vgl. Ep. 1800, 248-269, Allen 6, 489.

89 Paraphrases in Novum Testamentum, LB VII, 140F-141A. Übersetzung s. C. Augustijn, Erasmus und die Juden (wie Anm. 59), 37; s. A. M. Ritter, Erwägungen (wie Anm. 21), 82; Ders., Chrysostomos und die Juden (wie Anm. 21), 113. Erasmus erwähnt, dass er bei der Abfassung der Paraphrasen die Homilien des Chrysostomos benutzt habe, Ep. 1255, 10-108, Allen 5,7.

90 In ev. Mt. h. 86 al 87 (PG 58, 766). Übersetzung BKV IV, 1916, 188 f.

91 C. Hannick, Art. Theophylakt von Achrida, TRE 33, Berlin 2002, 371-375.

92 H. C. Brennecke, Art. Theophylakt von Achrida/Ochrid, RGG⁴ 8, Tübingen 2005, 340.

bekannt gewordenen rationalistischen Katechismus verfassen sollte, hat die Reden im zweiten Band seiner zehnbändigen Sammlung der Predigten und Kleinen Schriften des Heiligen Kirchenlehrers Johannes Chrysostomus publiziert[93]. Seine Übersetzung ist wenig präzis, sie verstärkt zudem die antijüdischen Töne. Der fünften Rede hat er folgende Bemerkung vorangestellt: „Ich halte diese Rede für eins von den Meisterstücken unsers Kirchenvaters. Man kann wider die Juden nicht gründlicher und schöner reden, als er in gegenwärtiger Rede thut."[94] Im „Vorbericht zu diesen Predigten" schreibt Cramer: „Man wird darinnen in einer sehr nachdrücklichen Kürze fast alles beysammen finden, was in neuern Werken wider die Juden manchmal ohne Noth weitläufig ausgeführt ist."[95] Zu einem Abschnitt der sechsten Rede stellt Cramer die rhetorische Frage: „Können die neuern Gottesgelehrten, welche den Chrysostomus nur wegen seiner schönen Griechischen Schreibart bewundern, und gar keine Gründlichkeit in demselben finden können, stärker, gründlicher und schöner wider die Juden reden? Oder haben ihn auch diese Stolzen gelesen?"[96] An einigen Stellen distanziert Cramer sich als lutherischer Theologe in Anmerkungen von Johannes Chrysostomus. Die Aufforderung des Predigers, wenn jemand von Gott durch Krankheit gestraft werde, solle er nicht zu den Juden (gemeint sind jüdische Ärzte) fliehen, sondern zu seinen (sc. Gottes) Freunden, den Märtyrern und Heiligen, will Cramer nicht wie Montfaucon als einen Hinweis auf die Anrufung und Fürbitte der Heiligen verstanden haben[97]. Aus dem Umstand, dass Chrysostomos dem Timotheos die Aufsicht und Sorge für die ganze Welt (προστασία) zuschreibt, zieht Cramer den Schluss, dass der Kirchenvater mit der gleichen Würde und Aufgabe des Petrus nicht den Primat gemeint haben kann[98]. Die Aufforderung des Chrysostomos, sich beim Betreten der Synagoge mit dem Zeichen des Kreuzes zu zeichnen, um so vor den Angriffen des Teufels geschützt zu sein, führt Cramer zur Anmerkung: „Diese Stelle ist ein Beweis, dass ein Mann gross, und doch auch beynahe ein wenig abergläubisch seyn kann."[99]

---

93 Des Heiligen Kirchenlehrers Johannes Chrysostomus Erzbischofs und Patriarchen zu Constantinopel Predigten und Kleine Schriften. Aus dem Griechischen übersetzt. Mit Abhandlungen und Anmerkungen begleitet. Herausgegeben von M. Johann Andreas Cramer, Prediger zu Cröllwitz und Daspig. Zehn Bde. Leipzig 1748-51. Zweyter Band 1749, 109-412.
94 Ebd., 235.
95 Ebd., 111.
96 Ebd., 312.
97 Jud. 8,6 (PG 48,937); Cramer 396.
98 Jud. 8,7 (PG 48,939); Cramer 404.
99 Jud. 8,8 (PG 48,940); Cramer 407.

Die zitierten und andere Anmerkungen Cramers wie auch Mängel seiner Übersetzung veranlassten gut zwanzig Jahre später P. Vital Moesl, einen Benediktiner von St. Peter in Salzburg dazu, die zehn Bände neu zu edieren[100]. Im Widmungsschreiben an seine kirchlichen Oberen erläutert Moesl, er habe das an sich unschätzbare Werk des Johannes Chrysostomos verbessert, da es von dem verderblichen Sauerteig einer protestantischen Übersetzung angesteckt sei[101]. In einer „Vorrede des katholischen Verbesserers" begründet er seine Eingriffe[102].

Im 19. Jahrhundert sind in Frankreich innert weniger Jahre die Übersetzungen von Jeannin[103], Joly[104] und Bareille[105] erschienen. Dieses Phänomen ist wohl zu verstehen als Hinweis auf die Beliebtheit von Johannes Chrysostomos im Frankreich des 19. Jahrhunderts, wohl auch auf die nicht mehr genügenden Lateinkenntnisse des Klerus.

Für die Rezeptionsgeschichte der chrysostomischen Reden in der faschistischen Ideologie ist auffällig, dass Telesio Interlandi, einer der führenden Theoretiker des italienischen Faschismus, sich auf Johannes als einen Repräsentanten des „antisemitismo cattolico" berufen hat[106]. Für die Naziideologie ist der Nachweis eines direkten Einflusses der Reden von Johannes gegen die Juden kaum zu führen. Allenfalls ist auf den dubiosen Jörg Lanz von Liebenfels hinzuweisen. Der frühere Heiligenkreuzer Pater hat offensichtlich Johannes Chrysostomos gelesen. Hinweise auf eine Lektüre der *Reden gegen die Juden* sind indes nicht auszumachen. Die Schriftchen des Lanz von Liebenfels sollen auf Hitler großen Eindruck gemacht haben[107].

---

100 Des Heiligen Kirchenlehrers Johannes Chrysostomos Erzbischofs und Patriarchen zu Constantinopel Predigten und Kleine Schriften. Aus dem Griechischen übersetzt. Mit Abhandlungen und Anmerkungen begleitet. Herausgegeben von M. Johann Andreas Cramer, Prediger zu Cröllwitz und Daspig, Nunmehr zu sicherem Gebrauche katholischer Prediger von eingemischten Irrtümern gereinigt und nach griechisch-lateinischen Auflagen durchgehends verbessert von Vit. Moesl, 10 Bde., Augsburg 1772-1782. Acht Predigten wider die Juden in Antiochien gehalten, Bd. 2, 1772, S. 84-326.

101 Ebd., a2.

102 Ebd., I-XIII.

103 Oeuvres complètes de Saint Jean Chrysostome. Traduites par Jean-Baptiste Jeannin, Bar-le-Duc 1863-1867 (Arras, Sueur-Charruey 1887-1888), 11 vol. Tome 1, 1863.

104 Oeuvres complètes de Saint Jean Chrysostome. Traduites par Charles-Eugène Joly, 4 vol., Paris 1864-1865, Tome 1, 1864.

105 Oeuvres complètes de Saint Jean Chrysostome. Nouvelle Traduction par l'abbé J. Bareille, chanoine honoraire de Toulouse et de Lyon, Paris 1865-1873, Tome 2, 1865, 350-513.

106 Diesen Hinweis verdanke ich dem ungarischen Gelehrten Dr. G. Vattamany, der mir sein unveröffentlichtes Manuskript zur Verfügung gestellt hat: The Illness of the world. A Study in John Chrysostom's anti-jewish Rhetoric from the perspective of Myth-Criticism and Reception-History. Hier S. 141 f.

107 E. Weinzierl, Art. Antisemitismus VII, TRE 3, Berlin 1978, 155-165, 160.

Johannes Chrysostomos im Basler Buchdruck des 16. Jahrhunderts[*]

UELI DILL

Basel war in der ersten Hälfte des 16. Jahrhunderts eine der wichtigsten, wenn nicht gar die wichtigste Stadt für den Druck von Kirchenväterausgaben. Unter den damals erschienenen patristischen Ausgaben nehmen die Editionen von Johannes Chrysostomos keine herausragende Stellung ein; hingegen spielen sie in seiner Editionsgeschichte eine nicht unwichtige Rolle und waren für das Bild des Chrysostomos(textes) durchaus prägend.

Ausschlaggebend für den patristischen Buchdruck in Basel war die Entscheidung des frommen und gelehrten Buchdruckers Johannes Amerbach, die Werke der vier großen lateinischen Kirchenväter Ambrosius, Augustinus, Hieronymus und Gregorius in sorgfältig erarbeiteten Gesamtausgaben zu verbreiten. Beraten von Johannes Heynlin de Lapide, brachte er zuerst einzelne Werke des Augustinus auf den Markt, dann den gesamten Ambrosius und schließlich 1506 eine Augustinus-Gesamtausgabe. Über der Vorbereitung der Hieronymus-Ausgabe starb er 1513. Diese wurde aber von seinem Nachfolger Johannes Froben in Zusammenarbeit mit Erasmus von Rotterdam vollendet und diente als Vorbild für eine ganze Reihe von Kirchenväter-Ausgaben dieses *Dream Teams* und begründete in Basel eine blühende und bis zur Gegenreformation offenbar erfolgreiche Publikationstätigkeit auf patristischem Gebiet[1].

---

[*] Die vorliegende kurze Übersicht über die im 16. Jahrhundert in Basel erschienenen Chrysostomos-Ausgaben diente im Rahmen der Tagung „Chrysostomosbilder in 1600 Jahren" als Handout für eine Führung „Auf den Spuren der Drucker und Übersetzer von Johannes Chrysostomos in Basel". Sie erhebt keinen Anspruch auf Vollständigkeit und ist bibliographisch einfach gehalten.

[1] Zu Amerbach und Heynlin: Joseph de Ghellinck, La première édition imprimée des ‹Opera omnia S. Augustini›, in: Miscellanea Gessleriana, Anvers 1948, 530-547; ders., Une édition patristique célèbre, in: Patristique et Moyen Âge. Études d'histoire littéraire et doctrinale, Bd. 3: Compléments à l'étude de la patristique, Gembloux 1948, 339-484; Victor Scholderer, The first collected edition of Saint Augustine, in: Fifty essays in fifteenth- and sixteenth-century bibliography, ed. Dennis E. Rhodes, Amsterdam 1966, 275-278; Barbara C. Halporn, Johann Amerbach's collected editions of St. Ambrose, St. Augustine, and St. Jerome, Ph. D. Diss. Indiana University 1988; dies., The correspondence of Johann Amerbach. Early printing in its social context. Selected, translated, edited, with commentary by B. C. H., Ann Arbor 2000; Ueli Dill,

In diesem Umfeld müssen wir die Chrysostomos-Editionen ansiedeln, wie dies 1524 Johannes Amerbachs Sohn Bonifacius tat, als er im Anschluss an seine Aufzählung von Frobens Erasmus-Ausgaben über Basels Buchproduktion schrieb[2]:

> *Aliorum autem non minor fere est foecunditas, à quibus <editus est> Chrysostomus, Arnobius, Cyrillus cum innumeris aliis in omni disciplina libris (praeter hebraicos et graecos), vt cuniculi prae nostris impressoribus steriles videri possint.*

Praktisch ebenso groß ist die Fruchtbarkeit der anderen (Buchdrucker), von denen Chrysostomus, Arnobius und Kyrill mitsamt unzähligen anderen Büchern aus allen Fachbereichen (abgesehen von solchen in hebräischer und griechischer Sprache) herausgegeben wurden, so dass Kaninchen im Vergleich mit unseren Buchdruckern unfruchtbar scheinen könnten.

Arnobius reiht Amerbach irrtümlich hier ein (dieser war bei Froben erschienen); die beiden anderen Autoren erschienen bei Andreas Cratander[3]. Damit sind die beiden für Johannes Chrysostomos wichtigsten Basler Buchdrucker genannt, die mit ihren großen Werkausgaben in der ersten Hälfte des Jahrhunderts den deutschsprachigen Markt der Chrysostomos-Ausgaben dominierten[4]. Die untenstehende Tabelle ist deshalb zweigeteilt. Links sind die Ausgaben Johannes Frobens und der mit ihm verbundenen Drucker (seines Schwiegervaters Wolfgang Lachner, seiner – auch verwandtschaftlich verbundenen – Partner Johannes Herwagen und Nicolaus Episcopius und seiner Nachkommen) aufgeführt; rechts sind Cratanders Ausgaben und die vereinzelten anderer Drucker genannt.

Im 15. Jahrhundert erschien nur ein einziges Werk von Johannes Chrysostomos in Basel: *De compunctione cordis* (Nr. 1). Die nächste Ausgabe war dann aber bereits eine der typischen Basler Ausgaben, in denen möglichst alle bekannten Werke des Kirchenvaters dargeboten werden sollten. Finanziert wurde sie durch Wolfgang Lachner, der eine venezianische Sammelausgabe[5] nachdrucken ließ (Nr. 2). 1517 brachte Froben eine Ausgabe in 5 Bänden heraus (Nr. 4). Sie beruht auf der veneziani-

---

Prolegomena zu einer Edition von Erasmus von Rotterdam, Scholia in Epistolas Hieronymi. Diss. Basel 1997 (2 Bde.), dort Bd. 1, S. 33-41 auch Literatur zu Erasmus als Herausgeber der Kirchenväter.

2   An Jean Montaigne, <Basel, ca. 1.8.1524>, Die Amerbachkorrespondenz II, hg. von Alfred Hartmann, Basel 1943, Nr. 962, Z. 234-238.

3   Arnobius: Commentarii in omnes psalmos, hg. v. Erasmus, Froben 1522; Kyrill: In Evangelium Ioannis commentaria u.a., Andreas Cratander 1524; Chrysostomos: s. unten Nr. 7.

4   Außerhalb von Basel erschienen größere Werkausgaben in Paris (1522 beginnend mit einem Nachdruck von Cratanders Ausgabe) und – in größerem Umfang erst nach dem Tridentinum – in Venedig.

5   Venedig, Bernardinus Stagninus und Gregorius de Gregoriis, 1503.

schen Ausgabe und stellt abgesehen von der äußerlichen Gestaltung und einem Index keinen grundlegenden Fortschritt dar[6]. Anders die nächste große Ausgabe, nun durch Cratander (Nr. 7). Dieser bemühte sich, neue Werke von Chrysostomos aufzuspüren und übersetzen zu lassen. Froben war nicht amüsiert, wie folgende Stelle aus einem Brief Cratanders an seinen Übersetzer Wolfgang Capito zeigt[7]:

> *Caeterum cum Frobenio mihi adhuc bene conuenit, nisi quod eidem non omnino placet tanta inter me et Ioan. Coberger, Franciscum Birckman et Lucam Alantsee, magni nominis bibliopolas, concordia, familiaritas et amicitia; nam timet tandem suae sorti. Sum enim impressurus pre hiemem diuum Chrysostomum praefatorum dominorum sumptibus, id quod Frobenium male habet.*

Im übrigen stehe ich jetzt gut mit Froben. Nur gefällt ihm überhaupt nicht, dass zwischen mir und Johannes Koberger, Franz Birckmann und Lukas Alantsee, bekannten Verlegern, so große Eintracht, Vertrautheit und Freundschaft herrscht, denn er fürchtet langsam für sein Fortkommen. Ich bin nämlich im Begriff, noch vor diesem Winter den heiligen Chrysostomos auf Kosten der vorgenannten Herren zu drucken, was Froben verdrießt.

Vorläufig aber hatte Cratander, in dem kapitalintensiven Unternehmen unterstützt durch die genannten Verleger, die besseren Karten bzw. Übersetzer. In den folgenden Jahren brachte er verschiedene Chrysostomos-Werke in neuer Übersetzung von Johannes Oekolampad heraus, um die erweitert er 1525 die große Ausgabe nachdruckte (Nr. 11)[8].

Nun rüstete Froben zum Gegenangriff. Wie Cratander bereitete er eine große Ausgabe durch dem Druck verschiedener bisher nicht übersetzter und gedruckter Einzelschriften vor. Er spielte dabei zwei Trümpfe aus: einerseits seinen Hausautor, Erasmus, der sich nun auch Johannes Chrysostomos zuwandte und verschiedene von dessen Werken ins Lateinische übersetzte[9]; andererseits seine Erfahrung im Griechisch-Druck,

---

6   Froben änderte die Reihenfolge der Bände: Der dreigeteilte Bd. 2 der venezianischen Ausgabe entspricht Bd. 1-3 von Frobens Ausgabe, Bd. 1 mit seinen zwei Teilen Bd. 4-5.

7   Universitätsbibliothek Basel, KiAr Mscr 25a, Nr. 48 (Frankfurt, 20.9.1521), Abbildung und Übersetzung in: Eugen A. Meier/M. Pfister-Burkhalter/Markus Schmid, Andreas Cratander – ein Basler Drucker und Verleger der Reformationszeit, Basel 1966, 22 f.

8   Zu Oekolampads Tätigkeit als Chrysostomos-Übersetzer vgl. Ernst Staehelin, Die Väterübersetzungen Oekolampads, Schweizerische Theologische Zeitschrift 33, 1916, 57-91, hier 69-91; ders., Das theologische Lebenswerk Johannes Oekolampads (Quellen und Forschungen zur Reformationsgeschichte 21), Leipzig 1939, 173-186.

9   Zu Erasmus' Arbeit am Chrysostomos-Text: Wolfgang Lackner, Erasmus von Rotterdam als Editor und Übersetzer des Johannes Chrysostomos, Jahrbuch der österreichischen Byzantinistik 37, 1987, 293-311. Vgl. auch André Jacob, L'édition «érasmienne» de la liturgie de saint Jean Chrysostome et ses sources, Italia medioevale e umanistica 19, 1976, 291-324; Jean-Claude Margolin, Brèves réflexions sur l'anti-

indem er einzelne Werke im griechischen Original oder in zweisprachigen griechisch-lateinischen Ausgaben druckte. Damit begann er, das von Bonifacius im oben zitierten Brief erwähnte Manko an griechischen Drucken auch für diesen Autor zu beheben[10]. Froben selbst erlebte die geplante große Werkausgabe nicht mehr; er starb 1527. Die Ausgabe erschien erst 1530/31 bei seinen Nachfolgern Hieronymus Froben, Nicolaus Episcopius und Johannes Herwagen mit einer Praefatio und einer Vita Chrysostomi von Erasmus' Hand (Nr. 20); Nachtragsbände folgten 1531 und 1533 (Nr. 21f.). Die Ausgabe hatte offensichtlich Erfolg. Cratander, der seine Druckerei noch bis 1536 weiterführte, verzichtete auf eine Neuauflage seiner eigenen Ausgabe. Vermutlich hatte die von Erasmus autorisierte Ausgabe auf dem europäischen Markt bessere Absatzchancen als die mit dem Reformator Oekolampad verbundene und deshalb verschiedentlich kritisierte Ausgabe Cratanders.

Frobens Nachfolger druckten seine Ausgabe in regelmäßigen Abständen nach: 1539 unter der Verantwortung von Wolfgang Musculus (Nr. 26), 1547 unter derjenigen von Sigismund Gelenius (Nr. 30). Für die nächste Auflage, die als seitengleicher Nachdruck erst nach Gelenius' Tod 1557 erschien, half John Foxe beim Kollationieren der Textvorlagen und verfasste ein (schließlich doch nicht publiziertes) Vorwort (Nr. 33)[11]. Eine weitere Auflage, die Johannes Frobens Enkel Aurelius plante und für welche er auch ein noch unediertes griechisches Manuskript besaß, kam nicht mehr zustande[12].

Ein, wenn auch kaum der einzige Grund, warum die Reihe der Nachdrucke in Basel abbrach, dürfte der 1559 veröffentlichte römische *Index librorum prohibitorum* gewesen sein, in welchem u.a. alle Werke von Erasmus und Oekolampad verboten wurden und verfügt wurde, dass die von diesen und anderen verbotenen Autoren herausgegebenen Schriften recht-

---

judaïsme de Jean Chrysostome et sur celui d'Érasme d'après les Homélies Adversus Judaeos, in: Les pères de l'église au XVIIᵉ siècle. Actes du colloque de Lyon 2-5 octobre 1991, pub. par E. Bury/B. Meunier, Paris 1993, 33-50.

10 Zu Erasmus' Einschätzung des Bedürfnisses nach dem griechischen Originaltext vgl. Lackner, Erasmus (wie Anm. 9), 294. Als Vorlage diente mehrfach die auch schon von Oekolampad benützte Basler Handschrift B II 15. Allerdings blieb es in Basel – wie im 16. Jahrhundert überhaupt – bei dem Druck einzelner Chrysostomos-Werke in der Originalsprache (Nr. 12-15, 18 f., 23, 27 f., 32, 34).

11 Manfred Edwin Welti, Der Basler Buchdruck und Britannien (Basler Beiträge zur Geschichtswissenschaft 93), Basel 1964, 222. Einen Niederschlag hat die Arbeit an dieser Ausgabe auch im Rechnungsbuch der Buchdrucker gefunden (Froben & Episcopius, Buchdrucker und Buchhändler zu Basel 1557-1564, hg. von Rudolf Wackernagel, Basel 1881, 7 f., 10, 107).

12 Universitätsbibliothek Basel, Mscr G II 17, Bl. 74 (undatiert, vgl. Elisabeth Landolt, Fünf Briefe des Aurelius Erasmius Froben an Basilius Amerbach, Basler Zeitschrift für Geschichte und Altertumskunde 86:2, 1986, 105-108, hier 107).

gläubiger Autoren nur noch purgiert und mit spezieller Erlaubnis benutzt werden dürften[13]. Die von der letzten Generation der Frobendynastie realisierte zweisprachige Predigtausgabe von 1585 (Nr. 34), die letzte Basler Chrysostomos-Ausgabe im 16. Jahrhundert, wirkt nur noch wie ein ferner Nachklang der großen Zeit der Basler Kirchenväter-Editionen.

---

13   J. M. De Bujanda, Index de Rome 1557, 1559, 1564. Les premiers index romains et l'index du Concile de Trente (Index des livres interdits 8), Québec 1990, 760, 768, 787.

Übersicht über die wichtigsten Basler Ausgaben
von Johannes Chrysostomos im 16. Jahrhundert[14]

	Froben	*Cratander u.a.*
1		De compunctione cordis, [Michael Furter, nicht nach 28.8.1491]. 8° [vdH I, 22,10]
2	Opera, Jakob [Wolff] von Pfortzheim für Wolfgang Lachner, Dez. 1504 (2 Bde.). 2° [VD 16, J 395]	
3		Libellus, cuius est titulus Neminem posse ledi nisi a semetipso, [Adam Petri], 1. Aug. 1509. 8° [VD 16, J 438; Hier., OBI II, Nr. 81]
4	Opera, Johannes Froben, Juli-Sept. 1517 (5 Bde.). 2° [VD 16, J 396; Hier., OBI II, Nr. 242]	
5		Homilia de eo, quod dixit Apostolus: Vtinam tolerassetis paululum quiddam insipientiae meae, übers. v. Wolfgang Capito, Andreas Cratander, Okt. 1519. 4° [VD 16, J 423; Hier., OBI II, Nr. 388d; Hier., GG, Nr. 388]
6	Paraenesis prior ad Theodorum lapsum, übers. v. Wolfgang Capito, Johannes Froben, Nov. 1519. 4° [VD 16, J 452; Hier., GG, Nr. 389]	

14 Wo nichts anderes vermerkt ist, handelt es sich um lateinische Übersetzungen. Grau hinterlegt sind die „Gesamtausgaben". Abgekürzt werden folgende Referenzwerke zitiert:
vdH I = Pierre L. van der Haegen, Basler Wiegendrucke (Schriften der Universitätsbibliothek Basel 1), Basel 1998;
VD 16 = Verzeichnis der im deutschen Sprachbereich erschienenen Drucke des XVI. Jahrhunderts, Stuttgart 1983-2000;
Hier., GG = Frank Hieronymus, Ἐν Βασιλείᾳ πόλει τῆς Γερμανίας. Griechischer Geist aus Basler Pressen (Publikationen der Universitätsbibliothek Basel 15), Basel 1992;
Hier., OBI II = Frank Hieronymus, Oberrheinische Buchillustration 2: Basler Buchillustration 1500-1545 (Publikationen der Universitätsbibliothek Basel 5), Basel 1984;
Hier., Medizin = Frank Hieronymus, Theophrast und Galen – Celsus und Paracelsus. Medizin, Naturphilosophie und Kirchenreform im Basler Buchdruck bis zum Dreißigjährigen Krieg (Publikationen der Universitätsbibliothek Basel 36), Basel 2005.

	Froben	*Cratander u.a.*
7		Opera, Basel, Andreas Cratander, 1521-22 (5 Bde.). 2° [VD 16, J 397; Hier., GG, Nr. 390]
8		Comparatio regis et monachi, übers. v. Johannes Oekolampad, Andreas Cratander, Okt. 1523. 4° [VD 16, J 477; Hier., OBI II, Nr. 388h; Hier., Medizin, Nr. 36; Hier., GG, Nr. 393]
9		Psegmata quaedam (In beatum Babylam adversus gentiles; Quod Christus est deus, adversus gentiles liber; In Iuventinum et Maximum martyres sermo; In Priscillam et Aquilam homilia de colendis sacerdotibus et pauperibus; De resurrectione homilia; De profectu Evangelii homilia in dictum apostoli: Sive occasione sive veritate annunciatur Christus; In beatos Abraham et Iob sermo; Epistolae quatuor, quarum primae duae ad Innocentium episcopum Rhomae, tertia ad Cyriacum exulem, quarta ad episcopos in carcere propter pietatem inclusos; De ferendis reprehensionibus et conversione Pauli homilia; De nomine Abraham homilia; In Oziam de humilitate homilia; De mansuetudine sermo; De anathemate sermo; In Eliam prophetam sermo), übers. und annotiert v. Johannes Oekolampad, Andreas Cratander, März 1523. 4° [VD 16, J 403; Hier., OBI II, Nr. 404a; Hier., GG, Nr. 391]
10		In totum Geneseωs librum homiliae sexagintasex, übers. v. Johannes Oekolampad, Andreas Cratander, Sept. 1523. 2° [VD 16, J 434; Hier., OBI II, Nr. 423; Hier., GG, Nr. 392]
11		Opera, [Andreas Cratander, 1525] (7 Bde.). 2° [VD 16, J 398]

	Froben	*Cratander u.a.*
12	De orando deum libri duo, griech./ lat., übers. v. Erasmus, Johannes Froben, April 1525. 8° [VD 16, J 442; Hier., GG, Nr. 394]	
13	Quod multae quidem dignitatis, sed difficile sit episcopum agere, dialogi sex (De sacerdotio), griech., hg. v. Erasmus, Johannes Froben, Mai 1525. 8° [VD 16, J 455]	
14	Conciunculae perquam elegantes sex de fato & providentia Dei, griech., Johannes Froben, Febr. 1526. 8° [VD 16, J 421; Hier., GG, Nr. 395]	
15	In epistolam ad Philippenses homiliae duae, griech./lat., übers. v. Erasmus; Libellus elegans Graecus, in quo confert verum monachum cum principibus, divitibus ac nobilibus huius mundi, griech., Johannes Froben, Aug. 1526. 8° [VD 16, J 426; Hier., GG, Nr. 396]	
16	Lucubrationes aliquot non minus elegantes quam utiles (Adversus Iudaeos conciones V; De Lazaro et divite conciones IV; De visione Esaiae et Osia rege lepra percusso conciones V; De beato Philogonio deque digne sumenda eucharistia concio I; Homiliae in epistolam Pauli ad Philippenses II; De orando deum conciones II; Commentariorum in acta apostolorum homiliae III; De dignitate et onere episcopi libri VI), übers. v. Erasmus und Germain de Brie (De sacerdotio), Johannes Froben, März 1527. 2° [VD 16, J 408; Hier., GG, Nr. 397]	
17	Commentarius in epistolam ad Galatas, übers. v. Erasmus, Johannes Froben, 1527. 8° [VD 16, J 416]	

	Froben	*Cratander u.a.*
18	Tria nova dabit hic libellus, Epistolam Erasmi, de modestia profitendi linguas. Libellum perquam elegantem D. Ioannis Chrysostomi Graecum, de Babyla martyre. Epistolam Erasmi Roterodami in tyrologum quendam impudentissimum calumniatorem, Johannes Froben, Aug. 1527. 8° [VD 16, J 412; Hier., GG, Nr. 398]	
19	Aliquot opuscula, griech., hg. v. Erasmus, Officina Frobeniana, 1529. 4° [VD 16, J 411]	
20	Opera, mit Praefatio und Vita Chrysostomi von Erasmus, Officina Frobeniana (H. Froben, J. Herwagen, N. Episcopius), 1530-31 (5 Bde.). 2° [VD 16, J 399; Hier., GG, Nr. 399]	
21	Commentariorum in Acta apostolorum homiliae quinquagintaquinque, übers. von Erasmus und Oekolampad, Officina Frobeniana (H. Froben, J. Herwagen, N. Episcopius), Mai 1531. 2° [VD 16, J 415]	
22	Aliquot homiliae ad pietatem summopere conducibiles, übers. v. Erasmus, Officina Frobeniana (H. Froben, N. Episcopius), [März] 1533. 4° [VD 16, J 409; Hier., GG, Nr. 401]	
23		Comparatio regii potentatus et divitiarum ac praestantiae ad monachum in verissima Christi philosophia acquiescentem, griech./lat., übers. von Polydorus Vergilius, [Andreas Cratander], 1533. 8° [VD 16, J 474; Hier., GG, Nr. 402]
24	In Epistolam diui Pauli ad Romanos homiliae octo priores, übers. v. Germain de Brie, Officina Frobeniana (H. Froben, N. Episcopius),	

Froben	*Cratander u.a.*
März 1533. 4° [VD 16, J 428; Hier., GG, Nr. 400]	
25	In omnes d. Pauli epistolas commentarii, übers. v. Wolfgang Musculus, Johannes Herwagen, 1536. 2° [VD 16, J 433; Hier., GG, Nr. 403]	
26	Opera, mit Praefationen von Wolfgang Musculus und Erasmus und Vita Chrysostomi von Erasmus, Officina Hervagiana, Febr. 1539 (5 Bde.). 2° [VD 16, J 400; Hier., GG, Nr. 404]	
27		M. Antonii Flaminii ... in psalmos aliquot paraphrasis. Joannis Chrysostomi ... De patientia et consumatione huius seculi et de secundo aduentu domini deque aeternis iustorum gaudiis et malorum poenis, de silentio et aliis sermo, griech./lat., übers. v. Johannes Theophilus, Robert Winter, März 1540. 8° [VD 16, J 502]
28		Polydori Vergilii adagiorum opus. Item divi Ioannis Chrysostomi de perfecto monacho maloque principe libellus, griech./lat., übers. von Polydorus Vergilius, Johannes Bebel, 1541. 8° [VD 16, J 475]
29		De episcopalis ac sacerdotalis muneris praestantia, übers. v. Ianus Cornarius, Johannes Oporin, April 1544. 8° [VD 16, J 462; Hier., Medizin, Nr. 165; Hier., GG, Nr. 405]
30	Opera, mit Praefatio von S. Gelenius und Vita Chrysostomi von Erasmus, Hieronymus Froben und Nicolaus Episcopius, Aug. 1547 (5 Bde.). 2° [VD 16, J 401; Hier., GG, Nr. 406]	

	Froben	Cratander u.a.
31	Catechismus ... Ioannis Chrysostomi De orando deum, Hieronymus Froben und Nicolaus Episcopius, 1551. 8° [VD 16, J 445]	
32		Aliquot orationes, griech./lat., übers. v. Martin Cromer und Veit Amerbach, Johannes Oporin, März 1552. 8° [VD 16, J 499; Hier., GG, Nr. 407]
33	Opera, mit Praefatio von S. Gelenius und Vita Chrysostomi von Erasmus, Hieronymus Froben und Nicolaus Episcopius, 1557 (5 Bde.). 2° [VD 16, J 402]	
34	Orationum decas graecolatina, übers. v. Johann Jakob Beurer, Frobenii consortes, 1585. 8° [VD 16, J 451; Hier., GG, Nr. 408]	

Du Chrysostome latin au Chrysostome grec

Une histoire européenne (1588-1613)

Jean-Louis Quantin

En 1588 paraissait à Paris une édition latine des *Opera omnia* de Jean Chrysostome, la dernière du XVIe siècle[1] ; dans les premiers jours de 1613, Sir Henry Savile publiait la première édition grecque, dont les huit volumes avaient été imprimés à ses frais et sous ses yeux, à Eton College, entre 1610 et 1612. Dans l'intervalle, on travailla beaucoup, à travers l'Europe, sur le texte et les manuscrits de Chrysostome. Dispersés, ou du moins imparfaitement coordonnés, appuyés sur des ressources insuffisantes, ces efforts n'aboutirent au mieux qu'à des éditions partielles, souvent limitées à quelques homélies, et parfois seulement en traduction latine, qui sont devenues très rares ; une forte part des textes concernés étaient en outre des pseudépigraphes ou, au mieux, des *Eclogae*. Il n'est donc pas surprenant que ces travaux du tournant du XVIe et du XVIIe siècle aient été rejetés dans l'ombre par le monument de Savile. Leur utilité directe, pour les philologues d'aujourd'hui, est probablement assez mince. D'un point de vue d'historien, en revanche, ils sont d'un grand intérêt. Menés pour

---

1   On trouvera en annexe les titres complets des éditions, par ordre chronologique, ainsi que l'indication de la ou des bibliothèques où elles ont été effectivement consultées ; elles seront citées en note sous la forme : *Opera* (1588). L'édition de Savile sera abrégée « Savile » avec indication du tome (VIIIb pour les notes rassemblées à la fin du t. VIII, avec une pagination à part). Les six volumes grecs-latins publiés par Fronton du Duc entre 1609 et 1624 sont désignés chacun par son titre abrégé et non par la tomaison (ajout tardif et trompeur). Par commodité, et aussi pour éviter l'anachronisme, j'ai parlé de « Chrysostome », là où, pour un patrologue d'aujourd'hui, il faudrait dire « Chrysostome et Pseudo-Chrysostome ». – C. Baur, S. Jean Chrysostome et ses œuvres dans l'histoire littéraire, Louvain 1907, 174, mentionne des *Opera omnia* parues à Bâle, ex officina Heruagiana, en 1593 et en donne la cote à la Bibliothèque Vaticane (Barber. D. IV.1-5). Cette édition a été citée depuis à plusieurs reprises (ainsi par J.-P. Bouhot, Les traductions latines de Jean Chrysostome du Ve au XVIe siècle, dans : Traduction et traducteurs au Moyen Âge. Actes du colloque international du CNRS, 26-28 mai 1986, éd. par G. Contamine, Paris 1989, 31-39, 38), mais elle n'existe pas ; vérification faite, l'exemplaire censé se trouver à la Vaticane est daté Basileae, 1539 (F. Hieronymus, Griechischer Geist aus Basler Pressen, en ligne à : www.ub.unibas.ch/kadmos/gg, n°404). Les informations données par C. Baur sur les bibliothèques romaines, pour lesquelles il était dépendant d'un correspondant (C. Baur, Chrysostome et ses œuvres, 88, n. 1), ne méritent aucun crédit.

partie en collaboration, pour partie en concurrence, dépassant les frontières religieuses mais influencés de manière plus ou moins discrète par
des préoccupations et des préjugés doctrinaux, ils éclairent les modes de
fonctionnement de la République des Lettres, tout comme les rapports
entre philologie et théologie à l'âge confessionnel. Ils constituent, non
seulement le contexte intellectuel et religieux, mais encore la préhistoire de
l'édition d'Eton. Celle-ci, aussi bien, fut tout sauf une création *ex nihilo* :
Savile prit les *Opera omnia* de 1588 comme point de départ de son entreprise ; il recueillit soigneusement les éditions partielles grecques, qu'il
utilisa même souvent comme copies pour l'impression ; il mit à contribution les foyers de recherche déjà existants pour se constituer un réseau
européen de collaborateurs. La réception du nouveau Chrysostome grec,
enfin, fut fatalement orientée par celui que l'on connaissait déjà et que les
théologiens étaient habitués à citer, le Chrysostome latin. On ne peut saisir
l'articulation complexe de ces deux corpus sans étudier en détail le quart
de siècle qui s'étend de 1588 à 1613.

État des études chrysostomiennes en 1588

L'édition de 1588 était due à la Compagnie dite de la Grande Navire, dans
laquelle les libraires parisiens s'étaient récemment regroupés pour publier
les *Opera omnia* des Pères de l'Église[2]. L'objectif était commercial, –
supplanter la concurrence européenne sur un marché dont les profits
étaient très disputés, – et la méthode éprouvée : il fallait donner une
édition plus complète que les précédentes, et, si possible, un texte du
moins assez révisé pour pouvoir en faire un argument publicitaire. La
philologie était ici procédé commercial[3]. Dans la dédicace du Chrysostome
bâlois de 1547, l'humaniste tchèque Sigismundus Gelenius (Zikmund
Hruby z Jelení) avait déclaré que, de toutes les espèces d'émulation, celle
des imprimeurs était la plus utile au public, puisqu'elle aboutissait à des
éditions toujours meilleures : Chrysostome, « réimprimé à plusieurs re-

---

2   Voir D. Pallier, Recherches sur l'imprimerie à Paris pendant la Ligue (1585-1594),
     Genève 1975, 9-14 ; J. de La Caille, Histoire de l'imprimerie et de la librairie, Paris
     1689 (reprint Slatkine 1971), 175 s.
3   Un cas bien connu est celui d'Augustin, pour lequel les libraires parisiens, en 1586,
     décalquèrent sans scrupule l'édition des lovanistes, publiée par Plantin à Anvers en
     1576-1577, mais l'augmentèrent d'onze nouveaux sermons découverts dans un
     manuscrit de la Grande-Chartreuse. Les remarques de P. Petitmengin, Le match Bâle-
     Paris au XVIe siècle. Éditions princeps, éditions revues des Pères latins, dans :
     « Editiones principes » delle opere dei Padri greci e latini. Atti del Convegno di studi,
     Firenze, 24-25 ottobre 2003, éd. par M. Cortesi, Florence 2006, 3-39, en particulier 19,
     s'appliquent tout autant au cas de Chrysostome.

prises, n'a jamais paru sans être augmenté »[4]. En l'occurrence, le Chrysostome de 1588 était pour l'essentiel une réimpression de la précédente
édition parisienne, parue en 1581, – avec une organisation dès lors
classique en cinq volumes, les quatre premiers donnant les grandes séries
homilétiques dans l'ordre des livres bibliques, le cinquième servant de
fourre-tout pour les sermons isolés, les traités et les lettres[5], – mais une
mise à jour avait été effectuée pour tenir compte des publications inter-
venues depuis lors[6]. Le responsable de cette révision était délibérément
resté anonyme[7], mais il s'agissait d'un jeune jésuite, alors étudiant « en
Theologie dans le Collège de sa Compagnie à Paris » (le Collège de
Clermont), le P. Fronton du Duc[8]. Il inaugurait ainsi son œuvre d'éditeur
des Pères grecs : le fait, capital pour comprendre la suite de son travail
chrysostomien, ne semble pas avoir été relevé jusqu'ici[9].

Le maître d'œuvre des *Opera omnia* de 1581, Jacques de Billy, avait pu
faire des additions considérables, à la fois en reprenant des textes qui
avaient paru à part et en publiant des inédits[10]. La moisson de 1588 était

4   Opera (1547), t. I, f. α2r : « *Is* [*Chrysostomus*] *non semel recusus, numquam sine accessione
     prodiit* ». Sur cette édition, voir F. Hieronymus, Griechischer Geist (cité n. 1), n° 406 ;
     P. Petitmengin, Art. Gelenius (Sigismundus), dans : Centuriae Latinae II, réunies par
     C. Nativel, Genève 2006, 337-351, 349, n° T2.

5   Ce plan paraît remonter à l'édition parisienne de 1536 ; il fut repris à Bâle en 1547.
     L'édition érasmienne de 1530 était marquée par le plus grand désordre : les homélies
     sur les Psaumes étaient au t. II, les homélies sur la Genèse au t. V, les homélies sur
     Paul étant même dispersées entre le t. I (imprimé après les autres) et le t. IV, à cause
     de l'arrivée tardive de textes nouveaux qu'il avait fallu traduire.

6   Le détail est donné au verso de la page de titre, Operum tomus primus (1588).

7   Ibid., t. V, col. 1836 : « *haec aliaque saltuatim notata boni consules, candide lector, [...] si, cum
     nemo huic editioni nominatim praeesset, nobis nullo nostro periculo studium de te bene merendi
     nostrum licuerit profiteri* ».

8   Pour le rôle de Fronton du Duc dans l'édition de 1588, voir ses explications ulté-
     rieures dans Homiliae LXXVII (1609), « *Notae* », 61. Il fit ses quatre années de
     théologie à Paris de 1586 à 1590 : voir F. Oudin, Fronton du Duc, dans : Memoires
     pour servir à l'histoire des hommes illustres dans la Republique des lettres, éd. par
     J.-P. Niceron, t. 38, Paris 1737, 104. Quoique Fronton soit son prénom et du Duc
     (Ducaeus) son patronyme, je l'appellerai de préférence Fronton, comme le faisaient le
     plus souvent ses contemporains.

9   Les Opera omnia de 1588 ne figurent pas dans la notice de C. Sommervogel, Biblio-
     thèque de la Compagnie de Jésus, 11 vol., Bruxelles-Paris 1890-1932, t. III, col. 233-
     249 (et supplément, t. IX, col. 254) et ont dès lors été passées sous silence par tous
     ceux qui ont traité de Fronton en compilant Sommervogel... Celui-ci mentionne en
     revanche (n° 2) « *S. Joannis Chrysostomi Opuscula. Graece et latine. Ingolstadii. 1583* » : il y a
     tout lieu de penser, pour les raisons que développera une étude à venir sur les
     éditions chrysostomiennes de Fronton, que celle-ci n'existe pas.

10   Liste des nouveautés dans la dédicace de l'imprimeur Sébastien Nivelle au cardinal de
     Pellevé, Opera (1581), t. I, f. †2v. Pour la préparation, voir I. Backus, La Patristique et
     les guerres de religion en France. Étude de l'activité littéraire de Jacques de Billy

moindre et limitée à des textes qui avaient déjà vu le jour ailleurs : il furent rajoutés au tome V, à la suite des additions de 1581. Il s'agissait d'abord de dix homélies dont l'édition princeps avait paru à Rome cette même année 1581, en grec seulement, et qui avaient été réimprimées à Bâle en 1585, avec une traduction latine due à un professeur de Fribourg en Br., Johannes Jakob Beurer : les Parisiens reprirent cette dernière, sans même en omettre la dédicace à l'évêque de Wurzbourg, mais laissèrent de côté l'original[11]. Fronton avait en outre découvert trois homélies dont la publication, en traduction latine, remontait à 1542 mais avait été assez confidentielle pour échapper à tous les éditeurs d'*Œuvres complètes*[12]. C'est là

(1535-1581) O.S.B., d'après le MS. Sens 167 et les sources imprimées, Paris 1993, 127-134. L'édition est aujourd'hui rare (I. Backus a travaillé sur celle de 1588). La Biblioteca Casanatense de Rome possède les trois premiers tomes, et la Bibliothèque Vaticane un exemplaire qui s'est avéré complet (il était faussement porté au catalogue comme défectueux du tome I, relié dans un même volume à la suite de l'index). Dans la dédicace, datée du 1er janvier 1581, Nivelle dit que l'impression, commencée « *non multis abhinc mensibus* », était désormais presque achevée. Voici les dates des colophons (celui du t. V manque dans l'exemplaire de la Vaticane) : t. I, II et IV, 22 septembre 1580 ; t. III, index et préliminaires du t. I, 4 janvier 1581.

11 Opera (1588), t. V, col. 1419-1521 ; Orationum Decas (1585). Les textes sont dans l'ordre : In illud : in principio erat Verbum [Aldama 549] ; De serpente, quem Moyses in cruce suspendit [Aldama 550] ; De Christi Diuinitate [CPG 4325] ; De Christo pastore et oue [CPG 4189] ; In illud : sufficit tibi gratia mea [Aldama 346] ; Omnia uitia originem ab ignauia ducere (...) [= De diabolo tentatore hom. 3 dans Montfaucon, PG 49, 263-276] ; De laudibus eorum, qui in Ecclesia frequentes occurrebant (...) [= In illud Vidi dominum hom. 1 dans Montfaucon, PG 56, 97-107] ; Unum esse legislatorem Veteris et Noui Testamenti [Aldama 490] ; In illud Abrahae : pone manum tuam [Aldama 80] ; De sigillis librorum [Aldama 246]. Sur l'édition bilingue de Beurer, voir F. Hieronymus, Griechischer Geist (cité n. 1), n° 408 ; les exemplaires conservés en France (ainsi BNF, C 2673) ont l'adresse de Fribourg, selon toute probabilité afin de faciliter la vente dans les pays catholiques. Sur Beurer, qui publia de nombreux textes grecs, y compris profanes, voir A. Rigo, Saracenica di Friedrich Sylburg (1595). Una raccolta di opere bizantine contro l'Islam, dans : I Padri sotto il torchio. Le edizioni dell'antichità cristiana nei secoli XV-XVI. Atti del Convegno di Studi, Firenze, 25-26 giugno 1999, éd. par M. Cortesi, Florence 2002, 289-310. Les notes de Fronton prouvent qu'il ne s'est pas contenté de l'édition de Bâle mais s'est reporté à celle de Rome, sur laquelle voir infra.

12 Opera (1588), t. V, col. 1521-1550 : « *Diui Ioannis Chrysostomi homiliae tres per Petrum Nannium Almarianum in linguam Latinam traductae. An. 1542* ». Il s'agit respectivement des homélies De simultate siue ira [= hom. 20 aux Antiochiens dans Montfaucon, PG 49, 197-212] et In parabolam decem millium debitoris et centum denarios exigentis [CPG 4368], et d'une Oratio habita in magna hebdomada, in qua docetur, cur istud vocabulum huic hebdomadae sit inditum, una cum expositione huius dicti, Lauda anima mea Dominum, et quam magna sit uirtus non deficere in precibus. Sur cette édition (Tres homiliae D. Ioannis Chrysostomi hactenus nunquam uisae, nunc per Petrum Nannium Alcmarianum in linguam Latinam traductae, Antuerpiae, ex officina Matthaei Crommii, 1542), qui m'est restée inaccessible et dont C. Baur, Chrysostome

une première indication d'un problème essentiel que l'on va retrouver, la très grande difficulté qu'il y avait, à la fin du XVIᵉ siècle, à connaître tout ce qui avait été publié. Les *Opera omnia* donnent une approximation du corpus plutôt qu'elles ne le circonscrivent rigoureusement. Fronton lui-même, en 1588, manqua plusieurs textes que Gelenius avait autrefois traduits pour l'édition bâloise de 1547, ainsi les homélies quatre et cinq *de Anna*[13] ; il fallut attendre 1614 pour que le travail de l'humaniste tchèque fût enfin repris à Paris[14]. À la dernière minute, « pour que rien, ami lecteur, ne pût te manquer parmi les ouvrages de Chrysostome dont nous connaîtrions la publication », on avait rajouté à la fin du volume neuf homélies qui avaient paru en grec à Augsbourg, l'année précédente, par les soins de David Hoeschel : il n'existait dans ce cas aucune version latine que les Parisiens pussent s'approprier et Fronton dut en composer une d'urgence[15].

---

et ses œuvres (cité n. 1), 161, n'avait déjà retrouvé aucun exemplaire, voir A. Polet, *Une gloire de l'humanisme belge. Petrus Nannius, 1500-1557*, Louvain 1936, dont les indications sur l'histoire des textes, 103 s., sont assez fantaisistes, mais qui a le mérite de donner, 275-277, des extraits de la préface, datée du 1ᵉʳ mars 1542 : Nannius y dit avoir obtenu ces homélies « *e Romana Bibliotheca* ».

13 Comparer Opera (1547), t. I, col. 572-604 et 1588, t. I, col. 477-494 : cette dernière édition ne donne que les homélies deux et trois (autrefois traduites par Érasme) et un fragment de la cinquième, dans la traduction de Bernardus Brixianus (CPG 4715 : il s'agit en fait de la 74e « homélie aux Antiochiens » ; voir le renvoi t. V, col. 390). L'omission est d'autant plus surprenante que les additions de Gelenius avaient été reprises dans l'édition vénitienne de 1574 (voir t. V, f. 493v-499r, pour De Anna IV et V).

14 À la fois dans l'édition grecque-latine de Fronton (Homiliae in Genesim LXVII, 947-1008), et dans les Opera omnia latines (sur lesquelles voir infra), t. V, col. 1317-1330. Dans les deux cas, la traduction Gelenius est réimprimée avec indication précise de la source. Fronton avait déjà fait plusieurs références à l'édition de 1547, qu'il avait manifestement étudiée de près, dans Homiliae LXXVII (1609) : voir « *Notae* », 82, 121, 122, 123. Dans l'intervalle, Henry Savile avait publié le texte grec des *cinq homélies*.

15 Opera (1588), t. V, col. 1797-1831, « *Sancti Patris nostri Ioannis Chrysostomi orationes IX in aliquot euangelia. An. 1587 ex Augustana aliisque Bibliothecis in lucem editae, Graece, opera Davidis Hoeschelii Augustani, nunc primum Lutetiae Latinitate donatae, an. 1588* » : dans l'ordre, In annunciationem Mariae [CPG 4519], In S. Theophania [7385], In Memoriam Ioan. Baptistae [4521], In Parabolam de filio prodigo [4577], In saltatricem Herodiadem [4578], In locum Euangelii, coegerunt Iudaei concilium [4579], De uirginibus decem [4580], In meretricem [4199], In sancta et magna Parasceue [4524]. Preuve qu'il s'agit d'une addition de dernière minute, ces homélies ne figurent pas dans la table en tête du volume. Voir les notes col. 1831 (« *Ne quid forte ex iis Chrysostomi operibus, quae in lucem edita sciremus, tibi deesset mi lector, has nouem oratiunculas,* ἐν προσθήκης μέρει, *qualicunque interpretatione Latine conuersas dare voluimus* ») et, sur la hâte des imprimeurs à terminer, col. 1833. Fronton révisa légèrement cette traduction et la republia sous son nom dans son édition bilingue, *De diuersis utriusque Testamenti locis Sermones LXXIII* (1624), 356-409. Hoeschel (Homiliae quaedam sacrae, 1587, 366-502) avait publié le texte grec de onze homélies, mais deux (In decollationem sancti

Le jésuite avait aussi revu sur l'original certaines des anciennes versions. Il faut spécialement relever l'usage qu'il fit de la récente édition par John Harmar, à Oxford en 1586, d'après un manuscrit de New College, de six sermons qui n'avaient paru jusque là qu'en latin – c'était le premier livre grec imprimé à Oxford[16]. Fronton vérifia méthodiquement les traductions concernées, sans les modifier mais en indiquant par un double système de notes, en marge puis, beaucoup plus longuement, à la suite de chaque sermon, les corrections à effectuer : le mot ou la phrase grecs étaient toujours cités pour justifier celles-ci[17]. Les fautes d'Érasme, traducteur de quatre de ces six sermons, étaient relevées sévèrement. La plus criante, que Harmar avait déjà signalée, avait été, dans le quatrième sermon sur Lazare, de prendre ξυνωρίς pour un nom propre et de faire dire à Chrysostome qu'il s'était interrompu pour célébrer « les saints martyrs Babylas et Xynoris » alors qu'il s'agissait de Babylas et de « la paire des saints martyrs » dont la fête venait ensuite dans le calendrier, Juventinus et Maximianus. Fronton s'étendit à plaisir sur cette bévue[18], tout en se gardant de relever qu'Érasme avait égaré l'Église romaine et qu'une sainte Xynoris, martyre à Antioche, avait été malencontreusement introduite dans le Martyrologe… Peut-être le jésuite fut-il de ceux qui avertirent discrètement Baronius et lui firent supprimer la fausse martyre dès 1589[19]. Il procéda en tout cas de la même manière pour corriger

----

Ioannis, CPG 4570 ; De proditione Iudae hom. 1, CPG 4336) étaient déjà connues en latin.

16 Homiliae sex (1586) [F. Madan, Oxford Books, t. I, Oxford 1895, 18]. La source était le Ms. New College 80 (H. O. Coxe, Catalogus codicum MSS. qui in collegiis aulisque Oxoniensibus hodie adservantur, Oxford 1852, t. I, Collegii Novi, 23 s. = CCG I, n° 116). Deux textes avaient en réalité déjà paru : voir infra, 307.

17 Les textes concernés sont (dans l'ordre de l'édition de 1588) les sermons 1-4 *de Lazaro*, t. II, col. 1104-1149 [PG 48, 963-1016] ; In dictum illud D. Pauli Apostoli : De dormientibus nolo uos ignorare fratres [sermon 5 de Lazaro dans Montfaucon, PG 48, 1017-1026], t. IV, col. 1301-1309 ; In kalendas [CPG 4328], t. V, col. 798-806.

18 Opera (1588), t. II, texte col. 1141 (traduction d'Érasme imprimée sans changement : « *Verum non existimauimus esse tutum beati Babylae et Xynoridis, sanctorum martyrum, qui Lazarum sequuti sunt, benefacta praeterire* ») et longue note col. 1148 (« *Fugit hic ratio Erasmum, dum ex biga nobis martyrem nouum inusitata metamorphosi procudit.* […] *Sic ergo hunc locum interpretor. Verum non existimauimus tutum beati Babylae et bigae illius martyrum qui post illum occurerunt, praeterire res gestas* [PG 48, 1007] »). Cf. la note ultérieure de Fronton sur le sermon In sanctos martyres Iuuentinum et Maximum [Fronton opta finalement pour cette forme], Homiliae LXXVII (1609), 94 s., et déjà la dédicace de Harmar au chancelier Thomas Bromley, Homiliae sex (1586), f. A5v. Pour une mise en per-spective, voir W. Lackner, Erasmus von Rotterdam als Editor und Übersetzer des Jo-hannes Chrysostomos, Jahrbuch der österreichischen Byzantinistik 37, 1987, 303-306.

19 Comparer au 24 janvier C. Baronius, Martyrologium Romanum ad nouam Kalendarii rationem, et Ecclesiasticae historiae ueritatem restitutum. Gregorii XIII Pont. Max. iussu editum, Rome 1586, 46, et Secunda editio ab ipso auctore emendata et complu-

d'autres traductions, soit d'après des éditions imprimées soit, dans quelques cas, d'après des manuscrits[20]. C'était tout sauf une révision systématique, et Fronton n'avait consulté que quelques manuscrits qu'il avait à sa disposition à la bibliothèque du Collège de Clermont[21] ou dans celle de Fédéric Morel[22]. Il avait du moins fait rentrer le grec dans les *Opera omnia*. La prochaine étape était logiquement une édition bilingue.

Les *Opera omnia* de 1581 relevaient clairement d'une patristique de Contre-Réforme. Dans sa dédicace au cardinal de Pellevé, archevêque de Sens, – un fidèle de la maison de Guise, qui avait participé, en 1562-1563, à la dernière période du concile de Trente et résidait alors à Rome, – Sébastien Nivelle se faisait gloire d'avoir ajouté, non seulement des inédits, mais « de nombreux textes récemment retraduits de grec en latin par des hommes pieux et très savants, en excluant ce qui avait été traduit auparavant par des gens qui, pour la plupart, étaient hérétiques ou avaient de mauvais sentiments à l'égard de la religion catholique »[23]. On reconnaît

---

ribus aucta, Anvers 1589, 47. Voir H. Laemmer, De Martyrologio Romano. Parergon historico-criticum, Ratisbonne 1878, 43-46 ; S. Bäumer, Geschichte des Breviers, Fribourg/Br. 1895, 475-478. Selon Benoît XIV, De Seruorum Dei beatificatione et Beatorum canonizatione liber quartus, editio 3a [Opera, t. IV], Rome 1747, 713, Baronius corrigea l'erreur « *admonitus a Petro Pithoeo, Nicolao Fabro, et Petro [sic] Ducaeo* », mais je ne sais si l'affirmation est fondée. Jean de Launoy, auquel Benoît XIV renvoie et qui pouvait avoir puisé l'histoire à de bonnes sources dans le milieu du cabinet Dupuy, la rappela effectivement à plusieurs reprises mais, sauf erreur, sans jamais nommer Fronton : là où il est le plus précis, il dit seulement que Baronius rectifia, « *monitus ab amicis, Nicolao Fabro et aliis* » (J. de Launoy, Responsionis ad dissertationem de duobus Dionysiis discussio [1660], dans : Opera omnia, t. II/1, Genève 1731, 525). L'erreur fut relevée à Rome même par Antonio Agellio : G. Mercati, Un voto di Antonio Agellio per la correzione del Martirologio Romano [1914], repris dans : Opere minori, t. 3, Cité du Vatican 1937, 352.

20 Voir Opera (1588), t. IV, col. 1309-1491 (une partie des homélies sur les épîtres pastorales) ; t. V, col. 1532 et 1549 s. (la première et la troisième homélie publiées d'après Nannius) ; t. V, col. 1833-1835 (pour les deux homélies de Hoeschel déjà publiées en traduction latine : voir supra, n. 15).

21 « Codex noster », « codex noster emendatus » pour les homélies sur les épîtres à Timothée et à Tite (t. IV, col. 1332, 1422, 1462) ; « *Est et apud nos liber manuscriptus* » pour CPG 4570 (t. V, col. 1833). S'agit-il du « *Chrysostomus ueteris Bibliothecae uestrae* » sur le sort duquel Fronton, quinze ans plus tard, interrogea vainement Casaubon (Casaubon à Fronton, 23 décembre 1602, dans I. Casaubon, Epistolae, Rotterdam 1709, 170) ? Sur cette première bibliothèque du Collège de Clermont, voir H. Omont, Inventaire sommaire des manuscrits grecs de la Bibliothèque Nationale. Introduction et table, Paris 1898, XIII.

22 T. V, col. 1532. Voir infra sur ce personnage.

23 Opera (1581), t. I, f. †2r-v : « *multa nuper a religiosis doctissimisque uiris e Graeco iterum in Latinum sermonem conuersa, reiectis illis quae antea a plerisque uel haereticis, uel non bene de religione Catholica sentientibus translata fuerant* ». On ne peut que regretter l'absence d'une monographie sur Pellevé. La plaquette de F. Giroux, Un cardinal ligueur au XVIe

là une préoccupation constante des défenseurs de l'ancienne religion. Dès 1529, à l'annonce que l'imprimeur Froben préparait une édition des *Opera omnia* de Chrysostome, Cuthbert Tunstal, évêque de Durham, avait adjuré Érasme de n'y reprendre aucune des traductions d'Oecolampade[24]. Le problème est qu'elles étaient bien souvent les seules disponibles. Réviser des versions sur le grec, dans les délais imposés par le calendrier des imprimeurs, en plus de la traduction des textes nouvellement découverts, était déjà une très lourde tâche[25]. On comprend que les éditeurs aient rechigné à refaire entièrement ce qui existait déjà. Les versions d'Oecolampade remplirent un volume entier des *Opera omnia* de 1530[26]. Les suivantes se contentèrent, en réimprimant Oecolampade à peu près sans changements, de supprimer son nom[27]. Éliminer toutes les traductions des hétérodoxes devint encore plus irréalisable lorsque Érasme lui-même fut tenu pour tel : les rédacteurs de l'Index romain eux-mêmes durent l'admettre[28]. Les *Opera omnia* de Chrysostome restèrent par nécessité, pendant tout le XVIe siècle, de vastes compilations de traductions plus ou moins retouchées, qui juxtaposaient des groupes, ou si l'on préfère des strates : l'Antiquité (Annien), l'humanisme, le temps des Réformes[29]. L'édition de 1581 fit un effort particulier pour le tome IV, celui des

---

siècle. Pellevé, archevêque de Sens et de Reims, Laon 1905, traite essentiellement de ses dernières années et reprend sans aucune critique la tradition hostile issue de L'Estoile et, surtout, de la Satyre Ménippée (où Pellevé est un des orateurs ridicules de la Ligue). Voir infra sur ce point et, pour une analyse équilibrée de la période antérieure, A. Tallon, La France et le Concile de Trente (1518-1563), Rome 1997, à l'index. Pellevé apparaît très peu dans M. W. Konnert, Local Politics in the French Wars of Religion : the Towns of Champagne, the duc de Guise, and the Catholic League, 1560-95, Aldershot 2006.

24 Cuthbert Tunstal à Erasme, 24 octobre 1529, dans : Opus epistolarum Des. Erasmi Roterodami denuo recognitum et auctum per P. S. Allen, t. 8, Oxford 1934, 290-292.

25 Voir ce qu'en dit Gelenius, Opera (1547), t. I, f. α2r.

26 Ultimus tomus Operum Diui Ioannis Chrysostomi Archiepiscopi Constantinopolitani, continens homilias in Genesin LXVI. et alia quaedam quorum catalogum uersa pagina uidere licet (1530).

27 Voir E. Staehelin, Die Väterübersetzungen Oekolampads, Schweizerische theologische Zeitschrift 33, 1916, 69-91.

28 L'Index de Paul IV (publié le 30 décembre 1558) interdisait toutes les traductions dues à des hérétiques, et nommément celles d'Érasme (J. M. de Bujanda, Index des livres interdits, t. 8 : Index de Rome 1557, 1559, 1564, Sherbrooke/Genève 1990, 291 et 429). Dès février 1559, une « Instructio circa indicem » autorisait les livres des Pères traduits par des hérétiques, moyennant permission des Inquisiteurs, et suppression du nom des hérétiques avec toutes leurs annotations (ibid., 101). Cette disposition fut confirmée par la « Moderatio Indicis » du 14 juin 1561 (ibid., 105).

29 Pour une vue d'ensemble, voir J.-P. Bouhot, Traductions latines (cité n. 1) ; M. Cortesi, Giovanni Crisostomo nel sec. XVI : tra versioni antiche e traduzioni umanistiche, dans : I Padri sotto il torchio (cité n. 11), 127-146. Voir aussi l'intéressante histoire des éditions que fait Gelenius, Opera (1547), t. I, f. α2r.

homélies sur Paul, dont les traductions venaient d'être sévèrement critiquées à Rome, mais elle ne parvint pas à se passer de toute contribution protestante ou érasmienne[30]. L'intention, du moins, était claire.

La dédicace de 1581, réimprimée telle quelle en 1588, – Pellevé, toujours à Rome, s'était entre temps engagé à fond dans la Ligue catholique, – valait marqueur confessionnel[31]. L'acrimonie de Fronton à l'égard d'Érasme allait dans le même sens[32]. Même si la plupart des fautes qu'il relevait n'avaient pas d'implications doctrinales, le jésuite avait la controverse religieuse très présente à l'esprit, qu'il s'agît de répondre à des objections protestantes ou, au contraire, de faire valoir les preuves catholiques. À propos d'un passage du quatrième sermon *in Lazarum*, il nota : « les hérétiques, pour attaquer la sainte confession, opposent ce passage aux catholiques ; quoique ces derniers leur répondent bien, le passage paraîtrait moins opposé aux catholiques s'il était traduit littéralement sur le grec ». Érasme avait rendu une interrogative par un ordre négatif, « comme si Chrysostome interdisait absolument de se confesser à un homme, ce qui n'est pas le fait d'un traducteur fidèle »[33]. Inversement,

---

30 Voir Flaminio Nobili, « *Notationes in Beati Ioannis Chrysost. Sententias, quae aut uitio interpraetis, aut quod nonnulla opera falso ipsi adscribantur, pias laedere aures possunt* », dans : Sermones in epistolam ad Philippenses (1578), 212-256. La grande majorité, 212-245, portait sur le t. IV « *qui praecipuus est* » ; le protestant Simon Grynaeus y était spécialement dénoncé pour sa traduction d'une partie des homélies sur la première épître aux Corinthiens : l'ensemble fut retraduit par Gentien Hervet. Pour les homélies sur l'épître aux Philippiens, les Parisiens reprirent la nouvelle version de Nobili lui-même. Ils gardèrent en revanche la traduction existante des homélies sur l'épître aux Galates « *incerto interprete* » – en réalité par Érasme (voir W. Lackner, Erasmus [cité n. 18], 296 et 302).

31 Les échos malveillants de Pierre de l'Estoile, Registre-journal, t. 5 (1585-1587), éd. par M. Lazard et G. Schrenk, Genève 2001, 209 et 333, reflètent, sinon la réalité, du moins la perception du cardinal par les protestants et les « politiques ». On souhaiterait savoir à quel moment le Chrysostome fut achevé d'imprimer (avant ou après la journée des Barricades du 12 mai 1588, qui donna à la Ligue le contrôle de Paris ?). Le colophon du t. V (« *Parisiis excudebat Dionysius Duvallius, impensis Societatis Parisiensis, anno Domini 1588* ») ne donne malheureusement pas le mois et ceux des autres volumes n'ont pas même l'année. Une indication du t. II, col. 1104 (« *in hac editione Parisiensi 1587* ») ferait néanmoins plutôt penser à une impression à la fin de 1587 et au début de 1588.

32 Billy l'avait déjà vivement attaqué dans l'édition de 1581, jusqu'à craindre d'avoir exagéré (voir sa lettre à Vossius du 8 août 1581, dans S. Gysens, *Literatorum Galliae decus dulcissimum...* Un échange de lettres entre Dom de Billy et Gerardus Vossius (1580-1581), Revue Bénédictine 108, 1998, 331-358, 355). Voir aussi l'attitude de Jean Gillot (P. Petitmengin, Le match Bâle-Paris [cité n. 3], 23) et les efforts des milieux romains pour discréditer Érasme sur le terrain érudit, analysés par S. Seidel Menchi, Erasmo in Italia, 1520-1580, Turin 1987, 228-238.

33 Opera (1588), t. II, texte col. 1145 (traduction d'Érasme imprimée sans changement : « *Quur igitur, te quaeso, pudescis et erubescis dicere peccata tua ? Caue enim homini dixeris, ne tibi opprobret. Neque enim conseruo confiteris, ut in publicum proferat, sed ei qui Dominus est,* [...] »)

lorsque l'édition Hoeschel lui eut fait connaître le texte grec de la première homélie *de proditione Iudae*, déjà publiée en traduction latine au tome III, il rajouta *in extremis*, dans la toute dernière note additionnelle du tome V, l'original du « passage fameux sur la consécration », qui, dans la traduction qu'en avait autrefois faite Bessarion, paraissait exprès pour la transsubstantiation : « ce n'est pas l'homme, en effet, qui fait que les éléments deviennent le Corps et le Sang du Christ. [...] Cette parole [Ceci est mon corps] transforme [*transmutat*] les éléments ». Le latin des éditions était moins net mais le grec (μεταρυθμίζει) correspondait précisément à la version de Bessarion : en le reproduisant, Fronton fournissait un argument aux controversistes[34]. Il s'en servit lui-même, une douzaine d'années plus tard, contre « le pape des huguenots », Philippe du Plessis-Mornay[35].

Bilan des recherches chrysostomiennes à leur date, les *Opera omnia* de 1588 avaient aussi valeur programmatique. Les trois sources auxquelles Fronton du Duc avait puisé pour ses mises à jour (les homélies romaines, l'édition de Hoeschel, celle de Harmar) correspondent aux trois grands pôles des études chrysostomiennes au quart de siècle suivant : l'un, actif depuis longtemps, qu'on peut dire de Contre-Réforme ; un autre, plus restreint mais sur le point de connaître son âge d'or, à Augsbourg ; le foyer anglais, qui ne faisait presque que de naître et ne semblait guère appelé à croître beaucoup, mais dont allaient finalement sortir, non sans paradoxe, les premières œuvres complètes en grec. Le jésuite, en même temps, par sa maîtrise des controverses théologiques et sa façon, pourtant, de reprendre paisiblement le travail des protestants Hoeschel et Harmar, – de se servir même du protestant Harmar pour corriger Érasme, – traçait aux futurs éditeurs leur espace ambigu, à la fois hors des frontières confessionnelles

---

et note col. 1149 : « *Hunc locum Catholicis opponunt haeretici confessionem sacram oppugnantes, quibus tametsi probe respondent illi, tamen si ad uerbum e Graeco conuersus esset, minus uideretur aduersari.* μὴ γὰρ ἀνθρώπῳ λέγεις, ἵνα ὀνειδίσῃ σε; μὴ γὰρ τῷ συνδούλῳ ὁμολογεῖς, ἵνα ἐκπομπεύσῃ; [PG 48, 1012] *Num enim homini dicis, ut te probro afficiat ? num enim conseruo confiteris, ut in publicum proferat ? Imo ei qui dominus est, etc. At interpres sic effert, quasi homini omnino confiteri uetet Chrysostomus, quod non est fidi interpretis.* » Pour l'usage protestant de ce texte, voir par exemple M. Chemnitz, Examen Concilii Tridentini, Francfort/Main 1584, pars 2a, 209.

34   Opera (1588), t. V, col. 1836 [PG 49, 380]. Voir Bessarion, De sacramento Eucharistiae, et quibus uerbis Christi corpus conficiatur, dans : Liturgiae siue Missae Sanctorum Patrum [...], éd. par J. de Saint-André et C. de Sainctes, Paris 1560, 81 [= PG 161, 506]. Le texte ainsi traduit fut ensuite utilisé pour prouver la transsubstantiation par C. de Sainctes, De rebus Eucharistiae controuersis, repetitiones seu libri decem, Paris 1575, f. 283v. Comparer la traduction latine, « *incerto interprete* », Opera (1588), t. II, col. 740 : « *Hoc est, ait, corpus meum : hoc uerbo proposita consecrantur* ».

35   Fronton du Duc, Refutation de la pretendue verification et response du Sieur du Plessis à l'Inventaire de ses faultes et faulses allegations, Bordeaux 1602, 25 et 430. Sur cette importante controverse, voir infra, 285.

et traversé par elles. Enfin, l'attention qu'il portait à la révision des traductions existantes signale la complexité des relations entre Chrysostome grec et Chrysostome latin : le premier n'allait pas tout bonnement remplacer le second.

Le Chrysostome de la Contre-Réforme

Les dix homélies romaines de 1581 se rattachaient à un vaste projet philologique et éditorial, lequel s'inscrivait lui-même dans une stratégie de reconquête catholique : il s'agissait de faire de l'*Urbs* le centre d'où les textes autorisés de la Bible, des Pères et des conciles se répandraient sur le monde. Poursuivi par à-coups pendant toute la seconde moitié du XVIᵉ siècle, ce dessein fut sérieusement repris sous Grégoire XIII[36]. Le volume chrysostomien, paru sous son pontificat, lui était dédié, et l'imprimeur Francesco Zanetti y célébra ses efforts missionnaires, en direction à la fois des protestants et des chrétiens séparés d'Orient – la récente fondation du Collège grec était mentionnée dès le titre[37]. Un des « fondements » de cette entreprise de propagation de la foi n'était autre que l'édition des Pères grecs, à la fois pour donner des inédits et pour corriger les textes déjà publiés « des erreurs dont ils fourmillent, soit par l'injure du temps, soit par la perfidie des ennemis » – cette pente à soupçonner derrière les accidents du texte une action délibérée était caractéristique de la patristique confessionnelle. « Cela sera d'une très grande utilité pour découvrir et réfuter les impostures des hérétiques, par lesquelles ces hommes néfastes tentent d'ébranler les esprits des gens pieux »[38].

---

36   Voir la synthèse de P. Petitmengin, Les éditions patristiques de la Contre-Réforme romaine, dans : I Padri sotto il torchio (cité n. 11), 3-31, en particulier 11 s. et 24 s. ; Id., À propos des éditions patristiques de la Contre-Réforme : le « Saint Augustin » de la Typographie Vaticane, RechAug 4, 1966, 199-251, 200-214.

37   Ὁμιλίαι δέκα διάφοροι [...] παρὰ Γρηγορίῳ τῷ IΓʹ δικαίως ἀνιερωμέναι, ὡς τοῦ διδασκαλείου ἐκ γένους ἑλληνικοῦ θεμελιωτῇ, Rome 1581. Zanetti revint sur cette fondation dans sa dédicace, f. †3v. Sur sa signification et les célébrations auxquelles elle donna lieu, voir M. Lassithiotakis, Un opuscule inédit de Petros Arcoudios : l'Éloge de Grégoire XIII (1583/1585), Revue des études néo-helléniques 6, 1997, 5-47 (avec renvois à la bibliographie antérieure) ; notice sur Zanetti dans : F. Ascarelli/M. Menato, La tipografia del '500 in Italia, Florence 1989, 121 s.

38   Ὁμιλίαι (1581), f. †3r : « *Primum [fundamentum], ut antiquorum Patrum scripta uel numquam edita proferantur in lucem, uel iam uulgata, iis quibus aut temporum iniuria, aut hostium perfidia scatent mendis, diligentissime purgentur. Quae res ad detegendas ac refellendas haereticorum imposturas, quibus nefarii homines piorum mentes labefactare conantur, quam maxime proficiet* ». Voir P. Petitmengin, De adulteratis Patrum editionibus. La critique des textes au service de l'orthodoxie, dans : Les Pères de l'Église au XVIIe siècle. Actes du colloque de Lyon 2-5 octobre 1991, dir. par E. Bury et B. Meunier, Paris 1993, 17-31 ;

La publication n'eut pourtant pour ainsi dire pas de suite, quoique les projets aient été nombreux – il y eut alors, dans les milieux romains, toute une circulation manuscrite d'inédits chrysostomiens, qui constitue un pan important de l'histoire de la réception et mériterait d'être mieux connue. Pour Chrysostome comme en général pour les Pères de l'Église, « Rome n'a pas remplacé Bâle »[39]. Le contraste entre discours et résultats fut plus net encore pour la révision des éditions existantes. Tout se passe comme si les milieux romains avaient été périodiquement saisis d'affolement à l'idée que les hérétiques, comme l'écrivait Flaminio Nobili à Grégoire XIII, avaient « empoisonné » les sources patristiques[40]. La remarquable persistance du thème n'eut pourtant guère de conséquences concrètes. En mars 1601, lors d'une réunion où siégeaient notamment Baronius et Bellarmin, la Congrégation de l'Index s'alarma encore de découvrir dans les œuvres de Chrysostome des passages – on ne nous dit malheureusement pas lesquels – « qui méritaient une forte censure », et l'érudit Pierre Morin fut chargé d'en faire la collation sur les différents exemplaires grecs et latins[41]. Il constata ainsi que l'édition vénitienne de 1574 divergeait à la fois des éditions de Paris et d'un manuscrit grec de la Bibliothèque Vaticane[42]. L'affaire remonta jusqu'au pape Clément VIII, qui ordonna de procéder à une condamnation. La Congrégation décida alors de faire réviser l'ensemble des cinq volumes, « afin que, une fois mises à jour toutes les erreurs, chacun puisse voir plus facilement comment corriger cette édition. Les deux premiers volumes furent confiés aux Pères jésuites, le troisième et le quatrième aux clercs réguliers [théatins], le dernier aux clercs de saint Paul [barnabites] »[43] : les grandes congrégations de la Réforme catholique étaient mobilisées. Le projet se heurta pourtant immédiatement aux réalités matérielles – les censeurs ne disposaient pas

---

J.-L. Quantin, Philologie et théologie : les textes patristiques dans les controverses religieuses (xvie-xviie siècles), à paraître dans Studia Borromaica 21, 2007.

39   P. Petitmengin, Les éditions patristiques (cité n. 36), 21. Pour des questions de place, j'ai dû supprimer la partie de cette étude consacrée aux travaux romains, qui fera l'objet d'une publication séparée.

40   Dédicace dans : Sermones in epistolam ad Philippenses (1578), f. *2r-v.

41   Archives de la Congrégation pour la Doctrine de la Foi, Rome, Index, Diarii, vol. I, f. 145v (24 mars 1601).

42   Ibid., f. 145a r (7 avril 1601).

43   Ibid., f. 145a v (18 Mai 1601): « *Cardinalis Baronius ex ordine Sanctissimi retulit corruptionem illam textus S. Jo. Chrysostomi Venetiis 1574 impressi omnino esse improbandam,* […] *et omnino esse per publicum decretum prohibendam illam impressionem ; quod ut maturius fieret, decretum ut omnia quinque volumina diligenter recognoscantur ut omnibus erroribus repertis facilius quomodo corrigenda sit huiusmodi impressio omnibus innotescat. et Patribus societatis Jesu tradita fuerunt duo prima volumina, tertium et quartum Clericis Regularibus, et ultimum Clericis S. Pauli decollati* ».

des volumes de 1574 et la Congrégation n'avait pas d'argent pour les leur acheter –, et on n'en trouve plus aucune mention après juin 1601[44].

Au tournant du XVIᵉ et du XVIIᵉ siècle, l'essentiel, en matière d'éditions patristiques catholiques, se fit donc de plus en plus hors de Rome. Anvers, la grande époque de Plantin passée, ne joua qu'un rôle limité : pour Chrysostome, on ne trouve à citer que les trois homélies publiées en grec et en latin par Pierre Pantin, doyen de Sainte-Gudule à Bruxelles, peut-être d'après des manuscrits transcrits en Espagne, où il avait passé une douzaine d'années – il y avait accompagné son ami et ancien maître Andreas Schott, y avait collaboré à l'édition des conciles et avait exploré les bibliothèques[45]. Le foyer bavarois était en général beaucoup plus dynamique, grâce aux jésuites d'Ingolstadt, à des imprimeurs comme les Sartorii père et fils, et aux ressources de la bibliothèque de Munich. Le cadre était celui de la double entreprise catholique, *ad intra* et *ad extra*, – confessionnalisation du duché, reconquête dans le Saint-Empire, – promue par les ducs et tout particulièrement, à partir de 1598, par Maximilien Iᵉʳ. Le catalogue du fonds grec publié en 1602, sous l'autorité de Maximilien et grâce à l'action de son chancelier, Hans Georg Hörwarth von Hohenburg, portait que les manuscrits étaient à la disposition de « quiconque a la foi catholique et veut être utile à la République des Lettres »[46]. Dans le cas de Chrysostome, pourtant, si l'on laisse de côté

---

44 Ibid., f. 147v-148r (21 juin 1601). L'édition de 1574 ne fut jamais mise à l'Index (voir J. M. de Bujanda, Index librorum prohibitorum 1600-1966, Sherbrooke 2002, 472). En 1685, ayant recherché tout ce qui concernait Chrysostome dans ses archives, la Congrégation ne trouva pas d'autres délibérations que celles-là (voir Index, Protocolli T2, f. 382r-383r).

45 Dans Homiliae IIII (1598), 208-247, Pantin publia *In sanctum pascha* [In triduanam resurrectionem Domini, CPG 4526], sans aucune indication sur la source. Son recueil suivant, *Conciones Graecorum Patrum* (1601, BNF, C 4244 ; l'exemplaire C 3381 a une page de titre datée de 1604), comprend, 18-125, *Homilia in Seruatoris nostri Iesu Christi diem natalem* [CPG 4334], pour laquelle Pantin avait collationné l'édition de Hoeschel (infra, n. 123) sur un manuscrit espagnol ; 126-147 (« *ex libris nostris* »), in Praecursorem Domini sermo [CPG 4571]. Sur Pantin, voir P. Foppens, Bibliotheca Belgica, t. 2, Bruxelles 1739, 997 s., s. u. ; G. Tournoy, Schott (André), dans : Centuriae latinae, réunies par C. Nativel, Genève 1997, 749-753. Son recueil de 1598 est dédié à l'archevêque de Tolède (et éditeur de la *Collectio conciliorum Hispaniae*), Garcia de Loaisa. Il était aussi lié à Juste Lipse, qui composa un poème pour le recueil de 1601 (10).

46 Catalogus Graecorum manuscriptorum codicum qui asseruantur in inclyta Serenissimi utriusque Bauariae Ducis, etc. Bibliotheca, Ingolstadt 1602, épigraphe. Voir O. Hartig, Die Gründung der Münchener Hofbibliothek durch Albrecht V. und Johann Jakob Fugger, München 1917, en particulier 100-103 ; B. Mondrain, Copistes et collectionneurs de manuscrits grecs au milieu du xvie siècle : le cas de Johann Jakob Fugger d'Augsbourg, ByZ 84-85, 1991-1992, 354-390. Sur l'érudition comme instrument de confessionnalisation, voir A. Schmid, Die « Bavaria sancta et pia » des P. Matthäus Rader SJ, dans : Les princes et l'histoire du XIVe au XVIIIe siècle. Actes du colloque

quelques éditions scolaires destinées aux collèges jésuites, le bilan se limite
aux textes que le P. Jakob Gretser fit rentrer en 1600 dans le tome II de sa
somme théologico-historique, *De cruce* – défense et illustration du culte de
la croix contre les « sectaires d'aujourd'hui »[47]. Son principal intérêt pour
nous tient sans doute à l'étendue du réseau mis à contribution, où figurent
certes des jésuites, – Girolamo Brunelli, professeur au Collège romain, qui
envoya des textes de Grottaferrata, et Andreas Schott à Anvers, – mais
surtout Marcus Welser et son collaborateur David Hoeschel à Augsbourg,
– le premier, on va le voir, catholique mais le second luthérien, – et même,
via Augsbourg, l'évêque grec orthodoxe Maxime Margounios[48]. Gretser
put ainsi donner, d'après un manuscrit de la *Stadtbibliothek* d'Augsbourg,
l'édition princeps grecque-latine de l'homélie de Chrysostome *de coemeterio
et de cruce*[49]. Reste qu'Ingolstadt ne pouvait rivaliser avec Paris, devenue,
après l'échec des projets romains, la métropole patristique du monde
catholique[50]. C'est particulièrement vrai dans le cas de Chrysostome.

Une riche collection de manuscrits était disponible à Paris dans « la
bibliothèque de la reine-mère », Catherine de Médicis. Après la mort de
celle-ci en 1589, ils restèrent en dépôt et, apparemment, consultables chez

---

organisé par l'Université de Versailles et l'Institut Historique Allemand, Paris/Ver-
sailles, 13-16 mars 1996, sous la dir. de Ch. Grell/W. Paravicini/J. Voss, Bonn 1998,
499-522.

47 J. Gretser, De Cruce Christi Tomus Secundus (1600), dédicace au duc Maximilien,
datée du 1er avril 1600. Voir l'étude utile, quoique historiquement assez naïve, de
H. J. Sieben, Der Ingolstädter Jesuit Jakob Gretser (1562-1625) als Patrologe, in : Je-
suitica. Forschungen zur frühen Geschichte des Jesuitenordens in Bayern bis zur
Aufhebung 1773, hg. von J. Oswald und R. Haub, München 2001, 468-504.

48 Voir les remerciements de Gretser à Welser et Margounios dans sa préface, De Cruce
Christi Tomus Secundus, f. *4v, et ses notes sur les manuscrits utilisés, en particulier
566 (manuscrit de Schott), 582 et 608 (manuscrits de Rome et de Grottaferrata envoyés par Brunelli), 596 (manuscrit de Margounios), 626 (manuscrit de Munich), 627
(manuscrit d'Augsbourg transcrit et envoyé par Hoeschel). Pour le détail des textes
publiés ou republiés, voir H. J. Sieben, Der Ingolstädter Jesuit (cité n. 47), 476-491.

49 CPG 4337, publiée dans De Cruce Christi Tomus Secundus, 428-439. La source était
le manuscrit alors numéroté 19, sur lequel voir infra, n. 123. Dans son Catalogus
graecorum codicum qui sunt in Bibliotheca Reip. Augustae Vindelicae, Augsbourg
1595, 17, Hoeschel avait marqué cette homélie comme devant être publiée sous peu :
était-ce le De cruce qu'il annonçait ou, plus vraisemblablement, avait-il pensé éditer le
texte lui-même ? La traduction de Gretser fut reprise par Fronton dans De diuersis
noui Testamenti locis Sermones LXXI (1616), 481-488. Entre autres textes chrysostomiens, Gretser reprit l'homélie in sancta et magna Parasceue [CPG 4524] d'après
l'édition qu'en avait donnée Hoeschel en 1587, en y joignant une traduction latine de
son cru : il faut donc croire qu'il ignorait que le texte avait déjà été traduit pour les
Opera de 1588 (supra, n. 15).

50 Voir P. Petitmengin, Les Patrologies avant Migne, dans : Migne et le renouveau des
études patristiques. Actes du colloque de Saint-Flour, 7-8 juillet 1975, éd. par A. Man-
douze/J. Fouilheron, Paris 1985, 15-38, 20-25.

son ancien bibliothécaire, Jean-Baptiste Bencivenny, abbé de Bellebranche – ils furent finalement, en 1599, acquis par la bibliothèque du Roi[51]. Billy y avait découvert plusieurs textes qu'il publia en latin dans les *Opera omnia* de 1581. Sans doute fut-ce de la même source qu'il tira encore « beaucoup d'homélies en grec », que ses problèmes de santé ne lui permirent pas de traduire[52]. En 1594, Frédéric Morel (Frédéric II), imprimeur-libraire mais aussi professeur de grec au Collège royal[53], donna d'après ce fonds l'édition princeps de trois homélies sur la Genèse, en publiant séparément, en deux minces volumes, le texte grec et la traduction latine – pour deux d'entre elles, il fit même paraître ensuite une traduction française[54]. Le grec était imprimé avec les prestigieux caractères dits « Grecs du Roi », dont les poinçons avaient été gravés sous François Ier par Claude Garamond, et dont les imprimeurs du roi se transmettaient les matrices[55]. Morel adopta la même présentation en diptyque voire en triptyque pour plusieurs autres textes chrysostomiens[56]. Le but était clairement de permettre différentes

---

51 Voir L. Delisle, Le cabinet des manuscrits de la Bibliothèque Impériale [Nationale], t. 1, Paris 1868, 207-212.

52 Lettre de Billy à Vossius du 27 avril 1581, dans S. Gysens, Literatorum Galliae decus (cité n. 32), 352. Billy s'était déjà servi des manuscrits de la reine pour ses éditions de Grégoire de Nazianze, en 1569 puis 1575 (voir R. Palla, Tra filologia e motivi confessionali : edizioni e traduzioni latine di Gregorio Nazianzeno dal 1569 al 1583, dans : I Padri sotto il torchio (cité n. 11), 167-188, 170 s. et 180).

53 Sur ce personnage que l'on retrouvera, voir surtout G. Lepreux, Gallia Typographica. Série parisienne, t. 1/1, Paris 1911, 427-433.

54 Εἰς τὴν γένεσιν λόγοι τρεῖς, Paris 1594 [in Genesim sermo 1, CPG 4561 ; in Genesim sermo 2, CPG 4197 ; in Genesim sermo 6, PG 54, 604-607] ; In 1. cap. Genesis, Conciones III. luculentissimae, Paris 1594 ; Discours de Sainct Iean Bouche d'Or, sur la Creation des animaux, et de la dignité de l'homme, Paris 1594 [CPG 4561] ; Discours de l'arbre de science, Paris 1596 [in Genesim sermo 6].

55 Morel avait ainsi reçu ces matrices de son père en même temps que sa charge d'imprimeur du roi. Il renonça cependant à les utiliser lui-même et les transmit en 1587 à Étienne Prévosteau, qui fut désormais le véritable imprimeur des ouvrages grecs parus « *apud Fed. Morellum Architypographum Regium* » (voir G. Lepreux, Gallia Typographica [cité n. 53], t. 1/1, 47, et par exemple l'édition de Basile de Séleucie, Concio in Olympicos ludos, Paris 1602, paru à l'adresse de Morel mais dont le colophon précise « *E Typograph. Steph. Prevostaei* »).

56 Περὶ εἱμαρμένης τε καὶ προνοίας, λόγοι ἕξ (1586) ; Sermons de la Providence de Dieu, contre la fatale Destinee, Paris 1593 [trad. française des seuls discours 1-3]. – Περὶ ἀρχῆς καὶ ἐξουσίας (1593) ; De Principatu et Potestate (1594) ; Discours du devoir des Roys, Gouverneurs, Prelats et Magistrats, Paris 1599 [= Ecloga 21, Aldama 270]. – De Christiana benignitate, Concio : Nunc primum Graece et Latine edita (1594) ; Traicté de la douceur et debonnaireté Chrestienne, Paris 1596 [CPG 4504]. – Εἰς τὸν τελώνην καὶ εἰς τὸν Φαρισαῖον (1595) ; De Pharisaeo et Publicano, ac de Humilitate et Oratione (1595) ; Discours sur le Publicain et Pharisien, traictant de la Priere et de l'humilité, Paris 1595 [CPG 4716]. D'autres homélies semblent n'avoir été publiées qu'en traduction française.

282   Jean-Louis Quantin

lectures, savantes – les traductions latines avaient en marge la pagination des éditions grecques, afin que l'on pût s'y reporter plus aisément – ou dévotionnelles. Ces publications étaient aussi en rapport avec l'enseignement de Morel, qui consacrait certains cours à expliquer Chrysostome[57]. Les sources n'étaient pas toujours indiquées, mais, dans au moins un cas, Morel se servit d'un manuscrit de sa propre bibliothèque, hérité de son père[58]. Il n'est pas anecdotique de relever que Morel, resté à Paris pendant toute la durée de la Ligue, avait mis ses presses au service de celle-ci. Encore au début de 1594, telle de ses publications chrysostomiennes était dédiée aux États de la Ligue, alors à peu près moribonds, dont il était l'imprimeur officiel[59]. Après que Henri IV fut rentré dans la capitale, trois mois plus tard, Morel fut donc dénoncé pour avoir « imprimé plusieurs livres diffamatoires contre l'honneur de Dieu et de sa Majesté ». Il jouit pourtant de la clémence du vainqueur[60]. Aussi se hâta-t-il de retirer la page de titre d'une autre de ses traductions pour y rajouter une dédicace « au Roy de France et de Navarre »[61]. De la Ligue au ralliement à Henri IV, il faisait parcourir à Chrysostome une trajectoire que l'on retrouvera pour les *Opera omnia* et qui était celle même du catholicisme français.

Intéressantes pour ce qu'elles revèlent des usages qui furent alors faits de Chrysostome, les publications de Morel ne forment qu'un corpus assez restreint. Une contribution beaucoup plus importante fut fournie par Fronton du Duc, quoique celui-ci eût subi le contrecoup direct de la crise politico-religieuse de ces années. Une fois parues les *Opera omnia* de 1588, il continua à travailler sur Chrysostome et il explora les manuscrits de

---

57 Voir De Principatu et Potestate (1594), 23 : « *Interpretationis et coniecturarum nostrarum rationem tum Deo dante reddemus accuratiorem, cum castigatius exemplar nacti erimus, et haec publice, ζώσῃ φωνῇ, exponemus.* »

58 De Pharisaeo et Publicano (1595), f. A2r.

59 Voir la dédicace de De Principatu et Potestate (1594), datée du 1er janvier, « *Generosissimis principibus et ducibus catholicis ac christianissimis ; Reverendiss. atque illustriss. Antistibus : ornatiss. et prudentiss. praesidibus et magistratibus omnium ordinum* ». Sur l'activité des États dans ces derniers mois de leur existence, voir Procès-verbaux des États-généraux de 1593, éd. par A. Bernard, Paris 1842, avant-propos, LXI-LXIII, et appendice, 673 s.

60 Voir G. Lepreux, Gallia Typographica (cité n. 53), t. 1/1, 388 et 430 s., et t. 1/2, 32, document 74.

61 Discours de Sainct Iean Bouche d'Or, sur la Creation des animaux, et de la dignité de l'homme (cité n. 54), au verso de la page de titre, dans l'exemplaire BNF, C 2721 (3) : « A qui plus iustement doit on / De ces saincts discours faire don, / Où se lit l'excellence humaine, / Qu'au Roy de vertu souveraine ? / Prenez donc (SIRE) ce thresor / Du cabinet de BOUCHE D'OR. » Cette dédicace manque dans les autres exemplaires que j'ai vus : BNF, C 2677 (5) et C 2710 (4) ; LSJ, D 160/31 (6).

Catherine de Médicis[62]. Il joua très probablement un rôle, en 1590, dans l'édition princeps grecque par les professeurs du Collège de Clermont, à l'intention de leurs élèves, de l'homélie qui avait été jusqu'alors connue en latin comme *De Eucharistia in Encaeniis*[63]. Le texte venait de la bibliothèque de Catherine de Médicis et l'avertissement expliquait que, s'agissant de publier un inédit, « celui-ci, quoique bref, avait été préféré aux autres, parce qu'il rend témoignage sur beaucoup de points contre les hérétiques de notre temps »[64]. Mais Fronton fut bientôt contraint de quitter Paris, assiégé par Henri IV, pour devenir professeur de théologie positive à Pont-à-Mousson, dans les états du duc de Lorraine[65]. À peine avait-il pu retourner dans la capitale en 1594, les combats terminés, que survinrent l'attentat de Chastel et l'expulsion des jésuites par le Parlement de Paris : il retourna à Pont-à-Mousson[66]. En 1597, il fut envoyé à Bordeaux, comme

---

62 Fronton mentionne ces recherches dans sa lettre du 10 mars 1593 à Juste Lipse, dans : Iusti Lipsi epistolae. Pars VI. 1593, ed. J. De Landtsheer, Bruxelles 1994, 98. Voir surtout ce qu'il en dit plus tard, Panegyrici Tractatus XVII (1601), 412 : « *Porro eas [homilias] ex manuscriptis codicibus bibliothecae Reginae Christianissimae Catharinae Medicaeae […] fere omnes eruimus, cum ante annos decem Lutetiae singulari ipsius munere atque concessu, fauente nobis humanissimo uiro Io. Bapt. Bencivennio, Belloramaeo Abbate, ipsiusque Bibliothecario, libris eius uteremur* ». Catherine étant morte le 5 janvier 1589, les recherches de Fronton durent commencer avant cette date, au lendemain donc de la parution des Opera omnia de 1588.

63 Homilia in illum locum, Fides sine operibus mortua est (1590). Le texte grec est suivi de la traduction latine. Il s'agit en fait d'une version de la 5e homélie de Poenitentia de Savile, devenue la 9e de Montfaucon [PG 49, 343-350 ; Aldama 577], les 15 premières lignes de l'édition de 1590 étant seules différentes et ne correspondant pas non plus à l'incipit donné dans PG 64, 491 s. (une recherche rapide à la BNF ne m'a pas permis de retrouver le manuscrit utilisé et la Section grecque de l'Institut de Recherche et d'Histoire des Textes, qui prépare la partie parisienne des CCG, n'a pu me renseigner). Pour la version latine connue précédemment, voir Opera (1588), t. III, col. 821-823.

64 Homilia in illum locum, Fides sine operibus mortua est (1590), f. A1v : « *Cum auditoribus Collegii Claromontani Societatis Iesu, excudenda typis ex S. Chrysostomi orationibus una aliqua esset, ex iis potissimum eam eligi placuit, quae nondum in lucem editae Graece fuissent. Qualis haec occurrit, quae licet breuis, eo potissimum nomine caeteris antelata est, quod in multis aduersus nostri temporis haereticos, testimonium dicat.* » Voir en particulier le passage sur l'eucharistie, 9.

65 F. Oudin, Fronton du Duc (cité n. 8), 104 s., présente ce départ comme un simple changement d'affectation. Mais voir la lettre du 18 juin 1594 de Fronton à Juste Lipse, dans : Iusti Lipsi epistolae. Pars VII : 1594, ed. J. De Landtsheer, Bruxelles 1997, 1666 : « *quae Lutetiae reliqueram, ex obsidionis periculis elapsus* ».

66 Voir la lettre de Fronton à Juste Lipse du 25 janvier 1595 (écrite de Pont-à-Mousson), dans : Sylloge Epistolarum, éd. par P. Burmann, Leyde 1727, t. I, 650. Chastel, qui tenta d'assassiner Henri IV, avait été élève au Collège de Clermont : aussi incrimina-t-on la doctrine des théologiens jésuites sur le tyrannicide. L'arrêt d'expulsion fut pris le 29 décembre 1594 et les Pères du Collège partirent en janvier 1595 pour Pont-à-Mousson. Voir H. Fouqueray, Histoire de la Compagnie de Jésus en France (1528-1762), 5 vol., Paris 1910-1925, t. 2, 396-406 ; Les établissements des jésuites en France

professeur de théologie morale et d'Écriture sainte[67]. Dans toute cette décennie, éloigné des grandes bibliothèques et des presses, pris au surplus par d'autres tâches, il ne publia de Chrysostome que quelques textes pour les classes. Ces éditions, devenues rarissimes et dont la diffusion, même à l'époque, dut être limitée, confirment l'étendue des recherches qu'il avait menées dans la bibliothèque de Catherine de Médicis, et attestent la continuité de ses intérêts[68]. Ainsi, en 1592, donnant, à l'intention des élèves de Pont-à-Mousson, un court recueil d'extraits patristiques, il ajouta à la fin l'édition princeps grecque des deux dernières homélies sur Matthieu[69] et profita de l'occasion pour en corriger la traduction latine[70]. Qu'il ne pouvait faire davantage, la meilleure preuve en est que, en 1594 ou 1595, il envoya sa transcription de dix-sept homélies à Jérôme Comme-

---

depuis quatre siècles, sous la dir. de P. Delattre, 5 vol., Enghien 1940-1957, t. 3, col. 1136 et t. 4, col. 93. F. Oudin, Fronton du Duc (cité n. 8), 105, dit que Fronton enseigna trois mois à partir d'octobre 1594. G. Dupont-Ferrier, Du Collège de Clermont au lycée Louis-le-Grand (1563-1920), 3 vol., Paris 1921-1925, t. 3, 38, n° 267bis, restreint même son enseignement à décembre 1594-janvier 1595.

67 F. Oudin, Fronton du Duc (cité n. 8), 106 ; Les établissements des jésuites (cité n. 104), t. 1, col. 741.

68 La seule que j'aie pu consulter pour l'instant est celle de 1592, décrite à la note suivante. Je reprendrai la question dans mon étude sur les éditions chrysostomiennes de Fronton

69 Cophinus fragmentorum aliquot diuersorum Patrum quae apud Anastasium extant (1592), 23-48 (hom. 89 [90 selon les éditions latines] et 90 [91] in Matthaeum). Il est probable que l'ouvrage fut imprimé à Lyon, où le libraire, Simon Saint-Martel, avait des relations d'affaires (voir le Président Baudrier, Bibliographie lyonnaise, t. 3, Paris 1964, 179 s.) : A. Kolb, Toul, dans : Répertoire bibliographique des livres imprimés en France au XVIe siècle, t. 6, Baden-Baden/Bouxwiller ²1999, 113 s., ne mentionne aucun livre imprimé après 1551. Le responsable de l'édition n'est pas nommé mais, outre qu'il est très vraisemblable de l'attribuer à Fronton, voir la note de Savile t. VIIIb, col. 168, avec les explications de F. Field dans son édition, Homiliae in Matthaeum, t. 3, Cambridge 1839, 162. Les textes étaient tirés d'un manuscrit de Catherine de Médicis. La première partie était un recueil de passages patristiques extraits des Quaestiones et responsiones d'Anastase le Sinaïte ou plutôt de la collection des 88 questions pseudo-anastasiennes, qui avait été publiée en latin en 1575 par Gentien Hervet (voir l'introduction de J. A. Munitiz, CCSG 59) – la question devrait être reprise. Signalons seulement qu'on y trouve, 11 s., deux fragments de Chrysostome.

70 Voir les notes qui suivent l'une et l'autre homélie, Cophinus, 35 s. et 47 s. Il s'agit de la traduction de Philippe Montanus, qui avait donné pour la première fois en latin, dans les Opera omnia de Paris 1556, ces deux homélies « hactenus apud Latinos desideratae », d'après deux manuscrits de la Bibliothèque du roi à Fontainebleau : voir t. II, col. 617-628, et sa préface t. I, f. †3v-4r (commodément accessible dans La France des humanistes. Hellénistes I, éd. par J.-F. Maillard et al., Turnhout 1999, 336 s.) ; Montanus avait relevé que la numérotation des éditions était erronée mais n'avait pas voulu la modifier, « studiosorum commoditati consulentes » (t. I, f. †3v).

lin, qui préparait une nouvelle édition de Chrysostome à Heidelberg[71] :
eût-il confié son travail à cet « imprimeur Calviniste »[72] s'il eût vu une
perspective de le publier lui-même ? Il s'était auparavant tourné, sans
succès, vers Plantin à Anvers[73].

Au tournant du siècle, Fronton participa avec trois livres à la grande
offensive catholique contre le traité de Du Plessis-Mornay, *De l'Institution,
usage, et doctrine du sainct Sacrement de l'Eucharistie, en l'Église Ancienne*[74]. Il
écrivait alors modestement à Bérulle : « Puisque vous et vos semblables
trouvez goût à ce que j'ai barbouillé ci-devant à la hâte, je continue cette
traduction de latin en français, laissant l'autre de grec en latin que j'avais
en main. Car qu'est-ce autre chose qu'écrire de ces controverses que traduire les écrits de Stapleton, Vega, Bellarmin, Osius et aultres, et toutefois
vous aimez mieux cela que les traductions de S. Chrysostome, de
S. Grégoire de Nysse, ni d'Origène »[75]. Fronton, en réalité, précisément
grâce à ses travaux sur le texte des Pères, apporta du neuf. Dans plus d'un
cas, il cita même des passages grecs de Chrysostome qu'il avait « transcrits
autresfois des livres escrits à la main en la librairie de la feüe Roine mere

---

71 Panegyrici Tractatus XVII (1601 : la dédicace est datée du 1er septembre 1600), 468 :
« *illam homiliam* [In triduanam resurrectionem Domini, CPG 4526] *cum aliis sexdecim in
Matthaeum et Lucam misimus ante annos sex Hier. Commelino Typographo Palatino* ». Une
autre était l'homélie in illud : Simile est regnum caelorum patrifamilias [CPG 4587],
que Fronton jugea plus tard apocryphe (De diuersis utriusque Testamenti locis
Sermones LXXIII (1624), 1047 : « *Ex codicibus regiis Mediceis exscriptam et Latinitate
donatam ante annos prope triginta misimus in Germaniam excudendam hanc homiliam* »). Sur
l'édition Commelin, dont le premier volume (sur Paul) fut de fait imprimé en 1594-
1595, voir infra.

72 Comme l'appelle Fronton, Inventaire des faultes, contradictions, et faulses allegations
du Sieur du Plessis remarquées en son livre de la saincte Eucharistie. Seconde edition
reveüe et augmentée, Bordeaux 1599, 450 – il est vrai comme un argument *ad hominem*
contre Du Plessis-Mornay,

73 D'après ce qu'il dit quand il publia finalement l'homélie *in triduanam resurrectionem
Domini*, dans De diuersis utriusque Testamenti locis Sermones LXXIII (1624), 1041 :
« *quam* [homiliam] *multis annis antequam a doctissimo uiro Petro Pantino in lucem ederetur, a
nobis ex Mediceis codicibus exscriptam et Latinitate donatam ad Plantinianos misimus
excudendam* ». Il donna de fait, 442-448, sa propre traduction, non celle de Pantin.

74 Voir L. Desgraves, Répertoire des ouvrages de controverse entre Catholiques et
Protestants en France (1598-1685), 2 vol., Genève 1984-1985, années 1598-1602.

75 Lettre de Fronton à Bérulle, 6 avril 1601, dans : Correspondance du cardinal Pierre de
Bérulle, éd. par J. Dagens, t. 1, Paris-Louvain 1937, 9 (première publication par
J. M. Prat, Recherches historiques et critiques sur la Compagnie de Jésus en France du
temps du P. Coton 1564-1626, 5 vol., Lyon 1876-1878, t. 5, 87, avec apparemment
quelques erreurs).

de nos Rois »[76]. Reste que le temps passé à cette controverse fut autant de moins pour ses éditions.

Le recueil de dix-sept panégyriques inédits, rangés dans l'ordre du calendrier liturgique, que Fronton fit paraître en 1601, au fort de sa controverse contre Du Plessis, quoique beaucoup plus considérable que ses éditions des années 1590, se nourrissait comme elles du travail autrefois accompli à Paris[77] : presque tous les textes étaient tirés de la bibliothèque de Catherine de Médicis, à la réserve de deux envoyés de Rome par « l'illustrissime cardinal Baronius, père de l'histoire ecclésiastique »[78]. Marcus Welser avait en outre transmis la copie d'un document essentiel, sur lequel on va revenir, le *Catalogus Augustanus*[79]. Ce fut en 1604 que Fronton passa vraiment à une nouvelle étape, en publiant un recueil de dix homélies sur des passages du Nouveau Testament[80]. Alors que, dans le volume de 1601, chaque texte était donné d'après un seul manuscrit[81], il avait pu ici collationner plusieurs témoins, *Medicaei* d'un côté, transcrip-

---

76 Fronton du Duc, Inventaire des faultes (cité n. 72), 320 et 447 s. ; Second tome de l'Inventaire des faultes, calomnies, et faulses allegations du Capitaine Du-Plessis remarquées en son livre de la saincte Eucharistie, Bordeaux 1601, 274.

77 Panegyrici Tractatus XVII (1601), soit dans l'ordre : In sanctum martyrem Lucianum [CPG 4346] ; In sanctos martyres Aegyptios [4363] ; In S. Iulianum [4360] ; In S. Eustathium [4352] ; In sanctos Maccabaeos hom. 2 [PG 50, 623-626] ; In sanctos Maccabaeos hom. 3 [PG 50, 625-628] ; De sancto Phoca [CPG 4364] ; Laudatio S. Theclae [4515] ; De sanctis Bernice et Prosdoce [4355] ; De beato Abraham [4514] ; De sancto martyre Romano oratio 2 [4510] ; Laudatio sancti martyris Barlaam [4361] ; De tribus pueris [4568] ; In sanctum Thomam [4574] ; Laudatio S. Stephani [4575] ; In S. Ioseph patriarcham [4566] ; In Susannam [4567]. Le volume contient un privilège du roi accordé à Fronton le 12 juin 1599 pour tous ses ouvrages, commentaires et traductions : il s'agit donc d'un privilège dit général, qui servit pour toutes ses publications ultérieures.

78 Ibid., 412. Sur les rapports entre Fronton et Baronius, voir M. Borrelli, Ricerche sul Baronio II, Studi secenteschi 8, 1967, 97-220, 122-124. Dans une lettre à Fronton du 17 mai 1601 (publiée par M. Borrelli, Opere e documenti sul Baronio presso la British Museum Library, Naples 1964, 18), Baronius dit attendre « *quam cupide* » l'édition imprimée : Fronton lui avait apparemment envoyé d'ores et déjà une copie de ses notes.

79 Panegyrici Tractatus XVII (1601), 411 s.

80 Tractatuum decas (1604), soit dans l'ordre : In terraemotum, et in diuitem et Lazarum [De Lazaro concio VI, PG 48, 1027-1044, avec une lacune] ; In Samaritanam [CPG 4581] ; De caeco a natiuitate [4582] ; De sancta pentecoste hom. 2 [PG 50, 463-470] ; De circumcisione Domini [i.e. comme Fronton le reconnut plus tard, un texte acéphale du De occursu Domini nostri Iesu Christi, CPG 4523 ; voir sa note dans De diuersis utriusque Testamenti locis Sermones LXXIII (1624), 1030] ; De sancta pentecoste hom. 1 [PG 50, 453-464] ; De gloria in tribulationibus [CPG 4373], In secundum aduentum Domini [CPG 4595], De diabolo tentatore, hom. 2 [PG 49, 257-264], De ieiunio et eleemosyna [CPG 4502].

81 Comme Fronton le déplore, Panegyrici Tractatus XVII (1601), 412.

tions de manuscrits romains de l'autre, que lui avait envoyées son confrère Jacques Sirmond, alors à Rome comme secrétaire du général[82]. Sirmond avait lui-même copié des textes à l'abbaye basilienne de Grottaferrata[83]. D'autres transcriptions venaient de Gerardus Vossius[84]. Le réseau mobilisé allait même au-delà, puisque Fronton avait pu obtenir, peut-être par Baronius, ou alors par du Perron, le catalogue des manuscrits chrysostomiens d'Alvise Lollino, évêque de Belluno[85]. La dédicace du volume de 1604 au pape Clément VIII, alors que celui de 1601 était dédié à l'archevêque de Bordeaux, était l'emblème de ce changement d'échelle. Fronton était devenu le principal chrysostomien de l'Église catholique romaine[86].

---

82 Voir les notes sur les manuscrits utilisés. Un manuscrit appartenait au général lui-même, le P. Aquaviva, « *ex quo diligenter collectas uarias lectiones ad nos misit carissimus collega noster P. Iacobus Sirmondus* » (Tractatuum decas, 1604, 406). Avait-il été question un moment que Fronton allât lui-même à Rome ? Sa dédicace à Clément VIII, f. A3v, remercie celui-ci qui « *nobis etiam ante aliquot annos ad eius* [*Chrysostomi*] *aurea ramenta colligenda Romanas bibliothecas humanissime patere iussit, cum quidem suo nobis id fauore promeritus esset Christianae pater historiae Baronius Cardinalis illustrissimus* ».

83 Ibid., 404, 421. Les manuscrits étaient encore sur place puisqu'ils ne furent transférés à la Bibliothèque Vaticane que le 12 décembre 1615. Voir P. Canart, Les Vaticani graeci 1487-1962. Notes et documents pour l'histoire d'un fonds de manuscrits de la Bibliotheque Vaticane, Cité du Vatican 1979, 37 et 193-199.

84 Tractatuum decas (1604), 392, 402, 425

85 Ibid., 392 et 406. Sur cette collection, que Lollino légua à sa mort, en 1625, à la Bibliothèque Vaticane, voir P. Canart, Les Vaticani graeci 1487-1962 (cité n. 83), 41-78 et 212-247 (je n'ai pu identifier dans les inventaires de manuscrit contenant les textes cités par Fronton). Lollino avait envoyé à Baronius une liste de ses manuscrits grecs : voir la lettre de Baronius, sans date, dans : Aloysii Lollini Patritii Veneti, et Belluni Antistitis viri praeclariss. Epistolae Miscellaneae, Belluno 1642, 79 ; G. Mercati, Per la storia dei manoscritti greci di Genova, di varie bade basiliane d'Italia e di Patmo, Cité du Vatican 1935, 124, n. 1 ; P. Canart, Les Vaticani graeci, 47. Sur leurs rapports, voir plus généralement M. Borrelli, Ricerche sul Baronio II (cité n. 78), 98-104, résumé par S. Zen, Baronio storico. Controriforma e crisi del metodo umanistico, Naples 1994, 91 s. Par ailleurs, Lollino, qui possédait un manuscrit des lettres de Chrysostome, en avait offert une transcription à du Perron (Antonio Possevino [Possevin], Apparatus sacer, Venise 1606, t. II, 154), lequel mentionne ce manuscrit dans son Traitté du sainct sacrement de l'Eucharistie, Paris 1622, 382 (et voir 272 pour d'autres manuscrits grecs consultés par du Perron dans la bibliothèque de Lollino). Ils s'étaient rencontrés à Venise, lorsque du Perron y était passé au retour de sa première mission à Rome, pour obtenir l'absolution de Henri IV, en 1595 (voir F. Micanzio, Vita del padre Paolo [écrite en 1623-1624], dans : P. Sarpi, Istoria del Concilio Tridentino, a cura di C. Vivanti, Turin 1974, t. 2, 1312 : le récit et la note de l'éditeur présentent cependant des confusions). On trouve deux lettres échangées postérieurement entre du Perron et Lollino dans : Les Ambassades et Negotiations de l'Illustrissime et Reverendissime Cardinal du Perron, Paris 1623, 102 et 665.

86 La notice consacrée à Fronton par son confrère A. Possevin, Apparatus sacer [t. I], Venise 1603, 517-518, relève spécialement son travail sur Chrysostome (ce premier

Les recueils de 1601 comme de 1604 étaient bilingues et, dans sa dédicace à l'archevêque de Bordeaux, Fronton relevait l'importance des traductions latines des Pères grecs. Ceux qui prétendent que ce travail est indigne de théologiens et l'abandonnent à « des professeurs de belles-lettres », « font un tort particulièrement grave à l'Église »[87]. Compiler des commentaires bibliques à partir de ceux des Pères est-il plus méritoire que d'étudier à fond, pour les traduire avec soin, « ces mêmes commentaires des Pères qui sont enfouis dans les ténèbres d'une langue étrangère »[88] ? Fronton ne craignait pas, pour relever la dignité des traducteurs, d'invoquer des précédents profanes (Plaute et Térence latinisant les comiques grecs, Virgile Homère, Cicéron Démosthène)[89]. Son principal argument, pourtant, dans le cas des traductions patristiques, était leur utilité pour la controverse confessionnelle. Toute la dédicace filait longuement une métaphore militaire. L'Église était aujourd'hui « assiégée par les funestes cohortes de ses ennemis »[90] et celui qui traduisait en latin des textes patristiques jusqu'alors inconnus, « faisait comme une nouvelle levée, en chef invaincu, pour renforcer de nouvelles légions l'armée du Christ sauveur »[91]. Les écrits des Pères, aussi bien, étaient « des arsenaux très abondants, d'où l'on peut tirer des javelines toutes prêtes à être lancées et des traits de toute espèce »[92]. Cette imagerie n'était évidemment pas originale mais elle avait pour Fronton et ses contemporains, au sortir des guerres civiles et au lendemain de l'Édit de Nantes, une particulière résonance. Ralliée à Henri IV et acceptant que le protestantisme ne pourrait être extirpé par la force, l'Église de France entreprenait de rétablir l'unité religieuse par la persuasion. Fronton le dit expressément en 1599, en ouverture de son premier livre contre Du Plessis-Mornay : « Et puis qu'il luy a pleu [à Dieu] de nous envoyer par l'invincible main de nostre Roy Tres-Chrestien ceste tres-desirée paix tant dedans que dehors le Royaume, nous esperons, que nous n'aurons plus desormais à mener de

---

volume de *l'Apparatus sacer* reçut ensuite une page de titre de 1606 lorsque les deux suivants eurent paru).

87 Dédicace au cardinal de Sourdis, *Tractatuum decas*, f. *2v-*3r : « *Quo mihi gravius Catholicae religioni uidentur importare detrimentum, qui dum laudem interpretum obtritum eunt, laborem quidem illorum ingentem asserunt, sed gloriam minorem, uix hominibus Theologis expetendam : quo factum est, ut dum hanc illi Spartam aliis ornandam relinquunt, ab humaniorum potius artium professoribus, quam ab ecclesiasticis conuersa Doctorum scripta teneamus.* »

88 Ibid., f. *3v : « *in tenebris peregrinae linguae delitescentes* ».

89 Ibid., f. *3r.

90 Ibid., f. *2r : « *Ecclesiae Christianae funestis perduellium suorum cohortibus obsessae* ».

91 Ibid., f. *3v : « *ut integrum opus non ante lectum, nedum intellectum in Ecclesiae thesauros inferas, et quasi rursus delectu habito nouis legionibus dux inuictus Christi seruatoris exercitum augeas ?* »

92 Ibid., f. *2v : « *suos etiam libros tanquam ditissima quaedam nobis armamentaria struxerunt [Patres], unde liceat amentatas hastas, omnisque generis tela depromere, quibus instructi pari cum illis uictoriae successu praelia Domini praeliemur* ».

plus dangereuses guerres, que celles qui se feront en papier, chamaillant des plumes, et despendant force encre, au lieu d'espandre le sang humain »[93]. En termes plus brutaux, la controverse était la continuation de la guerre civile par d'autres moyens. Les Pères tenaient une place centrale dans cette stratégie de reconquête. En 1600, la « conférence de Fontaine-bleau », – le débat public qui, devant Henri IV, opposa du Perron et du Plessis-Mornay sur les passages patristiques allégués par ce dernier dans son *Traité de l'eucharistie*, et se solda par la victoire de Du Perron, – eut un immense retentissement. Henri IV écrivit alors au duc d'Épernon une lettre qui fut imprimée et abondamment diffusée : « Certes, c'est un des grands coups pour l'Eglize de Dieu qui se soit faict il y a long temps. Suyvant ces erres, nous ramènerons plus de séparés en l'Eglize en ung an que par une autre voye en cinquante »[94]. Durant le quart de siècle qui suivit, les défenseurs de l'Église catholique crurent de bonne foi qu'ils pourraient effectivement convertir les huguenots par l'Antiquité. L'œuvre d'éditeur et de traducteur de Fronton, mort en 1624, est exactement con-temporaire de cette grande illusion, qui commença peu après à se dissiper[95].

La paix patristique d'Augsbourg ?
David Hoeschel et ses correspondants

De la patristique confessionnelle de Rome et de Paris se distingue nettement un autre modèle, celui d'Augsbourg. Le contexte est aujourd'hui bien connu. Cette ville d'Empire était religieusement divisée, traversée par de vives tensions sociales, confrontée au déclin économique. Le patriciat, qui détenait le pouvoir depuis les réformes institutionnelles imposées par Charles-Quint en 1548-1549, – et qui était majoritairement retourné au catholicisme alors que la population était à forte dominante luthérienne, – s'efforçait de maintenir la coexistence, gravement ébranlée entre 1583 et

---

93 Dédicace au maréchal d'Ornano, gouverneur de Guyenne, dans Fronton, Inventaire des faultes (cité n. 72), f. ¶3v-¶4r.

94 Mme de Mornay, Mémoires, éd. pour la Société de l'histoire de France par Mme de Witt, née Guizot, Paris 1868, t. 1, 377. Voir par exemple J. Dagens, Bérulle et les origines de la Restauration catholique (1575-1611), Bruges 1952, 171 s.

95 Nous nous permettons de renvoyer sur ce point à notre Le catholicisme classique et les Pères de l'Église. Un retour aux sources (1669-1713), Paris 1999, surtout 291-319. Voir aussi Un manuel anti-patristique. Contexte et signification du Traité de l'emploi des saints Pères de Jean Daillé (1632), dans : Die Patristik in der frühen Neuzeit. Die Relektüre der Kirchenväter in den Wissenschaften des 15. bis 18. Jahrhunderts (Melanchthon-Schriften der Stadt Bretten, 10), hg. von G. Frank/Th. Leinkauf/ M. Wriedt, Stuttgart/Bad Cannstatt 2006, 299-325.

1591 par le *Kalenderstreit* (la crise ouverte par l'introduction dans la ville du calendrier grégorien). Cette classe dirigeante à la fois puissante et menacée fit alors de l'érudition antiquaire et de la philologie gréco-latine l'assise de son identité culturelle ; son mécénat permit la publication d'ouvrages, en particulier d'éditions grecques, qui n'auraient pas été commercialement viables[96]. La principale figure de cet humanisme tardif, à la fois chrétien et civique, Marcus Welser, appartenait à une grande famille de négociants (la maison dura juste autant que lui puisqu'elle fut mise en faillite une semaine après sa mort, en 1614). Il avait accompli la plus brillante des carrières dans les instances dirigeantes de la *Reichsstadt*, passant du grand conseil (1592) au conseil secret (1598) pour devenir en 1600 l'un des deux *Stadt-pfleger* (*duumuiri* en style humaniste), élus à vie pour présider les conseils et représenter la cité. Historien d'Augsbourg – dont il entendait établir la grandeur en en mettant au jour les antiquités, notamment romaines –, il était soucieux de sa propre *fama* dans la République des lettres et entretint une vaste correspondance avec les principaux savants du temps, catholiques comme protestants[97]. Le sommet de son mécénat érudit fut la série des éditions *ad insigne pinus*, qu'il lança en 1594 et qui se prolongèrent jusqu'en 1619[98]. Il ne s'agissait pas d'une imprimerie à proprement parler :

---

96 L. Lenk, Augsburger Bürgertum im Späthumanismus und Frühbarock (1580-1700), Augsburg 1968, surtout 87-118. Pour le contexte économique et social, voir B. Roeck, Eine Stadt in Krieg und Frieden. Studien zur Geschichte der Reichsstadt Augsburg zwischen Kalenderstreit und Parität, 2 vol., Göttingen 1989 ; pour la coexistence entre catholiques et luthériens, P. Warmbrunn, Zwei Konfessionen in einer Stadt. Das Zusammenleben von Katholiken und Protestanten in den paritätischen Reichsstädten Augsburg, Biberach, Ravensburg und Dinkelsbühl von 1548 bis 1648, Wiesbaden 1983, et la synthèse, accompagnée d'une riche bibliographie, de H. Immenkötter et W. Wüst, Augsburg, dans : Die Territorien des Reichs im Zeitalter der Reformation und Konfessionalisierung. Land und Konfession 1500-1650, hg. von A. Schindling und W. Ziegler, t. 6, Münster 1996, 8-35.

97 B. Roeck, Geschichte, Finsternis und Unkultur. Zu Leben und Werk des Marcus Welser (1558-1614), Archiv für Kulturgeschichte 72, 1990, 115-141 ; J. Papy, Lipsius and Marcus Welser : the antiquarian's life as via media, Bulletin de l'Institut historique belge de Rome 68, 1998, 173-190. Sur la constitution d'Augsbourg et la fonction de Stadtpfleger, voir I. Bátori, Die Reichsstadt Augsburg im 18. Jahrhundert. Verfassung, Finanzen und Reformversuche, Göttingen 1969, en particulier 46-48 ; B. Roeck, Eine Stadt in Krieg und Frieden (cité n. 96), 232-269.

98 L'étude fondamentale reste celle de G. W. Zapf, Augsburgs Buchdruckergeschichte nebst den Jahrbüchern derselben, t. 1, Augsburg 1786, appendice 2, 171-220 ; supplément au t. II, 1791, 259-262. Voir aussi deux plaquettes du même, Vorläufige Nachricht von der ehemaligen berühmten Privatbuchdruckerey Ad insigne pinus in Augsburg, Augsburg 1804 ; Über das eigentliche Jahr in welchem die ehemalige berühmte Privatbuchdruckerey Ad insigne pinus in Augsburg ihren Anfang genommen, Augsburg 1805. La liste de Zapf est reprise par L. Lenk, Augsburger Bürgertum (cité n. 96), 221-224. J. Bellot, « Ad insigne pinus ». Kulturgeschichte der Reichsstadt Augsburg im Spiegel eines Verlages an der Wende des 16./17. Jahrhunderts, Buch-

ayant acquis des caractères grecs et latins, Welser les confiait à des imprimeurs-libraires de la ville, qui exécutaient le travail pour son compte et se chargeaient vraisemblablement ensuite de la mise en vente des ouvrages[99]. Les imprimeurs d'Augsbourg, aussi bien, étaient « trop faibles pour entreprendre à leurs frais un livre un peu gros »[100]. Même si l'irénisme personnel de Welser peut être nuancé – il y avait chez lui une composante de Contre-Réforme, généralement contenue mais qui surgit parfois au grand jour[101] –, le *duumuir* comme le mécène pratiquaient du moins un irénisme de fait. L'imprimerie *ad insigne pinus* diffusa une spiritualité clairement catholique mais elle ne publia pas d'ouvrages de controverse[102]. Le principal collaborateur de Welser – y compris dans les domaines « sensibles » patristique et byzantin –, était le luthérien David Hoeschel, professeur (à partir de 1581), puis recteur (en 1593) du lycée protestant de la ville, le *Gymnasium St. Anna*[103]. C'est à lui que sont dues toutes les éditions chrysostomiennes parues à Augsbourg.

Hoeschel était porté à plus d'un titre à l'irénisme. Sa propre identité confessionnelle était quelque peu incertaine puisque, pour devenir recteur, il avait dû se purger « du soupçon qu'il suivait l'opinion calviniste sur l'article de la sainte Cène »[104]. Il serait assez plausible qu'il eût effectivement eu des penchants « philippistes » ou « crypto-calvinistes » : son maître et prédécesseur à *St. Anna*, Hieronymus Wolf, avait été l'élève de

---

handelsgeschichte n° 14, 5 mai 1978 [supplément à Börsenblatt für den deutschen Buchhandel, Frankfurter Ausgabe n° 36], B 697-B 709, qui ne donne aucune référence, doit aussi beaucoup à ce lointain prédécesseur.

99 À suivre du moins la reconstruction, plausible mais sans références, de J. Bellot, ibid. Il serait à souhaiter qu'un historien du livre reprît tout le dossier, en particulier quant aux livres imprimés sans la marque ad insigne pinus (voir infra, n. 111).

100 Lettre de Welser à Melchior Goldast, dans M. Welser, Opera [...]. Accurante Christophoro Arnoldo, Nuremberg 1682, 857 : «*Augustani typographi tenuiores sunt, quam ut propriis sumptibus paulo grandioris molis librum aggrediantur*».

101 Voir B. Roeck, Geschichte, Finsternis und Unkultur (cité n. 97), 125, et les observations de M. Völkel, Das Verhältnis von *religio patriae, confessio* und *eruditio* bei Marx Welser, dans : Die europäische Gelehrtenrepublik im Zeitalter des Konfessionalismus (Wolfenbütteler Forschungen, 96), hg. von H. Jaumann, Wiesbaden 2001, 127-140.

102 L. Lenk, Augsburger Bürgertum (cité n. 96), 168 ; B. Roeck, Geschichte, Finsternis und Unkultur (cité n. 97), 138.

103 Bonne notice, avec liste des sources, dans R. Schmidbauer, Die Augsburger Stadtbibliothekare durch vier Jahrhunderte (Abhandlungen zur Geschichte der Stadt Augsburg 10), Augsburg 1963, 101-112.

104 J. Brucker, Dissertatio epistolica de meritis in rem literariam, praecipue Graecam, uiri celeberrimi Davidis Hoeschelii, dans : Id., Miscellanea historiae philosophicae, literariae, criticae, Augsbourg 1748, 451 (« *rector gymnasio Annaeano praefectus est, postquam Calvinianae in articulo de S. Coenae opinionis suspicionem, qua premebatur, erat amolitus*ó ») ; P. von Stetten, Geschichte der heil. Röm. Reichs Freyen Stadt Augsburg, t. 1, Frankfurt/Leipzig 1743, 727. Cf. P. Warmbrunn, Zwei Konfessionen (cité n. 96), 282.

Melanchthon. Wolf détestait les disputes théologiques et s'était efforcé de les bannir du lycée – qui, de son temps et jusqu'à la fondation à Augsbourg d'un collège jésuite, en 1582, était fréquenté par tous les enfants de la bourgeoisie, catholiques comme protestants. Hoeschel continua dans la même voie[105]. Ce n'est pas dire qu'il ait nourri des sympathies pour le catholicisme[106] ni même qu'il ne se soit pas inquiété des progrès de la Contre-Réforme[107], mais on comprend que sa position lui interdisait toute incursion sur le terrain de la controverse religieuse. Il s'en abstint déjà soigneusement en 1587, au temps du *Kalenderstreit*, dans son recueil d'*Homiliae quaedam sacrae*, qui était entre autres destiné à un usage scolaire, pour l'enseignement du grec[108]. Plutôt que de commenter le passage sur l'eucharistie dans la première homélie *de proditione Iudae*, il se borna à donner une série de références patristiques « sur ce redoutable mystère »[109]. Cette réserve s'imposa *a fortiori* à lui après 1594, lorsqu'il publia *ad insigne pinus*, sous le patronage de Welser et en vertu d'un privilège impérial accordé moyennant la promesse « de ne rien publier qui soit contraire à notre vraie et immémoriale religion catholique romaine »[110]. Même si ses

---

105 L. Lenk, Augsburger Bürgertum (cité n. 96), 88, 90, 104, 126-135 ; P. Warmbrunn, Zwei Konfessionen (cité n. 96), 279 et 282. Marcus Welser aurait lui-même fréquenté le Gymnasium, selon une tradition jugée douteuse par B. Roeck, Geschichte, Finsternis und Unkultur (cité n. 97), 117, n. 9.

106 Voir la lettre de Hoeschel à Georgius Remus (Georg Rehm), du 5 août 1604, publiée par F. A. Veith, Bibliotheca Augustana, complectens notitias uarias de uita et scriptis eruditorum quos Augusta Vindelica orbi litterato uel dedit uel aluit, t. 6, Augsbourg 1790, 83 : « *Literas abs te mihi scriptas legit Velserus : non item* (*quod nolui*) *Hoeningo* [*Marcus Henningus*] *inscriptas,* διὰ τὴν εὐσεβῆ παρρησίαν τοῖς τουτοισὶν ἀπεχθῆ.» C'était clairement la différence confessionnelle qui était en cause.

107 Dans une importante lettre à Johannes Caselius, « *de libris a se editis* » (publiée par G. W. Zapf, Über das eigentliche Jahr [cité n. 98], 12 s.), Hoeschel écrit « *a sacris publicandis tum cum insidiae pietati, haud occultae, passim locorum struerentur, primordium me coepisse* », avec l'édition des Homiliae quaedam sacrae de 1587 : il semble raisonnable d'entendre cette phrase des offensives de la Contre-Réforme européenne dans ces années (spécialement, en ce qui concerne le Saint-Empire, le Kölnischer Krieg de 1583-1588, et, à Augsbourg même, le *Kalenderstreit*). La lettre est datée « *Pridie ingressus* ⊙ *in* Π *1599* ». Si le premier signe est certainement celui du soleil, le second doit être un signe zodiacal mal lu, ou représenté tant bien que mal, par Zapf, les plus ressemblants étant celui des poissons et celui des gémeaux – la date serait alors respectivement 19 février ou 20 mai (je remercie mes collègues Brigitte Mondrain et Jean-Marc Mandosio des explications qu'ils m'ont données sur ce point). On notera que Caselius, élève de Melanchthon et maître de Calixt, avait une position religieuse sans doute assez proche de celle de Hoeschel.

108 Homiliae quaedam sacrae (1587), 362-364. Voir infra sur ce point.

109 Ibid., 485 s. (texte) et 563 (note).

110 Privilège de Rodolphe II à Marcus Welser du 24 novembre 1594, dans G. W. Zapf, Über das eigentliche Jahr (cité n. 98), 22 : « Mit dem gehorsamen erpieten und Versprechen, nichts, so Unser wahren uhralten Römischen Catholischen Religion oder

éditions chrysostomiennes semblent avoir paru à part et grâce à d'autres mécènes, il n'eût pu, l'eût-il même voulu, y adopter une autre attitude[111]. On savait dans la République des lettres la difficulté de sa position, puisque le calviniste Scaliger tranchait, non sans quelque exagération : « Hoeschelius Lutherien, mais docte, si Velser ne le soustenoit, on l'auroit deja chassé »[112].

La patristique d'Augsbourg n'était pas seulement interconfessionnelle de par cette collaboration, structurelle ou obligatoire, entre luthériens et catholiques dans la cité : elle l'était encore par un réseau d'amitiés et d'échanges extérieurs qui englobait aussi bien Munich et Ingolstadt que le centre calviniste de Heidelberg, autour de la Bibliothèque Palatine et de l'*officina Commeliniana*[113], et le milieu des lettrés grecs orthodoxes de Venise. La coexistence de deux religions à Augsbourg concourait avec sa position géographique, sur la route de Venise, à en faire un des carrefours de la République des Lettres. Ce n'était pas seulement un centre d'échange de textes mais aussi de catalogues – l'accès aux catalogues, dont peu étaient encore imprimés, était un grand souci des érudits, et Hoeschel en réunit une importante collection. Sa correspondance avec le philologue Friedrich Sylburg, principal collaborateur de Commelin, témoigne de son désir d'obtenir le catalogue des manuscrits de Heidelberg, tandis que Sylburg lui réclamait celui de Munich et aussi celui de la Vaticane, dont une copie était à Munich[114]. On peut penser au reste qu'il y eut un certain partage des

---

sonst Unser und des heiligen Reichs Abschieden und Ordnungen zuwider sein, und gedeutet werden mechte, zu Publiciren und fürzunemen ».

111 Les éditions des discours *aduersus Iudaeos* et du *De sacerdotio* font partie des livres qui n'ont ni la marque du pin ni la mention ad insigne pinus, mais que Zapf inclut dans sa liste car il y reconnaissait les mêmes caractères et la même qualité d'impression. Selon J. Bellot, « Ad insigne pinus » (cité n. 98), B 708, « Wahrscheinlich hat in diesen Fällen eine finanzielle Hilfe gefehlt, und die Drucker-Verleger konnten auf eigene Verant-wortung publizieren » : les dédicaces de Hoeschel font plutôt penser, au moins pour les discours *aduersus Iudaeos*, à des mécènes autres que Welser. Mais comment expliquer des cas comme l'Isagoge d'Adrien (voir infra, n. 135), publiée « *typis Ioannis Praetorii* », avec la marque du pin mais sans la mention *ad insigne pinus* ?

112 Scaligerana ou bons mots, rencontres agreables, et remarques judicieuses et sçavantes de J. Scaliger, Cologne 1695, 195.

113 Voir infra sur ce point.

114 K. Preisendanz, Zu Friedrich Sylburgs Bibliothek, Neue Heidelberger Jahrbücher, 1938, 105-134, 110-112 ; R. Sillib, David Hoeschels Beziehungen zur Heidelberger Palatina, Zentralblatt für Bibliothekswesen 37, 1920, 174-178. Sur le catalogue de Sylburg (tardivement publié par [L. C. Mieg], Monumenta pietatis et literaria uirorum in republica et literaria illustrium selecta, Francfort 1701, 1-128), voir Codices Manu-scripti Palatini Graeci Bibliothecae Vaticanae [...] recensuit et digessit H. Stevenson, Rome 1885, XXXI-XXXIII, et surtout K. Christ, Zur Geschichte der griechischen Handschriften der Palatina, Zentralblatt für Bibliothekswesen 36, 1919, 3-34 et 49-66. Possevin, qui en avait reçu une copie du chancelier bavarois Hörwarth, par l'inter-

rôles entre Welser et Hoeschel, le premier maintenant une correspondance régulière avec Gretser tandis que les rapports avec les protestants étaient plutôt le fait du second[115]. Ce fut aussi par Hoeschel que se firent les contacts avec les Grecs de Venise. Leur communauté, grâce à la tolérance intéressée de la République, était alors le principal foyer de l'hellénisme de la diaspora, et elle joua un rôle-clef pour faire connaître au monde latin le patrimoine intellectuel et religieux byzantin[116]. La correspondance qu'entretint Hoeschel avec Maxime Margounios, évêque de Cythère en résidence à Venise, a été étudiée à plusieurs reprises, surtout du point de vue de ce dernier[117]. Leur amitié fut en partie l'œuvre d'un élève de Mar-

---

médiaire de Gretser, la publia dans son Apparatus sacer (cité n. 85), t. III, appendice, 92-125 : il est tentant de supposer que Hörwarth (qui avait correspondu à ce propos avec Hoeschel : voir R. Sillib, David Hoeschels Beziehungen zur Heidelberger Palatina) avait lui-même obtenu son exemplaire par Augsbourg. Sur le catalogue des manuscrits grecs de la Vaticane (actuel Monac. gr. 138, I. Hardt, Catalogus, t. II, 103 = Catalogus de 1602 [cité n. 46], n° 185), arrivé à Munich en 1571 avec la bibliothèque de J. J. Fugger, voir O. Hartig, Die Gründung (cité n. 46), 219 ; G. Mercati, Uno scambio strano di qualche interesse per tre grandi biblioteche [1952], repris dans : Opere minori, t. 6, Cité du Vatican 1984, 381, n. 2. Hoeschel en obtint-il une copie de Munich ou faut-il penser qu'elle avait été faite à Augsbourg même, au temps où la bibliothèque de J. J. Fugger s'y trouvait encore et où Hieronymus Wolf y travaillait ? Voir en tout cas le témoignage de Maussac dans : [...]. Harpocrationis dictionarium in decem rhetores. Phil. Iacobus Maussacus suppleuit et emendauit, Paris 1614, 323 : « *Nam euoluisse nos meminimus Augustae Vindelicorum, satis diligenter syllabum librorum qui exstant in Vaticana bibliotheca a Davide Hoeschelio commodatum cum aliis Bibliothecarum Augustanae, Bauaricae, Viennensis Caesareae, Venetae Diui Marci, et Florentinae sancti Laurentii indicibus* ».

115 Voir une lettre révélatrice de Hoeschel à Johann Kirchmann, 20 septembre 1605, dans : Marquardi Gudii et Claudii Sarrauii Senatoris Parisiensis Epistolae una cum Responsis : Quibus accedunt ex Bibliotheca Gudiana clarissimorum et doctissimorum Virorum, qui duobus ultimis saeculis floruerunt, Epistolae [...]. Curante Petro Burmanno, Leyde 1711, 1ère partie, 189 : « *De Iesuitarum docendi ratione, quam obseruent, locutus sum cum nostro Domino Velsero : qui ait colligi id posse ex iis, quae hactenus ediderint Physica, Logica, et id genus alia.* » Welser écrivait à Gretser « *fere hebdomadatim* » (« *De uita, uirtute, et doctrina uenerabilis P. Iacobi Gretseri S.J.* », en tête de J. Gretser, Opera omnia, t. I, Ratisbonne 1734, IV). Cela n'empêche pas que des rapports aient aussi existé entre Hoeschel et Gretser (voir supra, n. 48).

116 Voir en particulier l'étude intéressante (mais émaillée d'erreurs surprenantes) de D. J. Geanakoplos, Byzantine East and Latin West : two worlds of Christendom in Middle Ages and Renaissance, Oxford 1966, 112-164 ; M. I. Manussacas, La comunità greca di Venezia e gli arcivescovi di Filadelfia, dans : La Chiesa greca in Italia dall' VIII al XVI secolo. Atti del Convegno storico interecclesiale Bari 30 apr.-4 magg. 1969 (Italia sacra 20), t. 1, Padoue 1973, 45-87.

117 La bibliographie sur Margounios est aujourd'hui considérable. Outre G. Fedalto, Massimo Margunio e il suo commento al "De Trinitate" di S. Agostino (1588), Brescia 1967, on verra É. Legrand, Bibliographie hellénique des XVe et XVIe siècles, 4 vol., Paris, 1885-1906, t. 2, XXIII-LXXVII ; D. J. Geanakoplos, Byzantine East and Latin

gounios, le moine chypriote Leontios Eustratios, qui, en 1590, au cours d'un voyage en Allemagne, passa par Augsbourg et y fit la connaissance de Hoeschel. Celui-ci lui donna un exemplaire de son recueil patristique de 1587, que Leontios, rentré à Venise, offrit à son tour à Margounios[118]. L'évêque, qui désirait faire accéder à l'impression à la fois les grands textes de la tradition théologique orientale et ses propres écrits, mit dès lors ses espoirs dans l'humaniste allemand. La plupart des éditions patristiques publiées par Hoeschel dans la décennie suivante incluent des lettres de Margounios, qui, de manière au reste assez stéréotypée, vantait le texte aux pieux lecteurs et exhortait l'éditeur à de nouvelles publications.

Hoeschel disposait à Augsbourg même d'une importante collection de manuscrits grecs, surtout grâce à l'achat qu'avait fait la ville, en 1544, d'une

---

West (cité n. 116), 165-193 ; G. Podskalsky, Griechische Theologie in der Zeit der Türkenherrschaft (1453-1821). Die Orthodoxie im Spannungsfeld der nachreformatorischen Konfessionen des Westens, Munich 1988, 135-151. Ses lettres à Hoeschel ont été en partie publiées par P. K. Enepekides, Maximos Margunios an deutsche und italienische Humanisten. Erstausgabe seiner Briefe an D. Hoeschel, Fr. Sylburg, A. Schott, Ph. Siminello, Al. Lollino, A. Persio, R. Molinetti. – Auf Grund der Wiener Kodizes Suppl. Gr. 115 und 124 und der Parisinus Suppl. Gr. 621, Jahrbuch der Österreichischen Byzantinischen Gesellschaft 10, 1961, 93-145. Beaucoup de lettres inédites sont conservées dans le Ms. Athos 6257 [Pantéléimon 750]. La Section grecque de l'IRHT en possède un négatif, malheureusement de lecture difficile : je n'en ai tiré qu'une seule lettre (voir infra, n. 128), pour compléter celle de mai 1592, publiée par P. K. Enepekides ; un dépouillement complet livrerait probablement d'autres références à Chrysostome. Je remercie en tout cas M. Pierre Augustin pour son accueil ainsi que pour les renseignements supplémentaires qu'il a eu l'obligeance de me donner sur la correspondance de Margounios.

118 Voir la lettre de Leontios à Hoeschel datée de Venise, 17 juillet 1590, publiée par É. Legrand, Bibliographie hellénique ou description raisonnée des ouvrages publiés par des Grecs au dix-septième siècle, 5 vol., Paris 1894-1903, t. 3, 138 : Ἀντιπέμψοις δὲ ἡμῖν ἀπὸ τῶν σῶν ἐκδόσεων […] τὴν συναγωγὴν τῶν κβ′ λόγων τῶν διαφόρων πατέρων · ἥν γάρ μοι παρέσχες ἐδωρησάμην τῷ κυρίῳ θεοφιλεστάτῳ [i.e. Margounios] ; et la lettre de Margounios à Hoeschel du 15 décembre 1601, publiée par C. Sode, Ein bisher unbekannter Epitaphios des Maximos Margunios auf Leontos Eustratios Philoponos (Cod. Chart. B 147 der Forschungs- und Landesbibliothek Gotha), Codices Manuscripti 34-35, mars 2001, 29-52, 51 : ὅς ποτε τῆς πρὸς σέ μου φιλίας (τἀληθες γὰρ ἐρῶ) παραίτιος γέγονε, τοὺς ἐκτυπωθέντας σοι τῶν θεολόγων λόγους παρὰ σου μοι διακομισάμενος. C. Sode dit, p. 42, n'avoir pu identifier de quelles éditions il s'agissait, mais c'était sans doute possible le recueil de 1587 (il contient en réalité 24 homélies et non 22, mais l'erreur était aisée à commettre). Sur le voyage de Leontios, voir surtout O. Kresten, Ein Empfehlungsschreiben des Erzbischofs Gabriel von Achrida für Leontios Eustratios Philoponos an Martin Crusius (*Vind. suppl. gr.* 142), Rivista di Studi bizantini e neoellenici n. s. 6-7., 1969-1970, 93-125. Quelques précisions ont été apportées par C. Gastgeber, Blotius und seine griechischen Kontakte : Leontios Eustratios Philoponos und der Erzbischof Gabriel von Achrida im Stammbuch des Hugo Blotius, Biblos 46, 1997, 247-258.

centaine de manuscrits, dont quatorze de Chrysostome[119]. Plusieurs autres furent encore acquis entre 1572 et 1575, du temps de Hieronymus Wolf[120]. Le catalogue publié par ce dernier en 1575 visait expressément à rendre le fonds accessible aux futurs éditeurs[121]. Le recueil de 1587 put donc être tiré de la *Stadtbibliothek* (à l'exception de quatre homélies chrysostomiennes que Hoeschel publia d'après un manuscrit de sa bibliothèque personnelle)[122], et ce fut encore le cas pour le discours *in Diem natalem Iesu Christi*, dont Hoeschel donna l'édition princeps pour Noël 1593[123] – on

---

119 Liste publiée par C. Graux, Essai sur les origines du fonds grec de l'Escurial : Épisode de l'histoire de la Renaissance des lettres en Espagne, Paris 1880, 413-417 (les manuscrits chrysostomiens apparaissent en premier) ; concordance avec les cotes actuelles à Munich établie par W. Weinberger, Griechische Handschriften des Antonios Eparchos, dans : FS Theodor Gomperz, Vienne 1902, 303-311. L'édition de Graux (avec la concordance de Weinberger) a été reproduite par E. Giôtopoulou-Sisilianou, Ἀντώνιος ὁ Ἔπαρχος. Ἕνας Κερκυραῖος οὑμανιστής τοῦ ΙΣΤ΄ αἰώνα, Athènes 1978, 293-297 (quelques corrections dans D. F. Jackson, Augsburg Greek manuscript acquisitions, 1545-1600, Codices manuscripti 29, 2000, 1, n. 4) : je citerai désormais cette liste comme « Éparque », avec le numéro. Une autre liste a été retrouvée et publiée par B. Mondrain (Une nouvelle liste des manuscrits grecs mis en vente par Antoine Éparque, et acquis par la ville d'Augsbourg en 1544, Scriptorium 44, 1990, 105-107 ; Antoine Éparque et Augsbourg : le catalogue de vente des manuscrits grecs acquis par la ville d'Empire, Bollettino della Badia greca di Grottaferrata 47, 1993, 227-243) : elle est identique à la précédente en ce qui concerne Chrysostome. Voir aussi B. Mondrain, Le commerce des manuscrits grecs à Venise au XVIe siècle : copistes et marchands , dans : I Greci a Venezia. Atti del convegno internazionale di studio Venezia, 5-7 novembre 1998, a cura di M. F. Tiepolo ed E. Tonetti, Venise 2002, 473-486.

120 D. F. Jackson, Augsburg acquisitions, 1545-1600 (cité n. 119), 4-6.

121 Catalogus graecorum librorum, manuscriptorum, Augustanae Bibliothecae : quem ea Respublica, ideo edendum curauit : ut eos, uel uiris doctis interpretandos : uel diligentibus typographis, conferendos, (modo de iis sartis tectis suo tempore restituendis caueant) ad augenda rei literariae commoda, communicaret, Augsbourg 1575. Ce souci remonte aux origines mêmes du fonds (B. Mondrain, Antoine Éparque et Augsbourg [cité n. 119], 237 s.). Selon un procédé que Hoeschel reprit dans le catalogue de 1595 (voir infra), il était précisé quels textes avaient déjà été publiés ou étaient en cours de publication.

122 Homiliae quaedam sacrae (1587), 559. Le manuscrit utilisé par Hoeschel pour les homélies 5-11 de Chrysostome est l'actuel Monac. gr. 393, où elles occupent les 7 derniers numéros (I. Hardt, Catalogus codicum manuscriptorum graecorum Bibliothecae Regiae Bavaricae, 5 vol., Munich 1806-1812, t. IV, 210-220 = CCG II, n° 84 = Catalogus de 1595 [cité n. 87], n° 66 = Éparque n° 38). Quant au manuscrit personnel de Hoeschel, il faut certainement y reconnaître le Monac. gr. 534, acquis par la *Stadtbibliothek* entre 1595 et 1600 (les homélies chrysostomiennes 1-4 de 1587 y sont les quatre premiers textes) : D. F. Jackson, Augsburg acquisitions, 1545-1600 (cité n. 119), 6-9, est à corriger sur ce point.

123 Dédicace de Hoeschel, datée du 24 décembre 1593, aux frères Joachim II et Philipp Camerarius (on reste dans le milieu philippiste) dans : D. Ioannis Chrysostomi oratio in Diem natalem Seruatoris nostri Iesu Christi, Augsbourg 1594, f. A2r : « *Interea dum*

notera cette attention au calendrier liturgique qu'on trouverait aussi dans les milieux de la Contre-Réforme romaine. Pour ses éditions suivantes, plus ambitieuses (les discours *aduersus Iudaeos* et le *De Sacerdotio*), Hoeschel ne s'en tint pourtant pas aux ressources d'Augsbourg mais, comme Fronton du Duc, s'adressa au dehors pour avoir accès à plusieurs témoins d'un même texte.

En 1590, Leontios, selon une pratique ordinaire aux voyageurs grecs, avait apporté avec lui plusieurs manuscrits, pour lui servir d'introduction ou de monnaie d'échange auprès des humanistes occidentaux, et entre autres un manuscrit de six discours de Chrysostome *aduersus Iudaeos*. Hoeschel dut être d'autant plus intéressé que les *Opera omnia* n'en donnaient que cinq, dans la traduction latine publiée par Érasme en 1527[124]. La bibliothèque d'Augsbourg possédait depuis 1544 un recueil chrysostomien qui comprenait la même série de six discours, mais il n'est pas certain que Hoeschel l'ait su : le catalogue de 1575 était assez imprécis[125]. Il fit en tout cas une transcription complète du manuscrit de Leontios[126], et il est probable qu'il songea dès lors à une édition. En 1591, on le voit demander l'aide du philologue Friedrich Sylburg – alors correcteur chez Wechel à Francfort, mais qui était sur le point de s'établir à Heidelberg auprès de Commelin : Sylburg lui envoya la collation d'un passage sur un manuscrit de la Bibliothèque Palatine[127]. L'année suivante, ce fut le tour de

---

aliis colligendis uaco, quas complures ἀνεκδότους, *inprimis D. Io. Chrysostomi, Bibliotheca Augustana suppeditat ; in eam illius orationem incidi, quae huic anni tempori, quo memoriam* τῆς ἐνσάρκου οἰκονομίας τοῦ θεοῦ λόγου *celebramus, maxime conuenit»* [CPG 4334 ; voir *supra*, n. 45]. La source était l'actuel Monac. gr. 352, n° 20 (I. Hardt, *Catalogus*, t. IV, 16 = CCG II, n° 71 = *Catalogus* de 1595, n° 19 = Éparque, n° 11), dont Gretser tira un peu plus tard l'homélie *de coemeterio et de cruce* (*supra*, n. 49).

124 Voir *Opera* (1588), t. V, col. 901-958 ; W. Lackner, *Erasmus* (cité n. 18), 296 s. Ce sont les *orationes* 4-8 dans la numérotation de Montfaucon ; le manuscrit de Leontios donnait en plus l'*oratio* 1.

125 La notice amalgamait les discours *aduersus Iudaeos* avec les homélies *de incomprehensibili*, qui les précèdent dans le manuscrit. Voir *Catalogus graecorum librorum, manuscriptorum* (cité n. 121), n° 13, f. A2v : « *Io. Chrysostomi sermones 31. inscripti Margaritae, aduersus Inaequales, et Iudaeos de Acatalepto. De sacerdotio apologiae.* […] ». C'est l'actuel Monac. gr. 354 (I. Hardt, *Catalogus*, t. IV, 22-27 = CCG II, n° 74 = Éparque, n° 8).

126 *Contra Iudaeos* (1602), 513. Le manuscrit de Leontios semble aujourd'hui disparu (il est seulement mentionné par C. N. Constantinides/R. Browning, *Dated Greek Manuscripts from Cyprus to the Year 1570*, Washington D.C./Nicosie 1993, 22). Sur la transcription de Hoeschel (aujourd'hui Monac. gr. 539), voir R. E. Carter, CCG II, n° 95 ; D. F. Jackson, *Augsburg acquisitions, 1545-1600* (cité n. 119), 10.

127 Voir les lettres de Sylburg à Hoeschel des 4 avril et 20 septembre 1591 citées par K. Preisendanz, *Aus Friedrich Sylburgs Heidelberger Zeit*, Neue Heidelberger Jahrbücher, 1937, 55-77, 55 et 69, n. 8. Comme noté par K. Preisendanz, le manuscrit en question est l'actuel Palat. gr. 15, qui contient aussi le *De sacerdotio* (*Codices Manuscripti Palatini Graeci* [cité n. 114], 8).

Margounios, qui possédait lui aussi un manuscrit où figuraient les six discours[128]. La nomination de Hoeschel, en 1593, comme directeur de la *Stadtbibliothek* lui donna toute facilité d'en utiliser les manuscrits. Dans le catalogue, beaucoup plus détaillé que celui de Wolf, qu'il fit paraître *ad insigne pinus*, à la demande de Welser, en 1595[129], il annonça son édition[130]. Elle vit finalement le jour en 1602. Hoeschel avait collationné sa transcription du manuscrit chypriote avec le manuscrit de la *Bibliotheca Augustana* et celui de Heidelberg : les notes donnaient les variantes ainsi que des conjectures de Margounios. Le texte grec était suivi d'une traduction latine – par Hoeschel lui-même pour le premier discours, par Érasme pour les suivants[131]. Hoeschel avait auparavant donné, en 1599, une nouvelle édition bilingue du *De Sacerdotio*, dont il avait revu le texte sur les deux mêmes manuscrits d'Augsbourg et de Heidelberg[132]. Les

---

128 Voir la lettre de Margounios à Hoeschel du 4 mai 1592, publiée par P. K. Enepekides, Maximos Margunios (cité n. 117), 114, et la lettre latine de Margounios à Hoeschel du 8 mai 1592, ms. Athos 6257, f. 29r (« *qui* [*liber meus*] *si non satis magnus esset mole pleraque enim et alia continet, mitterem* »). Sur le manuscrit de Margounios (actuel Marcianus gr. app. II 59), voir G. Visonà, Pseudo Ippolito : In sanctum Pascha. Il ruolo della comunità greco-veneta del sec. XVI nella storia della trasmissione del testo, Aevum 54, 1980, 456-472, 466 s.

129 Catalogus graecorum codicum (cité n. 49). Ce catalogue, comme celui de 1575, visait à permettre de futures éditions. Voir la dédicace de Hoeschel à Jérôme Commelin, f. A2r-v, et déjà l'annonce au verso de la page de titre : « *Quisquis Reip. litterariae faues, siue lector, siue typographe, horum omnium codicum, siue interpretandi, siue conferendi, siue edendi, ita tibi futura copia est, si de iis incolumibus restituendis caueris* ».

130 Ibid., 27.

131 Contra Iudaeos (1602). L'édition était dédiée à Caspar et Melchior Erhard, « *ciuibus Augustanis* », dont Hoeschel célébrait le mécénat : Melchior avait financièrement subventionné l'ouvrage (f. A3r). Je n'ai trouvé aucune information sur ces personnages : Melchior est cité par Hoeschel parmi ses mécènes dans : Sapientia Sirachi siue Ecclesiasticus. Collatis lectionibus uariantibus membranarum Augustanarum uetustissimarum, et XIV. praeterea exemplarium. Addita uersione Latina uulgata, ex editione Romana. Cum notis Davidis Hoeschelii Augustani in quibus multa SS. Patrum loca illustrantur, Augsbourg 1604, f. †3v.

132 De Sacerdotio libri VI (1599). Le dédicataire était Albrecht von Stetten, « *Reip. Augustanae Consul* » (c'est-à-dire *Bürgermeister* : B. Roeck, Eine Stadt in Krieg und Frieden [cité n. 96], 279). D'après une lettre de Hoeschel à Joachim II Camerarius, 26 novembre 1597, dans Th. Crenius [Th. Th. Crusius], Animadversiones philologicae et historicae, t. VI, Leyde 1700, 185, l'édition fut faite à la demande d'Andreas Schott, « *quum ter editus* [*liber*] *emptores semper inuenerit, licet mutilus et mendosus : nunc vero a me cum duobus MSSis collatus integrior et emendatior, adjectà Brixiani versione (quae Cornarianà doctior putatur) imprimi possit* » : on aurait donc ici un cas d'édition commercialement viable. Pour les manuscrits utilisés (Monac. gr. 354, et Palat. gr. 15), voir supra, n. 125 et 127. L'édition princeps grecque avait été donnée par Érasme (Quod multae quidem dignitatis, sed difficile sit episcopum agere, dialogi sex, 1525) ; la traduction latine de Germain de Brie (Germanus Brixius) avait été substituée à la uetus interpretatio dans les Opera omnia de 1530 (voir t. I, f. A2r).

préliminaires de l'une et l'autre édition comprenaient les habituelles lettres de Margounios : en 1602, il faisait ainsi le vœu que les discours *aduersus Iudaeos* ne fussent pas lus seulement pour l'agrément mais « que leur force pénétrât jusqu'à l'âme même »[133]. Ces discours étaient en outre précédés de lettres de deux autres Grecs, appartenant au même milieu, Leontios Eustratios (dont le manuscrit avait servi de base à l'édition) et Constantin (Cyrille) Lucar[134]. La même année 1602, pour accompagner son édition princeps de l'*Introduction aux Saintes Écritures* d'Adrien, Hoeschel publia *ad insigne pinus* plusieurs fragments patristiques sur les prophètes, dont deux de Chrysostome : un fragment du commentaire sur Jérémie, tiré d'une chaîne de la bibliothèque de Munich, et un extrait du sermon sur Susanne d'après un manuscrit d'Augsbourg[135].

Le manuscrit de la *Stadtbibliothek* donnait encore deux séries d'homélies inédites en grec (et même pour partie en latin), *sur l'incompréhensibilité de Dieu*[136] et *sur Ozias*[137]. Hoeschel les communiqua à des amis, –

---

133 Lettre τοῖς εὐσεβέσι, καὶ φιλοχρίστοις Χριστιανοῖς, dans Contra Iudaeos Homiliae VI, f. A5r-v : δοίη δὲ ὑμῖν ὁ θεὸς, μὴ μέχρι τῆς ἡδονῆς τῆς ἐκ τῶν λόγων στῆναι τὸ κέρδος : ἀλλὰ καὶ ἐπὶ τὴν ψυχὴν αὐτὴν διαβῆναι τὴν τούτων ἐνέργειαν.

134 Ibid., A6v-A7v. Les deux lettres sont datées de Venise, celle de Leontios du 4 septembre (sans année), celle de Lucar du 11 septembre 1590. L'ensemble de ces préliminaires est reproduit par É. Legrand, Bibliographie hellénique du dix-septième siècle (cité n. 118), t. I, 17-22. Rappelons que Lucar était devenu en 1601 patriarche d'Alexandrie (G. A. Hadjiantoniou, Protestant Patriarch. The Life of Cyril Lucaris (1572-1638), Patriarch of Constantinople, Richmond VA, 1961, 35-38 ; K.-P. Todt, Kyrillos Lukaris, dans : La Théologie byzantine et sa tradition, sous la dir. de C. G. et V. Conticello, t. 2, Turnhout 2002, 619).

135 Adriani Isagoge (1602). Pour le fragment sur Jérémie, voir 74-75 [= Michele Ghisleri, In Ieremiam Prophetam Commentarii. Item in Baruch et breues D. Io. Chrysost. in Ieremiam explanationes, et octo Origenis Homiliae : quae omnia nunc primum in lucem emittuntur, Lyon 1623, t. I, col. 19 s., n° 20 s.] ; la source était l'actuel Monac. gr. 117 (I. Hardt, Catalogus, t. II, 44-45 = CCG II, n° 53 = Catalogus de 1602 [cité n. 46], n° 21) ; sur ce commentaire, voir CPG 4447). Le fragment sur Susanne est publié, 87, d'après l'actuel Monac. gr. 472 (I. Hardt, Catalogus, t. IV, 460 = Catalogus de 1595 [cité n. 49], n° 4 = Éparque, n° 50 = CCG II, n° 90).

136 « *Homiliae septem, quum adhuc esset in Antiochia, habitae contra Eunomianos seu Anomaeos* περὶ ἀκαταλήπτου, *de incomprehensibili Dei natura* » (Catalogus de 1595 [cité n. 49], 27), à savoir les homélies I-V de incomprehensibili [CPG 4318], et celles qui, dans la numérotation de Montfaucon, devinrent respectivement XI et VII contra Anomoeos [CPG 4324 et 4320]. Les homélies I-V figuraient dans les *Opera omnia* depuis 1522 (Bâle), dans la traduction de Théodore Gaza (encore reprise, avec sa préface à Alphonse d'Aragon, dans Opera, 1588, t. V, col. 959-1001) : voir J.-P. Bouhot, Les traductions latines (cité n. 1), 37, n. 3 ; M. Cortesi, Giovanni Crisostomo nel sec. XVI (cité n. 29), 135 s., avec références. L'homélie XI y était aussi, sans mention du traducteur, sous le titre « *Contra Anomaeos* » (Opera, 1588, t. V, col. 1024-1039 [sic pour 1028]). L'homélie VII était encore inconnue et l'édition princeps, en grec et en latin, n'en fut donnée qu'en 1609 par Fronton du Duc (voir Homiliae LXXVII, « *Notae* »,

ainsi au théologien de Zurich Johann Wilhelm Stucki, qui en cita de larges extraits dans un traité théologique de 1595[138], – et il promit une édition des homélies *de incomprehensibili*, avec une traduction latine corrigée[139]. Il y renonça quand il sut que Savile avait lancé une édition des *Œuvres complètes*[140]. À partir de 1602, ce fut comme collaborateur de cette dernière qu'il continua de travailler sur Chrysostome.

Le Chrysostome interrompu de Commelin

Entre Hoeschel et les Grecs, la collaboration se faisait toujours dans le même sens, un peu à la manière de Fronton et de ses correspondants romains (les uns fournissant des manuscrits pour les éditions de l'autre). Les échanges furent plus équilibrés avec Munich, – on a vu que Gretser se

---

80 : « *Nouum quidem Chrysostomi foetum, et patrum auorumque nostrorum saeculo ignotum proferimus* » ; entre autres affirmations fantaisistes, A.-M. Malingrey écrit en introduction à son édition [SC 396, 52] que Fronton « présente ainsi » les homélies 7, 8 et 11 : il ne parle que de la 7e).

137 Les éditions latines ne donnaient que les homélies 1-5, traduites par Érasme, sous le titre « De verbis Esaiae, Vidi dominum, etc. » (Opera, 1588, t. I, col. 1279-1308 ; la première édition est de 1527 : W. Lackner, Erasmus [cité n. 18], 295 s., n. 18), sans la sixième, *De Seraphim*. On a vu que le texte grec de la première avait été publié en 1581 (supra, n. 11).

138 J. W. Stucki, De Angelis angelicoque hominum praesidio atque custodia meditatio pia, religiosa et orthodoxa, Canonicae scripturae et Orthodoxae Antiquitati consentanea [...]. His inserta sunt nonnulla ex uariis S. Chrysostomi Homiliis manuscriptis, et nondum in lucem editis, deprompta, Zurich 1595, f. 11r (« *quem* [*sermonem : l'homélie II de incomprehensibili*] *clarissimus et literatissimus uir, mihique amicissimus, Dn. David Hoeschelius ex augustissima illa Bibliotheca Augustana mecum pro sua humanitate communicauit* »), 70r-72v (« ὁμιλία εἰς τὰ σεραφείμ [hom. VI sur Ozias], *quam manuscriptam, nec dum excusam et in lucem editam, idem D. David Hoeschelius, Augustanus, pro humanitate benevolentiaque sua erga me singulari mihi communicare non dubitavit* »), et encore 81v-83v, 124v-130v, 146v-147r. Hoeschel avait sans doute communiqué à Stucki une transcription plutôt que l'original, sur lequel il travaillait lui-même. Leurs relations ne sont pas mentionnées dans K. Waser, De Vita et obitu Reuerendi, nobilis et clariss. Viri : Dn. Ioh. Guilielmi Stuckii, Sacrarum litterarum professoris in Schola Tigurina, Oratio historica, Zurich 1608.

139 Voir Catalogus graecorum codicum (cité n. 49), 27 : « *Has, cum interpretatione D. Erasmi* [sic] *emendata, publicabit D.H.* » ; Contra Iudaeos (1602), 514. Hoeschel aurait pu, pour son édition, utiliser une nouvelle fois le Palat. gr. 15, qui comprend les homélies *de incomprehensibili* (voir supra, n. 127). Sur ses projets chrysostomiens, voir encore F. A. Veith, Bibliotheca Augustana (cité n. 106), t. 6, 73 s.

140 Voir la lettre de Hoeschel à Joseph Scaliger, 5 juin 1602, dans P. Burmann, Sylloge (cité n. 66), t. 1, 354 : « *Nundinis proximis Homiliam in Judaeos misi, plura Chrysostomi uix missurus, cum Nobilem Anglum Henricum Sauilium omnia* τοῦ *Joannis* χρυσορρήμονος *opera in certos tomos digesta prelo adornet, e Variis Europae Bibliothecis suppetias magno aere quaesiturus.* »

servit pour son *De cruce* de manuscrits d'Augsbourg, – et, surtout, avec Heidelberg. La capitale du Palatinat connaissait alors un âge d'or de l'édition patristique, grâce aux collections de manuscrits rassemblées par les électeurs et à l'activité de Commelin et Sylburg[141]. Si l'on en croit le théologien et patrologue Abraham Scultetus, les projets n'étaient rien de moins qu'une édition intégrale de tous les Pères grecs[142]. Il en sortit du moins, en 1600-1601, la première édition bilingue des *Opera omnia* d'Athanase, que Commelin avait commencé à préparer et qui vit le jour après sa mort. L'entreprise avait bénéficié du mécénat de l'Électeur ; Hoeschel, Margounios (apparemment via Hoeschel), et aussi Fronton du Duc, y avaient collaboré[143].

L'œuvre accomplie pour Chrysostome fut bien moindre, surtout en qualité. Commelin aurait voulu publier en édition bilingue, sinon les *Œuvres complètes*, en tout cas le corpus complet des homélies sur le Nouveau Testament – en l'absence d'un commentaire sur l'Apocalypse, celui d'André de Césarée devait en tenir lieu[144]. Il avait constaté, aussi bien, que, hormis les homélies sur Paul, « dont on ne trouvait aucun exemplaire chez

---

141 Voir K. Christ, Zur Geschichte der griechischen Handschriften (cité n. 114) ; Bibliotheca Palatina. Katalog zur Ausstellung vom 8. Juli bis 2. November 1986, t. 1, Heidelberg 1986, 78-86 et 425-434.

142 Voir son autobiographie, De curriculo uitae, inprimis uero de actionibus Pragensibus Abrah. Sculteti, [...] narratio apologetica, Emden 1625, 33 s. Peu avant la mort de Sylburg et Commelin, Scultetus était devenu leur collaborateur dans cette entreprise.

143 [...] B. Athanasii Archiepiscopi Alexandrini Opera quae reperiuntur omnia. Graece nunc primum [...] in lucem data, 2 vol., Heidelberg 1600 (le premier volume fut pourvu en 1601 d'une nouvelle page de titre portant cette date et de préliminaires ; l'appendice, à la suite du t. II, est également daté de 1601). Voir, dans les préliminaires de 1601, la dédicace à l'Électeur Frédéric IV par les beaux-frères de Commelin, Juda et Nikolaus Bonutius, f. A2r-v, et la préface, f.)(3v. Pour la contribution de Fronton, voir l'appendice, à la suite du t. II, paginé à part, 11 s. et 58. Sur la préparation de cette édition, voir H.-G. Opitz, Untersuchungen zur Überlieferung der Schriften des Athanasius, Berlin/Leipzig, 1935 ; W. Port, Hieronymus Commelinus, 1550-1597. Leben und Werk eines Heidelberger Drucker-Verlegers, Leipzig 1938, 34-36 ; C. N. Constantinides/R. Browning, Dated Greek Manuscripts from Cyprus (cité n. 126), n° 37, 177-180. Margounios fournit un catalogue de ses manuscrits d'Athanase : voir la lettre de Commelin à Hoeschel du 29 septembre 1595, publiée par W. Port, Hieronymus Commelinus (cité n. 143), 102 s.

144 Voir la dédicace par Commelin (aux conseillers de l'Électeur), dans : [...]. S. Patris nostri Andreae Archiepiscopi Caesareae Cappadociae in D. Ioannis Apostoli et Evangelistae Apocalypsin commentarius : Theodoro Peltano interprete. Opus Graece nunc primum in lucem prolatum ex illustri Bibliotheca Palatina. Fridericus Sylburgius archetypum Palatinum cum Augustano et Bavarico MS. contulit, Notis et Indicibus illustrauit, e Typographeo Hieronymi Commelini 1596. D'après Fronton, Panegyrici Tractatus XVII (1601), 468, Commelin préparait une édition bilingue des *Opera omnia*. Dans leur dédicace de l'Athanase à Frédéric IV, f. A2v (supra, n. 143), les *Bonutii* ne parlent que de Chrysostome « *in Acta et Evangelistas* ».

les libraires, et quelques sermons, aucun texte de Chrysostome n'était publié en grec, et les manuscrits cachés dans les bibliothèques sont si rares, qu'il y en a à peine une ou deux qui puisse se vanter de posséder les œuvres complètes ». D'où un vrai risque de perte, qui serait d'autant plus dommageable que les traductions latines existantes sont souvent fautives, ou alors si obscures qu'il faut recourir aux manuscrits grecs pour en comprendre le sens[145]. Le projet eut du retentissement puisqu'on a vu que Fronton, en 1594 ou 1595, s'offrit à y contribuer[146].

Les homélies sur Paul parurent les premières, en 1596. Le texte grec était annoncé comme revu sur des manuscrits de Heidelberg et d'Augsbourg. En réalité, hormis quelques corrections faites ici et là dans les premières homélies sur l'épître aux Romains, – afin, accusa Savile, « de jeter de la poudre aux yeux du lecteur », – ce n'était qu'une réimpression fautive de l'édition princeps, parue à Vérone en 1529[147]. Les héritiers de Commelin prétendirent par la suite que le volume avait recueilli l'approbation générale[148] ; si l'on en croit Savile, il avait au contraire valu aux éditeurs de Heidelberg « une infamie parfaitement méritée auprès de

---

145 Dédicace à l'électeur Frédéric IV de l'*Expositio in diui Pauli epistolas* [1596], n. ch. : « *Porro ut de Chrysostomo Gr. et Latine edendo cogitarem, hae me potissimum impulerunt causae : uidebam praeter Commentarium hunc in epistolas Pauli multis in locis mutilum (cuius exemplaria in Bibliopoliis nulla reperiebantur) et Orationes paucas, Graece nihil huius auctoris uulgatum esse, et quae in Bibliothecis latent apographa, adeo esse rara, ut uix una aut altera de possessione omnium operum gloriari queat : adeo ut, nisi succurratur, tanti uiri lucubrationibus sit metuendum. Id uero quanto cum Reip. malo futurum sit, norunt docti, qui illius scripta in Latinum sermonem translata euoluerunt, et cum auctore lingua sua loquente compararunt. plurima enim reperias aut perperam, aut ita obscure reddita, ut nisi adhibitis consultisque codicibus Graecis, ne Oedipus quidem, quid sibi interpres uelit, diuinare queat.* » Les préliminaires de 1596 ont été supprimés dans la plupart des exemplaires de relance de 1603 (les seuls que j'aie pu voir, voir infra, n. 157), mais ils ont été conservés dans le BNF, C 214 (4).

146 Voir supra, n. 71.

147 *In omnes Pauli apostoli epistolas interpretatio* (1529) [L. Carpanè/M. Menato, *Annali della tipografia Veronese del Cinquecento*, t. 1, Baden-Baden 1992, n° 16]. Voir Savile, t. VIIIb, col. 225 s. : « *Heidelbergenses, cum scriptos codices tam Augustanae, quam Palatinae bibliothecae magnificis titulis prae se ferrent, et quidem haberent ad manum, castigatis ex Manuscriptis leui manu Homiliis tredecim ad Romanos, quo fucum lectori facerent*, [...], *in caetero opere usque ad finem epistolarum, nullo (ut uidetur) adito libro, nullo inspecto, Veronensium errores nouis de suo erroribus auctos et accumulatos, pro noua scilicet et emendata editione nobis obtruserunt* », et encore la note sur l'hom. 14, col. 241. D. Bertrand, Henry Savile et Fronton du Duc, dans : Science et présence jésuites entre Orient et Occident. Journée d'étude autour de Fronton du Duc, Paris 2004, 117-140, 134, n. 38, n'en écrit pas moins que Savile ne mentionne « jamais, que je sache, » l'édition Commelin...

148 Voir leur dédicace de l'Athanase de 1601 et encore celle de l'*Exposition in Nouum Testamentum* de 1603 (infra, n. 157).

tous les savants »[149]. La vérité est que l'édition était inachevée. Commelin avait pensé commencer par les homélies sur Paul comme par le plus aisé, puisque l'imprimé de Vérone lui servirait de texte de base. Mais, en faisant la collation des homélies sur l'épître aux Romains avec un manuscrit de Heidelberg, il constata que les différences étaient considérables. Il décida donc de renvoyer les variantes dans des notes en fin de volume, où seraient également corrigées les fautes des traductions latines, que, dans le corps de l'ouvrage, il reproduisit inchangées d'après les *Opera omnia* parisiennes de 1581-1588[150]. La formule était évidemment la plus apte à rassurer les acheteurs catholiques et c'est bien ainsi, de fait, qu'il fut procédé un peu plus tard pour l'Athanase[151]. En septembre 1595, alors que le texte était déjà imprimé, Commelin sollicita donc de Hoeschel le prêt de manuscrits d'Augsbourg pour les collationner avec ceux de Heidelberg[152]. Mais le travail se révéla beaucoup plus long que prévu et

---

149 Savile, t. VIIIb, col. 145-146 : « *Quam fidem et diligentiam si iidem [Heidelbergenses] in Paulinis epistolis edendis praestitissent, non tanta, quanta nunc meritissimo, apud omneis doctos et aequos rerum aestimatores infamia laborarent.* »

150 Voir l'avis au lecteur de Commelin, Expositio in diui Pauli epistolas (supra, n. 145), f. **4v : « *Veronensem editionem Graecam ceu archetypon nobis initio proposueramus : uerum comparata cum exemplari Palatino ad Romanos Epistola, consulta etiam interpretatione Latina Parisiensi* [i.e. la traduction de Germanus Brixius], *deprehendimus lacunas haud paucas neque exiguas ; quas, Palatini exemplaris integritate comperta, supplere officii nostri esse existimauimus. In animo erat, more nostro, Lectionum uarietatem, quam tum in Palatinis, tum Augustanis MSS. deprehenderamus, Notasque libello consignare breues, et huic volumini appendere.* [...] *Latinam interpretationem attingere noluimus, erratis dumtaxat typographicis iisque manifestis, qua in tanto opere fieri potuit diligentia, sublatis : reliqua vero, quae interpretum sunt* σφάλματα, *libro singulari reseruamus.* » Le texte, préservé par l'exemplaire BNF, C 214 (4), est aussi publié par W. Port, Hieronymus Commelinus (cité n. 143), 107 s. Richard Simon le cite, Lettres choisies, t. I, Rotterdam ²1702, lettre IX (datée du 25 juin 1683), 93 s. Savile n'en avait vraisemblablement pas connaissance, puisqu'il manque dans la plupart des exemplaires de relance.

151 La version latine de Petrus Nannius étant reprise, « *ut de eius integritate integrum cuique Lectori iudicium relinqueretur* » (Athanasii Opera omnia (cité n. 143), t. I, préface, f.)(3r). Les variantes et corrections du texte grec furent publiées sous forme d'appendice en 1601.

152 Voir la lettre de Commelin à Hoeschel du 29 septembre 1595, publiée par W. Port, Hieronymus Commelinus (cité n. 143), 103 : « *Hi* [les manuscrits n° 36, 37, 38 et 45, du Catalogus de 1595] *si per mercatorem aliquem fidum perferri possent, esset id mihi longe gratissimum. eos ad nundinas proximas sartos tectos referri curarem idque futurum promitto. Si nulla talis fuerit occasio, epistolam ad Romanos et ad Hebraeos, si ferendo erit, mihi mittas uelim. restat iam Index nobis ad Chrysostomi epistolas, restant et Notulae. Quin et Andream Caesariensem in Apocalypsin simul cum Chrysostomo proximis nundinis* σὺν θεῷ *dare decreuimus.* » Les « *Chrysostomi manuscripta, quae habeo e Bibliotheca uestra* », dont Commelin, quelques mois avant sa mort, promettait la restitution prochaine à Hoeschel (lettre du 11 juin 1597, ibid., 115), sont probablement ceux-ci (il pourrait s'agir aussi des homélies sur Matthieu, dans l'hypothèse où Commelin aurait dès lors commencé à en préparer l'édition, mais la correspondance ultérieure entre Hoeschel

Commelin, « en proie à des difficultés », privé de l'assistance de Sylburg –
mort en février 1596 juste après qu'il eut achevé l'édition d'André de
Césarée[153] –, choisit de publier le texte seul et de renvoyer les notes à un
appendice à venir[154].

Après sa mort, en novembre 1597, ses héritiers, faute de trouver
personne à Heidelberg pour achever le travail, s'adressèrent à Hoeschel –
Scultetus, qui servit d'intermédiaire, lui suggérant, pour plus de facilité, de
mettre à contribution ses élèves de *St. Anna*. Hoeschel accepta d'abord
mais dut finalement renoncer[155]. L'*officina Commeliniana* parvint en
revanche à publier les homélies sur Matthieu (1602)[156], puis sur Jean et sur
les Actes des Apôtres (1603)[157]. Il s'agissait cette fois d'éditions princeps,

---

et les successeurs de Commelin ne va pas dans ce sens). On notera que l'impression
ne fut pas faite à Heidelberg mais que Commelin la sous-traita à Jean de Tournes à
Genève (voir la lettre de Sylburg à Hoeschel, du 9 décembre 1594, ibid., 135),
certainement parce que les coûts y étaient moindres.

153　Voir la dédicace par Commelin dans : Andreae in Apocalypsin commentarius (cité
n. 144). Sylburg avait utilisé deux manuscrits, l'un de la Palatine et l'autre d'Augsbourg,
et avait aussi obtenu les leçons d'un manuscrit de Munich grâce à Hoeschel, « *qui ut in
aliis, sic etiam in hac editione, nobis et reipubl. deesse noluit* » (115). Les variantes étaient
données dans des notes à la fin du volume.

154　Expositio in diui Pauli epistolas (cité n. 145), f. **4v (et dans W. Port, Hieronymus
Commelinus [cité n. 143], 108) : « *sed angustiis conclusi, id in aliud tempus differe coacti
fuimus* ». W. Port, ibid., 42, a compris que Commelin avait dû interrompre l'impression,
« weil ihm das Geld ausging » : il est plus simple de penser que, ayant décidé de sortir
son édition pour la foire de Francfort, il fut pris par le temps. Cf. par exemple la
préface de Maussac à Harpocration, Dictionarium (cité n. 114), f. e3r : « *Paraueram tibi
(Lector beneuole) satis ampla prolegomena,* [...] *sed et Typographorum negligentia, et nundinae
Francofurdienses quae immaturas et praecoces ut plurimum editiones urgere solent, omnia me in
pauca haec contrahere coëgerunt* [...] ».

155　Voir la lettre d'Abraham Scultetus à Hoeschel (en son nom et en celui de Juda
Bonutius), 17 mars 1599, dans W. Port, Hieronymus Commelinus (cité n. 143), 132.
Pour la suite de l'affaire, voir Juda und Nikolaus Bonutius à Hoeschel, 22 février 1601,
ibid., 138 ; Jan Gruter à Hoeschel, 21 septembre 1601, ibid., 140 s.

156　Expositio in Euangelium secundum Matthaeum (1602). L'exemplaire BL, L.17.g.9 est
celui de Casaubon.

157　Expositio perpetua, in Euangelium secundum Iohannem [in Acta Apostolorum],
1 vol. en 2 parties, en pagination continue (1603). Le volume sur Matthieu fut alors
pourvu d'une nouvelle page de titre, *In Bibliopolio Commeliniano* 1603, et d'une dédicace
générale des *Bonutii* à Simon VI, comte de Lippe. Les homélies sur Paul furent
relancées en même temps par le libraire d'Arnhem J. Janssonius (J. Jansz, père du plus
fameux Johannes Janssonius d'Amsterdam : voir J. A. Gruys/C. de Wolf, Thesaurus
1473-1800, Nieuwkoop 1989, 97) : Typis Commelinianis, Prostant apud Joannem
Janssonium, 1603 ; tous les préliminaires d'origine furent supprimés (dédicace à
l'Électeur, avis au lecteur où les notes avaient été promises, et même « *Moralium
summa* », f. *1r-**4r, dont l'absence rendait pourtant l'édition beaucoup moins aisée à
utiliser). Cette série factice de 1603 est la plus commune dans les bibliothèques
françaises (e.g. Maz. 1339-1342). En 1617, enfin – preuve que le débit n'avait pas été

pour lesquelles furent utilisés les manuscrits de Heidelberg et, grâce à Hoeschel, ceux d'Augsbourg[158]. Savile, qui prit ces volumes pour base de sa propre édition, porta sur eux un jugement plutôt favorable[159]. Là encore, cependant, le texte était donné sans aucune note, les traductions latines existantes étaient reprises telles quelles, et les volumes n'étaient pas même pourvus d'index[160]. Le corpus des séries exégétiques sur le Nouveau Testament était enfin disponible sous forme bilingue, mais l'édition donnait l'impression d'avoir été bâclée. Ce n'était certes pas ce qu'avait voulu Commelin.

Un bilan avant Savile

Le foisonnement, pendant la quinzaine d'années qui suivit les *Opera omnia* de 1588, des travaux et des projets autour des écrits chrysostomiens, atteste l'intérêt qu'ils suscitaient à travers l'Europe, au-delà des clivages confessionnels. Partout où étaient accessibles des collections de manuscrits grecs, des savants se mirent en quête d'inédits ; les textes découverts furent étudiés, transcrits, mis en circulation, au moins en partie publiés. La controverse religieuse, bien visible à l'arrière-plan et parfois affichée dans les éditions elles-mêmes, n'était pourtant qu'un élement de cet intérêt. Les Pères donnaient aussi lieu à des lectures dévotionnelles et, dans le cas des grecs et surtout de Chrysostome, à un usage scolaire. C'était alors une idée répandue, dans tous les pays et dans toutes les confessions, que le grec ne devait pas être enseigné dans les seuls auteurs profanes, mais aussi dans les Pères, qui les valaient pour la pureté de la langue et l'élégance du style, et leur étaient bien supérieurs sur le plan religieux et moral. Le P. Brunelli s'y étendit en 1585[161], et on trouve le

---

rapide –, l'ensemble fut relancé avec une nouvelle page de titre datée de 1617 (BNF, C 873 (1) : la page de titre de 1603 a été reliée par erreur au milieu du t. II, à la place de celle des homélies sur les Actes ; LBM 100335). Ces manipulations ayant entraîné diverses erreurs de reliure, aucune série n'est parfaitement semblable aux autres (ainsi l'exemplaire LBM 100335 n'a pas la dédicace au comte de Lippe ; BNF, C 214 l'a deux fois, en tête du t. I et du t. IV).

158 Voir Juda und Nikolaus Bonutius à Hoeschel, 22 février 1601, dans W. Port, Hieronymus Commelinus (cité n. 143), 138 ; Jan Gruter à Hoeschel, 3 septembre 1601, ibid., 139.

159 Voir Savile, t. VIIIb, col. 145 s., sur les hom. in Matthaeum, col. 183-184 sur les hom. in Iohannem, col. 625-626 sur les hom. in Acta Apostolorum.

160 Sur la manière dont les éditeurs utilisèrent leurs manuscrits, voir la préface de F. Field, Homiliae in Matthaeum, t. 3 (cité n. 69), v-viii.

161 « *Hieronymus Brunellus Societatis Iesu Graecarum litterarum studiosis adolescentibus* », dans : Sanctorum Patrum orationum et epistolarum selectarum uolumen primum [1585], f. *2r-*3v. Le texte fut réimprimé par Brunelli en tête de ses S. Gregorii Nazianzeni

même thème, avec les mêmes arguments, chez Hoeschel en 1587[162] et chez Harmar – professeur de grec à Oxford – en 1586[163]. Ces plaidoyers paraissent avoir eu un impact. Brunelli plaida avec succès, en prenant argument de sa propre expérience d'enseignant au Collège romain, pour que le *Ratio studiorum* des jésuites fît plus de place aux Pères grecs[164], et plusieurs éditions chrysostomiennes des années suivantes sont explicitement destinées aux collèges de la Compagnie[165]. En Angleterre, Harmar, lorsqu'il était professeur de grec à Oxford, consacrait certains de ses cours à expliquer Chrysostome[166]. Devenu *Headmaster* (en 1588) puis *Warden* (en 1596) de Winchester College, il y fit entrer dans les programmes les homélies de Chrysostome aux Antiochiens[167]. La nécessité, même hors de ce contexte scolaire, de publier l'original des Pères grecs, et l'insuffisance des traductions latines revenaient souvent[168]. L'idée d'*Opera omnia* bilingues était dans l'air.

L'expérience de ces années n'en confirmait pas moins, d'un autre côté, l'extrême difficulté de la tâche. Si des *Opera omnia* grecques-latines avaient été évoquées ou esquissées, de Rome à Heidelberg, c'était pour être rapidement abandonnées. L'obstacle était d'abord financier : les imprimeurs, – les érudits le ressassent dans leurs correspondances, – avaient

---

Carmina selecta, Rome 1590 (voir C. Crimi, Note su alcune edizioni di Gregorio Nazianzeno apparse tra il 1550 e il 1568, dans : I Padri sotto il torchio [cité n. 11], 147-165, 154), et encore par Pomponio Brunelli dans : Sanctorum Patrum orationum selectarum uolumen primum (1594), f. A6r-A7v.

162 Homiliae quaedam sacrae (1587), 362-364.

163 Homiliae sex (1586), f. A4r.

164 Voir son mémoire « *De scriptoribus etiam ecclesiasticis graecis explicandis* » [1593-1598], dans : Monumenta Paedagogica Societatis Iesu, ed. L. Lukács, t. 7, Rome 1992, 250 s., et comparer le *Ratio studiorum* révisé de 1587-1588, où Chrysostome n'apparaissait qu'*in prima classe grammaticae* (Monumenta, t. 5 Rome 1986, 199), et le *Ratio* définitif de 1599, où il figure en outre parmi les auteurs prescrits pour les classes de rhétorique et d'humanités (ibid., 427, 432, 434).

165 Voir par exemple Tractatus Panegyrici III (1605). L'édition fut réimprimée à Munich en 1613, augmentée de deux discours de Basile de Césarée, là encore *in usum scholarum Societatis Iesu*.

166 Voir sa dédicace de Homiliae sex (1586), f. A6r : « *Putabam, ab argumenti etiam et materiae dignitate, praesentis opusculi commendationem instituere : uerum id relinquam publicis nostris praelectionibus, humanissimis auditoribus meis communicandum* ». Le parallèle s'impose avec Morel au Collège royal (supra, n. 57).

167 Voir la préface de son neveu et homonyme John Harmar, Eclogue sententiarum et similitudinum familiarium ex diuo Ioanne Chrysostomo desumpta : siue Isagoge ad Linguam Graecam : Qua praelibata, uia ad reconditiora sternitur ; Graece et Latine edita, Londres 1622, f. A5v : « *quod integras illas [les homélies aux Antiochiens] celeberrimae Wintoniensi scholae commendatas repererim.* »

168 Voir par exemple la dédicace par Harmar de Homiliae sex (1586), f. A4r-A6r. C'est pour illustrer cette nécessité de recourir aux originaux qu'il relève le contresens d'Érasme sur ξυνωρίς (supra, n. 18).

« une extraordinaire répugnance à imprimer des textes grecs », pour lesquels il n'y avait pas de marché[169]. Même de petits volumes bilingues
comme ceux de Hoeschel n'avaient pu voir le jour que grâce au mécénat :
quel mécène trouverait-on pour faire les frais de plusieurs in-folio ? Et, au
prix où il faudrait ensuite vendre les volumes, – Scaliger calculait : « si l'on
imprime tout ce qu'a fait S. Chrysostome il vaudra bien 100 florins »[170], –
combien d'acheteurs pouvait-on espérer ? Une édition grecque complète
n'avait tout simplement pas de rationalité économique.

D'un point de vue intellectuel, l'entreprise était trop lourde pour un
seul homme, il y fallait nécessairement une équipe. On l'avait bien compris
à Rome lorsqu'on avait essayé de mobiliser les ordres religieux, comme à
Heidelberg quand on avait suggéré à Hoeschel d'enrôler ses élèves, mais
ces formules n'avaient pu être mises en pratique. Ce qui s'était fait à défaut
– à savoir des publications partielles et dispersées –, loin d'ouvrir la voie à
de futures *Œuvres complètes*, en augmentait encore les difficultés. Comment,
tout d'abord, prendre la mesure exacte d'un corpus qui ne cessait de se
gonfler ? Parmi les six sermons que Harmar publia en 1586, et qu'il
croyait inédits en grec, deux avaient déjà vu le jour en Angleterre même,
quarante ans plus tôt, et d'après un manuscrit bien meilleur, par les soins
de l'humaniste Sir John Cheke – ç'avait été, par une curieuse coïncidence,
le premier livre grec imprimé à Londres, comme l'édition de Harmar était
le premier livre grec d'Oxford[171]. Tandis que l'édition de Cheke était
tombé dans l'oubli, ses traductions latines avaient survécu pour avoir été
reprises dans les *Opera omnia*. Fronton, en 1588, se servit donc du texte de
Harmar pour corriger la traduction de Cheke[172]. On pourrait citer d'autres
cas du même genre. En 1601, Joseph Scaliger exhorta donc Hoeschel à
donner un recueil de toutes les homélies de Chrysostome qui avaient été

169 Entre bien des exemples, citons Billy à Vossius, 13 décembre 1580, dans S. Gysens,
    Literatorum Galliae decus (cité n. 32), 349 (« *illi* [*typographi*] *ab imprimendis Graecis mirum
    in modum abhorrent* ») ; Baronius à Fronton, 17 mai 1601, dans M. Borrelli, Opere e
    documenti (cité n. 116), 18, en réponse à une lettre où Fronton s'était plaint de cette
    difficulté ; Welser à Scaliger, 3 octobre 1607, dans M. Welser, Opera (cité n. 100), 812.
170 Scaligerana (cité n. 112), 92.
171 Homiliae duae, nunc primum in lucem aeditae, 1543 (In kalendas et In dictum
    Apostoli : De dormientibus nolo uos ignorare […] [= De Lazaro concio 5]). Le texte
    grec était suivi de la traduction latine.
172 Les traductions de Cheke avaient été reprises par Gelenius dans les *Opera omnia* de
    Bâle 1547 : voir t. III, col. 1049-1058 (In dictum Apostoli : De dormientibus nolo uos
    ignorare […]) et t. V, col. 937-946 (In Kalendas). Voir les notes de Fronton sur In
    Kalendas dans : Opera (1588), col. 805-806. L'*imbroglio* ne fut tiré au clair que par
    Savile, t. VIIIb, col. 731. Cf. P. Augustin, Pour une histoire du texte de l'homélie
    chrysostomienne *In Kalendas* (CPG 4328). Réflexions en marge d'une nouvelle édition,
    dans : Giovanni Crisostomo . Oriente e Occidente tra IV e V secolo (Studia Epheme-
    ridis Augustinianum 93), Rome 2005, 231-277.

publiées « à Rome, en Angleterre et en Lorraine », en y joignant celles qui pouvaient être encore inédites dans la bibliothèque d'Augsbourg[173]. Tous les savants jugeaient qu'un tel travail était du devoir de Hoeschel : « je sais que, si tu ne le fais pas, d'autres s'en chargeront. Il vaut donc mieux que tu leur ravisses cet honneur »[174].

Une très forte proportion, en outre, des homélies nouvellement publiées étaient inauthentiques, qu'il s'agît de textes complètement pseudépigraphes ou de centons[175]. Des dix homélies romaines de 1581, seules trois, selon le jugement de Fronton et Savile – repris par Montfaucon puis par les répertoires du XXe siècle –, étaient vraiment de Chrysostome ; les autres étaient « de quelque autre auteur de cette savante antiquité » (la majorité est aujourd'hui attribuée à Sévérien de Gabala)[176]. Sur les onze homélies publiées par Hoeschel en 1587, les deux seules qu'épargnèrent Fronton et Savile étaient les deux déjà connues en latin[177]. Ce poids de l'apocryphe est du reste fort intéressant pour qui veut suivre la réception historique de l'Antiquité chrétienne – Sévérien de Gabala ne fut sans doute jamais tant lu qu'à la fin du XVIe siècle, sous le nom de son grand adversaire. La faveur dont jouirent certains textes jette une précieuse lumière sur les critères du temps : ainsi de l'homélie *de Circo*, que Jules César Boulenger publia en grec et en latin en 1598, et dont Le Nain de Tillemont, cent ans plus tard, trancha « que c'est une piece qui ne merite pas la peine d'estre lue [ni entendue] »[178]. Montfaucon, qui n'eut pas pour elle de mots assez durs, releva avec raison qu'elle avait plu aux antiquaires

---

173 Lettre à Hoeschel du 5 août 1601, dans J. Scaliger, Epistolae omnes, ed. D. Heinsius, Leyde 1627, 737 : « *Sed uide, ut omnes, quotquot excusae sunt, undecunque colligas. Romae et in Anglia, item in Lotharingia* [à Toul : les éditions scolaires de Fronton]*, quaedam edita sunt. tres habeo quas mittam, si non habes. Praeterea, si quae adhuc in Augustensi Bibliotheca latent.* » Voir déjà la lettre du 30 mai, ibid., 736.

174 Scaliger à Hoeschel, 9 novembre 1601, ibid., 737 s. (publiée par Hoeschel dans : Contra Iudaeos, 1602, f. A8r) : « *quod cum quasi suo quodam iure a te studiosi exigant ; neque tu iustae eorum, addam etiam meae uoluntati aduersari potes. Equidem scio nisi tu feceris, alios facturos. Melius ergo, ut tu illis hanc laudem praeripias.* »

175 En prenant authentique dans le sens simple, opposé à apocryphe selon une logique binaire, que lui donnent le *Repertorium* de J. Aldama ou la *Clauis Patrum Graecorum* : ce fut précisément dans notre période, avec Fronton et Savile, que ces catégories se formèrent. Pour la redéfinition de l'apocryphité (ou, si l'on préfère, la déconstruction de la notion d'authenticité) dans la recherche actuelle, voir ici même la contribution de S. Voicu.

176 Fronton, De diuersis utriusque Testamenti locis Sermones LXXIII (1624), 1029 : « *alterius alicuius ex erudita illa antiquitate* ». Voir supra, n. 11 pour les références aux répertoires.

177 Références supra, n. 15.

178 Jules César Boulenger, De Circo Romano (1598), f. 1v-10r ; S. Le Nain de Tillemont, Memoires pour servir à l'histoire ecclesiastique des six premiers siecles, t. XI, Paris 1706, 393 (les crochets sont de Tillemont).

à cause de son vocabulaire technique sur les jeux du cirque à Byzance :
« ce fut la seule raison pour laquelle un opuscule aussi niais fit l'objet de
tant de notes explicatives »[179].

Une des clefs de la vogue des apocryphes chrysostomiens tient à leur
usage scolaire. Dans son mémoire sur le *Ratio studiorum*, Brunelli recom-
mandait de faire particulièrement étudier les panégyriques de Chrysostome, « comme ses éloges des martyrs », et ses discours « des vertus et
des vices »[180]. Les deux homélies apocryphes *de precatione*, qui furent sans
doute le texte chrysostomien le plus diffusé, – elles furent réimprimées
régulièrement et traduites en latin à plusieurs reprises, en milieu catholique
mais aussi luthérien, – répondaient à ce type de demande[181]. Des centons
composés à partir d'*ethica* y étaient aussi bien adaptés. Après que le jésuite
Balthasar Etzel, professeur à Mayence, y eut publié en 1603 l'édition
princeps des *Eclogae* de Théodore Daphnopates, il expliqua à son confrère
Matthäus Rader, que « nos Pères cherchaient assidûment depuis de
nombreuses années quelques petits discours à la fois faciles et pieux pour
les débutants en grec » : ces *eclogae* leur avaient paru faire exactement
l'affaire[182].

---

179 PG 59, 567-568 : « *Haec una causa fuit cur tam insulsum opusculum tot notis illustratum
      fuerit* ».
180 G. Brunelli, « *De scriptoribus etiam ecclesiasticis graecis explicandis* » (cité n. 164), 251 : « *Ergo
      et ex ipso Chrysostomo et ex aliis* [*Patribus*] *orationes praesertim panegyricae, ut laudationes
      martyrum, de uirtutibus ac uitiis, epistolae familiares ac morales et carmina proponi possent* » – les
      deux dernières catégories concernent évidemment Basile et Grégoire de Nazianze.
181 Ces deux homélies [CPG 4516] avaient été publiées pour la première fois, en grec et
      en latin, par Érasme (1525). La traduction latine passa dans les *Opera omnia* (à partir de
      Bâle 1530, t. I, 115-123, et jusqu'à Paris 1588, t. V, col. 591-600). G. Brunelli republia
      le texte grec dans son recueil de 1585 (cité n. 161), 115-144. P. Brunelli en donna en
      1593 une édition bilingue, avec une nouvelle traduction latine. Éditions ultérieures :
      Paris 1595 (grec seul, chez Étienne Prévosteau, imprimeur en 1590 de l'homélie *in
      Encaeniis* pour le Collège de Clermont : voir supra, n. 63) ; Munich 1619 « *Ad usum
      scholarum Societatis Iesu* » (bilingue). Du côté luthérien, nouvelle traduction par
      N. Glaser, Cynosura pietatis et morum (1609), 170-223 : voir la dédicace, 164.
182 Etzel à Rader, 30 octobre 1603, dans : Bayerische Gelehrtenkorrespondenz, Bd. 1 :
      P. Matthäus Rader SJ: 1595-1612, hg. von A. Schmid, Munich 1995, 249 s. : « *Nec ipsa
      nouitas causa nostris Patribus extitit, ut typis eas mandatas uellent : sed quod multis iam annis
      faciles aliquas iuxta et pias oratiunculas pro Graecae linguae tyronibus (quibus difficilior stylus et
      grauis est, et inutilis) studiose quaesierint, atque has tandem omnino eiusmodi iudicauerint, quae et
      facile ab ipsis intelligi, et ad maiora deinceps eos incitare quadam confidentia possent.* » Voir aussi
      la préface d'Etzel, Liber, qui appellatur Flores sive Florilegia (1603), f.)(3r : outre
      l'usage scolaire, il relève que ces eclogae peuvent servir à rétablir le texte des ouvrages
      de Chrysostome. Des éditions partielles furent données à l'usage des écoles : De
      liberorum educatione, hactenus typis non excusa. Adiecta est breuis homilia ex eodem
      S. Chrysost. de prospera et aduersa fortuna (1603) [Aldama 63 et Aldama 305] ;
      Orationes duae. 1. De animi humilitate. 2. De ieiunio et temperantia (1604) [Aldama
      337 et Aldama 55] ; Homilia de Peccato et Confessione (1606) [Aldama 119]. Sur le

Une future édition grecque aurait donc, non seulement à recueillir l'intégralité du corpus, mais encore à faire le discernement des textes authentiques et apocryphes. Bien peu s'y étaient essayés jusqu'ici[183] et les dernières éditions latines, surtout dans le fourre-tout du tome V, ne donnaient à peu près aucune indication sur ce point. Que ce travail redoutable ne pût plus être esquivé, l'évolution de Fronton du Duc le montre clairement. Dans l'édition de 1588, il avait repris sans aucune réserve les séries d'homélies de Rome et d'Augsbourg. Quand il commença, ensuite, à travailler sur les manuscrits, il ne paraît pas avoir mis en doute les attributions qu'il y trouvait : il transcrivit l'homélie *de Circo* et la vanta à Juste Lipse comme un texte authentique[184]. La nécessité d'un travail critique lui apparut peu à peu, en partie pour répondre aux besoins de la controverse religieuse – où la manipulation des passages impliquait régulièrement des discussions d'authenticité. Ce fut dans ce cadre qu'il releva en 1599 que les homélies 23-80 *ad Antiochenos* des éditions latines, qui avaient été parmi les textes chrysostomiens les plus souvent cités au XVIᵉ siècle, n'étaient que des *eclogae* : « il [Du Plessis-Mornay] doit sçavoir que la plus grande part de ces homelies, qu'on appelle prononcées devant le peuple d'Antioche, sont des recueils tirez des discours moraux et exhortations, qui sont à la fin des autres sermons de ses commentaires »[185]. Fronton fut aussi le premier, à partir de 1601, à utiliser systématiquement le *Catalogus Augustanus*, un catalogue byzantin de 102 homélies de Chrysostome (avec titre et *incipit*), qui, à ses yeux comme

---

manque de textes pour l'enseignement du grec, voir les plaintes de Jacobus Pontanus, « *Consilium de recudendis graecis auctoribus, ad usum scholarum humanitatis et rhetoricae* » [1593], dans : Monumenta Paedagogica, t. VII (cité n. 164), 103.

183 Voir surtout Sixte de Sienne, Bibliotheca sancta ex praecipuis catholicae Ecclesiae authoribus collecta, Venise 1566. t. I, l. IV, 404-416 : les homélies exégétiques de Chrysostome sont divisées en deux catégories, « *Quae sine ulla controuersia Chrysostomi esse creduntur* » / « *Quae perperam D. Chrysostomo putantur inscripta* ».

184 Voir la lettre de Fronton à Juste Lipse du 10 mars 1593 dans : Iusti Lipsi epistolae. Pars VI (cité n. 62), 98, et encore celle du 18 juin 1594 dans : Iusti Lipsi epistolae. Pars VII (cité n. 65), 167.

185 Fronton, Inventaire des faultes (cité n. 72), 449 s. D'après l'extrait cité par Possevin, Apparatus sacer, t. II (cité n. 85), 155, Fronton avait déjà fait cette observation dans une édition scolaire de 1598. Il la répéta en tout cas dans Tractatuum decas (1604), 415. Ces homélies 23-80 ont été étudiées par G. Astruc-Morizé, Les vicissitudes au XVIIe siècle d'un important « florilège » de textes chrysostomiens, bien connu en latin au XVIe siècle, dans : Les Pères de l'Eglise au XVIIe siècle (cité n. 38), 369-388. G. Astruc-Morizé, 370, a signalé que les éditions latines donnaient par ailleurs comme 22e l'homélie *de poenitentia, et continentia, et uirginitate* de Jean le Jeûneur [CPG 7555]. Il faut préciser que, par rapport à la numérotation de Montfaucon (PG 49, 15-222), il manquait la 20e (publiée à part en latin par Nannius, voir supra, n. 12), dont la place était prise par l'actuelle 21e, la 21e des éditions étant la *Catechesis II ad illuminandos* (PG 49, 231-240).

ensuite à ceux de Savile, fournissait un critère sûr d'authenticité[186]. Dans son édition in-folio, il réserva finalement pour un volume à part – le sixième et dernier, paru en 1624 – les homélies apocryphes, et il y fit entrer plusieurs qu'il avait lui-même publiées autrefois dans ses recueils de 1601 et de 1604 – c'étaient en particulier celles qu'on lui avait envoyées de Rome. Il y ouvrit ses notes sur une vigoureuse défense de la critique d'authenticité : négliger celle-ci, c'était s'exposer, « dans les disputes avec les adversaires de l'Église, à envoyer au combat Patrocle caché sous les armes d'Achille, pour qu'il se fasse tuer avec plus de honte que s'il avait paru couvert de ses propres armes »[187].

L'improbable succès de Henry Savile

Que tous ces défis, intellectuels et matériels, qui n'avaient pu être sur-montés à Rome ou à Heidelberg, dussent finalement l'être en Angleterre, voilà qui était *a priori* fort peu probable. Harmar, il est vrai, grâce à la bibliothèque de New College et aux services d'un étudiant, avait pu faire suivre ses homélies de 1586 d'une autre édition princeps grecque, plus importante à tous égards, celle des homélies *ad Antiochenos*[188]. Il avait promis encore un volume de *miscellanea* chrysostomiens, mais rien ne vint[189]. Aucune autre édition de Chrysostome ne vit le jour en Angleterre

---

186 Panegyrici Tractatus XVII (1601), 411 s.; Tractatuum decas (1604), 412. Savile, qui le tenait de Hoeschel, le publia dans les notes de son édition (t. VIIIb, col. 707-714). Le manuscrit est l'actuel Monac. gr. 478 (I. Hardt, Catalogus, t. V, 24 = Catalogus de 1595 [cité n. 87], n° VIII. 2 = peut-être Éparque n° 42) : voir P. Augustin, La pérennité de l'Église selon Jean Chrysostome et l'authenticité de la IVe homélie sur Ozias, RechAug 28, 1995, 95-144, 95 s., n. 4.

187 De diuersis utriusque Testamenti locis Sermones LXXIII (1624), 1010 : « *in disputatio-nibus cum aduersariis Ecclesiae, Patroclum sub armis Achillis latentem in aciem mittere maiori cum ignominia caedendum, quam si suis tectus armis prodiisset.* »

188 Homiliae ad populum Antiochenum duae et uiginti (1590). Harmar avait utilisé le Ms. New College 81 (H. O. Coxe, Catalogus [cité n. 16], t. I, Collegii Novi, 24 = CCG I, n° 117), dans lequel les 21 homélies *de statuis* (dans l'ordre 18, 20, 19, 21, selon la numérotation de Montfaucon) sont immédiatement suivies par *ad illuminandos catechesis* 2, que Harmar édita comme homélie 22. La transcription avait été faite par l'*optimus adolescens* Benjamin Heyden (f. Bb7v), un étudiant de New College qui avait alors vingt ou vingt et un ans, fut un temps (en récompense de ses services ?) master à Winchester College, et termina sa vie comme doyen de Wells (J. Foster, Alumni Oxonienses 1500-1714, 4 vol., Oxford 1891-1892, t. II, 701, s. u.). On a vu (supra, n. 185) que la 20e homélie manquait dans les *Opera omnia* : Harmar, qui ne connaissait pas l'édition de Petrus Nannius, crut donc publier un texte inédit même en latin et il en fit pour cette raison une traduction (voir sa dédicace à Christopher Hatton, n. ch., et 353).

189 Homiliae ad populum Antiochenum, f. Bb7v.

jusqu'à Savile. Les conditions n'y étaient guère favorables. L'Angleterre possédait très peu de manuscrits grecs – les collections ne devinrent substantielles qu'à partir des années 1620. En 1613, Casaubon pouvait écrire à Hoeschel qu'il n'y avait pratiquement pas de manuscrits grecs à Londres[190] ; la Bodléienne était mieux dotée, mais sans comparaison possible avec la Bibliothèque du Roi à Paris[191]. Encore la Bodléienne n'avait-elle ouvert qu'en 1602 : auparavant, à Oxford, en dehors du petit fonds de New College, hérité du cardinal Pole, on ne trouvait guère de manuscrits grecs qu'à Corpus Christi[192]. Il n'y avait pas en Angleterre de presses spécialisées dans la production savante, à destination d'un marché international, comme on en trouvait sur le Continent. Scaliger exagérait à peine quand il disait : « Les Anglais n'ont jamais imprimé de bons livres anciens, mais seulement des livres en langue vulgaire »[193]. Les éditions des Pères de l'Église étaient importées : elles relevaient d'une branche spéciale du commerce de la librairie, le *latin trade*, qui était structurellement déficitaire[194]. Il aurait été économiquement aberrant pour les imprimeurs londoniens, qui jouissaient d'un monopole légal sur leur marché intérieur, de prétendre concurrencer à l'extérieur la Compagnie du Navire ou l'*officina Commeliniana*. Non seulement la situation géographique de l'Angleterre la mettait à l'écart des grands circuits européens de la librairie, mais les coûts de production y étaient plus élevés que sur le Continent, puisque tout le papier de qualité – dépense très lourde dans le cas d'un in-folio – devait être importé[195]. Quant aux universités d'Oxford et de Cambridge, seules en droit de déroger au monopole de la *Stationers' Company*, elles n'avaient pas de véritables presses. Joseph Barnes, qui imprima à Oxford le recueil chrysostomien de 1586, prenait le titre d'imprimeur de l'Université, mais il ne s'agissait pas d'une presse universitaire au sens propre du terme : Barnes travaillait à son compte, sans lien financier avec l'Université

---

190 Lettre du 7 février 1613, dans Epistolae (cité n. 21), 517.

191 Casaubon à un destinataire inconnu, 16 juin 1613, ibid., 537.

192 R. W. Hunt, The Medieval Library, dans : New College Oxford 1379-1979, ed. by J. Buxton and P. Williams, Oxford 1979, 317-345, 336.

193 Scaligerana (cité n. 112), 61 : « *Angli nunquam excuderunt bonos libros ueteres ; tantum uulgares.* »

194 J. Roberts, The Latin trade, dans : The Cambridge History of the book in Britain, ed. by J. Barnard and D. F. McKenzie, t. 4, Cambridge 2002, 141-173.

195 La France étant le principal fournisseur au XVIIe siècle : voir E. Heawood, Papers used in England after 1600. I. The seventeenth century to c. 1680, The Library, 4th series 11, 1930-1931, 263-299, et Id., Further notes on papers used in England after 1600, The Library, 5th series 2, 1947-1948, 119-149, dont les conclusions, tirées des filigranes, ont été confirmées d'après les relevés des douanes par D. C. Coleman, The British Paper Industry, 1495-1860. A Study in Industrial Growth, Oxford 1958, 3-23. Sur le problème du coût, voir L. M. Oliver, Single-page imposition in Foxe's Acts and Monuments, 1570, The Library, 5th series 1, 1946-1947, 49-56, 54 s.

en dehors d'un prêt initial que celle-ci lui avait consenti pour faciliter son installation[196]. Il eût été tout à fait hors d'état de publier une édition de quelque ampleur. Dans le cas des textes grecs, de toute manière, – pour lesquels le grand nombre de ligatures utilisées exigeait plusieurs centaines de matrices, – on ne trouvait tout simplement pas en Angleterre de fonte de caractères suffisante pour un in-folio : il y avait juste de quoi imprimer, et médiocrement, un petit volume[197].

La solution de Savile fut de prendre lui-même en charge toutes les étapes de son Chrysostome. Bien peu auraient pu en faire autant. Comme Welser, avec qui sa position n'était pas sans analogie, Savile était à la fois désireux d'être reconnu dans la République des Lettres, – Hobbes disait, non sans malignité, qu'il « aurait bien aimé passer pour un aussi grand érudit que Scaliger »[198], – et capable de mobiliser des ressources inaccessibles à un simple érudit[199]. Le double patronage dont il disposait comme *Provost* d'Eton College et, conjointement, *Warden* de Merton College, Oxford, lui permit de recruter une équipe en dispensant, ou en faisant du moins espérer, à ses collaborateurs ces « récompenses du savoir » sans lesquels on estimait alors que le savoir ne survivrait pas[200] : *fellowships*, bénéfices, prébendes[201]. Il employait des « batteurs » pour

196 J. Johnson/S. Gibson, Print and Privilege at Oxford to the year 1700, Oxford 1946, 6 s.

197 Voir T. B. Reed, A History of the old English letter foundries, New edition by A. F. Johnson, Folkestone/Kent, [2]1974 [=1952], 53 (l'édition de Chrysostome par Cheke) et 127 (l'édition oxonienne de 1586).

198 J. Aubrey, Brief Lives, ed. by O. L. Dick, Harmondsworth 1962, 328 : « He [Savile] would faine have been thought (I have heard Mr Hobbes say) to have been as great a scholar as Joseph Scaliger. » La remarque était d'autant plus sarcastique que Savile affectait de dire beaucoup de mal de Scaliger (voir A. Grafton, Joseph Scaliger. A Study in the history of classical scholarship, Oxford 1993, 379-384 ; le thème revient à plusieurs reprises dans les lettres de Casaubon, par exemple à de Thou, 19 avril 1612, Epistolae [cité n. 21], 461).

199 La recherche récente sur Savile s'est concentrée sur son œuvre mathématique : R. D. Goulding, Art. Savile, Sir Henry (1549-1622), ODNB 49, Oxford 2004, 109-118, en fournit un résumé complet, avec une bibliographie ; ce qui est dit du Chrysostome, en revanche, est très sommaire et n'est pas même exempt de confusions.

200 Conviction souvent exprimée en Angleterre, depuis Matthew Hutton, archevêque d'York, écrivant à John Whitgift, archevêque de Cantorbéry (lettre de janvier 1602, cité par P. Lake, Matthew Hutton – A Puritan Bishop ?, History 64, 1979, 182-204, 194) jusqu'au fameux discours de John Hacket à la chambre des Communes en 1641 (dans T. Plume, An Account of the Life and Death of the Right Reverend Father in God, John Hacket, late Lord Bishop of Lichfield and Coventry, ed. by M. E. C. Walcott, Londres 1865, 62).

201 Pour les collaborateurs de Savile, voir les notes rassemblées t. VIIIb, et par exemple W. Beloe, Anecdotes of literature and scarce books, t. 5, Londres 1811, 103-136. Thomas Allen, ancien fellow de Merton, qui revit les homélies sur les Psaumes et sur Isaïe, fut nommé à un bénéfice d'Eton en mars 1603 (M. R. James, Presentations to

dépister les meilleurs hellénistes[202], et ses choix se révélèrent excellents. Grâce à ses relations personnelles et à son crédit auprès du roi Jacques Ier, il put mettre à contribution le réseau diplomatique anglais, soit pour assurer l'acheminement de sa correspondance savante et de ses collations[203], soit pour faire entrer ses *amanuenses* dans des bibliothèques, telles la *Marciana* à Venise, qui étaient d'habitude jalousement fermées[204], soit

---

Eton College Livings from 1457 to 1880, Etoniana n° 33, juin 1924, 527) puis fait fellow d'Eton en août 1604 (T. Harwood, Alumni Etonenses, Birmingham 1797, 62). – Richard Montagu, qui travailla sur le t. VI, était conduct à Eton (un statut inférieur à celui des fellows) : il reçut un bénéfice en 1610 (M. R. James, Presentations to Eton College Livings from 1457 to 1880, Etoniana n° 37, octobre 1924, 586) et fut nommé fellow le 29 avril 1613 (T. Harwood, Alumni, 63), juste après l'achèvement de l'édition ; sur sa relation de clientèle avec Savile, voir sa lettre à John Cosin du 20 décembre [1624], The Correspondence of John Cosin, D.D., Lord Bishop of Durham, ed. by G. Ornsby, t. 1, Durham 1869, 35 (Publications of the Surtees Society, 52). – John Hales, qui rédigea des notes sur tous les volumes à partir du troisième, avait été nommé fellow de Merton en 1605 et devint fellow d'Eton le 24 mai 1613 (Harwood, Alumni, 64). C'est sans doute lui qu'évoque Savile dans sa lettre du 26 janvier 1614 à Dudley Carleton, CSP Dom. 1611-1618, 221 (« has given the fellowship at Eton to one younger than Mr Horne, but who helped him three years, day and night, at his great work of St. Chrysostom »). – Andrew Downes (« *Dounaeus* »), professeur de grec à Cambridge, qui fut chargé des homélies sur Paul, avait été candidat malheureux à une fellowship d'Eton quelques années auparavant : s'il espérait en obtenir une de cette manière, il fut déçu car Savile se borna à lui donner une gratification de cinq livres (Historical Manuscripts Commission. Twelfth Report, Appendix, part 1, Londres 1890, 31; H. C. M. Lyte, A History of Eton College (1440-1910), Londres ⁴1911, 195 et 197). – Le plus important des collaborateurs de Savile, John Bois, qui fit des notes sur toute l'édition, malgré ses charges comme curé d'une paroisse près de Cambridge, s'attendait certainement à devenir fellow d'Eton : « he never had any Thing but a Chrysostome ; which was sent when they came forth. Though the Death of that worthy Knight [Savile], rather than any Unmindfulnesse of his Desert, robb'd him of his Reward » (A. Walker, The Life of that famous Grecian Mr. John Bois, dans : Desiderata curiosa, ed. by F. Peck, t. 2, Londres 1735, 49).

202 A. Wood, Athenae Oxonienses, ed. by P. Bliss, 4 vol., 1813-1820, t. 3, col. 410 (« hedge beaters »).

203 Toute la correspondance entre Savile et Casaubon en 1602-1603 passa ainsi par Ralph Winwood, le résident anglais à Paris (un ami de Savile depuis leurs années d'études à Oxford : voir sa notice par M. Greengrass, Art. Winwood, Sir Ralph (1562/3-1617), ODNB 59, Oxford 2004, 821-825). Voir les lettres de Savile à Winwood publiées (malheureusement sous forme d'analyse plutôt qu'intégralement, et avec bon nombre de noms estropiés) dans : Historical Manuscripts Commission [45]. Report on the manuscripts of the duke of Buccleuch and Queensberry, preserved at Montagu House, Whitehall, t. 1, Londres 1899, 33-35 et 39.

204 La première mission à Venise fut un échec et l'*amanuensis* de Savile, James Dalrymple, en rendit responsable l'ambassadeur, Henry Wotton. Voir la lettre de Lingelsheim à Bongars (citée infra, n. 221). Savile envoya ensuite Samuel Slade, et Wotton fit cette fois au Cabinet vénitien une demande officielle, qui fut couronnée de succès : « The

encore pour leur assurer logement et protection[205]. Il couvrit lui-même tous les frais, qui auraient atteint l'énorme total de huit mille livres, dont deux mille rien que pour le papier[206]. Il ne fut pas seulement son propre mécène mais encore son propre imprimeur, bien déterminé, comme il l'écrivit à Casaubon, à ne pas « risquer que, après tant de travaux épuisants, après tant d'années de dépenses, notre Chrysostome paraisse au dehors autrement que très bien vêtu »[207]. Après des tentatives infructueuses à Paris et à Genève pour se procurer les « Grecs du Roi », il parvint enfin, à l'été ou l'automne 1608, à acquérir une série de matrices dérivées de ceux-ci (le *Silver Type*) – les circonstances ne sont pas entièrement claires mais la diplomatie anglaise fut là encore mobilisée[208]. La presse fut établie à Eton

---

Doge promises all possible assistance » (CSP Venetian 1607-1610, 129, 30 avril 1608). L'ordre de Jacques Ier à ses ambassadeurs d'apporter leur assistance à l'entreprise (préface de Savile, t. I, f. ¶ 4r) intervint sans doute dans l'intervalle. Le contexte diplomatique s'était en outre modifié et, au lendemain du grand Interdit de 1606-1607, la République cultivait ses liens avec l'Angleterre (voir les lettres de William Bedell, chapelain de Wotton, recueillies dans: Some Original Letters of Bishop Bedell, concerning the Steps taken toward a Reformation of Religion at Venice, upon Occasion of the Quarrel between that State and the Pope Paul V, Dublin 1742).

205 Voir dans le recueil de Savile à la Bodléienne, le volume Auct. E. 3. 15, qui contient toutes les transcriptions faites par Slade à Constantinople : on trouve f. 1r une note de la main de Slade : « *Descripsi in aedibus Dn: Legati Angliae Constantinop: Gal:* [Galata, faubourg de Constantinople] ». L'ambassadeur était alors Sir Thomas Glover (qui, curieusement, ne fait pas l'objet d'une notice dans l'ODNB).

206 8000 livres est la somme communément citée mais elle est sujette à caution : à ma connaissance, elle apparaît pour la première fois dans E. Leigh, A Treatise of Religion and Learning, and of Religious and Learned men, Londres 1656, 317. Le chiffre de 2000 livres pour le papier est donné par une source plus digne de foi, A. Walker, Life of Bois (cité n. 201), 49. Le papier représentant normalement à peu près la moitié du coût d'une impression, le total de 8000 livres semble dès lors exagéré, à moins qu'il n'inclue les frais préalables de la *recensio* des manuscrits (voyages, transcriptions, port).

207 Savile à Casaubon, 29 décembre 1605, BL, Ms. Burney 366, f. 60r : « *Nunquam enim committam, ut post tot labores exantlosos, tot annorum sumptus, nisi pulcherrime uestitus, in publicum prodeat Chrysostomus noster.* »

208 L'étude de R. Proctor, The French Royal Greek Types and the Eton Chrysostom, Transactions of the Bibliographical Society 7, 1902-1904, 49-74, ne connaît qu'une partie de ce dossier compliqué. Après avoir pensé faire imprimer à Paris, faute de compositeurs qualifiés à Londres (lettre à Winwood, du 7 mars 1602, HMC 45 [cité n. 203], 34), Savile décida que l'impression se ferait à Londres, avec des caractères importés de Paris (lettres à Winwood du 1er août 1602 et du 2 février 1603, 35 et 39). Le 5 février [1605], il se plaignit à de Thou qu'on lui avait refusé l'usage des Grecs du Roi (BNF, Ms. Dupuy 836, f. 143r). Il tenta ensuite d'obtenir des fontes à partir des matrices, conservées – du moins le croyait-il – à la Bibliothèque du Roi (lettre à Casaubon du 29 décembre 1605, BL, Ms. Burney 366, f. 60r), mais il se heurta à un nouveau refus, malgré une demande faite par Jacques Ier lui-même via son ambassadeur (lettre à de Thou du 1er décembre 1607, BNF, Ms. Dupuy 348, f. 159r ; publiée dans J. A. de Thou, Historiae sui temporis, t. VII, Londres 1733, section V, 7). Savile

même, Savile dirigeant les opérations – il enrôla son gendre, le diplomate Dudley Carleton, qui put plaisanter en décembre 1608 : « j'ai passé ces deux derniers jours à trimer avec mon père Savile au milieu de ses caractères grecs, et avec le temps je pourrais devenir utile à un imprimeur »[209]. Savile prit alors à son service un imprimeur londonien, Melchisedech Bradwood, qui s'établit à Eton en apportant de Londres le matériel nécessaire, et qui obtint en juin 1610 une autorisation exceptionnelle de la *Stationers' Company* pour employer six apprentis pendant toute la durée du travail[210]. Savile et ses collaborateurs sur place servirent vraisemblablement de correcteurs. Les trois premiers volumes furent imprimés en 1610, le huitième et dernier à la fin de 1612. Savile en fit l'hommage à Jacques Ier au fur et à mesure, mais ils furent mis sur le marché d'un seul coup, au début de 1613, avec un frontispice portant cette date[211]. Le tirage fut de mille exemplaires[212]. Un libraire de Londres fut

---

se tourna vers Genève, où des matrices des Grecs du Roi avaient été emportées par les Estienne et avaient échu par héritage à Casaubon : celui-ci fit aisément affaire avec Savile mais les autorités de Genève s'opposèrent à ce que le matériel quittât la ville (voir la longue lettre de plaintes de Casaubon à Jacques Leet, 5 juillet 1608, Epistolae [cité n. 21], 318 ; A. Renouard, Annales de l'imprimerie des Estienne, Paris 1843, 503-504 ; M. Pattison, Isaac Casaubon (1559-1614), Oxford ²1892, 231). La tentative suivante fut auprès de Moret à Anvers, par l'intermédiaire des diplomates anglais (voir les lettres de Winwood, désormais ambassadeur à La Haye, à Thomas Edmundes, ambassadeur à Bruxelles, 7 mai, 1er juillet, 21 juillet 1608 (BL, Ms. Stowe 170, f. 37v, 77v, 110r). Quel fut le résultat ? L'étude typographique montrerait que les caractères finalement utilisés par Savile étaient identiques à ceux de Wechel à Francfort (R. Proctor, The French Types and the Eton Chrysostom, 70 s. ; S. van der Woude, Sir Henry Savile's Chrysostomus edition in the Netherlands, dans : Studia bibliographica in honorem Herman de la Fontaine Verwey, Amsterdam 1966, 439), dont les matrices avaient été frappées à partir des Grecs du Roi (G. Lepreux, Gallia Typographica [cité n. 53], t. I/1, 417, n. 2). Il faudrait alors conclure que Savile fut une nouvelle fois malheureux à Anvers et que la fonte fut achetée à la foire de Francfort à l'automne 1608 (voir cependant T. B. Reed, History [cité n. 197], 129). Cf. R. A. Austen-Leigh, The Savile Types, Etoniana, n° 2, septembre 1904, 17-22 ; n° 4, juin 1905, 49-51.

209 Dudley Carleton à John Chamberlain, 11 décembre 1608, dans : Jacobean Letters, ed. by M. Lee, New Brunswick 1972, 107 : « having been these two days together plodding with my father Savile amongst his Greek letters, and in time I may grow serviceable to a printer ».

210 H. R. Plomer, The Eliot's Court Printing House, 1584-1674, The Library, 4th series 2, 1921-1922, 175-184, 179 ; W. A. Jackson (ed.), Records of the Court of the Stationers' Company 1602 to 1640, Londres 1957, 42 s.

211 L'exemplaire d'hommage à Jacques Ier (BL, C 78 g. 1) a une brève dédicace provisoire au t. I, pas de préliminaires, et les pages de titre originales de chaque volume (t. I, II, III : 1610 ; V, VI : 1611 ; IV, VII, VIII : 1612). Les exemplaires ordinaires comportent au t. I une nouvelle dédicace à Jacques Ier, dont la date doit être peu ou prou celle de la fin d'impression (31 octobre 1612), une préface et une table des matières, ainsi qu'un « Index Ethicorum locorum » rajouté au t. IV. De nouvelles pages de titre furent aussi imprimées pour chaque volume avec la date 1612 : d'où l'affirmation répandue

chargé de la distribution, mais celle-ci, surtout à l'étranger, fut largement assurée par Savile lui-même, en utilisant, une fois encore, les services bénévoles des ambassadeurs de Jacques Ier – l'association de la diplomatie et de l'érudition était courante aux temps modernes mais elle fut rarement aussi étroite[213]. Le Chrysostome d'Eton fut vraiment, à bien des égards, la réussite et le monument d'un homme. Savile tomba gravement malade en 1611, alors que les volumes n'étaient qu'à demi imprimés. Même sans prendre trop au sérieux l'historiette selon laquelle Lady Savile aurait alors dit que « si Sir Henry mourait, elle brûlerait Chrysostome pour avoir tué son mari », on peut se demander ce qui serait advenu de l'édition[214].

Le Chrysostome d'Eton, pourtant, ne surgissait pas du néant : il exploitait à fond tout le travail textuel des vingt-cinq années précédentes. Il est bien connu, en premier lieu, que Savile avait réuni une collection très riche d'imprimés chrysostomiens – en particulier des homélies publiées depuis 1581 par Gabi, Brunelli, Harmar, Hoeschel, Morel, Fronton – et que beaucoup, corrigés de sa main, lui servirent de copies pour l'im-

---

selon laquelle l'édition tout entière fut imprimée cette année-là. La date d'impression est donnée pour chaque volume par les colophons, qui sont identiques aux pages de titre provisoires (sauf pour le t. VIII dont le colophon est daté, par anticipation, de 1613). Savile expédiait des exemplaires à l'étranger dès janvier 1613 (lettre à Ralph Winwood du 29 janvier 1613, HMC 45 [cité n. 203], 123) ; dans une lettre du 25 janvier 1613 à Casaubon, de Thou dit encore attendre l'ouvrage (J. A. de Thou, Historiae sui temporis, t. VII [cité n. 208], 28). Il semble donc improbable qu'il ait déjà pu être mis en vente à la foire de Francfort de l'automne 1612, quoiqu'il eût été annoncé dans le catalogue (d'après J. Barnard, Politics, profit and ?idealism : John Norton, the Stationers' Company, and Sir Thomas Bodley, The Bodleian Library Record 17, 2002, 385-408, 408, n. 84 ; les années concernées ayant disparu dans la série de la BNF, je n'ai pu faire la vérification).

212 A. Walker, Life of Bois (cité n. 201), 49.

213 La mention « *Excudebat Ioannes Norton* » fut porté sur la page de titre, quoiqu'il n'eût joué aucun rôle dans l'impression, car il devait assurer la distribution de l'ouvrage, mais il mourut à la fin de 1612 ; son ancien apprenti John Bill reprit cette charge avec le reste de son affaire (J. Barnard, Politics, profit and ?idealism [cité n. 211], 385-408 ; Savile à Ralph Winwood, 29 janvier 1613, HMC 45 [cité n. 203], 123). Pour le rôle de Savile et de son réseau, voir ses lettres à Carleton, 26 février et avril 1613, CSP Dom. 1611-1618, 173 et 182 ; S. van der Woude, Sir Henry Savile's edition (cité n. 208), 441-446 ; Andreas Schott à Carleton, 30 juin 1617, CSP Dom. 1611-1618, 474. J. Barnard, Politics, profit and ?idealism, 408, n. 84, renvoie en outre à une lettre de Hoeschel à Jacob Cole, 17 septembre 1610, dans : Abrahami Ortelii (Geographi Antuerpiensis) et uirorum eruditorum ad eundem et ad Jacobum Colium Ortelianum (Abrahami Ortelii sororis filium) epistulae (Ecclesiae Londino-Batavae Archivum, 1), ed. by J. H. Hessels, Cambridge 1887, 836, mais il n'y est nullement question de vente !

214 A. Walker, Life of Bois (cité n. 201), 49 : « if Sir Harry died, she would burn Chrysostome, for killing her Husband ». Le fait de la maladie est bien attesté par une lettre de William Barlow, évêque de Lincoln, à Savile, 16 juillet 1611, Lambeth Palace Library, Ms. 663, f. 62r.

pression[215]. On sait moins l'usage qu'il fit des *Opera omnia* de 1588, qui lui fournirent une première approximation du corpus ainsi que le moyen d'identifier certains textes[216]. Quand il eut achevé le dépouillement des bibliothèques anglaises, à la fin de 1601, il fit imprimer et diffusa à travers l'Europe un catalogue *Quae manuscripta Graece D. Ioan. Chrysostomi extant in Anglia, siue ibidem desiderantur* – cette dernière catégorie correspondant à des textes donnés en latin dans les *Opera omnia* et dont il entendait se procurer l'original grec[217]. Il demanda des informations à ses correspondants – ainsi à Isaac Casaubon à Paris sur les fonds de la Bibliothèque du Roi[218] – et dépouilla lui-même tous les catalogues de manuscrits qu'il put se procurer, notamment ceux d'Augsbourg (par Hoeschel), de Heidelberg (par Sylburg) et de Munich[219]. Obtenir des catalogues, y compris non publiés, resta jusqu'au bout une de ses grandes préoccupations, d'autant que, dans son esprit, le Chrysostome devait être suivi d'autres Pères grecs : « j'ai besoin

---

215 Voir l'introduction de M. Aubineau, CCG I, XV-XVI.
216 Voir Bodl., Ms. Auct. F.1.1, la transcription par un *amanuensis* des compilations chrysostomiennes sur Matthieu, Luc et Jean, d'après Corpus Christi College, Oxford, Ms. 25 (où ne figurent plus aujourd'hui que Matthieu et Jean : Coxe, Catalogus [cité n. 16], Corpus, 6 ; la partie sur Luc a été séparée des deux autres et forme aujourd'hui, d'après une note portée sur l'exemplaire de la Bodléienne, le Ms. 489, mais il s'agissait initialement d'un seul volume). Les annotations de Savile, f. 180r-v, 181r, 286r, renvoient à l'édition de 1588 (où seul le commentaire sur Matthieu avait paru, dans la traduction latine de Chr. Serrarigo) ; pour sa méthode de travail, voir surtout son instruction (sans doute à Dalrymple), f. 260r-284r [sic]. Sur les textes en question, que Savile jugea finalement indignes de rentrer dans son édition (t. VIIIb, col. 215-216), voir P. Petitmengin/L. Ciccolini, Jean Matal et la bibliothèque de Florence (1545), Italia medioevale e umanistica 46, 2005, 207-374, 269, n° 139 ; J. Sickenberger, Titus von Bostra. Studien zu dessen Lukashomilien, TU 21/1, 1901, 16-41.
217 Je n'ai pu retrouver aucun exemplaire de ce catalogue mais il fut réimprimé, sans aucune indication de provenance, par Possevin, Apparatus sacer (cité n. 85), t. II, 148-151 (voir encore 140 : « *Angli quidam nouissime Folio euulgato de Operibus Chrysostomi, quae sunt apud eos* […] », et Savile, t. VIIIb, col. 113 s.). Voir par exemple 148 : « *Ad populum Antiochenum Homiliae, una et uiginti priores, quarum ultima sic incipit*, τῶν πρώην εἰρημένων πρὸς τὴν ὑμετέραν ἀγάπην. *Reliquae omnes scilicet nouem et quinquaginta posteriores* [des éditions latines, supra, n. 228], *in Anglia Graece non inueniuntur* ».
218 Voir BL, Ms. Burney 366, f. 56r-v (lettre mutilée, sans date, de Savile à Casaubon), f. 69r (« Memoire pour Monsr Saville », en français) et les listes en latin, f. 70r et 72r ; Casaubon à Savile, 31 juillet 1602, Epistolae (cité n. 21), 599.
219 L'exemplaire Bodl., 4° C 70 (1) Art. du Catalogus graecorum codicum d'Augsbourg 1595 (cité n. 49) comporte des annotations de la main de Savile. Ms. Auct. F inf. 1.13, f. 151r est un index de ce catalogue écrit par Savile ; suit, f. 152r-242r, « *Catalogus librorum Graecorum manuscriptorum ex Bibliotheca Electoris Palatini, Heidelbergae, confectus a Friderico Sylburgio. Ex autographo descriptus* », avec des notes marginales de Savile et un « *Index alphabeticus* » de sa main. On trouve également des soulignements et des numéros de la main de Savile dans l'exemplaire Bodl., 4° C 70 (2) Art. du Catalogus Graecorum manuscriptorum codicum bavarois de 1602 (cité n. 46).

pour cela de catalogues faits très exactement, afin que, en comparant entre
elles les listes de toutes les bibliothèques, nous déterminions plus précisément ce qu'il faut transcrire et ce qu'il faut corriger à chaque endroit »[220].
Ce patient travail préparatoire lui permit, de fait, de tirer le maximum des
deux missions qu'il envoya successivement sur le Continent. Un premier
amanuensis, l'Écossais James Dalrymple, y passa près de trois ans, du début
de 1603 à l'automne de 1605, travaillant successivement à Paris, Heidelberg, Augsbourg, Munich, Venise et Vienne[221]. Après avoir pris le temps
de mettre en ordre les matériaux recueillis, Savile le renvoya à Paris au
printemps de 1606, accompagné cette fois d'un *fellow* de Merton, Samuel
Slade, qui paraît avoir été un esprit aventureux en même temps qu'un
excellent helléniste. Alors que la première mission avait essentiellement
visé à transcrire des pièces absentes des bibliothèques anglaises, Savile
entendait faire collationner des manuscrits supplémentaires pour améliorer
ses textes[222]. Ses *amanuenses* devaient d'abord s'en tenir à Paris, ou
éventuellement passer de là en Italie, mais Savile décida finalement qu'un
second circuit complet en Allemagne était nécessaire. Slade, désormais
seul, partit pour un voyage littéraire de quatre années, jusqu'à sa mort. Il
était à Augsbourg en janvier 1607, alla ensuite à Munich puis à Vienne. En
1608, il copiait à Venise. De Venise, il s'embarqua pour Istamboul, où il
passa les trois premiers mois de 1610. À la fin de mars et au commen-
cement d'avril 1610, il travailla au monastère de la Sainte Trinité sur l'île de
Halki (dans la mer de Marmara), en juin et juillet au Mont Athos. Il

---

220 Savile à Casaubon, 26 février 1606, BL, Ms. Burney 366, f. 62r : « *ad eam rem mihi
     catalogis opus est accuratissime confectis, ut collatis inter se omnium bibliothecarum indicibus quid
     quoque loco describendum, quid emendandum, exactius statuamus* ». Voir en particulier Bodl.,
     Ms. Auct. F. inf. 1.12, « *Catalogus omnium et singulorum Codicum manuscriptorum Graece, quos
     Caesareae Maiestatis Bibliotheca Viennae complectitur 1607* » : ce catalogue fait sur place par
     l'*amanuensis* de Savile, Samuel Slade, est très détaillé, surtout pour la section *Theologici*
     (paginée 1-347) ; cette dernière est suivie par un index de la main de Savile.
221 Pour son envoi, voir les lettres de Savile à Ralph Winwood, 2 février 1603, HMC 45
     (cité n. 203), 39 ; à Casaubon, 26 février, BL, Ms. Burney 366, f. 58r ; à de Thou,
     même date, BNF, Ms. Dupuy 836, f. 137r. Sur son itinéraire, voir Savile à de Thou, 5
     février [1605], BNF, Ms. Dupuy 836, f. 143r ; sur son retour, Georg Michael
     Lingelsheim à Jacob Bongars, 15 septembre 1605, dans H. Hagen, *Jacobus
     Bongarsius. Ein Beitrag zur Geschichte der gelehrten Studien des 16.-17. Jahrhundert*, dans : Id., *Zur Geschichte der Philologie und zur Römischen Litteratur. Vier
     Abhandlungen*, Berlin 1879, 55-216, 194.
222 Voir les lettes de Savile à Casaubon, 29 décembre 1605 et 26 février 1606, BL, Ms.
     Burney 366, f. 60r et 62r (« *Tandem ad uos mitto amanuensium* ξυνωρίδα *cum ad reliquias
     colligendas, tum praecipue ad ea quae iam nacti sumus ex uestris codicibus emendanda* ») ;
     Lingelsheim à Bongars, 10 mars 1606, dans : *Jacobi Bongarsi et Georgii Michaelis
     Lingelshemi epistolae*, Strasbourg 1660, 212.

repartit de là pour Chios et mourut peu après à Zante, au début de son voyage de retour vers l'Angleterre[223].

Le réseau des correspondants étrangers de Savile était vaste mais les deux principaux furent sans conteste les deux grands éditeurs chrysostomiens des années précédentes : Hoeschel et Fronton du Duc[224]. Hoeschel fut un des premiers destinataires du catalogue de *desiderata* de Savile ; il le transmit à ses propres amis, notamment à Margounios, qui mit sa bibliothèque à la disposition de l'entreprise et promit de faire aussi son possible du côté d'Alvise Lollino, avec qui il était très lié mais qui était alors dans son diocèse[225]. L'évêque de Cythère mourut moins de deux mois plus tard, avant d'avoir pu fournir aucune aide à Savile, mais le relais fut pris par l'autre grande figure de la communauté grecque vénitienne, – qui avait été l'adversaire théologique de Margounios avant de se réconcilier avec lui, – Gabriel Sévère, archevêque de Philadelphie, qui accueillit Slade

---

223 Savile, t. VIIIb, col. 758 : « *Samuel Sladius meus, qui magno meo cum dolore in reditu ab Oriente (ubi, me auctore, omneis perrimatus est bibliothecas, ut aliquid Chrysostomi* γνήσιον *hîc irrepertum huc adueheret, neque spe sua falsus est, ut ex hac editione plerisque in locis apparebit, mortuus est Zacinthi* [...] ». La date exacte et les circonstances sont inconnues (G. C. Brodrick, Memorials of Merton College, Oxford 1885, 274 s.) ; Zante et Chios étaient des étapes normales de la navigation commerciale entre Londres et Constantinople. La mission de Slade peut être suivie d'assez près car il avait l'habitude de dater ses transcriptions et celles-ci sont conservées par grands blocs, à peu près dans l'ordre où il avait dû les envoyer, parmi les papiers de Savile (S. L. Greenslade, The Printer's Copy for the Eton Chrysostom 1610-1613, Studia patristica 7, Berlin 1966, 60-64, fut le premier à le relever). Voir Bodl., Ms. Auct. E. 3. 8 [liber H de Savile] pour Augsbourg ; Ms. Auct. E. 3. 11 [liber M] pour Munich et Vienne ; Ms. Auct. E. 3. 14 [liber P] pour Venise ; Ms. Auct. E. 3. 15 [liber Q] pour Istamboul, Halki (« *Bibliotheca monasterii Stae Trinitatis in insula Chalces super Bosp: Thrac:* », f. 69r, 95r, 132r), le Mont Athos (monastère de la Grande Laure, f. 132v et 285r ; « *Monasterium diui Johannis Praecursoris* » [Dionysiou], 253r ; retour à Chios, f. 309r).

224 Dans sa préface, t. I, f. ¶4r, Savile remercie, outre Hoeschel et Fronton, de Thou (« *magnum lumen Galliae* »), Welser, Lingelsheim, Schott, Casaubon, Gruter, Sebastian Tengnagel (bibliothécaire de la Bibliothèque impériale de Vienne depuis 1608), Gabriel Sévère. Des noms supplémentaires apparaissent dans les notes, comme celui du diplomate huguenot Jacques Bongars, agent du roi de France à Francfort, qui prêta un manuscrit des lettres (t. VIIIb, col. 855 ; Lingelsheim avait servi d'intermédiaire : voir sa lettre à Bongars du 21 mars 1611, dans : Bongarsi et Lingelshemi epistolae [cité n. 222], 302).

225 La lettre du 8 mai 1602 de Margounios à Hoeschel, transmise par ce dernier à Savile et publiée par celui-ci, t. VIIIb, col. 113-116, est bien connue (elle a été reproduite par Montfaucon, PG 55, 563 s., avec une traduction latine, et par É. Legrand, Bibliographie hellénique des XVe et XVIe siècles, t. 2 [cité n. 117], LXI-LXII). D. J. Geanakoplos, Byzantine East (cité n. 116), 180, en a donné une traduction partielle hautement fantaisiste ; les informations et les références fournies, 176, sur l'édition Savile sont du même ordre. Voir aussi P. Augustin, Pour une histoire (cité n. 172), 250 s. Sur les rapports entre Margounios et Lollino, voir la solide étude de P. Canart, Alvise Lollino et ses amis grecs, Studi Veneziani 12, 1970, 553-587.

à Venise. L'atticisme du prélat le rendait « aisé à comprendre pour toute personne versée dans le grec » ancien, et il semble avoir sincèrement admiré à la fois les talents d'helléniste de l'Anglais et la grande entreprise pour laquelle il travaillait[226]. Il lui communiqua des manuscrits venus de Margounios ou du moins tirés des mêmes sources[227]. Slade, on l'a dit, arrivait d'Augsbourg et on peut penser que Hoeschel facilita ses contacts avec le milieu grec vénitien[228]. Il fit en tout cas profiter Savile et ses émissaires de toutes les ressources d'Augsbourg. La moins précieuse ne fut pas le *Catalogus Augustanus* : Slade s'y référa systématiquement pour identifier les textes qu'il trouvait dans les bibliothèques, et Savile pour trier les transcriptions qu'il recevait[229]. Ce fut aussi par Hoeschel que Savile parvint à obtenir le fameux catalogue de la Vaticane, que Slade, devant la mauvaise volonté du gardien, avait renoncé à transcrire à la bibliothèque de Munich[230]. Fut-ce ainsi que Savile retrouva la trace de l'excellent manuscrit

226 Voir le témoignage de Thomas Coryat, Coryat's Crudities, Glasgow 1905 (1ère éd. 1611), t. I, 369 (« He [Severos] spake the purest and elegantest naturall Greeke that ever I heard, insomuch that his phrase came something neere to that of Isocrates, and his pronunciation was so plausible, that any man which was skillfull in the Greeke tongue, might easily understand him »), et 370 pour l'éloge de Slade par Sévère – Coryat était à Venise au même moment. Dans une lettre à Savile du 10 septembre 1612 (publiée par A. Tellyrides, Ὁ Γαβριὴλ Σεβῆρος (1540-1616) καὶ οἱ Ἄγγλοι, Ἐκκλησιαστικός Φάρος [Alexandrie] 61, 1979, 411), Sévère le loua pour son édition de Chrysostome. Notice et abondantes références dans G. Podskalsky, Griechische Theologie (cité n. 117), 118-124.

227 P. Canart, Alvise Lollino (cité n. 225), 565 s. ; G. Visonà, Pseudo Ippolito : In sanctum Pascha (cité n. 128), 469-471. Voir Bodl., Ms. Auct. E. 3. 14 [liber P] pour les transcriptions de Slade « *E codice Archiepiscopi Philadelphiae Venetiis 1607/8* » et, entre autres mentions, Savile, t. VIIIb, col. 718 (« *ex alio Ms. Gabrielis archiepiscopi Philadelphiae, qui Venetiis iam uiuit, eamque [homiliam] liberalissimo animo communicauit* »). Greenslade, The Printer's Copy (cité n. 223), 63, croyait reconnaître la même source dans Ms Auct. E. 3. 15 [liber Q], f. 54v (« *ex cod: antiq: memb: col: in fol: quem mihi accomodavit G. P. Constant: Gal: Mart: 11° 1609-10* »), où G. P. voudrait dire « Gabriel of Philadelphia ». Mais l'archevêque résidait à Venise et Slade, sauf erreur, ne le désigne jamais de cette manière : ne faudrait-il pas plutôt comprendre « *Graecus Patriarcha* » ?

228 Il lui avait en tout cas communiqué un catalogue manuscrit de la Marciana (Bodl., Ms. Auct. F inf. 1.13, f. 101r-118v : « *transcriptum est hoc Augustae Vindelicorum ex Indice Domini Dauidis Hoeschelii mense Ianuarii 1606* [ancien style] »), qu'il avait lui-même obtenu, quelques années plus tôt, de Joachim II Camerarius (voir sa lettre à ce dernier du 26 novembre 1597 [citée n. 132], 184.

229 Une note de Slade, Bodl., Ms. Auct. E. 3. 11 [liber M], p. 566, montre qu'il travaillait à partir de deux catalogues (« *in nullo habetur catalogo nec excuso nec scripto* ») : l'imprimé doit être la liste de desiderata de Savile, le manuscrit le catalogue d'Augsbourg. Voir les annotations de Savile, Ms. Auct. E. 3. 15 [liber Q], f. 88r (« γνήσιος. agnoscit Catalogus Augus. n. 45 »), 253r (« it is one in the August. cataloge, et certe γνήσιος »), et les références au Catalogus Augustanus dans les notes, t. VIIIb, passim.

230 Dans son exemplaire du Catalogus de 1602 [cité n. 46], 72, Savile avait souligné le n° 185, « *Index Graecorum Codicum Bibliothecae Vaticanae* ». Slade avait prévu d'en faire la

des homélies sur l'épître aux Philippiens autrefois utilisé par Nobili ? Lorsqu'il voulut, en tout cas, en 1610, en obtenir une transcription – il y attachait assez d'importance pour suspendre en attendant l'impression du volume concerné[231] –, il se tourna de nouveau vers Augsbourg : Welser, grâce à ses amitiés romaines, parvint à lui faire faire la copie désirée[232]. La contribution de la *Reichsstadt* ne s'arrêta pas même là, puisque, une fois achevée l'impression des premiers volumes, en 1610, Savile en envoya

---

transcription, comme l'attestent de curieuses strophes saphiques qu'il composa à Augsbourg et où il décrivit par avance son travail à Munich, Ms. Auct. F inf. 1.13, f. 69r : πρᾶτον εἰς Ἄνναν λόγον ἐξέγραψα · / Εἶτα πεντάκονθ' ἑκατόν τε Δέλτον, / τῶ περὶ χρυσᾶ βιοτᾶς λαλεῦντος, τμάματ' ἔχοισαν [la Vie de Chrysostome en 150 chapitres]. / Οἷς Ἔλεγχος τῶ Βατικανῶ ὄλβω Εἷς ὀπαδεῖ [...]. Slade envoya finalement ces strophes à Savile, avec une copie inachevée du catalogue, f. 66r-68v, et une lettre grecque non datée, où il lui expliqua qu'il avait préféré s'interrompre et quitter Munich, espérant de toute manière obtenir le catalogue par Hoeschel (lettre publiée, d'après une transcription reçue d'E. Fraenkel, par G. Mercati, Uno scambio strano [cité n. 114], 386 s. : le cardinal Mercati, qui ne connaissait que la lettre et pas le reste du volume, a compris à tort qu'il s'agissait du catalogue des manuscrits de Munich). Une copie complète du catalogue de la Vaticane, certainement obtenue de Hoeschel, se trouve de fait, f. 1r-65r. Quant à la « *Vita S. Ioannis Chrysostomi 150 capitibus comprehensa* », également soulignée par Savile dans son exemplaire du Catalogus de 1602, n° 80, Slade put en prendre une transcription à Vienne (Ms. Auct. E. 3. 11 [liber M], p. 184-380), qui servit de base à l'édition, t. VIIIa, 294-371 : voir M. Aubineau, Textes hagiographiques dans les dossiers de Sir Henry Savile [1968], repris dans : Recherches patristiques, Amsterdam 1974, 17-19.

231 Sur la date d'impression des différents volumes et l'anomalie que constitue le t. IV (qui s'ouvre sur les homélies sur l'épître aux Philippiens), voir supra, n. 211.

232 Voir Savile, t. VIIIb, col. 459 s. : « *cum uideremus Flaminium Nobilium doctissimum interpretem aliis melioribus Romae codicibus usum* [dans son édition de 1578, supra, n. 30], *illustrium amicorum opera apographum ex optimae notae Vaticano describendum curauimus, ex quo et multa expleuimus lacunas, et integras non semel pagellas adiecimus* ». La brillante reconstruction de G. Mercati, Amici innominati del Savile in Roma ? [1952], repris dans : Opere minori, t. 6 (cité n. 114), 387-391, qui avait reconnu là une transcription faite pour le compte de l'abbé Antonio Persio et envoyée par lui à Welser, est pleinement confirmée par les papiers de Savile. Voir Bodl., Ms Auct. E. 3. 7 [liber G] : la transcription, p. 847-1071, porte au dos, p. 1072, la signature du copiste Giovanni di Santa Maura (Ἰωάννης Σαγκταμαύρας), chypriote, ὁ τῶν ἑλληνικῶν τῆς οὐατικανῆς Βιβλίων γραφεύς (Repertorium der griechischen Kopisten 800-1600, t. 1. A, Vienne 1981, n° 179) ; suit une lettre italienne du 24 septembre 1610, qui précise que la transcription, achevée par Santa Maura après qu'un autre copiste eut commencé, a été faite à la demande de l'abbé Antonio Persio. Le modèle était le *Vat. gr.* 551 (R. Devreesse, Codices Vaticani graeci, t. II, Cité du Vatican 1937, 421-423 = CCG VI, n° 65). On retrouve la main de Santa Maura dans Ms. Auct. E. 3. 13, p. 41-56 (panégyriques de Chrysostome dans les bibliothèques romaines, que Savile, t. VIIIb, col. 943 s. jugea finalement indignes d'être publiés ; Savile s'était adressé à Welser pour faire rechercher à Rome le *Dialogue* de Pallade : voir Savile à Casaubon, 3 février 1611, BL, Ms. Burney 366, f. 63r).

certaines feuilles à Hoeschel, qui se chargea d'en faire la collation sur des manuscrits d'Augsbourg[233].

Le concours de Fronton du Duc fut tout aussi précieux. Savile avait cherché d'emblée à se l'attacher et lui avait fait transmettre par Casaubon sa liste de *desiderata*[234]. Le jésuite, alors à Bordeaux, ne pouvait pas faire beaucoup par lui-même mais il mobilisa sans hésiter le puissant réseau jésuite dans le Saint-Empire, écrivant en 1604 à un de ses confrères à Vienne pour qu'il y facilitât la mission de Dalrymple, et assurant que tout son ordre était prêt à faire de même : Dalrymple n'aurait qu'à « produire les lettres de Fronton pour attester de son caractère et de sa bonne foi » – comprenons, dans le cas où les Pères seraient soupçonneux à l'encontre de cet étranger hérétique[235]. Fronton aurait assuré à Dalrymple la même assistance à Munich, s'il n'avait appris de Welser que tout y était déjà arrangé[236]. Il professait alors une grande admiration pour la munificence de Savile et il n'y a pas lieu de mettre en doute sa sincérité[237]. Même rentré à Paris et en situation désormais, on va le voir, de rivaliser avec l'entreprise anglaise, il continua jusqu'au bout à y collaborer. Il aida Dalrymple et Slade lors de leur mission parisienne de 1606 en partageant avec eux ses propres découvertes[238]. Il envoya via Casaubon des matériaux souvent d'autant plus précieux que Savile, par lui-même, aurait eu bien du mal à les obtenir, ainsi des transcriptions ou des variantes tirées de manuscrits du

---

233 Voir à la fin du t. VIIIb (pagination et signatures incomplètes), 9 pages de « *Castigationes et uariantes lectiones in homilias Chrysostomi in Genesin* [imprimées au t. I], *et in Epist. ad Romanos* [t. III], *ex manuscriptis Augustanis post absolutam editionem ad me a D. D. Hoeschelio missae* », et la lettre de Hoeschel à Johann Kirchmann, 29 octobre 1612, dans : Gudii Epistolae (cité n. 115), 190 : « *Nihil iam diu mearum lucubrationum prodiit, quia fui occupatus conferendo homilias Chrysostomi editionis Anglicanae cum M.S. Cod. in gratiam Henrici Sauilii, cuius liberalitate impressa sunt Etonae opera illius* τοῦ χρυσαῤῥήμονος *Tomis VIII.* »

234 Voir la lettre de Casaubon à Fronton du Duc, du 15 mai 1602, où il lui annonce le projet de Savile et lui demande son aide, dans : Epistolae (cité n. 21), 146. Fronton répondit en joignant une lettre à transmettre à Savile (voir la lettre suivante de Casaubon à Fronton, 23 décembre 1602, ibid., 170). Dans ses notes à Tractatuum decas (1604), 392 et 421, Fronton fait référence au « *catalogus Anglicanus excusus* », i.e. la liste de Savile.

235 Fronton à Casaubon, 5 février 1604, BL, Ms. Burney 363, f. 278r : « *confido fore, ut quicquid subsidii poterat inde sperari, perbenigne illi* [Dalrymple] *feratur, non ab illo tantum ad quem scribo, sed ab aliis nostri ordinis, quibus literas meas tanquam testes animi ac fidei suae, si lubeat, ostendet.* »

236 Ibid.

237 Ibid.

238 Voir Savile, t. VIIIb, col. 717 : « *ex codice manuscripto ab eruditissimo Ducaeo nostris librariis liberaliter communicato ante aliquot annos Lutetiae* ». Le texte concerné est le sermon 1 *de Anna*, dont Savile donna l'édition princeps. Fronton le publia ensuite, sans indication de source, dans : Homiliae in Genesim LXVII (1614).

cardinal du Perron[239]. Il recopia pour Savile « un unique exemplaire rarissime de la célèbre homélie [sur Eutrope] » que Sirmond lui avait envoyé de Rome, après qu'elle eut été vainement cherchée « dans les autres bibliothèque de l'Europe »[240]. Fronton obtint aussi du cardinal Maffeo Barberini, futur pape Urbain VIII, qu'il fit transcrire à ses frais pour l'édition anglaise un manuscrit des homélies sur les Psaumes à la bibliothèque Vaticane[241]. Savile lui envoya ensuite comme à Hoeschel les feuilles imprimées du premier volume et Fronton en fit la collation, en particulier, dans le cas des homélies sur les Psaumes, sur un manuscrit du cardinal Barberini, qui permettait de combler plusieurs lacunes[242]. Savile, qui mit

---

239 Voir une transcription et des variantes « *ex manuscripto Illustriss. Card. Perronii* » dans Bodl., Ms. Auct. E. 3. 13, p. 17-23 (de la main de Fronton) ; Savile, t. VIIIa, 8 s. ; t. VIIIb, col. 719 et 932. Viennent de la même source les « *castigationes cum primis necessariae* » des lettres du prêtre Constance envoyées par Fronton « *post librum excusum* […] *ex Ms. Cuiaciano* » (t. VIIIb, col. 857-858) : ce manuscrit de Cujas avait été utilisé par Billy pour l'édition des *Opera* de 1581 (voir la dédicace de Nivelle, f. †2v), et Savile avait d'emblée souhaité y avoir accès (voir son catalogue de desiderata dans Possevin, Apparatus sacer [cité n. 85], t. II, 148) ; le manuscrit était passé à du Perron (voir l'introduction d'A. M. Malingrey, SC 13 bis, 87 s.).

240 Note de Fronton en publiant ensuite cette homélie dans : De Sacerdotio libri VI […] (1614), 42 : « *Huius celebris homiliae rarissimum exemplar unum misit ad nos Roma R.P. Iacobus Sirmondus, cum in aliis Europae bibliothecis non inueniretur* ». La transcription de la main de Fronton, Bodl., Ms. Auct. E. 4. 2 [liber T], p. 771-779, servit de copie pour l'impression dans Savile, t. VIIIa, 67-71. Voir Savile, t. VIIIb, col. 937 (« *apographum huius orationis misit ad me Fronto Ducaeus mihi saepe memoratus* »). Deux recueils comprenant ce sermon (Vat. gr. 450 [CCG VI, n° 14], et Vat. gr. 536 [CCG VI, n° 50] se trouvaient dès lors à la Bibliothèque Vaticane (d'après les inventaires publiés par R. Devreesse, Le Fonds grec de la bibliothèque Vaticane des origines à Paul V, Cité du Vatican 1965, 298 et 393). – Pour d'autres transcriptions de la main de Fronton, voir Ms. Auct. E. 3. 13 [liber O], p. 1-8 (In Principium Actorum hom. 3, PG 51, 87-98), imprimé dans Savile, t. VIIIa, 111-118 (voir t. VIIIb, col. 939) ; p. 8-15 (De mutatione nominum hom. 1, PG 51, 113-124) imprimé dans Savile, t. VIIIa, 60-67 (voir t. VIIIb, col. 936).

241 Voir Fronton à Casaubon, 8 février 1609, Ms. Burney 363, f. 279r. Ce codex Vaticanus comportant les mêmes lacunes que le manuscrit de Corpus, Savile supposait qu'il en était la source (t. VIIIb, col. 107).

242 Ces collations, de la main de Fronton, sont conservées dans Bodl., Ms. Auct. E. 4. 2 [liber T], p. 781-785, avec renvois à une pagination qui est celle du premier tome imprimé : elles portent des marques de composition pour l'impression dans Savile, t. VIIIa, 5-8 (« *Supplementa lacunarum quarundam in prioribus Psalmis, in Editione nostra asteriscis signatarum, ex Codice Illustrissimi Cardinalis Barberini* ») : voir les notes de Savile, t. VIIIb, col. 95 s., 97, 99, 107. Est-ce à ce manuscrit de Barberini ou au mystérieux manuscrit « *Francisci Olivarii* » qu'il a aussi collationné (Ms. Auct. E. 4. 2, p. 781), que Fronton fait référence dans sa lettre à Casaubon (désormais en Angleterre) du 21 janvier 1611, BL, Ms. Burney 363, f. 280r : « *Chrysostomi homiliarum in Psalmos, quas nisi meliori exscriptae sint ex codice quam nostro regio multis lacunis scatebunt et mendis, ut ex collatione cum altero integroque nuper didici* » ? Savile avait édité le texte au t. I d'après un manuscrit

un point d'honneur à reconnaître scrupuleusement toutes ses dettes, était bien fondé à le qualifier d' « homme très savant, et auquel notre Chrysostome doit vraiment beaucoup »[243]. Le jésuite recruta même son confrère Gretser, qui envoya de Munich le commentaire sur Jérémie[244]. Même si cette collaboration interconfessionnelle n'était pas tout à fait sans précédents – Schott avait des relations régulières avec des savants protestants, et on a vu que Fronton, dans un contexte, il est vrai, très particulier, n'avait pas craint d'envoyer des textes à Commelin –, elle était unique par son ampleur et sa durée. Ce ne fut pas la moindre des réussites de Savile, – alors même que l'anti-jésuitisme était par ailleurs un point commun à beaucoup de ses correspondants, protestants mais aussi catholiques « politiques » comme de Thou ou Grecs comme Gabriel Sévère[245], – que d'avoir obtenu pour son édition la contribution d'un Gretser, archétype du jésuite allemand de combat, auquel ses confrères faisaient gloire d'être « le marteau des hérétiques »[246].

---

de Corpus Christi College, Oxford (t. VIIIb, col. 113 s. : « *Oxoniensis illa longe optima Chrysostomi Commentariorum in Psalmos* συναγωγή » = Corpus Ms. 22, CCG I, n° 101). – Des collations d'une partie des homélies in Genesim, faites par Fronton sur trois manuscrits de Paris, sont en outre imprimées après les notes, à la fin du t. VIIIb.

243 Savile, t. VIIIb, col. 108 : « *Fronto Ducaeus, vir doctissimus, et cui Chrysostomus noster plurimum debet* ».

244 Fronton à Casaubon, 8 février 1609, BL, Ms. Burney 363, f. 279r. Voir cette transcription dans Bodl., Ms. Auct. E. 3. 10, p. 367-437 [liber L]. Savile ne publia pas le texte, qu'il jugeait trop visiblement apocryphe (t. VIIIb, col. 136) : voir son annotation marginale, quand il y est fait mention des Sarrasins, Ms. Auct. E. 3. 10, p. 585 : « This tale savoureth not of Chrysostomes spirit : and then Saraceni were not so famous in his tyme ». Les « *Castigationes quaedam in commentarios Chrysostomi in Esaiam ex manuscripto Bavarico ad me post absolutam editionem missae, Lectori* φιλοχρυσορρήμονι *pernecessariae, et quae omneis omnium coniecturas longo post se interuallo relinquunt* », imprimées par Savile à la fin du t. VIIIb, viennent-elles aussi de Gretser ? Celui-ci n'est pas nommé mais il ne l'était pas non plus pour le commentaire sur Jérémie : compte tenu des polémiques très vives qu'il avait soutenues à plusieurs reprises contre des protestants, il ne serait pas étonnant qu'il eût souhaité rester anonyme. D. Bertrand, Henry Savile et Fronton du Duc (cité n. 147), 126, a cru reconnaître Gretser dans la préface de Savile (t. I, f. ¶4r) mais il s'agit de Jan Gruter, bibliothécaire depuis 1602 de la Palatine de Heidelberg !

245 Sur l'anti-jésuitisme de Sévère, dans le contexte de l'Interdit de Venise, voir M. Lassithiotakis, La « Vie de Dimitri » de Matthieu Politis (1606), ou l'histoire allégorisée, Revue des études néo-helléniques 5, 1996, 177-204.

246 Voir sa notice dans Possevin, Apparatus sacer (cité n. 85), t. II, 75 : « *Haereticorum autem (quae Deo sit gloria) malleus* », et l'éloge qu'en fait Fronton, De Sacerdotio libri VI […] (1614), Notae, 36 : « *clarissimus ordinis nostri Theologus, et Catholicae religionis aduersus haereticos nostri seculi propugnator acerrimus* ».

Savile rattrapé par le confessionnalisme et par le latin

Savile n'était certainement pas, dans son for intérieur, un « accommodeur de religions », comme on disait alors. Devant la mariolâtrie byzantine (« toute gloire à la mère de Dieu »), sa première réaction était une ironie typiquement protestante : « pas toute, mon brave homme. Laissez quelque chose pour Dieu tout-puissant »[247] ! Quant à ses collaborateurs anglais, telle note de Slade, que Savile dut expurger pour l'édition, exprime le vigoureux anti-catholicisme qui, depuis Élisabeth, était devenu essentiel à la conscience de soi des protestants anglais[248]. Davantage, une lettre de Savile à Casaubon révèle que ses travaux patristiques étaient en partie motivés par la crainte des corruptions papistes – un grand thème de la polémique protestante dans ces années, qui répondait à la dénonciation des falsifications hérétiques par la Contre-Réforme, mais se nourrissait aussi, plus spécifiquement, de la crainte causée par les Index expurgatoires[249]. Rien, pourtant, n'en transparaît dans le Chrysostome, où les notes sont purement philologiques, sans aucune incursion dans la théologie. Ce parti non-confessionnel ne fut sans doute pas pour rien dans la grande originalité de l'édition : l'absence d'une traduction latine pour accompagner le texte grec. Il y avait, certes, de puissantes raisons pratiques

---

247 Bodl., Ms. Auct. E. 3. 11, p. 533 [liber M] : « not πᾶσα, good man. Leave something for God almighty » – la doxologie portait : ἦ [τῇ θεοτόκῳ] πρέπει πᾶσα δόξα, τιμή, καὶ προσκύνησις, νῦν καὶ εἰς τοὺς αἰῶνας. ἀμήν. L'homélie en question, *Quod non oportet christianum timere mortem, et de conuersione et confessione* [CPG 4895], avait été transcrite sous toute réserve par Slade à Vienne (voir sa note p. 502). Savile l'ayant jugée indigne d'être publiée (t. VIIIb, col. 858, n° 13), elle est toujours inédite.

248 Dans une *censura* satirique, qu'il rédigea en grec, sur le sermon 2 *in Iob*, Slade nota que l'auteur devait être un moine du nom de Chalcostomos, ἐκ τῶν Κακολύκων χώρας γεγενημένος, qui avait trop lu Isocrate et qui, en finissant, avait dû penser qu'il était bien plus éloquent que Chrysostome. Le ton rappelle certaines *censurae* d'Érasme (ainsi sur le *De cognitione verae vitae* pseudo-augustinien, dans Augustin, Opera, Bâle 1529, t. IX, 576 : « *Apparet esse progymnasma monachi Tyronis theologiae, qui quantum in philosophia scholastica profecisset, uoluit hoc libro dare specimen* »), mais le jeu de mots « *Cacolyke* » appartient au registre le plus violent de la polémique anti-catholique : voir Luther, Contra XXXII articulos Lovaniensium [1545], WA 54, 1928, 428 (« *Cacolyca uerius est Ecclesia Papae et Magistrollorum, Ecclesiae Christi Sanguinaria aduersatrix et uastatrix* ») et, en Angleterre, R. Sheldon, A survey of the miracles of the Church of Rome, proving them to be Antichristian, Londres 1616, 303 (autres citations dans Oxford English Dictionary, s. u. « Cacolike »). Savile publia la censura t. VIIIb, col. 758, pour rendre hommage à Slade, mais omit les mots ἐκ τῶν Κακολύκων χώρας γεγενημένος.

249 Savile à Casaubon, 26 février 1606, BL, Ms. Burney 366, f. 62r : « *Vides, mi Casaubone, quid istae nouae bonorum auctorum harpyae moliantur, quae admodum castrationibus et indicibus suis expurgatoriis omnia nobis ueterum monumenta contaminuerint, et porro, nisi obsistatur, contaminaturi sint, ut nepotibus meis uel ex ipsorum coinquinatis lacunis bibendum, uel siti perendum sit.* » Voir sur ce thème les références données supra, n. 38.

à cette omission – alors même que l'intention initiale de Savile avait été de donner une édition bilingue[250] : l'ouvrage aurait doublé de volume et consommé deux fois plus de papier ; la traduction des textes nouvellement découverts et la révision sur les originaux des anciennes versions auraient pris beaucoup de temps et retardé d'autant la publication ; les collaborateurs de Savile, s'ils étaient de remarquables hellénistes, n'étaient pas forcément doués pour ce travail[251]. Savile envisageait, du reste, que son édition pourrait servir de texte à de futurs traducteurs[252]. Mais s'en tenir à l'original permettait aussi d'échapper aux soupçons et aux polémiques qu'auraient fatalement suscités des traductions. C'est dans celles-ci, on l'a vu, beaucoup plus que dans les éditions grecques, que théologiens et érudits de la Contre-Réforme avaient coutume de repérer et de dénoncer des altérations. Quelqu'un comme Fronton était prêt à faire confiance à un protestant pour « reproduire de bonne foi le texte et les variantes » des manuscrits[253] : le croirait-il pour autant capable de traduire, c'est-à-dire de comprendre et d'interpréter ?

Toutes ces précautions n'empêchèrent pas la Congrégation de l'Index de décréter, le 17 juillet 1615, la suppression de toutes les notes du Chrysostome, sur un rapport de Bellarmin lui-même : le procès-verbal ne dit malheureusement pas quelles hérésies le cardinal avait eu l'acuité de découvrir, et il faut sans doute surtout reconnaître là la traditionnelle suspicion romaine à l'encontre des éditions d'origine protestante[254]. Le

---

250 Casaubon le dit expressément dans sa lettre à Fronton du 15 mai 1602, Epistolae (cité n. 21), 146.

251 On pense à Richard Montagu, qui donna plus tard des traductions latines sévèrement critiquées, et au XVIIe siècle et au XXe : voir sur celle de Basile, P. J. Fedwick, Bibliotheca Basiliana uniuersalis. A study of the manuscript tradition of the works of Basil of Caesarea, 1 The letters, Turnhout 1993, 266 ; sur celle de Photius, F. Vavasseur, De epigrammate liber et epigrammatum libri tres. Editio auctior, Paris 1672, 302.

252 Voir sa préface, t. I, f. ¶4v, et aussi son avis à un futur traducteur, t. VIIIb, f. 551-554. Dans une lettre du 25 avril 1629 à Giovanni Battista Doni, l'helléniste espagnol Vicente Mariner écrit : « *Opera Graeca D. Ioannis Chrysostomi Londini excusa, quae nondum sunt Latio donata, mihi nuper commissa sunt, ut ea Latine loqui faciam. Fortasse id aggrediar libentissime, si absoluero quae interim perago* » (« *Ioannis Bapt. Doni Patricii Florentini commercium literarium* », dans A. M. Bandini, Commentariorum de uita et scriptis Ioannis Bapt. Doni […] libri quinque, Florence 1755, col. 53). Il serait intéressant de savoir si Mariner, dont beaucoup de traductions restèrent inédites, mit à exécution ce projet (qui n'est pas mentionné dans E. de Andrés, Helenistas españoles del siglo XVII, Madrid 1988).

253 Voir son observation révélatrice sur l'édition des discours *aduersus Iudaeos* par Hoeschel, « *uir doctissimus,* […] *qui licet nostrae non sit communionis, tamen bona fide textum et uarias lectiones* […] *repraesentauit* » (Homiliae LXXVII, 1609, notes, 82).

254 ACDF, Index, Diarii, vol. II, f. 78r-v (17 juillet 1615) : « *Illustrissimus Cardinalis Bellarminius proposuit circa libros sancti Ioannis Chrisostomi in idiomate Graeco in Anglia*

décret ne dut, en tout cas, pas favoriser la vente du Chrysostome en Italie. Surtout, Fronton du Duc, sitôt que le rétablissement des jésuites à Paris, en avril 1605, lui en donna la possibilité[255], lança sa propre édition de Chrysostome. Pour résoudre la question du financement, il se tourna vers l'Assemblée du clergé de France. Quoique cette institution ne datât que de la seconde moitié du XVIe siècle et qu'elle n'eût en principe d'autre objet que de fixer la contribution financière de l'ordre à la monarchie, elle servait aussi, de fait, à coordonner la reconquête catholique, dans le régime de concurrence confessionnelle établi en France par l'édit de Nantes[256]. Il s'en tint justement une de juillet 1605 à avril 1606. Dans l'une des dernières séances,

> Le sieur Eveque de Nantes [Charles de Bourgneuf de Cucé] a proposé que le Pere Fronto et autres gens doctes desiroient qu'il plut a l'Assemblée donner deux mil écus pour faire l'avance necessaire à l'impression des œuvres des Pères Grecs non encore imprimez, remontrant que cela étoit d'autant plus pressé et favorable, que l'on est averty qu'il y a dessein de les imprimer en Angleterre, ce qui pourroit apporter du prejudice en l'Eglise[257].

L'Assemblée accorda la somme demandée en précisant qu'il s'agissait d'un prêt[258]. Le procès-verbal ne s'étend pas davantage mais on comprend que

---

impressos, ac in octo tomos diuisos, an scilicet essent tollendae annotationes quae habentur in octauo tomo dictorum librorum in idiomate latino, quarum in medium attulit quasdam per ipsummet confectas censuras. et decretum fuit dictos tomos omnes permittendos esse, deletis tantummodo annotationibus latinis in fine octaui tomi dictorum operum sancti Chrisostomi, annexis et propositis ; quas prohibendas mandarunt [Eminentissimi].» Cf. J. M. de Bujanda, Index librorum prohibitorum 1600-1966, Sherbrooke 2002, 472.

255 Après le rétablissement de la Compagnie dans le ressort du Parlement de Paris, par l'édit de Rouen de 1603, Fronton fut parmi les premiers jésuites à rentrer au Collège de Clermont, le 29 avril 1605 : Les établissements des jésuites (cité n. 66), t. III, col. 1137. Il y jouit à partir de 1606 et jusqu'à sa mort du statut privilégié de *scriptor librorum*, qui le déchargeait de tout enseignement ; l'affirmation répandue (qui vient sans doute de F. Oudin, Fronton du Duc [cité n. 8], 109) selon laquelle il était bibliothécaire ne paraît pas confirmée par les archives (G. Dupont-Ferrier, Du Collège de Clermont [cité n. 66], t. III, 30 s.).

256 Voir L. Serbat, Les Assemblées du clergé de France : origines, organisation, développement, Paris 1906 ; M. Peronnet, Naissance d'une institution : les assemblées du clergé, dans : Pouvoir et institutions en Europe au XVIe siècle. Vingt-septième colloque international d'études humanistes, Paris 1987, 249-261 ; F. Gerbaux/F. Hildesheimer, Agence générale du Clergé. Répertoire de la sous-série G8, Paris 2001.

257 Séance du 10 avril 1606 (l'Assemblée se sépara le 24), dans : Procez verbal de l'Assemblée generale du Clergé de France, tenuë à Paris ez années 1605 et 1606, Archives Nationales (Paris), registre G8* 624, f. 274v-275r (imprimé avec quelques retouches insignifiantes dans la publication officielle du XVIIIe siècle, que je citerai désormais : Collection des Procès-Verbaux des Assemblées générales du Clergé de France, depuis l'année 1560 jusqu'à présent, 9 vol., Paris 1767-1778, t. 1, 767).

258 Ibid.

l'arrière-plan était celui de la controverse, où l'argument patristique avait pris l'importance que l'on a vue[259]. L'Assemblée suivante, en 1608, le marqua assez quand elle décida de rajouter trois mille livres (mille écus) aux « six mille livres prêtées à Morel, Imprimeur, pour imprimer les Peres Grecs » : cette somme constituerait un « fonds, pour faire imprimer continuellement les livres les plus utiles et les plus nécessaires, lesquels sont ailleurs corrompus par les Héretiques » ; le cardinal du Perron, – qui, en 1606, était en mission diplomatique à Rome mais qui était de retour à Paris, – « fut prié d'en prendre la surintendance »[260]. Le Morel en question, Claude, était le fils de Fédéric l'helléniste, et la famille paraît avoir eu un rôle déterminant dans le refus fait à Savile d'utiliser les Grecs du Roi[261]. L'intérêt commercial s'unissait au souci religieux et, peut-être, au préjugé national. Le conflit porta surtout sur Grégoire de Nazianze, que Savile

---

259 Le lien fut plus tard fait explicitement dans un rapport récapitulatif présenté à l'Assemblée de 1635 « sur les impressions qui se font par l'ayde et secours du Clergé » : « en l'année mil six cens deux [sic], apres la Conference qui fut à Fontaine-bleau, entre feu Monseigneur le Cardinal du Perron et le sieur du Plessis Mornay : Le Clergé, voyant que la pluspart des Peres Grecs et Latins necessaires dans l'agitation des Controverses estoient imprimez avec des faussetez, à Londres, à Francfort et à Basle, Villes heretiques, iugea à propos pour remedier a telles suppositions, de les faire r'imprimer en ceste Ville, soubs la direction et conduitte de mondit Seigneur le Cardinal du Perron, et pour ce faire on prist sur le fonds du Clergé six mil livres qui furent prestez à Claude Morel, qui commença dés lors à imprimer le Sainct Iean Chrysostome, de la traduction du Pere Fronton » (Procez verbal de l'Assemblée generale du Clergé de France, tenuë à Paris au couvent des Augustins en l'année mil six cens trente-cinq, Paris 1635, 86). Mais il s'agit d'une reconstruction postérieure : le procès-verbal de 1606 ne dit rien de tel. Si cette version « enjolivée » a été citée par L. Doutreleau, L'Assemblée du clergé de France et l'édition patristique grecque au XVIIe siècle, dans : Les Pères de l'Église au XVIIe siècle (cité n. 38), 99-116, 102, c'est qu'il suit en fait, sans s'en expliquer, non pas la Collection des Procès-Verbaux mais le Précis par ordre alphabétique, ou table raisonnée des matières contenues dans la nouvelle collection des procès-verbaux des assemblées générales et particulières du clergé de France, Paris 1780, qui reproduit le rapport de 1635 (voir s. u. « Livres et impressions », col. 1385, et encore s. u. « Peres grecs », col. 1669).

260 Collection des Procès-Verbaux (cité n. 257), t. I, 801. Du Perron partit pour Rome en octobre 1604 et rentra en France en octobre 1607 (Les Ambassades [cité n. 85], 251 et 666-668). Voir aussi les explications de Fronton dans l'avis au lecteur, daté du 25 mars 1609, de : Homiliae LXXVII, f. a4v.

261 Voir la lettre de Savile à Casaubon, 29 décembre 1605, alors qu'il n'avait pas renoncé à se procurer des caractères à Paris, BL, Ms. Burney 366, f. 60r : « interponet, uti spero, clarissimus Thuanus auctoritatem suam apud Morellum, ceteros ». D'après la généalogie recon-struite par G. Lepreux, Gallia Typographica (cité n. 53), t. 1/1, 433-439, Fédéric II Morel s'était démis en 1602 de sa charge d'imprimeur du roi au profit de son fils aîné Fédéric III, lequel travaillait en association avec le fils puîné, Claude : c'est au nom de ce dernier, qui semble n'avoir été que libraire, que parurent les trois premiers volumes chrysostomiens de Fronton. Tout n'est pas clair, en particulier s'agissant de savoir qui détenait alors les Grecs du Roi, avec lesquels se fit l'impression.

avait prévu de publier après Chrysostome : on le savait à Paris, où il avait commencé à recueillir des matériaux. Les Morel précipitèrent donc, en 1609-1611, avec la collaboration de Fronton, l'argent du Clergé et les Grecs du Roi, une édition qui n'avait d'autre but que de torpiller le projet anglais. Il s'ensuivit, pendant que le Chrysostome d'Eton était en cours d'impression, une âpre dispute, où Savile et Fronton veillèrent à ne pas apparaître directement : Savile fit attaquer l'édition des Morel par Richard Montagu, qui avait un grand talent de polémiste, et Fédéric Morel répliqua sur le même ton, avec l'approbation discrète de Fronton[262]. Dans le cas de Chrysostome, l'édition anglaise était trop avancée pour qu'on pût espérer la supplanter. Fronton le comprit et c'est bien pourquoi il continua jusqu'au bout à y collaborer. Mais il voulut prendre date, pour ne pas abandonner aux protestants un Père de cette importance, et il fit paraître chez Morel en 1609 un recueil d'homélies in-folio – le format des œuvres complètes. Ce fut la première édition patristique publiée grâce au fonds du Clergé.

L'histoire du Chrysostome de Fronton du Duc a été embrouillée par les manipulations des libraires – qui changèrent à plusieurs reprises les pages de titres – et, surtout, par l'étonnante propension de trop d'auteurs à reprendre aveuglément des affirmations dont l'invraisemblance saute aux yeux de quiconque a tant soit peu étudié la question. On lit ainsi, dans nombre d'introductions de la collection « Sources chrétiennes » et dans plusieurs études récentes, que Fronton aurait publié en 1609 les deux premiers volumes d'*Œuvres complètes* de Chrysostome ; que le premier aurait, du reste, paru pour la première fois, à la même adresse, avec exactement le même titre et le même contenu, dès 1604 voire 1602 ; que ces deux volumes ne contenaient que le texte et que Fronton rajouta les notes après la parution de l'édition Savile[263]. Tout cela est faux. Fronton

---

262 On voudra bien se reporter à J.-L. Quantin, Les jésuites et l'érudition anglicane, à paraître dans XVIIe siècle, 2007 [numéro spécial « Les jésuites et l'Europe savante »].

263 Faute de place, je m'en tiendrai ici au dernier point, une imagination de C. Baur, Chrysostome et ses œuvres (cité n. 1), 85, reprise par L. Brottier, Fronton du Duc, éditeur et traducteur de textes grecs, dans : Science et présence jésuites (cité n. 147), 89-115, 92, n. 13 : preuve en serait la référence de Fronton dans ses notes à une « *editio Anglicana* » (Homiliae LXXVII, 1609, « *Notae* », 1). Mais, outre que Fronton dit exactement le contraire de ce qu'on veut lui faire dire – à savoir que cette « *editio Anglicana* » lui a servi de base pour son texte, qu'il a dans un second temps, une fois l'impression terminée, collationné sur de nouveaux manuscrits dont il donne les variantes en note (« *Postquam enim collatum cum tribus quatuorue regiis codicibus editionis Anglicanae textum graecum emendauimus, et recognitam Latinam interpretationem cum eo, praelo subiecimus, dum rursus excusa relegimus* [...] ») –, il ne s'agit pas de celle de Savile mais de l'édition princeps des homélies aux Antiochiens par John Harmar ! Le « A » qui apparaît dans la suite des notes (82) est le manuscrit d'Augsbourg des discours *aduersus Iudaeos* dont Hoeschel avait donné les leçons dans son édition. Les notes figurent au

travailla à partir des *Opera omnia* latines de 1588, en se concentrant sur le tome V, celui des textes isolés, c'est-à-dire, on l'a vu, celui qui posait le plus de problèmes critiques et que les publications des deux dernières décennies avaient rendu le plus incomplet. C'était en outre la partie du corpus sur laquelle Fronton, dès 1588 et par la suite, avait fait porter le plus gros de ses recherches et dont relevaient la plupart des homélies qu'il avait publiées dans sa période bordelaise[264]. On manque toute la continuité de son travail, comme aussi l'articulation entre le Chrysostome latin et le Chrysostome grec, si l'on ne voit pas que les deux premiers volumes qu'il publia, – le premier en 1609 donc, le second à la fin de 1613 ou au début de 1614, après que les deux volumes de Grégoire de Nazianze eurent paru dans l'intervalle – constituaient une réédition revue et augmentée, désormais sous forme bilingue, du tome V de 1588[265]. Ils s'inscrivaient parfaitement dans les grandes tendances qui étaient alors celles de l'Église gallicane et que l'on a déjà rencontrées : le ralliement des anciens Ligueurs à Henri IV, auquel le premier volume était dédié, et l'espoir d'un rétablissement de l'unité religieuse par la persuasion et, en particulier, par l'argu-

---

reste dans la table des matières du volume ; Fronton y renvoie dans sa préface, datée du 25 mars 1609, f. a4v-a5r ; l'exemplaire BL, 475 g. 3, offert à Casaubon par Fronton du Duc, contient de nombreuses annotations de Casaubon, qui a manifestement lu en même temps texte et notes. Que dire de plus ? L'affirmation de C. Baur est d'autant plus fantaisiste qu'il partageait l'erreur commune selon laquelle le deuxième volume de Fronton était celui des homélies sur la Genèse (voir infra) : or le volume en question n'a pas, et n'a jamais eu, de notes.

264 Voir comment Fronton s'en explique, Homiliae LXXVII (1609), « *Notae* », 1 : « *nobis etiam commodius id fuit, ut interim dum ad alios tomos edendos amicorum ex aliis regionibus auxilia expectamus, his non dissimilis argumenti sermones de sanctorum laudibus habitos, olim a nobis separatim in lucem editos adiungeremus, et quantum praeli currentis celeritas ferre posset, aliorum interpretum Latinam uersionem recenseremus* ».

265 Le volume de 1609 donne, f. e1r-e4v, une table de concordance avec le t. V de 1588. Le volume publié en second lieu, *De Sacerdotio libri VI* [...] (1614), donnait la seconde moitié du t. V. Voir une lettre de Fronton du 5 janvier 1611, publiée par J. M. Prat, *Recherches* (cité n. 75), t. 5, 279 s. : le correspondant n'est pas nommé ; le P. Prat, t. 3, 286 s., n. 1, dit « à un de ses confrères de Belgique » : on penserait volontiers à Schott) : « *Nos alterum tomum S. Gregorii Nazianzeni operum ad umbilicum perduximus* [...]. *Altera pars S. Chrysostomi tomi 5 sequetur, aucta epistolis non ante uisis LXIV.* » Dans une lettre à Savile sans date mais qui doit être de 1611 ou 1612, Bodl., Ms. Auct. E. 3. 13, p. 23, Fronton écrit de même : « *In posteriori parte V tomi operum Chrysostomi, complectimur eius libros et epistolas* [...] ». Lorsque les volumes furent dotés de nouvelles pages de titre, à partir de 1621, pour former des *Opera omnia* (voir infra), ce volume fut transformé en « *tomus quartus* », tandis que les homélies *in Genesim*, quatrième volume dans l'ordre de publication, devenaient « *tomus secundus* ». Ce reclassement, qui a trompé tous les auteurs, a obscurci la manière dont Fronton avait travaillé. Le vrai ordre de publication est confirmé par Fronton lui-même dans son rapport à l'Assemblée du clergé de 1615, Collection des Procès-Verbaux (cité n. 257), t. II, 286 (séance du 1er juillet).

ment patristique[266]. L'accent était dès lors logiquement mis sur la traduction latine, au point de n'attribuer à l'original qu'un rôle, sinon secondaire, du moins second : si l'édition était bilingue, c'était pour empêcher les protestants d'objecter, quand ils retrouvaient chez Chrysostome la doctrine catholique romaine, que la traduction était infidèle[267]. Le mode de lecture tacitement recommandé était ainsi, si l'on peut dire, à deux vitesses, la lecture ordinaire se faisant en latin mais les passages doctrinalement importants étant vérifiés sur le grec, dans la colonne d'en face : ce fut ainsi que les controversistes français allaient de fait procéder pendant tout le XVIIᵉ siècle.

On ne peut retracer ici la suite de l'entreprise, le retrait de Morel, son remboursement du prêt en nature, avec les invendus, les longs démêlés du Clergé, d'assemblée en assemblée, avec les imprimeurs qui prirent le relais et qui s'intéressaient à ses écus beaucoup plus qu'aux Pères grecs : ce feuilleton a surtout l'intérêt de montrer que, d'un point de vue commercial, une édition bilingue de Chrysostome ne valait guère mieux qu'une édition grecque. Trois volumes supplémentaires parurent en 1614-1616, un dernier en 1624, l'année de la mort de Fronton. Tous avaient des titres propres mais celui de 1624 avait en outre, pour la première fois, un numéro d'ordre (*tomus sextus*) : il avait pour objet de regrouper les pseudépigraphes écartés des cinq volumes précédents[268]. Ce ne fut qu'une décennie plus tard que des manœuvres de libraire transformèrent l'ensemble en *Opera omnia*, que l'on compléta finalement – Fronton n'ayant pas édité les séquences sur le Nouveau Testament – par une réimpression des volumes de Commelin : le corpus complet était réuni sous une forme bilingue, mais vingt ans s'étaient écoulés depuis la sortie des *Opera omnia* d'Eton[269].

---

266 Voir la dédicace de Fronton à Henri IV, 25 mars 1609, dans : Homiliae LXXVII, f. a3v-a4r.

267 Ibid., f. a3v : « *et ne forte minus fidelibus Latinorum interpretum uerbis adulterata [Patrum monumenta] causentur, natiua sua lingua loquentes eos audiant, ac sponte seipsos ex errorum laqueis eximant* ». Voir aussi l'insistance sur la version latine dans l'avis au lecteur, f. a4v.

268 De diuersis utriusque Testamenti locis Sermones LXXIII (1624), 1009 : « *cum in aliis quinque tomis Lutetiae uulgatis eos exhibuissemus libros atque sermones qui nobis legitimi foetus auctoris nostri uidebantur, [...] in hunc demum sextum tomum coniecimus eos, qui non integros Scripturae libros sed singularia quaedam loca explicant, et stylo conscripti sunt ab aliis Chrysostomi operibus diuerso [...]* ». En 1621, les cinq volumes parus avaient été relancés avec de nouvelles pages de titre (« *apud Sebastianum Cramoisy et Antonium Stephanum* ») où les titres d'origine étaient conservés mais où avait été ajoutée la mention « *tomus primus/quintus* » : le premier reçut en outre un faux titre « *Sancti Patris nostri Ioannis Chrysostomi archiepiscopi Constantinopolitani. Opera nunc primum Graece et Latine edita* ». La série, avec le volume de 1624, se trouve par exemple à l'*Angelica*, cote K. 17. 13-18.

269 Charles Morel, le fils de Claude (G. Lepreux, Gallia Typographica [cité n. 53], t. 1/1, 439-441), réimprima à Paris en 1633 l'édition de Heidelberg. En 1636, en même temps

Réussite à tant d'égards, l'édition de Savile fut un échec commercial[270].
Certains protestants voulurent plus tard l'expliquer par une concurrence
déloyale :

> Mais les papistes à Paris avaient leurs émissaires en Angleterre, lesquels
> obtinrent furtivement les savants travaux de ce chevalier [Savile] et les
> envoyèrent chaque semaine en France par la poste, *schedatim*, feuille par
> feuille, au fur et à mesure qu'elles sortaient de la presse. Fronto Ducaeus (un
> cardinal français, à ce que je crois) les y fit alors imprimer avec une foi
> implicite et une obéissance aveugle, lettre à lettre, telles qu'il les recevait
> d'Angleterre, en y joignant seulement une traduction latine et quelques autres
> additions sans importance[271].

Il est inutile de relever toutes les confusions de cette historiette. Si Fronton reçut effectivement certaines feuilles de l'édition Savile, ce fut, on l'a
vu, par Savile lui-même, et il s'agissait des homélies sur la Genèse, qui ne
parurent que dans le quatrième volume parisien : le premier, publié plusieurs années avant l'édition anglaise, en était complètement indépen-
dant[272] ; le second, qui est postérieur à celle-ci, lui doit peu[273]. L'édition

---

qu'il relançait cette série avec de nouvelles pages de titre, il réimprima les six volume
de 1609-1624 sous le titre Opera omnia in duodecim tomos distributa. C'est cet
ensemble qui forme ce qu'on appelle couramment l'édition de Fronton. Pour com-
pliquer encore les choses, Siméon Piget, qui racheta le fonds des Morel quelques
années plus tard, relança les invendus avec la date de 1642. On trouvera les détails
dans notre étude sur les éditions chrysostomiennes de Fronton.

270 Sur les mauvaises ventes et la nécessité de casser les prix pour se débarrasser des
volumes laissés pour compte, voir CSP Dom. 1611-1618, 224 et 277 ; CSP Dom.
1623-1625, 184 ; H. C. M. Lyte, History of Eton (cité n. 201), 191.

271 T. Fuller, The History of the Worthies of England, Londres 1662, 210 : « But the
Papists at Paris had their Emissaries in England, who surreptitiously procured this
Knights learned Labours, and sent them over weekly by the Post into France,
Schedatim, sheet by sheet, as here they passed the Press. Then Fronto Ducaeus (a
French Cardinall as I take it) caused them to be Printed there with implicite faith and
blind obedience, letter for letter as he received them out of England, onely joyning
thereunto a Latine translation and some other inconsiderable Additions. » C'est, à ma
connaissance, la première mention imprimée de cette histoire et Fuller n'y avait fait
aucune allusion quand il avait évoqué, vingt ans plus tôt, l'échec commercial du
Chrysostome (infra, n. 293). On s'imaginerait que seul le préjugé national et religieux a
pu lui faire trouver du crédit (voir par exemple W. Beloe, Anecdotes [cité n. 201], t. 5,
108 s., et encore G. H. Martin and J. R. L. Highfield, A History of Merton College,
Oxford, Oxford 1997, 185 ; il faut saluer le sens critique de H. C. M. Lyte, History of
Eton (cité n. 201), 191, qui l'avait déjà dite « extremely doubtful »). On en trouve
pourtant des échos en France jusqu'à nos jours : voir par exemple F. J. Leroy, Les
manuscrits de Montfaucon et l'édition de Jean Chrysostome. Notes sur quelques
manuscrits du Supplément Grec, Bibliothèque Nationale, Paris, Traditio 20, 1964,
411-418, 412, suivi par L. Brottier, introduction à SC 433, 115, n. 1.

272 C'est au contraire Savile qui, dans ses notes, renvoie à plusieurs reprises à ce volume
tout comme aux éditions antérieures de Fronton. Voir par exemple t. VIIIb, col. 726,

Savile se vendit mal d'abord parce qu'elle coûtait cher (l'équivalent, nous dit-on, d'une paire de bœufs)[274], que l'absence d'une traduction latine limitait son marché, qu'elle manquait par surcroît de vrais index, de manchettes et de toute les aides à la lecture que fournissent les volumes de Fronton[275]. La structure polyphonique des notes et des variantes rassemblées à la fin du tome VIII, – qui donne à l'édition, pour l'historien d'aujourd'hui, une allure assez fascinante de *work in progress*, – la rendait aussi difficile à utiliser[276].

---

734 and 741 (« *in editione nupera Parisiensi 1609* ») ; col. 804, il releva honnêtement que Fronton avait été le premier à voir que les homélies 23-80 *ad Antiochenos* étaient des centons.

273 On trouve plusieurs références à l'édition Savile dans les notes du second volume : voir De Sacerdotio libri VI […] (1614), 69, 75, 77. En outre, une homélie (Cum presbyter fuit ordinatus, CPG 4317), pour laquelle Fronton n'avait pas trouvé de manuscrits, est imprimé d'après Savile (ibid., notes, 74). Elle fait partie des textes pour lesquels Fronton avait demandé l'aide de Savile (Bodl., Ms. Auct. E. 3. 13) mais on notera qu'il s'agit d'un ajout tardif, à la fin du volume (elle ne figure pas dans la table des matières) : le plus vraisemblable est donc qu'elle a été imprimée après la parution de l'édition d'Eton et non sur des feuilles que Savile aurait envoyées. La situation est tout à fait différente pour les trois volumes suivants, publiés très rapidement, on l'a vu, et, à la différence des deux précédents, sans aucune note et pratiquement sans indications sur les sources des textes grecs (voir cependant dans le volume de 1616, *De diuersis noui Testamenti locis Sermones LXXI*, deux panégyriques, *In S. Bassum* [CPG 4512] et *De S. Droside martyre* [CPG 4362], qui n'étaient pas dans l'édition Savile et qui sont publiés « *Ex cod. mss. illustriss. Cardin. Perronii* »). Il serait plausible que Fronton eût fait simplement réimprimer le texte de Savile, en travaillant pour sa part sur les traductions latines à composer ou à réviser : les indications des éditeurs de « Sources chrétiennes » vont dans ce sens (voir J. Dumortier, SC 277, 37 ; A. Piédagnel, SC 300, 96), mais la question mériterait d'être reprise. Le t. VI de 1624 en revanche, regroupant les apocryphes, comprend des notes critiques développées, où sont discutés manuscrits et éditions, dont celle de Savile : la plupart des textes concernés relevaient de l'ancien t. V latin qui a bien recueilli l'essentiel des efforts de Fronton éditeur.

274 L'équivalence est suggérée par une lettre de Bois à Savile, t. VIIIb, col. 415 s. Neuf livres sterling en Angleterre, huit livres sterling, plus le port, à l'étranger : CSP Dom. 1611- 1618, 173 ; Ussher à Luke Chaloner, 9 avril 1613, dans : R. Parr, The Life of the Most Reverend Father in God, James Usher, Late Lord Arch-Bishop of Armagh, Primate and Metropolitan of all Ireland, Londres 1686, 17.

275 Voir une lettre de Matthew Slade à Carleton, citée par S. van der Woude, Savile's Chrysostomus in the Netherlands (cité n. 208), 445. Savile avait prévu de publier à part un « *Thesaurus* », c'est-à-dire une somme doctrinale tirée de Chrysostome, dont il avait confié la rédaction à Casaubon : je ne peux traiter ici de cette question mais on voit que le parti non-confessionnel pris dans l'édition interdisait d'y faire entrer un travail de ce genre.

276 Pour les homélies sur Isaïe, par exemple, se succèdent une première série de notes, surtout par Savile mais qui incorpore des notes de Bois et d'Allen, les *curae posteriores* de Bois (qui discute les conjectures proposées par les deux autres), des *Obseruationes* d'Allen, et finalement, à la toute fin du volume, les variantes bavaroises (supra, n. 244).

On peut penser, pourtant, que Savile fut effectivement victime d'une concurrence, mais celle-ci affecta aussi bien les volumes de Fronton : ce fut celle des deux éditions latines de Paris et d'Anvers. Celle de Paris, due à la nouvelle Compagnie du Navire, parut la première, sans doute dès l'automne 1613. Si on les en croit, les libraires parisiens n'avaient nulle-ment prévu, malgré la demande, de redonner des *Opera omnia* latines, tant que ne serait pas achevée l'édition bilingue, « dont une bonne part a déjà été imprimée avec les caractères royaux, car nous nous faisions scrupule de gêner cette édition qui doit être achevée dans quelques mois »[277]. Mais, ayant appris par la rumeur publique qu'une édition était en préparation à Anvers – certaines régions, notaient-ils perfidement, « qui n'ont vu que récemment la lumière de la religion chrétienne », désirant enrichir leurs bibliothèques de ce trésor –, ils avaient décidé de prendre les devants[278]. Leurs cinq volumes n'étaient rien d'autre qu'une seconde édition des *Opera omnia* de 1588 ou, pour être plus précis, une troisième édition de celles de 1581. Le procédé était toujours le même, à savoir une reproduction inchangée pour l'essentiel, et un *Auctarium* à la fin du tome cinq pour regrouper tous les textes publiés depuis 1588, y compris les *Florilegia* du P. Etzel. L'ensemble était conclu par des notes de Fronton « choisies dans la plus vaste édition gréco-latine de Paris, chez Claude Morel, de l'année 1609 »[279]. Le jésuite, dont toutes les publications étaient protégées par un privilège du roi, avait autorisé les libraires à reprendre ses traductions et ses notes[280]. Il était certainement conscient que ses volumes grecs-latins en

---

277 « *Bibliopolae Parisienses sub nauis insigni consortes Lectori* » (avertissement daté du 20 août 1613), dans Opera (Paris, 1614), t. I, f. ¶1r : « *res tamen ea tantisper differenda uidebatur, dum sanctissimi Doctoris scripta omnia Graece ac Latine prodirent, quorum pars magna iam typis regiis est excusa, propterea quod illi editioni post aliquot menses absoluendae officere religioni ducebamus* ».

278 Ibid. : « *Verumtamen quoniam fama et auditione percepimus a quibusdam uicinarum regionum typographis nouam Latinam editionem esse susceptam, quod nonnullae prouinciae, quae non ita pridem Christianae religionis lucem aspexerunt, bibliothecas suas aurei huius oris diti illo thesauro cupiunt splendescere, non existimauimus permittendum, ut hanc nobis illi Spartam eriperent* [...] ».

279 Le titre du volume était explicite : *S. Ioannis Chrysostomi Archiepiscopi Constantinopolitani operum tomus quintus : quo miscellanea eius opera continentur, hoc est homiliae, quae in certa Scripturae loca non sunt habitae, sed de festis, de Sanctis, deque uariis eiusmodi argumentis, itemque libri, et epistolae, ac demum florilegia sive centones ex moralibus eius epilogis contexti. Accessit Auctarium hac editione, quo exhibentur ea, quae post ultimam anni 1588. in lucem edita, nunc primum ad reliquas eius lucubrationes aggregantur.* L'« *Auctarium operum S. Ioannis Chrysostomi, quae seorsim edita, nunc primum ad reliquas eius lucubrationes quinque tomis comprehensas aggregantur. anno 1614* », occupe les col. 1317-1783 (y figurent aussi les homélies publiées par Gelenius en 1547 et oubliées dans les précédentes *Opera omnia* parisiennes : voir supra, n. 13-14.) ; les notes de Fronton « *selectae ex ampliori editione Graeco-Latina Parisiensi apud Cl. Morellum ann. 1609* » sont à part, col. 1-120.

280 Il s'agit toujours du privilège général du 12 juin 1599 (voir supra, n. 77), reproduit en tête du t. I. L'autorisation de Fronton aux libraires (pour trente-six homélies de

souffriraient mais, des *Opera omnia* latines devant de toute manière paraître à l'étranger, le meilleur parti pour lui était encore que son travail fût réimprimé à Paris, sous ses yeux et par des libraires qu'il connaissait[281].

Les *Opera omnia* d'Anvers parurent de fait quelques mois plus tard. Elles s'ouvraient sur de vives attaques contre les Parisiens, qui préten-daient s'arroger le monopole des Pères, alors qu'ils avaient autrefois plagié les éditions de Plantin, et qui avaient osé traiter les Belges de néophytes dans la foi[282] ! « Nous ne sommes pas impressionnés par les injures des ouvriers parisiens, qui sont avides de gain plutôt que de l'utilité publique : c'est sur eux, comme on dit, qu'elles retombent, même si, en se hâtant trop, ils nous ont devancés, en temps plutôt qu'en soin »[283]. Pour l'em-porter sur ces arrogants rivaux, les Anversois avaient sans doute misé sur le prix – leur papier et leur typographie sont particulièrement peu soignés – et certainement sur la quantité : après cinq volumes qui n'étaient qu'une reproduction de ceux de 1588, ce n'était pas simplement un *Auctarium* mais un sixième volume complet qu'ils proposaient aux acheteurs[284]. Pour atteindre ce résultat, il n'avait pas suffi de pirater les éditions de Fronton, que leur privilège ne protégeait pas hors de France – l'imprimeur disait impudemment que le jésuite ne lui en voudrait pas « de les diffuser et de les répandre par toute la terre »[285]. Il avait encore fallu réimprimer à peu près tout et n'importe quoi, sans craindre les doublons : l'homélie *de Principatu et Potestate,* dont la traduction avait été publiée par Morel en 1594, était ainsi reproduite une première fois d'après lui, avec ses notes, et une seconde fois – puisqu'il s'agit en réalité d'une *ecloga* – parmi les *Flores* d'Etzel[286]. Certains textes, ainsi les homélies *de precatione,* étaient donnés

---

Chrysostome traduites par lui en latin, « *una cum aliis obseruationibus in diuersa eiusdem sancti Patris et Ecclesiae doctoris opera* ») est du 20 août 1613.

281 Voir une lettre de Fronton au P. Gilles Bouchier, 23 décembre 1612, publiée par H. Omont, Une édition de l'« Histoire ecclésiastique des Francs » de Grégoire de Tours, préparée par le P. Gilles Bouchier au xviie siècle, BECh 55, 1894, 515-518, 518.

282 « *Ad lectorem beneuolum typographus* » (avertissement daté du 1er mars 1614), dans : Opera (Anvers 1614), t. I, f. *3r-v. L'attaque est reprise dans l'avertissement du t. VI (voir la note suivante). Il s'agissait d'une édition partagée : les exemplaires de la British Library et de la Bibliothèque Vaticane ont l'adresse « *apud Ioannem Keebergium* », mais celui de l'*Angelica* (t. VI seulement) « *apud Gasparem Bellerum* ».

283 « *Typographus Pio Lectori* », ibid., t. VI, f. *3r : « *Conuiciis itaque operarum Parisiensium, lucro potius quam publicae utilitati inhiantium nihil commouemur, sed suo, quod aiunt, capiti : etsi praeuerterint praecipitantes nimium, tempore potius, quam diligentia* ».

284 Cette formule dut aussi permettre la vente séparée de ce volume, comme un supplément pour ceux qui possédaient une ancienne édition latine : l'exemplaire de l'*Angelica* (coté K. 17.4) forme ainsi un ensemble avec les cinq volumes de Paris 1556.

285 Opera (Anvers 1614), t. VI, f. *3r : « *neque inuidebit* [R.P. *Fronto Ducaeus*]*, quae edendo publici iam iuris facta sunt, ea per totum terrarum orbem a nobis disseminari et propagari* ».

286 Ibid., respectivement col. 328-333 et 854-859.

dans deux traductions latines différentes, afin, expliquait l'imprimeur, que le lecteur pût les comparer[287]. Pas moins de deux cents colonnes étaient occupées par la section chrysostomienne des *Aduertentiae Theologiae scolasticae* de Ferdinando Vellosillo, évêque de Lugo, qui furent, dans ces années, la providence des libraires en quête de remplissage : les passages théologiquement problématiques de Chrysostome y étaient examinés dans l'ordre des tomes latins, sans aucune distinction entre ouvrages authentiques et apocryphes[288]. On avait encore ajouté, pour faire bonne mesure, un *Malleus caluinistarum* tiré des écrits de Chrysostome sur l'eucharistie[289]. Par leur démarche toute accumulative, leur entière acritique, leur confessionnalisme agressif, ces *Opera omnia* étaient comme un retour en force du Chrysostome latin du XVIe siècle. Il y a tout lieu de penser que leur parution juste à ce moment n'était pas une coïncidence et que les libraires d'Anvers avaient voulu profiter de la publicité créée par le monument d'Eton : le travail de Savile faisait parler de Chrysostome mais on continuerait à le lire – et à l'acheter – en latin.

Dans l'histoire posthume de Chrysostome, l'édition d'Eton a fait époque. Elle a fixé – elle a même, en un sens, créé – le corpus. Les éditions latines, surtout dans ce dernier volume, le cinquième, qui en était comme l'emblème, donnaient à voir un ensemble flou, toujours augmenté et toujours incomplet, une stratification complexe de traductions qui parcouraient un millénaire d'histoire de la réception. Cette constitution de corpus nettement définis est une grande tendance du XVIIe siècle, mais elle fut ici remarquablement précoce. Dans le cas d'Augustin – pour reprendre un parallèle alors classique –, il fallut attendre l'édition mauriste de 1679-1690[290]. Plus encore que l'effort critique de Savile et de ses collaborateurs, le choix du grec seul, sans traduction, fut déterminant pour produire un effet de clôture. L'élimination de l'*Opus imperfectum*, qui, quoique dès lors reconnu pour apocryphe, avait encore été inclus dans l'édition *commeliniana* des commentaires sur le Nouveau Testament, marque mieux que toute chose la rupture avec l'ancien Chrysostome, celui

---

287 Ibid., t. I, f. *3v. Les homélies de precatione sont données, t. V, 277-281 dans la traduction d'Érasme, puis t. VI, col. 441-449, « *Interprete Hieronymo* [sic] *Brunello* ».

288 Ibid., t. VI, col. 547-758. La section augustinienne de l'ouvrage fut reprise dans Augustin, Opera omnia, Cologne 1616 : voir J.-L. Quantin, L'Augustin du XVIIe siècle ? Questions de corpus et de canon, à paraître dans les actes du colloque Augustin au XVIIe siècle, Collège de France, 30 septembre-1er octobre 2004.

289 Opera (Anvers 1614), t. VI, col. 1121-1158.

290 Voir J.-L. Quantin, L'Augustin du XVIIe siècle ? (cité n. 288).

du Moyen Âge[291]. Le Chrysostome grec, sans doute, se juxtaposa au Chrysostome latin plus qu'il ne prit sa place, – le grec, dans la pratique ordinaire des théologiens, fut surtout employé en fonction du latin, comme une ressource pour le vérifier ou le corriger, – mais la possibilité même de ce recours, l'existence, désormais, de cette pierre de touche, changeaient les cadres de la réception. Que l'édition Savile se soit mal vendue, qu'elle ait sans doute même été plus admirée qu'utilisée, voilà qui ne retire rien à sa signification : elle est un des tout premiers cas, le premier peut-être, d'une édition qui, sans être officielle, fait autorité[292]. Davantage, son échec commercial finit par faire partie de sa légende : Thomas Fuller – mieux inspiré ici que lorsqu'il incrimina plus tard le complot papiste – posait en axiome que « le savoir a le plus gagné par les livres qui ont été une perte pour les imprimeurs. [...] Notre digne chevalier anglais, qui publia avec des caractères d'argent le Père à la bouche d'or, fut perdant dans l'affaire »[293].

L'ancienne histoire de l'érudition abusait des éloges. Mais ce n'est pas tomber dans ce travers que de constater, en s'en tenant aux critères et aux points de comparaison de son propre temps, l'exceptionnelle réussite de Savile. L'exclamation qu'aurait eue Welser à la vue du Chrysostome – « nous confessons que jamais rien n'a paru, jamais rien ne paraîtra de tel » – était littéralement exacte[294]. Il n'est que de penser au cimetière de projets

---

291 Rupture d'autant plus frappante que Savile faisait par ailleurs un jugement très favorable de l'ouvrage, dont, à la suite de Sixte de Sienne, il attribuait l'arianisme à des interpolations (t. VIIIb, col. 215 s.). La seule entorse à ce monolinguisme fut la publication en latin, t. VII, 936-948, de quelques homélies dont l'authenticité était garantie par le *Catalogus Augustanus* et dont Savile n'avait pu retrouver de manuscrit grec.

292 Voir par exemple R. Simon, Lettres choisies (cité n. 150), t. I, 96 : « Cette édition qui est toute Grecque, ne peut être à l'usage d'une infinité de personnes. Et c'est pour cela qu'elle n'a pas eu grand cours parmi nous, si l'on excepte quelques sçavans de qui elle est fort estimée [...] ». Tillemont, qui – sans doute pour la commodité de son lecteur – cite Jean Chrysostome dans l'édition grecque-latine de Fronton, ne s'en référa pas moins constamment aux notes de l'édition Savile, dont il possédait un exemplaire (J.-L. Quantin, Lenain de Tillemont et l'historiographie anglicane de son temps, dans : Lenain de Tillemont et l'historiographie de l'antiquité romaine. Actes du colloque [...] 19-21 novembre 1998, réunis par S.-M. Pellistrandi, Paris 2002, 129-158, 137 s.).

293 T. Fuller, The Holy State, Cambridge 1642, Book III, c. 18, 200 : « Learning hath gained most by those books by which the Printers have lost. [...] our worthy English Knight, who set forth the golden-mouth'd Father in a silver print was a looser by it. » On a vu que Silver Type était le nom donné aux caractères grecs de Savile.

294 Lettre d'Ussher à Henri de Valois, 15 juin 1655, dans : R. Parr, Life of Usher (cité n. 274), 614 : « *Cuius* [*Savilii*] *editionem ad rempubl. Augustanam missam, quum Marcus Velserus primum usurpasset oculis sublatis exclamasse fertur : "Nil oriturum alias, nil ortum tale fatemur"* [Horace, Epist. 2, 1, 17]. » Le propos est aussi rapporté par E. Leigh, Treatise of Religion and Learning (cité n. 206), 317. Pour l'exemplaire envoyé par Savile à

inaboutis qui avaient précédé Savile comme à l'espèce de désert que traversa, après lui, l'érudition anglaise : il fallut deux décennies pour voir reparaître en Angleterre une édition patristique grecque, – et si ce fut un événement intellectuel et religieux, c'était matériellement peu de chose –, à savoir la *prima Clementis* imprimée à Oxford en 1633, avec les caractères grecs que Savile avait légués à l'Université et auxquels, pendant des années, on n'avait su trouver d'emploi. Et les volumes d'Eton ont cela d'unique qu'on y retrouve partout, jusque dans le papier et la typographie, la détermination du maître d'œuvre.

Fruit de la volonté d'un homme, le Chrysostome était pourtant aussi le produit d'une culture savante et religieuse qui trouvait dans l'érudition patristique un de ses grands langages communs. Savile n'aurait pas abouti s'il n'avait pu compter sur les travaux des deux ou trois décennies précédentes et, surtout, sur un réseau de bonnes volontés et de compétences réparties dans toute l'Europe. L'idée d'Europe était alors en train de sortir du vieil idéal de la Chrétienté et il est frappant que Savile, dans sa préface, emploie l'un et l'autre terme : « tous les doctes du monde chrétien », « ceux qui aiment le bien public à travers toute l'Europe », voilà le public auquel il s'adressait, qu'il prenait pour juge et qu'il invitait à améliorer son travail[295]. L'appartenance à cette communauté imaginaire, on le voit, supposait à la fois un savoir et une disposition morale[296] – ce que, dans les textes contemporains, on désigne souvent comme la « candeur » et à quoi s'oppose cet « esprit de parti » dont Savile affirme hautement être exempt[297]. On parlait dès lors de « République des

---

Augsbourg, avec une dédicace à Welser et à l'autre *duumuir*, voir M. A. Reiser, Index manuscriptorum Bibliothecae Augustanae, Augsbourg 1675, 154.

295 Voir sa préface, t. I, f. ¶4v : « *Quam [editionem] quomodo sim omnibus passim doctis in orbe Christiano probaturus, nescio* » ; « *alii passim per Europam boni publici amantes uiri* ». Comparer t. VIIIb, col. 713 s., sur sa critique d'authenticité : « *hanc meam qualemcunque opinionem, non temere tamen, ut spero ubique conceptam doctissimorum per totam Europam Theologorum iudicio censurae libens, volens subijcio* ». Le thème est classique dans l'historiographie française depuis les travaux d'Alphonse Dupront : voir le recueil de ses articles, Genèses des temps modernes. Rome, les Réformes et le Nouveau Monde. Textes réunis par D. Julia/P. Boutry, Paris 2001, et les contributions de B. Neveu, Y.-M. Bercé, J. Mesnard et Vl. Alexandrescu, dans : L'Europe dans son histoire. La vision d'Alphonse Dupront, sous la dir. de F. Crouzet et F. Furet, Paris 1998, 79-128.

296 Voir encore Savile, t. VIIIb, col. 108 (« *docti homines, et ab omni fuco fallaciisque alieni* »), 115 (« *recte, an secus, penes eruditos iudicium esto* »), 145 s. (« *apud omneis doctos et aequos rerum aestimatores* »).

297 Voir par exemple la préface de l'édition Commelin d'Athanase (cité n. 143), t. I (1601), f.)(4v : « *Nos nulli partium studiis implicati, nostrum in faciendo officio nostro typographico candorem uniuerso Christianorum populo probatum esse cupimus, et ita fore confidimus.* » Savile emploie le terme pour dénoncer Georges d'Alexandrie et autres hagiographes qui « *candorem Historiae et sinceritatem fabulosis miraculorum assumentis polluerint et contaminarint* »

Lettres » et Fronton employa l'expression dans le contexte de sa collaboration avec Savile[298]. Autant que l'intérêt pour les Pères de l'Église et la maîtrise d'une érudition textuelle, ces valeurs partagées fondaient la solidarité du groupe et sa capacité à travailler ensemble.

Ces indiscutables éléments d'unité, qui se doublaient même chez certains doctes, un Casaubon par exemple, d'un irénisme religieux délibéré, n'excluaient pourtant nullement la vigueur des antagonismes confessionnels. Le schéma – dont on voit bien ce qu'il a de séduisant pour des patrologues d'aujourd'hui comme aussi pour des catholiques d'après Vatican II –, selon lequel, entre le XVIᵉ et le XVIIᵉ siècle, on serait passé tout droit d'un usage polémique des Pères à une démarche philologique, « à un échange amical et à une collaboration confiante avec des érudits des autres confessions », ne respecte pas les données de l'histoire[299]. La République des Lettres n'a pas plus banni le combat doctrinal que le Chrysostome grec n'a banni le Chrysostome latin : les deux logiques ont coexisté, en un équilibre subtil qui variait selon les personnalités et les circonstances. L'attitude de Fronton, collaborant avec Savile et lançant pourtant sa propre édition de Chrysostome, est exemplaire de cette ambiguïté. Faut-il parler de double jeu ? Savile lui-même n'était pas sans arrière-pensées protestantes. Le fait était tout simplement que, au début du XVIIᵉ siècle, une édition grecque complète de Chrysostome exigeait une mise entre parenthèses des clivages confessionnels : Savile comme Fronton le reconnurent. C'était aussi une réalité que la lecture ordinaire se ferait toujours en traduction latine, c'est-à-dire, compte tenu des croyances et des préjugés du temps, dans une édition confessionnellement marquée. Chefd'œuvre à bien des égards, le Chrysostome de Savile était aussi, historiquement, un compromis : ce fut son succès, ce fut son échec.

(t. VIIIb, col. 941 s.). Sur l'esprit de parti, voir notamment t. I, f. ¶4v (« *nihil datum studiis partium* »).

298 Voir sa lettre à Casaubon du 5 février 1604, citée supra, n. 235.

299 H. J. Sieben, Von der Kontroverstheologie zur Zusammenarbeit in der Res publica literaria (1546-1643). Jesuitenpatristik von Petrus Canisius bis Fronton du Duc, in : Petrus Canisius SJ (1521-1597). Humanist und Europäer, hg. von R. Berndt, Berlin 2000, 169-201 (citation 171), n'a pu faire de Fronton du Duc le type de cette évolution qu'en laissant de côté la plus grande partie des sources.

Éditions citées[*]

1525 – Diui Ioannis Chrysostomi de orando deum, libri duo, Erasmo Rot. interprete. Adiuncti sunt iidem Graece, ut lector conferre possit, Bâle, Froben. BL

1525 – […] Diui Ioannis Chrysostomi, quod multae quidem dignitatis, sed difficile sit episcopum agere, dialogi sex, Bâle, Froben. BL

1529 – Diui Ioannis Chrysostomi in omnes Pauli apostoli epistolas accuratissima, uereque aurea, et diuina interpretatio, Vérone, per Stephanum, et fratres a Sabio. 4 tomes. LBM

1530 – D. Ioannis Chrysostomi Archiepiscopi Constantinopolitani Opera, quae hactenus versa sunt omnia, ad Graecorum codicum collationem multis in locis per utriusque linguae peritos emendata, Bâle, Froben. 5 tomes. BL, Bod.

1536 – Diui Joannis Chrysostomi Archiepiscopi Constantinopolitani Opera, quatenus in hunc diem latio donata noscuntur, omnia, Paris, Cl. Chevallon. 5 tomes. BNF

1543 – […] D. Ioannis Chrysostomi homiliae duae, nunc primum in lucem aeditae, et ad Sereniss. Angliae Regem latinae factae, a Ioanne Cheko Cantabrigiensi, Londres, R. Wolfe. Bod.

1547 – Opera D. Ioannis Chrysostomi Archiepiscopi Constantinopolitani, quotquot per Graecorum exemplarium facultatem in Latinam linguam hactenus traduci potuerunt, Bâle, Froben. 5 tomes. BL.

1556 – Tomus primus [quintus] omnium operum diui Ioannis Chrysostomi, Archiepiscopi Constantinopolitani, quatenus in hunc diem latio donata noscuntur, cum ad collationem Latinorum codicum mirae antiquitatis, tum ad Graecorum exemplarium fidem innumeris pene locis natiuae integritati restituta, uix ulli aestimandis laboribus uirorum linguae utriusque insigniter callentium, Paris, Ch. Guillard. LSJ.

1574 – Diui Ioannis Chrysostomi Archiepiscopi Constantinopolitani opera, quatenus in hunc diem Latio donata noscuntur, omnia, cum ad collationem Latinorum codicum mirae antiquitatis, tum ad Graecorum exemplarium fidem innumeris pene locis natiuae integritati restituta, uix ulli aestimandis laboribus uirorum linguae utriusque insigniter callentium : in quinque tomos digesta, Venise, D. Nicolini. BNF

1578 – Sancti Ioannis Chrysostomi sermones in epistolam diui Pauli ad Philippenses multo et pleniores, et emendatiores quam antehac impressi fuerint. Flaminio Nobilio Interprete. Notationes in eiusdem Patris sententias, quae aut interpretis, aut Exemplarium uitio pias laedere aures possunt. D. Basilii Magni Epistolae duae. Beati Maximi Monachi, et confessoris Sermo ad pietatem exercens. Ad Sanctissimum Patrem nostrum Gregorium XIII. Rome, I. de Angelis. BNF

---

[*]　Pour désigner les bibliothèques, on a utilisé les sigles suivants : Ang. (Rome, Angelica) ; Ars. (Paris, Bibliothèque de l'Arsenal) ; BAV (Bibliothèque Vaticane) ; BL (Londres, British Library) ; BNF (Paris, Bibliothèque Nationale de France) ; Bod. (Oxford, Bodléienne) ; BSG (Paris, Bibliothèque Sainte-Geneviève) ; Cas. (Rome, Casanatense) ; CS (Paris, Centre Sèvres) ; ENS (Paris, École Normale Supérieure) ; LBM (Lyon, Bibliothèque Municipale) ; LSJ (Lyon, Bibliothèque Municipale, fonds des Fontaines) ; Maz. (Paris, Bibliothèque Mazarine). Les titres grecs ont été omis (et la coupure marquée par […]) lorsqu'ils étaient accompagnés d'un titre latin exactement semblable.

1581– D. Ioannis Chrysostomi Archiepiscopi Constantinopolitani tomus primus omnium operum, locis pene innumeris ad collationem exemplarium utriusque linguae nunc primum natiuae integritati magno cum foenore restitutorum [operum tomus secundus : ea complectens, quae faciunt ad elucidationem Matthaei, Marci, et Lucae, quatenus haberi potuerunt : quibus addita est breuis enarratio in Matthaeum – tomus tertius : ea continens, quibus Euangelium beati Ioannis explicatur. Rursus homilias iuxta pias ac docta in Acta Apostolorum cum aliis aliquot – tomus quartus : continens omnium D. Pauli Epistolarum enarrationem, magna ex parte nunc per catholicos doctissimosque uiros conversam, et ad uetera exemplaria hac postrema editione accuratissime recognitam – tomus quintus : multa sunt ex uariis bibliothecis desumpta, atque a diuersis catholicis doctissimisque uiris conversa, antehac nunquam edita – Operum locupletissimus index], Paris, S. Nivelle. BAV ; Cas. (t. 1, 2, 3).

1581 – Τοῦ ἐν ἁγίοις πατρὸς ἡμῶν, Ἰωάννου τοῦ Χρυσοστόμου, ἀρχιεπισκόπου Κωνσταντινουπόλεως, ὁμιλίαι δέκα διάφοροι, ἐξαίρετοί τε, καὶ πάνυ ὠφελεῖς. παρὰ Γρηγορίῳ τῷ Π΄ δικαίως ἀνιερωμέναι, ὡς τοῦ διδασκαλείου ἐκ γένους ἑλληνικοῦ θεμελιωτῇ. Τὰ νῦν πρῶτον ἐκδεδομέναι, Rome, [Franciscus Zanettus]. BNF

1585 – […] S.P. Nostri D. Ioannis Chrysostomi Archiepiscopi Constantinopolitani nunc primum editarum praestantiss. et plane utiliss. Orationum Decas Graecolatina, Ioan. Iacobi Beureri, in Academia Friburgensi Latinarum literarum Professoris publici, opera et studio Palla pro viribus expolita, etiam Toga comparata, Basileae [Friburgi], per Frobenios consortes. BNF

[1585] – […] Sanctorum Patrum orationum et epistolarum selectarum uolumen primum, Rome, Fr. Zanetti. BAV, Ang.

1586 – […] Diui Ioannis Chrysostomi conciunculae perquam elegantes sex de fato et prouidentia Dei, Paris, F. Morel. ENS

1586 – D. Ioannis Chrysostomi Archiepiscopi Constantinopolitani, Homiliae sex, ex manuscriptis Codicibus Noui Collegii; Ioannis Harmari, eiusdem Collegii socii, et Graecarum literarum in inclyta Oxoniensi Academia Professoris Regii, opera et industria nunc primum graece in lucem editae, Oxford, J. Barnes. Bod.

1587 – Ὁμιλίαι θεοφόρων τινῶν πατέρων. Homiliae quaedam sacrae, Basilii M. Gregorii Nysseni, Nazianzeni, Ioan. Chrysostomi, Cyri Germani ; in praecipuas anni ferias : cum fragmento Cyrilli Alexandrini. Studio et opera Davidis Hoeschelii A. e libris calamo exaratis, partim nunc primum editae ; cum eiusdem Notatiunculis, Augsbourg, M. Mangerus. BNF

1588 – Diui Ioannis Chrysostomi Archiepiscopi Constantinopolitani operum tomus primus [– quintus : mêmes titres qu'en 1581], Paris, Compagnie du Navire. BAV, BL, BNF, Bod, ENS, LBM

1590 – […] Sancti Patris nostri Ioannis Chrysostomi Archiepiscopi Constantinopolitani, Homilia in illum locum, *Fides sine operibus mortua est*, et, Non locum saluum facere, sed mores, deque mystica mensa. Nunc primum Graece in lucem edita, et in Latina interpretatione correcta, et aucta, Paris, É. Prévosteau. Maz.

1590 – Ioannis Chrysostomi Archiepiscopi Constantinopolitani Homiliae ad populum Antiochenum, cum presbyter esset Antiochiae, habitae, duae et uiginti. Omnes, excepta prima, nunc primum in lucem editae, ex manuscriptis Noui Collegii Oxoniensis codicibus. Opera et studio Ioannis Harmari Collegii prope Winton Magistri Informatoris, Londres, G. Bishop et R. Newberie. Bod.

1592 – [...] Cophinus fragmentorum aliquot diuersorum Patrum quae apud Anastasium extant. Nunc primum ex codice manuscripto Bibliothecae Medicaeae Reginae Christianissimorum Regg. matris. Quo Quaestiones in Scripturam continentur, expromptus, et in lucem Graecè editus, in usum Scholarum Academiae Mussipontanae, apud S. Sammartellum bibliopolam Tullensem. BSG

1593 – [...] Sancti Ioannis Chrysostomi De precatione orationes duae. Pomponio Brunello interprete, Rome, A. Zanetti. BAV, Cas.

1593 – [...] Sancti Patris Nostri Ioannis Chrysostomi Archiepiscopi Constantinopolitani, de Principatu et Imperio, Concio elegantissima, Paris, F. Morel. BNF, ENS

1594 – [...] Sanctorum Patrum orationum selectarum uolumen primum Pomponio Brunello interprete, Illustriss. ac Reverendiss. D.D. Petro Aldobrandino S.R.E. Card. Amplissimo dicatum, Rome, D. Basa. Ang., Cas.

1594 – D. Ioannis Chrysostomi Archiepiscopi Constantinopolitani, oratio in Diem natalem Seruatoris nostri Iesu Christi. Edita nunc primum studio et opera Davidis Hoeschelii Augustani, ex Bibliotheca Augustana, Augsbourg, M. Mangerus, 1594. Ang.

1594 – Diui Ioannis Chrysostomi Archiepiscopi Constantinopol. de Principatu et Potestate, Concio elegantissima. Ex interpretatione Fed. Morelli Paris. Professoris Regii, Paris, F. Morel. BNF, ENS

1594 – Diui Ioannis Chrysostomi Archiepiscopi Constantinopol. De Christiana benignitate, Concio : Nunc primum Graece et Latine edita, Paris, F. Morel. BNF, ENS

1594 – [...] Sancti Patris Nostri Ioannis Chrysostomi Archiepiscopi Constantinopolitani, in Genesin Sermones III. Nunc primum in lucem editi Graece et Latine. Ex Bibliotheca Medicaea Reginae Christianissimor. Regum matris, Paris, F. Morel. BNF, ENS

1595 – D. Io. Chrysostomi de Publicano et Pharisaeo, deque humilitate et oratione Concio. Graece nunc primum edita typis regiis, Paris, F. Morel. BNF

1595 – Diui Ioannis Chrysostomi de Pharisaeo et Publicano, ac de Humilitate et Oratione Concio elegantiss. Ex Lat. Ioach. Perionii interpretatione recognita et cum Graec. collata, Paris, F. Morel. BNF

1595 – [...] S. Ioan. Chrysostomi de Orando Deo libri duo, Paris, É. Prévosteau. BNF

1596 – Ἰωάννου τοῦ Χρυσοστόμου ἀρχιεπισκόπου Κωνσταντινουπόλεως ἑρμηνεία εἰς τὰς τοῦ ἁγίου Παύλου ἐπιστολάς. Expositio in divi Pauli epistolas. Graeca Veronensis editio... D. Joannis apocalypsis cum commentario Andreae Caesariensis Latine reddito Theodori Peltani opera. Apud Hieronymum Commelinum [titre d'après W. Port, Hieronymus Commelinus, Bibliographie, n° 137 ; exemplaires avec une page de titre de 1603, BNF, Maz.]

1598 – Operum omnium S. Ephraem Syri, Patris et Scriptoris Ecclesiae antiquissimi et dignissimi, quotquot in insignioribus Italiae Bibliothecis praecipue Romanis, graece inueniri potuerunt, tomus tertius et ultimus, Nunc recens latinitate donatus, et Scholiis illustratus. Interprete et Scholiaste R.D. Doct. Gerardo Vossio Borchlonio, Germ., Rome, ex typographia Vaticana. Maz.

1598 – Iul. Caesaris Bulengeri de Circo Romano, ludisque circensibus ; ac Circi et Amphitheatri Venatione liber. Cui accessit D. Ioan. Chrysostomi Constantinopolitani Archiepiscopi Oratio de Circo, ex uet. Graeco manusc. excerpta, nusquam hactenus edita ; cum eiusdem Bulengeri interpretatione, Paris, A. Saugrain et G. des Rues. BNF

1598 – Homiliae IIII. SS. Patrum episcoporum Methodii, Athanasii, Amphilochii, Ioan. Chrysostomi, nunc primum Graece et Latine editae Petro Pantino Tiletano Interprete, Anvers, I. Trognaesius. BNF

1599 – S. Ioannis Chrysostomi De Sacerdotio libri VI. Graeci et Latini. DCC amplius locis emendati, aucti, illustrati, ope librorum mss. ex bibliothecis Palatina et Augustana. Opera Davidis Hoeschelii Aug., Augsbourg, M. Mangerus. Bod., LBM

1600 – Iacobi Gretseri Societatis Iesu Sacrae Theologiae in Academia Ingolstadiensi Professoris, De Cruce Christi Tomus Secundus. In quo uaria Graecorum Auctorum Encomiastica monumenta Graecolatina de SS. Cruce continentur. nunc primum ex uariis bibliothecis eruta, et in lucem edita. Cum notis. Ad Ser.ᵐᵘᵐ utriusque Bavariae ducem, etc. Maximilianum, Ingolstadt, A. Sartorius. BSG

1601 – Sancti Ioannis Chrysostomi Archiepiscopi Constantinopolitani Panegyrici Tractatus XVII sanctis Apostolis, Martyribus, et Patriarchis dicti. Nunc primum Graece et Latine in lucem editi opera Frontonis Ducaei Burdigalensis, societatis Iesu Professoris Theologi, Bordeaux, S. Millangius. BSG, CS

1601– Conciones Graecorum Patrum a Petro Pantino Tiletano Decano Bruxell. Nunc primum Graece editae, Latineque conuersae, Anvers, I. Trognaesius. BNF

1602 – D. Ioannis Chrysostomi contra Iudaeos Homiliae VI. Graece nunc primum, III. msss. Coddd. Palatino, Augustano, et Cyprio, inter se conlatis ; Latine partim modo, partim emendatiores ac integriores, quam antea editae. Opera Davidis Hoeschelii Augustani, Augsbourg, I. Praetorius. LBM, Maz.

1602 – Adriani Isagoge sacrarum literarum, et antiquissimorum Graecorum in Prophetas fragmenta. Opera Davidis Hoeschelii Augustani, ex manuscriptis codicibus edita, Augsbourg, I. Praetorius. Maz.

1602 – […] Sancti Patris Nostri Chrysostomi Archiepiscopi Constantinopoleos Expositio in Euangelium secundum Matthaeum. Graece nunc primum producitur è Mss. Illustriss. Bibliothecarum Palatinae, Bauarae, Augustanae, cum interpretatione Aniani. Accedit Commentarius mere latinus in Matthaeum, uulgo attributus eidem D. Chrysostomo. Ex Officina Commeliniana. BL

1603 – […] Sancti Patris Ioannis Chrysostomi Archiepiscopi Constantinopoleos Expositio perpetua, in Euangelium secundum Iohannem [in Acta Apostolorum]. Graece ac Latine è Mss. Illustr. Bibliothecarum Palatinae, Bauarae, Augustanae, In Bibliopolio Commeliniano. BNF, Maz.

1603 – […] S. Patris nostri Ioannis Archiepiscopi Constantinopolitani cognomento Chrysostomi liber, qui appellatur Flores siue Florilegia. In quo continentur homiliae XXXIII ex uariis et ferme omnibus D. Chrysostomi operibus, tum extantibus tum non extantibus excerptae ; quae hactenus uel graecè uel latinè non sunt uulgatae. Ex peruetusto manuscripto codice, in bibliotheca Monasterii S. Iacobi Moguntiae inuento, descriptae, et cum adiecta latina interpretatione ibidem editae studio et opera R. P. Balthasaris Etzelii Bremensis, Societatis Iesu, in Archiepiscopali Collegio Moguntino, linguae sanctae professoris, Mayence, I. Albinus. BSG

1603 – […] Sancti Patris et Domini Ioannis Chrysostomi Archiepiscopi Constantinopolitani homilia de liberorum educatione, hactenus typis non excusa. Adiecta est breuis homilia ex eodem S. Chrysost. de prospera et aduersa fortuna, Mayence, I. Albinus. LBM

1604 – […] Sancti Patris nostri Ioannis Chrysostomi Archiepiscopi Constantinopolitani orationes duae. 1. De animi humilitate. 2. De ieiunio et temperantia. In usum scholarum et iuuentutis seorsum excusae, Mayence, I. Albinus. BNF

1604 – Sancti Gregorii Episcopi Neo-Caesariensis, cognomento Thaumaturgi, Opera omnia […]. Ediecta [sic] sunt Miscellanea sanctorum aliquot Patrum Graecorum et Latinorum. Omnia nunc primum in lucem edita, eodem D. Doct. Gerardo Vossio auctore et Collectore, Mayence, A. Hierat. BNF

1604 – S. Ioannis Chrysostomi archiepiscopi Constantinopolitani tractatuum decas de diuersis Noui Testamenti locis. Nunc primum Graece et Latine in lucem edita opera Frontonis Ducaei, Burdigalensis, societatis Iesu Professoris Theologi. Adiectae sunt eiusdem Notae, quibus interpretationis aut correctionis ratio redditur, Bordeaux, Fr. Buderius. BL

1605 – S. Patris Ioannis Chrysostomi Archiepiscopi Constantinopolitani tractatus Panegyrici III Graecolatini, Interprete Frontone Ducaeo Societatis Iesu Professore Theologo. Accesserunt orationes duae S. Basilii de Ieiunio. In usum scholarum Societatis Iesu, Ingolstadt, A. Sartorius. LBM

1606 – Sancti Patris nostri Ioannis Chrysostomi Archiepiscopi Constantinopolitani homilia de Peccato et Confessione. In usum scholarum et iuuentutis seorsum excusa, Mayence, Typis et sumptibus I. Albini. BSG

1609 – Cynosura pietatis et morum graeco-latina : diuinae et humanae sapientis radiis nitidissimae : Usui, Scholarum φιλελλήνων, pio et probo, concinnata : Autore Nicolao Glasero, Giessen, Praelo Chemliniano. BL

1609 – Sancti Patris nostri Ioannis Chrysostomi archiepiscopi Constantinopolitani ad populum Antiochenum, aduersus Iudaeos, de incomprehensibili Dei natura, de Sanctis, deque diuersis eiusmodi argumentis, Homiliae LXXVII. Nunc primum Graece et Latine coniunctim editae : Ex Bibliotheca Henrici IV. Christianissimi Regis Francorum et Nauarrae, impensa et liberalitate Reuerendissimorum Episcoporum, et Cleri uniuersi Franciae Regni. Fronto Ducaeus Burdegalensis Societatis Iesu Theologus, uariantes lectiones ex Mnss. Codd. erutas selegit, ueterem interpretationem editarum olim homiliarum recensuit, aliarum nouam edidit, utramque Notis illustrauit, Paris, Cl. Morel. Ang., BNF, Maz.

1613 – S. Ioannis Chrysostomi Opera Graece, octo uoluminibus, Etonae, in Collegio Regali, I. Norton. Ang., BL, BL, BNF, Bod., BSG, ENS, LBM, Lambeth Palace, Dr. Williams's Library

1613 – S. Patris Ioannis Chrysostomi Archiepiscopi Constantinopolitani tractatus Panegyrici III Graecolatini, Accesserunt orationes duae S. Basilii de Ieiunio. In usum scholarum Societatis Iesu, Monachii, I. Hertsroy. BNF

1614 – […] S. Ioan. Chrysostomi De precatione libri duo. Item, Orationes duae : Una, in Principes Apostolorum Petrum et Paulum : Altera in sanctos duodecim Apostolos, Lyon, I. et A. Pillehotte. LBM

1614 – S. Ioannis Chrysostomi Archiepiscopi Constantinopolitani Opera, locis pene innumeris collatione codicum manuscriptorum ex Bibliotheca Christianissimi Francorum Regis, et aliis celeberrimis librorum promptuariis erutorum recognita, suppleta, correcta, et quinquaginta septem homiliis auctiora depromptis, Ex editione Graeco-Latina Frontonis Ducaei Societatis Iesu Theologi, Paris, Compagnie du Navire. CS

1614 – Sancti Patris nostri Ioannis Chrysostomi archiepiscopi Constantinopolitani De Sacerdotio libri VI. de compunctione cordis libri II. de prouidentia Dei libri III. et aliis simili argumenti, una cum eiusdem aliquot Homiliis et Epistolis ad diuersos CCXLV. Nunc primum Graece et Latine coniunctim editae [éd. Fronton du Duc], Paris, Cl. Morel. BNF

1614 – Sancti Patris nostri Ioannis Chrysostomi archiepiscopi Constantinopolitani Homiliae et Commentarii in Psalmos Davidis, in Esaiam, et de aliquot aliis Prophetarum locis. Nunc primum Graece et Latine coniunctim editi [éd. Fronton du Duc], Paris, Cl. Morel. BNF

1614 – Sancti Patris nostri Ioannis Chrysostomi archiepiscopi Constantinopolitani Homiliae in Genesim LXVII. una cum aliis XVIII. de diuersis ex eadem Genesi et libro I. Regum locis. Nunc primum Graece et Latine coniunctim editae [éd. Fronton du Duc], Paris, A. Estienne. Ars., BNF

1616 – Sancti Patris nostri Ioannis Chrysostomi archiepiscopi Constantinopolitani. De diuersis novi Testamenti locis Sermones LXXI. Nunc primum Graece et Latine coniunctim editi [éd. Fronton du Duc], Paris, A. Estienne. BNF

1619 – D. Ioannis Chrysostomi Orationes tres. I. De precatione. II. De eâdem. III. Quod nemo laedatur nisi a se ipso. Ad usum scholarum Societatis Iesu, Ingolstadt, I. Hertsroy. BNF

1624 – Sancti Patris nostri Ioannis Chrysostomi archiepiscopi Constantinopolitani, De diuersis utriusque Testamenti locis Sermones LXXIII. Nunc primum Graece et Latine coniunctim editi [éd. Fronton du Duc]. Tomus sextus, Paris, S. Cramoisy et A. Estienne. Ang., BNF

Das Chrysostomosbild im Pietismus am Beispiel Johann Albrecht Bengels[*]

Adolf Martin Ritter

Vor vielen Jahren wurde auf einer Tagung der „Patristischen Arbeitsgemeinschaft" mit dem Thema „Gnadenwahl und Entscheidungsfreiheit in der Theologie der Alten Kirche"[1] abschließend über „Synergismus als Phänomen der Frömmigkeitsgeschichte, dargestellt an den Predigten des Johannes Chrysostomus" referiert[2]. In seiner Einleitung ging der Referent dabei kurz auch auf Luthers wohlbekannte, in den „Tischreden" mehrfach bezeugte Abneigung gegen Chrysostomos[3] ein und gab seiner Meinung Ausdruck, des Reformators abfälliges Urteil über den Kirchenvater (als einen „Wescher" [d. h. „Schwätzer"], der ihm, Luther, wenig gelte), habe „seine Wirkung getan; vor allem im Bereich der lutherischen Reformation" habe jener „lange Zeit kaum Gnade gefunden". Und er schloss daran die Vermutung (bzw. die „fragende Bemerkung") an, es sei womöglich „lohnend, den Synergismus", an dem die Lutheraner vor allem Anstoß nahmen, einmal „auch unter einer anderen Frage als der seiner Relevanz für die Frömmigkeitsgeschichte zu untersuchen". Zu denken sei „an seine Bedeutung für die Frage nach den Auswirkungen des Glaubens auf Gesellschaft und Politik". Es sei „sicher kein Zufall, dass die Reformierten" Chrysostomos „im Gegensatz zu Luther hoch schätzten"[4].

---

[*]   Hans Georg Thümmel, dem 75jährigen, in alter Verbundenheit gewidmet.

[1]   Betheler Tagung vom 3.-5.1.1979; Siehe F. von Lilienfeld/E. Mühlenberg (Hgg.), Gnadenwahl und Entscheidungsfreiheit in der Theologie der Alten Kirche: Vorträge, geh. auf der Patristischen Arbeitsgemeinschaft, 3.-5. Jan. 1979 in Bethel (Oikonomia 9), Erlangen 1980.

[2]   Ebd., 69-89. 113-121; der Referent war R. Brändle.

[3]   Vgl. A. M. Ritter, Charisma im Verständnis des Joannes Chrysostomos und seiner Zeit. Ein Beitrag zur Erforschung der griechisch-orientalischen Ekklesiologie in der Frühzeit der Reichskirche (FKDG 25), Göttingen 1972, 42, Anm. 3; R. Brändle/W. Pradels (oben S. 235-254, hier 246). Den Äußerungen in den „Tischreden" zufolge kannte Luther aus eigener Lektüre nur die – schon in den eigenen Hebräerbriefvorlesung von 1517/18 fast regelmäßig verglichenen – Homilien des Chrysostomos über den Hebräerbrief, die ihn anscheinend bitter enttäuschten, weil der Autor „lest den text fallen", d.h. weil er mit der schieren Texterklärung immer relativ rasch am Ende ist (WA.TR I, 85), weil sie eine *„eloquentia sine dialectica, verba sine re"* enthalten und ständig *„a statu rei in aliam materiam"* abschweifen (WA.TR IV, 49f.).

[4]   R. Brändle, Synergismus als Phänomen der Frömmigkeitsgeschichte (wie Anm. 2), 69

Nun, ob man – *in politicis et socio-oeconomicis* – zurecht von einem „Gegensatz" zwischen Reformierten und (ausgerechnet) Luther sprechen könne, will ich jetzt unerörtert lassen; ich habe da meine Zweifel[5], will sie aber im Augenblick für mich behalten und stattdessen zu Beginn meiner Ausführungen lediglich, für einen Moment, der Frage nachgehen, ob es zutreffe, dass vor allem „im Bereich der lutherischen Reformation" Chrysostomos „lange Zeit keine Gnade gefunden" habe. Und zwar will ich dies deshalb tun, weil ich mich im folgenden vor allem mit dem *lutherischen* Pietismus, und zwar in Deutschland, befassen will. Nun aber kann man sich besonders an einer Gestalt wie Ph. J. Spener klarmachen, wie irreführend es wäre, den Pietismus vor allem in *Opposition* gegen die Orthodoxie, geschweige denn gegen die Reformation und ihre Zentralfigur Luther zu sehen[6]; in dieser Position erschien Luther zumindest allen Pietisten, von denen wir in der Folge sprechen werden.

1. Das Chrysostomosbild im deutschen Luthertum vor Spener

In einer Übersicht über „Rechtfertigung in Kirchenväter-Anthologien des 16. Jahrhunderts"[7] kommt der Autor, Anthony N. S. Lane, zu dem Ergebnis, dass in den untersuchten 23 Anthologien lutherischer, reformierter und altgläubig-katholischer Provenienz, veröffentlicht in der Zeit zwischen 1527 und 1565 – wie kaum anders zu erwarten – Augustin mit weitem Abstand führe; an zweiter Stelle komme Ambrosius zu stehen und an dritter bereits Chrysostomos. Ziehe man jedoch die Auszüge aus dem Ambrosiaster oder der Schrift *De vocatione gentium* ab, die mehr als die Hälfte der angeblichen „Ambrosius"-Zitate ausmachten, so falle Ambrosius sogar auf Platz 4 zurück und Chrysostomos rücke auf Platz 2 vor.[8]

---

5   Vgl. zur Begründung einerseits meinen Beitrag: Zwinglis Von göttlicher und menschlicher Gerechtigkeit im Lichte der patristischen und scholastischen Tradition, in: Gedachter Glaube. FS H. Hofmeister, hg. von M. Wladika, Würzburg 2005, 111-119, andererseits vor allem G. Scharffenorth, Den Glauben ins Leben ziehen, München 1982; T. Strohm, Luthers Wirtschafts- und Sozialethik, in: Leben und Werk M. Luthers von 1526-1546, hg. von H. Junghans, Bd. 1, Berlin 1983, 205-225.

6   Das hat besonders J. Wallmann in seiner Monographie „Ph. J. Spener und die Anfänge des Pietismus" (Tübingen ²1986) sowie in seinem Faszikel „Der Pietismus" (KIG, Bd. 4, Lfg. O1, Göttingen 1990) in genügender Klarheit herausgearbeitet und ist seither, soweit ich sehe, in der Forschung unumstritten.

7   A. N. S. Lane, Justification in sixteenth-century Patristic anthologies, in: Auctoritas Patrum. Contributions on the reception of the Church fathers in the 15th and 16th entury, ed. by L. Grane/A. Schindler/M. Wriedt, Mainz 1993, 69-95.

8   Ebd., 85; vgl. auch die Tabelle ebd., 95.

Dieser hohe Stellenwert wird dem Werk des östlichen Kirchenvaters gerade auch in den Anthologien der beiden prominenten Lutheraner Antonius Corvinus (1501-1553) und Andreas Musculus (1514-1581) zuerkannt. Ersterer veröffentlichte 1539 eine Schrift unter dem Titel *Augustini et Chrysostomi theologia in communes locos digesta*, die teilweise zehn Jahre später, unter geändertem Titel, eine Neuauflage erlebte. Anders als die darin enthaltenen, fast doppelt so zahlreichen, Augustinzitate begegnen, mit einer einzigen Ausnahme, die 49 (!) Auszüge aus Chrysostomos in keiner älteren unter den von Lane untersuchten Anthologien, basieren also, aller Wahrscheinlichkeit nach, auf eigener Quellenlektüre des Corvinus. Musculus hat im Laufe seines Lebens drei oder, richtiger, vier veritable Anthologien in lateinischer und deutscher Sprache vorgelegt; es begann 1552 mit einem *Enchiridion sententiarum* (mit Vätersentenzen hauptsächlich zur Rechtfertigungslehre und zu verwandten *loci);* drei Jahre später brachte er (zum selben Themenkreis) einen umfangreicheren *Catechismus. Glaub, Leer und Bekenntnis der heiligen alten Leerer* heraus, von dem in den folgenden Jahren noch mehrere Ausgaben erschienen; 1556 veröffentlichte Musculus eine *Catechesis sanctorum patrum ac doctorum catholicae et orthodoxae* (!) *ecclesiae,* die er selbst als lateinische Version des *Catechismus* ausgab, die aber schon ihres erheblich reicheren Inhalts wegen als Anthologie eigenen Rechts betrachtet und gezählt werden muss; fünf Jahre danach endlich (1563) erschienen, als Krönung sozusagen, seine *Loci communes theologici ex scriptura sacra et ex orthodoxis ecclesiae doctoribus* in zwei voluminösen Bänden[9]. In einem Andachtsbuch desselben Autors, dem „Betbu(e)chelin" von 1553, entdeckte R. Kolb unter den 51 Kirchenväterzitaten zum Thema Gebet 18 Zitate aus Chrysostomos und acht aus Augustin[10].

Dass von einer Chrysostomosvergessenheit oder auch -verdrossenheit im Luthertum jedenfalls in der zweiten Hälfte des 16. Jahrhunderts nicht wohl gesprochen werden kann, belegt außer dem umfangreichen und vielseitigen Schrifttum des A. Musculus das Konkordienwerk, zumal die *Formula Concordiae* von 1577, die den innerlutherischen Streitigkeiten ein Ende setzen sollte. An ihr waren außer Musculus der Melanchthonschüler M. Chemnitz, der zuvor (1554) – seines Lehrers Gedanken weitergebend

---

9   Die einzelnen Schriften und ihr Verhältnis zueinander und anderen Vorgängerschriften sind eingehend behandelt bei Lane, die Werke des Musculus vor allem bei R. Kolb, The Fathers in the Service of Lutheran Teaching. Andreas Musculus' Use of Patristic Sources, in: Auctoritas Patrum II. Neue Beiträge zur Rezeption der Kirchenväter im 15. und 16. Jahrhundert, hg. von L. Grane/A. Schindler/M. Wriedt, Mainz 1998, 105-123. Dieser vermag auch zu zeigen, daß die Kirchenväterzeugnisse bei Musculus auch Eingang gefunden haben in Andachtsbücher für Gebet und Meditation. Unter diesen Testimonien rangieren solche aus Chrysostomos mindestens an dritter, manchmal sogar an erster Stelle!

10   R. Kolb, The Fathers in Lutheran Teaching (wie Anm. 9), 114.

– eine *Oratio de lectione patrum sive doctorum ecclesiasticorum* verfasst hatte[11], und J. Andreae beteiligt, die auch für den als Anhang zur Konkordienformel gedachten *Catalogus Testimoniorum* verantwortlich zeichneten. In dem drei Jahre später (1580) angenommenen Konkordienbuch (*Liber Concordiae*) als der Zusammenfassung sämtlicher in Geltung stehender lutherischer Bekenntnisschriften[12] gibt es 18 Chrysostomoszitate bzw. - verweise, aus elf verschiedenen Schriften, darunter allein fünf Anführungen aus den Hebräerbriefhomilien (!); hinzukommt ein weiteres Chrysostomoszitat aus dem *Corpus iuris canonici* (oder *Decretum Gratiani*). Chrysostomos steht damit unter den Kirchenvätern an dritter Stelle, nach Augustin und – diesmal – Kyrill von Alexandrien (was mit der besonderen Rolle zusammenhängt, die die Christologie in den zu schlichtenden innerlutherischen Streitigkeiten spielte).

Im einzelnen glaubt man sich auf Chrysostomos berufen zu dürfen: a. für die Weise, wie bestimmte Missbräuche bei der Feier der Messe und der Übung der Beichte (*confessio*) abgestellt wurden[13]; b. für das reformatorische Verständnis der Buße oder doch wenigstens wichtige Aspekte desselben[14], im Gegensatz zur „falschen Buße der Papisten"[15]; c. für das rechte Verständnis von Mt 16,18[16] und des *hoc est corpus meum* der Einsetzungsworte[17]; d. für die Lehre von der *manducatio indignorum*[18]; e. dafür, dass Christus „seine Majestät in der Zeit" nach seiner angenommenen menschlichen Natur oder nach dem Fleisch empfangen habe[19], und endlich, f., dafür, dass der eine und ganze Christus, der Gottheit und der Menschheit nach, da zu finden sei, wohin uns Christus in und mit seinem Wort gewiesen[20].

Der einzige Punkt, an dem ein Dissens zwischen der reformatorischen Lehre und der „der alten und neuen Kirchenlehrer" (darunter Chrysostomos) – in relativ moderatem Ton übrigens – eingeräumt wird[21], betrifft

---

11 Diese Rede ist später dem Fragment gebliebenen und erst posthum veröffentlichten dogmatischen Hauptwerk Chemnitzens (*Loci theologici*, in drei Teilen, hg. von P. Leyser, Frankfurt 1591/1592) vorangestellt worden (Ebd., Teil 1, 1-6).
12 Ich benutze es in der Jubiläumsausgabe von 1930 ([BSLK] Göttingen [10]1986).
13 *CA* XXIV. XXV (BSLK, 95. 99).
14 Apologie XII (BSLK, 270)
15 AS (also ein Luthertext!), tertia pars (BSLK, 441).
16 Tractatus de potestate Papae (BSLK, 480).
17 *FC, SD* VII (BSLK, 983).
18 Ebd. (BSLK, 994 f.)
19 Catalogus testimoniorum 2. 3 (BSLK 1111f. 1118 f.).
20 Ebd. 10 (BSLK, 1134).
21 *FC, Epitome* II = *SD* II (Vom freien Willen [BSLK, 780. 907 f.]). Angeführt wird ein Satz – angeblich aus *De laudibus s. Pauli*, hom. 9 (die es nicht gibt); in Wirklichkeit stammt er – aus *De ferendis reprehensionibus et de mutatione nominum*, III (PG 51, 143). Die

das *liberum arbitrium* des Menschen *coram Deo*. An eben diesem Punkt war zuvor aber auch J. Calvin in seiner *Institutio* deutlich auf Distanz zu Chrysostomos gegangen[22].

Ich muss hier aus Raumgründen die sog. „lutherische Orthodoxie" des 17. Jahrhunderts weitgehend übergehen und mich auf den einen, allerdings, wie man sofort merkt, besonders ergiebigen Johann Gerhard beschränken, um danach auf das Chrysostomosbild im lutherischen Pietismus vor Bengel zu sprechen zu kommen. J. Gerhard (1582-1637) gilt ziemlich allgemein als gelehrtester und bekanntester Vertreter der lutherischen Orthodoxie. Für unsere Fragestellung ist von besonderem Interesse, dass ihm u. a. die erste uns bekannte „Patrologie" zu verdanken ist. Sie ist allerdings erst 1653 posthum aus dem Nachlass von seinem Sohn, J. E. Gerhard, in Jena herausgegeben worden[23], macht einen etwas unfertigen Eindruck und beginnt, als ein Schriftstellerkatalog in chronologischer Ordnung angelegt und ohne eigene Einleitung geblieben, mit Hermas (wegen des Vorkommens dieses Namens in Röm 16,14), und zwar nach den – im folgenden meist wiederholten – Rubriken „Leben" (*Vita*), „Schriften" (*Scripta*), „Lobende Erwähnungen" (*Elogia*) und „Irriges" (*Errata*). Über Chrysostomos handeln die Seiten 340-356. Nach einer kurzen (aber wohlinformierten) *Vita* folgen eine ausführliche Beschreibung seines literarischen oeuvre mit Inhaltsangabe (Band für Band) der 10bändigen Werkausgabe Venedig 1574, einer langen Diskussion über die Echtheit des *Opus imperfectum in Matthaeum* und andere Echtheitsfragen, dann die *Elogia,* von (Ps.-)Gregor von Nyssa angefangen über Isidor von Pelusium, Kaiser Leon von Konstantinopel, bis zu Petrus Canisius, Erasmus, M. Chemnitz (und seiner erwähnten *Oratio de lectione Patrum*), abschließend die *Errata et incommode dicta*; hier werden Stimmen aus der Rezeptionsgeschichte bis in Gerhards Gegenwart hinein (Chemnitz,

---

kritisierten Wendungen lauten in lat. Übersetzung: *Deus trahit, sed volentem trahit.* Item: *Hominis voluntas in conversione non est otiosa, sed agit aliquid.*

22   *Institutio II, 3, 10* (Joannis Calvini Opera Selecta, Bd. 3, hg. v. P. Barth/W. Niesel, München [3]1967, 285: *Illud ergo toties a Chrysostomo repetitum repudiari necesse est*). Wiederum geht es um das *Quem trahit, volentem trahit* (die Herausgeber geben als Beleg außer hom. de ferendis reprehensionibus, c. 6 (ed. Paris 1834 ff. III, 155 = hom. 3 in Ac. 9:1 6, (PG 51,143); hom. in Ioh. 10,1 (VIII, 65 = PG 59,73) an. Für den unmittelbar vorher angeführten Lehr- und Glaubenssatz durch viele Jahrhunderte hindurch, daß Gott den Willen so bewege, daß es in unserer Entscheidung stünde, dem Gehorsam zu leisten oder aber zu verweigern, verweisen die Herausgeber auf In ep. ad Hebr.c. 7, hom. 12 (ed. Paris. XII, 177 f. = PG 63,95-102).

23   Unter dem Titel: *Patrologia sive de Primitivae Ecclesiae Christianae Doctorum vita ac lucubrationibus opusculum posthumum. Accesserunt de Scholasticis ac Historiae Ecclesiasticae Scriptoribus tum (oder cum) aliis quoque recentioribus nonnullis judicia varia.* Das Werk ist bereits zwanzig Jahre später in Gera in 3. Auflage erschienen, was zeigt, welches Interesse daran bestand.

Bellarmin, Suarez, Pereira) versammelt, die zumeist rhetorische Übertreibungen (*excessus*) ankreiden und damit zugleich erklären und entschuldigen, wenn ihnen etwas bei Chrysostomos nicht passt. All das ist nicht übermäßig erheblich und ergiebig, obwohl es der Ruhm Gerhards bleibt, dass er, ein Lutheraner, die erste uns bekannte *Patrologia* (und zwar unter diesem Namen!) verfasst hat. – Ich sollte noch erwähnen, dass dem allen ein Anhang beigefügt ist, fast so umfangreich wie die „Patrologie" selbst, in dem „verschiedene Urteile über Scholastiker und Verfasser von Kirchengeschichten, alsdann auch einige andere Neuere" zusammengestellt sind. Es schlagen sich darin ähnliche Vorlieben nieder, wie sie auch in anderen Publikationen Gerhards sichtbar werden.

Was fängt nun Gerhard mit seinem ausgebreiteten historischen Wissen an? Diese Frage richten wir an zwei im Charakter ganz unterschiedliche Werke: zum einen an die – jetzt mustergültig von J. A. Steiger in zwei Bänden herausgegebenen – *Meditationes Sacrae* (1606/7)[24]; zum andern an die *Loci theologici* (Jena 1610-1622). Zum erstgenannten Werk bemerkt der moderne Herausgeber in seinem „Nachwort", und der Benutzer seiner schönen Ausgabe kann es mühelos nachvollziehen: „Die wichtigsten Hauptquellen für Gerhards Hinwendung zur meditativen Frömmigkeit sind altkirchlicher und v. a. mittelalterlicher Provenienz [...]: Am häufigsten bezieht sich Gerhard auf (Ps-)Bernhard (104 Belege), wobei die meisten Zitate aus den ‚Sermones super Cantica' stammen [...], die die mittelalterliche Jesus-Minne nachhaltig geprägt haben ... An zweiter Stelle [...]steht (Ps-) Augustin (81) [...] Mit einigem Abstand folgt drittens (Ps-)Anselm (25) [...] Auf Rang 4 steht Thomas von Kempen [...] mit Cyprian und Ludovicus Granatensis (je 13). Es folgen Gregor d. Gr. und Chrysostomos (je 11) [...] "[25]. D. h. die Frömmigkeit Gerhards ist stark patristisch, vor allem aber mittelalterlich-bernhardinisch geprägt. Chrysostomos nimmt unter den altkirchlichen Zeugen einen achtbaren Platz ein, wenngleich mehrfach als Verfasser des *Opus imperfectum in Mt* in Anspruch genommen; Gerhard kennt die Zweifel an der Echtheit dieses *Opus*, kann sich aber nicht klar dafür oder dagegen entscheiden.

Im dogmatischen Hauptwerk Gerhards, den *Loci theologici*[26], obwalten andere Prioritäten als in den *Meditationes Sacrae*. Augustin wird hier un-

---

24 J. Gerhard, Meditationes sacrae: (1606/7). Lateinisch-deutsch (Doctrina et Pietas, Abt. 1, Johann Gerhard-Archiv 3,1.2), kritisch herausgegeben und kommentiert von J. A. Steiger, Stuttgart-Bad Cannstatt 2000.

25 Ebd., Bd. 2, 669.

26 Vollständiger Titel: *L. t., cum pro adstruenda veritate tum pro destruenda quorumvis contradicentium falsitate per theses nervose solide et copiose explicati.* Die Erstausgabe Jena 1610-1622 erschien in 9 Quartbänden; ich habe im folgenden benutzt die Neuausgabe durch den Tübinger Professor und Kanzler J. F. Cotta in 20 Quartbänden, Tübingen 1762-1781, und einem Registerband, bearb. von G. H. Müller, Tübingen 1787-1789.

vergleichlich öfter, Bernhard von Clairvaux dagegen deutlich weniger angeführt als in dem Andachtsbuch, weniger auch als Johannes Chrysostomos, der an Zitierhäufigkeit allerdings außer durch Augustin noch durch Cyprian von Karthago überboten wird.

Wofür interessiert sich der Dogmatiker Gerhard bei dem östlichen Kirchenvater vor allem? Es ist ganz eindeutig die Abendmahlslehre (enthalten in Band X der Tübinger Neuauflage), zu der Chrysostomos am häufigsten und ausgiebigsten herangezogen wird. Zitiert wird beispielsweise eine lange *Precatio Chrysostomi*[27], in der Erwartung, dass sie auch im lutherischen Abendmahlsgottesdienst Verwendung finde; es wird hingewiesen auf den „bemerkenswerten Brief an Caesarius", dessen Echtheit manche allerdings bestritten[28], sowie auf die Chrysostomosliturgie, die freilich, genau so wie die des Basileios, „in verschiedener Weise interpoliert" auf uns gekommen sei[29]; nach Gerhards Urteil unterstützen ferner die einschlägigen Aussagen des Chrysostomos zu allerletzt die Transsubstantiationslehre (*minime adstruunt transsubstantiationem*), bezeugen dagegen sehr wohl die reale Gegenwart Christi im Altarsakrament[30]; wichtig für ihn ist endlich dessen Zeugnis über den *usus s. coenae* (in seinen Homilien über 1 Kor)[31]. Abgesehen von der Abendmahlsthematik wird, um nur das Wesentliche zu nennen, gelobt und aufgenommen: des Chrysostomos Zeugnis über Christus als einzigen Gebetsmittler (*intercessor*) bei Gott[32]; über Maria, die „dem verderblichen Einfluss der Sünde ausgesetzt" (*peccati labe infecta*) gewesen sei[33]; über die *ratio humana* oder, genauer, darüber, dass es keine durchschlagenden rationalen Argumente gegen die orthodoxe Trinitätslehre gebe[34]; über die Sündenvergebung schon auf Erden[35]; über die Verderbnis der Kirche, die keinen Zweifel an deren Fehlsamkeit erlaube (Thema: *An ecclesia possit deficere*)[36]; endlich darüber, dass gemäß dem Willen Jesu (Mt 13,25 ff.) das „Unkraut" nicht ausgejätet werden dürfe, um den „Weizen" nicht zu gefährden[37].

---

27 L. t., Bd. X, 431 f.
28 Ebd., 223; vgl. auch 176 f.
29 Ebd., 7.
30 Ebd., 176 f.
31 Ebd., 71.
32 L. t., Bd. XVIII, 167.
33 L. t., Bd. IV, 359; L. t., Bd.V, 362.
34 L. t., Bd. III, 230. 324.
35 L. t. Bd. XVII, 248.
36 L. t., Bd. XI, 122. 124.
37 L. t., Bd. XIV, 198 f. (loc. XXV: *De Magistratu Politico, pars* II). Diese Stelle war auch ein wichtiger Beleg für J. A. Bengel (s. unten S. 366 f.).

2. Das Chrysostomosbild im lutherischen Pietismus vor Bengel

Es ist, wie ich hoffe. für den lutherischen Pietismus in Deutschland einigermaßen repräsentativ, was ich vor allem über die Chrysostomosrezeption Ph. J. Speners auf der einen und G. Arnolds auf der anderen Seite zu berichten habe.

Zunächst zu Spener. Er hatte seine bis heute bekannteste Schrift, die *Pia Desideria* (1675), den Pfarrern gewidmet und, bei aller Wertschätzung des „allgemeinen Priestertums", die entscheidende Besserung der kirchlichen Zustände von *ihnen* erwartet[38]. In entschiedener Abgrenzung, soweit es um das Inhaltliche ging, aber in grundsätzlicher Fortsetzung der vernichtenden Kritik am Pfarrerstand, wie sie vor allem der mystische Spiritualismus in der Person Christian Hoburgs, u. a. in dessen Buch „*Ministerii Lutherani Purgatio*: Das ist Lutherischer Pfaffenputzer"[39], geübt hatte, war ihnen die Verantwortung für Vergangenheit, Gegenwart und Zukunft der Kirche auferlegt. Da alle Reformforderungen, wie sie Spener in den *Pia Desideria* aufführte und zu begründen suchte, nicht auf einmal zu erfüllen seien, solle durch eine überlegte Erziehung, nicht zuletzt auf der Universität, in diese Richtung gezielt werden[40]. Frühchristliche Zeugnisse, beginnend mit den Apostolischen Vätern, belegten das gezeichnete Idealbild.[41] Unsereiner erwartete unbedingt, dass sich darunter neben Gregors von Nazianz *Oratio 2 de fuga sua*[42] auch etwa des Chrysostomos Reformschrift *De sacerdotio* befände, die ja – unter gänzlich verschiedenen Voraussetzungen – zwar keineswegs identische, aber doch wenigstens ähnliche Ziele verfolgte wie Speners *Pia Desideria,* nämlich „Unwürdige" vom „geistlichen Amt" fernzuhalten. Doch ist beides nicht der Fall. Zwar wird der Nazianzener zitiert, aber nicht mit der genannten wortreichen Rechtfertigung seiner „Flucht" vor dem geistlichen Amt, sondern mit einer einzigen Zeile aus seinem *carmen historicum* 119 auf seinen toten Freund Basileios von Kaisareia[43], während Chrysostomos ganz übergangen wird. Eine Erklärung vermag ich einstweilen dafür nicht zu bieten, da ja das Argument der Chrysostomosvergessenheit bzw. -verdrossenheit im Luthertum vor Spener, wie gesehen, nicht verfängt.

---

38 Vgl. P. J. Spener, Pia Desideria (KlT 170), hg. von K. Aland, Berlin ²1955, 15 f. 18. 67.

39 1648 unter dem Pseudonym Elias Praetorius veröffentlicht. Darin sind auf den Seiten 58-87 nicht weniger als 100 Entartungen der Pfarrer aufgezählt.

40 P. J. Spener, Pia Desideria (wie Anm. 38), 68-78.

41 Ebd., 49 f. 61. 68. 75 f. 76 f.

42 PG 35, 407-513/4.

43 V. 40 (PG 38,74): βροντὴ σεῖο λόγος, ἀστεροπὴ δὲ βίος, was Spener übersetzte mit: „Basilii rede und lehr war (an der krafft) als ein donner / weil sein leben als ein blitz war".

Während die patristische Basis in A. H. Franckes Schriften zur Pfarrerausbildung wie dem von ihm selbst am meisten geschätzten Traktat „Nikodemus oder von der Menschenfurcht" (1701) oder der *Idea studiosi theologiae* (1712) eher noch wesentlich schmaler ist als bei Spener[44], verhält es sich bei dem dritten lutherischen Pietisten unserer Übersicht, G. Arnold, „dem eigentlichen Klassiker in der Aktualisierung der frühchristlichen Tradition"[45], wie ihn der Kirchenhistoriker M. Schmidt (zuletzt in Heidelberg) genannt hat, ganz anders. Hier herrscht wirklich eine unerwartet große Weite und intime Kenntnis. Das sei vor allem an der Schrift „Die geistliche Gestalt eines Evangelischen Lehrers Nach dem Sinn und Exempel der Alten Auff vielfältiges Begehren Ans Licht gestellet"[46] rasch aufgezeigt.

Hatte er acht Jahre zuvor (1696), in seinem ersten Werk betitelt „Die Erste Liebe der Gemein(d)en Jesu Christi oder Wahre Abbildung der ersten Christen nach ihrem lebendigen Glauben und heiligen Leben", in polemischer Abgrenzung gegen die idealisierende, das konstantinische Bündnis zwischen römischem Reich und katholischer Kirche reichlich naiv als Gipfel der frühen Kirchengeschichte betrachtende Darstellung des Anglikaners William Cave (in seinem Buch „Primitive Christianity" [1672]), bereits ein überaus kenntnisreiches, dabei keineswegs schematisches Bild entworfen, wozu der Zwang der Verfallsidee, Arnolds Leitgedanke (zumal in seiner „Unparteiischen Kirchen- und Ketzerhistorie") hätte verleiten können, so ging es ihm jetzt darum, die Gestalt eines „evangelischen Lehrers" nach ihrer *Prägung* und ihrem *Auftrag* ganz überwiegend mit altchristlichen Farben zu malen[47] – so sehr, dass die teilweise langen Zitate beinahe mehr Platz in Anspruch nehmen als der eigene Gedankengang des Verfassers. Die „Pastoraltheologie", die er damit bieten wollte, verstand er ausdrücklich als notwendige Ergänzung der geschichtlichen Darstellung des Frühchristentums in seiner genannten Erstlingsschrift, auf die er sich jetzt immer wieder bezog. Hatte er sich

---

44 Nach M. Schmidt (Das pietistische Pfarrerideal und seine altkirchlichen Wurzeln, in: Bleibendes im Wandel der Kirchengeschichte, hg. von B. Möller/G. Ruhbach, 211-250) ist darin wirklich zitiert und ausgewertet nur ein Brief Augustins an Valerius (Francke, Idea, § XLII Anm. p. 108s.); im übrigen werde nur ganz allgemein auf die Schriften der Apologeten des 2. und 3. Jahrhunderts sowie die des (Ps.-)Makarios (Symeons von Mesopotamien?) verwiesen (220 f.).

45 Ebd., 221.

46 Erschienen Halle 1704.

47 So erklärt er bereits in der „Einleitung" (V.), wie die Wendung des Titels „nach dem Sinn und Exempel der Alten" zu verstehen sei: es sind die Zeugnisse, wie sie sowohl in der Hl. Schrift als den erhalten gebliebenen anderen Denkmalen zu finden sind. Wie sich zeigt, sind unter den „anderen Denkmalen" ganz überwiegend, wenn auch nicht ausschließlich, Kirchenväterzeugnisse zu verstehen.

dort eher auf die „äußere Gestalt" des evangelischen Lehrers beschränken müssen und, wenn man so will, eher Strukturen nachgezeichnet, so warf er nun als Autor und Interpret der altkirchlichen Zeugnisse auf die innere Gestalt seine ganze Kraft und erreichte ein Konzept von eindrucksvoller Geschlossenheit, welches als Inbegriff des piestistischen Pfarrerideals gelten darf; er war freilich auch, wohl nicht *nur* aus diplomatischen Gründen, bemüht, auch Luther reichlich und – soweit passend – die lutherische Überlieferung wenigstens angemessen zu Wort kommen zu lassen.

Hält man sich den Aufbau der Schrift vor Augen, so wird dem Chrysostomoskenner sofort bewusst, wieviel Stoff das Corpus Chrysostomicum zu den von Arnold verhandelten Themen zur Verfügung zu stellen hätte. Und in der Tat ist Chrysostomos, wenn ich mich nicht täusche, der von Arnold in dieser Schrift am meisten zitierte antike Autor, wiewohl die Vielfalt erstaunlich groß ist und die Frühzeit (z. B. das gern zitierte *Corpus Ignatianum*) ebenso berücksichtigt wird wie die Spätantike.

Ich beschränke mich auf die Anführung der Kapitelüberschriften (in vorsichtig modernisiertem Deutsch):

I. Von der Zubereitung eines rechten Lehrers
II. Von dem Beruf eines göttlichen Lehrers
III. Von der Wichtigkeit und Schwierigkeit des Lehramtes
IV. Von eines göttlichen Lehrers Vereinigung, Bekannt- und Gemeinschaft mit Gott in der neuen Geburt
V. Von göttlicher Weisheit eines Boten Gottes
VI. Von wahrer Gottseligkeit eines Lehrers insgemein und von Vermeidung der falschen
VII. Von andern Eigenschaften eines Lehrers und erstlich von der Demut
VIII. Von der Sanftmut, Geduld und Liebe eines Lehrers
IX. Von der Mäßigkeit und Genügsamkeit eines Lehrers oder von seinem Verhalten in zeitlichen Dingen insgemein
X. Von dem Ernst und dem Fleiß im Lehramt
XI. Von dem Hauptwerk eines göttlichen Lehrers, nämlich der Verkündigung des wahren Evangeliums
XII. Von der Handlung des Gesetzes
XIII. Von den öffentlichen Verrichtungen eines Lehrers insgemein (sc. im Sinne des *usus civilis legis*)
XIV. Von den Verrichtungen eines Lehrers und insonderheit von dem Lehren
XV. Von der Handlung der Taufe, der Absolution, des Abendmahls, des Banns und anderer äußerlicher Dinge
XVI. Von der Wirkung des Lehramts, und zwar erstlich bei Ungeübten
XVII. Von den rechten Früchten des wahren Lehramts.

Schon in der Einleitung begegnet ein Chrysostomoszitat (und zwar aus den Homilien über das Johannesevangelium); ansonsten wird aus 24 verschiedenen Schriften des Kirchenvaters zitiert, wobei ich die Reihenpredigten über einzelne biblische Bücher jeweils nur als *eine* Schrift zähle. Natürlich befindet sich unter den zitierten Schriften auch der Traktat *De sacerdotio* („Über das Bischofsamt", wie man übersetzen sollte, da mit ἱερεύς und ἱερωσύνη durchweg der Bischof und sein Hirtenamt gemeint ist); doch sind die Zitate daraus nicht eben auffällig häufig. Die Homilien über den Hebräerbrief bleiben diesmal ganz unberücksichtigt – aus mir unerfindlichen Gründen –, nicht aber beispielsweise die „Judenreden", aus denen allerdings eine einzige, zudem völlig unverfängliche Stelle angeführt wird. Manche Einführungen verraten eine besondere Hochschätzung des Chrysostomos, so, wenn ein – ausnehmend schönes – Zitat aus der *Homilia de reditu ex Asia*[48] eingeleitet wird mit der Bemerkung: „Ein anderer sonst großer Bischof in der kaiserlichen Residenz selbst sagte doch dieses in der Gemeine ohne Verlust seines so genannten Respects"[49] (d.h. ohne zu befürchten, seinen Respekt in der Gemeinde zu verlieren), ein leuchtendes Beispiel für das, was Arnold in dem betreffenden Kapitel (VII) verhandelt, nämlich „Demut"[50].

Es ergibt sich also ein ganz ähnliches Bild wie bei den zahlreichen, ausnahmslos respektvollen Bezugnahmen Arnolds auf Dionysios Pseudo-Areopagites[51]: auch hier war Luthers herbe Kritik[52] allem Anschein nach ohne nennenswerte Folgen geblieben!

---

48 PG 52, 421-424 bietet lediglich die alte lateinische Version in einer mangelhaften Form. 1958 wurde das griechische Original in einem Moskauer Kodex (Mosquensis 159) auf dem Athos entdeckt und drei Jahre später von A. Wenger publiziert (L'homélie de Saint Jean Chrysostome „A son retour d'Asie". Texte grec original retrouvé, REByz 19, 1961, 110-123, Text ab Seite 114), zusammen mit einem wesentlich besseren lat. Text; J. N. D. Kelly bezeichnete diese Predigt als „one of his warmest, most pastorally sensitive adresses" (Golden Mouth. The Story of John Chrysostom – Ascetic, Preacher, Bishop, Ithaca/New York 1995, 181). Die von Arnold ausgezogene Stelle lautet: „Ich bin ein Knecht eurer Liebe. Denn ihr habt mich gekauft, nicht indem ihr Geld hinwarft, sondern Liebe erzeigtet. Ich freue mich dieser Knechtschaft und möchte davon nie loskommen. Denn … diese Knechtschaft ist besser als Freiheit" (A. Wenger, „A son retour d'Asie" [wie oben], 116/8).

49 G. Arnold, Die geistliche Gestalt (wie Anm. 46), 239.

50 Andere Beispiele: ein Beleg für die außerordentliche Geduld des Predigers Chrysostomos im Umgang mit seiner Gemeinde (aus *De Lazaro* hom. I) wird als „das feine Bekenntnis Chrysostomi" eingeführt (Kap. VIII, 261 f.) und ein weiterer Beleg (aus *In ev. Ioan.* h. 26) zum selben Thema mit „wie Chrysostomus wohl (= zurecht) anmerkt" (267 f.).

51 S. Kap. IV, 4 (S. 95: „ein bekannter Scribente"); 23 (S. 113: „ein tiefsinniger Autor"); Kap. V, 11 (S. 123: „ein alter Autor" sagt „gar fein"); Kap. VIII, 20-22 (S. 269-272: Stimme der Weisheit); Kap. IX, 36 (S. 318).

52 S. oben, Anm. 3.

3. Das Chrysostomosbild J. A. Bengels
nach seiner Ausgabe von *De sacerdotio*

Zum Werdegang Bengels nur so viel: Johann Albrecht Bengel (1687-1752), wirkte die längste Zeit seines aktiven Leben als Klosterpräzeptor in Denkendorf bei Esslingen, nahe Stuttgart, einer Bildungsstätte, die – als eines der sog. „niederen Seminare" der Vorbereitung auf das Universitätsstudium diente, und erarbeitete sich dort durch organische Verbindung von Unterricht und eigenem Studium eine gründliche philologisch-textkritische und sachbezogene Kenntnis des Neuen Testaments, die ihn geradezu zum Klassiker der Bibelauslegung im Pietismus werden ließ. Sein Leitsatz war: *Te totum applica ad textum, textum totum applica ad te* („Wende du dich ganz dem Text zu, wende den Text ganz auf dich an"!).

Warum der junge Bengel den für einen künftigen schwäbischen Theologen, zumal für einen Pfarrerssohn, vorgezeichneten Weg durch das „niedere Seminar" (wie das, an dem er später die längste Zeit seines aktiven Lebens lehren sollte) nicht beschritten, sondern nach dem frühen Tod seines Vaters (Diaconus in Winnenden) den Privatunterricht des dem Elternhaus befreundeten Präzeptors D. W. Spindler bis zu dessen Übersiedelung nach Stuttgart genossen hat, um anschließend das dortige Obergymnasium zu durchlaufen und schließlich in das herzogliche Stipendium nach Tübingen aufgenommen zu werden, darauf gibt es keine schlüssige Antwort. Nur so viel ist klar, dass ihm dieser „Sonderweg" keineswegs geschadet hat, sondern dass er Spindler wie auch dem (damals modernen) Stuttgarter Gymnasium eine solide Bildung verdankte.[53] Das Theologiestudium in Tübingen war zu seiner Zeit, entsprechend den Anweisungen Speners und Franckes, weithin auf die Bibel ausgerichtet[54], berücksichtigte aber in der Dogmatik auch die Orthodoxie, freilich nicht ausschließlich die *lutherische*, sondern z. B. auch die des Cocceius (des Vaters der sog. Foederaltheologie). Es war denn auch besonders dem Einfluss des Dogmatikers J. W. Jäger zu verdanken, dass sich Bengel bewusst vom radikalen Pietismus und von der Mystik abgrenzte und ihm nie zweifelhaft wurde, dass sein Auftrag in der Kirche liege, nicht in der Separation, zu der sein Mentor Spindler tendierte.[55] Die fällige Bildungsreise im Anschluss an sein Studium verbrachte er hauptsächlich in Halle, wo er sich (mangels mehr als nur sporadischer Begegnungen mit dem

---

53 M. Brecht, Der württembergische Pietismus, in: Geschichte des Pietismus, Bd. 2, hg. v. M. Brecht/K. Deppermann, Göttingen 1995, 225-295, hier 251.

54 S. dazu außer Brecht, Geschichte des Pietismus (wie Anm. 53), E. Nestle, Bengel als Gelehrter. Ein Bild für unsere Tage (Sonderdruck aus: Ders., Marginalien und Materialien, Tübingen 1893, 143 S.), hier: 5 f.

55 Ebd., mit Belegen.

vielbeschäftigten Francke) besonders für das Pädagogium und erst recht für die Theologenausbildung durch die Hallenser Pietistenprofessoren interessierte, die ihm in ihrer konzentrierten und ernsten Ausrichtung auf Gott und das Seelenheil für immer als vorbildlich erschien.

Ende 1713 zog er als Klosterpräzeptor an der evangelischen Klosterschule in Denkendorf ein und übte diese, im Vergleich mit anderen großen Pietisten, bescheidene Tätigkeit über 27 Jahre aus, bis er 1741, ohne sein Zutun, als Propst von Herbrechtingen (bei Heidenheim) eine ehrenvolle Pfründe ohne Amtsgeschäfte (also eine Sinekure) erhielt. Das sollte wohl ein Trostpflaster dafür sein, dass sich vorher einige Berufungen an die Tübinger Universität, denen Bengel sehr gern gefolgt wäre, wiewohl er von sich aus nichts unternommen zu haben scheint, was ihn der Erfüllung seiner Wünsche hätte näherbringen können, aus unterschiedlichen Gründen zerschlagen hatten[56]. So soll ihn der Tübinger Senat 1736 mit der Begründung abgelehnt haben, er sei im Neuen Testament und in den Kirchenschriftstellern (*scriptores ecclesiastici*) wohlbewandert, gehe aber in der Kritik (gemeint: in der neutestamentlichen Textkritik) zu weit und sei ein Enthusiast.[57] Erst 1749 wurde Bengel als Prälat von Alpirsbach (im Schwarzwald) und Konsistorialrat in Stuttgart noch für wenige Jahre Mitglied der württembergischen Kirchenleitung.

Im Zusammenhang mit seiner Lehrtätigkeit in Denkendorf veranstaltete er zunächst einige anspruchsvolle Schulausgaben; den Anfang machte eine Ausgabe (nicht der, sondern) von Briefe(n) Ciceros, wie es der Titel(anfang) völlig korrekt wiedergibt: *M. Tulli Ciceronis epistulae ad diversos vulgo familiares* (1719). Kennzeichnend war, dass er sich dabei nicht, wie heute bei Schulbüchern im Normalfall, einfach an die üblichsten Textausgaben hielt, sondern auf die besten ihm erreichbaren Quellen zurückging. Die Wahl *dieses* Textes aus der Feder *dieses* Autors allerdings bedurfte keiner weiteren Begründung. Handelte es sich doch, so Bengels Einleitung, um einen „Autor, der als Richtschnur der lateinischen Sprache gilt (*qui Latini sermonis canon habetur*), und um ein Werk, aus dem die Jugend am besten die lateinische Sprache erlernen kann".

1687 hatte die von J. V. Andreae (1586-1654), Enkel J. Andreaes, angefertigte, nunmehr amtlich anerkannte und für den regelmäßigen Gebrauch bestimmte Sammlung aller die Kirchenordnung und die Disziplin

---

56 Vgl. G. Mälzer, Johann Albrecht Bengel. Leben und Werk, Stuttgart 1970, 66-72.

57 Vgl. ebd., 67, unter Berufung auf K. Hermann, J. A. Bengel, Stuttgart 1937, 446 (leider beruft sich Mälzer nicht auf die Originalprotokolle; es kann jedoch mit seinem angeblichen Zitat kaum seine Richtigkeit haben, der indirekten Rede und der Verwendung des Begriffs „Kirchenväter" wegen). Zu den insgesamt fünfmaligen Versuchen, Bengel für die Tübinger Universität zu gewinnen, s. auch E. Nestle, Bengel als Gelehrter (wie Anm. 54), 33-35, Anm. 1.

betreffenden Gesetze (*Cynosura*[58] *ecclesiastica*) für die Klosterschulen des
Herzogtums außer der Lektüre des griechischen Neuen Testaments noch
die eines weiteren Autors in dieser (also der griechischen) Sprache ange-
ordnet. So schrieb denn Bengel bereits vier Jahre vor Veröffentlichung der
Cicero-Teilausgabe an den zuständigen Blaubeurer Abt Weissensee: „Ich
finde für nützlich, wenn ich *in lectionibus graecis* das N. T. einmal absolviert,
mit selbigem hernach einen anderen Scriptorem zu conjungieren, wozu
denn bei gegenwärtiger Promotion (hier wohl im Sinne von mehrjährigem
Kurs oder Durchlauf durch das Denkendorfer Seminar zu verstehen; man
könnte auch einfacher sagen: Jahrgang) die *Homiliae VII selectae Chrysostomi
ed. Tub.*[59] uns wohl zuschlagen. Glaube aber, es würde das edle, kurze, an
den schönsten vocabulis und phrasibus reiche, von allen alten und neuen
Scriptoribus sehr belobte und wohl unter allen Büchern dieses vornehmen
Patris vornehmste Buch *de sacerdotio* hierzu noch besser taugen: zumalen es
als ein schönes Pastorale den jungen Leuten einen tiefen Eindruck *de
sanctitate et gravitate officii, cui praeparantur,* bei Zeiten geben könnte. Und ich
bin auf den Gedanken gekommen, solches *reviso textu graeco et latinissima
germani (sic!) Brixii versione cum notis et indicibus,* zu welchem allem schon
einen feinen apparatum und ziemlichen Anfang der Arbeit habe, zu
edieren"[60]. Das Vorhaben ließ sich erst zehn Jahre später verwirklichen;
denn wie er bereits an Weißensee schrieb und in der Vorrede eines zweiten
patristischen Projekts, von dem gleich noch kurz zu sprechen ist,
gleichfalls erwähnte, wartete er – *ne quid praetermisisse viderer* – insbesondere
noch auf ein literarisches Hilfsmittel, nämlich die Pariser Benediktiner-
Ausgabe B. de Montfaucons. So habe er, heißt es weiter in dieser Vorrede,
indessen, um die Wartezeit zu überbrücken, für seine „studentische
Kohorte" (*studiosa cohors*) die Dankrede an Origenes des Gregor Thauma-

---

58 C. = „Hundeschwanz" hieß das Nordpolgestirn, der kleine Bär; davon abgeleitet ist
    die Bedeutung Leitstern, Regel. Denselben Begriff verwendete Bengel auch beim
    Titel einer russischen Kirchenrechtssammlung (s. *nota* zu § 110: er spricht dort von
    der *Cynosura SS. Synodi Russicae*).

59 Mit einem Vorwort Jaegers erschienen bei Cotta 1709; vgl. zu dieser Sammlung, die
    erstmals, aber ohne das Jaegersche Vorwort, im selben Verlag 1701 und, praktisch
    unverändert, 1702 erschienen war, s. C. Baur, S. Jean Chrysostome et ses oeuvres dans
    l'histoire littéraire, Louvain/Paris 1907, 115 (Nr. 185) im Vergleich mit 114 (Nr.
    181 f.). Baur irrte sicher, wenn er angab, die Ausgabe von 1701 sei von Bengel ver-
    anstaltet (114); der aber saß damals, 14jährig, noch auf der Stuttgarter Schulbank.

60 Zitiert bei E. Nestle, Bengel als Gelehrter (wie Anm. 54), 21 f., nach: Bengels
    literarischer Briefwechsel, hg. von J. C. Burk, Stuttgart 1836, 75; die zuerst in Löwen
    erschienene Übersetzung von G. Brixius war Bengel aus der Höschelschen Ausgabe
    von *De sacerdotio* (Augsburg 1599) bekannt (G. Mälzer, Johann Albrecht Bengel [wie
    Anm. 56], 425).

turgos ediert, die sowohl sprachlich wie sachlich zumal für angehende Theologen in hohem Maße interessant sei[61].

Nachdem er auf jedem nur denkbaren Wege der in Paris begonnenen Benediktinerausgabe der Chrysostomica mit dem Text von *De sacerdotio* habhaft zu werden versucht hatte, schickte ihm B. de Montfaucon den benötigten Text – „in äußerst liebenswürdiger Weise" (*humanissime*), wie Bengel dankbar vermerkt – zu, als eben der Drucker vom 5. zum 6. Buch überging[62]. Im März 1725 war es dann endlich so weit, dass er seine Ausgabe den verschiedenen „Mäzenaten und Gönnern" widmen und der Öffentlichkeit übergeben konnte, unter dem (diesmal vollständig mitgeteilten) Titel: *Johannis Chrysostomi de Sacerdotio libri sex graece et latine utrinque recogniti et notis indicibusque aucti eo maxime consilio, Ut Coenobiorum Wirtembergicorum alumni et ceteri, qui N. T. imbuti sunt, ad scriptores ecclesiasticos suavi gustu invitentur facilique methodo praeparentur. Accedit Prodromus Novi Testamenti Graeci recte cauteque adornandi Opera Jo. Alberti Bengelii* („Des Johannes Chrysostomos sechs Bücher ‚Über das Priestertum', griechisch und lateinisch, in beiden [Versionen] durchgesehen und um Anmerkungen und Indizes vermehrt, vor allem in der Absicht, die Zöglinge der Württembergischen Klosterschulen und die übrigen, die mit dem Studium des Neuen Testaments begonnen haben, möchten durch schmackhafte Kost zur Lektüre der kirchlichen Schriftsteller gelockt und auf wenig beschwerlichem Wege dafür vorbereitet werden …)"[63].

Die am Schluss des Titels vermerkte Beigabe eines „Vorläufers einer korrekt und umsichtig (angelegten) und mit allem Nötigen versehenen Ausgabe des griechischen Neuen Testaments" weist den Benutzer darauf hin, dass die Chrysostomosausgabe in Bengels eigener Perspektive (nur) eine Vorarbeit zur textkritischen Ausgabe des Neuen Testaments darstellte! Dieser *Prodromus* enthält Regeln zum Umgang mit Textkritik und Textarbeit im allgemeinen und am Text von *De sacerdotio* im besonderen[64]. Doch kann ich darauf wie auch auf die 1734 zuerst erschienene Ausgabe des *N.T. graece* unmöglich näher eingehen; nur so viel sei an dieser Stelle dazu gesagt, dass diese Ausgabe bis heute aus gutem Grund einen Ehrenplatz innerhalb der neutestamentlichen Textgeschichte und -kritik einnimmt und ihren Bearbeiter zusammen mit dem 1742 zuerst veröffentlichten *Gnomon Novi Testamenti* („Fingerzeig auf das NT"), wie gesagt, zum Klassiker pietistischer Bibelauslegung werden ließ. Noch meine exegeti-

---

61 Gregorii Thaumaturgi Panegyricus ad Origenem, graece et latine, Stuttgart 1722.

62 So in der *Praefatio* der Ausgabe (s. nächste Anm.), § XII; vgl. dazu den Briefwechsel zwischen Montfaucon und Bengel in: Bengels literarischer Briefwechsel (wie Anm. 60), 85-87.

63 Erschienen bei Mezler & Erhard in Stuttgart 1725.

64 Ebd., I-XXIII.

schen (und z.T. auch homiletischen) Lehrer, sei es in Heidelberg oder Göttingen (vor allem G. Bornkamm und M. Doerne), haben stets mit allergrößtem Respekt vom Bengelschen „Gnomon" gesprochen und zu dessen Lektüre angelegentlich ermuntert.

Aber kehren wir zur Chrysostomosausgabe zurück, von der es eben hieß, sie sei in der Perspektive und Programmatik Bengels „nur" eine Vorarbeit zur Ausgabe des griechischen NT. Aber was für eine „Vorarbeit" war das! Ob sich das lange Warten auf den Text de Montfaucons gelohnt habe, darüber läßt sich streiten; fand doch Bengel, als er ihn endlich in Händen hielt, nicht eben viel zu bessern, wenn er auch peinlich genau festhielt, wann immer ihm eine Lesart erstmals durch besagte Pariser Ausgabe bekannt wurde. Doch hätte es überhaupt nicht seiner Art entsprochen, sich damit etwa zu brüsten. Er hatte dem Gebot der Gewissenhaftigkeit genügt, und das reichte ihm als Rechtfertigung vollkommen aus. Für die Fachwelt aber besteht kein Zweifel darüber, dass seine Ausgabe diejenige Montfaucons, deren Pariser Nachdruck von 1834 ff. bekanntlich auch von Migne übernommen wurde, überragt und erst im beginnenden 20. Jahrhundert durch die von J. A. Nairn (Cambridge 1906) überboten worden ist.[65]

Bengel verspricht sich von der gründlichen Beschäftigung mit des Chrysostomos Schrift *De sacerdotio,* diesem, wie er sagt, *palmarium opus eximii scriptoris,*[66] einen reichen Gewinn für das bessere Verständnis der Sprache des Neuen wie der griechischen Übersetzungen des Alten Testaments[67]; darauf hinzuarbeiten war ja sein primärer Beruf an dem Denkendorfer Institut. Gerade Chrysostomos eigne sich dazu besonders, den von Isidor von Pelusium, dem Anonymus bei Suidas (wir würden sagen: der Suda) und Symeon Metaphrastes an alle Gelehrten empfehlen, nicht zuletzt Erasmus; aus der Widmung der erasmischen Ausgabe von *De sacerdotio* an Willibald Pirkheimer zitiert Bengel denn auch ein langes Stück. Es heißt darin u. a., Chrysostomos verstehe es „in ganz einzigartiger Weise, gebildete Frömmigkeit mit volkstümlicher Eloquenz zu verbinden" (*unus omnium eruditam pietatem cum populari coniunxit eloquentia*); er verfüge über ein Maß an Leichtigkeit, Durchsichtigkeit, Lieblichkeit und Fülle (des Ausdrucks), das ihn nicht hinter einem Lukian zurückstehen lasse (*Habet facilitatem, perspicuitatem, suavitatem, copiam, cum Luciano communem*)." Folgen die Urteile von im ganzen 30 Schriftstellern, bekannten wie (uns wenigstens) unbekannten, Katholiken wie Protestanten, selbst aus Rezensionen in englischen Literaturzeitungen und dergleichen; ferner eine Übersicht über die vorhandenen Textausgaben und Übersetzungen, die den beson-

---

65 So auch der Chrysostomosspezialist C. Baur, S. Jean Chrysostome (wie Anm. 59), 117.
66 So der Beginn des dem Ganzen vorangestellten *Prologus N. T. Graeci adornandi* (§ I = p. I).
67 Vgl. den Beginn der eigentlichen Praefatio zu *De sacerdotio* (= § VI ff.).

deren Wert der Edition des Erasmus (Basel 1525) unterstreicht, und eine ganz unprätentiöse Begründung dafür, weshalb man sich mit dem Vorhandenen denn doch nicht ganz zufrieden geben könne[68].

Die *Praefatio* schließt – in für Bengel bezeichnender Weise – folgendermaßen: *Omnibus, qui aut suos produnt libros, aut alienos lectori accomodant, cavendum est, ut ne auctor ali-quis in eo genere melior, et quem divina bonitas jam veris insignierit fructibus, obruatur et antiquetur, providendem autem, ut omnia quam maxima ad aedificationem faciant. Id si nobis propositum esse, Lector, pro tua prudentia et aequitate agnoscis, ipsum dialogum probatissimum, et ea quae damus, quaeque paramus, amplectere. Deum vero mecum ora, ut ipse juvenes sibi dicatos doceat ad pulcherrimam ideam, quam Chrysostomus Basilio, quam Apostoli omnibus proposuere, suos exigere animos, ecclesiamque opera eorum ubique sibi dignam, quae Christi corpus appelletur, constituat* („Alle, die eigene Bücher vorlegen oder fremde einem Leser zuleiten, sollen sich davor hüten, dass ein Autor, der auf diesem Gebiet höhere Qualitäten besitzt und den die göttliche Güte bereits durch wahre Früchte ausgezeichnet hat, in den Schatten gestellt und als überholt betrachtet wird; (dafür) sollen sie darauf bedacht sein, dass all ihr Tun, soweit es an ihnen liegt, der Auferbauung diene. Wenn dich, (lieber) Leser, dein umsichtiger, gerechter Sinn zur Erkenntnis gelangen lässt, dass (eben) dies unsere Absicht sei, dann greife mit Freuden zu diesem tausendfach bewährten Dialog, (verachte aber) auch (nicht), was wir bieten, was wir gehörig einrichten, und vereine dich mit mir im Gebet zu Gott, er (selbst) möge die Jugend, die sich ihm geweiht, lehren (und) auf das herrliche Ideal hin (ausrichten), das Chrysostomus dem Basilius, das die Apostel allen vor Augen gestellt haben, um ihre Gemüter zu erwecken; und (er, Gott, möge) durch ihre (sc. des Chrysostomos und der anderen) Arbeit allenthalben die Kirche auferbauen, die seiner würdig ist, die Leib Christi genannt wird")[69].

Neben der Textherstellung und einer gründlich überarbeiteten älteren Übersetzung ins Lateinische (von Germanus Brixius) bietet die Bengelsche Ausgabe noch zahlreiche Anmerkungen (*notae*)[70] und nicht weniger als drei Indizes[71] (I. Bibelstellen, II. Sachen [*Index rerum et observationum*], III. „Wortindex" [*index verborum*]; zusammengestellt sind in dem letzteren – wo nötig, mit Bedeutungsangabe – all die Wörter, die im griechischen NT *nicht* vorkommen, *ut sine alio lexico dialogus tractari et deinceps novorum in Graeca lingua profectuum summa quaedam fieri queat.*[72] Um die Benutzung all

---

68 Ebd., § VII.
69 Ebd., § XV (p. XXXVII).
70 Ebd, 364 ff.
71 Ebd. 518 ff.
72 *Das* bleibe ausnahmsweise einmal unübersetzt, getreu dem Vorbild Bengels, der in seinen *notae* einen längeren griechischen Text vorlegte und danach erklärte, sich

dessen zu erleichtern, hat Bengel eine durchlaufende Paragraphenzählung eingeführt (es sind im ganzen 624 Paragraphen), auf die die Indizes sich beziehen. Das alles mag erahnen lassen, was für eine unglaubliche Mühe der Mann in diese Arbeit investiert hat!

Doch mit diesem Ausdruck schier grenzenloser Bewunderung muss es auch schon sein Bewenden haben. Ich kann nur noch einige Bemerkungen zu den *notae* selbst anfügen. Bengel richtete, wie nach allem zu erwarten, sein Augenmerk teils auf das Sprachliche, teils – vom Sachlichen – insbesondere auf die „Spuren der Alten Kirche und die heilsamen Lehren bezüglich der Seelenlenkung" (*veteris ecclesiae vestigia salutaresque de animarum gubernatione doctrinas*)[73]. Genauer gesagt, erfüllen diese ca. 860 (z. T. umfangreichen) *notae,* gedruckt auf 149 Seiten im Anschluss an Text und Übersetzung[74], in – nach wie vor – nahezu idealer Weise die Funktion eines *apparatus criticus,* eines *apparatus fontium* und eines *apparatus testimoniorum* (einschließlich der Parallelen aus dem Schrifttum des Chrysostomos selbst). Der letztere Apparat bezeugt eine erstaunliche Vertrautheit mit dem Gesamtwerk des Chrysostomos wie mit der Kirchenväterliteratur überhaupt[75], bis hin zu Photios und einigen anderen Byzantinern im Osten und Gregor dem Großen im Westen. Letzterer wird sogar oft zitiert, wenn auch nicht ganz so oft wie Gregor von Nazianz und Ambrosius; allen dreien sind ja Grundlagentexte zur „Pastoraltheologie" zu verdanken, wessen sich auch unser patristisch gebildeter pietistischer Autor voll bewusst war.

Nicht minder verdient hervorgehoben zu werden: einmal, dass in den Bengelschen *notae* auch die sogenannten „Judenreden" des Chrysostomos gelegentlich erwähnt werden, jedoch ohne jede Andeutung von Judenfeindschaft[76]; zum andern, dass in den Passagen von *De sacerdotio,* die sich mit der *kultisch*-sazerdotalen Funktion des Hirten- oder Bischofsamtes beschäftigen – das sind bekanntlich nicht übermäßig viele –, der Heraus-

---

diesmal eine Übersetzung ins Lateinische ersparen zu dürfen. Stattdessen ermahnte er seine Leser: *Gnava juventus, disce remoto cortice nare* („Wackere Jugend, lerne ohne Rettungs- oder Korkring [wörtlich: Borke] zu schwimmen").

73   Ebd., 365.

74   Beginnend mit *Prolegomena* zu den *notae* (364 f.), Literaturangaben zum Autor, Chrysostomos (366), Bemerkungen zum *argumentum* von Buch I (366 f.) und einer sehr nützlichen *Synopsis* der 6 Bücher von *De sacerdotio* (368-370).

75   Besonders beeindruckend ist, was er in einer *nota* zu § 360 (= Buch IV, Kap. 1 [SC 272, 236]), auf mehreren eng bedruckten Seiten, zur Erklärung der Wortverbindung Σωτὴρ καὶ Εὐεργέτης zusammengestellt hat.

76   Vgl. die *nota* zu § 402 (= Buch IV, Kap. 4 [SC 272, 254]) zum Lemma Ἰουδαῖοι. „Gegen sie (gerichtet) sind die erhaltenen berühmten Homilien, in denen Chrysostomos das Kapitel über das Gesetz, das (wenig später) in § 404 (= ebd. [256]) gestreift wird, in ausreichender Ausführlichkeit (*copiose*) traktiert"; folgt noch ein Literaturhinweis.

geber und Kommentator Bengel, aus wohlerwogenen Gründen und in konzentrierter Form, aus der sog. Chrysostomosliturgie (*Chrysostomi, quae appellatur Liturgia*) zitiert[77], um den Text zu erläutern – ein sehr sachgemäßes Verfahren, wie ich finde; zum dritten, dass er gelegentlich – aber natürlich passend zum Chrysostomostext, den es zu erklären gilt – auf der Basis zweier kollationierter Handschriften „eine zwar kurze, aber überaus festliche kleine Rede (*brevis quidem sed festivissima oratiuncula*)" auf das Osterfest einschaltet, von der er nicht wisse, ob sie schon gedruckt sei[78]!

In den nicht wenigen Sacherläuterungen kommen aber auch eine stattliche Reihe neuzeitlicher Autoren, ja Zeitgenossen Bengels zu Wort, ob sie nun seiner eigenen Konfession angehören oder nicht; er läßt in dieser Hinsicht, bei aller Klarheit seines eigenen Standpunktes, kaum irgendwelche Berührungsängste verspüren und enthält sich, bis auf ganz wenige Ausnahmen, jeglicher Polemik[79]. Besonders bemerkenswert finde ich in diesem Zusammenhang, dass er wiederholt auf Rezensionen in gelehrten englischen Zeitschriften[80] rekurriert, ja, selbst von Vorgängen im zeitgenössischen Russland Kenntnis verrät. So zitiert – und rühmt – er zweimal ein geistliches Reglement, das – nur ein Jahr vor Veröffentlichung seiner Ausgabe von *De sacerdotio*, also 1724 – auf Befehl Zar Peters I. und mit Bewilligung des heiligen dirigierenden Synod – u. a. jedem Geistlichen (*ecclesiastes*) und Prediger (*concionator*) den Besitz und das eifrige Studium der Werke des Chrysostomos einschärfte, damit er, so wird das Reglement zitiert, „eine reine und verständliche Predigt" abliefere, „auch wenn ihm die (rhetorische) Begabung des Chrysostomus unerschwinglich" sei (*ut puram et perspicuam reddat orationem, etiamsi Chrysostomi facultatem non assequatur*). Derart „leichtgeschürzte", substanzlose „Postillen hingegen, wie sie die polnischen zu sein pflegen (*Leves autem Postillas, quales Polonicae esse solent*)", solle der Teufel holen[81] (das ist, wie gern zugegeben sei, am Schluss ein wenig frei übersetzt!). Ebenso findet es seinen ungeteilten Beifall, wenn derselben Quelle zufolge der gesamte Absatz aus *De sacerdotio*, wel-

---

77 So etwa in den *notae* zu §§ 177-180 und 519-523 (= Buch III, Kap. 4; VI, Kap. 4 [SC 272, 142-146; 316-318]).

78 *Nota* zu § 282 (= Buch III, Kap. 11 [SC 272, 194]). Die Wendung des Chrysostomostextes, daß der eingeborene Sohn Gottes den schmachvollen Tod an seinem eigenen Fleisch nicht von sich gewiesen habe, erläutert der Kommentator zunächst mit Zitaten aus Gregors von Nazianz Basileios-Vita und einem Scholion dazu. Dann bringt er, als angemessene Explikation des in Rede stehenden *profundum mysterium*, besagte *oratiuncula*.

79 Der Ausdruck *theologia polemica* (zum Stichwort πόλεμος) wird allerdings kurz erklärt (in einer *nota* zu § 398 [= Buch IV, Kap. 3 [SC 272, 252]]); er überläßt diese selbst aber in aller Regel anderen!

80 Z. B. in einer *nota* zu § 118 (= Buch II, Kap. 4 [SC 272, 116]).

81 *Nota* zu § 482 (= Buch V, Kap. 7 [SC 272, 296-298]).

cher das Prinzip verfocht, es dürfe nicht ohne weiteres nach dem Maß der Fehltritte eine Kirchenstrafe verhängt werden, ohne dass die Gesinnung des Sünders in Betracht gezogen würde[82], in das Regelbuch der russisch-orthodoxen Kirche (*Regulae ministrorum ecclesiae*) übernommen wurde[83].

Oftmals sind die *notae* gewürzt mit begeisterten Unterstreichungen dessen, was im Chrysostomostext zu lesen steht, damit dessen Bedeutung der Aufmerksamkeit der (wie erhofft, vor allem jugendlichen) Benutzer nur ja nicht entgehe; so, wenn er die Aussage, in der Seelsorge sei alles auf Freiwilligkeit abgestellt und der „Klient" (wie man heute sagen würde) müsse stets Herr des Verfahrens bleiben (κύριος γάρ ἐστι τούτου),[84] kommentiert mit: „eine Klausel von höchstem Gewicht" (*Gravissima clausula*), um fortzufahren: „niemand kann derart gezwungen werden, dass man ihn zu wollen zwingt. Und wenn es einen Verlorenen (vgl. Lk 15,11-32) zurecht zu bringen gilt (*in perdito homine corrigendo*), dann ist das das Äusserste, dass du verlangst (*hoc extremum est, ut edicas*): Menschen können dich nicht zwingen, und Gott zwingt dich nicht; dein Wille liegt in deiner Macht, und im Willen liegt die Macht" (*tua in potestate voluntas, in voluntate potestas est*).[85] – So redet ein lutherischer Pietist, mitten im Zeitalter des Absolutismus!

Und um, statt vieler anderer, nur ein einziges weiteres Beispiel zu bringen: die Erwägungen des Chrysostomos, wie man zu verfahren habe, wenn ein Mensch vom rechten Glauben abirre (εἰ δὲ ἄνθρωπος τῆς εὐθείας ἀποπλανηθείη πίστεως)[86], veranlassen Bengel zu der Anmerkung: „Stürmischen Beifall hat diese Stelle ausgelöst (*Vehementer placuit hic locus*) bei einem Autor (oder Korrespondenten [*scriptor*]) der Londoner Literarischen Kommentare"; er führt diesen sodann im Wortlaut an, zitiert anschließend weitere zustimmende Äußerungen, u. a. des großen J. Gerhard, und schließt die *nota* folgendermaßen ab: *Patet hinc, quo iure* Index Hispanicus expurgatorius *ex indice in Chrysostomum nostrum per Frobenium excuso damnet hoc lemma: Haereticos Christus vetat occidi etc. Videatur imprimis Seb. Castellionis Annotatio ad 2. Cor. X. 4.* („Nach allem liegt auf der Hand, mit welchem Recht der spanische Reinigungsindex aus dem zu unserem Chrysostomus von [dem Basler Drucker] Froben veranstalteten Index das *Lemma* verdammt: ‚Christus verbietet, dass Häretiker getötet werden usw.' Man schaue sich [dazu] besonders S. Castellios Anmerkung zu 2 Kor 10,4 an."[87]) Es versteht sich für Bengel von selbst, dass es von „unserem

---

82 Buch II, Kap. 4 (SC 272, 114).
83 Bengelsche Ausgabe von *De sacerdotio* (wie Anm. 63), *nota* zu § 110.
84 Buch II, Kap. 3 (SC 272, 112).
85 Bengelsche Ausgabe (wie Anm. 63), *nota* zu § 107.
86 Buch II, Kap. 4 (SC 272, 116).
87 Bengelsche Ausgabe (wie Anm. 63), *nota* zu § 118. Natürlich hätte Bengel auch Castellios berühmtestes Werk zitieren können, nämlich seine Antwort auf den Servet-

Chrysostomos" (!) aus geurteilt nicht die geringste Rechtfertigung für das genannte Verdammungsurteil der spanischen Inquisition gibt[88].

Die meisten Sachen und Begriffe, die sich seinen gedachten Lesern, vor allem den württembergisch-lutherisch-pietistisch sozialisierten Zöglingen nicht ohne weiteres erschliessen mochten, werden ebenso ruhig wie sachlich erklärt, wie z. B. χειϱοτονία[89]: Die übernommene Übersetzung ins

---

prozeß in Genf: *De haereticis, an sint persequendi?* (Basel 1554). Doch es kam ihm wohl besonders auf die *exegetische* Begründung der Toleranzforderung an! – Weitere Stellen, an denen er seiner begeisterten Zustimmung zu dem bei Chrysostomos Gelesenen Ausdruck gibt, sind u. a.: *nota* zu § 153 (= Buch II, Kap. 7 [SC 272, 130]: *sententia aurea*); *nota* zu § 158 (= ebd. [132]: *locus gravissimus* [Es geht Chrysostomos und Bengel um die Frage, wie weit gelehrte Bildung für die Predigt des Evangeliums notwendig oder entbehrlich, nützlich oder am Ende teilweise auch nachteilig sei]); *nota* zu § 207 (= Buch III, Kap. 8 [SC 272, 158]: *Summam hic amplectitur locus*); *nota* zu § 443 (*Notabilis locus de judicio controversiarum,* so die bezeichnende Anmerkung, wenn Chrysostomos auf das Problem des Dogmenstreits zu sprechen kommt [Buch IV, Kap. 9 = SC 272, 278]); endlich kann sich der Kommentator auch ganz direkt an seine (erhofften) jugendlichen Leser wenden und zu § 394 (Buch IV, Kap. 3 [SC 272, 250]) anmerken: *Ingreditur auctor in locum ad vos, juvenes ecclesiae nati, inflammandos, ut sacras literas quam ardentissimo studio colatis. Conferri potest Augustini de Doctrina Christiana liber, II* („Der Autor beginnt hier einen Abschnitt, mit dem er Euch, jugendliche Söhne der Kirche, dazu entflammen möchte, daß Ihr das Studium der heiligen Schriften mit glühendstem Eifer pflegt. Man kann auch Augustins *De doctrina christiana,* Buch II, zum Vergleich heranziehen").

88 Es ist lehrreich, gelegentlich die (knappe) Kommentierung von A. Naegle in seiner Übersetzung von *De sacerdotio* (Sechs Bücher über das Priestertum, aus dem Griech. übers. und in einer Einl. neu besprochen und gewürdigt von August Naegle [BKV 27], 2. Aufl., Kempten 1916) mit der (diesem bekannten) Kommentierung Bengels zu vergleichen, zumal Naegle in seiner Einleitung den Vorwurf erhebt, die der Bengelschen Ausgabe „beigefügten Noten" brächten „in bezug auf theologische Fragen den protestantischen Standpunkt des Herausgebers in schroffer Weise zur Geltung" (76), wofür er allerdings die Belege schuldig bleibt. Bei all dem, was wir im letzten Abschnitt besprochen und belegt haben, scheint es sich in Naegles Augen nicht um „theologische Fragen" zu handeln; denn sein Kommentar schweigt sich dazu völlig aus. Der verdiente katholische Chrysostomosforscher, zur Zeit der Veröffentlichung seiner Übersetzung (1916) Patrologe an der deutschen Universität Prag, reagiert dagegen z. B. sehr lebhaft, wenn bei Chrysostomos, wie häufig, die Rede auf Petrus als κοϱυφαῖος τῶν ἀποστόλων kommt (Buch II, Kap. 1 [SC 272, 100]). Hier beeilt er sich zu bemerken: „Diese von Chrysostomus gebrauchte Bezeichnung des Apostels Petrus ist dogmatisch sehr wichtig und verdient Beachtung" (117); vgl. auch seine, in der Hauptsache nur den massiven „Abendmahlsrealismus" wahrnehmende, Kommentierung der Passagen über Opferdienst und Opferamt (bes. 140-142). Man kann es zwar annähernd verstehen, wenn er, 52 Jahre nach Verkündung des *Syllabus errorum* (8. Dezember 1864), zum – auch Bengel sichtlich umtreibenden – Thema der Religions- und Gewissensfreiheit nichts zu sagen hat und es offenbar für „theologisch" belanglos hält. Trotzdem ist sein Schweigen bedrückend und jedenfalls wahrlich kein Ruhmesblatt „vorvatikanischer" römisch-katholischer Theologie.

89 *Nota* zu § 28 (Buch I, Kap. 3 [SC 272, 74]).

Lateinische wird gerechtfertigt durch Parallelen in den lateinischen Versionen der Apostolischen Kanones usw. und die Sache erklärt durch ein längeres Zitat aus der Chrysostomosübersetzung des stramm gegenreformatorisch gesinnten Fronto Ducaeus; παρθένος[90]: der Begriff wird erklärt mit einer Phrase aus den basilianischen Kanones (*can.* 18) sowie einer Chrysostomosparallele (*hom.* 13 *in I Tim.*) und Auszügen aus Tertullian, *De virginibus velandis*; dagegen, dass es notwendig werden könne, jemanden „aus der Kirchengemeinschaft auszuschließen" (τινὰ τοῦ τῆς ἐκκλησίας περικόψαι πληρώματος)[91], hat der Kommentator offensichtlich keine prinzipiellen Einwände zu erheben, sondern begnügt sich damit, die ältere Übersetzung von G. Brixius anzuführen, die er modifizierte; endlich erklärt Bengel den Begriff κλῆρος[92] so: 1 Petr 5,2. 3 deutet darauf hin, dass οἱ κλῆροι und τὸ ποιμνίον τοῦ Θεοῦ identisch sind. Also kann man sagen, κλῆρος sei gleichbedeutend mit λαός als „dem Teil der Herde des Herrn, welcher einem einzigen oder mehreren zu weiden anbefohlen (zuteil geworden) ist". Daher wird auch *clerus* der *ordo ecclesiasticus* genannt oder ἡ τοῦ κλήρου τάξις, wie es bei Chrysostomos § 278[93] heißt. „Unter der Hand (Sensim)" hat sich dann auch die Unterscheidung zwischen Klerikern und Laien eingebürgert, wie aus Tertullian und Hieronymus belegt wird. *clerus* bezeichnete also ursprünglich die Herde, dann die Obsorge für die Herde (*cura gregis*) oder das Hirtenamt (*munus pastorale*) *in abstracto*, wie u. a. „aus der gerade besprochenen, eben deshalb bemerkenswerten Chrysostomosstelle (*ex … Chrysostomi praesente ob id ipsum notabili loco*) erhellt". Das ist „eine gewaltige Metalepsis" [*ingens metalepsis*], also eine Metapher, und zwar eine Art von doppelter Metonymie[94].

Allerdings machen sich an wenigen, dafür wichtigen Stellen auch Vorbehalte geltend; und es spricht für die geradlinige Art des Mannes, wenn er sie offen anspricht. Z. B. bemerkt er zur Bezeichung Petri als κορυφαῖος τῶν ἀποστόλων[95]: *Haec sententia tunc iam invaluerat* („Diese Meinung hatte damals [sc. zur Zeit des Chrysostomos] bereits die Oberhand gewonnen") und stellt dem das Zitat aus einem zeitgenössischen Matthäuskommentar (zu Mt 16,18) gegenüber, welches besagt, dass Christus „gewiß auf keinen Fall Petrus allen übrigen Aposteln hat vorziehen wollen", mit Hinweis auf Mt 20,26; 28,1. 18; Apg 15, wo man lese, die Kirche habe nicht der *sententia* Petri, sondern des Jakobus Folge geleistet. Außerdem habe sich Petrus selbst in seinem 1. Brief, Kap. 5,1. 2 (nur) als „Mitpresbyter" bezeichnet.

---

90   *Nota* zu § 314 (Buch III, Kap. 13 [SC 272, 210]).
91   *Nota* zu § 333 (Buch III, Kap. 14 [SC 272, 222]).
92   *Nota* zu § 553 (Buch VI, Kap. 8 [SC 272, 330)]).
93   Buch III, Kap. 11 (SC 272, 192).
94   Vgl. dazu Quintilian 6,3,52; 8,6,38.
95   *Nota* zu § 83 (Buch II, Kap. 1 [SC 272, 100]).

Wenig später wird anmerkungsweise[96] darüber reflektiert, wer die Nachfolger Petri seien, im Anschluss an die Formulierung des Chrysostomos τῷ Πέτρῳ καὶ τοῖς μετ᾽ ἐκεῖνον. Nachdem der Kommentator aus vorliegenden lateinischen Versionen allerlei Übersetzungsvorschläge aufgegriffen hat, erklärt er mit Bestimmtheit, mit diesem μετὰ würden zweifelsfrei die „Nachfolger" (*successores*) Petri bezeichnet, um fortzufahren: „*aber* die Nachfolger nicht nur aller Jahrhunderte, sondern auch aller Orte, die Hirten aller erlösten Schafe, einschließlich des Basileios (sc. des – wohl fiktiven – Dialogpartners des Chrysostomos in *De sacerdotio*)", wie wir in § 90[97] bedeutet würden. Zur Rechtfertigung dieser Deutung wird der „gesamte Kontext" (*totus contextus*) und besonders die Wendung καὶ Πέτρον καὶ πάντας ἡμᾶς in § 87[98] ins Feld geführt und zum Vergleich u. a. auf eine Stelle im Johanneskommentar des Chrysostomos (zu Joh 21,15f.) verwiesen. Die gegenteilige, römisch-primatiale Deutung dieser Chrysostomosstelle durch R. Bellarmin[99] habe bereits F. Junius[100] widerlegt.

In welchem Sinne von „Priestertum" zu sprechen sei, überlegt Bengel zum Beginn von Buch III, Kap. 4, wo es heißt: „Das Priestertum (ἱερωσύνη) wird auf Erden ausgeübt (τελεῖται μὲν ἐπὶ γῆς)"[101]. Dazu der Kommentar: „Nun kommt er (der Autor) zur Sache (*Nunc ad rem venit*)"; alsdann wird der neutestamentliche Sprachgebrauch vorgeführt und von dem der „Kirchenschriftsteller" (*scriptores ecclesiastici*) abgehoben, welche nicht länger alle die als „Priester" bezeichnen, „die durch den Glauben den (unmittelbaren) Zugang zu Gott" und damit gewissermaßen das (hohe)priesterliche Zutrittsrecht zum Allerheiligsten „erlangt" haben, sondern die „Vorsteher" (*duces*) und „Leiter" (*rectores*) der Herde Christi so nennen und „Priestertum" deren Amt (*munus*), sei es, weil sie so aus ihrer heidnischen Vergangenheit zu sprechen gewohnt waren, sei es, weil sie sich dem alttestamentlichen Sprachgebrauch einfach anschlossen, oder sei es, weil sie eben kein für sie passenderes, bündigeres *generale vocabulum* zur Verfügung hatten. Bengel kündigt an, sich unterdessen, gemeinsam mit Chrysostomos, derselben Begrifflichkeit bedienen zu wollen, „aber nur aus

---

96 *Nota* zu § 88 (ebd. [102]).

97 Buch II, Kap. 1 (SC 272, 104).

98 Ebd. (SC 272, 102).

99 Die Deutung Robert Bellarmins (1542-1621), des gewiß bedeutendsten Verteidigers des Papsttums in der Gegenreformation, ist bis ins frühe 20. Jahrhundert immer wieder von einzelnen römisch-katholischen Autoren vertreten worden; aber auch A. Naegle, (Sechs Bücher [wie Anm. 88]) hat sie als „unstreitig zu weit(gehend)" abgelehnt (118f., Anm. 5).

100 Franciscus Junius d. Ä., von 1584-1592 Theologieprofessor in Heidelberg; vgl. dessen die Kampfzeit der Reformation in Westeuropa illustrierende Autobiographie *Vita ab ipso conscripta* (vor 1594).

101 SC 272, 142.

dem Grunde, den wir kurz zuvor angeführt haben, und nur in dem Sinn, den unbefleckter Zeiten[102] für richtig anerkannt haben und den die Etymologie selbst an die Hand gibt, so dass damit ein *heiliges* öffentliches Amt und der Mann bezeichnet werden, der es auf sich nimmt" (*Nos item cum Chrysostomo hac quidem appellatione utimur; sed ea solum de causa, quam loco proximo po-suimus, et ea solum notione, quam puriora probarunt tempora, et quam ipsum affert etymon, ut denotetur sacrum munus publicum, et vir qui id sustinet*). Nach einem Hinweis auf des Suicerus *Thesaurus* zum Stichwort ἱερεύς macht sich nochmals Bengels Missbehagen Luft, wenn er sagt: „Übrigens weiß ich nicht, ob an dem Priesternamen, bezogen auf den Diener der Kirche, besonderen Gefallen finden kann, wer immer zur Einsicht gelangte, dass das Priestertum, seinem geistlichen Verstande nach, entweder als Proprium Christi oder als gemeinsames Prädikat der Christen zu gelten hat" (*Ceteroqui sacerdotis appellationem, de ministro ecclesiae, haud scio an valde amare possit, quisquis aut Christi proprium aut Christianorum commune sacerdotium spirituali intelligentia assecutus est*). Er schließt die wichtige Anmerkung mit einem Hinweis auf eine Stelle im (lange Zeit Chrysostomos zugeschriebenen) *Opus imperfectum in Mt*, wonach „nicht jeder Priester ein Heiliger ist, wohl aber jeder Heilige ein Priester" (*Non omnis sacerdos sanctus est, sed omnis sanctus sacerdos*) ist, und auf eine patristische Brockensammlung (Bengel spricht von *plures micae veterum*) des Isaac Casaubon (1559-1614), Lehrers an der Genfer Akademie, der auch einige Äußerungen des Chrysostomos zum „Priestertum der Gläubigen" aufgespießt habe.

Gestoßen hat sich Bengel nicht zuletzt an der Rede vom kirchlichen Amt als „Herrschaft" (ἀρχή) und von den Gläubigen als „Untertanen" (ἀρχόμενοι), wie sie sich in *De sacerdotio* wiederholt finde. Wenn es dort beispielsweise heißt, dieses Amt sei „derart bedeutend, dass wir ohne es unmöglich die Seligkeit und die verheißenen Güter erlangen" (τῆς τοσαύτης ἀρχῆς, ἧς ἄνευ οὔτε σωτηρίας, οὔτε τῶν ἐπηγγελμένων ἡμῖν ἐστι τυχεῖν ἀγαθῶν)[103], dann sieht sich der Kommentatur zu folgender Erklärung herausgefordert: „Reichlich stark hebt Chrysostomos, seinem Vorhaben zuliebe, die priesterliche Gewalt, vor der er sich, wohlbemerkt, flüchtete, hervor (*Satis amplificat suo serviens instituto Chrysostomus potestatem, quam ipse videlicet fugit, sacerdotum*). Man muss das alles nüchtern (*sobrie*) auf sich nehmen (*quae et debent accipi sobrie*), und das wird auch möglich sein, wenn du das zu Hilfe nahmst, was G. Arnold und die anderen von ihm gelobten

---

102 Gemeint sind wohl die Jahrhunderte der „ersten Liebe", von denen G. Arnold in seinem Erstlingswerk sprach (s. oben S. 355).
103 *Nota* zu § 186 (Buch II, Kap. 5 [SC 272, 150])

Autoren an Fingerzeigen bieten in der *Theologia experimentalis*[104], Kap. 25, § 79 ff. Eines legen wir ans Herz (*Unum monemus*): was von Chrysostomos oft genug als ἀρχή bezeichnet wird, das möge von denen, die sich anschickten, es auf sich zu nehmen, niemals ἀρχή genannt werden. Λειτουργία und διακονία heißt es, weil es offensichtlich nicht um den Dienst an Menschen (Sterblichen), sondern an Gott geht; mit diesen Benennungen wird zugleich die weltliche Gewalt (*civilis potestas*) ausgezeichnet (*cohonestatur*; vgl. Röm 13,4. 6). Wiederum heißen diejenigen, die die Gemeinde (*ecclesia*) *weiden* (was selbst auch Bezeichnung einer *königlichen* Funktion [*regale vocabulum*] ist), ,Vorsteher' (προιστάμενοι)…". Ähnlich werden, mit genauen Stellenangaben, weitere im NT gebrauchte „Amts"-Termini durchgesprochen. Nach allem besteht für Bengel kein Zweifel, dass es sich bei dem zur Diskussion Stehenden um eine *potestas* handelt, auch wenn vor ihrem Missbrauch immer wieder gewarnt wird (wie z. B. 1 Thess 2,6; 1 Petr 5,3).

Kurz danach begibt sich der Kommentator noch etwas weiter aus der Deckung und bemerkt zu der Aussage des Chrysostomos, Taufe und Austeilung der eucharistischen Gaben, „all das" werde „durch nichts anderes als durch jene heiligen Hände vollbracht, ich meine die des Priesters" (πάντα δὲ ταῦτα δι' ἑτέρου μὲν οὐδενός, μόνον δὲ διὰ τῶν ἁγίων ἐκείνων ἐπιτελεῖται χειρῶν, τῶν τοῦ ἱερέως λέγω)[105]: „Recht emsig (übereifrig?), dafür zu wenig klar richtet Chrysostomos hier und an anderer Stelle (§ 196, 216 usw.)[106] Grenzen auf zwischen dem Priestertum einserseits, der weltlichen Gewalt, dem Stand des einfachen Christen (ohne Amt) oder auch den außerordentlichen Gaben (sc. den Charismen) andererseits (*Satis naviter, sed parum liquido Chrysostomus sacerdotii fines a potestati civili, a statu Christiani privati, vel etiam a donis extraordinariis disterminat hoc loco*). Allerdings riecht (schmeckt) das nach einer Übertreibung, die schon damals (sc. zur Zeit des Chrysostomos) bemerkbar war; wer sie wahrnimmt, möge doch ja nicht irgend einem damaligen Mangel einen (weiteren) aus (uns) näherer (also späterer) Zeit hinzufügen (*Omnino haec excessum sapiunt, qui jam tum erat notabilis: quem qui vident, utinam ne eorum ulli defectum cumulent citeriorum temporum*)". Allein, als hätte er sich nun doch zu weit hervorgewagt, fügt er eilends hinzu: „Es ist nicht unsere Sache, darüber zu belehren, für welche Gruppen (Parteien [sc. in der Gemeinde]) jenes oder unser Zeitalter dieselben Grenzen weiter oder enger abstecken soll, gestützt auf den Willen des Herrn und die Lenkung des Geistes (denn das ist die Richtschnur)"

---

104 Mit dem Untertitel: „das ist: Geistliche Erfahrungslehre oder Erkenntnis und Erfahrung von den vornehmsten Stücken des lebendigen Christentums", Frankfurt/M. 1714.

105 *Nota* zu § 187 (Buch III, Kap. 6 [SC 272, 150])

106 Buch III, Kap, 6 (SC 272, 154); 9 (164) etc.

(*Nostrum non est docere, quibus partibus illa nostrave aetas eosdem fines plus minusve ex voluntate Domini et ex gubernatione Spiritus [haec enim norma est] regat*). Wen diese Rechtsfrage (*cura jurum*) beunruhigt, der ziehe Pfaff, Boehmer, Seiz und Kromaier[107] zu Rate und in Erwägung. Der Herr hat den Weinberg Arbeitern *aller* Art (*operariis omnium generum*) übergeben (ἐξέδοτο, *tradidit*), bis zu dem Tage, da es Rechenschaft abzulegen gilt ... Wer sich selbst ein guter Vorgesetzter ist (*sibi bene praeest*), der ist darum besorgt, dass er nicht *mehr* auf sein Recht als auf sein Amt pocht (*ne jure magis quam officio fretus*), (nicht) sich selbst Beifall spendet, anderen nach dem Munde redet und so sich selbst und das Seine sucht und Himmel und Erde mit einander vertauscht; sondern solange er für die Kirche Sorge trägt, soll er ein lebendiges Glied (am Leibe) Christi sein. Indes, was immer die übrigen von einem Priester für sich erwarten: Chrysostomus tut, wie er sich's vorgenommen, unumstößlich dar, dass es etwas Großes um die Würde des Priesters sei, welche der Gnade Christi zu verdanken ist"(*Interea quicquid a sacerdote ceteri sibi vendicant; Chrysostomus, quod sibi proposuit, evincit, magnam esse sacerdotis ex divino munere dignitatem*).

Ich kann mich, nach allem, nur im wesentlichen dem Urteil A. Ritschls anschließen, das da lautet[108]: „Bengel war ein Charakter von der reinsten und aufrichtigsten Art, mit umfassendem Überblick über alle Beziehungen des religiösen und sittlichen Lebens, selbständig und maßvoll im Urtheil, von ausgeprägter Weisheit in der Behandlung aller möglichen Lebensverhältnisse, namentlich in der Erziehung der Jugend, demüthig und bescheiden, gelassen, mehr in sich gekehrt als nach Außen gewendet, aber vielleicht deshalb von der entschiedensten Wirkung auf seine Umgebung". Er hat, so füge ich hinzu, wie schon viele Lutheraner vor ihm, nicht zuletzt J. Gerhard, den er auch gelegentlich zitiert, über eine ausgebreitete Kenntnis der Kirchenväterliteratur verfügt, ist ihr mit offenem Sinn entgegengetreten und hat, wenn nicht alles täuscht, gerade auch in Chrysostomos einen Geistesverwandten entdeckt, ohne mit seinen reformatorischen Überzeugungen zu brechen.

---

107 Darunter sind die ersten beiden, Christoph Matthäus Pfaff (1686-1760) und Justus Henning Boehmer (1674-1749), noch heute wohlbekannte Klassiker des ev. Kirchenrechts (im Anschluß an das kanonische Recht), während der letztgenannte, Hieronymus Kromayer (1610-1670), einer älteren Generation angehört und, zuletzt Theologieprofessor in Leipzig, zu den bekannteren, wenn auch nicht gerade den hervorragendsten Vertretern der lutherischen Orthodoxie gezählt wird (Hauptwerk: *Theologia positiva polemica,* 1607).

108 A. Ritschl, Geschichte des Pietismus in der lutherischen Kirche des 17. und 18. Jahrhunderts, Bd. 3, Bonn 1886, 83.

Perceptions of John Chrysostom in Contemporary Greek Orthodoxy

GEORGE D. DRAGAS

1. The basic perception:
John Chrysostom, an Orthodox father *par excellence*

Orthodoxy has always been highly practical in its approach, relegating considerations of theory to a secondary role. As a result, Orthodoxy might also be defined as orthopraxy, that is to say, right praxis, which leads to right thinking – πρᾶξις ἐστὶν θεωρίας ἐπίβασις. Right praxis means right-eousness, and this again has to do with virtuous living and ethos, both of which are built-up through interaction and communion with God (wor-ship) and human beings (living in society). To put it more academically, in orthodoxy ethics precedes dogmatics. Faith is first and foremost practical, only then does it become theoretical.

Such a stance is most impressively presented in the life and work of St. John Chrysostom, who is as much of a theologian as he is an ethicist. Indeed, his life and work so fully exemplify this standpoint, that one could say without hesitation, that he is an Orthodox father *par excellence*. Of course, all the fathers of the Church emphasize the importance of the interrelationship between life and thought, but John Chrysostom, as we know him from his life, and especially from his writings, is by far the most eloquent example among them.

This may be the reason why the canon of Orthodox iconography inside the holy of holies, as we observe it today, is always so desirous to place him in such a prominent position. In effect, Orthodox iconography often places him at the center of the apse below the Theotokos, directly opposite the holy table and altar, flanked by the great theologians and ecumenical teachers, the Cappadocians, Basil and Gregory, together with the Alexandrians, Athanasius and Cyril. Such a practice clearly goes back many centuries, perhaps even as far as the 11th century. An Antiochene, pictured side by side with Cappadocians and Alexandrians is a powerful and apt image of the Orthodox tradition and of Chrysostom's place in it.

There is also, of course, another reason for John Chrysostom's central place in Orthodox tradition. It is the fact that the divine liturgy, which is celebrated more often than any other in the Orthodox liturgical year, bears the name of this great ascetic, pastor, church leader and saint. Indeed, every time an Orthodox priest celebrates the divine liturgy, he comme- morates Chrysostom's name in a very distinct way. During the prothesis the priest removes the ninth portion from the prosphora, representing "St. John Chrysostom with all the saints." He also kisses his icon in his liturgical book, before beginning the liturgy of the Word. At the end, he recites the characteristic Chrysostom dismissal hymn (*apolytikion*) when he takes the consecrated Eucharistic gifts. John Chrysostom is, indeed, the 'priestly father' for all Orthodox priests. Such a position can be attributed not only to his liturgy and pastoral example, but also to the six chapters he dedicates to the teaching of priests. Not only do such teachings exemplify his sense of orthopraxy, they also constitute a *regula pastoralis* for the entire Orthodox priesthood. The encounter with St. John Chrysostom in every Eucharistic celebration is as obvious to the clergy as it is to the laity, making him almost omnipresent.

2. The particular perceptions of John Chrysostom by Orthodox theologians today

2.1. Collecting the data and assessing their value

How does one go about determining the particular perceptions of John Chrysostom in Orthodox theology and scholarship today? In my attempt to answer this question, I have followed a standard method. Firstly, I be- gan collecting all the relevant bibliographical data, namely, everything that has been written on John Chrysostom. This included not only his texts, but also the major studies upon them, which come in the form of books, monographs and conference papers, together with particular articles, possessing a direct references to Chrysostom, indeed anything which might help in establishing patterns and trends or might influence in some way the direction of my search. With this in mind, I set out to construct a 'complete' bibliography. This task was limited in the sense that I only had to take into consideration the Orthodox bibliographical data, mainly written in Greek. However, it was also important to establish how far back I needed to go in doing this. Would a selection of only recent data be sufficient, or would it be necessary to go even further back in order to establish longer term trends? I eventually settled for a bibliography that approximately covers the last century from 1907 to 2007. The results of this are listed below and I want to explain how such works were analyzed and in particular how they were able to yield information relative to the principal objective of our inquiry, i.e. how is Chrysostom perceived by contemporary (and predominantly Greek) Orthodox researchers.

The bibliography is divided into four sections: (1) monographs on major and/or particular topics, (2) articles, (3a) editions of larger groups of texts, and (3b) editions of single works. The monographs have been arranged chronologically, starting with the most recent so as to trace the development in research and reveal how perceptions have changed.

I should add, however, that although my data is sufficient and goes a long way towards offering a more complete picture, certain sources were not consulted. These are highly particular and many reveal a perception of Chrysostom that is quite distinct and peculiarly Orthodox. Nearly equivalent in size to the bibliography presented here, had such sources been included, they would have made my structured analysis far too long and taken it well beyond the scope of the present study. Such sources all deal with the Orthodox perception of an existing inner connection and examine the relationship of Chrysostom's theological legacy with that of the great Cappadocian theologians, Basil the Great and Gregory the Theologian[1], while also comparing it with that of the Alexandrians, Athanasius and Cyril. This perception, of course, is quite old and is connected with the establishment of the Orthodox liturgical Feast of the Three Hierarchs in the 11th century by John (Mauropous) of Euchaita. Its precise content and importance has been expounded in countless sermons and lengthy panegyric homilies and I believe that their study would help enormously in clarifying an issue that has been only partially discussed by the international community of Chrysostom scholars. Such a study would be extremely fruitful, especially regarding the relationship of Chrysostom with the great Cappadocians.

The data presented here reveals perceptions which are not far removed from those currently held by many international scholars. In numerous cases, the perceptions approximate to those of theologians of other Christian traditions. On occasion, the latter concur with earlier held views, sometimes making partial and supplementary use of them, and quite often engaging in critical debate and forging perceptions which often appear to be original and fruitful. They definitely provide distinctive contributions not only by reinterpreting already deep rooted perceptions of Chrysostom, but also by focusing on themes which are highly relevant and which have all too often been overlooked by others. Unfortunately, such distinctive contributions have often been ignored by the wider scholarly world. To put it more bluntly, although Orthodox scholars and those of

---

1   Cf. the interesting essay on "John Chrysostom and the Cappadocians", bibliography, section 2, Χρήστου 1972.

other church traditions have now opened up a healthy dialogue concerning perceptions of Chrysostom, the results of their debates, however advanced or original, have remained very much a "side-show" of the international intellectual scene.

2.2. Reviewing the data

a) Texts, literary studies and other tools[2]
Chrysostom's importance for Orthodox church tradition and theology can clearly be seen from the great number of publications of his works. The Orthodox church has produced the only modern 'complete' set, which is readily available today. This is the Thessalonica set ΕΠΕ, comprising the original text together with a modern Greek translation on facing pages, as well as useful introductions and indices. It represents a great achievement[3]. The Orthodox church has also reprinted and re-edited an earlier 'complete' set – Migne's monumental edition – which up until now has been the standard. The latter is in effect the Athens reprint of Migne's Chrysostom, published within his *Patrologia Graeca*, ΜΕΠ, now enhanced with new indices and updated introductions and bibliographies[4]. The other modern editions and translations of particular texts, especially those of thematic selections of texts listed in the bibliography[5], are also important, because they indicate the particular themes within Chrysostom which are perceived to be of particular value to Orthodox perceptions. There are very few such selections of Chrysostomian texts outside the Orthodox context. Finally the recent *Chrysostom Treasury* (Χρυσοστομικὸν Ταμεῖον) of the Hagiorite monk Benediktos is an original and very useful tool for students of Chrysostom, since it constitutes a kind of theological dictionary, based upon selections of Chrysostom's works[6].

As regards literary criticism, the doctoral work of Dr. Nikolopoulos on *Letters falsely attributed to John Chrysostom* (Νικολόπουλος 1977) represents an outstanding contribution. I should add here the older but still very useful and perceptive study of the late Metropolitan Barnabas of Kitros on *John Chrysostom on the basis of his Epistles* (Βαρνάβας 1952). Nevertheless, Ni-

---

2 Apart from what is supplied here see also the articles of section 2 in the bibliography below by the following authors: Allisandratos, Γιαννόπουλος, Ἔξαρχος, Μιχαηλίδης, Μωραΐτης 1941-48, Νικολόπουλος, Παπαγεωργίου Παναγιώτης 1998, Ford 2003, Φωκυλίδης 1933, Φωτόπουλος, Χουδαβερδόγλου and Ψευτογκᾶς.
3 See bibliography, section 3a.
4 Ibid.
5 See bibliography, section 3b.
6 See bibliography, section 1, Βενέδικτος 1994. Unless otherwise stated, all items mentioned below in the text can be found in section 1 of the bibliography.

kolopoulos' work is exemplary in the genre of textual criticism, since it examines the history of criticism and makes full use of the existing (catalogued) manuscript evidence, without neglecting the printed editions and the testimonies of the various *Vitae, Encomia* and Byzantine authors. The work of Nikolopoulos argues against the authenticity of five epistles which bear Chrysostom's name. These are : 1) The *Epistle to Bishop Kyriakos* (PG 52, 681-685), 2) the *Epistle to the Monks* (Savile, vol. 7, 225-229), 3) the *Epistle to the Bishop of Antioch* or *To Antiochus* (PG 52, 739), 4) the *Epistle to Eudoxia* (PG 64, 493-496) which relates to the case of the vineyard of the widow of Theognostos, and 5) the *Epistle to Caesarius* (PG 52, 747-760) which discusses the Eucharist and which later went on to become a cause of controversy between Roman Catholic and Protestant scholars. Nikolopoulos also includes a critical edition of all the above epistles. The older study of the late Bishop Barnabas is not paleographical, as he himself acknowledges, but it gives a useful overview of the various printed editions of Chrysostom's epistles including their classifications. Its strength lies in the way he examines their content so as to systematically present Chrysostom's epistolographic style, highlighting his personality from a cultural and humanist point of view, while describing his image as an ecclesiastical leader and Christian martyr. As he points out in his concluding remarks, this epistolography, although written at a specific period of his life (the period of his exile), actually reveals some of the more dynamic characteristics of his personality, characteristics which are often absent in his other writings. These qualities include his love for his friends and admirers and indeed his sociability, counterbalancing the image of a committed and austere ascetic. The letters also testify to a resolute and unflinching determination to reform society, an unbending conviction in higher values, not to mention the position and mission of the Church vis-à-vis the state and the world. Chrysostom's letters also reveal his absolute faith in God's providence and care against all unfavorable circumstances and unjust sufferings. Last but not least, the letters bring to the fore his amazing sanctity, a facet which is less discernable in the numerous orations on the Martyrs and Saints emerging before him – a sanctity which elevates him to the level of an ecumenical Saint among the great fathers of the Church.

b) On Chrysostom's life and work[7]

Chrysostom's importance is also discernable in the general overviews of Chrysostom conducted by Orthodox scholars: Professor Siōtēs' *John Chrysostom as a Spiritual Leader* (Σιώτης 1961), Fr. Alexious' *The Ardent Fighter:*

---

7   Apart from the books mentioned here see the following articles in section 2 of the bibliography which relate to the life and work of Chrysostom in general or to aspects

John Chrysostom ('Αλεξίου 1961, ³1981), Dr. Neurakēs' *The Truths of the Faith According to Saint Chrysostom: Life, Texts, Translations, Dogmatic Synopsis and Index* (Νευράκης 1972), the detailed volume of the Brotherhood of Theologians "Zoē" on *John Chrysostom as Archbishop of Constantinople* ('Αδελφότης ἡ «Ζωή» 1932), Metropolitan Philaretos' (the renowned historian of Chalke) succinct and scholarly study on *Saint Chrysostom and his Activity in the Church* (Φιλάρετος 1931), Professor Trempelas' *John Chrysostom as a Preacher* (Τρεμπέλας 1924), the classic monograph of Chrysostomos Papadopoulos *St. John Chrysostom* (Χρυσόστομος Παπαδόπουλος 1908, reprinted in Athens 1970), and Metropolitan Basileios of Anchialos' *Study of the Life of John Chrysostom* (Βασίλειος Ἀγχιάλου 1902). Even the older ones represent significant Orthodox perceptions, since they are all carefully and scholarly formulated. One should note especially the latest study by Professor Stylianos Papadopoulos of the University of Athens, *St. John Chrysostom, vol. 1: His Life, Activities and Writings* and *vol. 2: His Thought, Contribution and Magnitude* (Παπαδόπουλος 1999). It is one of the most complete and well rounded overviews of Chrysostom's life and works in circulation today. The latest study (just published) by Bishop Iakovos of Katanē, *John Chrysostom an eminent personality of the Church* ('Ιάκωνος 2007), is a carefully written and very useful overview of the life, writings and teaching of St. John Chrysostom. Also impressive is the overview one finds in the Ἑλληνικὴ Πατρολογία of the late Professor Chrestou of the University of Thessalonica, the most distinguished Greek Patrologist of modern times[8].

c) Chrysostom's biblical studies[9]
Chrysostom's importance for Orthodox biblical studies is impressively demonstrated by Professor Constantine Belezos' work on *Chrysostom and Contemporary Biblical Research* (Μπελέζος 1998), which deals with the question of chronology of the epistles of St. Paul[10]. As Belezos explains,

---

of these: Ἀγαθάγγελος, Ἀνδρεάδης, Βαρνάβας, Βουζίκας, Γρηγοριάδης, Δυοβουνιώτης (all 8 articles of encomia), Ζήσης, Θέμελης, Θωμόπουλος, Ἰωαννίδης, Κ. Ἀρ, Κ. Ν., Κρικώνης, Κυριακός, Κωνσταντέλος, Κωνσταντινίδης, Μπαλάνος, Μπεμπῆς 2006, Ξυγγόπουλος, Κ. Παπαδόπουλος, Χρυσόστομος Παπαδόπουλος 1908 ff., Παπαμιχαήλ, Σκαλτσούνης, Τσιομεσίδης, Φωκυλίδης and Χατζηκώστας.

8   See bibliography, section 2, Χρήστου 1989.
9   Apart from what is mentioned in this paragraph see also the following articles in section 2 in the bibliography: Ἀνδριόπουλος, Βλάχος, Γαλάνης, Γεννάδιος 1952, Ζήσης 1982, Louth, Οἰκονόμου, Στυλιανός Παπαδόπουλος 1997, Parsenios, Σάκκος, Simmons, Τρακατέλλης and Τσαγγαλίδης.
10 There are also relevant unpublished MA theses at Durham University by Orthodox theologians which were written under my direction, as follows: D. I Mouzakis, Law and Grace in St. John Chrysostom's Commentary on St. Paul's Epistle to the Gala-

Chrysostom was the first to have attempted to date them and his attempt was such, that his conclusions differ little from those of contemporary NT biblical research. Chrysostom's thinking has been followed by subsequent interpreters of the NT in both the East and West. His writings have made a lasting contribution to the introduction of the NT and to its historical and philological study. Particularly interesting is Belezos' discussion of Chrysostom's hermeneutical method in comparison with the modern historico-critical one. The work provides an introduction on Chrysostom as an interpreter of the Scriptures and is followed by four parts dealing with: 1) Chrysostom's chronology of the Pauline epistles, 2) Chrysostom's originality in comparison with previous biblical research, 3) Chrysostom's approach to hermeneutics vis-à-vis contemporary historico-critical method and 4) Chrysostom's criteria and determining factors in the chronology of the Pauline epistles. The author also provides substantial summaries of the contents in German and in English at the end of his book.

Belezos' fascinating book adds depth and clarity to the general Orthodox perception of Chrysostom as being that of a biblical exegete and theologian. Such a view has been generally expounded in a number of other studies: Fr. Dēmopoulos on *The treasures of Holy Scripture according to John Chrysostom* (Δημόπουλος 1961), Professor Siōtēs on the *Three Hierarchs as Interpreters of Holy Scripture* (Σιώτης 1961), and Metropolitan Barnabas' *John Chrysostom's Teaching Concerning Holy Scripture* (Βαρνάβας 1974).

d) Christology[11]

Although the vast amount of Chrysostom's work is biblical in character, like many of the church fathers who came before and after him, he was also a profound theologian. This perception is demonstrated by several modern ground-breaking Orthodox studies. Fr. Ieremias Fountas' (now Metropolitan of Gortyna and Megalopolis) doctoral work on biblical Christology, *The Teaching of Holy Scripture on the Pre-existence of Christ according to St. John Chrysostom* (Φούντας 2002), is much more stimulating

---

tians, MA Dissertation, Durham (UK) 1991; Archimandrite Vasilios Nanos, Basic Aspects of St. John Chrysostom's Doctrine of Justification according to his Commentary on St. Paul's Letter to the Romans, MA Dissertation, Durham (UK) 1991; Constantine Kleanthous, St. John Chrysostom's Doctrine of Baptism, MLitt. Dissertation, Durham (UK) 1992; Panagiotis Myrou, Apostolicity according to St. John Chrysostom, M.Litt. Dissertation, Durham (UK) 1995; furthermore Timothy N. Robinson, Condescension or Confrontation. St. John Chrysostom's Interpretation of the Incident at Antioch (Gal. 2:11-14), Holy Cross MTh. Dissertation, Brookline MA 1998.

11 Apart from what is given in this paragraph, see also the following articles in section 2 of the bibliography: Ἀβαγιανός 1983, Bobrinskoy 1984, Ἐλευθεριάδης (Christology/ Mariology), Καλογήρου, Στυλιανός Παπαδόπουλος 1997.

than anything else that has been written on the topic thus far. This needs to be said since Chrysostom has not escaped the intellectual straight jacket of Antiochene/Alexandrian schematizations of patristic Christology (e.g. Logos-*sarx* versus Logos-*anthropos*), which have been ruthlessly applied in the *Dogmengeschichte* and in modern theological debates dealing with the pre-existence of Christ in the Bible (both in the OT and the NT)[12]. Not only does Fountas' work constitute a real challenge to historians of dogma, it also brings into question the thinking of biblical theologians, since it draws heavily on the results of wide-ranging modern scholarship. It expounds the Orthodox hermeneutics of the Bible which concur with the dogmatic theology of the church fathers. Fountas' work also shows how biblical and patristic-systematic theology in Orthodoxy actually complement each other. More specifically, the book comprises an introduction, which deals with the heretics who denied the preexistence of Christ (Docetists, Gnostics, Arians, Apollinaris and Nestorius) together with a general outline of Chrysostom's Christology and exegesis. The chapters can be summarized as follows: Chapter 1, "Jesus Christ as the pre-existent Son of God," which is a detailed analysis of the notion of the "Son of God" in the OT and NT; Chapter 2, "Jesus Christ as the Logos and Wisdom of God," which deals with the Logos doctrine in the OT, Greek philosophy and John's Gospel, and with Christ as the Wisdom of God in connection with the Wisdom literature; Chapter 3, "Jesus Christ pre-existing as a divine person in the OT," which deals with the doctrine of the Trinity in the OT, and with Jesus Christ as Yahwe; Chapter 4, "The Son's revelatory energies in his preexistence" which deals with the operations of the Son in creation, in the granting of the law and in the theophanies of the OT; Chapter 5, "The preexisting and incarnate God," which deals with the doctrine of the incarnation in the OT and NT. All these topics make reference to the texts of John Chrysostom and to contemporary biblical exegesis.

e) Soteriology[13]

Here, Orthodox scholarship has produced two very significant works. Firstly, Professor Zēsēs' systematic work on *Chrysostom's doctrine of Man and the Cosmos in God's Economy* (Ζήσης 1971) has been reprinted in a revised form and under the equally fitting title *The Salvation of Man and the World* (Ζήσης 1992). The latter portrays Chrysostom as a coherent theologian,

---

12   See for instance M. E. Lawrenz, The Christology of John Chrysostom, Lewiston 1996 (cf. for example 164 f.).

13   Apart from what is mentioned in this paragraph see also the following articles in section 2 in the bibliography: Γκόσεβιτς, Εὐάγγελος Θεοδώρου 1994, Κιτέσκου, Κομάν 1968, Παπαγεωργίου 1995, Τρακατέλλης.

presenting the reader with a systematic synopsis of his dogmatics and ethics. There are several important aspects to this study. These include Chrysostom's critique of the ancient classical world and its philosophical heritage, his study of the human predicament in its existential and sociological dimensions, his understanding of the soteriological import of Christology to humanity, his doctrine of the church and eschatology, etc. In his conclusions Zēsēs summarizes his main theses: Chrysostom appeared at a time in history when the battle between the Christian church and secular world was shifting from dogmatics to ethics as the Church continued to struggle against secularization. He was a pioneer in this respect and emerged as the church's chief spokesman. The church's understanding of man's relation to the world differed from that of the secular philosophers. Evil was not inherent in the world, and there was no fate that directed its course of life. Mankind had a superior position in it, but both mankind and the world were God's creations and belonged to a plan which was designed and directed by God. Human freedom was not cancelled out by this plan, because humanity had been given a position of responsibility in it and synergy with God. Chrysostom did not believe that in the beginning humanity (before the fall) was primitive and under-developed. This condition was created later, after the fall, because humanity lost its communion and synergy with God. The resulting sickness, corruption, etc. were not a punishment of God (although such anthropomorphic language is used in the OT), but belonged to the healing process and economy which God directed with his providence. They were matched by the moral and spiritual powers which mankind still retained and by which human beings were expected to organize their lives. The struggle to improve all our basic institutions, refine marriage, hone arts, professions and sciences and to overcome all prejudices of class, politics and wealth, are all part of God's divine plan. Such shortcomings are a consequence of the expulsion of the human race from paradise, to which mankind cannot return until such shortcomings have been corrected and our synergy with God has been regained. Time and again, humanity fails to attain its superior status in the world by its own means.

In keeping with the divine plan, God intervenes more decisively in the evolution of humanity and the world through Christ. Chrysostom's Christology is the epitome of the original synergy between humanity and the creator. Christ provides a relaunching, re-molding humanity so that it can be finally united with God and return to paradise and eventually transcend it. This is due to the gift of the Holy Spirit which humanity had lost when it was expelled from the original paradise, but has regained through Christ. Christ's work of salvation reaches its end in the Pentecost, i.e. in the descent of the Spirit into the Church, the new Paradise, in which humanity is reborn and renewed through the sacrament. Christ is the archetype and all those who believe in him are molded in his fashion. The remaking of humanity and the world in the Church is not a finalized act, since it not only includes what Christ has already accomplished, but also what humankind is now accomplishing, i.e. what the final implications of Christ's coming will be. As a result, the believer now has the image of Christ and the pledge of the Spirit, but what is required for the final accomplishment is the synergy. Grace does not bring about salvation automatically, nor does it choose who is to be saved in an absolute manner. The danger of the corruption of the image of baptism and the loss of the adoption is ever present. The sacramental participation in the death of Christ needs to be transformed into deeds in every day life, so that true communion with Christ might be achieved.

The other study in this area is the doctoral thesis of the late Serbian theologian Stoyan Gosevitch, *John Chrysostom's Doctrine of Grace* (Γκόσεβιτς 1956). This study expounds Chrysostom's doctrine of grace in the OT and NT and brings out the Orthodox perception of the relation of human freedom to divine grace, which is rooted in Chrysostom's doctrine of the αὐτεξούσιον, and goes beyond the Augustine-Pelagius debate. This debate, as the author explains, involves Chrysostom, inasmuch as the first disciples of Pelagius, appealed to Chrysostom's prestige and authority. The disciples included Julian of Eclanum who quoted Chrysostom's Homily *de baptizatis* (translated into Latin by Deacon Annianos), and the so-called semi-Pelagian John Cassian, who opposed Augustine and who had actually been ordained to the diaconate by him. Indeed Chrysostom expressed his sympathy for Pelagius in his 4th letter to Olympias[14]. Nevertheless, Gosevitch shows that Chrysostom's view is neither Pelagian, nor Augustinian and not even semi-Pelagian, as these are expounded in western scholarship. His thorough analysis of the relevant Chrysostomian texts (most of them exegetical) are systematically arranged in two parts, each of which is divided-up into four sub-sections. The first part, which is entitled "The Divine Grace in the period of the preparation of humanity for redemption," examines the "grace" texts that relate to: 1) the creation and fall of the protoplasts; 2) the consequences of the sin of the protoplasts; 3) the preparation of the nations for redemption; and 4) the position of the Jews in the redemptive plan of God. The second part is entitled "The Divine Grace in the redemptive work of the Savior" and examines the following four topics: 1) the necessity and catholicity (universality) of grace; 2) the activity of grace – the relation of personality to grace; 3) salvation as the result of divine and human synergy; and 4) the accomplishment of the

---

14   PG 52,596.

redemptive work of the Savior – Chrysostom's eschatology. The entire thesis is a detailed discussion of the crucial importance of Chrysostom's theological legacy concerning the synergy involved in salvation between human creaturely freedom and divine grace. Human freedom was not annulled by humanity's fall. Divine grace is not irresistible. Baptism purges the sinner of sin through the grace of forgiveness in Christ, but it also places before he who has been pardoned the responsibility of choosing good (virtue) over evil (vice), i.e. pursuing the path of sanctification. In Chrysostom's total theological perception the Divine Grace, although one and unified, has a Trinitarian pattern, which entails: "the attraction (ἕλκυσις) of the Father," "the guidance (ὁδηγία) of the Son" and "the assistance (βοήθεια) and alliance (συμμαχία) of the Holy Spirit." The first two initiate and offer human salvation, while the third one appropriates and accomplishes it. However, between these two, there is "the moment of human freedom" that embraces God's will of its own will. At this moment "the greater part, almost everything, is of the Divine Grace (τὸ πλέον, σχεδόν δε τὸ πᾶν), but there is also "a little bit that was left to the human agent (ἡμῖν δὲ μικρόν τι)." In the light of this, Gosevitch concludes with a quotation from the *Encomium* of Niketas Paphlagon: "If the father of Chrysostom was called *Secundus*, he must be called *Primus*, inasmuch as he has explained to the world the way of salvation by the Great Shepherd and Savior of all." The works of Gosevitch and Zēsēs effectively constitute a complete doctrine of Orthodox patristic soteriology.

f) Anthropology/ethics[15]
Although the works on Chrysostom's doctrines of Soteriology and Christology also refer to anthropology, there is a particular aspect to this doctrine which has been impressively brought out by a young theologian, a former student of mine, now teaching at the University of Athens. Dr. Spyros Tsitsingos, a psychologist-theologian, wrote his thesis on the *Soul of Man According to St. Chrysostom* under Professor Zēsēs. Tsitsingos uses modern psychology to advance a Chrysostomian psychology. He discusses the nature of the soul, exploring its structure and operations, its innate and acquired conditions, its corruption, redemption, healing, while analyzing the divine and human factors involved in the soul's creation. The work also takes into consideration the souls treatment and recuperation in

---

15 Apart from what is mentioned in this paragraph see also the following articles in section 2 in the bibliography: Βεργωτής 1969, Γεννάδιος 1954 and 1941, Θεοδωρού-δης, Κομάν 1968, Μάξιμος, Χρήστου 1975. I should also mention a recent MTh Dissertation under my direction: Anestis Kyriakides, The Spiritual Approach to the Problem of ἀθυμία (Depression) in St. John Chrysostom's Letters to Olympias, MTh Dissertation Holy Cross, Brookline MA 2006.

the 'hospital of souls', the church, and its training in virtue. This work completes his earlier research, his Durham MA thesis. In the latter, the dialogue of Patristic theology and psychology begins by comparing Chrysostom's treatment of the sickness of the soul to the psychiatric approach of the depth-psychologists (Τσιτσίγκος 1999). Tsitsingos' latest work on *Chrysostom's Ethics* (Τσιτσίγκος 2001) deals with Chrysostom's doctrine on human virtues, completing, so to speak, his contribution to Chrysostomian anthropology, linking it with ethics and soteriology. By choosing the virtuous path the human being provides the conditions necessary for receiving God's grace and reaching his end, *theosis*.

Another older but still important monograph on Chrysostom's anthropology is the work of Dr. Kornitsescu, entitled *Humanism according to Saint Chrysostom* (Κορνιτσέσκου 1971). It explores the connection between anthropology, humanism and society in Chrysostom's thinking. Kornitsescu begins by stating that humanism or anthropocentric thinking is not exclusive to Christianity. All religions and civilizations demonstrate some sort of humanism. The same can also be said of classical Hellenism. However, humanism has not brought about the perfection necessary to help humanity liberate itself from its present predicament – the disjunction of body from spirit and its subjection to the world still need to be remedied. This is why the fathers were cautious with Hellenic humanism, its idealism and/or fatalism, developing their own Christian rival to it. Chrysostom has produced one of the deepest and clearest expressions of this Christian humanism. Its roots are biblical. Its starting point is God, who constitutes the beginning and the end of all existence and who places humanity in the center of creation. Without humanity creation has no sense. Humanity is the focus of creation and this is fully revealed in the incarnation of God himself in Christ. Christ has taken humanity from the position of servitude up to the throne of God. An important reason for this is that the human soul has been made in the image and likeness of God. Chrysostom identifies this image with the power of self-determination or freedom, which makes humanity's assimilation with God possible. The way to achieving this is the free conquest of the passions so that humanity might transcend and dominate creation through the power of mind, will and love. By these means humanity rediscovers the divine plan, God's providence and, finally God's grace, which crowns the whole. Central to it is the biblical notion of love, love for God and love for the human neighbor, which Chrysostom does not see as a theoretical, but as a practical notion, a force of salvation that translates itself as mercy (ἐλεημοσύνη). The fall weakened humanity's spiritual strength, but Christ came to provide it with a new start, to recover it and to lead it on to its perfection. Christian humanism is imbued by this human optimism, which makes no distinctions between Jews, Greeks and Romans. All human beings are brothers, equal and spiritually free. Human society is the Areopagos on which every human being sits. This conviction of Christian humanism does not make Chrysostom an idealist, because it is not an idea, but a task, a moral task. This explains his harsh exposure of social problems and his call to recover friendship, peace, mercy and love – in short, his mission to set humanity back on the path towards God.

Other works discussing these themes include: Dr. Neurakēs, *Virtue and Continence according to Chrysostom* (Νευράκης 2003), Dr. Moustakas, *Repentance according to Saint John Chrysostom* (Μουστάκας 1993), Christofis' Durham MA thesis on *Martyrdom according to John Chrysostom* (Χριστοφῆς 1997), Kemetsetzidēs (ed.), *Nikodēmos the Hagiorite: The Sufferings for Christ and Achievements of St. John Chrysostom and the Golden Orations of the Father with the Golden Mouth* (Κεμετσετζίδης 1991) and Dr. Stamos, *Suffering according to St. John Chrysostom* (Στάμος 1990).

g) Social ethics[16]

Orthodox Chrysostom scholars, like all others, share the view that Chrysostom was a master of Christian ethics and especially social ethics. There are several contributions by Orthodox scholars in this area. These include: Dr. Savramēs, *The Social Message of John Chrysostom* (Σαβράμης 1981), Fr. Metalēnos, *The Social Message of St. Chrysostom in our Times* (Μεταληνός 1977), Korakidēs, *Judgment in the Church according to Holy Scripture and its interpretation and application by Saint Chrysostom* (Κορακίδης 1965), and Hadjēioannou, *St. Chrysostom's Sociological Views in Comparison with the Views of Socialist Historians, Beer, Pöhlmann and others* (Χατζηιωάννου 1948). To these we might add the particular contributions of Charōnēs and Lanara on Pedagogy, a huge four volume work entitled *The Pedagogical Anthropology of John Chrysostom* (Χαρώνης/Λαναρᾶ 1996), along with those of Papadakēs, *Issues relating to educational formation of Children according to Saint Chrysostom* (Παπαδάκης 1994), Stamos, *John Chrysostom: On Christian Love* (1983), *On Burivement* (1982), *On Youth and their Problems* (1982), *On the Wrong use of money, etc.* (1968), *On Mercy or Almsgiving* (1964), *On Marriage and Congugal Life* (1963), *On the Upbring of Children* (1962) and *On the Christian Wife... etc. to Olympias* (1955)[17] and Moraitēs, *John Chrysostom*

---

16 Apart from what is mentioned in this paragraph see also the following articles in section 2 of the bibliography: Α. Ἰ. Γ., Βουλγαράκης 1994 and 1991, Δράγας 2003, Ζήσης 1987, 1974, 1969, Karras, Καστανᾶς, Κονέφσκυ, Λώλης, Μεταλληνός, Μπεμπῆς 1987, Νικολάου, Panteleimon, Πετρόπουλος, Σακελλάρης, Schroeder, Σκουτέρης, Σταυρίδης, Ford and Χρυσόστομος Ἀξώμης.

17 See bibliography below section 3b, Στάμος.

Pedagogical Teachings[18], which relate to Chrysostom's views on education[19]. Still in the domain of social ethics we should also mention the contributions of Dr. Bournelēs, *The Place of the Woman in the Church according to St. John Chrysostom* (Μπουρνέλης 1993), Professor Stylianos Papadopoulos, *Marriage and Virginity according to St. Chrysostom* (Παπαδόπουλος 1996), Dr. David Ford, *Women and Men in the Early Church: The Full Views of St. John Chrysostom* (Ford 1996), Benediktos the Hagiorite Monk, *Chrysostomian Pulpit: Marriage, the Family and their Problems* (Βενέδικτος 1995), Fr. Dēmopoulos *The Family according to St. Chrysostom* (Δημόπουλος 1965) on family and virginity, Dr. Lappas, *St. John Chrysostom's doctrine of Work* (Λάππας 1984), Dr. Kontoulēs *The Problem of Slavery according to the Capopadocian Fathers and John Chrysostom* (Κοντούλης 1993), Fr. Kapsanēs, *St. John Chrysostom as a missionary* (Καπσάνης 1972), Sakellarēs, *The Chrysostomic Preaching as a Stimulus of Contemporary Theological Process (Christian awakening and missionary diakonia)* (Σακελλάρης 1970). All of the above represent in depth examinations of Chrysostom's texts and expose his thorough Christian moral thinking, itself rooted in his biblical exegesis.

h) Ecclesiology[20]

Orthodox Chrysostom scholars have shown that Chrysostom, like all the other eastern fathers, did not write specifically about the Church, because for him the Church was the context within which everything else ought to be discussed and understood. Patristic doctrine is ecclesiocentric as is Orthodox theology, which is an extension of the former. It is precisely for this reason that one could reconstitute a complete doctrine of the Church from every one of the writings of these fathers. All that would be necessary would be to collect the many and varied ecclesiological statements and texts which are scattered in their works and present them in a systematic way[21]. In the case of Chrysostom, this was accomplished meticu-

---

18 Ibid., Μωραΐτης 1940.

19 On pedagogy in Chrysostom see also the articles in section 2 of the bibliography: Γεννάδιος 1950, Γιέβτιτς 1979, Γρηγοριάδης, Διονυσάτης, Άνδρέας Θεοδώρου 1981, Κουνέλλης, Κωνσταντέλος, Κωνσταντινίδης, Μαστρογιαννόπουλος, Ματσάκης, Μπαλογιάννης, Χρυσόστομος Παπαδόπουλος 1938, Σιάσος, Σπαθάκης.

20 Apart from what is mentioned in this paragraph see also the following articles in section 2 in the bibliography: Βαλαντάσης, Γεννάδιος 1954, Θεοδωρόπουλος, Λαρεντζάκης, Παπαδόπουλος 1996, Πιτσιούνης, Χριστόφ. I should also mention a recent MTh Dissertation under my direction: Fr. Demetri Tonias, St. John Chrysostom's Trials and the Church of Rome, MTh Dissertation, Holy Cross, Brookline MA 2006.

21 See for example the following major books by Orthodox scholars on patristic ecclesiology: Χ. Θ. Κρικώνης, Τὸ Μυστήριον τῆς Ἐκκλησίας: Πατερικαὶ Ἀπόψεις, Θεσσαλονίκη 1989; Β. Κ. Σκουτέρης, Ἡ Ἐκκλησιολογία τοῦ Γρηγορίου Νύσσης, Ἀθῆναι 1969; Κ. Χ. Καρακόλης, Ἡ Ἐκκλησιολογία τοῦ Μεγάλου Ἀθανασίου, Θεσσαλονίκη 1968; Ι. Καρμίρης, Ἡ Ἐκκλησιολογία τῶν τριῶν Ἱεραρχῶν, Ἀθῆναι 1962; id.,

lously by Fr. Gus Christofis, *The Church's Identity: Established through Images according to St. John Chrysostom* (Χριστοφῆς 2006). This book surveys Chrysostom's tracing of the illusive identity or mystery of the Church in theological, anthropological and cosmological icons, microcosmically and macrocosmically. In effect, the book only represents one third of what he wrote in Durham, where I supervised him for his doctorate. Some of this unpublished work is in press and bears the title, *Authority in the Church according to St. John Chrysostom*[22]. His book on the Church's identity comprises an introduction on the life and work of Chrysostom, followed by three large chapters which analyze the images of the Church. The book's general conclusion reviews various aspects of Chrysostom's ecclesiology. The first chapter analyzes the human images of the Church, i.e. the Church as the body of Christ, ecclesial community and liturgical assembly, bride, rational flock, soul and mother of Christians. The second chapter deals with the social images of the Church, i.e. the kingdom, the city, the house, place of worship, the Christian home, the army camp, the tent of witness and the artist's studio. The third chapter deals with the natural images of the Church i.e. the ocean, the sea, the harbor, the ship or ark, the anchor, the cultivated land and the field together with whatever they contained. The conclusions refer to the connections of Chrysostom's ecclesiology to Christology and to the OT, as well as to its characteristics, catholicity (local and universal), nobility (sanctity), unity, apostolicity, composition (earthly and heavenly) and finally to its Trinitarian and priestly foundations.

To this detailed exegetical study we must add the fascinating study of Dr. Bozinēs *John Chrysostom on the "Imperium Romanum". A Study on the Political Thought of the Early Church* (Μποζίνης 2003). This work represents a pioneering approach to ecclesiology inasmuch as it explores and discusses Chrysostom's understanding of the relations between church and state or, as this scholar puts it, the church's political thought. Dr. Bozinēs portrays Chrysostom as a pioneer in the domain of church-state interaction, all the more so since Chrysostom was writing at a time when the Church was emerging from its crucible of social isolation before being transformed into a state religion. At this critical juncture, he argues, the dialogue between Christianity and Hellenism, on the level of political philosophy is no less intense than on the level of dogma, i.e. cosmology and episte-mology (gnosiology). This dialogue lies at the very heart of Chrysostom's thinking and was to lay foundations for the future.

Ἡ Ἐκκλησιολογία τοῦ Γρηγορίου τοῦ Θεολόγου, Ἀθῆναι 1960; id., Ἡ Ἐκκλησιολογία τοῦ Μεγάλου Βασιλείου, Ἀθῆναι 1958.

22   This is to be published by the Orthodox Research Institute (Rolinsford NH, USA) in the series "Patristic Theological Library" of which I am the general editor.

Chrysostom's ecclesiology, developed on purely biblical and theological grounds has also been explored by Orthodox scholars. The doctoral thesis of the brilliant Serbian theologian Fr. (now Metropolitan) Athanasios Yevtich at the University of Athens, entitled *Ecclesiology of the Apostle Paul according to Saint Chrysostom* (Γιέβτιτς 1967) is one such study. It was re-edited in a more modern form (linguistically and in terms of presentation) and is a classic in its field. The work is structured in a Trinitarian-symmetrical manner, beginning with an introduction which presents the "μέγα τῆς εὐσεβείας μυστήριον." It then proceeds to discuss ecclesiology in terms of "The Economy of the Grace of the Trinity as the Mystery of Christ" (ch. 1), "The God-Man Christ and the Church" (ch. 2), expounding the notion of the Church as the body of Christ and especially as Eucharistic communion in the body and blood of Christ, and "The Holy Spirit in the Church" (ch. 3), referring to the one faith and to the life in Christ in the Holy Spirit (Γιέβτιτς 1984). If Chrysostom represents a new Paul in his exposition of the great apostle to the nations, then the Metropolitan Athanasios is a new Chrysostom in his exposition of Chrysostom's perception of the great mystery of Christ and the Church.

At this point, I ought to mention two more equally 'complete and classic', so to speak, Orthodox expositions of Chrysostom's ecclesiology. Both works have been produced by two distinguished professors from the University of Athens, one a Canonist, the other a systematic theologian. On the one hand, we have Professor Mouratidēs' specific study on *The Essence and Polity of the Church according to the Teaching of John Chrysostom* (Μουρατίδης 1968), and on the other, Professor Karmirēs' broader study, entitled *The Ecclesiology of the Three Hierarchs* (Καρμίρης 1962). Mouratidēs, a canonist, begins with the "great mystery" of the Church before moving on to a discussion of the Church in terms of the divine human communion, the divine-human organism and the trinity as the supreme principle of authority in the Church. In the second (canonical) part, he deals with the government of the Church in terms of the lawful character of the ecclesiastical organism. This deals with the unifying and self-sufficient character of the church's organism and the principles of cohesion of clergy and laity. It ends with a discussion on the Roman Catholic claims of Chrysostom's recognition of papal primacy (papacy versus conciliarity), which is a popular point of discussion in Orthodox circles. Karmirēs, a dogmatician who has attentively analyzed Cappadocian ecclesiology, provides a panoramic and systemic ecclesiology inasmuch as he traces the stages of the Church's role in the history of salvation, beginning with God's eternal will. After the creation and the ensuing dispensations the Church is consummated in the economy of Christ. This study shows that

Chrysostom's ecclesiology in its broad outline and essential perceptions is coherent with that of the Cappadocian fathers[23].

i) Eschatology[24]

In the light of the aforementioned works, the emphasis attributed to ecclesiology in Orthodox Chrysostom studies is clearly evident. It is, I believe, completed in a work which has been left until last, but which is perhaps the most interesting and suggestive of all. As such, it lends itself better than any other to commemorating Chrysostom's legacy. It is the doctoral thesis of a Syrian Greek Orthodox scholar, Paul Yazigi, who is now Metropolitan in the Patriarchate of Antioch. The thesis, defended at the University of Thessalonica, is entitled *Eschatology and Ethics. The Eschatological Foundation of the Life in Christ* (Yazigi 1992). It starts by defining eschatology in a most unusual and profound way, that is to say as a dialogue between divine philanthropy and human freedom. The work then outlines the whole theological agenda of Chrysostom's doctrine in terms of human freedom and eschatology, eschatological education and, finally, the eschatological character of the present life. The last topic includes a discussion of its essence, its relation to virtue, and its appropriation of virtue in the contexts of monasticism, marriage, work, wealth and poverty, almsgiving and political authority. I plan to ask his Eminence to allow me to translate and publish his work in English during this Chrysostom year. Not only would such a translation open up his work to a wider audience, it would also serve as a gift of thanks to him and to our Lord in honor of Chrysostom. This study, together with most of those already mentioned above, deserve much greater attention by the international community. As an Orthodox who has lived and worked most of his life in the 'West', I know that there is no longer any excuse for blinkered scholarship and failing to look over the "other side of the fence." The Orthodox East and the Papal and Protestant West need to interact much more on a scholarly level so that we can embrace the challenge of globalization together and in a positive way.

---

23 For an English summary of this panoramic view see Karmirēs' essay in section 2 of the bibliography (Καρμίρης 1962).

24 See also the article of Μύρου in section 2 of the bibliography.

Appendix: Greek Orthodox studies on John Chrysostom during the 20th century

A Bibliographical Account

1. Books on Chrysostom

(in inverse chronological order)

Ἰάκωβος (Πηλιλῆς) Μητροπολίτης Κατάνης, Ἰωάννης ὁ Χρυσόστομος, Μία ἐξέχουσα Προσωπικότης τῆς Ἐκκλησίας, Ἀθῆναι 2007.

Gus G. Christo(fis) (Χριστοφῆς), The Church's Identity: Established through Images according to Saint John Chrysostom (Patristic Theological Library 2), Rollinsford NH (USA), 2006.

Κ. Α. Bosinis (Μποζίνης), Johannes Chrysostomus über das Imperium Romanum: Studie zum politischen Denken der Alten Kirche (Texts and Studies in the History of Theology 10), Mandelbachtal/Cambridge 2005.

Κ. Α. Μποζίνης, Ὁ Ἰωάννης ὁ Χρυσόστομος γιὰ τὸ Imperium Romanum: Μελέτη πάνω στὴν πολιτικὴ σκέψη τῆς ἀρχαίας Ἐκκλησίας, Ἰνστιτοῦτο τοῦ Βιβλίου Α. Καρδαμίτσα, Ἀθῆναι 2003.

Ν. Γ. Νευράκης, Ἡ Ἀρετὴ τῆς Ἐγκράτειας κατὰ τὸν Ἱερὸν Χρυσόστομον, Διδακτορικὴ Διατριβή, Πανεπιστήμιο Ἀθηνῶν, Ἀθῆναι 2003.

Ἱερ. Φούντας, Ἡ περὶ Προϋπάρξεως τοῦ Ἰησοῦ Χριστοῦ Διδασκαλία τῆς Ἁγίας Γραφῆς κατὰ τὸν Ἱερὸν Χρυσόστομον, Διδακτορικὴ Διατριβή, Ἀθῆναι 2002.

Σ. Κ. Τσιτσίγκος, Τὸ Χρυσοστομικὸ Ἦθος: Οἱ Ἀρετὲς κατὰ τὸν Ἰωάννη τὸν Χρυσόστομο, Θεσσαλονίκη 2001.

Σ. Κ. Τσιτσίγκος, Ἡ Ψυχὴ τοῦ Ἀνθρώπου κατὰ τὸν Ἱερὸ Χρυσόστομο, Ἀποστολικὴ Διακονία, Ἀθῆναι 2000.

Στυλιανός Γ. Παπαδόπουλος, Ἅγιος Ἰωάννης ὁ Χρυσόστομος, Τόμος Α (Ἡ Ζωή του, ἡ Δράση του, Οἱ συγγραφές του), Τόμος Β (Ἡ Σκέψη του, ἡ προσφορά του, ἡ μεγαλωσύνη του), Ἀθῆναι 1999.

S. Κ. Tsitsigkos (Τσιτσίγκος), Spiritual Fatherhood According to St. John Chrysostom's Homilies on Penance in the Light of the Psychology of depth, Durham University MA Thesis, Theologia 70, 1999, 826-960.

Στυλ. Γ. Παπαδόπουλος, Ἡ Ἐκκλησία καὶ τὰ ἱερὰ Μυστήρια κατὰ τὸν ἱερὸ Χρυσόστομο, Ἀποστολικὴ Διακονία, Ἀθῆναι 1998.

Κ. Ι. Μπελέζος, Χρυσόστομος καὶ Σύγχρονη Βιβλικὴ Ἔρευνα: Ἡ χρονολογικὴ ταξινόμηση τῶν ἐπιστολῶν τοῦ Ἀπ. Παύλου, Διήγηση, Ἀθῆναι 1998.

Gus G. Christo(fis) (Χριστοφῆς), Martyrdom according to John Chrysostom: "to live is Christ, to die is gain", Lewiston NY 1997.

Στυλιανός Γ. Παπαδόπουλος, Γάμος καὶ Παρθενία κατὰ τὸν Ἱερὸ Χρυσόστομο, Ἁρμός, Ἀθῆναι 1996.

D. C. Ford, Women and Men in the Early Church: The Full Views of St. John Chrysostom, South Canaan, Pennsylvania 1996.

Βασίλειος Δ. Χαρώνης/Οὐρανία Λαναρᾶ, Παιδαγωγικὴ Ἀνθρωπολογία Ἰωάννου τοῦ Χρυσοστόμου, τόμοι α'-δ', Ἀθῆναι 1993-96.

P. E. Papageorgiou, A Theological Analysis of Selected Themes in the Homilies of St. John Chrysostom on the Epistle of St. Paul to the Romans, Ph.D. dissertation, The Catholic University of America, Washington DC (USA) 1995.

Βενέδικτος Ἱερομόναχος Ἁγιορείτης, Χρυσοστομικὸν Ταμεῖον, Θεσσαλονίκη 1994.

Βενέδικτος Ἱερομόναχος Ἁγιορείτης, Χρυσοστομικὸς ἄμβων, τόμοι α'-γ', Θεσσαλονίκη 1994-1995.

Κωστῆς Ἠλ. Παπαδάκης, Θέματα ἀγωγῆς τοῦ παιδιοῦ κατὰ τὸν ἱερὸ Χρυσόστομο, Ρέθυμνο 1994.

E. Makris-Walsh, Overcoming Gender: Virgins, Widows and Barren Women in the Writings of St. John Chrysostom, 386-397, Ph.D. dissertation, The Catholic University of America, Washington DC (USA) 1994.

G. Kontoulis (Κοντούλης), Zum Problem der Sklaverei (Δουλεία) bei den Kappadokischen Kirchenvätern und Johannes Chrysostomus, Bonn 1993.

Χριστόδουλος Μουστάκας, Ἡ Μετάνοια κατὰ τὸν ἅγιο Ἰωάννη Χρυσόστομο, Ἀθῆναι 1993.

Ἀπόστολος Μπουρνέλης, Ἡ Θέση τῆς Γυναίκας στὴν Ἐκκλησία κατὰ τὸν ἅγιο Ἰωάννη τὸν Χρυσόστομο, Θεσσαλονίκη 1993.

Θ. Ν. Ζήσης, Ἡ Σωτηρία τοῦ ἀνθρώπου καὶ τοῦ κόσμου κατὰ τὸν ἅγιο Ἰωάννη Χρυσόστομο, Θεσσαλονίκη 1992.

P. Yazigi, Ἐσχατολογία καὶ Ἠθική: Ἡ ἐσχατολογικὴ θεμελίωση τῆς ἐν Χριστῷ ζωῆς κατὰ τὸν Ἰωάννη τὸν Χρυσόστομο, Διατριβὴ ἐπὶ διδακτορία, Ἀριστοτέλειο Πανεπιστήμιο Θεσσαλονίκης, Θεσσαλονίκη 1992.

Στυλιανός Κεμετσετζίδης (ἐκ.), Νικοδήμου τοῦ Ἁγιορείτου: Τὰ ὑπὲρ Χριστοῦ Παθήματα καὶ Κατορθώματα ἁγ. Ἰωάννου Χρυσοστόμου καὶ Χρυσοὶ Λόγοι τοῦ Χρυσορρήμονος Πατρός (Ἐκδόσεις «Ὀρθόδοξος Κυψέλη»), Θεσσαλονίκη 1991.

Ἀθανάσιος Μ. Γιέβτιτς, Ἡ Ἐκκλησιολογία τοῦ Ἀποστόλου Παύλου κατὰ τὸν Ἱερὸ Χρυσόστομο, ἐκδόσεις Γρηγόρη, Ἀθῆναι 1984.

Ι. Δ. Λάππας, Ἡ Περὶ Ἐργασίας Διδασκαλία Ἰωάννου τοῦ Χρυσοστόμου, Διατριβὴ ἐπὶ Διδακτορία, Θεολογικὴ Σχολή, Πανεπιστήμιον Ἀθηνῶν, Ἀθῆναι 1984.

Ἠλίας Βουλγαράκης, Ὁ Χρυσόστομος καλεῖ γιὰ ἱεραποστολή, Ἀποστολικὴ Διακονία τῆς Ἐκκλησίας τῆς Ἑλλάδος, Ἀθῆναι 1983.

Ἰωάννης Ἀρχιμ. Ἀλεξίου, ὁ Φλογερὸς Μαχητής, Ἰωάννης ὁ Χρυσόστομος, Ἀθῆναι ³1981.

Δημήτριος Σαβράμης, Τὸ Κοινωνικὸ Μήνυμα τοῦ Ἰωάννου Χρυσοστόμου, Ἀθῆναι 1981.

Γεώργιος Μεταλληνός, Τὸ Κοινωνικὸ μήνυμα τοῦ ἱεροῦ Χρυσοστόμου στὴν ἐποχή μας, Ἀθῆναι 1977.

Π. Νικολόπουλος, Αἱ εἰς τὸν Ἰωάννην τὸν Χρυσόστομον ἐσφαλμένως ἀποδιδόμεναι ἐπιστολαί, Διδακτορικὴ Διατριβή, Ἀθῆναι 1977.

P. K. Chrestou (ed.), Συμπόσιον: Studies on St. John Chrysostom (Ἀνάλεκτα Βλατάδων 18), Θεσσαλονίκη 1973.

Ν. Γ. Νευράκης, Αἱ Ἀλήθειαι τῆς Πίστεως κατὰ τὸν Ἅγιον Χρυσόστομον: Βίος – Κείμενα Μεταφράσεις – Σύνοψις Δογματικῆς – Εὑρετήριον, Ἀθῆναι 1972.

Γ. Καψάνης, Ὁ ἅγιος Ἰωάννης ὁ Χρυσόστομος ὡς ἱεραπόστολος, Ἀθῆναι 1972.

A. K. Danassis (Δανασῆς), Johannes Chrysostomos: Pädagogisch-psychologische Ideen in seinem Werk, Bonn 1971.

Θ. Ν. Ζήσης, Ἄνθρωπος καὶ κόσμος ἐν τῇ Οἰκονομίᾳ τοῦ Θεοῦ κατὰ τὸν Ἱερὸν Χρυσόστομον, διδακτορικὴ διατριβή (Ἀνάλεκτα Βλατάδων 9), Θεσσαλονίκη 1971.

Κ. Κορνιτσέσκου, Ὁ Ἀνθρωπισμὸς κατὰ τὸν Ἱερὸν Χρυσόστομον (Ἀνάλεκτα Βλατάδων 10), Θεσσαλονίκη 1971.

Κωνσταντῖνος Ἰ. Σακελλάρης, Τὸ Χρυσοστομικὸν Κήρυγμα ὡς Κίνητρον Συγχρόνου Θεολογικῆς Πορείας (Χριστιανικὴ ἀφύπνισις καὶ ἱεραποστολικὴ διακονία), Θεσσαλονίκη 1970.

T. Nikolaou, Der Neid bei Johannes Chrysostomus unter Berücksichtigung der griechischen Philosophie, Bonn 1969.

Methodios A. Fouyas (later Archbishop of Thyateira), The Social Message of St. John Chrysostom, Ph.D. Thesis, Manchester University UK, Athens 1968 (also in: id., Θεολογικαὶ καὶ Ἱστορικαὶ Μελέται, τομ. ς΄, Ἀθῆναι 1984, 9-302).

A. M. Γιέβτιτς, Ἡ Ἐκκλησιολογία τοῦ ἀποστόλου Παύλου κατὰ τὸν Ἱερὸν Χρυσόστομον, Διατριβὴ ἐπὶ Διδακτορίᾳ, Ἀθῆναι 1967.

A. Κορακίδης, Ὁ ἔλεγχος ἐν τῇ Ἐκκλησίᾳ κατὰ τὴν Ἁγίαν Γραφὴν καὶ κατὰ τὴν ἑρμηνείαν καὶ ἐφαρμογὴν αὐτῆς ὑπὸ τοῦ ἱεροῦ Χρυσοστόμου, Ἀθῆναι 1965.

Γεώργιος Δημόπουλος, Ἡ Οἰκογένεια κατὰ τὸν ἱερὸν Χρυσόστομον, Ἀθῆναι 1965 (several subsequent editions).

Ἰ. Καρμίρης, Ἡ ἐκκλησιολογία τῶν τριῶν Ἱεραρχῶν, Ἀθῆναι 1962.

Μ. Σιώτης, Οἱ τρεῖς Ἱεράρχαι ὡς ἑρμηνευταὶ τῆς ἁγίας Γραφῆς, Ἀθῆναι 1961.

Ἰωάννης Ἀλεξίου, Ὁ Φλογερὸς μαχητής, Ἰωάννης ὁ Χρυσόστομος, Ἀθῆναι 1961.

Γ. Δημόπουλος, Οἱ θησαυροὶ τῆς Ἁγίας Γραφῆς κατὰ τὸν Ἱερὸν Χρυσόστομον, Ἀθῆναι 1961 (several subsequent editions).

Μ. Σιώτης, Ὁ Ἰωάννης ὁ Χρυσόστομος ὡς πνευματικὸς ἡγέτης, Ἀθῆναι 1961.

Κ. Δ. Μουρατίδης, Ἡ Οὐσία καὶ τὸ Πολίτευμα τῆς Ἐκκλησίας κατὰ τὴν διδασκαλίαν τοῦ Ἰωάννου τοῦ Χρυσοστόμου, Συμβολὴ εἰς τὰ θεμελιώδη προβλήματα τοῦ κανονικοῦ δικαίου (Διατριβὴ ἐπὶ Ὑφηγεσίᾳ), Ἀθῆναι 1958 (1977).

Σ. Ι. Γκόσεβιτς, Ἡ Περὶ Θείας Χάριτος Διδασκαλία Ἰωάννου τοῦ Χρυσοστόμου, Ἐναίσιμος ἐπὶ διδακτορίᾳ διατριβή, Πανεπιστήμιο Ἀθηνῶν, Ἀθῆναι 1956.

Βαρνάβας Τζωρτζᾶτος, Ἰωάννης ὁ Χρυσόστομος ἐπὶ τῇ βάσει τῶν ἐπιστολῶν αὐτοῦ, Διδακτορικὴ Διατριβή, Ἀθῆναι 1952.

Δ. Ε. Χατζηιωάννου, Αἱ Κοσμοθεωρητικαὶ Ἀπόψεις τοῦ Χρυσοστόμου ἐν σχέσει πρὸς τὰς Ἀντιλήψεις τῶν Ἱστορικῶν τοῦ Σοσιαλισμοῦ M. Beer, R. Pöhlmann καὶ ἄλλων, Διατριβή, Πανεπιστήμιο Ἀθηνῶν, Ἀθῆναι 1948.

Βαρνάβας Τζωρτζᾶτος, Ἡ περὶ τῶν Ἁγίων Γραφῶν Διδασκαλία Ἰωάννου τοῦ Χρυσοστόμου, Ἀθῆναι 1947 (1965).

G. I. Theocharides (Θεοχαρίδης), Beiträge zur Geschichte des byzantinischen Profantheaters im IV.und V. Jahrhundert, hauptsächlich auf Grund der Predigten des Johannes Chrysostomos, München 1940.

Κ. Στρατιώτης, Ἡ Ποιμαντικὴ τοῦ Ἁγίου Ἰωάννου τοῦ Χρυσοστόμου, Θεσσαλονίκη 1935.

Ἀδελφότης ἡ «Ζωή», Ἰωάννης ὁ Χρυσόστομος ὡς ἀρχιεπίσκοπος Κωνσταντινουπόλεως, Ἀθῆναι 1932.

Φιλάρετος (Βαφείδης) Μητροπολίτης Ἡρακλείας, Ὁ Ἱερὸς Χρυσόστομος καὶ ἡ Δρᾶσις αὐτοῦ ἐν τῇ Ἐκκλησίᾳ, Θεσσαλονίκη 1931.

Παναγιώτης Τρεμπέλας, Ἰωάννης ὁ Χρυσόστομος ὡς Ἱεροκήρυξ, Ἀθῆναι 1924.

Χρυσόστομος Παπαδόπουλος, Ὁ Ἅγιος Ἰωάννης ὁ Χρυσόστομος, Ἀλεξάνδρεια 1908 (ἔκδοσις β΄, Ἀποστολικὴ Διακονία, Ἀθῆναι 1970).

Βασίλειος (Γεωργιάδης) Μητροπολίτης Ἀγχιάλου, Μελέτη περὶ τοῦ βίου Ἰωάννου τοῦ Χρυσοστόμου, Ἀθῆναι 1902.

2. Articles

Α. Ἰ. Γ., Τὸ κοινωνικὸ ἔργο τοῦ Χρυσοστόμου (The social work of Chrysostom), Ἀκτῖνες (Ἀθῆναι) 3, 1940, 163-169.

Χ. Ἀβαγιανός, Ὁ «σκόλοψ» τοῦ Ἀποστόλου Παύλου κατὰ τὸν ἱερὸν Χρυσόστομον (The "thorn" of the Apostle Paul according to St. Chrysostom), Ποιμήν (Μυτιλήνη) 49, 1984, 219-221.

Χ. Ἀβαγιανός, Ὁ Ἰ. Χρυσόστομος περὶ τῆς Ἀναστάσεως τοῦ Κυρίου (St. Chrysostom on the Resurrection of Christ), Ποιμήν (Μυτιλήνη) 48, 1983, 105-111.

Ἐλαίας Ἀγαθάγγελος, Ἰωάννης ὁ Χρυσόστομος (345-407) (John Chrysostom), Ὀρθοδοξία 15, 1940, 51-55.

Φ. Ἀγγελάτος, Ἡ μεταξὺ τῶν νόθων ἔργων τοῦ Ἰωάννου Χρυσοστόμου ὁμιλία «εἰς τὸν Τίμιον Σταυρόν» (The Homily On the Precious Cross among the inauthentic works of John Chrysostom), Βυζάντιον (Θεσσαλονίκη) 7, 1975, 71-79.

J. Allisandratos, The structure of the funeral oration in John Chrysostom's "Eulogy of Meletius", Byzantine Studies 7, 1980, 182-198.

Γ. Σ. Ἀνδρεάδης, Ἡ φοιτητικὴ ζωὴ τῶν τριῶν ἱεραρχῶν (The student life of the three hierarchs), Γρηγόριος ὁ Παλαμᾶς 10, 1926, 6-13.

Π. Ἀνδριόπουλος, Τὸ κείμενο τῆς Καινῆς Διαθήκης ὡς ἑρμηνευτικὴ ἀρχὴ στὸ ἐξηγητικὸ ἔργο Ἰωάννου τοῦ Χρυσοστόμου (The text of the New Testament as a hermeneutical starting point in the exegetical work of John Chrysostom), Θεολογία 60, 1989, 476-492; 600-653 (and in id., Θέματα τῆς Θεολογίας τῆς Καινῆς Διαθήκης [Topics on the Theology of the New Testament], Ἀθῆναι 1990, 59-129).

Δημήτριος Βακάρος, Ὁ ἱερὸς Χρυσόστομος ὡς ὁ κατ' ἐξοχὴν Ἱεροκήρυξ τῆς Ἐκκλησίας (St. John Chrysostom as the Preacher of the Church par excellence), in: Πρακτικὰ ΙΣΤ΄ Θεολογικοῦ Συνεδρίου μὲ θέμα «ὁ ἱερὸς Χρυσόστομος» (Acts of the 16th Theological Conference of the Metropolis of Thessalonica on the Theme "St. Chrysostom"), Μητροπ. Θεσσαλονίκης, Θεσσαλονίκη 1996, 43-91.

R. Valantasis (Βαλαντάσης), Body, Hierarchy and Leadership in Chrysostom's "On the Priesthood", Greek Orthodox Theological Review 30, 1985, 455-471.

Βαρνάβας Χωρεπίσκοπος Σαλαμῖνος, Ἰωάννης ὁ Χρυσόστομος (John Chrysostom), Λευκωσία (Κύπρος) 1995.

Ἠ. Βασιλᾶς, Τὸ καπίτολον τοῦ ἁγίου Ἰωάννου τοῦ Χρυσοστόμου καὶ ὁ Ἄγγλος Πρόξενος ἐν Πρεβέζῃ Σίνδεη Σμὶθ Σάνδερς (The Capitolon of St. John Chrysostom and the English Consul in Preveza Smith Sanders), Ἠπειρωτικὴ Ἐστία (Ἰωάννινα) 4, 1955, 983-986.

Γ. Βεργωτής, Ἡ θεία εὐχαριστία τοῦ Ἰωάννου τοῦ Χρυσοστόμου (The Divine Eucharist of St. John Chrysostom), in: Πρακτικὰ ΙΣΤ' Θεολογικοῦ Συνεδρίου μὲ θέμα «ὁ ἱερὸς Χρυσόστομος» (Acts of the 16th Theological Conference of the Metropolis of Thessalonica on the Theme "St. Chrysostom"), Μητροπ. Θεσσαλονίκης, Θεσσαλονίκη 1996, 93-115.

Γ. Βεργωτής, Ἀνθρωπολογικαὶ ἀντιλήψεις ἐν τῇ θείᾳ λειτουργίᾳ τοῦ ἁγίου Ἰωάννου τοῦ Χρυσοστόμου (The anthropological views in the Divine Liturgy of St. John Chrysopstom), in: Πόνημα εὔγνωμον εἰς Βασίλειον Βέλλαν, Ἀθῆναι 1969, 95-108.

Κ. Βλάχος, Τὸ «μὴ μέγα φρονεῖν», ἢ κατὰ τὸν ἱερὸν Χρυσόστομον προσέγγισις τῶν ἐπαγγελιῶν τῆς Παλαιᾶς Διαθήκης (The "not thinking of one's self as great": the approach to the promises of the Old Testament according to St. Chrysostom), Θεολογία 63, 1992, 255-285, 451-500 (and in his book Βιβλικὰ Α΄, Ἀθῆναι 1995, 83-194).

B. Bobrinskoy, The indwelling of the Spirit in Christ: Pneumatic Christology in the Cappadocian Fathers, St. Vladimir's Theological Quarterly 28, 1984, 49-65.

B. Bobrinskoy, Esprit du Christ dans les sacraments chez Jean Chrysostom et Augustine, in: Jean Chrysostome et Augustin. Actes du Colloque de Chantilly, 22-24 Septembre 1974, éd. C. K. Cannengiesser, Beauchesne/Paris 1975, 247-279.

E. Βουζίκας, Οἱ Τρεῖς Ἱεράρχαι ὡς νομικοί (The Three Hierarchs as Lawyers), in: Ἐθνικὸν καὶ Καποδιστριακὸν Πανεπιστήμιον Ἀθηνῶν: Ἐπίσημοι Λόγοι Πανεπιστημιακοῦ Ἔτους 1981/2 (National and Cappodistrian University of Athens: Official Lectures of the Academic Year 1981/2), Ἀθῆναι 1983, 231-254.

Ἠ. Βουλγαράκης (E. Voulgarakis), S. Jean Chrysostome et l'éthique sociale, Θεολογία 65, 1994, 80-91.

Ἠ. Βουλγαράκης, Ὁ ἅγιος Ἰωάννης ὁ Χρυσόστομος καὶ ἡ κοινωνικὴ ἠθική (St. John Chrysostom and Social Ethics), Ἀθῆναι 1991 (Ἀξίες καὶ Πολιτισμός [Values and Civilization], 103-121).

Ἠ. Βουλγαράκης, Κρίσεις τοῦ ἱεροῦ Χρυσοστόμου γιὰ τὸ ἐκκλησίασμα τῆς ἐποχῆς του (St. Chrysostom's judgments on the people who attended church at his time), in: Συμπόσιον Πνευματικὸν ἐπὶ χρυσῷ Ἰωβηλαίῳ Ἱερωσύνης: Μητροπολίτου Πατρῶν Νικοδήμου 1939-1989 (Spiritual Symposium on the Golden Jubilee to the Priesthood of Metropolitan Nikodemos of Patras), Ἀθῆναι 1989, 545-559.

Ἰωάννης Γαλάνης, Ἡ κατ'ἰδίαν χρήση τῆς Ἁγίας Γραφῆς κατὰ τὸν ἱερὸ Χρυσόστομο (The private use of Holy Scripture according to St. Chrysostyom), in: Πρακτικὰ ΙΣΤ' Θεολογικοῦ Συνεδρίου μὲ θέμα «ὁ ἱερὸς Χρυσόστομος» (Acts of the 16th Theological Conference of the Metropolis of Thessalonica on the Theme "St. Chrysostom"), Μητροπ. Θεσσαλονίκης, Θεσσαλονίκη 1996, 117-126.

Γεννάδιος (Ἀραμπατζόγλου) Μητροπ. Ἡλιουπόλεως, Ὁ ἱερὸς Χρυσόστομος καὶ ἡ ἀνωτερότης τοῦ ἀνθρώπου (St. John Chrysostom and the higher dignity of the human being), Ὀρθοδοξία 29, 1954, 363-366.

Γεννάδιος (Ἀραμπατζόγλου) Μητροπ. Ἡλιουπόλεως, Ἡ περὶ Ἐκκλησίας διδασκαλία τοῦ ἱεροῦ Χρυσοστόμου (St. Chrysostom's teaching concerning the Church), Ὀρθοδοξία 29, 1954, 241-259.

Γεννάδιος (Ἀραμπατζόγλου) Μητροπ. Ἡλιουπόλεως, Ὁ ἱερὸς Χρυσόστομος καὶ ὁ Ἀπόστολος Παῦλος (St. John Chrysostom and the Apostle Paul), Ὀρθοδοξία 27, 1952, 146-150.

Γεννάδιος (Ἀραμπατζόγλου) Μητροπ. Ἡλιουπόλεως, Τοῦ ἱεροῦ Χρυσοστόμου πληροφορίαι περὶ τῆς θ. Λειτουργίας καὶ ἄλλων ἱερῶν ἀκολουθιῶν ἐν τῷ ναῷ τελουμένων (St. Chrysostom's pieces of information concerning the Divine Liturgy and other sacred services celebrated in the church), Ὀρθοδοξία 2, 1950, 459-464.

Γεννάδιος (Ἀραμπατζόγλου) Μητροπ. Ἡλιουπόλεως, Οἱ ὅροι «φιλόσοφος», «φιλοσοφία» καὶ «φιλοσοφεῖν» παρὰ τῷ ἱερῷ Χρυσοστόμῳ (The Terms "philosopher," "philosophy" and "to philosophize" in St. Chrysostom), Ὀρθοδοξία 16, 1941, 92-95.

Π. Γιαννόπουλος/Φ. Α. Ἀγγελᾶτος, Ἡ μεταξὺ τῶν νόθων ἔργων τοῦ Ἰωάννου Χρυσοστόμου «Ὁμιλία εἰς τὸν τίμιον σταυρόν» (The "Homily on the precious Cross among the inauthentic works of John Chrysostom), Βυζαντινὰ (Θεσσαλονίκη) 7, 1975, 71-79.

Ἀθανάσιος Μ. Γιέβτιτς/Pericles S. Vallianos, The attitude of the three hierarchs towards knowledge and learning, Greek Orthodox Theological Review 24, 1979, 43-57.

Στογιάν Ἰ Γκόσεβιτς, Ἡ περὶ χάριτος διδασκαλία Ἰωάννου τοῦ Χρυσοστόμου (John Chrysostom's Doctrine of Grace), Θεολογία 27, 1956, 206-239; 367-389.

Κ. Γρηγοριάδης, Ἡ προσωπικὴ καὶ ὑπαρξιακὴ διάσταση τῆς «παιδείας καὶ νουθεσίας Κυρίου», στὸν Ἰωάννη Χρυσόστομο (The personal and existential dimension in John Chrysostom's "education and mentoring in the Lord"), Ἀγωγὴ Ἐλευθερίας, Ἀθῆναι 1996.

Κ. Γρηγοριάδης, Ὁ Ἰωάννης Χρυσόστομος ὡς ἐκκλησιαστικὸς πατέρας καὶ διδάσκαλος (John Chrysostom as a church father and teacher), Γρηγόριος ὁ Παλαμᾶς 78, 1995, 353-368.

Δανιὴλ Ἐπίσκοπος (Daniel Kristitch), On divine philanthropy from Plato to John Chrysostom, Θεολογία 53, 1982, 91-128, 460-475, 612-626, 1051-1083, Θεολογία 54, 1983, 123-152, 243-249, 568-594.

Χρυσόστομος Διονυσάτης, Πλάτωνος καὶ Δημοσθένους ἴχνη ἐν τοῖς ἔργοις τοῦ ἱεροῦ Χρυσοστόμου καὶ ἐπίδρασις αὐτῶν ἐν ἀντιβολῇ φιλολογικῇ (Traces of Plato and Demosthenes in the works of St. Chrysostom and their impact in philological contrast), Καινὴ Διδαχή (Ἀθῆναι) 3, 1929, 63-69.

Γ. Δ. Δράγας (G. D. Dragas), The Social Message of St. John Chrysostom, in: Église Orthodoxe et société. Le message social des Pères de l'Église: Actes du deuxième colloque de théologie orthodoxe de l'Université de Sherbrooke, Sherbrooke 2003, 55-65.

Γ. Δ. Δράγας (G. D. Dragas), St John Chrysostom's doctrine of God's providence, Ἐκκλησιαστικὸς Φάρος (Ἀλεξάνδρεια) 57, 1975, 375-406.

Κ. Δυοβουνιώτης, Κοσμᾶ Βεστίτωρος ἀνέκδοτον ἐγκώμιον εἰς Ἰωάννην τὸν Χρυσόστομον (Cosmas Vestitor's unedited encomium on John Chrysostom), Ἐπετηρὶς Ἑταιρείας Βυζαντινῶν Σπουδῶν 16, 1940, 148-155.

Κ. Δυοβουνιώτης, Νικήτα Παφλαγόνος ἀνέκδοτον ἐγκώμιον εἰς Ἰωάννην τὸν Χρυσόστομον (Niketas Pamphlagon's unedited encomium on John Chrysostom), Θεολογία 12, 1934, 51-68.

Κ. Δυοβουνιώτης, Ἀνέκδοτοι λόγοι εἰς Ἰωάννην τὸν Χρυσόστομον (Unedited Orations on John Chrysostom), Ἀνάπλασις 47, 1934, 80-82.

Κ. Δυοβουνιώτης, Ἀνέκδοτα ἐγκώμια εἰς τοὺς Τρεῖς Ἱεράρχας (Unedited Encomia on the Three Hierarchs), Ἐπετηρὶς Ἑταιρείας Βυζαντινῶν Σπουδῶν 10, 1933, 55-71.

Κ. Δυοβουνιώτης, Ἀνέκδοτα ἐγκώμια εἰς τοὺς Τρεῖς Ἱεράρχας (Unedited Encomia on the Three Hierarchs), Ἐκκλησιαστικὸς Φάρος 31, 1932, 77-91.

Κ. Δυοβουνιώτης, Ἀνέκδοτα ἐγκώμια εἰς Ἰωάννην τὸν Χρυσόστομον (Unedited Encomia on St. John Chrysostom), Ἀνάπλασις 39, 1926, 233-235, 245-247.

Κ. Δυοβουνιώτης, Συμμετοχὴ τοῦ Κωνσταντίας Ἐπιφανίου εἰς τὴν καταδίκην τοῦ Κωνσταντινουπόλεως Ἰωάννου τοῦ Χρυσοστόμου (Participation of Epiphanius of Constantia in the condemnation of John Chrysostom of Constantinople), Ἐπετηρὶς Ἑταιρείας Βυζαντινῶν Σπουδῶν 3, 1926, 67-84.

Κ. Δυοβουνιώτης, Κοσμᾶ Βεστίτωρος ἀνέκδοτα ἐγκώμια εἰς τὴν ἀνακομιδὴν τοῦ λειψάνου τοῦ ἐν ἁγίοις πατρὸς ἡμῶν Ἰωάννου τοῦ Χρυσοστόμου (Cosmas Vestitor's unedited encomia on the transference of the relics of our father among the saints John Chrysostom), Ἐπετηρὶς Ἑταιρείας Βυζαντινῶν Σπουδῶν 2, 1925, 50-83.

Εὐθύμιος Ἀ. Ἐλευθεριάδης, Ἡ θεομητορολογία τοῦ Ἱεροῦ Χρυσοστόμου (John Chrysostom's doctrine on the Mother of God), in: Πρακτικὰ ΙΣΤ΄ Θεολογικοῦ Συνεδρίου μὲ θέμα «ὁ ἱερὸς Χρυσόστομος» (Acts of the 16th Theological Conference of the Metropolis of Thessalonica on the Theme "St. Chrysostom"), Μητροπ. Θεσσαλονίκης, Θεσσαλονίκη 1996, 127-177.

Βασίλειος Ἔξαρχος, Ἡ γνησιότης τῆς συγγραφῆς Ἰωάννου τοῦ Χρυσοστόμου, «Περὶ κενοδοξίας καὶ πῶς δεῖ τοὺς γονέας ἀνατρέφειν τὰ τέκνα» (The authenticity of John Chrysostom's writing On Vain Glory and on how parents should bring up their children), Θεολογία 19, 1941-48, 153-170, 340-355, 559-571.

Θεόδωρος Ζήσης, Ὁ ἀπόστολος Παῦλος ὡς ποιμὴν κατὰ τὸν ἅγιο Ἰωάννη Χρυσόστομο (The Apostle Paul as a shepherd according to St. John Chrysostom), in his book: Ἀπόστολος Παῦλος Πατερικὴ θεώρηση (The Apostle Paul: a Patristic Consideration) (Πατερικὰ 7), Ἐκδοσεις Βρυέννιος, Θεσσαλονίκη 2004, 49-64.

Θεόδωρος Ζήσης, Παῦλος καὶ Πλάτων κατὰ τὸν ἅγιο Ἰωάννη Χρυσόστομο (Paul and Plato according to St. John Chrysostom), in his book: Ἀπόστολος Παῦλος Πατερικὴ θεώρηση (The Apostle Paul: a Patristic Consideration) (Πατερικὰ 7), Ἐκδοσεις Βρυέννιος, Θεσσαλονίκη 2004, 23-35.

Θεόδωρος Ζήσης, Ἅγιος Ἰωάννης ὁ Χρυσόστομος: Βασικὰ γνωρίσματα τῆς ζωῆς καὶ τοῦ ἔργου του (St. John Chrysostom: Basic characteristics of his life and work), in: Πρακτικὰ ΙΣΤ' Θεολογικοῦ Συνεδρίου μὲ θέμα «ὁ ἱερὸς Χρυσόστομος» (Acts of the 16th Theological Conference of the Metropolis of Thessalonica on the Theme "St. Chrysostom"), Μητροπ. Θεσσαλονίκης, Θεσσαλονίκη 1996, 179-199.

Θεόδωρος Ζήσης, Ἰωάννου τοῦ Χρυσοστόμου: Περὶ Παρθενίας (Marriage and Virginity), in his book: Γάμος καὶ Ἀγαμία εἰς τὰ Περὶ Παρθενίας Πατερικὰ Ἔργα (Marriage and Virginity in the Patristic Works on Virginity), Θεσσαλονίκη 1987, 105-128.

Θεόδωρος Ζήσης, Ἀπόστολος Παῦλος καὶ Ἰωάννης Χρυσόστομος (The Appostle Paul and John Chrysostom), Κληρονομία 14, 1982, 313-323 (and in id., Ἀπόστολος Παῦλος Πατερικὴ θεώρηση [The Apostle Paul: a Patristic Consideration] [Πατερικὰ 7], Θεσσαλονίκη 2004, 9-21).

Θεόδωρος Ζήσης, Αἱ περὶ ψυχαγωγίας ἀπόψεις Ἰωάννου τοῦ Χρυσοστόμου (John Chrysostom's views on entertainment), Θεσσαλονίκη 1974.

Θεόδωρος Ζήσης, Ἡ περὶ γάμου διδασκαλία Ἰωάννου τοῦ Χρυσοστόμου (John Chrysostom's teaching on marriage), Κληρονομία 1, 1969, 285-310.

Χρυσόστομος Θέμελης, Ἡ κοσμητικὴ φρασεολογία εἰς τὸν ἱερὸν Χρυσόστομον ἐν τῇ ἐν χρήσει ὑμνογραφία (Ornamental phraseology on St. Chrysostom in the currently used hymnography), Θεολογία 28, 1957, 173-189.

Ἰωάννης Ἡ. Θεοδωρόπουλος, Ἡ Ἐκκλησία κατὰ τὸν Ἱερὸν Χρυσόστομον (The Church according St. Chrysostom), Διδαχή (Καλαμάτα, Ἑλλάς) 38, 1984, 3-7.

Ἰωάννης Ἡ. Θεοδωρόπουλος, Ἡ ἱερὰ βίβλος καὶ ὁ ἄνθρωπος κατὰ τὸν ἱερὸν Χρυσόστομον (The Holy Bible and the human being according to St. Chrysostom), Διδαχή (Καλαμάτα, Ἑλλάς) 37, 1983, 3-5.

Ἀνδρέας Θεοδώρου, Ἡ στάση τοῦ ἁγίου Ἰωάννου τοῦ Χρυσοστόμου ἔναντι τῆς ἀρχαίας ἑλληνικῆς παιδείας καὶ φιλοσοφίας (St. John's Chrysostom's attitude to ancient Greek paideia and philosophy), Ἐπιστημονικὴ Ἐπετηρὶς τῆς Θεολογικῆς Σχολῆς τοῦ Πανεπιστημίου Ἀθηνῶν 25, 1981, 443-469.

Εὐάγγελος Θεοδώρου, Ἡ δικαιοσύνη κατὰ τοὺς Τρεῖς Ἱεράρχες καὶ τὸν ἅγιο Αὐγουστῖνο (Justification according to the Three Hierarchs and St. Augustine), Θεολογία 65:4, 1994, 625-658.

Εὐάγγελος Θεοδώρου, Λειτουργικὰ στοιχεῖα ἐν τοῖς ἔργοις Ἰωάννου τοῦ Χρυσοστόμου (Liturgical elements in the works of John Chrysostom), Ἐφημέριος (Ἀθῆναι) 28, 1979, 200-204, 232-235, 265-268.

Εὐάγγελος Θεοδώρου, Saint Jean Chrysostome et la fête de Noël, Lex Orandi 40, 1967, 195-210.

Γεώργιος Θεοδωρούδης, Πόνος καὶ θλῖψις κατὰ τὸν ἅγιον Ἰωάννην τὸν Χρυσόστομον (Pain and sorrow according to St. John Chrysostom), in: Πρακτικὰ ΙΣΤ΄ Θεολογικοῦ Συνεδρίου μὲ θέμα «ὁ ἱερὸς Χρυσόστομος» (Acts of the 16th Theological Conference of the Metropolis of Thessalonica on the Theme "St. Chrysostom"), Μητροπ. Θεσσαλονίκης, Θεσσαλονίκη 1996, 201-219.

Σ. Θωμόπουλος, Οἱ Τρεῖς Ἱεράρχαι, Βιβλιογραφικὸ Σχεδίασμα 1550-1984 (The Three Hierarchs: A Bibliographical Draft), Θεολογία 60, 1989, 774-797.

Ι. Μ., Ἐπ' ὀνόματι Ἰωάννου Χρυσοστόμου φερόμενοι λόγοι (Orations bearing the name John Chrysostom), Νέα Σιών 18, 1923, 309-313, 691-693.

Ἱππόλυτος Ἀρχιμανδρίτης, Ἀνεκδότων ἔκδοσις: Ἰωάννου τοῦ Χρυσοστόμου ἐγκώμιον εἰς Ἰωάννην τὸν Εὐαγγελιστήν (An edition of unedited documents: John Chrysostom's encomium on John the Evangelist), Νέα Σιών 17, 1922, 725-728.

Ἱππόλυτος Ἀρχιμανδρίτης, Ἀνεκδότων ἔκδοσις: δύο λόγοι ἐπ' ὀνόματι τοῦ ἁγίου Ἰωάννου τοῦ Χρυσοστόμου (An edition of unedited documents: two Orations under the name of John Chrysostom), Νέα Σιών 20, 1925, 628-633, 752-755.

Β. Ἰωαννίδης, Οἱ θεῖοι παράγοντες ἐν τῇ ἁγίᾳ ζωῇ τοῦ Ἰωάννου Χρυσοστόμου (The divine factors in the holy life of John Chrysostom), Ἐπιστημονικὴ Ἐπετηρὶς τῆς Θεολογικῆς Σχολῆς τοῦ Πανεπιστημίου Ἀθηνῶν 11, 1957, 179-208.

Β. Ἰωαννίδης, Ὁ Χρυσόστομος, τύπος καὶ μιμητὴς τοῦ Ἀποστόλου Παύλου (Chrysostom, a type and imitator of the Apostle Paul), Ἀκτῖνες 18, 1955, 54-64.

Κ. Ἀρ., ὁ Ἰωάννης ὁ Χρυσόστομος ὡς ῥήτωρ (John Chrysostom as orator), Πάνταινος 31, 1939, 644-646.

Κ. Ν., Ὁ ἅγιος Ἰωάννης ὁ Χρυσόστομος (St. John Chrysostom), Εὐαγγελικὸς Κήρυξ 6, 1862, 145-150.

Ἰωάννης Ο. Καλογήρου, Ἡ ἀπὸ τοῦ Διοδώρου Ταρσοῦ ἀρξαμένη ἐξέλιξις πρὸς τὸν Χριστολογικὸν δυϊσμὸν καὶ ἡ ἐπὶ τῶν συναφῶν ζητημάτων θέσις τοῦ ἱεροῦ Ἰωάννου τοῦ Χρυσοστόμου σταθεροῦ Ἀντιοχέως ἐκπροσώπου τῆς ἐκκλησιαστικῆς Χριστολογικῆς ἀληθείας πρὶν ἀπὸ τὰς Γ΄ καὶ Δ΄ Οἰκουμενικὰς Συνόδους: Αἱ περὶ Θεομήτορος Παρθένου ἀντιλήψεις αὐτοῦ (The development of Christological dualism which began with Diodore of Tarsus and the position on related topics of John Chrysostom, an Antiochian representative of the ecclesiastical Christological truth before the 3rd and 4th Ecumenical Synods), in: Πρακτικὰ ΙΣΤ΄ Θεολογικοῦ Συνεδρίου μὲ θέμα «ὁ ἱερὸς Χρυσόστομος» (Acts of the 16th Theological Conference of the Metropolis of Thessalonica on the Theme "St. Chrysostom"), Μητροπ. Θεσσαλονίκης, Θεσσαλονίκη 1996, 333-407.

Κ. Καμαράκης, Ὁ ἅγιος Ἰωάννης ὁ Χρυσόστομος καὶ ὁ μοναχικὸς βίος (St. John Chrysostom and the monastic life), Σύναξη (Ἀθῆναι) 35, 1990, 43-60.

Ι. Ν. Karmires (Καρμίρης), Ecclesiology of the Three Hierarchs, Greek Orthodox Theological Review 6, 1960-1, 135-185.

V. A. Karras, Male domination of woman in the writings of Saint John Chrysostom, Greek Orthodox Theological Review 36, 1991, 131-139.

Θ. Καστανᾶς, Ὁ ἅγιος Ἰωάννης ὁ Χρυσόστομος καὶ αἱ κοινωνικαὶ τάξεις (St. John Chrysostom and the social classes), Γρηγόριος Παλαμᾶς 15, 1931, 107-115, 165-174.

Νικόλαος Σ. Κιτέσκου (N. S. Chitescu), Ἦτο ὁ Ἰωάννης Χρυσόστομος ἡμιπελαγιανιστής; (Was John Chrysostom a semi-pelagian?), Mitropolia Moldovei 41, 1965, 136-162.

J. Coman (Κομάν), L'unité du genre humain d'après Saint Jean Chrysostom, in: Συμπόσιον: Studies on St. John Chrysostom (Ἀνάλεκτα Βλατάδων 18), ed. by P. K. Chrestou, Θεσσαλονίκη 1973, 41-58.

Ἰ. Κομάν (J. Coman), Le rapport de la justification et de la charité dans les homélies de S. Jean Chrysostom à l'épître aux Romain, Studia Evangelica 5, 1968, 248-271.

Ι. Κ. Κονέφσκυ, Κοινωνικαὶ ἰδέαι παρὰ τοῖς πατράσι τῆς Ἐκκλησίας Ι: ὁ ἅγιος Ἰωάννης ὁ Χρυσόστομος (Social ideas in the Fathers of the Church I: St. John Chrysostom), Dukhovna Kultura, Sofia 1941, 308-317 (Bulgarian).

Ι. Ι. Κουνέλλης, Παραπλήσιαι παιδαγωγικαὶ γνῶμαι Πλουτάρχου καὶ Ἰωάννου Χρυσοστόμου (Parallel pedagogical views of Plutarch and John Chrysostom), Ἀγωγή (Ἀθῆναι) 30, 1977, 10-18.

Χρῖστος Θ. Κρικώνης, Ἡ ἱερωσύνη κατὰ τὸν ἅγιον Ἰωάννην Χρυσόστομον (The Priesthood according to John Chrysostom), Πρακτικὰ Ἱερατικοῦ Συνεδρίου Ἱερᾶς Μητροπόλεως Δράμας, Δράμα 2000 (and in id., Πατερικὰ Μελετήματα [Patristic Studies], τόμος α΄, Θεσσαλονίκη 2001, 317-344).

Χρῖστος Θ. Κρικώνης, Ἡ Προσωπικότητα ἑνὸς πολυπαθοῦς ἁγίου: Ἰωάννου τοῦ Χρυσοστόμου (The personality of saint who suffered much: John Chrysostom), in: Πρακτικὰ ΙΣΤ΄ Θεολογικοῦ Συνεδρίου μὲ θέμα «ὁ ἱερὸς Χρυσόστομος» (Acts of the 16th Theological Conference of the Metropolis of Thessalonica on the Theme "St. Chrysostom"), Μητροπ. Θεσσαλονίκης, Θεσσαλονίκη 1996, 221-251 (and in id., Πατερικὰ Μελετήματα [Patristic Studies], τόμος α΄, Θεσσαλονίκη 2001, 287-316).

Διομήδης Α. Κυριακὸς, Περὶ Ἰωάννου τοῦ Χρυσοστόμου (Regarding John Chrysostom), Ἀθήναιον (Ἀθῆναι) 2, 1873, 212-235, 459-478.

Διομήδης Α. Κυριακὸς, Ἰωάννης ὁ Χρυσόστομος (John Chrysostom), Θρησκευτικὴ Φωνή (Ἀθῆναι) 2, 1881, 32-35, 52-54, 61-64, 77-81, 90-92, 124-127, 136-138, 176-178.

D. J. Constantelos (Κωνσταντέλος), John Chrysostom's Greek Classical Education and its Importance to Us Today, Greek Orthodox Theological Review 36, 1991, 109-129.

Ἰωάννης Χ. Κωνσταντινίδης, Ἰωάννης ὁ Χρυσόστομος (344/354-407): Βίος, συγγραφαί, παιδαγωγικαὶ ἰδέαι, βιβλιογραφία (John Chrysostom, 344/354-407: Life, Writings, Pedagogical views, Bibliography), in: Πατερικαὶ Μορφαί: Οἱ Τρεῖς Ἱεράρχαι καὶ ἕτεροι ἐπιφανεῖς ἐκκλησιαστικοὶ συγγραφεῖς (Patristic Masters: The Three Hierarchs and some other Illustrious Ecclesiastical Authors), Ἀθῆναι 1969, 73-89.

Γρηγόριος Λαρεντζάκης, Ὁ ἅγιος Ἰωάννης ὁ Χρυσόστομος καὶ ὁ ἐπίσκοπος Ρώμης (St. John Chrysostom and the bishop of Rome), in: Ἡ Ἐκκλησία Ρώμης καὶ ὁ ἐπίσκοπος αὐτῆς. Συμβολὴ εἰς τὴν ἔρευναν τῶν σχέσεων Ἀνατολῆς καὶ Δύσεως βάσει πατερικῶν πηγῶν: Εἰρηναῖος, Βασίλειος, Χρυσόστομος (The Church of Rome and its Bishop. A Contribution to the investigation of the relations of East and West on the basis of Patristic Sources: Irenaeus, Basil, Chrysostom) (Ἀνάλεκτα Βλατάδων 45), Πατριαρχικὸν Ἵδρυμα Πατερικῶν Μελετῶν, Θεσσαλονίκη 1983, 107-144 (Summary 134-144).

Andrew Louth, John Chrysostom and the Antiochene School to Theodoret of Cyrrhus, in: Cambridge history of early Christian literature, ed. by F. Young, Cambridge 2004, 342-352.

Σ. Λώλης, Αἱ κοινωνικαὶ ἰδέαι τῶν τριῶν ἱεραρχῶν (The social views of the Three Hieararchs), Γρηγόριος ὁ Παλαμᾶς 21, 1937, 29-34, 83-88.

Μάξιμος (Ραπανέλλης) Σταυρουπόλεως, Ἡ Ἑλληνικὴ φιλοσοφία καὶ ἡ σοφία τῆς ἀποκαλύψεως (Hellenic philosophy and the wisdom of revelation), in: Ἀναφορὰ εἰς μνήμην Μητροπολίτου Σάρδεων Μαξίμου (1914-1986), Genève 1989, 307-323, 459-461.

Μάξιμος (Ραπανέλλης) Σταυρουπόλεως, Ἡ συνείδησις κατὰ τὸν ἱερὸν Χρυσόστομον (Consciousness according to St. Chrysostom), in: Μνήμη Μητροπολίτου Ἰκονίου Ἰακώβου, Ἑστία Θεολόγων Χάλκης, Ἀθῆναι 1984, 341-354.

Ι. Σ. Μαρκαντώνης, Προλεγόμενα εἰς τὴν περὶ ὑπάρξεως θεωρίαν τῶν Τριῶν Ἱεραρχῶν (Prolegomena to the the view on existence of the Three Hierarchs), Ἑλληνοχριστιανικὴ Ἀγωγή 14, 1961, 97-102, 135-140, 161-167.

Ἠλίας Ἀ. Μαστρογιαννόπουλος, Ὁ Χρυσόστομος περὶ τῆς ἀγωγῆς τῶν τέκνων (Chrysostom on the upbringing of Children), in: Οἱ Πατέρες τῆς Ἐκκλησίας καὶ ὁ ἄνθρωπος (The Fathers of the Church and the Human Being), Ἀδελφότης Θεολόγων ἡ «Ζωή», Ἀθῆναι 1979, 186-195.

Γ. Ματσάκης, Οἱ ἐν Ἀθήναις ἱεράρχαι τῆς Ἐκκλησίας, Βασίλειος, Γρηγόριος καὶ Χρυσόστομος ὡς τύποι καὶ ὑπογραμμοὶ φοιτητικοῦ βίου (The Hierarchs of the Church in Athens, Basilius, Gregory and Chrysostom as types and exemplars of student life), Ἐκκλησιαστικὸς Κήρυξ (Ἀθῆναι) 5, 1915, 48-52, 70-73, 116-121.

Γ. Δ. Μεταλληνός, Τὸ κοινωνικὸ μήνυμα τοῦ ἱεροῦ Χρυσοστόμου στὴν ἐποχή μας (The social message of St. John Chrysostom in our times), Ἐφημέριος 26, 1977, 80-82, 113-116, 158-161, 227-230, 311-313, 355-359, 396-397.

Γ. Μιχαηλίδης, Ὁ ἅγιος Ἰωάννης ὁ Χρυσόστομος ἐν τῇ ἀραβικῇ γραμματείᾳ (St. John Chrysostom in Arabic Literature), Ἐκκλησιαστικὸς Φάρος (Ἀλεξανδρείας) 47, 1948, 67-80, 161-167.

Κ. Δ. Μουρατίδης, Ἀπεδέχετο ὁ ἱερὸς Χρυσόστομος τὸ παπικὸν πρωτεῖον; (Did Chrysostom accept the Papal Primacy?), Ἐκκλησία (Ἀθῆναι) 36, 1959, 22 f., 40-42, 59-62, 78-81, 96-98.

Κ. Δ. Μουρατίδης, Ἡ οὐσία τῆς Ἐκκλησίας κατὰ τὴν διδασκαλίαν Ἰωάννου τοῦ Χρυσοστόμου (The essence of the Church according to the teaching of John Chrysostom), Θεολογία 29, 1958, 65-91, 369-406, 377-394.

Δημήτριος Σ. Μπαλάνος, Ἰωάννης ὁ Χρυσόστομος: Θαυμασταὶ καὶ ἐχθροί του (Johnn Chrysostom: His admirers and enemies), in: Οἱ Πατέρες καὶ Συγγραφεῖς τῆς Ἀρχαίας Ἐκκλησίας (The Fathers and Authors of the Ancient Church), Ἀποστολικὴ Διακονία, Ἀθῆναι 1949, 91-115.

Δημήτριος Σ. Μπαλάνος, Ἰωάννης ὁ Χρυσόστομος (John Chrysostom), in: Πατρολογία (Patrology), Ἀθῆναι 1930, 343-376.

Σταῦρος Μπαλογιάννης, Ἡ συγκρότησις ἐπὶ τῆς ἰατρικῆς ἐπιστήμης τοῦ ἁγίου Ἰωάννου τοῦ Χρυσοστόμου (The training on medical science of St. John Chrysostom), in: Πρακτικὰ ΙΣΤ΄ Θεολογικοῦ Συνεδρίου μὲ θέμα «ὁ ἱερὸς Χρυσόστομος» (Acts of the 16th Theological Conference of the Metropolis of Thessalonica on the Theme "St. Chrysostom"), Μητροπ. Θεσσαλονίκης, Θεσσαλονίκη 1996, 409-421.

Γ. Σ. Μπεμπῆς, Αἱ κατὰ τοῦ ἁγίου Ἰωάννου τοῦ Χρυσοστόμου ἐκτοξευθεῖσαι κατηγορίαι (Εἰς ἐπὶ τὴν δρῦν Σύνοδον τοῦ 403 μ.Χ.) (The accusations projected against St. John Chrysostom), Τόλμη 65, 2006, 46-50.

Γ. Σ. Μπεμπῆς, Saint John Chrysostom: On materialism and Christian virtue, Greek Orthodox Theological Review 32, 1987, 227-237 (and id., The mind of the Fathers, Brookline 1994, 89-99).

Δ. Μωραΐτης, Ἡ γνησιότης τῆς πραγματείας «περὶ κενοδοξίας...» Β. Ἐξάρχου (The authenticity of the writing On Vain Glory...) Θεολογία 19, 1941-48, 718-733.

Δ. Μωραΐτης, Τὸ κήρυγμα ἐν τῇ Ἀνατολῇ μετὰ τὸν χρυσοῦν αἰῶνα τῆς Ἐκκλησίας καὶ μέχρι τῶν χρόνων τοῦ ἱεροῦ Χρυσοστόμου (Preaching in the East after the golden era of the Church to up until the times of St. Chrysostom), Ἐπετηρὶς τῆς Θεολογικῆς Σχολῆς Θεσσαλονίκης 2, 1957, 251-287.

Δ. Μωραΐτης, Ἡ ἀρχαιοτέρα μορφὴ τῶν λειτουργιῶν τοῦ Μ. Βασιλείου καὶ τοῦ Χρυσοστόμου (The most ancient form of the Liturgies of the Great Basil and Chrysostom), Ἐπετηρὶς Θεολογικῆς Σχολῆς Θεσσαλονίκης 2, 1957, 1-28.

Αὐγουστῖνος Ἀ. Μύρου, Ἔσχατα καὶ Ἱστορία κατὰ τὸν ἅγιο Ἰωάννη τὸν Χρυσόστομο (Eschatology and History according to St. John Chrysostom), in: Πρακτικὰ ΙΣΤ΄ Θεολογικοῦ Συνεδρίου μὲ θέμα «ὁ ἱερὸς Χρυσόστομος» (Acts of the 16th Theological Conference of the Metropolis of Thessalonica on the Theme "St. Chrysostom"), Μητροπ. Θεσσαλονίκης, Θεσσαλονίκη 1996, 423-461.

N. Bradley, Antiochene Theoria in John Chrysostom's exegesis, in: Ancient & postmodern Christianity, Downers Grove IL 2002, 49-67.

Νικόδημος Μητροπολίτης, Ἡ νηστεία κατὰ τὸν ἱερὸ Χρυσόστομο (Fasting according to St. Chrysostom), Ἐφημέριος 17, 1991, 338-339.

Θ. Νικολάου, Die Kunst und ihr erzieherischer Wert bei den drei Hierarchen (Basilios d. Gr., Gregor von Nazianz und Johannes Chrysostomos), Θεολογία 50, 1979, 889-911.

P. Nikolopoulos (Νικολόπουλος), Codices Chrysostomi Graeci, in: Συμπόσιον: Studies on St. John Chrysostom (Analekta Vlatadon 18), ed. by P. Chrestou, Patriarchal Institute for Patristic Studies, Thessalonica 1973, 97-98.

P. Nikolopoulos (Νικολόπουλος), Les lettres inauthentiques de Saint Jean Chrysostome, in: Συμπόσιον: Studies on St. John Chrysostom (Analekta Vlatadon 18), ed. by P. Chrestou, Patriarchal Institute for Patristic Studies, Thessalonica 1973, 125-128.

Άνδρέας Ξυγγόπουλος, Ή κηρόχυτος γραφή τοῦ Χρυσοστόμου (The encaustic writing of Chrysostom), Ἐπετηρὶς Ἑταιρείας Βυζαντινῶν Σπουδῶν 21, 1951, 49-58.

Άνδρέας Ξυγγόπουλος, Ἅγιος Ἰωάννης ὁ Χρυσόστομος: «Πηγὴ Σοφίας» (St. John Chrysostom: Source of Wisdom), Ἀρχαιολογικὴ Ἐφημερίς (Ἀθῆναι), 1942-1944, 1-36.

Άνδρέας Ξυγγόπουλος, Παραστάσεις τῆς Κοιμήσεως τοῦ Χρυσοστόμου καὶ τῶν μετ' αὐτήν (Representations of the Falling Asleep of Chrysostom and of events following it), Ἐπετηρὶς Ἑταιρείας Βυζαντινῶν Σπουδῶν 9, 1932, 350-360.

Ἠλίας Οἰκονόμου, Ἀνατομία τῆς χρυσοστομείου ἑρμηνευτικῆς μεθόδου (Anatomy of the Chrysostomian hermeneutical method), in his book: Κεφάλαια Προβληματικῆς Βιβλικῆς Ἑρμηνευτικῆς (Methodological problems of Biblical Exegesis), τεῦχος α', Ἀθῆναι 1983, 69-79.

Παντελεήμων Β' Μητροπ. Θεσσαλονίκης, Οἱ περὶ Ἱερωσύνης Λόγοι τοῦ Ἱεροῦ Χρυσοστόμου (The Orations of the Priesthood of St. Chrysostom), in: Πρακτικὰ ΙΣΤ' Θεολογικοῦ Συνεδρίου μὲ θέμα «ὁ ἱερὸς Χρυσόστομος» (Acts of the 16th Theological Conference of the Metropolis of Thessalonica on the Theme "St. Chrysostom"), Μητροπ. Θεσσαλονίκης, Θεσσαλονίκη 1996, 21-41.

Panteleimon Hegumen, The problem of public morals according to the teaching of St. John Chrysostom, Journal of the Moscow Patriarchate 6, 1990, 49-50.

Παναγιώτης Παπαγεωργίου (Panayiotis Papageorgiou), The Paschal Catechetical Homily of St John Chrysostom: A Rhetorical and Contextual Study, Greek Orthodox Theological Review 43, 1998, 93-104.

Παναγιώτης Παπαγεωργίου (Papageorgiou, Panayiotis), Chrysostom and Augustine on the Sin of Adam and Its Consequences, St Vladimir's Theological Quarterly 39, 1995, 361-378.

Χρῆστος Παπαγεωργίου, Εἰρήνη καὶ ἁρμονία κυριαρχοῦν στὴ θεία λειτουργία Ἰωάννου τοῦ Χρυσοστόμου: Ἀπόψεις κτισιολογίας καὶ οἰκολογίας ἑνὸς ἀριστοκράτη τοῦ πνεύματος (Peace and harmony dominate the Divine Liturgy of John Chrysostom: Views on creation and ecology of an aristocrat), in: Πρακτικὰ ΙΣΤ' Θεολογικοῦ Συνεδρίου μὲ θέμα «ὁ ἱερὸς Χρυσόστομος» (Acts of the 6th Theological Conference of the Metropolis of Thessalonica on the Theme "St. Chrysostom"), Μητροπ. Θεσσαλονίκης, Θεσσαλονίκη 1996, 253-262.

Κ. Παπαδόπουλος, Οἱ ἐπίσκοποι τῆς Λατινικῆς Ἀφρικῆς ὑπὲρ Ἰωάννου τοῦ Χρυσοστόμου (The Bishops of Latin Africa in support of John Chrysostom), Κληρονομία 7, 1975, 22-26.

Στυλιανός Γ. Παπαδόπουλος, Ἰωάννης Χρυσόστομος: Ὑπέρβαση τῶν Χριστολογικῶν παρεκκλίσεων (John Chrysostom: transcending the Christological deviations), Ἐπιστημονικὴ Ἐπετηρὶς τῆς Θεολογικῆς Σχολῆς τοῦ Πανεπιστημίου Ἀθηνῶν 32, 1997, 149-159.

Στυλιανός Γ. Παπαδόπουλος, Ἅγιος Ἰωάννης Χρυσόστομος: Ἱεροκήρυκας καὶ Ἑρμηνευτὴς τοῦ 'κεκρυμένου βάθους' τῆς Γραφῆς (St. John Chrysostom: Preacher of Interpreter of the 'hidden depth' of Scripture), Θεολογία 68, 1997, 134-170.

Στυλιανός Γ. Παπαδόπουλος, Ἡ ἑνότητα τῆς Ἐκκλησίας, οἱ Ἀπόστολοι καὶ ὁ Πέτρος κατὰ τὸν ἱερὸ Χρυσόστομο (The Unity of the Church, the Appostles and Peter, according to St. Chrysostom, Ἐκκλησία (Ἀθῆναι) 73, 1996, 497-502, 542-543.

Στυλιανός Γ. Παπαδόπουλος, The Holy Trinity and the Parousia of the Holy Spirit According to St. John Chrysostom, in: Agape and Diakonia. Essays in Memory of Bishop Gerasimos of Abydos, ed. by P. Chamberas, Brookline Mass. 1998, 97-125.

Χρυσόστομος Παπαδόπουλος, Οἱ τρεῖς ἱεράρχαι, ὁ Μ. Βασίλειος, Γρηγόριος ὁ Θεολόγος καὶ Ἰωάννης ὁ Χρυσόστομος (The Three Hierarchs, Basil the Great, Gregory the Theologian and John Chrysostom), Χριστιανικὰ Γράμματα (Ἀθῆναι) 1, 1938, 5-15, 17-25, 26-35, 36-47.

Χρυσόστομος Παπαδόπουλος, Ὁ ἅγιος Ἰωάννης ὁ Χρυσόστομος ὡς πρεσβύτερος Ἀντιοχείας (St. John Chrysostom as a presbyter of Antioch), Ἐκκλησιαστικὸς Φάρος (Ἀλεξάνδρεια) 1, 1908, 109-123, 440-455; 2, 1908, 220-236, 417-423; 3, 1909, 49-74; 4, 1909, 30-42, 327-342, 489-520.

Χρυσόστομος Παπαδόπουλος, Σχέσεις τοῦ ἁγ. Ἰωάννου τοῦ Χρυσοστόμου πρὸς τὴν Ρώμην (John Chrysostom's relations with Rome), Νέα Σιών 3, 1906, 225-237.

Γρηγόριος Παπαμιχαήλ, Ὁ ἅγιος Ἰωάννης ὁ Χρυσόστομος (St. John Chrysostom), Πάνταινος 5, 1913, 52-59.

G. L. Parsenios, "Paramythetikos Christos": St. John Chrysostom interprets John 13-17, Greek Orthodox Theological Review 47:1-4, 2002, 215-236.

Πάνου Πάτρα, Ἡ σημασία τῶν τριῶν ἱεραρχῶν (The significance of the Three Hierarchs), Γρηγόριος ὁ Παλαμᾶς 23, 1939, 68-74.

Ἡ. Πατσαβός (Lewis Patsavos), The Image of the Priest according to the Three Hierarchs, Greek Orthodox Theological Review 21, 1976, 55-70.

Κ. Α. Περιάλας (C. A. Perialas), St. Chrysostom: Theorist and Practitioner, Κληρονομία 15, 1983, 269-301.

J. C. B. Petropoulos, The Church Father as social informant: St. John Chrysostom on folk-songs, Studia Patristica 22, 1989, 159-164.

Νικολάου Πιζάνια, Οἱ τρεῖς ἱεράρχαι καὶ ἡ ἀκτινοβολία τοῦ ἔργου των (The Three Hierarchs and the radiance of their work), Νέα Σιών 52, 1957, 258-270.

Γ. Πιτσιούνης (G. Pitsiounis), Johannes Chrysostomus über den Vorrang des Bischofs von Rom, in: Philoxenia. Prof. Dr. Bernhard Kötting gewidmet von seinen griechischen Schülern, hg. von A. Kallis, Münster 1980, 247-258, [or in: Ἐπετηρὶς Ἑταιρείας Στερεολλαδικῶν Μελετῶν 5, 1974-5, 505-518].

Κωνσταντῖνος Ἰ. Σακελλάρης, Ἡ Χριστιανικὴ συζυγία καὶ οἰκογένεια: τὸ χριστιανικὸν μυστήριον τῆς ἀνθρωπογενεσίας κατὰ τὸν ἅγιον Ἰωάννην Χρυσόστομον (Christian partnership and marriage: the Christian mystery of the human birth according to St. John Chrysostom), Γρηγόριος ὁ Παλαμᾶς 55, 1972, 70-78, 168-176.

Κωνσταντῖνος Ἰ. Σακελλάρης, Χαρακτηρολογία τοῦ χρυσοστομικοῦ κηρύγματος – Πρὸς ἀφύπνισιν πνεύματος ἱεραποστολικῆς διακονίας (Characterization of the Chrysostomic Preaching – Towards a revival of the spirit of missionary service), Γρηγόριος ὁ Παλαμᾶς 51, 1968, 420-430; 52, 1969, 80-93, 186-191, 279-285, 345-355, 461-470, 553-563.

Σ. Σάκκος, Ὁ ἱερὸς Χρυσόστομος ὡς ἑρμηνευτής (St. Chrysostom as an Interpreter), in: Πρακτικὰ ΙΣΤ΄ Θεολογικοῦ Συνεδρίου μὲ θέμα «ὁ ἱερὸς Χρυσόστομος» (Acts of the 16th Theological Conference of the Metropolis of Thessalonica on the Theme "St. Chrysostom"), Μητροπ. Θεσσαλονίκης, Θεσσαλονίκη 1996, 263-309.

C. P. Schroeder, The mystery of love: paradigms of marital authority and submission in the writings of St John Chrysostom, St Vladimir's Theological Quarterly 44, 2000, 143-168.

Λάμπρος Χ. Σιάσος, Ἡ κριτικὴ τῆς ἑλληνικῆς φιλοσοφίας ἀπὸ τὸν ἱερὸ Χρυσόστομο: Ἡ ὁμιλία τοῦ ἀποστόλου Παύλου στὴν Ἀθήνα (The critique of the Hellenic philosophy by St. Chrysostom: The Homily of the Apostle Paul in Athens), in: Πρακτικὰ ΙΣΤ΄ Θεολογικοῦ Συνεδρίου μὲ θέμα «ὁ ἱερὸς Χρυσόστομος» (Acts of the 16th Theological Conference of the Metropolis of Thessalonica on the Theme "St. Chrysostom"), Μητροπ. Θεσσαλονίκης, Θεσσαλονίκη 1996, 311-320.

E. C. Simmons, David's Prayer in Saint John Chrysostom's Explanations of the Psalms, Greek Orthodox Theological Review 38, 1993, 351-367.

Ἰ. Σκαλτσούνης, Ἰωάννης ὁ Χρυσόστομος (John Chrysostyom), Ἀνάπλασις 2, 1889, 116-119, 133-137.

Ν. Γ. Σκιαδαρέσης Πρωτοπ., Ὁ ἱερὸς Χρυσόστομος ὡς ἱεροκήρυξ (πτυχὲς τῆς προσωπικότητος καὶ τοῦ κηρυκτικοῦ ἔργου) (John Chrysostom as a Preacher [aspects of personality and work of preaching]), in: Συμπόσιον Πνευματικὸν ἐπὶ χρυσῷ Ἰωβηλαίῳ Ἱερωσύνης: Μητροπολίτου Πατρῶν Νικοδήμου (1939-1989) – A Spiritual Symposium on the Golden Jubilee to the Priesthood of Metropolitan Nikodemos of Patras), Ἀθῆναι 1989, 545-559.

Κωνσταντῖνος Β. Σκουτέρης, Ἡ Πρακτικὴ Θεολογία τοῦ ἁγίου Ἰωάννου Χρυσοστόμου (The practical theology of St. John Chrysostom), in: Ἱστορία Δογμάτων (History of Dogmas), τόμ. Β΄ (vol. 2), Ἀθῆναι 2004, 618-658.

Ἀριστείδης Σπαθάκης, Ἰωάννης ὁ Χρυσόστομος ὡς παιδαγωγός (John Chrysostom as a pedagogue), Ἀνάπλασις 8, 1895, 71-74, 84-86, 103-104.

Ν. Σταυρίδου, Ἡ Νηστεία κατὰ τὸν ἅγιον Ἰωάννην τὸν Χρυσόστομον (Fasting according top St. John Chrysostom), Πάνταινος 9, 1917, 87-91, 103-107.

Δ. Β. Τζέρμπος, Χρυσοστομικὰ μηνύματα στὴν ἐποχή μας (Chrysostomic messages for our times), Ἐφημέριος 32, 1983, 287, 290.

Δημήτριος Τρακατέλλης (Dēmētrios Trakatellés, now Archbishop of the Greek Orthodox Archdiocese of America), Ἡ πορεία πρὸς τὴν Μεταμόρφωση: Ἡ ἑρμηνεία τοῦ Χρυσοστόμου στὴν πρὸς Ρωμαίους ἐπιστολή (The road to Transfiguration: Chrysostom's interpretation in the Epistle to the Romans), in his book: Οἱ Πατέρες ἑρμηνεύουν. Ἀπόψεις Πατερικῆς βιβλικῆς ἑρμηνείας (The Fathers interpret: Aspects of Patristic Biblical Hermeneutics), Ἀθῆναι 1996, 65-91.

Δημήτριος Τρακατέλλης, Being transformed: Chrysostom's exegesis of the Epistle to the Romans, Greek Orthodox Theological Review 36, 1991, 221-229.

Ἰωάννης Ἀ. Τσαγγαλίδης, Ἀπόψεις τοῦ Ἱεροῦ Χρυσοστόμου γιὰ τὴν πρὸς Ἑβραίους ἐπιστολή (Views of St. Chrysostom on the Epistle to the Hebrews), in: Πρακτικὰ ΙΣΤ' Θεολογικοῦ Συνεδρίου μὲ θέμα «ὁ ἱερὸς Χρυσόστομος» (Acts of the 6th Theological Conference of the Metropolis of Thessalonica on the Theme "St. Chrysostom"), Μητροπ. Θεσσαλονίκης, Θεσσαλονίκη 1996, 321-332.

Ν. Τσιομεσίδης, Ὁ Ἀκάκιος Βεροίας τῆς Συρίας καὶ αἱ σχέσεις του μετὰ τοῦ Ἰωάννου Χρυσοστόμου (Acacius of Beroea in Syria and his relations with John Chrysostom), Γρηγόριος Παλαμᾶς 60, 1977, 122 f.

G. V. Florovsky, St. John Chrysostom: The Prophet of Charity, St. Vladimir's Theological Quarterly 3, 1955, 37-42.

D. C. Ford, St. John Chrysostom's letter to the Italian women, St. Tikhon's Theological Journal 1, 2003, 19-26.

D. C. Ford, Crisis in Marriage: The Wisdom of St. John Chrysostom, Sourozh 51, 1993, 9-23.

D. C. Ford, The Interrelationship of Clergy and Laity within the Church according to St. John Chrysostom, St. Vladimir's Theological Quarterly 36, 1992, 329-353.

Ἰ. Φουντούλης, Ἡ συμβολὴ τῶν Τριῶν Ἱεραρχῶν στὴ διαμόρφωση τῆς θείας λατρείας (The contribution of the Three Hierarchs to the formation of the Divine Liturgy), Λειτουργικὰ Θέματα Η' (Liturgical Issues VIII), Θεσσαλονίκη 1987, 35-57.

Ἰ. Φωκυλίδης, Παραλληλισμὸς βασιλέως καὶ μοναχοῦ ὑπὸ Ἰωάννου τοῦ Χρυσοστόμου (Parallelism of King and Monk by John Chrysostom), Πάνταινος 25, 1933, 546-550, 579-582, 625-629.

Ἰ. Φωκυλίδης, Ἰωάννης ὁ Χρυσόστομος Ἀρχιεπίσκοπος Κωνσταντινουπόλεως (John Chrysostom Archbishop of Constantinople), Πάνταινος 28, 1936, 729-734.

J. Photopoulos, John Chrysostom: On Holy Pascha, Greek Orthodox Theological Review 37, 1992, 123-134.

Λεόντιος Χατζηκώστας, Ἡ ἀποκατάσταση τοῦ ἱεροῦ Χρυσοστόμου (The restoration of St. Chrysostom), Ἀπόστολος Βαρνάβας (Λευκωσία, Κύπρος) 45, 1984, 9-15, 61-67.

Σ. Α. Χουδαβερδόγλου, Πῶς διεσώθησαν αἱ ὁμιλίαι Ἰωάννου τοῦ Χρυσοστόμου (How the Homilies of John Chrysostom were preserved), Ὀρθοδοξία 22, 1947, 25-32.

Π. Χρήστου, Ἰωάννης ὁ Χρυσόστομος (John Chrysostom), Ἑλληνικὴ Πατρολογία, τομ. 4, Θεσσαλονίκη 1989, 231-322.

Π. Χρήστου, Ὁ ἴλιγγος ἐνώπιον τῆς θείας παρουσίας κατὰ τὸν Ἰωάννην Χρυσόστομον (Dizziness before the divine presence according to John Chrysostom), Θεολογικὰ Μελετήματα 2, Θεσσαλονίκη 1975, 269-272.

Π. Χρήστου, Ὁ Ἰωάννης Χρυσόστομος καὶ οἱ Καππαδόκαι (John Chrysostom and the Cappadocians), in: Συμπόσιον: Studies on St. John Chrysostom (Ἀνάλεκτα Βλατάδων 18), Θεσσαλονίκη 1973, 13-22 [and in his book: Θεολογικὰ Μελετήματα 2: Γραμματεία τοῦ Δ' αἰῶνος (Theological Studies 2: Literature of the 4th century), Θεσσαλονίκη 1972, 257-266].

Π. Χρήστου, Ἰωάννης ὁ Χρυσόστομος (John Chrysostom), Θρησκευτικὴ καὶ Ἠθικὴ Ἐγκυκλοπαιδεία 6, 1965, 1170-1192.

V. Hristov (Χριστόφ), La notion de l'Église d'après S. Jean Chrysostome, Studii teologice (Bucuresti) 12, 1960, 76-92.

Χρύσανθος (Λυμπέρης) Μητροπολίτης Ἐλευθερουπόλεως, Ὁ μοναχικὸς βίος κατὰ Ἰωάννην τὸν Χρυσόστομον (The Monastic Life according to John Chrysostom), Νέα Σιών (Ἱεροσόλυμα) 57, 1962, 178-206, 331-339; 58, 1963, 86-94.

Χρυσόστομος Ἄξώμης, Ἡ προσευχὴ κατὰ τὸν ἅγιον Ἰωάννην τὸν Χρυσόστομον (Prayer according to St. John Chrysostom), Πάνταινος 1, 1908-09, 61-62, 75-76, 174-176.

Β. Ψευτογκᾶς, Ἡ ψευδοχρυσοστόμεια ὁμιλία στὸν Τίμιο καὶ Ζωοποιὸ Σταυρὸ (BHG 3, 415m and 415n) εἶναι τοῦ Σεβηριανοῦ Γαβάλων; (Is the pseudo-Chrysostomian Homily on the Precious and Life-giving Cross, BHG3, 415m-415n, a homily of Severianus of Gabala?) Γρηγόριος ὁ Παλαμᾶς 62, 1979, 299-315, 674-675.

Β. Ψευτογκᾶς, Ὁ συμπιληματικὸς χαρακτὴρ τῆς ψευδοχρυσοστομείου ὁμιλίας «Εἰς τὸν Τίμιον Σταυρόν» (The patchy character of the pseudo-Chrysostomian homily On the Precious Cross), Γρηγόριος ὁ Παλαμᾶς 56, 1973, 305-313.

3. Modern Editions of Chrysostom's works in Greek (text and translation)

a) Sets of works

There are four sets: The fullest edition is the following:

(ΕΠΕ) ΙΩΑΝΝΟΥ ΤΟΥ ΧΡΥΣΟΣΤΟΜΟΥ ΑΠΑΝΤΑ ΤΑ ΕΡΓΑ, Τόμοι 1-38, Ἕλληνες Πατέρες τῆς Ἐκκλησίας, Πατερικαὶ Ἐκδόσεις «Γρηγόριος ὁ Παλαμᾶς, Γενικὴ Ἐποπτεία Π. Χρήστου καὶ Θ. Ζήσης, Ἐκδοτικὸς Οἶκος Ἐλευθερίου Μερετάκη, Θεσσαλονίκη, 1978-1990.

Vol. 1: Dialogue of Palladios; On the obscurity of the Prophesies; A Synopsis of the Old Testament; vol. 2-5: Homilies on Genesis; vol. 5-7: Homilies on the Psalms; vol. 7: Homilies on David and Saul; vol. 8: Homilies on Genesis (1-9); Commentary on Isaiah; Commentary on Daniel (chs. 1-13); vol. 8a: Homilies on Persons of the Old Testament; vol. 9-12: Commentary on Matthew; vol. 12-14: Commentary on John (Hom. 1-4); vol. 15-16b: Commentary on the Acts; vol. 16b-17: Commentary on Romans; vol. 18-18a: Commentary on I Corinthians; vol. 19-20: Commentary on II Corinthians; vol. 20-21: Commentary on Ephesians; vol. 21-22: Commentary on Philippians; vol. 22: Commentary on Colossians; Commentary on I Thessalonians; vol. 23: Commentary on II Thessalonians; vol. 24: Commentary on Titus; Commentary on Philemon; vol. 24-25: Commentary on Hebrews; vol. 25: Homilies on the poor Lazarus (1-7); vol. 26: Homilies on Ethics and Biblical; vol. 27: Homilies Biblical and Hermeneutical; vol. 28: Pastoral and Ascetical I; vol. 29: Ascetical II; vol. 30: Homilies: Catechetical and Ethical A; vol. 31: Homilies: Catechetical and Ethical B; vol. 31-34: Homilies: Circumstantial; vol. 34: To Jews and Greeks; To Jews; On Fate and Providence; On the blessed Babilas; vol. 35: Homilies: Dogmatic; vol. 36: Homilies: Festal and Encomiastic I; vol. 37: Homilies: Encomiastic II; Letters to Olympiad (1-17); Life of St. Olympiad; vol. 38: Letters to Innocent; Letters 18-152.

The second set is the Athens reprint of Migne's edition:
(ΜΕΠ) J. P. MIGNE ΕΛΛΗΝΙΚΗ ΠΑΤΡΟΛΟΓΙΑ (PATROLOGIA GRAECA), τόμοι 47-64, Ὑπομνήματα καὶ ἐνημέρωσις Γ. Δ. Δράγας, Πίνακες Σ Ν. Σάκκος καὶ Π. Κουτλεμάνης, Γενικὴ Ἐπιμέλεια, Ι.Κ. Διώτης, Κέντρον Πατερικῶν Ἐκδόσεων (ΚΕ.Π.Ε.), Ἀθῆναι (The series is continued, Chrysostom's set lacks the first volume which is forthcoming).

The third extensive but not complete set is the following:
(ΑΑΠΧ) ΑΠΑΝΤΑ ΤΩΝ ΑΓΙΩΝ ΠΑΤΕΡΩΝ, ΙΩΑΝΝΟΥ ΧΡΥΣΟΣΤΟΜΟΥ ΕΡΓΑ, ΤΟΜΟΙ 1-76, Ἐποπτεία Π. Χρήστου κκαὶ Σ. Σάκκου, Σύνταξις Ι. Κ. Διώτης, Ἑλληνικὸς Ἐκδοτικὸς Ὀργανισμός, Ἀθῆναι 1972-1978.

The forth (incomplete) set is as follows:
(ΙΧΕ) ΙΩΑΝΝΟΥ ΤΟΥ ΧΡΥΣΟΣΤΟΜΟΥ ΕΡΓΑ, Εἰσαγωγή, Κείμενον, Μετάφρασις, Σχόλια, τόμοι 1-10, Γενικὴ Ἐπιμέλεια Κ. Λουκάκη, Ἐκδόσεις ὁ Λόγος, Ἀθῆναι 1967-75.

Vol. 1: Moral and Social (Α'); vol. 2: Moral and Social (Β'); vol. 3: Pedagogical-Circumstantial; vol. 4: Festal-Encomiastic (Α); vol. 5: Encomiastic (Β); vol. 6: Hermeneutical (Α); vol. 7: Hermeneutical (Β); vol. 8: On the Statues (21 Homilies); vol. 9: Treatises; vol. 10) Dogmatic Works

b) Other single editions
Νικολάου Μπουραζέρη Ιερον Κελίον, Πατερικὸν Κυριακοδρόμιον: Ὁμιλίες τῶν ἁγίων Πατέρων καὶ Μεγάλων Διδασκάλων τῆς Ἐκκλησίας σὲ ὅλες τὶς Κυριακὲς τοῦ Ἔτους, Εἰσαγωγή, μετάφρασις, ἐπιμέλεια, Καρυαί, Ἅγιον Ὄρος 2003 [Ἰωάννου Χρυσοστόμου Ὁμιλίαι εἰς τὰς Κυριακάς: Πάσχα Θωμᾶ, Ματθαίου Γ', Δ', ΙΑ', ΙΣΤ', καὶ Λουκᾶ Ζ'].
Βασίλειος Χ. Καραγεωργος, Ἁγίου Ἰωάννου τοῦ Χρυσοστόμου: Περὶ Ἱερωσύνης, Λόγοι ΣΤ', Εἰσαγωγὴ καὶ ἀπόδοση στὴ νεοελληνική, Σειρά: Ἡ Φωνὴ τῶν Πατέρων μας 1, Ἀποστολικὴ Διακονία τῆς Ἐκκλησίας τῆς Ἑλλάδος, Ἀθῆναι 1998.
Παναγιώτης Γ. Στάμος, Ἰωάννου τοῦ Χρυσοστόμου: Ἡ Προσευχὴ (Τὸ πανίσχυρο τῶν χριστιανῶν ὅπλο), Ἀθῆναι 1983.
Παναγιώτης Γ. Στάμος, Ἰωάννου τοῦ Χρυσοστόμου: Ἡ Χριστιανικὴ ἀγάπη (ἡ ὁδὸς τῆς σωτηρίας), Ἀθῆναι 1983.

Παναγιώτης Γ. Στάμος, Ἰωάννου τοῦ Χρυσοστόμου: Ὁμιλίαι εἰς τοὺς πενθοῦντας (ἡ ἀντιμετώπιση τοῦ θανάτου), Ἀθῆναι 1982.

Παναγιώτης Γ. Στάμος, Ἰωάννου τοῦ Χρυσοστόμου: Ἡ νεότης καὶ τὰ προβλήματα αὐτῆς, Εἰσαγωγή, κείμενο, μετάφραση, Ἀθῆναι 1982.

Παναγιώτης Γ. Στάμος, Ἰωάννου τοῦ Χρυσοστόμου: Ἡ Θεία Εὐχαριστία (Τὸ Κυριακὸν Δεῖπνον), ἔκδοσις Γ΄ Ἀθῆναι 1976 (καὶ μετέπειτα ἐπανεκδόσεις).

Β. Ψευτογκάς, Αἱ περὶ σταυροῦ καὶ πάθους τοῦ Κυρίου ὁμιλίαι ἀνατολικῶν πατέρων καὶ συγγραφέων, Θεσσαλονίκη 1975, 140-161.

Παναγιώτης Γ. Στάμος, Ὁμιλίαι τῶν Τριῶν Ἱεραρχῶν: Βασιλείου ... Ἰωάννου τοῦ Χρυσοστόμου δύο πρὸς Εὐτρόπιον, Νεοελληνικὴ ἀπόδοσις, Ἀθῆναι 1969.

Παναγιώτης Γ. Στάμος, Ἰωάννου τοῦ Χρυσοστόμου: Κοινωνικαὶ Ὁμιλίαι (Β΄). Ἡ κακὴ τῶν χρημάτων χρῆσις, ὁ πλοῦτος εἰς τὴν ὑπηρεσίαν τοῦ ἐγώ, φιλαργυρία, πλεονεξία, ἀσωτία, πολυτέλεια, Εἰσαγωγή, νεοελληνικὴ ἀπόδοσις, σημειώσεις, Ἀθῆναι 1968.

Βασίλειος Μουστάκης, Ἰωάννου Χρυσοστόμου: Οἱ δύο λόγοι πρὸς Εὐτρόπιον, Εἰσαγωγή, ἀναλυτικὴ ἀπόδοσις στὴν νεοελληνική, Ἀθῆναι 1967.

Παναγιώτης Γ. Στάμος, Ἰωάννου Χρυσοστόμου Ὁμιλία εἰς Εὐτρόπιον, Εἰσαγωγή, κείμενον, νεοελληνικὴ ἀπόδοσις, σχόλια, Ἀθῆναι 1966.

Παναγιώτης Γ. Στάμος, Ἰωάννου Χρυσοστόμου: Εἰς Εὐτρόπιον, Εἰσαγωγή, κείμενο, μετάφραση, σχόλια, Ἐκδόσεις Γρηγόρη, Ἀθῆναι 1966.

Παναγιώτης Γ. Στάμος, Ἰωάννου τοῦ Χρυσοστόμου: Κοινωνικαὶ Ὁμιλίαι (Β΄). Ἡ καλὴ τῶν χρημάτων χρῆσις, ὁ πλοῦτος εἰς τὴν ὑπηρεσίαν τῆς ἀγάπης, Εἰσαγωγή, νεοελληνικὴ ἀπόδοσις, σημειώσεις, Ἀθῆναι 1964.

Παναγιώτης Γ. Στάμος, Ἰωάννου Χρυσοστόμου Τριάκοντα Ὁμιλίαι περὶ Ἐλεημοσύνης, Εἰσαγωγή, νεοελληνικὴ ἀπόδοσις, σημειώσεις, Ἀθῆναι 1964.

Ἀλέξανδρος Κορακίδης, Ὁμιλίαι Μεγάλων Πατέρων εἰς τὸ Τριώδιον, Κείμενον, μετάφρασις σχόλια, ἐκδόσεις Πηγῆς Ὀρθοδόξου Βιβλίου, Ἀθῆναι 1964. [Ὁμιλίαι Χρυσοστόμου εἰς τὴν Κυριακὴν τοῦ ἀσώτου, τῆς ἀπόκρεω, τῆς τυροφάγου].

Παναγιώτης Γ. Στάμος, Ἰωάννου τοῦ Χρυσοστόμου: Γάμος καὶ Συζυγία, Εἰσαγωγή, νεοελληνικὴ ἀπόδοσις, σημειώσεις, Ἀθῆναι 1963.

Παναγιώτης Γ. Στάμος, Ἰωάννου Χρυσοστόμου Ὁμιλίαι περὶ τῆς ἀνατροφῆς τέκνων, Εἰσαγωγή, νεοελληνικὴ ἀπόδοσις, σημειώσεις, Ἀθῆναι 1962.

Παναγιώτης Γ. Στάμος, Γρηγορίου τοῦ Θεολόγου καὶ Ἰωάννου τοῦ Χρυσοστόμου: Παραινέσεις πρὸς Ὀλυμπιάδα (Σκιαγραφία τῆς χριστιανικῆς συζύγου. Ὁ πόνος καὶ αἱ ἀδικίαι ὑπὸ τὸ χριστιανικὸ φῶς), Εἰσαγωγή, νεοελληνικὴ ἀπόδοσις, σχόλια, Ἀθῆναι 1960 (1η ἔκδοσις Θεσσαλονίκη 1955).

Παναγιώτης Γ. Στάμος, Ἰωάννου τοῦ Χρυσοστόμου: Τὸ Μέγα Ἀξίωμα (ΙΒ΄ Κατηχήσεις), Εἰσαγωγή, νεοελληνικὴ ἀπόδοσις, σχόλια, Ἀθῆναι 1959.

Θεοδόσης Σπεράντζας, Ἰωάννου Χρυσοστόμου: Οἱ Περὶ Ἱερωσύνης Λόγοι, Ἀθῆναι 1959 (καὶ νέες ἐκδόσεις 1961 κ.ἄ.)

Ἀλέξανδρος Κορακίδης/Νικόλαος Γιαρδόγλου, Ἐκλεκτοὶ Λόγοι Πατέρων: Τόμος Α΄, Δεσποτικαὶ Ἑορταί (Μέρος Πρῶτον: Περιτομή, Φῶτα, Ὑπαπαντή, Μεταμόρφωσις), Κείμενον μεθ' ἑρμηνευτικῶν σημειώσεων, Ἀθῆναι 1958. [Ἰωάννου Χρυσοστόμου Ὁμιλίαι: Εἰς τὴν Περιτομήν, Εἰς τὰ Θεοφάνεια (2)].

Παναγιώτης Γ. Στάμος, Τοῦ ἐν Ἁγίοις Πατρὸς ἡμῶν Ἰωάννου τοῦ Χρυσοστόμου: Περὶ Μετανοίας Ὁμιλία Θ᾽, Εἰσαγωγή, νεοελληνική ἀπόδοσις, Ἀθῆναι 1958.

Παναγιώτης Γ. Στάμος, Τοῦ ἐν Ἁγίοις Πατρὸς ἡμῶν Ἰωάννου τοῦ Χρυσοστόμου: Εἰς τοὺς Ἀνδριάντας Ὁμιλίαι ΚΑ᾽, Εἰσαγωγή, νεοελληνική ἀπόδοσις, σχόλια, τύποις Φῶς, ΧΕΕΝ, Ἀθῆναι 1957.

Διονυσίου Μητροπολίτου Λήμνου, Ἡ Ἱερωσύνη κατὰ τὸν Ἱερὸν Χρυσόστομον, Ἀθῆναι 1957.

Παναγιώτης Γ. Στάμος, Ἰωάννου τοῦ Χρυσοστόμου Τεσσαράκοντα ἐπιστολαὶ χριστιανικῆς ἀγάπης, Εἰσαγωγή, νεοελληνική ἀπόδοσις, σχόλια, τύποις Μ. Τριανταφύλλου Υἱοί, Θεσσαλονίκη 1955.

Παναγιώτης Κ. Χρήστου, Ἰωάννου τοῦ Χρυσοστόμου: Οἱ περὶ Ἱερωσύνης Λόγοι, Εἰσαγωγή, κείμενον, μετάφρασις, σχόλια, ἔκδοσις 2ᵅ, Βιβλιοπωλεῖον Ρηγόπουλου, Θεσσαλονίκη 1960 (1ᵑ ἔκδοσις 1954).

Παναγιώτης Κ. Χρήστου, Ἰωάννου τοῦ Χρυσοστόμου, Περὶ Ἀκαταλήπτου τοῦ Θεοῦ, Εἰσαγωγή, κείμενον, μετάφρασις, σχόλια, ἐν Ἀθήναις 1953.

Βασίλειος Ἔξαρχος, Περὶ κενοδοξίας καὶ ὅπως δεῖ τοὺς γονέας ἀνατρέφειν τὰ τέκνα, Über Hoffart und Kindererziehung, mit Einleitung and ktirischen Apparat, Das Wort der Antike 4, Hübner, München 1953.

Δ. Μωραΐτης, Ἰωάννου Χρυσοστόμου Παιδαγωγικά: περὶ καινοδοξίας καὶ ὅπως δεῖ τοὺς γονέας ἀνατρέφειν τὰ τέκνα, Ἀθῆναι 1940.

Ἀ. Ν. Διαμαντόπουλος, Ἰωάννου Χρυσοστόμου: Λόγοι περὶ Ἱερωσύνης, Ἀρχαῖον κείμενον, εἰσαγωγή, μετάφρασις, σχόλια, Ἐπιστημονικὴ Ἑταιρεία τῶν Ἑλληνικῶν Γραμμάτων «Πάπυρος», ἐν Ἀθήναις 1939.

Ἰωάννου Χρυσοστόμου, Μαργαρῖται, ἤτοι Λόγοι διάφοροι, ἐν Ἀθήναις 1934 (νέα ἔκδοσις Βενετίας 1882).

Μιχαηλ Ἰ. Γαλανός, Περὶ τῆς διαγωγῆς μας πρὸς τὸν κλῆρον καὶ τὴν Ἐκκλησίαν: Α᾽) Ὁμιλίαι τοῦ ἁγίου Ἰωάννου τοῦ Χρυσοστόμου, Β᾽) Σύγχρονοι Παρατηρήσεις, τύποις «Κόσμος», ἐν Ἀθήναις 1926.

Χριστοφόρος Ν. Δρακοντίδης, Γλαφυραὶ Διδασκαλίαι Ἰωάννου τοῦ Χρυσοστόμου, Μεταφρασμέναι εἰς τὴν καθ᾽ ἡμᾶς ἐκ τῶν Ἠθικῶν Ὁμιλιῶν, ἔκδοσις 3ᵑ, Βιβλιοπωλεῖον «᾽Εστίας», ἐν Ἀθήναις 1901.

Stellenindex

1. Bibel

2. Griechische und lateinische Autoren

Autorenverzeichnis

Konstantinos Bosinis, Dr. theol., geb. 1961, ist Dozent für Dogmatik und Philosophiegeschichte an der kirchlichen Akademie von Athen, Griechenland.

Rudolf Brändle, Dr. theol., geb. 1939, ist emeritierter Professor für Neues Testament und Ältere Kirchengeschichte an der Universität Basel, Schweiz.

Ueli Dill, Dr. phil., ist Leiter der Handschriftenabteilung der Universitätsbibliothek Basel, Schweiz.

George D. Dragas, Ph.D., born in 1944, is Professor of Patristics at Holy Cross Greek Orthodox School of Theology in Brookline, Massachusetts, USA.

Fritz Graf, Dr. phil., geb. 1944, ist Professor für Griechisch und Latein und Direktor für Epigraphik an der Ohio State University in Columbus (Ohio), USA.

Martin Illert, Dr. theol., geb. 1967, ist Pastor an der Hauptkirche St. Michaelis in Hamburg, Deutschland.

Karin Krause, Dr. phil., ist wissenschaftliche Assistentin am Kunsthistorischen Seminar der Universität Basel, Schweiz.

Wendy Mayer, Dr. phil., born in 1960, is a Research Associate in the Centre for Early Christian Studies, Australian Catholic University (Banyo), Australia.

Georgios Philias, Dr. theol., ist Professor für Liturgiewissenschaft an der Universität Athen, Griechenland.

Karl Pinggéra, Dr. theol., geb. 1967, ist Hochschuldozent für Ostkirchengeschichte am Fachbereich Evangelische Theologie der Philipps-Universität Marburg, Deutschland.

Wendy Pradels, Dr. theol., geb. 1959, ist freie wissenschaftliche Mitarbeiterin an der theologischen Fakultät der Universität Basel, Schweiz.

Jean-Louis Quantin, né en 1967, docteur habilité en histoire moderne (Paris-Sorbonne), occupe la chaire « Erudition historique et philologique, de l'âge classique aux Lumières », à l'Ecole pratique des Hautes Etudes, Paris, France.

Adolf Martin Ritter, Dr. theol., geb. 1933, ist emeritierter Professor für Kirchengeschichte an der Ruprecht-Karls-Universität Heidelberg, Deutschland.

Barbara Schellewald, Dr. phil., geb. 1952, ist Professorin für Kunstgeschichte an der Universität Basel, Schweiz.

Sever Voicu, geb. 1945, ist *Scriptor graecus* an der Vatikanischen Bibliothek, Rom, und außerordentlicher Professor am Patristischen Institut „Augustinianum", Rom, Italien.

Martin Wallraff, Dr. theol., geb. 1966, ist Professor für Kirchen- und Theologiegeschichte an der Universität Basel, Schweiz.

Witold Witakowski, Ph.D., born in 1949, is Associate Professor of Semitic languages at Uppsala University, Sweden.

Abbildungsnachweis

1, 8, 22: Vatikanstadt, Biblioteca Apostolica Vaticana; *2, 4-7, 10, 27:* Athen, Nationalbibliothek; *3:* Cambridge, University Library; *9:* Sinai, Katharinenkloster, nach: K. Weitzmann/G. Galavaris, The Monastery of Saint Catherine at Mount Sinai. The Illuminated Greek Manuscripts, 1: From the ninth to the twelfth century, Princeton 1990, Fig. 212; *11:* London, British Library; *12, 28:* Jerusalem, Griechisch-orthodoxes Patriarchat, nach: P.L. Vokotopoulos, Byzantine Illuminated Manuscripts of the Patriarchate of Jerusalem, Athen 2002, Fig. 47 und 48; *13, 14* nach: B.C. Ewald, Der Philosoph als Leitbild. Ikonographische Untersuchungen an römischen Sarkophagreliefs (Mitteilungen des Deutschen Archäologischen Instituts, Römische Abteilung, Erg.-Heft 34), Mainz 1999, Taf. 52.2 und 25; *15:* Mailand, Biblioteca Ambrosiana; *16, 17, 20:* Paris, Bibliothèque nationale; *18:* Trier, Stadtbibliothek; *19:* Venedig, Biblioteca Nazionale Marciana; *21:* Sinai, Katharinenkloster, nach: A. Cutler/J.-M. Spieser, Das mittelalterliche Byzanz 725-1204 (Universum der Kunst), München 1996, Abb. 262; *23:* Athos, Pantokratoroskloster; *24:* Athen, Nationalbibliothek, nach: R.S. Nelson, The Iconography of Preface and Miniature in the Byzantine Gospel Book, New York 1980, Fig. 56; *25:* St. Petersburg, Öffentliche Bibliothek, nach: R.S. Nelson, Fig. 54; *26:* Athen, Nationalbibliothek, nach: G. Galavaris, The Illustrations of the Prefaces in Byzantine Gospels, Wien 1979, Fig. 39; *29*: Jerusalem, Griechisch-orthodoxes Patriarchat, nach: A. Grabar, Un rouleau liturgique constantinopolitain et ses peintures, Dumbarton Oaks Papers 8, 1954, Fig. 7; *30, 32-41:* Schellewald; *31:* Archiv Horst Hallensleben; *42:* Archiv, Kunsthistorisches Seminar, Universität Basel; *43-45* nach: A. Cutler/J.-M. Spieser, Das mittelalterliche Byzanz 725-1204 (Universum der Kunst), München 1996, Abb. 208, 210.

Abb. 1
Rom, Biblioteca Apostolica Vaticana, Cod. Vat. gr. 766, fol. 2v

Abb. 2
Athen, Nationalbibliothek, Cod. 7, fol. 3v

Abb. 3
Cambridge, University Library, Cod. Add. 720, fol. 133r

Abb. 4
Athen, Nationalbibliothek, Cod. 210, fol. 93v

Abb. 5
Athen, Nationalbibliothek, Cod. 210, fol. 94r

Abb. 6
Athen, Nationalbibliothek, Cod. 211, fol. 96r

Abb. 7
Athen, Nationalbibliothek, Cod. 211, fol. 172r

Abb. 8
Rom, Biblioteca Apostolica Vaticana, Cod. Vat. gr. 1640, fol. 1v

Abb. 9
Sinai, Katharinenkloster, Cod. gr. 500, fol. 221v

Abb. 10
Athen, Nationalbibliothek, Cod. 2535, fol. 175r

Abb. 11
London, British Library, Cod. Add. 36636, fol. 179r

Abb. 12
Jerusalem, Griechisch-orthodoxes Patriarchat, Hagiou Staurou 109

Abb. 13
Palermo, Kathedrale, Musensarkophag (Detail)

Abb. 14
Rom, Museo Torlonia, Musensarkophag (Detail)

Abb. 15
Mailand, Biblioteca Ambrosiana, Cod. A 172 sup., fol. 263v

Abb. 16
Paris, Bibliothèque nationale, Cod. gr. 224, fol. 6v

Abb. 17
Paris, Bibliothèque nationale, Cod. gr. 224, fol. 7r

Abb. 18
Trier, Stadtbibliothek, Cod. 171/1626, Einzelblatt

Abb. 19
Venedig, Biblioteca Marciana, Cod. gr. 97 (569), fol. IIIv

Abb. 20
Paris, Bibliothèque nationale, Cod. Coislin. 66, fol. 4r

Abb. 21
Sinai, Katharinenkloster, Cod. 364, fol. 2v

Abb. 22
Rom, Biblioteca Apostolica Vaticana, Cod. Vat. Barb. gr. 320, fol. 1bisr

Abb. 23
Athos, Pantokratoros, Cod. 22, fol. 169v

Abb. 24
Athen, Nationalbibliothek, Cod. 151, fol. 88v

Abb. 25
St. Petersburg, Öffentliche Bibliothek, Cod. gr. 101, fol. 50v

Abb. 26
Athen, Nationalbibliothek, Cod. 151, fol. 143v

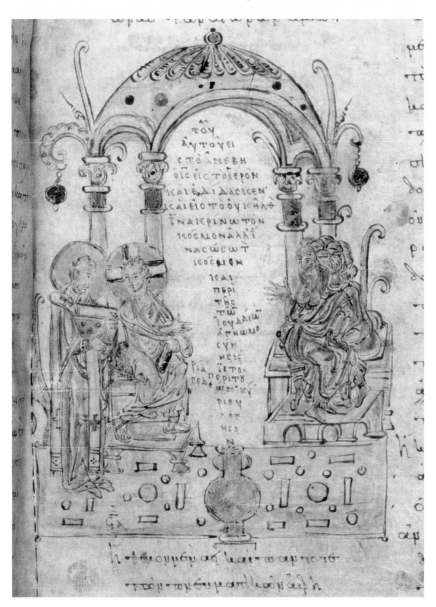

Abb. 27
Athen, Nationalbibliothek, Cod. 211, fol. 226r

Abb. 28 und 29
Jerusalem, Griechisch-orthodoxes Patriarchat, Hagiou Staurou 109

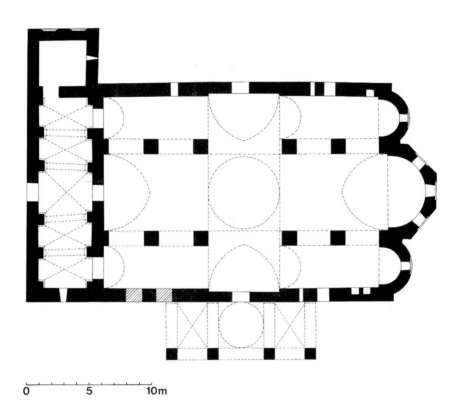

0   5   10m

Abb. 30
Ohrid, Sophienkirche
Grundriss

Abb. 31
Ohrid, Sophienkirche
Apsis

Abb. 32
Ohrid, Sophienkirche
Bema, Südwand, Besuch der 3 Engel bei Abraham

Abb. 33
Ohrid, Sophienkirche
Bema, Südwand, Philoxenie

Abb. 34
Ohrid, Sophienkirche
Bema, Südwand, Isaak Opfer

Abb. 35
Ohrid, Sophienkirche
Bema, Nordwand, Die 3 Jünglinge im Feuerofen,
Jakobs Traum von der Himmelsleiter

Abb. 36
Ohrid, Sophienkirche
Bema, Nordwand, Traum des Chrysostomos

Abb. 37
Ohrid, Sophienkirche
Bema, Nordwand, Basileios-Liturgie

Abb. 38
Ohrid, Sophienkirche
Bema, Himmelfahrt Christi

Abb. 39
Ohrid, Sophienkirche
Südwand, Register mit Engeln

Abb. 40
Ohrid, Sophienkirche
Nordwand, Traum des Chrysostomos, Detail

Abb. 41
Ohrid, Sophienkirche
Apsis, Johannes Chrysostomos

Abb. 42
Ohrid, Sophienkirche
Nordwand, Basileios-Liturgie, Detail

Abb. 43
Ohrid, Sophienkirche
Apsis, Apostelkommunion, Christus

Abb. 44
Ohrid, Sophienkirche
Apsis, Nikopoia

Abb. 45
Ohrid, Sophienkirche
Apsis, Nikopoia, Christuskind